ACADÉMIE DES SCIENCES MORALES ET POLITIQUES

COLLECTION DES ORDONNANCES DES ROIS DE FRANCE

CATALOGUE

DES

ACTES DE FRANÇOIS Iᴱᴿ

TOME CINQUIÈME

2 JANVIER 1546 – MARS 1547

SUPPLÉMENT

1515-1526

Conserver la Couverture

PARIS

IMPRIMERIE NATIONALE

DÉCEMBRE 1892

CATALOGUE

DES

ACTES DE FRANÇOIS IER

ACADÉMIE DES SCIENCES MORALES ET POLITIQUES

COLLECTION DES ORDONNANCES DES ROIS DE FRANCE

CATALOGUE

DES

ACTES DE FRANÇOIS IER

TOME CINQUIÈME

2 JANVIER 1546 – MARS 1547

SUPPLÉMENT

1515-1526

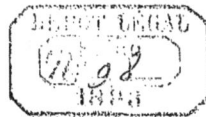

PARIS

IMPRIMERIE NATIONALE

DÉCEMBRE 1892

CATALOGUE

DES

ACTES DE FRANÇOIS IER.

1515–1547.

1546. — Pâques, 25 avril.

1546.

14671. Mandement au Parlement de Rouen pour l'enregistrement des statuts des marchands merciers grossiers de la ville de Rouen. Paris, 2 janvier 1545.

2 janvier.

> *Imp. Statuts, ordonnances et réglemens des marchands merciers drapiers de la ville de Rouen.* Rouen, 1732, in-4°, p. 17. (*Bibl. nat.*, F. 13097.)

14672. Lettres portant continuation pour cinq ans, en faveur des habitants de la ville de Beaune, du revenu du portage et de la taille des marcs, afin d'en employer le produit à l'entretien des fortifications. Saint-Germain-en-Laye, 4 janvier 1545.

4 janvier.

> *Original. Arch. municipales de Beaune (Côte-d'Or),* Fortifications, n° 8.
> *Enreg. à la Chambre des Comptes de Dijon, le 11 juin suivant. Arch. de la Côte-d'Or, reg.* B. 20, fol. 105.

14673. Ordonnance sur l'ordre que le roi veut et entend être dorénavant tenu, pour le soulagement et décharge de son peuple, en la distribution des fournitures de vivres de sa

4 janvier.

v.

1

gendarmerie, tant dans les garnisons qu'en campagne. Paris, 4 janvier 1545.   1546.

> *Copie collat. du XVIe siècle. Arch. de la ville d'Albi*, EE. 38.
>
> *Copie du XVIe siècle. Registres de l'hôtel de ville d'Agen*, BB. 26, fol. 424 v°. (Avec cette mention : « On les vend chez Jacques Bogard, à l'image Sainct Christophe, devant le collège de Cambray. »)
>
> Imp. *Pièce in-8°, s. l. n. d. Bibl. nat., Inv. Réserve*, F. 1537.
>
> P. Rebuffi, *Les édits et ordonnances des rois de France.* Lyon, 1573, in-fol., p. 954.
>
> A. Fontanon, *Édits et ordonnances, etc.* Paris, 1611, in-fol., t. III, p. 95.

14674. Don à Étienne Dubois, valet de fourrière, de 40 écus soleil à prendre sur le produit de la vente de l'office de priseur de biens en la prévôté de Gonesse, vacant par la mort de Jean Duvivier. Paris, 4 janvier 1545.   4 janvier.

> *Original. Bibl. nat., ms. fr.* 25723, n° 958.

14675. Don à Jean Dugay, organiste du roi, de 60 écus soleil à prendre sur le produit de la vente de l'office de sergent en la sénéchaussée de Guyenne, vacant par la mort de Jean Du Ruisseau. Paris, 4 janvier 1545.   4 janvier.

> *Original. Bibl. nat., ms. fr.* 25723, n° 959.

14676. Lettres ordonnant le payement aux Filles-Dieu de Paris de 72 livres parisis de rente, et de 4 livres parisis pour chacune des cent religieuses du couvent, sur la recette générale d'Outre-Seine et Yonne. Paris, 5 janvier 1545.   5 janvier.

> *Enreg. à la Chambre des Comptes de Paris, le 11 janvier 1546 n. s. Arch. nat.*, P. 2307, p. 843. 4 pages 1/2.

14677. Lettres de surannation et de jussion pour l'entérinement de la confirmation de diverses rentes accordée, en septembre 1520 (n° 1246), aux religieuses du couvent de Notre-Dame de Bellomer. Paris, 5 janvier 1545.   5 janvier.

> *Enreg. à la Chambre des Comptes de Paris, le 13 février 1546 n. s. Arch. nat.*, P. 2307, p. 868. 4 pages.

14678. Déclaration portant que des appellations inter-
jetées du lieutenant général au siège de la
Table de marbre, concernant les bois de Ve-
nizy, seront jugées en dernier ressort par une
commission composée d'un président et de
douze conseillers du Parlement de Paris.
Paris, 6 janvier 1545.

*Enreg. à la Chambre des Eaux et forêts (siège
de la Table de marbre), le 12 février 1546 n. s.
Arch. nat., Z¹ᵉ 330, fol. 88 v°. 2 pages.*

14679. Lettres portant assignation à Jeanne Quenet,
veuve de Nicolas Sambault, receveur des
amendes du Parlement de Paris, sur la recette desdites amendes, de la somme de
4,188 livres 16 sous 6 deniers parisis qui
restait due à son mari, à la clôture de ses
comptes. 6 janvier 1545.

*Enreg. à la Chambre des Comptes de Paris, le
20 avril 1546, anc. mém. 2 N, fol. 125. Arch.
nat., invent. PP. 136, p. 552. (Mention.)*

14680. Évocation d'un procès entre le feu duc d'Estouteville, Adrienne, duchesse d'Estouteville, sa
veuve, d'une part, Louis et Jacques de Silly,
chevaliers, et Catherine de Silly, femme de
François de Rohan, chevalier, d'autre, et
renvoi de la cause à la grand'chambre des
enquêtes du Parlement de Paris. Saint-Germain-en-Laye, 10 janvier 1545.

Original. Arch. nat., K. 2379, n° 24.

14681. Lettres ordonnant la fabrication dans les Monnaies du Dauphiné de liards doubles et petits
deniers tournois, qui devront être substitués
aux monnaies étrangères de bas titre, frappées à Avignon et dans les marquisats d'Italie.
Saint-Germain en-Laye, 11 janvier 1545.

*Enreg. à la Cour des Monnaies, le 26 octobre
1546. Arch. nat., Z¹ᵇ 63, fol. 226. 1 page.
Copie collationnée dans les minutes d'ordonnances
de la Cour des Monnaies. Arch. nat., Z¹ᵇ 537.*

14682. Procuration donnée au cardinal de Tournon,
à François Olivier, chancelier de France, à

l'amiral Claude d'Annebaut, à Antoine Bohier, gouverneur de Touraine, à Jean Duval,
Jean Du Peyrat et Martin de Troyes, établis
commissaires du roi pour contracter en son
nom des emprunts avec certains bourgeois
et marchands de Lyon. Saint-Germain-en-
Laye, 12 janvier 1545.

> *Enreg. au Parl. de Paris, le 15 janvier suivant.
> Arch. nat., X¹ᵃ 8615, fol. 189. 6 pages 1/2.*
> *Arrêt d'enregistrement. Arch. nat., X¹ᵃ 1557,
> Conseil, fol. 135.*
> *Copie du XVII° siècle. Bibl. nat., coll. Dupuy,
> vol. 846, fol. 134.*

1546.

14683. Lettres portant continuation pour cinq ans,
en faveur des habitants de Poitiers, de l'octroi de 100 livres, à prendre sur la ferme du
droit de barrage qui se levait sur les bois en-
trant dans la ville, pour les employer aux
réparations et fortifications. Saint-Germain-
en-Laye, 14 janvier 1545.

> *Original. Arch. municip. de Poitiers, H. 36.
> Enreg. à la Chambre des Comptes de Paris, le
> 3 mars 1546 n. s., anc. mém. 2 N, fol. 114. Arch.
> nat., invent. PP. 136, p. 552. (Mention.)*

14 janvier.

14684. Don à Jacques Rousseau, enfant de la cuisine
du commun, de 40 écus d'or à prendre sur
le produit de la vente de l'office de sergent
royal en la prévôté de Beauvaisis, bailliage
d'Amiens, vacant par la mort de Jean Dho-
lan. Saint-Germain-en-Laye, 14 janvier
1545.

> *Original. Bibl. nat., ms. fr. 25723, n° 960.*

14 janvier.

14685. Déclaration concernant la réforme des hôpitaux, portant que les administrateurs seront
tenus de soumettre, dans les deux mois, les
états des revenus et autres titres de leurs éta-
blissements et de rendre compte de leur gestion aux juges des tribunaux les plus proches.
Ceux-ci devront en outre inspecter les hôpitaux dans leur ressort. Saint-Germain-en-
Laye, 15 janvier 1545.

> *Enreg. au Parl. de Paris, sous certaine condition,*

15 janvier.

le 4 *février 1546 n. s. Arch. nat.*, X¹ᵃ 8615, fol. 196 v°. 2 pages 1/3.

Délibérations des 25 et 26 janvier et 1ᵉʳ février, et arrêt d'enregistrement du 4 février 1546 n. s. Idem, X¹ᵃ 4926, Plaidoiries, fol. 343, 357, 362 et 377 v°.

Copie. Arch. de l'Hôpital d'Évreux, Érection du bureau, n° 2.

Bibl. nat., Mss. Moreau, t. 1141, fol. 233. (*Mention.*)

Iᴍᴘ. Pièce in-8°. Paris, Jean Dallier, imp. Pont-Saint-Michel, enseigne de la Rose blanche, et Vincent Sertenas, libraire, tenant sa boutique au Palais. *Arch. nat.*, AD.I 27. 8 pages.

Autre pièce in-8°. *Bibl. nat.*, 8° F. *Actes royaux.* (Cartons.)

Les loix, ordonnances et édictz . . . depuis le roy sainct Loïs . . . Paris, Galiot du Pré, 1559, in-fol., fol. 183 r°, 198 v°, 199 r°.

P. Rebuffi, *Les édits et ordonnances des rois de France.* Lyon, 1573, in-fol., p. 1383.

Les édits, ordonnances et règlemens sur l'administration du revenu des hospitaux. Paris, 1585, in-8°, p. 30.

A. Fontanon, *Édits et ordonnances, etc.* Paris, 1611, in-fol., t. IV, p. 577.

Recueil des édits et déclarations concernant les hospitaux et maladeries. Paris, Cramoisy, 1675, in-fol., p. 10.

Isambert, *Anc. lois françaises, etc.* Paris, 1827, in-8°, t. XII, p. 897.

1546.

14686. Ordonnance prescrivant d'employer les pauvres valides de Paris aux travaux publics de cette ville. Saint-Germain-en-Laye, 16 janvier 1545.

16 janvier.

Enreg. au Parl. de Paris, le 25 janvier 1546 n. s. Arch. nat., X¹ᵃ 8615, fol. 193 v°. 1 page 2/3.

Arrêt d'enregistrement. Idem, X¹ᵃ 4926, Plaidoiries, fol. 343 v°.

Iᴍᴘ. Isambert, *Anciennes lois françaises, etc.* Paris, 1827, in-8°, t. XII, p. 900.

14687. Don à Guillaume Le Paige, tapissier de Marguerite de France, et à Blaise de Moy, de 20 écus d'or à prendre sur le produit de la vente de l'office de sergent royal au bailliage de Saint-Pierre-le-Moutier, vacant par la mort

16 janvier.

de Jean Moigne. Saint-Germain-en-Laye,
16 janvier 1545.

Original. Bibl. nat., ms. fr. 25723, n° 961.

14688. Mandement à la Chambre des Comptes de
Paris de procéder au jugement criminel de
Jean Loppier, receveur ordinaire de Saint-
Pierre-le-Moutier, accusé de faux et malver-
sations, en s'adjoignant onze conseillers du
Parlement y désignés, ou au moins cinq
d'entre eux. Saint-Germain-en-Laye, 20 jan-
vier 1545.

20 janvier.

Enreg. au Parl. de Paris, le 26 mars 1546 n. s.
Arch. nat., X^{1a} 1557, Conseil, fol. 336. ¼ page 1/2.

14689. Mandement au trésorier des parties casuelles
de rembourser à François Begnière une
somme de 40 écus soleil, qu'il avait payée
pour obtenir l'office de sergent et garde des
ports de Lyon, vacant par la mort de Jean
Descouppes, mais qu'il n'avait pas obtenu,
Hubert Violette ayant été nommé avant lui
par lettres du 18 janvier 1545 n. s. Saint-
Germain-en-Laye, 20 janvier 1545.

20 janvier.

Original. Bibl. nat., ms. fr. 25723, n° 962.

14690. Lettres portant permission à Jean-Baptiste de
Bernardis, camérier secret du pape, natif de
Lucques, de tenir des bénéfices en France.
Maubuisson, 20 janvier 1545.

20 janvier.

Enreg. au Parl. de Paris, le 12 avril 1546 n. s.
Arch. nat., X^{1a} 8615, fol. 127 v°. 2 pages.
Double, id., fol. 215.
Arrêt d'enregistrement. Idem, X^{1a} 1557, Con-
seil, fol. 413 v°.

14691. Commission à François de Saint-André, président au Parlement de Paris, et à dix conseillers de ladite cour ou du Grand conseil,
au nombre desquels devra figurer le grand
maître des Eaux et forêts, ou son lieutenant,
pour terminer les procès intentés en raison de
la réformation des forêts de Marchenoir, de
Fréteval et autres du comté de Dunois, appartenant au duc de Longueville, mineur,

21 janvier.

1545.

placé sous la tutelle du duc de Guise. Saint-Germain-en-Laye, 21 janvier 1545.

Enreg. à la Chambre des Eaux et forêts (siège de la Table de marbre), le 1er décembre 1546. Arch. nat., Z1e 330, fol. 193 v°. 2 pages.

14692. Mandement au sénéchal d'Agénais et au juge de Rivière, de donner ordre au receveur de Guyenne de ne pas inquiéter personnellement, parce qu'il a payé sa quote-part, Louis de Castelnau, évêque de Tarbes, au sujet de 800 livres tournois qui étaient encore dues sur le don équivalent à quatre décimes, levé sur les bénéfices du diocèse. Saint-Germain-en-Laye, 21 janvier 1545.

Expédition authentique. Bibl. nat., ms. fr. 25723, n° 963.

14693. Don à Jean de Rumilly, huissier de Marguerite de France, de 40 écus d'or à prendre sur le produit de la vente de l'office de notaire royal dans le bailliage d'Évreux, vacant par la mort de Regnaut Brisellier. Saint-Germain-en-Laye, 21 janvier 1545.

Original. Bibl. nat., ms. fr. 25723, n° 964.

14694. Mandement au Parlement de Paris de dresser après information des articles pour la réforme et la réduction de nombre des clercs du parquet et des greffes de ladite cour. Saint-Germain-en-Laye, 22 janvier 1545.

Enreg. au Parl. de Paris, le 27 janvier suivant. Arch. nat., X1a 1557, Conseil, fol. 176. 1 page.

14695. Lettres portant dispense en faveur de Raymond Goffin, conseiller au Parlement de Toulouse, et permission de se servir d'un secrétaire. Saint-Germain-en-Laye, 22 janvier 1545.

Enreg. au Parl. de Toulouse, le 1er décembre 1546. Arch. de la Haute-Garonne, Édits, reg. 5, fol. 199. 1 page.

14696. Lettres portant continuation des octrois accordés

1546.

21 janvier.

21 janvier.

22 janvier.

22 janvier.

24 janvier.

aux habitants de la ville de Dijon. Saint-Ger- 1546.
main-en-Laye, 24 janvier 1545.

Original. Arch. municip. de Dijon, H. 157.

14697. Provisions pour Pierre Dosterel, écuyer, sei- 24 janvier.
gneur de Folinghen, de l'office de haut bailli
d'Ardres, en remplacement d'Antoine de Ca-
lonne, décédé. Saint-Germain-en-Laye,
24 janvier 1545.

*Reçu et institué au Parl. de Paris, le 5 juillet
1546. Arch. nat., X^{1a} 4927, Plaidoiries, fol. 124.
(Mention.)*
*Enreg. à la Chambre des Comptes de Paris, anc.
mém. 2 N, fol. 166 v°. Arch. nat., invent.
PP. 119, p. 23. (Mention.)*
*Bibl. nat., ms. Clairambault 782, p. 313. (Men-
tion.)*

14698. Provisions pour Hugues Thibault de l'office 24 janvier.
de receveur des deniers communs de la ville
de Châlons-sur-Marne. 24 janvier 1545.

*Reçu à la Chambre des Comptes de Paris, le
22 février suivant, anc. mém. 2-N, fol. 96. Arch.
nat., invent. PP. 136, p. 552. (Mention.)*

14699. Lettres attribuant au Parlement de Grenoble la 26 janvier.
connaissance des poursuites faites contre les
détenteurs des terres du domaine, aliénées
pour autre cause que celle de la guerre.
Saint-Germain-en-Laye, 26 janvier 1545.

*Enreg. à la Chambre des Comptes de Grenoble.
Arch. de l'Isère, B. 2912, fol. 1. 2 pages 1/2.*

14700. Lettres ordonnant de parachever la réforma- 26 janvier.
tion des Eaux et forêts et de la gruerie des
comtés de Mantes et Meulan, et renvoyant
au siège de la Table de marbre tous les procès
dont l'instruction avait été commencée par
Pierre Hotman, commissaire primitivement
chargé de ladite réformation. Saint-Germain-
en-Laye, 26 janvier 1545.

*Enreg. à la Chambre des Eaux et forêts (siège de
la Table de marbre), le 30 janvier 1546 n. s. Arch.
nat., Z^{1e} 330, fol. 78 v°. 2 pages.*

14701. Exemption de tailles et subsides en faveur 26 janvier.
d'Adrien Sevin, contrôleur extraordinaire des

guerres, sa vie durant, pour services rendus
au siège de Landrecies. Saint-Germain-en-
Laye, 26 janvier 1545. — 1546.

> *Enreg. à la Cour des Aides de Paris. Arch. nat.,
> Recueil Cromo, U. 665, fol. 318. (Mention.)*

14702. Don à Jean de Herville, s^r de la Grange, — 26 janvier.
écuyer ordinaire de l'écurie, de 1500 livres
tournois, en récompense de ses services.
Saint-Germain-en-Laye, 26 janvier 1545.

> *Original, Arch. nat., K. 88, n° 15.*

14703. Provisions pour Guillaume de Marseille d'un — 27 janvier.
office de clerc auditeur en la Chambre des
Comptes de Paris, vacant par la résignation
de Jacques Luillier. Saint-Germain-en-Laye,
27 janvier 1545.

> *Reçu à la Chambre des Comptes, le 3 février sui-
> vant, anc. mém. 2 N, fol. 98. Arch. nat.,
> P. 2307, p. 853. (Mention.)*

14704. Lettres donnant commission à [Nicolas Dupré], — 28 janvier.
s^r de Passy, maître des requêtes, pour ravi-
tailler les places de Champagne, et à Antoine
Lyon, auditeur des comptes, pour examiner
les comptes des munitions, avec défenses à
la Cour des Aides d'en prendre connaissance.
Saint-Germain-en-Laye, 28 janvier 1545.

> *Enreg. à la Cour des Aides de Paris. Arch. nat.,
> Recueil Cromo, U. 665, fol. 318. (Mention.)*

14705. Mandement au Prévôt de Paris, aux baillis de — 29 janvier.
Meaux, Sens, Montargis, Étampes, Dour-
dan, Montfort-l'Amaury, Chartres, Mantes,
Senlis et Vitry, et au sénéchal de Châtellerault, de faire dresser les papiers censiers et
terriers des possessions de l'abbaye de Saint-
Germain-des-Prés de Paris, comprises et
situées dans leurs ressorts et juridictions.
Paris, 29 janvier 1545.

> *Copie du XVIe siècle. Arch. nat., S. 3112, fol. 4.
> 12 pages.*

14706. Ordonnance portant que les arrêts, commis- — 30 janvier.
sions et expéditions pour l'authenticité des-
quels le sceau royal est nécessaire, seront

v.   2

signés seulement par les notaires et secré- 1546.
taires du roi, maison et couronne de France.
Saint-Germain-en-Laye, 30 janvier 1545.

Original. Arch. nat., V^a 4, n° 271.
Enreg. à la Chancellerie de France. Arch. nat.,
Trésor des Chartes, JJ. 257¹, n° 7, fol. 5. 1 page.
Enreg. à la Cour des Aides de Normandie le
3 mars 1546 n. s. Arch. de la Seine-Inférieure,
Mémoriaux, 2° vol., fol. 555, 2 pages.

14707. Déclaration portant que le roi, en octroyant 31 janvier.
trois foires franches par an aux habitants de
Vitry-le-François, a entendu que la connaissance des contrats, obligations et engagements conclus à l'occasion desdites foires,
appartiendrait au bailli du lieu. Saint-Germain-en-Laye, 31 janvier 1545.

Entérinée au Parl. de Paris, le 1er mars 1546
n. s. Arch. nat., X^{1a} 1557, Conseil, fol. 268.
(Mention.)
Enreg. à la Cour des Aides de Paris. Arch. nat.,
Recueil Cromo, U. 665, fol. 318. (Mention.)

14708. Érection de la baronnie de Chevreuse en duché Janvier.
en faveur de Jean de Brosse, duc d'Étampes,
comte de Penthièvre, lieutenant général en
Bretagne, et d'Anne de Pisseleu, sa femme.
Paris, janvier 1545.[1]

Enreg. à la Chancellerie de France. Arch. nat.,
Trésor des Chartes, JJ. 257¹, n° 5, fol. 3 v°.
2 pages.
Imp. Le P. Anselme, Hist. généal. de la maison
royale de France, etc. Paris, in-fol., 1728, t. IV,
p. 342.

14709. Érection du comté de Nesle en marquisat, en Janvier.
faveur de Louis de Sainte-Maure, comte de
Nesle et de Joigny. Paris, janvier 1545.

Enreg. à la Chancellerie de France. Arch. nat.,
Trésor des Chartes, JJ. 257¹, n° 6, fol. 4. 2 pages.
Enreg. au Parl. de Paris, sauf réserve, à la suite
d'un mandement de Henri II, le 26 novembre 1548.
Arch. nat., X^{1a} 8616, fol. 211. 2 pages.
Arrêt d'enregistrement. Idem, X^{1a} 4935, Plaidoi-
ries, fol. 74.

_____

[1] Blanchard, dans sa *Compilation chronologique*, mentionne ces lettres
à la date erronée de décembre 1545.

14710. Édit de création d'un office d'auneur de draps et de peseur de marchandises à Caudebec, bailliage de Caux, en faveur de Jean Bagard. Paris, janvier 1545.

Enreg. à la Chancellerie de France. Arch. nat., Trésor des Chartes, JJ. 257¹, n° 26, fol. 14. 1 page.

1546. Janvier.

14711. Établissement de deux foires annuelles et d'un marché hebdomadaire à Griselles-le-Bocage, au bailliage de Sens. Paris, janvier 1545.

Enreg. à la Chancellerie de France. Arch. nat., Trésor des Chartes, JJ. 257¹, n° 9, fol. 6. 1 page.

Janvier.

14712. Permission aux habitants de Griselles-le-Bocage, au bailliage de Sens, de fortifier leur bourg. Paris, janvier 1545.

Enreg. à la Chancellerie de France. Arch. nat., Trésor des Chartes, JJ. 257¹, n° 10, fol. 6 v°. 1 page.

Janvier.

14713. Lettres portant création d'un marché hebdomadaire et de deux foires annuelles au bourg du Gué-de-Longroi, et autorisant les habitants à lever une somme de 1,200 livres pour clore ledit bourg de murailles et de fortifications. Paris, janvier 1545.

Original. Arch. municip. du Gué-de-Longroi (Eure-et-Loir).

Imp. Ed. Lefèvre, Documents historiques et statistiques sur les communes du canton d'Auneau. In-8°, t. I, 1868, p. 322-326.

Janvier.

14714. Permission aux habitants de Marles en Brie, bailliage de Meaux, de fortifier leur ville. Paris, janvier 1545.

Enreg. à la Chancellerie de France. Arch. nat., Trésor des Chartes. JJ. 257¹, n° 4, fol. 3. 1 page.

Janvier.

14715. Permission aux habitants de « Roche-l'Évêque[1] » au duché de Vendôme, diocèse du Mans, de fortifier leur bourg. Paris, janvier 1545.

Enreg. à la Chancellerie de France. Arch. nat., Trésor des Chartes, JJ. 257¹, n° 12, fol. 8. 1 page.

Janvier.

[1] Peut-être aujourd'hui les Roches, canton de Montoire-sur-le-Loir (Loir-et-Cher).

2.

14716. Permission aux habitants de Sepeaux en Champagne, bailliage de Troyes, de fortifier leur ville. Paris, janvier 1545.

> Enreg. à la Chancellerie de France. Arch. nat., Trésor des Chartes, JJ. 257¹, n° 15, fol. 9. 1 page.

1546.
Janvier.

14717. Permission aux religieux de Saint-Mard (Saint-Médard-lès-Soissons) de faire fortifier leur bourg de Vic-sur-Aisne. Paris, janvier 1545.

> Enreg. à la Chancellerie de France. Arch. nat., Trésor des Chartes, JJ. 257¹, n° 11, fol. 7 v°. 1 page.

Janvier.

14718. Lettres de légitimation accordées à Antoine-Jean de Beynac, dit Poton, fils naturel d'Arnaud de Beynac et de Jeanne de Montnegre. Paris, janvier 1545.

> Enreg. à la Chancellerie de France. Arch. nat., Trésor des Chartes, JJ. 257¹, n° 63, fol. 30 v°. 1 page.

Janvier.

14719. Don à Jacques de Chasseigne, sommelier du garde-manger de la cuisine de bouche, de 60 écus soleil à prendre sur le produit de la vente de l'office de sergent de la ville de Crépy, vacant par la mort de Jean Contesse. Boulogne-lès-Paris, janvier 1545.

> Original. Bibl. nat., ms. fr. 25723, n° 965.

Janvier.

14720. Déclaration portant que les constitutions de rentes faites au profit des églises du royaume à dix pour cent, seront payées sans contestation, mais qu'à l'avenir elles ne seront autorisées, sinon au denier douze. Saint-Germain-en-Laye, janvier 1545.

> Enreg. à la Chancellerie de France. Arch. nat., Trésor des Chartes, JJ. 257¹, n° 3, fol. 2 v°. 2 pages.

Janvier.

14721. Édit de création d'un office de receveur des exploits et amendes au siège des Eaux et forêts de Rouen. Saint-Germain-en-Laye, janvier 1545.

> Enreg. à la Chancellerie de France, Arch. nat., Trésor des Chartes, JJ. 257¹, n° 35, fol. 18. 1 page 1/2.

Janvier.

14722. Lettres de création d'un office de commissaire-priseur en la ville et banlieue d'Angers, et provisions dudit office pour Maurice Lemercier. Saint-Germain-en-Laye, janvier 1545.

> *Enreg. à la Chancellerie de France. Arch. nat., Trésor des Chartes, JJ. 257[1], n° 45, fol. 22 v°.* 1 page.

1546. Janvier.

14723. Permission à Philippe de Sarrebrück et à Louis et Jacques de Silly de fortifier leur ville d'Auneau, au bailliage de Chartres. Saint-Germain-en-Laye, janvier 1545.

> *Enreg. à la Chancellerie de France. Arch. nat., Trésor des Chartes, JJ. 257[1], n° 19, fol. 10 v°.* 1 page.

Janvier.

14724. Permission aux habitants de Beaufort-en-Vallée, en Anjou, de fortifier leur ville. Saint-Germain-en-Laye, janvier 1545.

> *Enreg. à la Chancellerie de France. Arch. nat., Trésor des Chartes, JJ. 257[1], n° 17, fol. 10.* 1 page.

Janvier.

14725. Permission à François de Culant, baron de Châteauneuf, de fortifier le bourg de Châtenoy, au bailliage de Nemours. Saint-Germain-en-Laye, janvier 1545.

> *Enreg. à la Chancellerie de France. Arch. nat., Trésor des Chartes, JJ. 257[1], n° 69, fol. 33.* 1 page.

Janvier.

14726. Permission à Charles Turpin, baron de Vihiers, seigneur de Crissé, de faire fortifier le bourg de Crissé (auj. Crissay), au bailliage de Chinon. Saint-Germain-en-Laye, janvier 1545.

> *Enreg. à la Chancellerie de France. Arch. nat., Trésor des Chartes, JJ. 257[1], n° 14, fol. 8 v°.* 1 page.

Janvier.

14727. Permission aux habitants de Gonesse de s'imposer pour relever les fortifications de leur ville. Saint-Germain-en-Laye, janvier 1545.

> *Enreg. à la Chancellerie de France. Arch. nat., Trésor des Chartes, JJ. 257[1], n° 32 bis, fol. 17.* 1 page.

Janvier.

14728. Lettres de création d'une foire annuelle à Mons

Janvier.

en Provence. Saint-Germain-en-Laye, janvier.   1546.
1545.

> *Enreg. à la Chancellerie de France. Arch. nat.,*
> *Trésor des Chartes, JJ. 257¹, n° 16, fol. 9 v°.*
> 1 page.

14729. Permission aux habitants de Montacher, au   Janvier.
bailliage de Sens, de fortifier leur ville. Saint-
Germain-en-Laye, janvier 1545.

> *Enreg. à la Chancellerie de France. Arch. nat.,*
> *Trésor des Chartes, JJ. 257¹, n° 20, fol. 11.*
> 1 page.

14730. Établissement de deux foires par an et d'un   Janvier.
marché chaque semaine à Montacher, au
bailliage de Sens. Saint-Germain-en-Laye,
janvier 1545.

> *Enreg. à la Chancellerie de France. Arch. nat.,*
> *Trésor des Chartes, JJ. 257¹, n° 21, fol. 11 v°.*
> 1 page.

14731. Permission à Gilbert d'Allègre de faire forti-   Janvier.
fier le bourg d'Obsonville en Gâtinais, bail-
liage de Nemours, dont il était seigneur.
Saint-Germain-en-Laye, janvier 1545.

> *Enreg. à la Chancellerie de France. Arch. nat.,*
> *Trésor des Chartes, JJ. 257¹, n° 27, fol. 14 v°.*
> 1 page.

14732. Permission aux habitants d'Heurouer (Ouzouer-   Janvier.
sur-Loire), au bailliage de Montargis, de for-
tifier leur bourg. Saint-Germain-en-Laye, janvier 1545.

> *Enreg. à la Chancellerie de France. Arch. nat.,*
> *Trésor des Chartes. JJ. 257¹, n° 41, fol. 21.*
> 1 page.

14733. Établissement de trois foires l'an et d'un marché   Janvier.
chaque semaine à Pougy-sur-Aube, en faveur
d'Antoine de Luxembourg, comte de Brienne
et seigneur de Pougy. Saint-Germain-en-Laye,
janvier 1545.

> *Enreg. à la Chancellerie de France. Arch. nat.,*
> *Trésor des Chartes. JJ. 257¹, n° 33, fol. 17.*
> 1 page.

14734. Établissement de trois foires l'an et d'un mar-   Janvier.

ché chaque semaine à Rouvray-Saint-Denis, au bailliage d'Orléans, accordé au cardinal de Bourbon, seigneur du lieu, à cause de son abbaye de Saint-Denis. Saint-Germain-en-Laye, janvier 1545.

1546.

> *Enreg. à la Chancellerie de France. Arch. nat., Trésor des Chartes, JJ. 257¹, n° 22, fol. 12.*
> 1 page.

14735. Permission au cardinal de Bourbon, abbé de Saint-Denis, de faire fortifier le bourg de Rouvray-Saint-Denis, au bailliage d'Orléans. Saint-Germain-en-Laye, janvier 1545.

Janvier.

> *Enreg. à la Chancellerie de France. Arch. nat., Trésor des Chartes, JJ. 257¹, n° 23, fol. 12 v°.*
> 1 page.

14736. Lettres de création d'une foire annuelle à Saint-Clair-sur-Epte, au bailliage de Senlis, dont le prieuré dépend de l'abbaye de Saint-Denis. Saint-Germain-en-Laye, janvier 1545.

Janvier.

> *Enreg. à la Chancellerie de France. Arch. nat., Trésor des Chartes, JJ. 257¹, n° 31, fol. 16. 1 page.*

14737. Édit de création d'un office de notaire royal à Saint-Seine-sur-Vingeanne, au bailliage de Dijon. Saint-Germain-en-Laye, janvier 1545.

Janvier.

> *Enreg. à la Chancellerie de France. Arch. nat., Trésor des Chartes, JJ. 257¹, n° 25, fol. 13 v°.*
> 1 page.
> *Enreg. au Parl. de Dijon, le 13 mars suivant. Arch. de la Côte-d'Or, Parl., reg. IV, fol. 22.*

14738. Permission aux chanoines de la cathédrale de Sens de faire fortifier leur bourg de Soucy, au bailliage de Sens. Saint-Germain-en-Laye, janvier 1545.

Janvier.

> *Enreg. à la Chancellerie de France. Arch. nat., Trésor des Chartes, JJ. 257¹, n° 34, fol. 17 v°.*
> 1 page.

14739. Permission aux habitants de Villiers-la-Grange, au duché de Bourgogne, de fortifier ce bourg. Saint-Germain-en-Laye, janvier 1545.

Janvier.

> *Enreg. à la Chancellerie de France. Arch. nat., Trésor des Chartes, JJ. 257¹, n° 39, fol. 20.*
> 1 page.

14740. Permission à Émilio Cavriano, chevalier italien au service de François Ier, d'ajouter une fleur de lis à ses armes. Saint-Germain-en-Laye, janvier 1545.

> *Enreg. à la Chancellerie de France. Arch. nat.; Trésor des Chartes, JJ. 257[1], n° 42, fol. 21 v°.* 1 page.

1546. Janvier.

14741. Lettres de légitimation accordées à Blaise Cantabole, fils naturel de Hugues Cantabole, prêtre, et de Jeanne Depech. Saint-Germain-en-Laye, janvier 1545.

> *Enreg. à la Chancellerie de France. Arch. nat., Trésor des Chartes, JJ. 257[1], n° 49, fol. 24 v°.* 1 page.

Janvier.

14742. Lettres de légitimation accordées à Robert de Coustes, fils naturel de feu Gaucher de Coustes, chevalier, seigneur de Pavant au diocèse de Soissons, et de Nicole Boucquet. Saint-Germain-en-Laye, janvier 1545.

> *Enreg. à la Chancellerie de France. Arch. nat., Trésor des Chartes, JJ. 257[1], n° 18, fol. 10 v°.* 1 page.

Janvier.

14743. Lettres de légitimation accordées à Jeanne, fille naturelle de Jean Gaillard, de la paroisse du Monétier-de-Briançon en Dauphiné, et de Catherine Albert. Saint-Germain-en-Laye, janvier 1545.

> *Enreg. à la Chancellerie de France. Arch. nat., Trésor des Chartes, JJ. 257[1], n° 24, fol. 13.* 1 page.

Janvier.

14744. Lettres de légitimation accordées à Claude Planche, fils naturel de Claude Planche, teinturier de Lyon. Saint-Germain-en-Laye, janvier 1545.

> *Enreg. à la Chancellerie de France. Arch. nat., Trésor des Chartes, JJ. 257[1], n° 32, fol. 16 v°.* 1 page.

Janvier.

14745. Lettres de légitimation accordées à Nicolas Tioux, clerc, habitant d'Aix en Provence, fils naturel de Thomas Tioux, dudit lieu, et

Janvier.

de Béatrix Léols. Saint-Germain-en-Laye, 1546, janvier 1545.

Enreg. à la Chancellerie de France. Arch. nat.,
Trésor des Chartes, JJ. 257¹, n° 28, fol. 15.
1 page.

14746. Lettres de naturalité en faveur de Claude Barillier, natif de Fontenay en Savoie, habitant de Tarascon. Saint-Germain-en-Laye, janvier 1545.   Janvier.

Enreg. à la Chancellerie de France. Arch. nat.,
Trésor des Chartes, JJ. 257¹, n° 29, fol. 15 v°.
1 page.

14747. Lettres de naturalité en faveur de Jean Deloys, d'Avignon. Saint-Germain-en-Laye, janvier 1545.   Janvier.

Enreg. à la Chancellerie de France. Arch. nat.,
Trésor des Chartes, JJ. 257¹, n° 30, fol. 15 v°.
1 page.

14748. Lettres de naturalité en faveur de dom Jean Du Mez, religieux, prévôt de Barisis près Coucy, dépendance de l'abbaye de Saint-Amand, natif de Tournay. Saint-Germain-en-Laye, janvier 1545.   Janvier.

Enreg. à la Chancellerie de France. Arch. nat.,
Trésor des Chartes, JJ. 257¹, n° 40, fol. 20 v°.
1 page.

14749. Lettres de noblesse accordées à Edmond du Boullay, héraut d'armes de France (et de Lorraine. Saint-Germain-en-Laye, janvier 1545.   Janvier.

Imp. d'après l'original. Travaux de l'Académie
de Reims, in-8°, t. LXXI, 1883, p. 348.

14750. Création d'une chambre à sel à Boiscommun en Gâtinais. Janvier 1545.   Janvier.

Enreg. à la Cour des Aides de Paris. Arch. nat.,
Recueil Cromo, U. 665, fol. 319. (Mention.)
Enreg. à la Chambre des Comptes de Paris, anc.
mém. 2, N, fol. 127. Arch. nat., AD.IX 126,
n° 36, et PP. 136, p. 552. (Mentions.)

14751. Lettres portant que les octrois et péages de Boiscommun en Gâtinais seront affectés à   Janvier.

v.   3

l'entretien des murs, chaussées et pavés de la   1546.
ville. Janvier 1545.

> *Histoire manuscrite de Boiscommun.* (*Mention.*)
> *Communication de M. Simon*, président du tri-
> bunal de Gien.

14752. Lettres de don à Jacques Luillier, premier   1ᵉʳ février.
président de la Cour des Aides de Paris,
d'une pension annuelle de 600 livres. 1ᵉʳ février 1545.

> *Enreg. à la Chambre des Comptes de Paris, sur*
> *lettres de jussion du 3 mai, le 18 mai 1546,* anc.
> mém. 2 N, fol. 136. Arch. nat., invent. PP. 136,
> p. 553. (*Mention.*)

14753. Don à François Bobier, dit Macart, hâteur à   3 février.
la cuisine de bouche, de 20 écus d'or à
prendre sur le produit de la vente de l'office
de notaire royal au village du Mas, vacant
par la mort de Guy de Lafourcade. Saint-
Germain-en-Laye, 3 février 1545.

> *Original. Bibl. nat., ms. fr. 25723, n° 966.*

14754. Ordonnance prescrivant l'imposition sur tous   4 février.
les habitants des villes closes du royaume,
tant laïques qu'ecclésiastiques, d'une somme
de 600,000 livres pour la solde de l'armée
levée contre le roi d'Angleterre. Saint-Germain-en-Laye, 4 février 1545.

> *Copie du* xvıᵉ *siècle. Arch. municip. de Beaune*
> (*Côte-d'Or*). *Contributions*, n° 27.

14755. Lettres portant continuation pour cinq ans, en   4 février.
faveur des habitants de Dijon, de la presta-
tion dite des marcs. Saint-Germain-en-Laye,
4 février 1545.

> *Enreg. à la Chambre des Comptes de Dijon. Arch.*
> *de la Côte-d'Or,* B. 20. fol. 168.

14756. Commission au sénéchal de Toulouse de ré-   4 février.
partir sur sa sénéchaussée et lever la somme
de 50,000 livres tournois, part contributive
de ce pays au subside de 600,000 livres
tournois imposé sur les villes closes du
royaume, en vue d'une levée de vingt-cinq

mille hommes de pied. Saint-Germain-en-   1546.
Laye, 4 février 1545.

Copie du XVI⁰ siècle. Arch. départ. des Basses-Pyrénées. B. 2113.

14757. Mandement à l'évêque d'Agen de faire accorder   4 février.
par son clergé et lever ensuite une somme
de 22,380 livres tournois, équivalant à
quatre décimes, qui devra être remise au receveur des finances d'Agen, moitié au 1ᵉʳ avril
et moitié au 1ᵉʳ juillet. Saint-Germain-en-
Laye, 4 février 1545.

Expédition authentique. Bibl. nat., ms. fr. 25723, n° 968.

14758. Mandement à l'évêque de Die de convoquer   4 février.
les gens d'église de son diocèse et de leur
demander au nom du roi pour la prochaine
guerre un don gratuit de 4,848 livres tournois,
équivalant à quatre décimes. Saint-Germain-
en-Laye, 4 février 1545.

Original. Bibl. nat., ms. fr. 20405, fol. 23.

14759. Mandement au cardinal de Givry, évêque de   4 février.
Langres, de faire accorder par son clergé et
lever une somme de 23,782 livres tournois,
équivalant à quatre décimes, qui devra être
payée en deux fois au receveur général des
finances de Reims, au 1ᵉʳ juin et au 1ᵉʳ juillet.
Saint-Germain-en-Laye, 4 février 1545.

Expédition authentique. Bibl. nat., ms. fr. 25723, n° 969.

14760. Mandement à l'évêque de Nîmes de faire   4 février.
assembler les gens d'église et le clergé de
son diocèse et de leur demander au nom du
roi un don gratuit de 14,192 livres tournois,
payable la moitié le 1ᵉʳ avril prochain et
l'autre moitié le 1ᵉʳ juillet. Saint-Germain-en-
Laye, 4 février 1545.

Original. Bibl. nat., ms. fr. 22405, fol. 39.

14761. Mandement au cardinal de Bourbon, ar-   4 février.
chevêque de Sens, de faire accorder par son
clergé et lever ensuite une somme de

28,872 livres tournois, équivalant à quatre décimes, qui devra être remise au receveur des finances de Paris, moitié au 1ᵉʳ avril et moitié au 1ᵉʳ juillet. Saint-Germain-en-Laye, 4 février 1545.

1546.

> *Expédition authentique. Bibl. nat., ms. fr. 25723, n° 967.*

14762. Commission aux officiers des tailles et des aides de Saintonge et gouvernement de la Rochelle, de faire payer au corps de ville de Saintes le droit sur le vin appelé *souchet*. Saint-Germain-en-Laye, 5 février 1545.

5 février.

> *Copie du xviiiᵉ siècle. Bibl. municip. de Poitiers, coll. dom Fonteneau, t. XXVII bis, p. 451.*

14763. Don à François Du Theil, sommelier de l'échansonnerie de bouche, de 60 écus d'or à prendre sur le produit de la vente de l'office de sergent royal à Bléré, au bailliage de Tours, vacant par la mort de Jean Gandouin. Saint-Germain-en-Laye, 5 février 1545.

5 février.

> *Original. Bibl. nat., ms. fr. 25723, n° 970.*

14764. Lettres autorisant la fabrication en la Monnaie de Rouen de testons et de demi-testons, durant une année, jusqu'à concurrence de 300 marcs d'argent, pour utiliser les lingots et vaisselle livrés en la Monnaie par les changeurs et marchands. Paris, 8 février 1545.

8 février.

> *Enreg. à la Cour des Monnaies, le 17 mars 1546 n. s. Arch. nat., Z^{1b} 63, fol. 209. 2 pages.*

14765. Provisions de l'office de général des finances de Bourgogne pour Philippe Merlan, en remplacement de Cluny Thunot. Fresnes, 12 février 1545.

12 février.

> *Enreg. à la Chambre des Comptes de Dijon, le 20 mars 1546 n. s. Arch. de la Côte-d'Or, B. 19, fol. 71 v°.*

14766. Don à Jacques de Caux, écuyer de la cuisine de bouche, de 60 écus d'or à prendre sur le produit de la vente de l'office de sergent royal au bailliage de Nemours, vacant par la

12 février.

mort de Marc Leroy. La Roche-Guyon, 1546.
12 février 1545.

> *Original. Bibl. nat., ms. fr. 25723, n° 971.*

14767. Ordonnance portant que tous les habitants de 15 février.
Normandie ayant au moins 150 livres de
revenu devront se munir d'armes, de façon à
pouvoir s'opposer à la descente que les Anglais veulent faire sur les côtes du duché.
Heubécourt, 15 février 1545.

> *Copie du xvii* siècle. Bibl. nat., coll. Dupuy,
> vol. 486, fol. 100.*

14768. Don à Mathurin Girard, valet de la garde-robe 15 février.
du roi, de 60 écus d'or à prendre sur le pro-
duit de la vente d'un office de notaire royal à
Senlis, vacant par la mort de Nicolas Nou-
dart. Heubécourt, 15 février 1545.

> *Original. Bibl. nat., ms. fr. 25723, n° 972.*

14769. Lettres ordonnant le rétablissement de la Mon- 17 février.
naie de Montélimar. Leuville, 17 février
1545 [1].

> *Enreg. à la Cour des Monnaies. Arch. nat.,
> Z¹ᵇ 63, fol. 208 v°. 2 pages.*

14770. Don à Pierre Dumoulin, sommelier de l'échan- 18 février.
sonnerie de bouche, de 50 écus d'or à
prendre sur le produit de la vente d'un office
de notaire royal au bailliage de Châlons,
vacant par la mort de Lazare Coste. Heubécourt, 18 février 1545.

> *Original. Bibl. nat., ms. fr. 25723, n° 973.*

14771. Lettres de relief de surannation pour l'entérine- 19 février.
ment et la mise à exécution des provisions
de sergent de la forêt de Saint-Germain-en-
Laye, données le 2 janvier 1539 n. s.
(n° 10612) en faveur de Claude Rafferon.
Vernon, 19 février 1545.

> *Enreg. à la Chambre des Eaux et forêts (siège de*

---

[1] Cette date, ainsi transcrite sur le registre, paraît inexacte, Leuville, canton d'Arpajon (Seine-et-Oise), se trouvant trop en dehors de
l'itinéraire du roi. Il n'est pas inutile de faire remarquer que la terre
de Leuville appartenait au chancelier, François Olivier.

la Table de marbre), le 8 mars 1546 n. s. Arch.   1546.
nat., Z¹ᵃ 330, fol. 103 v°. 1 page 1/2.

14772. Lettres évoquant au siège de la Table de marbre   21 février.
    les procès relatifs aux droits d'usage préten-
    dus sur les forêts du comté de Dunois. Saint-
    Germain-en-Laye, 21 février 1545.

> *Enreg. à la Chambre des Eaux et forêts (siège de*
> *la Table de marbre), le 1ᵉʳ décembre 1546. Arch.*
> *nat., Z¹ᵃ 330 (anc. Z. 4587), fol. 193 v°. 2 pages.*

14773. Provisions pour François Sanglier, sur la rési-   21 février.
    gnation de Pierre Macaire, d'un office d'huis-
    sier sergent en la chambre des Eaux et
    forêts. Paris, 21 février 1545.

> *Enreg. aux Eaux et forêts (siège de la Table de*
> *marbre), le 11 mars 1546 n. s. Arch. nat., Z¹ᵃ 330,*
> *fol. 106. 1 page.*

14774. Provisions de l'office de receveur des exploits,   21 février.
    amendes et confiscations des Eaux et forêts
    de France, pour Mathurin Patu, en rem-
    placement de Jacques Vauloué, décédé.
    Paris, 21 février 1545.

> *Enreg. aux Eaux et forêts (siège de la Table de*
> *marbre), le 19 mars 1546 n. s. Arch. nat., Z¹ᵃ 330,*
> *fol. 111. 1 page.*

14775. Provisions de l'office de procureur du roi sur   21 février.
    le fait des aides et tailles en l'élection de
    Melun, vacant par la résignation de Jean
    Pinot, en faveur de Denis de Bruneaux qui
    l'a lui-même résigné au profit de Jean Bour-
    don. 21 février 1545.

> *Bibl. nat., ms. fr. 5127, fol. 6 v°. (Mention.)*

14776. Lettres de rappel de ban en faveur d'Antoine   22 février.
    de Vernier, sᵣ de Châteaubon, condamné par
    arrêt du Parlement de Paris, pour violences
    exercées par lui avec d'autres gens de guerre
    et aventuriers à Cerisiers au bailliage de
    Sens. Paris, 22 février 1545.

> *Entérinées au Parl., le 26 du même mois. Arch.*
> *nat., X²ᵃ 100 (à la date), 3 pages.*

14777. Mandement au Parlement de Paris pour l'enre-   23 février.

gistrement des lettres de garde-gardienne   1546.
de décembre 1518 (n° 923), en faveur de
l'abbaye de Vauluisant. Paris, 23 février
1545.

> *Enreg. au Parl. de Paris. Arch. nat., X¹ᵃ 8615,*
> *fol. 343. 1 page 1/2.*

14778. Provisions en faveur de Jacques de Genouilhac,   23 février.
dit Galyot, grand écuyer de France, maître et
capitaine général de l'artillerie, de la charge
de lieutenant général en Languedoc, en remplacement du comte d'Enghien, décédé. Garennes [1], 23 février 1545.

> *Enreg. au Parl. de Toulouse, le 26 mars 1546*
> *n. s. Arch. de la Haute-Garonne, Édits, reg. 5,*
> *fol. 172.*
> *Copie du XVIIᵉ siècle. Bibl. nat., ms. Clairam-*
> *bault 957, fol. 189.*
> *Imp. Dom Vaissète, Hist. générale de Languedoc.*
> *Paris, 1745, in-fol., t. V, Preuves, col. 105.*

14779. Provisions en faveur de Jean de Bourbon de   23 février.
la charge de capitaine de cinquante lances
des ordonnances du roi, vacante par la mort
du duc d'Enghien, son frère. Garennes,
23 février 1545.

> *Bibl. nat., ms. fr. 5127, fol. 3. (Mention.)*

14780. Provisions pour Balthazar de Rotelenge d'un   25 février.
office de sergent à cheval au Châtelet de
Paris, en remplacement et sur la résignation
de Jean Moussot. Paris, 25 février 1545.

> *Bibl. nat., ms. fr. 5127, fol. 6. (Mention.)*

14781. Lettres portant confirmation des statuts des   27 février.
marchands merciers grossiers de la ville de
Rouen. Paris, 27 février 1545.

> *Imp. Statuts, ordonnances et réglemens des mar-*
> *chands merciers drapiers de la ville de Rouen.* Rouen,
> *1732, in-4°, p. 35. (Bibl. nat., F. 13097.)*

14782. Mandement aux officiers des sièges royaux de   27 février.
prêter assistance à l'abbé de Saint-Rémy de

---

[1] Sans doute Varennes sur l'Yerres, canton de Boissy-Saint-Léger,
Seine-et-Oise.

Reims, ou à ses vicaires, lors de leur visite   1546.
des prieurés et bénéfices dépendant de cette
abbaye. Paris, 27 février 1545.

*Arch. municip. de Reims, fonds de Saint-Rémy,
liasse 392, n° 2.*

14783. Don à Antoine François, archer des toiles de   27 février.
la vénerie, de l'office de forestier du bois de
Saint-Victor-sur-Loire en Forez, vacant par
le décès de Jean Mélinot, pour en faire son
profit. Beynes, 27 février 1545 [1].

Bibl. nat., ms. fr. 5127, fol. 21 v°. (Mention.)

14784. Lettres ordonnant de procéder à la réforma-   28 février.
tion des forêts appartenant à Claude d'Urfé,
sises dans le duché de Berry, pour obvier aux
défrichements et coupes de bois faites en
vertu de prétendus droits d'usage par les habitants et communautés du pays. Saint-Germain-en-Laye, 28 février 1545.

*Enregi. à la Chambre des Eaux et forêts (siège
de la Table de Marbre), le 16 août 1546. Arch.
nat., Z¹° 330, fol. 163, 2 pages.*

14785. Lettres de prolongation des deux foires d'At-   Février.
tigny au bailliage de Vermandois, et établis-
sement d'une troisième foire audit lieu.
Saint-Germain-en-Laye, février 1545.

*Enreg. à la Chancellerie de France. Arch. nat.,
Trésor des Chartes, JJ. 257ᵃ, n° 46, fol. 23.
1 page.*

14786. Permission aux habitants d'Avize, au bailliage   Février.
d'Épernay, de fortifier leur bourg. Saint-Germain-en-Laye, février 1545.

*Enreg. à la Chancellerie de France. Arch. nat.,
Trésor des Chartes, JJ. 257ᵃ, n° 44, fol. 22 v°.
1 page.*

14787. Permission aux habitants de Beaugency de   Février.
fermer une porte de leur ville et d'en ouvrir

[1] Peut-être faudrait-il corriger « 1546 ». Le manuscrit porte en note :
« Ledit office a depuis esté expédié au nom de Françoys Dinasse. »

une autre dans l'enceinte des fortifications. 1546.
Saint-Germain-en-Laye, février 1545.

Enreg. à la Chancellerie de France. Arch. nat.,
Trésor des Chartes, JJ. 257¹, n° 50, fol. 25.
1 page.

14788. Lettres de légitimation accordées à François
de Coffou, teinturier, demeurant à Paris, fils
naturel de feu Nicole de Coffou. Saint-Germain-en-Laye, février 1545.

Février.

Enreg. à la Chancellerie de France. Arch. nat.,
Trésor des Chartes, JJ. 257¹, n° 51, fol. 25. 1 page.

14789. Lettres de naturalité en faveur du capitaine
Pierre Salcedo, natif d'Espagne, en récompense de ses services. Saint-Germain-en-Laye,
février 1545.

Février.

Enreg. à la Chancellerie de France. Arch. nat.,
Trésor des Chartes, JJ. 257¹, n° 61, fol. 29. 1 page.

14790. Permission à Jacques de la Montagne, écuyer,
de faire reconstruire en forme de château
fortifié une maison et place forte qu'il possédait à Louvemont, au bailliage de Chaumont
en Bassigny, et où il demeurait le plus ordinairement avec sa famille, maison qui fut
brûlée et ruinée par les impériaux en 1544.
Heubécourt, février 1545.

Février.

Enreg. à la Chancellerie de France. Arch. nat.,
Trésor des Chartes, JJ. 257¹, n° 155, fol. 51 v°.
1 page.

14791. Édit de création de quatre offices de sergents
à cheval à Évreux, à l'instar de ceux du Châtelet de Paris. Paris, février 1545.

Février.

Enreg. à la Chancellerie de France. Arch. nat.,
Trésor des Chartes, JJ. 257¹, n° 47, fol. 23 v°.
1 page.

14792. Édit de suppression de l'office de receveur des
deniers communs de Tours, la ville comptant
parmi ses privilèges celui d'élire elle-même
ses receveurs. Paris, février 1545.

Février.

Enreg. à la Chancellerie de France. Arch. nat.,
Trésor des Chartes, JJ. 257¹, n° 95, fol. 49.
1 page.

IMPRIMERIE NATIONALE.

14793. Déclaration en faveur de l'évêque et du cha- 1546.
pitre de Tarbes. Les constitutions de rentes Février.
à dix pour cent faites en leur faveur par le
passé sont maintenues en vigueur, mais à
l'avenir elles devront être passées au denier
douze. Paris, février 1545.

Enreg. à la Chancellerie de France. Arch. nat.,
Trésor des Chartes, JJ. 257¹, n° 102, fol. 53 v°.
2 pages.
Enreg. au Parl. de Toulouse, par arrêt du 12 fé-
vrier 1547 n. s. Arch. de la Haute-Garonne, Édits,
reg. 5, fol. 209, 2 pages 1/2.

14794. Établissement de deux foires annuelles et d'un Février.
marché chaque semaine, le jeudi, à Antony
près Bourg-la-Reine, en la prévôté de Paris,
accordé à la requête de l'abbé de Saint-Germain-des-Prés. Paris, février 1545.

Enreg. à la Chancellerie de France. Arch. nat.,
Trésor des Chartes, JJ. 257¹, n° 55, fol. 26 v°.
1 page.

14795. Permission aux habitants d'Arcis-sur-Aube de Février.
fortifier leur ville. Paris, février 1545.

Enreg. à la Chancellerie de France. Arch. nat.,
Trésor des Chartes, JJ. 257¹, n° 52, fol. 25 v°.
1 page.

14796. Permission aux habitants de Cérilly, dans le Février.
duché de Bourgogne, de fortifier leur bourg.
Paris, février 1545.

Enreg. à la Chancellerie de France. Arch. nat.,
Trésor des Chartes, JJ. 257¹, n° 58, fol. 28.
1 page.

14797. Permission aux habitants de Morée, au bail- Février.
liage de Blois, de fortifier leur ville. Paris,
février 1545.

Enreg. à la Chancellerie de France. Arch. nat.,
Trésor des Chartes, JJ. 257¹, n° 60, fol. 29.
1 page.

14798. Permission aux habitants de Neuville-sur-Seine Février.
sous Gyé-sur-Seine, au bailliage de Sens, de
fortifier leur ville. Paris, février 1545.

Enreg. à la Chancellerie de France. Arch. nat.,
Trésor des Chartes, JJ. 257¹, n° 59, fol. 28 v°.
1 page.

14799. Permission au cardinal de Tournon, abbé de
Saint-Germain-des-Prés, de faire fortifier le
bourg de Thiais près Villejuif, en la prévôté
de Paris. Paris, février 1545.

*Enreg. à la Chancellerie de France. Arch. nat.,
Trésor des Chartes, JJ. 257¹, n° 53, fol. 26.
1 page.*

1546.
Février.

14800. Établissement de deux foires par an et d'un
marché chaque semaine à Thiais. Paris, février 1545.

*Enreg. à la Chancellerie de France. Arch. nat.,
Trésor des Chartes, JJ. 257¹, n° 53, fol. 26 v°.
1 page.*

Février.

14801. Permission aux habitants de Villhines-en-Dues-
mois, au duché de Bourgogne, de fortifier ce
bourg. Paris, février 1545.

*Enreg. à la Chancellerie de France. Arch. nat.,
Trésor des Chartes, JJ. 257¹, n° 57, fol. 27 v°.
1 page.*

Février.

14802. Lettres de légitimation accordées à Marc de la
Vacquerie, écuyer, demeurant au comté
d'Eu, fils naturel de feu Jean de la Vacquerie, écuyer, seigneur du lieu, et de Catherine Rofflart. Paris, février 1545.

*Enreg. à la Chancellerie de France. Arch. nat.,
Trésor des Chartes, JJ. 257¹, n° 96, fol. 50. 1 page.*

Février.

14803. Lettres de naturalité en faveur de Gabriel
Dorin, né à Avignon et habitant ordinairement cette ville. Paris, février 1545.

*Enreg. à la Chancellerie de France. Arch. nat.,
Trésor des Chartes, JJ. 257¹, n° 68, fol. 33. 1 page.*

Février.

14804. Lettres de naturalité en faveur de Jacques
Ménart, natif du diocèse d'Aoste en Savoie,
établi et marié en France depuis quarante
ans. Paris, février 1545.

*Enreg. à la Chancellerie de France. Arch. nat.,
Trésor des Chartes, JJ. 257¹, n° 48, fol. 24. 1 page.*

Février.

14805. Ordonnance pour la répression du crime de
péculat, et règlement de la pénalité en cette
matière. Le coupable sera puni de confiscation de corps et de biens et de la privation de

1ᵉʳ mars.

4.

la noblesse, s'il est noble. Saint-Germain-en-
Laye, 1er mars 1545.

*Enreg. au Parl. de Paris, le 22 mars 1546 n. s.
Arch. nat., X1a 8615, fol. 197 v°. 1 page 1/2.*

*Enreg. à la Chambre des Comptes de Paris, le
24 mars 1546 n. s. Arch. nat., P. 2307, p. 881.
6 pages.*

*Enreg. à la Cour des Aides de Paris. Copie colla-
tionnée faite par ordonnance de cette cour, le 26 avril
1778. Arch. nat., Z1a 527.*

*Enreg. au Parl. de Bordeaux, le 1er avril 1546
n. s. Arch. de la Gironde, B. 32, fol. 100.
1 page 1/2.*

*Enreg. au Parl. de Dijon. Arch. de la Côte-d'Or,
Parl., reg. IV, fol. 22 v°.*

*Enreg. au Parl. de Toulouse, le 29 mars 1546
n. s. Arch. de la Haute-Garonne, Édits, reg. 5,
fol. 167. 2 pages.*

*Enreg. à la Chambre des Comptes de Grenoble,
le 16 mars 1547 n. s. Arch. de l'Isère, B. 2911,
cah. 48.*

*Enreg. à la Chambre des Comptes de Montpellier.
Arch. départ. de l'Hérault, B. 343, fol. 216.
8 pages.*

*Imp. Pièce in-4°. Arch. nat., AD.I 26 et AD.IX
126, n° 38. 6 pages.*

*Autre pièce in-4°. Paris, Imprimerie royale,
1726. Arch. nat., AD.I 26, et Bibl. nat., 4° F. Paquets. 7 pages.*

P. Rebuffi, *Les édits et ordonnances des rois de
France.* Lyon, 1573, in-fol., p. 788.

A. Fontanon, *Édits. et ordonnances, etc.* Paris,
1611, in-fol., t. II, p. 629.

S. Fournival, *Recueil général des titres concernant les fonctions, etc. des trésoriers de France.* Paris, 1655, in-fol., p. 169.

Isambert, *Anc. lois françaises, etc.* Paris, 1827,
in-8°, t. XII, p. 902.

14806. Lettres ordonnant à tous receveurs des deniers
royaux et à tous comptables d'envoyer au
trésorier de l'épargne les deniers formant le
reliquat des années précédentes, jusqu'au
1er janvier de l'année courante, sous peine
du quadruple et de privation de leurs offices.
Saint-Germain-en-Laye, 1er mars 1545.

*Enreg. à la Chambre des Comptes de Paris, le
24 mars 1546 n. s. Arch. nat., P. 2307, p. 891.
3 pages.*

Enreg. à la Cour des Aides de Paris. Copie colla-

tionnée faite par ordre de ladite cour, le 26 avril   1546.
1778. Arch. nat., Z¹ᵃ 527.
      Enreg. à la Chambre des Comptes de Dijon, le
22 mars suivant. Arch. de la Côte-d'Or, reg. B. 20,
fol. 217 v°.
      Enreg. à la Chambre des Comptes de Grenoble.
Arch. de l'Isère, B. 2911, cah. 48.
      Enreg. à la Chambre des Comptes de Montpellier.
Arch. départ. de l'Hérault, B. 343, fol. 220.
3 pages.
      Imp. Pièce in-4°. Arch. nat., AD.I 26 et AD.IX
126, n° 40. 3 pages.
      Autre pièce in-8°, s. d. Paris, Félix Guybert.
Bibl. nat., 8° F. Actes royaux (cantons).
      Autre pièce in-4°. Paris, imp. royale, 1726.
Bibl. nat., 4° F. Paquets.
      Les loix, ordonnances et édictz depuis le roy
S. Lois.... Paris, Galiot du Pré, 1559, in-fol.
fol. 203 r°.
      P. Rebuffi, Les édits et ordonnances des rois de
France, Lyon, 1573, in-fol., p. 799.
      A. Fontanon, Édits et ordonnances, etc. Paris,
1611, in-fol., t. II, p. 631.

14807. Lettres enjoignant à tous propriétaires, tenan-   1ᵉʳ mars.
      ciers et laboureurs de terres sujettes à la
      dîme, dans le diocèse de Chartres, d'avertir
      les décimateurs avant d'enlever les fruits.
      Saint-Germain-en-Laye, 1ᵉʳ mars 1545.

            Imp. A. Fontanon, Édits et ordonnances, etc.
      Paris, 1611, in-fol., t. IV, p. 513.
            J. Le Gentil, Recueil des actes, titres et mémoires,
      concernant les affaires du clergé de France... Paris,
      1675, in-fol., t. III, 1ʳᵉ partie, p. 3.
            Isambert, Anc. lois françaises, etc. Paris, 1827,
      in-8°, t. XII, p. 906.

14808. Provisions de l'office de bailli du Bugey pour   1ᵉʳ mars.
      Claude de Montchenu, en remplacement du
      sʳ de Montchenu, son beau-père. Saint-Ger-
      main-en-Laye, 1ᵉʳ mars 1545.

            Enreg. au Parl. de Dijon, le 17 septembre 1546.
      Arch. de la Côte-d'Or, Parl., reg. IV, fol. 35 v°.

14809. Lettres portant que les privilèges des foires   1ᵉʳ mars.
      concédées à la ville de Tours et la juridic-
      tion du conservateur de ces privilèges, qui
      est le bailli de Touraine, doivent être en tout

conformes et semblables à ceux des foires de Lyon. Saint-Germain-en-Laye, 1ᵉʳ mars 1545.

> *Arrêt d'enregistrement du Parl. de Paris, le 6 avril suivant. Arch. nat., X¹ᵃ 1557, Conseil, fol. 387.*

14810. Mandement aux trésoriers des guerres de payer à Lancelot de Canlers, archer de la compagnie du seigneur Du Biez, qui avait été emprisonné, mais qu'une sentence du lieutenant de la prévôté de l'hôtel avait absous, tout ce qui lui aurait été dû pour ses gages s'il n'avait pas été arrêté. Saint-Germain-en-Laye, 1ᵉʳ mars 1545.

> *Original. Bibl. nat., ms. fr. 25723, n° 974.*

14811. Mandement à Jean Laguette, trésorier et receveur général des finances extraordinaires et parties casuelles, de payer des deniers provenant de la vente de l'office de notaire royal à Arlet en la sénéchaussée d'Auvergne, vacant par la mort de Pierre Roux, à Simon Massiguet, saucier de la cuisine du roi, 30 écus d'or que le roi lui a donnés en sus de ses gages ordinaires pour le récompenser de ses bons services, Saint-Germain-en-Laye, 2 mars 1545.

> *Original. Bibl. nat., Nouv. acquisitions franç., ms. 1483, n° 84.*

14812. Lettres prescrivant la recherche et la poursuite des usurpations du domaine, commises dans l'étendue de la châtellenie d'Aisey-le-Duc en Bourgogne. Saint-Germain-en-Laye, 2 mars 1545.

> *Enreg. à la Chambre des Comptes de Dijon. Arch. de la Côte-d'Or, reg. B. 19, fol. 72.*

14813. Lettres portant confirmation générale des pouvoirs et provisions des officiers nommés par le duc d'Orléans, fils du roi, dans son apanage. Saint-Germain-en-Laye, 3 mars 1545.

> *Enreg. au Parl. de Paris, sauf réserve, le 15 mars*

1546.

1ᵉʳ mars.

2 mars.

2 mars.

3 mars.

1546 n. s. Arch. nat., X^{1a} 8615, fol. 237 v°.   1546.
4 pages.
    Arrêt d'enregistrement. Idem, X^{1a} 4926, *Plaidoi-*
ries, fol. 554 v°.
    Enreg. à la Chambre des Comptes de Paris. Arch.
nat., P., 2307, p. 785. 6 pages.
    Imp. Catalogue des Archives du baron de Joursan-
vault. Paris, 1858, in-8°, t. I, p. 49. (*Original*
mentionné.)

14814. Lettres enjoignant à tous propriétaires, tenan-   3 mars.
    ciers et laboureurs de terres sujettes à la
    dîme, dans le diocèse de Sens, d'avertir les
    décimateurs avant d'enlever les fruits. Saint-
    Germain-en-Laye, 3 mars 1545.
        Imp. J. Le Gentil, Recueil des actes, titres et
    mémoires concernant les affaires du Clergé de
    France... Paris, 1675, in-fol., t. III, 1re partie,
    p. 6.

14815. Provisions pour Jean Belletête de l'office de   4 mars.
    sergent « en la brèche du château de Mouli-
    neau et forêt de la Bonde », vacant par la
    mort de Jean Belletête, son père. Saint-
    Germain-en-Laye, 4 mars 1545.
        Bibl. nat., ms. fr. 5127, fol. 2 v°. (*Mention.*)

14816. Lettres permettant à Pierre Galland, prieur de   6 mars.
    Saint-Nicolas de Nevers, de vendre jusqu'à
    trois cents arpents des bois dudit prieuré,
    pour employer les deniers en provenant aux
    réparations dudit prieuré et à la construc-
    tion d'une chapelle au collège de Boncourt,
    à Paris, dont ledit Galland est principal. Paris,
    6 mars 1545.
        Présentées au Parl. de Paris, le 3 avril 1546 n. s.
    Arch. nat., X^{1a} 1557, *Conseil,* fol. 359 v°. (*Men-*
    tion.)

14817. Mandement à la Chambre des Comptes de   6 mars.
    Paris de faire payer, par le receveur des
    amendes du Parlement de Toulouse, 240 li-
    vres par an à Jean Barthélemy, président
    des enquêtes en ladite cour, outre ses gages
    ordinaires, ainsi qu'en jouissent les autres
    présidents. 6 mars 1545.
        Enreg. à la Chambre des Comptes, sur lettres de

jussion du 8 décembre 1546, le 4 janvier 1547 1546.
n. s., anc. mém. 2 N, fol. 185 et 186. *Arch. nat.*,
invent. PP. 136, p. 554. (*Mention.*)

14818. Don à Nicolas Chauvel, neveu de l'apothicaire   7 mars.
du roi, de 25 écus d'or à prendre sur le pro-
duit de la vente de l'office de notaire royal
au bailliage de Forez, vacant par la mort de
Pierre Faret. Meudon, 7 mars 1545.

> *Original. Bibl. nat.*, ms. fr. 25723, n° 975.

14819. Lettres ordonnant au gouverneur de la Picardie   8 mars.
et de l'Île-de-France de faire déloger de
Senlis une compagnie de cent lances, sous le
commandement du connétable, ladite ville,
étant déchargée du logement des gens de
guerre, en dédommagement des travaux faits
aux fortifications ordonnées par le roi. Paris,
8 mars 1545.

> *Copie collationnée du 29 avril 1546. Arch.*
> *dépant. de l'Oise*, G. 2043. (Inventaire sommaire,
> p. 465, col. 1.)

14820. Provisions en faveur de Jean de Senneterre,   8 mars.
seigneur et baron de Clavelier et de Fonte-
nilles, de l'office de sénéchal de Beaucaire et
Nîmes, que tenait auparavant le sieur de
Crussol, décédé. Paris, 8 mars 1545.

> *Enreg. au Parl. de Toulouse, le 7 août 1546.*
> *Arch. de la Haute-Garonne, Édits*, reg. 5, fol. 193.
> 1 page.

14821. Lettres de ratification de l'échange de la châ-   8 mars.
tellenie de Rouvres contre celle de Sagy,
plus une rente de 200 livres, fait entre Françoise de Longwy, veuve de l'amiral Chabot,
remariée à M. d'Escars, et le duc de Guise,
gouverneur de Bourgogne, tous deux usu-
fruitiers de ces deux châtellenies du domaine royal. Paris, 8 mars 1545.

> *Enreg. à la Chambre des Comptes de Dijon, le*
> *14 novembre 1546. Arch. de la Côte-d'Or*, B. 20,
> fol. 213.

14822. Confirmation des privilèges des suppôts et offi-   9 mars.
ciers de l'Université de Bordeaux pour le

jugement de leurs causes relatives au possessoire des bénéfices, dont la collation appartient aux cardinaux, jugement déféré au grand sénéchal de Guyenne, conservateur des privilèges royaux de l'Université. Paris, 9 mars 1545.

1546.

> *Enreg. au Grand Conseil, le 24 mars 1546. Arch. nat., V* 1052, 1 page.*
> *Enreg. au Parl. de Bordeaux, le 10 février 1547 n. s. Arch. de la Gironde, B. 33, fol. 21 v°. 3 pages 1/2.*
> *Imp. Barckhausen, Statuts et règlements de l'anc. Université de Bordeaux (1441-1793). Bordeaux, in-4°, p. 51.*

14823. Édit sur le fait des requêtes judiciaires au Parlement de Dijon, portant que la cour cessera de les juger à la mi-août, à la manière accoutumée. Paris, 9 mars 1545.

9 mars.

> *Enreg. au Parl. de Dijon, le 5 avril suivant. Arch. de la Côte-d'Or, Parl., reg. IV, fol. 23.*

14824. Déclaration portant règlement pour le payement des droits de péages sur le sel. Paris, 9 mars 1545.

9 mars.

> *Enreg. à la Chambre des Comptes de Paris, anc. mém. 2 N, fol. 242. Arch. nat., AD IX 126, n° 41, et PP. 136, p. 554. (Mentions.)*

14825. Lettres de jussion au Parlement de Paris pour l'enregistrement des lettres d'érection en marquisat des baronnies de Mayenne, Sablé et la Ferté-Bernard. Paris, 9 mars 1545.

9 mars.

> *Enreg. au Parl. de Paris, le 7 septembre 1546. Arch. nat., X¹ᵃ 8615, fol. 299 v°. 2 pages.*

14826. Provisions en faveur de Jacques Brûlart de l'office de notaire et secrétaire du roi, vacant par la mort de Jean-Jacques Welsinger. Paris, 9 mars 1545 [1].

9 mars.

> *Bibl. nat., ms. fr. 5127, fol. 2. (Mention.)*

14827. Confirmation des privilèges des arquebusiers,

10 mars.

---

[1] Note en marge du registre : « Elle n'a sortye effect, pour ce qu'elle luy a esté encherye. »

arbalétriers et archers d'Abbeville. Paris,   1546.
10 mars 1545.

Enreg. à la Chambre des Comptes de Paris, anc. mém. 2 N, fol. 173. Arch. nat., AD IX 126, n° 42, et PP. 136, p. 554 (Mentions.)

14828. Lettres en faveur de l'évêque et du clergé du   10 mars. diocèse de Périgueux, portant règlement pour le payement de la dîme. Paris, 10 mars 1545.

Enreg. au Parl. de Bordeaux, le 6 avril 1546 n. s. Arch. de la Gironde, B. 32, fol. 101. 2 pages 1/2.

14829. Lettres prescrivant de prendre les mendiants   10 mars. valides et autres vagabonds, pour les faire servir sur les galères. Paris, 10 mars 1545.

Enreg. au Parl. de Dijon. Arch. de la Côte-d'Or, Parl., reg. IV, fol. 28 v°.

14830. Don à Guillaume de Gélas de l'abbaye de   10 mars. Pimbo au diocèse d'Aire, vacante par la mort de Pierre de Lartigue. Paris, 10 mars 1545.

Bibl. nat., ms. fr. 5127, fol. 2. (Mention.)

14831. Provisions pour Benoît Parot, commis des   10 mars. élus de Troyes, de l'office d'élu de Villenauxe, vacant par la mort de Nicolas Alexandre. Paris, 10 mars 1545.

Bibl. nat., ms. fr. 5127, fol. 2. (Mention.)

14832. Provisions pour Thomas Morpain de l'office   10 mars. de sergent royal en la sénéchaussée d'Angoumois, vacant par la résignation d'Antoine Monnoier. Paris, 10 mars 1545.

Bibl. nat., ms. fr. 5127, fol. 6 v°. (Mention.)

14833. Lettres d'abonnement de tailles accordé aux   11 mars. habitants de l'île d'Oléron pendant vingt années, moyennant 400 livres par an. Paris, 11 mars 1545.

Enreg. à la Cour des Aides de Paris. Arch. nat., Recueil Cromo, U. 665, fol. 319. (Mention.)

14834. Commission à Pierre Delafa pour faire le paye-   11 mars. ment des ouvrages et des gages des orfèvres et autres ouvriers travaillant pour le service

du roi en l'hôtel de Nesle, à Paris, sous la
direction de Benvenuto Cellini. Paris, 11 mars
1545.

Copie du XVIe siècle. Arch. nat., KK. 285,
Compte des œuvres de Nesle (1549-1556), fol. 2.
IMP. L. de Laborde, Les comptes des bâtiments
du roi. Paris, in-8°, 1877, t. II, p. 326.

14835. Confirmation de Jérôme Groslot en l'office de
bailli d'Orléans qu'il exerçait du vivant du
duc d'Orléans, avec celui de juge des exempts
et cas royaux du bailliage. Paris, 11 mars
1545.

Enreg. au Parl. de Paris, le 18 mars 1546 n.s.
Arch. nat., X1e 4926, Plaidoiries, fol. 574 v°. (Men-
tion.)

14836. Provisions pour Pierre Boucart de l'office de
notaire royal à Tours, vacant par la mort de
Guillaume Penisseau. Paris, 11 mars 1545.

Bibl. nat., ms. fr. 5127, fol. 2. (Mention.)

14837. Don à Antoine Turpin, fils du sr de Lestang,
d'une prébende du chapitre d'Angers, vacante par la mort de Jean de Pontoise.
Paris, 11 mars 1545.

Bibl. nat., ms. fr. 5127, fol. 7. (Mention.)

14838. Provisions pour Pierre Guyton de l'un des
deux offices, nouvellement créés, de courtiers
et auneurs de draps en la ville et faubourgs
d'Étampes. Montfort-l'Amaury, 13 mars
1545.

Bibl. nat., ms. fr. 5127, fol. 3. (Mention.)

14839. Lettres attribuant à la Chambre des Comptes
de Bretagne la connaissance en dernier ressort des appels des sentences des commissaires chargés de la réformation du domaine.
Rambouillet, 13 mars 1545.

IMP. De La Gibonays, Recueil des édits... concer-
nant la Chambre des Comptes de Bretagne. Nantes,
1721, in-fol., t. I, 1re partie, p. 44.

14840. Lettres autorisant le cardinal du Bellay, abbé
de Saint-Honorat au diocèse de Grasse, et

1546.

11 mars.

11 mars.

11 mars.

13 mars.

13 mars.

15 mars.

5.

l'évêque de Montpellier, abbé des Escharlis
au diocèse de Sens, de résigner leurs dites
abbayes en faveur l'un de l'autre et de les
échanger. Rambouillet, 15 mars 1545.   1546.

> Bibl. nat., ms. fr. 5127, fol. 2. (Mention.)

14841. Provisions pour Jean Alexandre de l'office   15 mars.
d'élu à Villenauxe, créé au lieu de la charge
de commis des élus de Troyes, et vacant par
la mort de Nicolas Alexandre, son père. Rambouillet, 15 mars 1545.

> Bibl. nat., ms. fr. 5127, fol. 6 v°. (Mention.)

14842. Provisions pour Jean Coullon de l'office de   16 mars.
sergent royal en la prévôté de Noyon, bail-
liage de Vermandois, vacant par la résignation de Pierre Labbé. Saint-Arnoult[-en-Ive-
lines], 16 mars 1545.

> Bibl. nat., ms. fr. 5127, fol. 2 v°. (Mention.)

14843. Mandement à Jean Laguette, trésorier et rece-   17 mars.
veur général des parties casuelles, de payer
à Jean Pascaut, hâteur en la cuisine du roi,
78 livres 15 sous tournois dont il lui est fait
don. Saint-Arnoult, 17 mars 1545.

> Copie du xviii° siècle. Bibl. nat., Portefeuilles
> de Fontanieu, vol. 254, fol. 284.

14844. Don à sœur Françoise Régnier, religieuse de   17 mars.
l'ordre de Saint-Benoît, de l'abbaye de Saint-
Rémy-des-Landes, vacante par la mort de la
dernière abbesse. Saint-Arnoult[-en-Ivelines],
17 mars 1545.

> Bibl. nat., ms. fr. 5127, fol. 12 v°. (Mention.)

14845. Déclaration portant que le péage de Suze sera   17 mars.
payé pour toutes marchandises amenées d'Ita-
lie et d'autres pays ultramontains, et trans-
portées de France en Italie, sauf pour celles
qui seront conduites en Piémont, à l'usage
des habitants. 17 mars 1545.

> Archives de la ville de Lyon, Invent. Chappe,
> t. X, p. 578. (Mention.)

14846. Présentation d'Eustache Du Boys à la cure de   18 mars.

Saint-Martin de Neuville au diocèse de
Rouen, vacante par la mort de Girard de
Charpaigne, faite par le roi comme ayant la
garde-noble de Jean de Laporte, s' de Suzay.
Limours, 18 mars 1545.

> *Bibl. nat., ms. fr. 5127, fol. 2 v°. (Mention.)*

1546.

14847. Présentation de Thomas Auber à la cure de
Saint-Vaast de Farceaux au diocèse de Rouen,
vacante par la mort de Jean François, faite
par le roi comme ayant la garde-noble du
s' de Suzay. Limours, 18 mars 1545.

> *Bibl. nat., ms. fr. 5127, fol. 2 v°. (Mention.)*

18 mars.

14848. Provisions de l'office de sénéchal de Périgord
pour Guy Chabot, seigneur de Montlieu. Limours, 19 mars 1545.

> *Enreg. au Parl. de Bordeaux, siégeant à Li-
bourne, le 6 septembre 1546. Arch. de la Gironde,
B. 33, fol. 8 v°. 2 pages 1/2.*

19 mars.

14849. Provisions pour Jean Pralon de l'office de notaire royal à « Boux », tabellionage de Bagnols, bailliage de la Montagne, vacant par la
mort de Jean Vallon. Limours, 19 mars 1545.

> *Bibl. nat., ms. fr. 5127, fol. 7. (Mention.)*

19 mars.

14850. Don à Jean Houllier, fruitier du roi, de 60 écus
d'or à prendre sur le produit de la vente de
l'office de châtelain et capitaine du Lauzet,
au ressort de Digne en Provence, vacant
par la mort de Thomas Agulhune. Limours,
20 mars 1545.

> *Original. Bibl. nat., ms. fr. 25723, n° 976.*

20 mars.

14851. Ordonnance portant que nul ne pourra, en
vertu de quelque privilège de committimus
que ce soit, faire ajourner aucun des sujets
du roi en dehors des limites du ressort du
Parlement où il fait sa résidence. Chanteloup, 21 mars 1545.

> *Enreg. à la Chancellerie de France. Arch. nat.,
Trésor des Chartes, JJ. 257¹, n° 151, fol. 79 v°.
1 page.*
> *Enreg. au Grand Conseil, le 24 mai 1546. Arch.
nat., V⁵ 1052. 1 page.*

21 mars.

Enreg. au Parl. de Bordeaux, le 6 mai 1546.
Arch. de la Gironde, B. 32, fol. 106. 3 pages.
Copie du XVIIIe siècle. Bibl. nat., Portefeuilles
de Fontanieu, vol. 256.

14852. Déclaration portant qu'une Monnaie *ouverte et*
ouvrante sera établie à Turin, et que la maîtrise en sera donnée au s[r] de la Roze pour
six ans, si les Généraux des monnaies le trouvent capable d'exercer cet office. Chanteloup,
21 mars 1545.

21 mars.

> *Bibl. nat., ms. fr. 5127, fol. 2 v°. (Mention.)*

14853. Mandement au sénéchal de Bourbonnais de
faire rembourser à Guillaume Duval une
somme de 2,000 écus d'or qu'il avait prêtée
au duc d'Orléans, et qui lui avait été assignée
d'abord sur le revenu des offices de tabellions
nouvellement créés en Bourbonnais, mais
qu'il n'avait pu toucher, ces offices n'ayant pas
été maintenus. Yerres, 22 [mars 1545[1]].

22 mars.

> *Original. Bibl. nat., ms. fr. 25723, n° 977.*

14854. Lettres portant continuation pour six ans de
l'apetissement du vin octroyé à la ville de
Poitiers. Yerres, 23 mars 1545.

23 mars.

> *Original. Arch. municipales de Poitiers, G. 50.*

14855. Don à Antoine Vacquier d'une chapelle de la
viguerie de Toulouse, vacante par la mort de
Bernard Aldeguier. Yerres, 23 mars 1545.

23 mars.

> *Bibl. nat., ms. fr. 5127, fol. 6. (Mention.)*

14856. Provisions pour Bertrand de Cominges de
l'office de garde de la forêt appelée la Garrigue en la seigneurie de Penne en Quercy,
vacant par la mort de Roger de Cominges.
Brie-Comte-Robert, 25 mars 1545.

25 mars.

> *Bibl. nat., ms. fr. 5127, fol. 5 v°. (Mention.)*

14857. Confirmation d'un marché passé, le 8 mars
1545, entre les commissaires du roi (car-

26 mars.

---

[1] «XXXIIe année du règne.» La pièce est en partie déchirée et les
indications de mois et de millésime manquent.

dinal de Tournon, amiral d'Annebaut, cardinal de Meudon, Antoine Bohier de Saint-
Ciergues, etc.) et deux marchands, bourgeois
de Paris, Guillaume Le Gras et Jean Rouvet,
pour l'approvisionnement des magasins à sel
dans les ports de Normandie et de Picardie.
Brie-Comte-Robert, 26 mars 1545.

1546.

> Enreg. au Parl. de Paris, le 6 avril suivant.
> Arch. nat., X¹ᵃ 8615, fol. 206 v°. 15 pages.
> Arrêt d'enregistrement. Idem, X¹ᵃ 4926, Plai-
> doiries, fol. 679.
> Enreg. à la Chambre des Comptes de Paris.
> Enreg. à la Cour des Aides de Paris, le 16 avril
> 1546 n. s. Arch. nat., Recueil Cromo, U. 665,
> fol. 319. (Mention.)
> Enreg. à la Cour des Aides de Normandie, le
> 13 mai 1546. Arch. de la Seine-Inférieure, Mémo-
> riaux, 2° vol., fol. 3 v°. 7 pages.

14858. Don à Jean Houdineau, valet de garde-robe du
roi, de l'aubaine de feu Jean Bernier, fourrier
du pape, étranger, décédé sans avoir obtenu
des lettres de naturalité et permission de tester.
Brie-Comte-Robert, 26 mars 1545.

26 mars.

> Bibl. nat., ms. fr. 5127, fol. 3 v°. (Mention.)

14859. Lettres portant défense de conduire hors du
royaume ni blés ni autres vivres, pour faciliter l'approvisionnement d'une armée de
70,000 hommes levée en Picardie, et de
l'armée navale prête à entrer en campagne.
Fontainebleau, 27 mars 1545.

27 mars.

> Vidimus du XVI° siècle. Archives de la ville de
> Lyon, série GG.
> Copie du XVI° siècle. Arch. de la ville de Nar-
> bonne, AA. 112, fol. 51.

14860. Provisions en faveur de Jean Texier de l'office
de sergent royal en la sénéchaussée de Saintonge, vacant par la mort de Marc Delas.
Fontainebleau, 27 mars 1545.

27 mars.

> Bibl. nat., ms. fr. 5127, fol. 3. (Mention.)

14861. Don à Jacques d'Escoubleau, évêque de Maillezais, de l'abbaye d'Airvault, de l'ordre de
Saint-Augustin, audit diocèse, vacante par la

27 mars.

mort de Pierre Rouillart. Fontainebleau,
27 mars 1545.

1546.

Bibl. nat., ms. fr. 5127, fol. 3. (Mention.)

14862. Lettres permettant au cardinal de Châtillon,
abbé de Saint-Étienne de Fontenay, au diocèse de Bayeux, de résigner cette abbaye en
faveur de Martin Ruzé, conseiller au Parlement de Paris. Fontainebleau, 27 mars 1545.

27 mars.

Bibl. nat., ms. fr. 5127, fol. 3 v°. (Mention.)

14863. Don à Antoine de Lavergne, gentilhomme de
la vénerie royale, de 60 écus soleil à prendre
sur le produit de la vente de l'office de garde
du sceau de Notre-Dame-de-la-Mer, vacant
par la mort de Gaucher Mathieu. Fontainebleau, 28 mars 1545.

28 mars.

Original. Bibl. nat., ms. fr. 25723, n° 978.

14864. Lettres autorisant Antoine de Bort à permuter
avec Amable Bohier, religieux de l'ordre de
Saint-Benoît, le prieuré de Rouhey (s. d.
Rouet), ordre de Saint-Augustin, diocèse de
Clermont, contre la cure et vicairie perpé-
tuelle de Saint-André de Montbrison en
Forez. Fontainebleau, 28 mars 1545.

28 mars.

Bibl. nat., ms. fr. 5127, fol. 3 v°. (Mention.)

14865. Lettres exemptant de tous droits, aides et
subsides les vivres et approvisionnements
qui seront menés au camp dans le Boulonnais. Fontainebleau, 30 mars 1545.

30 mars.

Enreg. au Châtelet de Paris, le 3 avril suivant.
Extrait du 4e livre des bannières du Châtelet,
fol. 201, vidimé par le Prévôt de Paris, le 6 avril
1545. Arch. nat., K. 956, n° 3ᵇ.

14866. Lettres prescrivant la montre et revue des compagnies d'archers et de gens d'armes de Bourgogne, Nivernais, Auvergne, la Marche,
Forez, Savoie, Piémont, Dauphiné, Provence, Languedoc, Bourbonnais, Bresse,
Guyenne, Poitou, Maine, Bretagne, et pays
Chartrain. Fontainebleau, 30 mars 1545.

30 mars.

Copie du xvie siècle. Arch. de la ville de Nar-
bonne, AA. 112, fol. 52.

14867. Commission donnée à Claude d'Urfé, à Jacques
de Ligneris et à Pierre Danès, prévôt de Sézanne, pour représenter le roi au concile de
Trente. Fontainebleau, 30 mars 1545.

> IMP. G. Ribier, *Lettres et mémoires d'Estat*, etc.
> Paris, 1666, 2 vol. in-fol., t. I, p. 580.
> *Instructions des rois de France, touchant le concile
> de Trente*. In-4°, p. 10.

1546.
30 mars.

14868. Don à Pierre Du Moulin, sommelier de l'échansonnerie de bouche du roi, de l'office de notaire à la Ferté-Milon, vacant par la mort
de Jean Cocault. Fontainebleau, 30 mars
1545.

> *Bibl. nat.*, ms. fr. 5127, fol. 3 v°. (*Mention.*)

30 mars.

14869. Don à Jean Dacier, porteur des coffres de la
chambre, de l'office de notaire royal à « Boux »,
tabellionage de Bagnols et bailliage de la
Montagne, vacant par la mort de Jean
Vallon. Fontainebleau, 30 mars 1545.

> *Bibl. nat.*, ms. fr. 5127, fol. 4. (*Mention.*)

30 mars.

14870. Don à Jean Devis, de Pontgibaud, sommelier
d'échansonnerie du commun, de l'office de
notaire royal au bailliage et prévôté de Cusset,
vacant par la mort de Claude Bardet. Fontainebleau, 30 mars 1545.

> *Bibl. nat.*, ms. fr. 5127, fol. 4. (*Mention.*)

30 mars.

14871. Don à René Du Fresne, sommelier de l'échansonnerie du commun, de l'office de notaire
royal en Saintonge, vacant par la mort de Nicolas Aumont. Fontainebleau, 30 mars 1545.

> *Bibl. nat.*, ms. fr. 5127, fol. 4. (*Mention.*)

30 mars.

14872. Don à Jacques de Caux, écuyer de la cuisine
de bouche du roi, de l'office de notaire royal
à Pont-Faverger, bailliage de Vermandois,
vacant par la mort de Jean Leroy. Fontainebleau, 30 mars 1545.

> *Bibl. nat.*, ms. fr. 5127, fol. 4. (*Mention.*)

30 mars.

14873. Don à Dieppe, valet de la garde-robe du roi,
de l'office de notaire royal à Beaurepaire en

30 mars.

Dauphiné, vacant par la mort de Catherin
Laurencin. Fontainebleau, 30 mars 1545.

1546.

Bibl. nat., ms. fr. 5127, fol. 4. (*Mention.*)

14874. Don à Antoine Laurens, huissier d'échansonnerie, de l'office de notaire royal à Saint-
Just en Saintonge, vacant par la mort d'Antoine Delalande. Fontainebleau, 30 mars
1545.

30 mars.

Bibl. nat., ms. fr. 5127, fol. 4. (*Mention.*)

14875. Don à Jean Royer, dit Crédit, conducteur du
sommier des broches du commun, de l'office
de notaire royal à « Lesbines » en Gévaudan,
vacant par la mort de Jean Roybey. Fontainebleau, 30 mars 1545.

30 mars.

Bibl. nat., ms. fr. 5127, fol. 4. (*Mention.*)

14876. Don à Jean Leprêtre, barbier et valet de
chambre du roi, de l'office de sergent royal
au bailliage de Blois, vacant par la mort de
Pierre Delahaye. Fontainebleau, 30 mars
1545.

30 mars.

Bibl. nat., ms. fr. 5127, fol. 4. (*Mention.*)

14877. Don à Jean Houllier, fruitier du roi, de l'office de châtelain et capitaine du Lauzet, ressort de Digne en Provence, vacant par la
mort de Thomas Agulhune. Fontainebleau,
30 mars 1545.

30 mars.

Bibl. nat., ms. fr. 5127, fol. 4 v°. (*Mention.*)

14878. Don à Simon Massiquet, saucier à la cuisine
de bouche, de l'office de sergent du guet à
pied de nuit à Paris, vacant par la mort de
Philippe Chauvin. Fontainebleau, 30 mars
1545.

30 mars.

Bibl. nat., ms. fr. 5127, fol. 4 v°. (*Mention.*)

14879. Don à François Dutheil, sommelier d'échansonnerie de bouche, de l'office de lieutenant
lai du bailliage de Montaigu, vacant par la
mort d'Amaury Fic. Fontainebleau, 30 mars
1545.

30 mars.

Bibl. nat., ms. fr. 5127, fol. 4 v°. (*Mention.*)

14880. Don à Victor de Leyon et à Louis Dumoulin, fourriers du roi, de l'office de contrôleur des deniers communs du bourg de Rozoy-en-Brie, vacant par la mort de Nicolas Aleaume. Fontainebleau, 30 mars 1545.

1546.
30 mars.

> *Bibl. nat.*, ms. fr. 5127, fol. 4 v°. (*Mention.*)

14881. Don à Mardi-gras, aide en la cuisine de bouche, de l'office de notaire au bailliage et comté de Forez, vacant par la mort de Jean Perdrié. Fontainebleau, 30 mars 1545.

30 mars.

> *Bibl. nat.*, ms. fr. 5127, fol. 4 v°. (*Mention.*)

14882. Don à Nicolas Leroy et à Jacques de Francastel, enfants de la cuisine du commun, de l'office de notaire royal à Tours, vacant par la mort de Jean Grossier. Fontainebleau, 30 mars 1545.

30 mars.

> *Bibl. nat.*, ms. fr. 5127, fol. 4 v°. (*Mention.*)

14883. Don à Robert Hyron, sertdeleau, et à Jean Lubet, chargé de la civette, de l'office de garde des ponts et passages de la ville de Lyon, vacant par la mort de Jean Fauray. Fontainebleau, 30 mars 1545.

30 mars.

> *Bibl. nat.*, ms. fr. 5127, fol. 4 v°. (*Mention.*)

14884. Don à Émery d'Orléans, fruitier du roi, de l'office de notaire en la baronnie de Malval, vacant par la mort d'Antoine Meillet. Fontainebleau, 30 mars 1545.

30 mars.

> *Bibl. nat.*, ms. fr. 5127, fol. 4 v°. (*Mention.*)

14885. Don à Nicolas Chauvel, neveu de l'apothicaire du roi, de l'office de notaire royal au bailliage et ressort de Forez, vacant par la mort de Pierre Faret. Fontainebleau, 30 mars 1545.

30 mars.

> *Bibl. nat.*, ms. fr. 5127, fol. 4 v°. (*Mention.*)

14886. Don à Antoine de Caux, écuyer en la cuisine de bouche, de l'office de sergent royal en la ville et bailliage de Clermont en Beauvaisis, vacant par la mort de Pierre du Fresnoy. Fontainebleau, 30 mars 1545.

30 mars.

> *Bibl. nat.*, ms. fr. 5127, fol. 4 v°. (*Mention.*)

14887. Don à Nicolas Guichart, potager, de l'office
de sergent royal en la prévôté de Doullens,
bailliage d'Amiens, vacant par la mort de
Hubert Cogneu. Fontainebleau, 30 mars
1545.

Bibl. nat., ms. fr. 5127, fol. 5. (Mention.)

1546.
30 mars.

14888. Don à Nicolas d'Aillincourt, palefrenier de
l'écurie du roi, de l'office de notaire royal
au bailliage et comté de Forez, vacant par
la mort de Louis Dalmes. Fontainebleau,
30 mars 1545.

Bibl. nat., ms. fr. 5127, fol. 5. (Mention.)

30 mars.

14889. Don à Jean Drouot, sommelier d'échansonnerie de bouche, de l'office de mesureur de sel
au Pont-Saint-Esprit, vacant par la mort
de Jean Quarrière. Fontainebleau, 30 mars
1545.

Bibl. nat., ms. fr. 5127, fol. 5. (Mention.)

30 mars.

14890. Don à Étienne Nerval, serviteur du garde-vaisselle du commun, de l'office de notaire royal
à Saint-Maurice en Forez, vacant par la mort
de Claude Moré. Fontainebleau, 30 mars
1545.

Bibl. nat., ms. fr. 5127, fol. 5. (Mention.)

30 mars.

14891. Don à Étienne Duboys, valet de fourrière, de
l'office de notaire royal à Guise, bailliage de
Vermandois, vacant par la mort de Noël de la
Ruelle. Fontainebleau, 30 mars 1545.

Bibl. nat., ms. fr. 5127, fol. 5. (Mention.)

30 mars.

14892. Don à Jean Gosselin, valet de chambre du
roi, de l'office de notaire à Vire, vacant par
la mort de Gilles Bouret. Fontainebleau,
30 mars 1545.

Bibl. nat., ms. fr. 5127, fol. 5. (Mention.)

30 mars.

14893. Don à Henri Rolland, saucier de la cuisine du
commun, et à Lancelot Jobeylle, son com-
pagnon, de l'office de sergent royal au bailliage de Chinon, vacant par la mort de Guil-

30 mars.

laume Fougerez. Fontainebleau, 3o mars 1546.
1545.

Bibl. nat., ms. fr. 5127, fol. 5. (Mention.)

14894. Don à Pierre Vastine, dit Soudan, de l'office   3o mars.
de sergent royal au bailliage de la Montagne,
vacant par la mort de Roch de Nantilly. Fontainebleau, 3o mars 1545.

Bibl. nat., ms. fr. 5127, fol. 5. (Mention.)

14895. Don à Robert Olart, dit Droguet, potager en   3o mars.
la cuisine de bouche du roi, de l'office de
sergent royal en Angoumois, vacant par la
mort de Jean Girardin. Fontainebleau,
3o mars 1545.

Bibl. nat., ms. fr. 5127, fol. 5. (Mention.)

14896. Don à Michel Bonneau, enfant de cuisine, de   3o mars.
l'office de notaire royal à Andeure (auj. An-
duze), diocèse de Nîmes, vacant par la mort de
Pierre Pallet. Fontainebleau, 3o mars 1545.

Bibl. nat., ms. fr. 5127, fol. 5 v°. (Mention.)

14897. Don à Pierre Poitou et à Jean Pacquaut, hâ-   3o mars.
teurs en la cuisine du commun, de l'office
de sergent royal au bailliage de Blois en la
résidence de Cellettes, vacant par la mort de
Guillaume Pérard. Fontainebleau, 3o mars
1545.

Bibl. nat., ms. fr. 5127, fol. 5 v°. (Mention.)

14898. Don à Pierre Lafons, hâteur en la cuisine   3o mars.
de bouche, de l'office de troisième auneur
de draps à Crépy en Valois, vacant par la
mort de Regnaut Pichet. Fontainebleau,
3o mars 1545.

Bibl. nat., ms. fr. 5127, fol. 5 v°. (Mention.)

14899. Don à Antoine de Lavergne, gentilhomme de   3o mars.
la vénerie, de l'office de garde du sceau de
Notre-Dame-de-la-Mer, vacant par la mort
de Gaucher Mathieu. Fontainebleau, 3o mars
1545.

Bibl. nat., ms. fr. 5127, fol. 5 v°. (Mention.)

14900. Provisions pour Jean Rodon de l'office d'huis-   3o mars.

sier sergent des requêtes de l'hôtel à Paris,   1546.
vacant par la résignation de Jean Prieur.
Fontainebleau, 30 mars 1545.

> *Bibl. nat.*, ms. fr. 5127, fol. 5 v°. (*Mention.*)

14901. Confirmation des lettres d'Henri, dauphin, por-   31 mars.
tant commission au cardinal de Tournon, à
l'amiral d'Annebaut, au chancelier Olivier,
à Antoine Bohier, Jean Duval, Jean Du Peyrat et Martin de Troyes, pour contracter des
emprunts, au nom du roi, aux foires de
Lyon. Fontainebleau, 31 mars 1545.

> *Enreg. au Parl. de Paris, le 2 avril suivant. Arch.
> nat.*, X¹ᵃ 8615, fol. 199 et 202 v°. 8 pages.
> *Arrêt d'enregistrement. Idem*, X¹ᵃ 1557, Conseil,
> fol. 358 v°.

14902. Don à un officier de la cuisine de bouche[1],   31 mars.
de 30 écus d'or à prendre sur le produit de
la vente d'un office à Pont-Faverger, bailliage de Vermandois. Fontainebleau, 31 mars
1545.

> *Original. Bibl. nat.*, ms. fr. 25723, n° 979.

14903. Provisions en faveur de François de Bricque-   31 mars.
ville, sʳ de Laulne, de l'office de capitaine de
la ville de Saint-Lô en Normandie, vacant
par la résignation de Jean de Mouchy, sʳ de
Sénarpont. Fontainebleau, 31 mars 1545.

> *Bibl. nat.*, ms. fr. 5127, fol. 6. (*Mention.*)

14904. Provisions en faveur de Jean le Gentilhomme,   31 mars.
le jeune, de l'office de sergent des bois et
forêts du comté de Beaufort en Anjou, vacant
par la mort de Jean le Gentilhomme, son
oncle. Fontainebleau, 31 mars 1545.

> *Bibl. nat.*, ms. fr. 5127, fol. 8. (*Mention.*)

14905. Permission aux habitants d'Allemant, au bail-   Mars.
liage de Sézanne, de fortifier leur bourg.
Saint-Germain-en-Laye, mars 1545.

> *Enreg. à la Chancellerie de France. Arch. nat.,
> Trésor des Chartes*, JJ. 257¹, n° 70, fol. 33 v°.
> 1 page.

---

[1] La pièce est déchirée et le nom a disparu.

14906. Lettres de création d'un marché, le vendredi de chaque semaine, et de deux foires l'an aux Crottes-lès-Embrun, en Dauphiné. Saint-Germain-en-Laye, mars 1545.

1546.
Mars.

> *Enreg. à la Chancellerie de France. Arch. nat., Trésor des Chartes, JJ. 257¹, n° 67, fol. 32 v°.*
> 1 page.

14907. Permission aux habitants de Larrey, au duché de Bourgogne, de s'imposer pour fortifier leur ville. Saint-Germain-en-Laye, mars 1545.

Mars.

> *Enreg. à la Chancellerie de France. Arch. nat., Trésor des Chartes, JJ. 257¹, n° 66, fol. 32.*
> 1 page.

14908. Établissement de quatre foires par an et d'un marché chaque semaine à Larrey. Saint-Germain-en-Laye, mars 1545.

Mars.

> *Enreg. à la Chancellerie de France. Arch. nat., Trésor des Chartes, JJ. 257¹, n° 71, fol. 34.*
> 1 page.

14909. Permission aux habitants de Méré-le-Serveux, au bailliage de Sens, de fortifier ce bourg et de lever un impôt pour payer les travaux. Saint-Germain-en-Laye, mars 1545.

Mars.

> *Enreg. à la Chancellerie de France. Arch. nat., Trésor des Chartes, JJ. 257¹, n° 79, fol. 38 v°.*
> 1 page.

14910. Permission aux habitants de Mondreville en Gâtinais, châtellenie de Châteaulandon, de fortifier ce bourg. Saint-Germain-en-Laye, mars 1545.

Mars.

> *Enreg. à la Chancellerie de France. Arch. nat., Trésor des Chartes, JJ. 257¹, n° 73, fol. 35 v°.*
> 1 page.

14911. Permission aux habitants de Poinçon, au duché de Bourgogne, de s'imposer pour fortifier leur bourg. Saint-Germain-en-Laye, mars 1545.

Mars.

> *Enreg. à la Chancellerie de France. Arch. nat., Trésor des Chartes, JJ. 257¹, n° 65, fol. 31 v°.*
> 1 page.

14912. Lettres de naturalité en faveur de Béatrix de Pacheco, comtesse d'Entremont, dame de la reine, originaire d'Espagne, en récompense de ses services. Saint-Germain-en-Laye, mars 1545.

1546.
Mars.

> *Enreg. à la Chancellerie de France. Arch. nat., Trésor des Chartes, JJ. 257¹, n° 72, fol. 34 v°.*
> 2 pages.

14913. Lettres de committimus en faveur des lecteurs royaux [au Collège de France], nommément désignés, portant que toutes leurs causes seront jugées aux Requêtes du Palais. Paris, mars 1545.

Mars.

> *Enreg. à la Chancellerie de France. Arch. nat., Trésor des Chartes, JJ. 257¹, n° 82, fol. 40 v°.*
> 2 pages.
> *Enreg. au Parl. de Paris, sauf réserve, le 23 mars 1546 n. s. Arch. nat., X¹ᵃ 8615., fol. 244. 4 pages.*
> *Arrêt d'enregistrement. Idem, X¹ᵃ 4926, Plaidoiries, fol. 606 v°.*
> *Copie du XVIIIᵉ siècle. Bibl. nat., Portefeuilles de Fontanieu, vol. 254, fol. 288.*
> *Imp. E. Baluze, Vita P. Castellani, auctore Petro Gallandio, cum notis Stephani Baluzii. Paris, 1674, in-8°, p. 150.*
> *F. Pinsson, Traité singulier des régales ou des droits du roi. Paris, 1688, 2 vol. in-4°, t. II, p. 1305.*
> *L'abbé Lambert, Mémoires de Martin et Guillaume du Bellai-Langei, mis en nouveau style, etc. Paris, 1753, 7 vol. in-12, t. II, p. 456.*

14914. Confirmation des lettres de privilèges accordées par Louis XII à Pierre de Bèze, élu de Vézelay, et à Jean, son fils, pour l'exploitation des mines d'argent et de plomb du Nivernais et de Pontaubert en Bourgogne. Paris, mars 1545.

Mars.

> *Enreg. à la Chancellerie de France. Arch. nat., Trésor des Chartes, JJ. 257¹, n° 190, fol. 101.*
> 2 pages.
> *Enreg. au Parl. de Paris, le 12 août 1550, à la suite d'un mandement de Henri II. Arch. nat., X¹ᵃ 8617, fol. 85 v°. 2 pages 1/2.*

14915. Permission à l'abbé de Vézelay, Antoine Sanguin, dit le cardinal de Meudon, évêque d'Or-

Mars.

léans, etc., de faire fortifier le bourg de
Brosses, au bailliage d'Auxerre. Paris, mars
1545.

> *Enreg. à la Chancellerie de France. Arch. nat.,
> Trésor des Chartes, JJ. 257¹, n° 80, fol. 39.
> 1 page 1/2.*

14916. Permission aux habitants de Chambouc (Sambourg), au bailliage de Tonnerre, de fortifier cette localité. Paris, mars 1545.

> *Enreg. à la Chancellerie de France. Arch. nat.,
> Trésor des Chartes, JJ. 257¹, n° 85, fol. 42 v°.
> 1 page.*

14917. Permission aux habitants de Châteaulandon en Gâtinais de fortifier leurs faubourgs. Paris, mars 1545.

> *Enreg. à la Chancellerie de France. Arch. nat.,
> Trésor des Chartes, JJ. 257¹, n° 76, fol. 37.
> 1 page.*

14918. Lettres de création d'une foire annuelle et d'un marché hebdomadaire à Conques, sénéchaussée de Carcassonne. Paris, mars 1545.

> *Enreg. à la Chancellerie de France. Arch. nat.,
> Trésor des Chartes, JJ. 257¹, n° 99, fol. 51 v°.
> 1 page.*

14919. Permission aux habitants de Courceaux, au bailliage de Sens, de fortifier ce bourg. Paris, mars 1545.

> *Enreg. à la Chancellerie de France. Arch. nat.,
> Trésor des Chartes, JJ. 257¹, n° 84, fol. 42.
> 1 page.*

14920. Permission aux chanoines de Notre-Dame de Paris et aux habitants d'Orly, en la prévôté et vicomté de Paris, de fortifier ce bourg. Paris, mars 1545.

> *Enreg. à la Chancellerie de France. Arch. nat.,
> Trésor des Chartes, JJ. 257¹, n° 90, fol. 45.
> 1 page.*

14921. Permission à Jean de Monluc, abbé de Saint-Pierre-le-Vif de Sens, ambassadeur du roi,

1546.

Mars.

Mars.

Mars.

Mars.

Mars.

Mars.

de faire fortifier le bourg de Luisetaines en Brie, bailliage de Sens. Paris, mars 1545.

Enreg. à la Chancellerie de France. Arch. nat., Trésor des Chartes, JJ. 257¹, n° 87, fol. 43 v°. 1 page.

1546.

14922. Permission aux habitants de Vernou en Sologne, bailliage de Blois, de fortifier leur ville. Paris, mars 1545.

Mars.

Enreg. à la Chancellerie de France. Arch. nat., Trésor des Chartes, JJ. 257¹, n° 103, fol. 54 v°. 1 page.

14923. Permission à Pierre de Vielchâtel, écuyer, seigneur, et aux habitants de Vertilly, au bailliage de Sens, de fortifier ce bourg. Paris, mars 1545.

Mars.

Enreg. à la Chancellerie de France. Arch. nat., Trésor des Chartes, JJ. 257¹, n° 75, fol. 36 v°. 1 page.

14924. Lettres de légitimation accordées à Guynot de Lespinace, fils naturel de Louis de Lespinace, prêtre du diocèse de Saint-Flour, et d'une veuve nommée Christine de la Rochette. Paris, mars 1545.

Mars.

Enreg. à la Chancellerie de France. Arch. nat., Trésor des Chartes, JJ. 257¹, n° 134, fol. 70. 1 page.

14925. Lettres de légitimation accordées à Barthélemy Paret, fils naturel d'Arnaud Paret et de Marguerite de Juge, femme abandonnée de son mari, Guilhem de Baillet. Paris, mars 1545.

Mars.

Enreg. à la Chancellerie de France. Arch. nat., Trésor des Chartes, JJ. 257¹, n° 86, fol. 43. 1 page.

14926. Lettres de légitimation accordées à Sance Selheris, bachelier ès droits, fils naturel de Dominique de Selheris, prêtre, et de Marie d'Abbaye. Paris, mars 1545.

Mars.

Enreg. à la Chancellerie de France. Arch. nat., Trésor des Chartes, JJ. 257¹, n° 78, fol. 38 v°. 1 page.

14927. Lettres de naturalité en faveur de Jean-Bap-

Mars.

tiste de Burgos, natif d'Espagne, établi en Bretagne depuis six ans, demeurant à Nantes. Paris, mars 1545.

1546.

> Enreg. à la Chancellerie de France. Arch. nat., Trésor des Chartes, JJ. 257¹, n° 105 bis, fol. 55 v°. 1 page.
> Enreg. à la Chambre des Comptes de Bretagne. Archives de la Loire-Inférieure, B. Mandements royaux, II, fol. 292.

14928. Lettres de naturalité en faveur d'Antoine Carrière, natif de Caravaz (Caravaggio) au duché de Milan, amené en France par Lautrec et ayant depuis toujours demeuré dans le royaume. Paris, mars 1545.

Mars.

> Enreg. à la Chancellerie de France. Arch. nat., Trésor des Chartes, JJ. 257¹, n° 89, fol. 44 v°. 1 page.

14929. Lettres de naturalité en faveur de Jean-Jacques Carrière, natif de la ville de Caravaz en Gera d'Adda (Caravaggio), duché de Milan, amené en France, l'an 1528, par Lautrec, alors gouverneur de Milan, et ayant depuis toujours demeuré dans le royaume. Paris, mars 1545.

Mars.

> Enreg. à la Chancellerie de France. Arch. nat., Trésor des Chartes, JJ. 257¹, n° 88, fol. 44. 1 page.

14930. Lettres de naturalité en faveur de François de Regnard, natif de Vitoria en Espagne, étudiant en droit civil et canon dans les Universités de France, où il désire se fixer. Paris, mars 1545.

Mars.

> Enreg. à la Chancellerie de France. Arch. nat., Trésor des Chartes, JJ. 257¹, n° 81, fol. 40. 1 page.

14931. Révocation de l'édit du 10 mai 1531 (n° 3997) attribuant au Grand conseil la connaissance des excès commis dans les bénéfices du royaume et des procès relatifs à la réformation et à la police des hôpitaux et aumôneries. La juridiction en ces matières est restituée aux Parlements, aux baillis, sénéchaux et autres cours royales. Chanteloup, mars 1545.

Mars.

> Enreg. à la Chancellerie de France. Arch. nat.,

Trésor des Chartes, JJ. 257¹, n° 77, fol. 38.   1546.
1 page.

Doubles, idem, n° 99 *bis,* fol. 51 v°, et n° 118,
fol. 62 v°.

Enreg. au Parl. de Paris, le *1ᵉʳ avril 1546 n. s.*
Arch. nat., X¹ᵃ 8615, fol. 226. 2 pages 1/2.

Arrêt d'enregistrement. Idem, X¹ᵃ 4926, Plaidoiries, fol. 646.

Enreg. au Parl. de Bordeaux, le *6 mai 1546.*
Arch. de la Gironde, B. 32, fol. 108 v°. 3 pages.

Enreg. au Parl. de Dijon, le *17 mai 1546. Arch.*
de la Côte-d'Or, Parl., reg. IV, fol. 27 v°.

Enreg. au Parl. de Grenoble, le *13 mai 1546.*
Arch. de l'Isère (non coté).

IMP. *Les loix, ordonnances et édictz, etc...*
depuis le roy S. Loïs... Paris, Galiot du Pré,
1559, in-fol., fol. 181 r°.

P. Rebuffi, *Les édits et ordonnances des rois de*
France. Lyon, 1573, in-fol., p. 26.

A. Fontanon, *Édits et ordonnances, etc.* Paris,
1611, in-fol., t. I, p. 129.

Ordonnances royaux sur le faict de la justice et
abbréviation des procès. Lyon, Arnoullet, 1612,
2 vol. in-16, t. II, p. 18.

Le code de Louis XIII, roi de France, etc. Paris,
J. Quesnel, 1628, in-fol., t. I, p. 375.

E. Girard et J. Joly, *Troisiesme livre des offices*
de France. Paris, 1647, in-fol., t. I, p. 647.

P. Néron, *Recueil des édits et ordonnances de*
François Iᵉʳ à Louis XIV. Paris, 1720, in-fol.,
t. I, p. 266.

Isambert, *Anc. lois françaises, etc.* Paris, 1827,
in-8°, t. XII, p. 908.

14932. Édit qui restreint la compétence de la Chambre   Mars.
du domaine, récemment créée près le Parle-
ment de Paris, aux limites du ressort de cette
cour, et restitue aux autres Parlements du
royaume la connaissance des matières doma-
niales, dans l'étendue de leurs ressorts res-
pectifs. Chanteloup, mars 1545.

Enreg. au Parl. de Paris, le *12 avril 1546 n. s.*
Arch. nat., X¹ᵃ 8615, fol. 227 v°. 2 pages 1/2.

Enreg. à la Chancellerie de France. Arch. nat.,
Trésor des Chartes, JJ. 257¹, n° 93, fol. 47 v°,
n° 100, fol. 52, et n° 119, fol. 63. 2 pages.

14933. Ordonnance portant attribution au Parlement   Mars.
de Bordeaux de la juridiction en matière

domaniale dans les limites de son ressort.
Chanteloup, mars 1545.

1546.

Enreg. au Parl. de Bordeaux, le 6 mai 1545.
Arch. de la Gironde, B. 32, fol. 102 v°. 5 pages.

14934. Semblable ordonnance pour le Parlement de
Dijon. Chanteloup, mars 1545.

Mars.

Enreg. au Parl. de Dijon, le 17 mai suivant.
Arch. de la Côte-d'Or, Parl., reg. IV, fol. 24 v°.

14935. Déclaration interprétative de l'édit donné à
la Bourdaisière, le 18 mai 1529 (n° 3382),
touchant les évocations de procès pendants
devant les cours souveraines. Chanteloup,
mars 1545.

Mars.

Enreg. à la Chancellerie de France. Arch. nat.,
Trésor des Chartes, JJ. 257¹, n° 92, fol. 46.
3 pages.
Enreg. au Parl. de Paris, le 1ᵉʳ avril suivant.
Arch. nat., X¹ᵃ 8615, fol. 223. 3 pages.
Arrêt d'enregistrement. Idem, X¹ᵃ 4926, Plai-
doiries, fol. 646 v°.
Enreg. au Grand conseil, le 27 mai 1546. Arch.
nat., V⁵ 1052. 3 pages.
Enreg. au Parl. de Bordeaux, le 11 mai 1546.
Arch. de la Gironde, B. 32, fol. 110 v°. 6 pages.
Enreg. au Parl. de Dijon, le 17 mai 1546. Arch.
de la Côte-d'Or, Parl., reg. IV, fol. 26.
IMP. Les loix, ordonnances et ddictz, etc....
depuis le roy S. Loïs... Paris, Galiot du Pré,
1559, in-fol., fol. 180 v°.
P. Rebuffi, Les édits et ordonnances des rois de
France, etc. Lyon, 1573, in-fol., p. 172.
A. Fontanon, Édits et ordonnances, etc. Paris,
1611, in-fol., t. I, p. 586.
Ordonnances royaux sur le faict de la justice et
abbréviation des procès. Lyon, Arnoullet, 1612,
2 vol. in-16, t. II, p. 11.
Le Code de Louis XIII, roi de France, etc. Paris,
J. Quesnel, 1628, in-fol., t. I, p. 372.
E. Girard et J. Joly, Troisiesme livre des offices
de France. Paris, 1647, in-fol., t. I, p. 321.
P. Néron, Recueil des édits et ordonnances de
François Iᵉʳ à Louis XIV. Paris, 1720, in-fol.,
t. I, p. 265.

14936. Confirmation de l'établissement d'un marché
à Chaumont-le-Bois, faubourg de Châtil-

Mars.

lon-sur-Seine, en Bourgogne. Yerres, mars   1546.
1545.

> *Enreg. à la Chancellerie de France. Arch. nat.,*
> *Trésor des Chartes, JJ. 257¹, n° 94, fol. 48 v°.*
> *1 page.*

14937. Édit portant que le Parlement de Dauphiné et   Mars.
les baillis et sénéchaux y ressortissant con-
naîtront de tous les procès concernant le
domaine, nonobstant l'édit d'érection de la
Chambre du domaine à Paris. Fontainebleau,
mars 1545.

> *Enreg. au Parl. de Grenoble, le 4 mai 1546.*
> *Arch. de l'Isère, Chambre des Comptes de Grenoble,*
> *B. 2912, fol. 2. 4 pages.*

14938. Confirmation des droits et privilèges des quatre   Mars.
courtiers de sel de la ville de Paris. Fontainebleau, mars 1545.

> *Enreg. à la Chancellerie de France. Arch. nat.,*
> *Trésor des Chartes, JJ. 257¹, n° 98, fol. 51.*
> *1 page.*

14939. Permission aux habitants de Maisoncelles en   Mars.
Gâtinais, et à Jeanne Bourgeois, dame du
lieu, de fortifier leur bourg. Fontainebleau,
mars 1545.

> *Enreg. à la Chancellerie de France. Arch. nat.,*
> *Trésor des Chartes, JJ. 257¹, n° 101, fol. 53.*
> *1 page.*

14940. Édit de création de deux offices de langueyeurs   Mars.
de porcs à Meaux. Fontainebleau, mars 1545.

> *Enreg. à la Chancellerie de France. Arch. nat.,*
> *Trésor des Chartes, JJ. 257¹, n° 146, fol. 76.*
> *2 pages.*

14941. Permission aux habitants de Viarmes, en la   Mars.
prévôté et vicomté de Paris, de fortifier leur
ville. Fontainebleau, mars 1545.

> *Enreg. à la Chancellerie de France. Arch. nat.,*
> *Trésor des Chartes, JJ. 257¹, n° 128, fol. 67 v°.*
> *1 page.*

14942. Lettres conférant l'ordre de chevalerie à Fran-   Mars.
çois de Provene, *aliàs* Provenis, natif de

Vicence en Vénétie. Fontainebleau, mars
1545. 1546.

> *Enreg. à la Chancellerie de France. Arch. nat.,*
> *Trésor des Chartes, JJ. 257¹, n° 114, fol. 61.*
> *1/2 page.*

14943. Lettres conférant l'ordre de chevalerie à Léo- Mars.
nard de Provene, natif de Vicence en Vé-
nétie. Fontainebleau, mars 1545.

> *Enreg. à la Chancellerie de France. Arch. nat.,*
> *Trésor des Chartes, JJ. 257¹, n° 113 bis, fol. 60 v°.*
> *1/2 page.*

14944. Lettres conférant l'ordre de chevalerie à Thi- Mars.
bert de Provene, natif de Vicence en Vé-
nétie. Fontainebleau, mars 1545.

> *Enreg. à la Chancellerie de France. Arch. nat.,*
> *Trésor des Chartes, JJ. 257¹, n° 113, fol. 60 v°.*
> *1/2 page.*

14945. Édit de création d'un office de receveur des Mars.
aides à Verneuil, ressort français, et d'un
pareil office à Nogent-le-Rotrou, dans le
comté du Perche. Mars 1545.

> *Enreg. à la Chambre des Comptes de Paris, le*
> *26 mars 1546 n. s., anc. mém. 2 N, fol. 102.*
> *Arch. nat., AD.IX 126, n° 37, et PP. 136,*
> *p. 554. (Mentions.)*

14946. Don à Jean Barrière de l'office d'élu sur le 1ᵉʳ avril.
fait des aides, tailles et équivalents à Mon-
taigut-en-Combraille, dépendant de l'élection
dudit pays et du comté de la Haute-Marche,
nouvellement créé, à la nomination du feu
duc d'Orléans. Fontainebleau, 1ᵉʳ avril 1545.

> *Bibl. nat., ms. fr. 5127, fol. 5 v°. (Mention.)*

14947. Don à Jacques du Hautbois, gentilhomme de 1ᵉʳ avril.
la vénerie, de l'office de greffier de la gruerie
de Coucy-le-Château, vacant par la mort
d'Antoine Geyssin, pour en disposer à son
profit. Fontainebleau, 1ᵉʳ avril 1545 [1].

> *Bibl. nat., ms. fr. 5127, fol. 25 v° et 28. (Men-*
> *tions.)*

---

[1] Note en marge du registre : « Il l'a faict mettre au nom de Pierre
Moelin. »

14948. Provisions pour François Charlot de l'office de
contrôleur des deniers communs de la ville
de Rozoy-en-Brie, vacant par la mort de Nicolas Aleaume. Fontainebleau, 1ᵉʳ avril 1545.

1546.
1ᵉʳ avril.

> *Bibl. nat., ms. fr. 5127, fol. 6. (Mention.)*

14949. Lettres d'exemption d'emprunt accordées aux
habitants de l'île du Croisic, paroisse de
Batz, diocèse de Nantes, en récompense de
services qu'ils ont rendus au comte de Mont-
gommery dans son expédition en Écosse, et
mandement au sénéchal de Guérande de les
rayer des rôles de cotisations. Fontainebleau,
2 avril 1545.

2 avril.

> *Enreg. à la Chambre des Comptes de Bretagne.*
> *Archives de la Loire-Inférieure, B. Mandements*
> *royaux, III, fol. 167.*

14950. Don à Jean de Beurriot d'un des offices de notaires dernièrement créés en la sergenterie
de Bolbec, vicomté de Caudebec. Fontainebleau, 2 avril 1545.

2 avril

> *Bibl. nat., ms. fr. 5127, fol. 6. (Mention.)*

14951. Lettres portant institution d'un maître de
chaque métier dans toutes les villes du
royaume, à l'occasion de la naissance d'Élisabeth de France, fille du dauphin Henri.
Fontainebleau, 3 avril 1545.

3 avril.

> *Enreg. au Parl. de Paris, sauf la réserve accou-*
> *tumée, le 12 avril 1546 n. s. Arch. nat., Xⁱᵃ 8615,*
> *fol. 214. 2 pages.*
> *Arrêt d'enregistrement. Idem, Xⁱᵃ 4926, Plai-*
> *doiries, fol. 709 vᵒ.*
> *Enreg. au Châtelet de Paris, le 14 avril 1546*
> *n. s. Arch. nat., Châtelet, Livre jaune grand,*
> *Y. 6ᵇ, fol. 118. 1 page.*
> *Enreg. au Parl. de Dijon, le 14 avril 1546 n. s.*
> *Arch. de la Côte-d'Or, Parl., reg. IV, fol. 26 vᵒ.*

14952. Lettres données en faveur de l'évêque de Châlon, touchant le fait de ses dîmes. Fontainebleau, 3 avril 1545.

3 avril.

> *Enreg. au Parl. de Dijon, le 11 janvier 1547*
> *n. s. Arch. de la Côte-d'Or, Parl., rég. IV,*
> *fol. 52.*

14953. Don à Jean Allenet de l'office de notaire royal
en la sénéchaussée de Saintonge, au siège
et ressort de Saint-Jean-d'Angély, vacant par
la résignation de Pierre Périchon. Fontainebleau, 3 avril 1545.

> *Bibl. nat.*, ms. fr. 5127, fol. 7. (*Mention.*)

1546.
3 avril.

14954. Don à Simon Thénecin de l'office de notaire
royal à Saint-Seine-sur-Vingeanne, duché de
Bourgogne, bailliage de Dijon, nouvellement
créé. Fontainebleau, 3 avril 1545.

> *Bibl. nat.*, ms. fr. 5127, fol. 7 v°. (*Mention.*)

3 avril.

14955. Lettres réglant l'ordre de séance aux assemblées
et cérémonies publiques entre les conseillers
en la grand'chambre du Parlement de Paris
et les présidents des enquêtes. Fontainebleau,
4 avril 1545.

> *Enreg. au Parl. de Paris, le 14 avril suivant.*
> *Arch. nat.*, X¹ª 8615, fol. 229. 1 page 1/4.
> *Enreg. au Parl. de Toulouse. Arch. de la Haute-*
> *Garonne, Édits, reg. 6, fol. 5. 1 page.*
> *Bibl. nat.*, Mss. Moreau, t. 1412, fol. 38. (*Men-*
> *tion.*)

4 avril.

14956. Don à Vincent Lenfant de l'office de greffier
du mesurage, nouvellement créé à Tonnay-
Charente. Fontainebleau, 4 avril 1545.

> *Bibl. nat.*, ms. fr. 5127, fol. 6 v°. (*Mention.*)

4 avril.

14957. Provisions pour Jacques Bernard de l'office de
garde du sceau de Notre-Dame-de-la-Mer en
Provence, vacant par la mort de Gautier Mathieu. Fontainebleau, 4 avril 1545.

> *Bibl. nat.*, ms. fr. 5127, fol. 9. (*Mention.*)

4 avril.

14958. Mandement au comte du Lude, lieutenant général en Poitou, de maintenir les habitants
de Poitiers dans l'exemption du logement des
gens de guerre, bien que, aux termes des ordonnances, les garnisons dussent être établies
dans toutes les villes closes du royaume. Fontainebleau, 5 avril 1545.

> *Original. Arch. municip. de Poitiers*, E. 45.
> *Imp.* Thibaudeau, *Abrégé de l'hist. du Poitou.*
> In-12, t. IV, p. 377.

5 avril.

14959. Provisions pour Rapheau Verdillon de l'office de procureur du roi au siège de Digne en Provence, vacant par la mort de Bernardin Riquetti. Fontainebleau, 5 avril 1545.   1546. 5 avril.

Bibl. nat., ms. fr. 5127, fol. 7. (Mention.)

14960. Provisions pour Claude Perrard de l'office de contrôleur du magasin nouvellement établi à Bar-sur-Seine, au lieu de l'office de contrôleur du grenier à sel dudit lieu dont il était pourvu, avant sa suppression. Fontainebleau, 5 avril 1545.   5 avril.

Bibl. nat., ms. fr. 5127, fol. 7. (Mention.)

14961. Lettres permettant à Guillaume de Gélas de résigner l'abbaye de Notre-Dame de Pimbo, dont il a été récemment pourvu, en faveur de François d'Aymar, fils du capitaine de Corbeil, afin d'apaiser le différend qu'ils ont ensemble, moyennant que ledit Gélas en retiendra 250 livres tournois de pension. Fontainebleau, 5 avril 1545.   5 avril.

Bibl. nat., ms. fr. 5127, fol. 7 v°. (Mention.)

14962. Don à Antoine de Montereau, gentilhomme de la vénerie, de l'office de capitaine des forêts des baronnies de Châteauneuf-en-Thimerais, Senonches et Champrond, vacant par la mort de Jean de Montereau, son père. Fontainebleau, 5 avril 1545.   5 avril.

Bibl. nat., ms. fr. 5127, fol. 7 v°. (Mention.)

14963. Provisions en faveur de Robert de la Place, dit Collombet, de la chapelle de l'hôpital de Saint-Martin-du-Pont de Rouen, vacant par la résignation de Pierre de la Place. Fontainebleau, 5 avril 1545.   5 avril.

Bibl. nat., ms. fr. 5127, fol. 9. (Mention.)

14964. Don à Mademoiselle de Montigny-Ruffiac, à Marie Virluova, nourrice d'Écosse, à Renée Brasdefer, à Jeanne du Four et à Françoise du Boullay, femmes de chambre de Monsieur le Duc, des maîtrises qui seront créées et   6 avril.

érigées à la naissance du premier enfant, fils ou fille, de Madame la Dauphine. Fontainebleau, 6 avril 1545.

1546.

> Bibl. nat., ms. fr. 5127, fol. 7 v°. (Mention.)

14965. Lettres de règlement concernant les acquits des comptes du trésorier de l'épargne. Fontainebleau, 7 avril 1545.

7 avril.

> Enreg. à la Chambre des Comptes de Paris, le 10 avril 1546 n. s. Arch. nat., P. 2307, p. 895; P. 2538, fol. 16 v°. 2 pages 1/2.
> Bibl. nat., Mss. Moreau, t. 1397, fol. 17; t. 1401, fol. 12. (Mentions.)
> Imp. Pièce in-4°, s. l. n. d. Arch. nat., AD.I.26, et AD.IX.26, n° 44, 2 pages.
> Autre pièce in-8°. Bibl. nat., in-8°, F. Actes royaux. (Cartons.)

14966. Édit concernant l'exemption de l'imposition foraine du duché de Bourgogne, suivant les privilèges du pays. Fontainebleau, 7 avril 1545.

7 avril.

> Enreg. au Parl. de Dijon, le 26 novembre 1546. Arch. de la Côte-d'Or, Parl., reg. IV, fol. 41.
> Imp. Recueil des édits et ordonnances des États de Bourgogne. In-4°, t. I, p. 492.

14967. Lettres ordonnant au Parlement de Paris de ne recevoir désormais les personnes pourvues par le roi d'offices de conseillers clercs, que lorsqu'elles seront promues aux ordres sacrés. Fontainebleau, 8 avril 1545.

8 avril.

> Enreg. au Parl. de Paris, le 11 mai 1546. Arch. nat., X¹ᵃ 8615, fol. 246 v°. 1 page.
> Imp. Isambert, Anc. lois françaises, etc. Paris, 1827, in-8°, t. XII, p. 909.

14968. Déclaration portant que l'interdiction faite, le jour même, par le roi aux personnes laïques d'exercer des offices de conseillers clercs au Parlement, ne doit point s'appliquer à ceux qui ont été pourvus antérieurement, et que la dispense accordée à Jean Loppin pour épouser la fille aînée de Guillaume Millet, médecin ordinaire du roi, et exercer non-

8 avril.

8.

obstant son office de conseiller clerc, reste
valable. Fontainebleau, 8 avril 1545.

1546.

Enreg. au Parl., le 11 mai suivant. Arch. nat.,
X[1a] 1558, Conseil, fol. 24 v°. 1 page 1/2.

14969. Provisions de l'office de conseiller lai au Parlement de Bordeaux pour Jacques Benoist. Fontainebleau, 8 avril 1545.

8 avril.

Enreg. au Parl. de Bordeaux, le 8 juin 1546.
Arch. de la Gironde, B. 32, fol. 113 v°. 3 pages.

14970. Mandement de payer à Oudard Du Biez, chevalier des ordres du roi, maréchal de France et lieutenant général en Picardie, 1,000 livres tournois pour et au lieu de sondit état de lieutenant général, pour ce mois, et pour son voyage à Fontainebleau. Fontainebleau, 8 avril 1545.

8 avril.

Original. Bibl. nat., Pièces orig., Biez, vol. 840,
p. 30.

14971. Lettres établissant à Longpont, diocèse de Soissons, une foire annuelle et un marché hebdomadaire. Fontainebleau, 8 avril 1545.

8 avril.

Copie. Bibliothèque de la ville de Soissons, mss.
fonds Périn, n° 2875.

14972. Lettres permettant à Adam Fumée, abbé de la Couture, près le Mans, de résigner ladite abbaye en faveur de Nicolas Fumée, fils de Monsieur Fumée, maître des requêtes de l'hôtel, par permutation et avec retenue de certaine pension et autres avantages mentionnés dans le concordat passé entre eux. Fontainebleau, 8 avril 1545.

8 avril.

Bibl. nat., ms. fr. 5127, fol. 9. (Mention.)

14973. Provisions en faveur de Jacques Benoist, naguère juge des exempts et cas royaux du duché d'Angoulême, de l'office de conseiller lai au Parlement de Bordeaux, vacant par la mort de Gabriel de Halis. Fontainebleau, 8 avril 1545.

8 avril.

Bibl. nat., ms. fr. 5127, fol. 9 v°. (Mention.)

14974. Lettres de présentation de Jean Dufour, prêtre, curé de l'église paroissiale d'Aignay-le-Duc, pour être pourvu de la cure de l'église paroissiale de Saint-Pierre de Courson, diocèse de Lisieux. Fontainebleau, 8 avril 1545.

    Bibl. nat., ms. fr. 5127, fol. 9 v°. (*Mention.*)

1546.
8 avril.

14975. Provisions pour Jean Verjus de l'office de sergent royal en la forêt de Sourdun, châtellenie de Provins, vacant par la résignation de Jean Lambert. Challeau, 9 avril 1545.

    Bibl. nat., ms. fr. 5127, fol. 9. (*Mention.*)

9 avril.

14976. Don à Jean Prou, oncle de Vaulouas, valet de chambre du dauphin, d'une prébende du chapitre du Puy-Notre-Dame en Anjou, vacante par la mort de Jacques Fréhault. Challeau, 9 avril 1545.

    Bibl. nat., ms. fr. 5127, fol. 9 v°. (*Mention.*)

9 avril.

14977. Don au roi de Navarre de la moitié des amendes et confiscations qui lui seront adjugées contre les usuriers du gouvernement de Guyenne, à condition qu'il supportera les frais des procès. Fontainebleau, 9 avril 1545.

    Bibl. nat., ms. fr. 5127, fol. 8. (*Mention.*)

9 avril.

14978. Don au sr de Boubers de 1,200 livres tournois, montant des droits seigneuriaux dus par le sr d'Ailly, son frère, à cause de la vente de la terre et seigneurie de la Forêt. Fontainebleau, 9 avril 1545.

    Bibl. nat., ms. fr. 5127, fol. 8. (*Mention.*)

9 avril.

14979. Lettres de légitimation pour Jean d'Annebauf, bâtard, avec remise des droits. Fontainebleau, 9 avril 1545.

    Bibl. nat., ms. fr. 5127, fol. 8. (*Mention.*)

9 avril.

14980. Don à Madeleine Du Biez, veuve du sr de Fouquesolles, du quart des droits montant en totalité à 390 livres tournois, dus au roi pour l'hypothèque qu'elle doit prendre sur une rente de 100 « lions » d'or que prélève Antoine d'Aux, sr de la Tour, sur la seigneurie

9 avril.

de Fontaine-sur-Somme, mouvante du roi
à cause d'Abbeville. Fontainebleau, 9 avril
1545.

Bibl. nat., ms. fr. 5127, fol. 8. (*Mention.*)

1546.

14981. Confirmation du don fait par le roi, le 17 février
dernier, à Regnaut de Rieux, archer de la
garde, de la confiscation de Hugues Blondel,
récemment exécuté à Paris. Fontainebleau,
9 avril 1545.

Bibl. nat., ms. fr. 5127, fol. 8 v°. (*Mention.*)

9 avril.

14982. Prorogation, accordée pour un an et aux con-
ditions des précédents octrois, de l'aumône
faite jusqu'ici aux couvents des Cordeliers
d'Angoulême et de Cognac, et perçue sur les
recettes ordinaires desdits lieux, c'est-à-dire,
au couvent d'Angoulême 90 livres tournois et
un tonneau de froment, et à celui de Cognac
100 livres tournois et un tonneau de froment. Fontainebleau, 9 avril 1545.

Bibl. nat., ms. fr. 5127, fol. 8 v°. (*Mention.*)

9 avril.

14983. Confirmation du don fait, le 4 mai précédent, à
Charles Des Hayes, gentilhomme de la vénerie
du roi, d'une amende de 250 livres tournois
prononcée contre Jean Garnier, dit Guédin,
et Mathurin de Nîmes, pour avoir tué des
cerfs dans les bois voisins de Romorantin.
Fontainebleau, 9 avril 1545.

Bibl. nat., ms. fr. 5127, fol. 8 v°. (*Mention.*)

9 avril.

14984. Confirmation du don fait en juillet dernier à
Jean Houllier, fruitier du roi, des biens de
feu Pierre Pellety, natif du diocèse de Nîmes,
dont deux tiers ont été adjugés au roi et un
tiers à la veuve et aux enfants du défunt.
Fontainebleau, 9 avril 1545.

Bibl. nat., ms. fr. 5127, fol. 8 v°. (*Mention.*)

9 avril.

14985. Don à Salles, fourrier ordinaire du roi, de
l'office d'enquêteur au siège de Condom, dépendant de la sénéchaussée d'Agénais, vacant

9 avril.

par le décès de Pierre Gavyot. Fontainebleau, 9 avril 1545.

Bibl. nat., ms. fr. 5127, fol. 8 v°. (Mention.)

1546.

14986. Remise à Pierre du Gard, ancien tapissier du
roi, de 30 livres parisis, moitié de l'amende
prononcée contre lui par le Parlement de
Paris, la remise ne pouvant être supérieure
à la moitié en vertu des ordonnances. Fontainebleau, 9 avril 1545.

Bibl. nat., ms. fr. 5127, fol. 9. (Mention.)

9 avril.

14987. Déclaration portant que Jacques Luillier, président des Généraux des Aides, sera payé des
gages de cet office depuis la mort de son
prédécesseur jusqu'à son institution, soit environ deux mois. Fontainebleau, 9 avril
1545.

Bibl. nat., ms. fr. 5127, fol. 9. (Mention.)

9 avril.

14988. Don à Jean d'Anjou, aide en l'échansonnerie
du commun, de l'office de notaire royal à
Chamery, bailliage de Vermandois, vacant
par la mort de Jean Guilmer. Fontainebleau,
9 avril 1545.

Bibl. nat., ms. fr. 5127, fol. 9. (Mention.)

9 avril.

14989. Lettres autorisant les prévôt des marchands, et
échevins de Paris à constituer des rentes au
denier douze sur l'Hôtel-de-Ville, jusqu'à concurrence de 90,000 livres tournois de capital
à emprunter, pour leur faciliter le payement
d'une somme égale accordée au roi, à cause
des guerres, pour la présente année; lesdites
rentes devant être assignées sur les deniers
patrimoniaux de la ville, sur les aides du
bétail à pied fourché, des pastel, guesde, etc.
Challeau, 10 avril 1545.

Original. Arch. nat., K. 955, n° 40.
Enreg. au Parl. de Paris, le 10 mai 1546. Arch.
nat., X¹ᵃ 8615, fol. 230. 5 pages.
Vidimus du Prévôt de Paris, du 17 mai 1546.
Arch. nat., K. 956, n° 16.

10 avril.

14990. Mandement au bailli et maître des foires de

10 avril.

Chalon d'accorder à Jacques Bouton, s[r] du
Fay, souffrance et délai pour l'hommage de
moitié de la terre de Chamilly et autres biens
à lui vendus par Claudine de Moroges. Dijon
(*sic*), 10 avril 1545.

> *Impr.* Pierre Palliot, *Hist. généal. des comtes de
> Chamilly de la maison de Bouton*. Lyon, 1671,
> in-fol., Preuves, p. 118.

1546.

14991. Commission donnée à Jean Escordet, conseiller
au Grand conseil, et à Guillaume Féau d'Izernay, valet de chambre du roi, pour faire
perquisitions chez les détenteurs de blés et
autres grains à Paris, dans l'Île-de-France, la
Picardie et la Normandie, en dresser des états
et forcer ceux qui en possèdent plus que leur
besoin, de le céder pour le ravitaillement de
l'armée. Challeau, 11 avril 1545.

> *Copie de l'époque. Arch. nat.*, K. 956, n° 17.

11 avril.

14992. Lettres permettant à Jacques et Jean Senneton, frères, libraires de Lyon, de faire imprimer et vendre des lectures sur le Droit
canon et les Institutes, etc., avec privilège
pour trois ans. Challeau, 11 avril 1545.

> *Entérinées au Parl. de Paris, le 14 mai suivant.
> Arch. nat.*, X[1a] 1558, Conseil, fol. 30. (*Mention.*)

11 avril.

14993. Lettres concernant le droit domanial de leude
majeure au comté de Lauraguais sur les poissons, draps, laines, toiles, bois, pastels, sel et
autres marchandises passant et repassant en
la sénéchaussée de Carcassonne. Challeau,
12 avril 1545.

> *Enreg. au Parl. de Toulouse, le 27 janvier 1546
> n. s. Arch. de la Haute-Garonne, Édits*, reg. 5,
> fol. 207. 3 pages 1/2.

12 avril.

14994. Déclaration portant que toute la juridiction,
ordinaire et privilégiée, du duché d'Angoulême, éteint par le décès de Charles de France,
duc d'Orléans, sera exercée désormais par le
sénéchal d'Angoumois. Nemours, 13 avril
1545.

> *Enreg. au Parl. de Paris, le 15 avril suivant.
> Arch. nat.*, X[1a] 8615, fol. 216 v°. 2 pages.

13 avril.

14995. Nouvelles lettres de jussion pour l'enregistrement des lettres d'érection en marquisat des baronnies de Mayenne, Sablé et la Ferté-Bernard. Nemours, 13 avril 1545.

1546,
13 avril.

> *Enreg. au Parl. de Paris, le 7 septembre 1546.*
> *Arch. nat., X¹ᵃ 8615, fol. 3o1. 2 pages.*

14996. Provisions pour Nicole Le Mercier, licencié ès lois, de l'office de procureur du roi, en la vicomté, domaine, eaux et forêts du Pont-de-Larche, vacant par la mort de Thomas Le Mercier, son frère. Ferrières, 14 avril 1545.

14 avril.

> *Bibl. nat., ms. fr. 5127, fol. 11 v°. (Mention.)*

14997. Lettres octroyant une augmentation de 21,808 livres 13 sous 9 deniers pour le payement des gages des officiers du Parlement de Paris, de nouvelle création, à prendre sur les revenus des greniers à sel y énumérés. Ferrières, 15 avril 1545.

15 avril.

> *Enreg. au Parl. de Paris. Arch. nat., X¹ᵃ 8615,*
> *fol. 232 v°. 4 pages.*
> *Enreg. à la Chambre des Comptes de Paris, le*
> *1ᵉʳ mai 1546. Arch. nat., P. 2307, p. 899;*
> *P. 2538, fol. 18; P. 2554, fol. 67 v°; AD.IX 126,*
> *n° 46. 6 pages.*
> *Enreg. à la Cour des Aides de Paris, le 5 mai*
> *1546. Arch. nat., Recueil Cromo, U. 665, fol. 32o.*
> *(Mention.)*

14998. Déclaration confirmative des lettres du 29 avril 1544 (n° 13808), exemptant les habitants de Laval de tous subsides que pourrait lever sur eux le sénéchal du Maine, et reconnaissant au seul juge des exempts par appel du comté de Laval le droit de répartir sur eux toutes contributions. Ferrières, 15 avril 1545.

15 avril.

> *Enreg. au Grand conseil, le 9 janvier 1548 n. s.*
> *Arch. nat., V⁵ 1053. 2 pages.*
> *Impr. Titres du comté de Laval et de ses privilèges.*
> Paris, 1657, in-4°, p. 3o. (Bibl. nat., Lk⁷ 3598.)

14999. Ordonnance réglant le cours des ducats de Portugal, des écus de Flandres, de Castille, de Sicile, de Venise, des vieux écus de Gênes,

15 avril.

de Ferrare, de Lucques, du Pape, et des
carolus et demi-carolus d'argent frappés à
Besançon. Ferrières, 15 avril 1545.

1546.

*Original sur parchemin dans les minutes d'ordon-
nances de la Cour des Monnaies. Arch. nat., Z^{1b} 537.
Enreg. à la Cour des Monnaies, le 30 avril 1546.
Arch. nat., Z^{1b} 63, fol. 213 v°. 4 pages.*
Imp. P. Rebuffi, *Les édits et ordonnances des
rois de France.* Lyon, 1573, in-fol., p. 489.
A. Fontanon, *Édits et ordonnances, etc.* Paris,
1611, in-fol., t. II, p. 129.

15000. Don à Jean Maçon, chantre ordinaire de la
chapelle du roi, d'une prébende du chapitre
de Saint-Quentin, vacante par la mort de
Claude Verdon. Ferrières, 15 avril 1545.

15 avril.

Bibl. nat., ms. fr. 5127, fol. 9 v°. (Mention.)

15001. Provisions de l'office de capitaine de la ville
d'Auxonne pour Claude de Rouvray, en
remplacement de Germain d'Eurre, s^r de
Mollans, décédé. Montargis, 16 avril 1545.

16 avril.

*Enreg. à la Chambre des Comptes de Dijon, le
12 juillet 1546. Arch. de la Côte-d'Or, B. 19,
fol. 74.*
Bibl. nat., ms. fr. 5127, fol. 11 v°. (Mention.)

15002. Provisions pour Jean Roy de l'office de procureur du roi au magasin à sel établi dernièrement à Niort. Montargis, 16 avril 1545.

16 avril.

Bibl. nat., ms. fr. 5127, fol. 10. (Mention.)

15003. Don à Philibert Pascalon de l'office d'huissier
et concierge de la Chambre des Comptes de
Moulins en Bourbonnais, vacant par la résignation de Jean Chartier, et nonobstant la suppression de ladite Chambre des Comptes.
Montargis, 16 avril 1545.

16 avril.

Bibl. nat., ms. fr. 5127, fol. 10. (Mention.)

15004. Don à Philibert Pascalon de l'office de concierge
et geôlier des prisons de Moulins, vacant par
la résignation de Jean Rochat. Montargis,
16 avril 1545.

16 avril.

Bibl. nat., ms. fr. 5127, fol. 10. (Mention.)

15005. Provisions en faveur de Guillaume Aussenart

16 avril.

de l'office de sergent à cheval au Châtelet de Paris, vacant par la résignation qu'en a faite à son profit Louis Ferragu, Montargis, 16 avril 1545.

> *Bibl. nat., ms. fr. 5127, fol. 10 v°. (Mention.)*

1546.

15006. Provisions en faveur d'Eustache Pinguet, le jeune, de l'office d'huissier à la Chambre des Comptes et au Trésor à Paris, du nombre des dix dernièrement créés, vacant par la résignation de Guillaume Danès, faite à son profit. Montargis, 16 avril 1545.

> *Bibl. nat., ms. fr. 5127, fol. 10 v°. (Mention.)*

16 avril.

15007. Mandement à la Chambre des Comptes de faire payer les religieuses de Saint-Louis de Poissy, par le receveur général des finances de Paris, d'une rente annuelle de 80 livres, 16 avril 1545.

> *Enreg. le 31 mai 1546, à la Chambre des Comptes de Paris, anc. mém. 2 N, fol. 154. Arch. nat., invent. PP. 136, p. 556. (Mention.)*

16 avril.

15008. Déclaration pour les exécutoires portés sur les paroisses. Montargis, 17 avril 1545.

> *Enreg. à la Cour des Aides de Normandie, le 4 mai 1546. Arch. de la Seine-Inférieure. Mémoriaux, 3ᵉ vol., fol. 1..2 pages.*

17 avril.

15009. Don à Louis Dumas de l'office de contrôleur du magasin à sel établi à Sens, vacant par la résignation de Jean Dumas, son père, faite à son profit. Montargis, 17 avril 1545.

> *Bibl. nat., ms. fr. 5127, fol. 10. (Mention.)*

17 avril.

15010. Don à Hildevert Capiton de l'office de garde de la porte du pont du Rhône, pour l'entrée des draps de soie, « en la maison du poix, » à Lyon, vacant par la résignation de Jean Bouffart au profit dudit Capiton et par le décès d'Aimonnet de Bourg, associé audit office. Montargis, 17 avril 1545.

> *Bibl. nat., ms. fr. 5127, fol. 10. (Mention.)*

17 avril.

15011. Don à Guyon de Lagarde de l'office de sergent en la sénéchaussée de Guyenne, vacant

17 avril.

par la mort de Thomas Lavolle. Montargis,   1546.
17 avril 1545.

Bibl. nat., ms. fr. 5127, fol. 10 v°. (Mention.)

15012. Don à Jacques Quillier de l'office de notaire   17 avril.
royal à Cosne-sur-Loire, vacant par la mort
d'Étienne Péligot. Montargis, 17 avril 1545.

Bibl. nat., ms. fr. 5127, fol. 11. (Mention.)

15013. Don à Antoine Drouynot, sur la présentation   17 avril.
du duc de Guise, de l'office de capitaine et
châtelain de Rouvres, vacant par la résignation d'Alexandre de Fontaines. Montargis,
17 avril 1545.

Bibl. nat., ms. fr. 5127, fol. 11. (Mention.)

15014. Provisions en faveur de Bonaventure Guiffrey   17 avril.
de l'office de bailli de Savoie, vacant par la
mort du s^r de Boutières, son père. Montargis,
17 avril 1545.

Bibl. nat., ms. fr. 5127, fol. 11. (Mention.)

15015. Don à Hilaire de Maucourt d'une prébende du   17 avril.
chapitre de Saint-Laud d'Angers, vacante par
la mort de Charles Cordonnier. Montargis,
17 avril 1545.

Bibl. nat., ms. fr. 5127, fol. 11 v°. (Mention.)

15016. Don à Théodore de Cissy d'une prébende du   18 avril.
chapitre de Saint-Quentin en Vermandois,
vacante par la permutation qu'en a faite Claude
de Rocquemaure avec la cure de l'église paroissiale de Saint-Pierre de Barzy. Montargis,
18 avril 1545.

Bibl. nat., ms. fr. 5127, fol. 11 v°. (Mention.)

15017. Lettres accordant au conservateur des pri-   19 avril.
vilèges des foires de Lyon la connaissance
des banqueroutes, et lui ordonnant d'informer contre un nommé Arnaud et ses complices, banqueroutiers frauduleux. Montargis,
19 avril 1545.

*Imp. Pièce in-4°. Arch. de la ville de Lyon,
série FF.*

*Privilèges des foires de Lyon, octroyez par les
rois très chrétiens aux marchands, etc. Lyon, par
Guill. Barbier, 1649, in-4°, p. 361.*

15018. Don à Pierre Gaulteron de l'office de sergent
royal dans les bailliage et prévôté de Saint-
Pierre-le-Moutier, vacant par la résignation
de Léonard Raymond. Montargis, 19 avril
1545.

>Bibl. nat., ms. fr. 5127, fol. 11. (Mention.)

1546.
19 avril.

15019. Don à Jean Le Jude de l'office de notaire royal
du duché de Châtellerault, au bailliage de
Puymilleroux et de Dangé, vacant par la résignation de Laurent Pingault. Montargis,
19 avril 1545.

>Bibl. nat., ms. fr. 5127, fol. 11. (Mention.)

19 avril.

15020. Déclaration portant que le roi entend prendre
à sa charge les obligations résultant des emprunts contractés à Lyon par les commissaires
établis le 31 mars précédent, par lettres patentes du dauphin Henri. Montargis, 20 avril
1545.

>Enreg. au Parl. de Paris, le 17 mai 1546. Arch.
nat., X¹ᵃ 8615, fol. 218. 2 pages.
Arrêt d'enregistrement. Idem, X¹ᵃ 1558, Conseil,
fol. 66.

20 avril.

15021. Ordonnance en faveur du clergé du diocèse de
Sarlat, touchant la perception des dîmes.
Montargis, 20 avril 1545.

>Enreg. au Parl. de Bordeaux, le 13 juillet 1546.
Arch. de la Gironde, B. 33, fol. 3. 3 pages.

20 avril.

15022. Mandement au trésorier des parties casuelles
de payer à Jean Robert, ancien contrôleur
sur le fait des traites en Guyenne, la somme
de 4,130 livres tournois à laquelle il a été
taxé par Nicolas Dupré et François de Gonnam,
maîtres des requêtes de l'hôtel, à ce délégués,
pour le payement de ses peines et vacations,
du 8 mars 1540 n. s. au 15 septembre 1544,
date de la suppression de son office. Montargis, 20 avril 1545.

>Original. Bibl. nat., ms. fr. 25723, n° 913.

20 avril.

15023. Lettres portant défense aux tabellions et à leurs
commis, aux greffiers et à tous autres officiers

20 avril.

du bailliage de Sens d'exercer l'office de notaire. Ferrières, 20 avril 1545.

Enreg. au Parl. de Paris, le 24 mai 1546. Arch. nat., X¹ᵃ 8615, fol. 219. 1 page 1/2.

1546.

15024. Pouvoirs conférés à Claude d'Annebaut, maréchal et amiral de France, à Pierre Rémon, premier président au Parlement de Rouen, et à Guillaume Bochetel, pour traiter à Ardres de la paix à intervenir entre le roi de France et le roi d'Angleterre. Ferrières, 21 avril 1545.

21 avril.

Insérés dans l'original du traité d'Ardres. Arch. nat., J. 651ᵇ, n° 18 bis. (Musée des Arch. AE. III 33.)
Enreg. à la Chambre des Comptes de Paris. Arch. nat., P. 2307, p. 933; P. 2538, fol. 33; P. 2554, fol. 81. 3 pages.
(Voir ci-dessous au 7 juin, n° 15123.)

15025. Ordonnance portant que nul ne sera reçu à contrevenir aux arrêts des cours souveraines par voie de nullité et de contrariété des décisions, mais qu'on pourra se pourvoir par proposition d'erreur, en gardant les solennités requises. Fontainebleau, avril 1545.

Avril.

Enreg. à la Chancellerie de France. Arch. nat., Trésor des Chartes, JJ. 257¹, n° 115, fol. 61. 1 page 1/2.
Enreg. au Parl. de Grenoble, le 25 juin 1546. Arch. de l'Isère, B. 2334, fol. 312. 1 page 1/2.

15026. Création d'un office de sergent chevaucheur dans les bois et forêts de la vicomté d'Évreux. Fontainebleau, avril 1545.

Avril.

Enreg. à la Chancellerie de France. Arch. nat., Trésor des Chartes, JJ. 257¹, n° 161, fol. 85 v°. 1 page.

15027. Création en faveur de Guy, comte de Laval, de trois foires annuelles et d'un marché hebdomadaire à Châtillon-en-Vendelais, sénéchaussée de Rennes. Fontainebleau, avril 1545.

Avril.

Enreg. à la Chancellerie de France. Arch. nat., Trésor des Chartes, JJ. 257¹, n° 144, fol. 75. 1 page.

15028. Permission à Jean de La Baume-Le Blanc de faire fortifier le bourg de Chevrainvilliers, au duché de Nemours, dont il était seigneur. Fontainebleau, avril 1545.

> *Enreg. à la Chancellerie de France. Arch. nat., Trésor des Chartes,* JJ. 257¹, n° 127, fol. 67.
> 1 page.

1546.
Avril.

15029. Permission aux habitants de Chevry-en-Sereine, bailliage de Melun, de fortifier ce bourg. Fontainebleau, avril 1545.

> *Enreg. à la Chancellerie de France. Arch. nat., Trésor des Chartes,* JJ. 257¹, n° 122, fol. 64 v°.
> 1 page.

Avril.

15030. Création de deux foires annuelles et d'un marché chaque semaine à Chevry-en-Sereine. Fontainebleau, avril 1545.

> *Enreg. à la Chancellerie de France. Arch. nat., Trésor des Chartes,* JJ. 257¹, n° 123, fol. 65.
> 1 page.

Avril.

15031. Permission aux habitants d'Écueillé, bailliage de Touraine, lieutenance de Loches, de fortifier leur ville. Fontainebleau, avril 1545.

> *Enreg. à la Chancellerie de France. Arch. nat., Trésor des Chartes,* JJ. 257¹, n° 120, fol. 64.
> 1 page.

Avril.

15032. Permission aux habitants de Fontaines-les-Sèches, au bailliage d'Auxois, de fortifier leur bourg. Fontainebleau, avril 1545.

> *Enreg. à la Chancellerie de France. Arch. nat., Trésor des Chartes,* JJ. 257¹, n° 130, fol. 68 v°.
> 1 page.

Avril.

15033. Permission au cardinal de Tournon, abbé de Ferrières, de faire fortifier le bourg d'Inville (Intville-la-Guétard), au bailliage de Montargis. Fontainebleau, avril 1545.

> *Enreg. à la Chancellerie de France. Arch. nat., Trésor des Chartes,* JJ. 257¹, n° 108, fol. 57 v°.
> 1 page.

Avril.

15034. Permission aux habitants de Marolles-sur-Seine,

Avril.

au bailliage de Sens, de fortifier ce bourg. Fontainebleau, avril 1545.

> *Enreg. à la Chancellerie de France. Arch. nat., Trésor des Chartes, JJ. 257¹, n° 129, fol. 68.*
> 1 page.

1546.

15035. Lettres de création de deux foires annuelles et d'un marché hebdomadaire à Orly, prévôté et vicomté de Paris. Fontainebleau, avril 1545.

> *Enreg. à la Chancellerie de France, Arch. nat., Trésor des Chartes, JJ. 257¹, n° 105, fol. 55 v°.*
> 1 page.

Avril.

15036. Permission aux habitants de Saint-Martin-d'Ordon, bailliage de Sens, de fortifier leur bourg. Fontainebleau, avril 1545.

> *Enreg. à la Chancellerie de France. Arch. nat., Trésor des Chartes, JJ. 257¹, n° 121, fol. 64.*
> 1 page.

Avril.

15037. Permission aux habitants de Tollecy (Talcy), au bailliage d'Auxerre, lieutenance d'Avallon, de fortifier ce bourg. Fontainebleau, avril 1545.

> *Enreg. à la Chancellerie de France. Arch. nat., Trésor des Chartes, JJ. 257¹, n° 110, fol. 58 v°.*
> 1 page.

Avril.

15038. Établissement de trois foires l'an et d'un marché chaque semaine à Villebéon-les-Granges, au duché de Nemours. Fontainebleau, avril 1545.

> *Enreg. à la Chancellerie de France. Arch. nat., Trésor des Chartes, JJ. 257¹, n° 116, fol. 62.*
> 1 page.

Avril.

15039. Permission aux habitants de Villebéon-les-Granges, au duché de Nemours, de fortifier leur ville. Fontainebleau, avril 1545.

> *Enreg. à la Chancellerie de France. Arch. nat., Trésor des Chartes, JJ. 257¹, n° 117, fol. 62.*
> 1 page.

Avril.

15040. Don à François de Marconnay, gentilhomme de la vénerie du roi, de tous les biens, meubles et immeubles, de Pierre Huet des

Avril.

Cazes et de Perrette, sa fille, demeurant à Millançay, bailliage de Blois, condamnés à être pendus en punition de l'homicide qu'ils ont commis sur la personne du mari de ladite Perrette. Fontainebleau, avril 1545.

> *Enreg. à la Chancellerie de France. Arch. nat., Trésor des Chartes, JJ. 257¹, n° 137, fol. 71 v°. 1 page 1/2.*
> *Bibl. nat., ms. fr. 5127, fol. 8 v°. (Mention, sous la date du 9 avril.)*
> *Enreg. à la Chambre des Comptes de Paris, le 4 juin suivant. Bibl. nat., ms. Clairambault 782, p. 312. (Mention.)*

15041. Don à Nicolas de Vassy, pour le récompenser d'avoir dénoncé la conspiration ourdie avec l'Angleterre par feu François de Fontenay, sᵣ de Fontaines-les-Rouges, et ses complices, de ladite terre de Fontaines-les-Rouges au bailliage de Caen, adjugée au roi avec les autres biens dudit sᵣ de Fontenay par l'arrêt de mort prononcé contre lui. Fontainebleau, avril 1545.

> *Enreg. à la Chancellerie de France. Arch. nat., Trésor des Chartes, JJ. 257¹, n° 136, fol. 71. 1 page.*
> *Enreg. à la Chambre des Comptes de Paris, anc. mém. NN, fol. 223. Arch. nat., invent. PP. 119, p. 40. (Mention.)*

15042. Déclaration en faveur de Rostaing, François et Charles Aléret (*aliàs* Abriez), archers de la compagnie du comte de Nanteuil, natifs du comtat Venaissin, portant qu'ils jouiront en France des mêmes droits et privilèges que les regnicoles. Fontainebleau, avril 1545.

> *Enreg. à la Chancellerie de France. Arch. nat., Trésor des Chartes, JJ. 257¹, n° 150, fol. 78 v°. 2 pages.*
> *Bibl. nat., ms. fr. 5127, fol. 8. (Mention, sous la date de Fontainebleau, 9 avril 1545.)*

15043. Lettres de légitimation accordées à Catherine Regnault, fille naturelle de feu Jean Regnault, écuyer, élu de Bayeux, et de Thomine Lucas,

demeurant à Trungy. Fontainebleau, avril
1545.

> *Enreg. à la Chancellerie de France. Arch. nat.,
> Trésor des Chartes, JJ. 257¹, n° 143, fol. 74 v°.*
> 1 page.

1546.

15044. Création de deux foires l'an et d'un marché
chaque semaine à Noyen-sur-Seine, bailliage
de Montargis, en faveur d'Emery des Ruyaulx,
seigneur du lieu. Nemours, avril 1545.

> *Enreg. à la Chancellerie de France. Arch. nat.,
> Trésor des Chartes, JJ. 257¹, n° 141, fol. 73 v°.*
> 1 page.

Avril.

15045. Permission aux habitants de Saisy, en Nivernais, de fortifier leur bourg. Nemours, avril
1545.

> *Enreg. à la Chancellerie de France. Arch. nat.,
> Trésor des Chartes, JJ. 257¹, n° 140, fol. 73.*
> 1 page.

Avril.

15046. Lettres de naturalité en faveur de Fantin et
Jacques de Caprilis, fils de Baptiste de Caprilis, de Savignon d'Aoste, établis à Fréjus
en Provence. Nemours, avril 1545.

> *Enreg. à la Chancellerie de France. Arch. nat.,
> Trésor des Chartes, JJ. 257¹, n° 139, fol. 72 v°.*
> 1 page.

Avril.

15047. Établissement de deux foires l'an et d'un marché chaque semaine à Bagneaux, bailliage de
Sens, en faveur du cardinal de Tournon,
seigneur du lieu à cause de son abbaye de
Saint-Germain-des-Prés. Villemaréchal, avril
1545.

> *Enreg. à la Chancellerie de France. Arch. nat.,
> Trésor des Chartes, JJ. 257¹, n° 131, fol. 69.*
> 1 page.

Avril.

15048. Lettres abolissant, sur la requête des habitants,
l'office royal de receveur des deniers communs de la ville d'Auxerre nouvellement créé,
et permettant aux échevins, jurés et gouverneurs de la ville de nommer leur receveur,

Avril.

comme ils faisaient autrefois. Ferrières, avril 1546.
1545.

> *Original. Arch. départ. de la Côte-d'Or, États de*
> *Bourgogne, C. 7476.*
> *Copie. Arch. municipales d'Auxerre.*

15049. Lettres de création d'un office de receveur or-   Avril.
dinaire du domaine de la châtellenie de
Beaugency. Ferrières, avril 1545.

> *Enreg. à la Chancellerie de France. Arch. nat.,*
> *Trésor des Chartes, JJ. 257¹, n° 153, fol. 80 v°.*
> *1 page.*
> *Enreg. à la Chambre des Comptes de Paris, anc.*
> *mém. coté 2 N; fol. 180. Arch. nat., AD.IX*
> *126, n° 43, et PP. 136, p. 543. (Mentions.)*

15050. Édit de suppression de l'office de receveur des   Avril.
deniers communs, dons et octrois de la ville
de Chauny en Picardie. Ferrières, avril 1545.

> *Enreg. à la Chancellerie de France. Arch. nat.,*
> *Trésor des Chartes, JJ. 257¹, n° 174, fol. 92.*
> *2 pages.*
> *Enreg. au Parl. de Paris, le 19 juillet 1546.*
> *Arch. nat., X¹ᵃ 8615, fol. 281 v°. 2 pages 1/2.*

15051. Permission aux habitants d'Anglure-sur-Aube,   Avril.
au bailliage de Sézanne, de fortifier ce bourg.
Montargis, avril 1545.

> *Enreg. à la Chancellerie de France. Arch. nat.,*
> *Trésor des Chartes, JJ. 257¹, n° 145, fol. 75 v°.*
> *1 page.*

15052. Permission aux habitants de la Celle-Guenand,   Avril.
au bailliage de Touraine, lieutenance de Lo-
ches, de fortifier ce bourg. Montargis, avril
1545.

> *Enreg. à la Chancellerie de France. Arch. nat.,*
> *Trésor des Chartes, JJ. 257¹, n° 148, fol. 77 v°.*
> *1 page.*

15053. Lettres de suppression de l'office de receveur   Avril.
des deniers communs de la ville de Chinon.
Montargis, avril 1545.

> *Enreg. à la Chancellerie de France. Arch. nat.,*
> *Trésor des Chartes, JJ. 257¹, n° 156, fol. 82.*
> *2 pages.*

15054. Création de deux foires l'an et d'un marché   Avril.

10.

chaque semaine à Somsois, bailliage de Chaumont-en-Bassigny, en faveur de Jacques Ra-
meau, écuyer, seigneur du lieu, secrétaire du
duc de Guise. Montargis, avril 1545.

> *Enreg. à la Chancellerie de France. Arch. nat.,
> Trésor des Chartes, JJ. 257¹, n° 135, fol. 70 v°.
> 1 page.*

1546.

15055. Lettres de légitimation accordées à Jean Carrier,
étudiant, fils naturel de François Carrier,
prêtre, et de Marguerite Richard. Montargis,
avril 1545.

> *Enreg. à la Chancellerie de France. Arch. nat.,
> Trésor des Chartes, JJ. 257¹, n° 149, fol. 78.
> 1 page.*

Avril.

15056. Lettres de légitimation accordées à Jean et
Claude Dupuis, âgés l'un de deux et l'autre
de trois ans, demeurant à Saintes, fils naturels de Michel Dupuis, prêtre. Montargis,
avril 1545.

> *Enreg. à la Chancellerie de France. Arch. nat.,
> Trésor des Chartes, JJ. 257¹, n° 152, fol. 80.
> 1 page.*

Avril.

15057. Lettres de légitimation et de naturalité en
faveur de Marc de Marconnay, né en Italie,
fils naturel de feu Philippe de Marconnay,
écuyer, alors capitaine gouverneur de Lugano et de Locarno, et d'Ange de Mallet,
jeune fille de Milan. Montargis, avril 1545.

> *Enreg. à la Chancellerie de France. Arch. nat.,
> Trésor des Chartes, JJ. 257¹, n° 160, fol. 84 v°.
> 2 pages.*

Avril.

15058. Rétablissement de trois foires annuelles et d'un
marché hebdomadaire à Vernou en Sologne,
bailliage de Blois. Paris (*sic*), avril 1545.

> *Enreg. à la Chancellerie de France. Arch. nat.,
> Trésor des Chartes, JJ. 257¹, n° 104, fol. 55.
> 1 page.*

Avril.

15059. Lettres contenant un supplément d'instructions
et de pouvoirs pour les commissaires Jean
Escordet et Guillaume Féau, chargés par acte
du 11 avril précédent (n° 14991) de rechercher

29 avril.

les détenteurs de blés et de grains. Fontainebleau, 29 avril 1546.

Copie du xviᵉ siècle. Arch. nat., K. 956, n° 17.

1546.

15060. Don à François Regnard, sommelier du roi, de
40 écus d'or à prendre sur le produit de la
vente de l'office de sergent du magasin à sel
établi à Harfleur, vacant par la mort de Jean
Champaigne. Fontainebleau, 29 avril 1546.

Original. Bibl. nat., ms. fr. 25723, n° 980.

29 avril.

15061. Don à Verdun Bonneau, potager à la cuisine
du commun, de 30 écus d'or à prendre sur
le produit de la vente de l'office de notaire
royal de Nîmes, vacant par la mort d'Arnaud
Nourel. Fontainebleau, 29 avril 1546.

Original. Bibl. nat., ms. fr. 25723, n° 981.

29 avril.

15062. Déclaration portant que les secrétaires du roi
en Languedoc s'entremettant de commerce
seront sujets à la contribution des aides,
tailles, etc. Fontainebleau, 30 avril 1546.

*Enreg. à la Chancellerie de France. Arch. nat.,
Trésor des Chartes, JJ. 257¹, n° 111, fol. 50 v°.
1 page 1/2.*

30 avril.

15063. Lettres confirmatives d'un édit antérieur, portant que les biens ruraux en Languedoc,
quels que soient leurs propriétaires, même
présidents et conseillers des cours souveraines, contribueront aux aides, tailles et
subsides. Fontainebleau, 30 avril 1546.

*Enreg. à la Chancellerie de France. Arch. nat.,
Trésor des Chartes, JJ. 257¹, n° 112, fol. 59 v°.
2 pages 1/2.
Vidimus donné par le viguier de Toulouse. Arch.
municipales d'Albi, CC. 19.
Copie du xviᵉ siècle. Arch. municipales de Toulouse, ms. 440, fol. 76.*

30 avril.

15064. Lettres confirmant à Suzanne de Bourbon,
veuve de Claude de Rieux, comte d'Harcourt, le droit de garde-noble de Claude,
comte d'Harcourt, son fils. 30 avril 1546.

Enreg. à la Chambre des Comptes de Paris, anc.

30 avril.

mém. NN, fol. 126 v°. *Arch. nat.*, invent. PP. 119, 1546.
p. 18. (*Mention.*)
Bibl. nat., ms. Clairambault 782, p. 312. (*Mention.*)

15065. Don à Diego de Mendoça, premier maître   30 avril.
d'hôtel du roi, de tout le revenu, profit et
émolument des hôtels de Bourgogne, Flandre
et Artois, avec leurs appartenances et dépendances, situés à Paris. 30 avril 1546.
Enreg. à la Chambre des Comptes de Paris, anc.
mém. NN, fol. 126 v°. *Arch. nat.*, invent. PP. 119,
p. 18. (*Mention.*)
Bibl. nat., ms. Clairambault 782, p. 312. (*Mention.*)

15066. Lettres de légitimation accordées à Jean Gui-   Avril.
gnart, fils naturel de feu Jean Guignart et de
Perrette Beauvais. Ferrières, avril 1546.
*Enreg. à la Chancellerie de France. Arch. nat.,
Trésor des Chartes*, JJ. 257¹, n° 138, fol. 72.
1 page.

15067. Déclaration interprétative, en ce qui concerne   Avril.
la Cour des Aides de Rouen, de l'édit portant
que les arrêts des cours souveraines devront,
pour être exécutoires, être scellés du sceau
de la chancellerie. Fontainebleau, avril 1546.
*Enreg. à la Chancellerie de France. Arch. nat.,
Trésor des Chartes*, JJ. 257¹, n° 157, fol. 82 v°.
2 pages.
*Enreg. à la Cour des Aides de Normandie, le
29 novembre 1547. Arch. de la Seine-Inférieure,
Mémoriaux*, 3° vol., fol. 2. 4 pages.

15068. Création de deux nouvelles foires annuelles à   Avril.
l'Isle-Jourdain-Vienne, en faveur de René de
la Béraudière, seigneur du lieu. Fontainebleau, avril 1546.
*Enreg. à la Chancellerie de France. Arch. nat.,
Trésor des Chartes*, JJ. 257¹, n° 195, fol. 104,
1 page.

15069. Permission à François d'Appelvoisin de fortifier   Avril.
son bourg de la Loge-Fougereuse en Poitou.
Fontainebleau, avril 1546.
*Enreg. à la Chancellerie de France. Arch. nat.,
Trésor des Chartes*, JJ. 257¹, n° 162, fol. 86.
1 page.

15070. Permission aux habitants de Villemanoche, près de Sens, de fortifier ce bourg. Fontainebleau, avril 1546.

1546, Avril.

Enreg. à la Chancellerie de France. Arch. nat., Trésor des Chartes, JJ. 257¹, n° 154, fol. 81. 1 page.

15071. Mandement au Parlement de Paris pour l'enregistrement des lettres de confirmation des privilèges de l'abbaye de Notre-Dame de Beauvoir, au diocèse de Bourges, données au mois d'août 1544 (n° 14133). Fontainebleau, 1ᵉʳ mai 1546.

1ᵉʳ mai.

Enreg. au Parl. de Paris, le 14 août 1546. Arch. nat., X¹ᵃ 8615, fol. 288. 2 pages.

15072. Lettres réglant le mode de payement de la dîme due à l'évêque et aux membres du clergé du diocèse d'Agen. Fontainebleau, 2 mai 1546.

2 mai.

Enreg. au Parl. de Bordeaux, sauf modifications, le 24 juin 1546. Arch. de la Gironde, B. 32, fol. 115. 3 pages.

15073. Lettres autorisant Arnaud Coustault, habitant de Bordeaux, qui avait fait de grandes pertes dans la ferme de la traite et grande coutume de Bordeaux, pendant les cinq années de son bail fini le 30 septembre 1533, d'acheter du pastel à Toulouse et de le faire ensuite transporter où il voudrait, sans avoir à acquitter de droit et imposition foraine, jusqu'à concurrence d'une somme de 8,000 livres, avec faculté de céder ce privilège à une autre personne. Fontainebleau, 3 mai 1546.

3 mai.

Original. Bibl. nat., ms. fr. 25723, n° 982.

15074. Lettres de relief d'adresse à la Chambre des Comptes pour l'enregistrement des provisions de l'office de garde des prisons de Coutances, accordées, le 15 août 1545 (n° 14547), à Robert Bouchet. 3 mai 1546.

3 mai.

Enreg. à la Chambre des Comptes de Paris, le 19 juillet 1546. Arch. nat., invent. PP. 136, p. 547. (Mention.)

15075. Don à Pierre Briendas, sommelier du dauphin, de 30 écus d'or à prendre sur le produit de la vente de l'office de sergent dans la châtellenie de Villeneuve-en-Dombes, vacant par la mort d'Antoine Cousinat. Fontainebleau, 9 mai 1546.

1546.
9 mai.

Original. Bibl. nat., ms. fr. 25723, n° 983.

15076. Lettres accordant privilège aux sujets du roi de ne pouvoir être jugés en dehors de leur ressort. Fontainebleau, 15 mai 1546.

15 mai.

Enreg. au Parl. de Toulouse. Arch. de la Haute-Garonne, Édits, reg. 5, fol. 187. 2 pages.

15077. Lettres de jussion à la Chambre des Comptes de Paris, pour l'enregistrement des provisions de l'office de garde des prisons de Coutances, accordées, le 15 août 1545 (n° 14547), à Robert Bouchet. 15 mai 1546.

15 mai.

Enreg. à la Chambre des Comptes de Paris, le 19 juillet 1546. Arch. nat., invent. PP. 136, p. 547. (Mention.)

15078. Lettres portant ratification de la vente de la seigneurie de Montredon, viguerie de Sommières. Fontainebleau, 16 mai 1546.

16 mai.

Enreg. à la Chambre des Comptes de Montpellier. Arch. départ. de l'Hérault, B. 343, fol. 233. 2 pages.

15079. Lettres portant ratification de la vente à Jean Escuron, docteur en médecine, de la seigneurie de la Clotte et du bois dit de Raymond-Lussan. Fontainebleau, 16 mai 1546.

16 mai.

Enreg. à la Chambre des Comptes de Montpellier. Arch. départ. de l'Hérault, B. 343, fol. 234. 2 pages.

15080. Lettres enjoignant au sieur de Nérolles, garde de la Monnaie de Lyon, de venir se présenter au roi, porteur des mémoires et instructions concernant les réparations et fortifications de Lyon. Fontainebleau, 18 mai 1546.

18 mai.

Original. Arch. départ. du Rhône, Chapitre métropolitain, Arm. Abram, vol. 6, n° 24.

15081. Lettres portant attribution au siège de la Table de marbre de la connaissance des excès, délits de chasse et autres, commis dans les forêts faisant partie du domaine de Louis de La Trémoïlle, vicomte de Thouars, et de Louise de Coëtivy, comtesse de Taillebourg. Fontainebleau, 19 mai 1546.

1546.
19 mai.

> Enreg. à la Chambre des Eaux et forêts (siège de la Table de Marbre), le 24 mai 1546. Arch. nat., Z¹ᵉ 330, fol. 133. 2 pages.

15082. Ordonnance portant que les vins, à leur sortie de la ville et banlieue de Paris, seront contremarqués par les fermiers de la ferme de dix sous par muid. 21 mai 1546.

21 mai.

> Enreg. à la Cour des Aides de Paris. Arch. nat., Recueil Cromo, U. 665, fol. 321. (Mention.)

15083. Lettres réglant le mode de payement de la dîme due à l'évêque et aux membres du clergé du diocèse de Limoges. Beaulieu, 28 mai 1546.

28 mai.

> Enreg. au Parl. de Bordeaux, sauf restrictions, le 21 juin 1546. Arch. de la Gironde, B. 32, fol. 116 v°. 3 pages.

15084. Lettres portant attribution aux cours de Parlement, sénéchaux et autres juges, de l'entière connaissance des excès commis en matière de bénéfices, de la police et réforme des hôpitaux et des aumôneries, et de la distribution de leurs revenus. Fontainebleau, mai 1546.

Mai.

> Enreg. au Parl. de Toulouse, le 5 juillet 1546. Arch. de la Haute-Garonne, Édits, reg. 5, fol. 189. 2 pages.

15085. Lettres attribuant aux cours de Parlement et aux sénéchaux la connaissance de tous les procès civils et criminels, intéressant le domaine. Fontainebleau, mai 1546.

Mai.

> Enreg. au Parl. de Toulouse, le 5 juillet 1546. Arch. de la Haute-Garonne, Édits, reg. 5, fol. 190. 4 pages.

15086. Lettres ordonnant que ceux qui présenteront requêtes aux cours de justice pour raison d'usurpation et allégations de parenté, décla-

Mai.

IMPRIMERIE NATIONALE.

reront très explicitement les faits pour lesquels les évocations sont demandées. Fontainebleau, mai 1546.

> *Enreg. au Parl. de Toulouse, le 5 juillet 1546.*
> *Arch. de la Haute-Garonne, Édits, reg. 5, fol. 190.*
> *4 pages.*

1546.

15087. Édit de règlement pour la tenue des chapitres
de l'hôpital des Quinze-Vingts de Paris et
pour la réforme de l'administration de cet
établissement. Fontainebleau, mai 1546.

Mai.

> *Original. Arch. des Quinze-Vingts, n° 863.*
> *Enreg. au Parl. de Paris, le 24 mai 1546. Arch.*
> *nat., X¹ª 8615, fol. 247. 5 pages.*

15088. Confirmation d'un règlement pour les vingt-
quatre courtiers de vin de la ville et banlieue
de Rouen. Fontainebleau, mai 1546.

Mai.

> *Enreg. à la Chancellerie de France. Arch. nat.,*
> *Trésor des Chartes, JJ. 257¹, n° 164, fol. 87.*
> *2 pages 1/2.*

15089. Lettres de création d'un office de sergent royal
à Villefrançoise-de-Grâce (le Havre), à la requête de Richard de Farcy. Fontainebleau,
mai 1546.

Mai.

> *Enreg. à la Chancellerie de France. Arch. nat.,*
> *Trésor des Chartes, JJ. 257¹, n° 159, fol. 84.*
> *1 page.*

15090. Établissement d'un marché, le samedi de
chaque semaine, à Brignoles en Provence.
Fontainebleau, mai 1546.

Mai.

> *Enreg. à la Chancellerie de France. Arch. nat.,*
> *Trésor des Chartes, JJ. 257¹, n° 192, fol. 102.*
> *1 page.*

15091. Établissement de quatre nouvelles foires annuelles et d'un marché hebdomadaire à Concressault en Berry, au profit d'Antoine de la
Rochandry, seigneur dudit lieu et de Vernou,
échanson ordinaire du roi. Fontainebleau,
mai 1546.

Mai.

> *Enreg. à la Chancellerie de France. Arch. nat.,*
> *Trésor des Chartes, JJ. 257¹, n° 193, fol. 102 v°.*
> *1 page.*

15092. Lettres de création de six foires annuelles et d'un marché hebdomadaire à Genouillat dans la Marche. Fontainebleau, mai 1546.

> Enreg. à la Chancellerie de France. Arch. nat., Trésor des Chartes, JJ. 257¹, n° 165, fol. 88 v°.
> 1 page.

1546.
Mai.

15093. Établissement de trois foires par an et d'un marché chaque semaine à la Loge-Fougereuse, en Poitou. Fontainebleau, mai 1546.

> Enreg. à la Chancellerie de France. Arch. nat., Trésor des Chartes, JJ. 257¹, n° 178, fol. 94.
> 1 page.

Mai.

15094. Confirmation des privilèges, franchises et coutumes des habitants de Lorris en Gâtinais. Fontainebleau, mai 1546.

> Enreg. à la Chancellerie de France. Arch. nat., Trésor des Chartes, JJ. 257¹, n° 167, fol. 89.
> 1 page.

Mai.

15095. Permission aux habitants de Marcenay dans le duché de Bourgogne, bailliage de la Montagne, de fortifier leur bourg. Fontainebleau, mai 1546.

> Enreg. à la Chancellerie de France. Arch. nat., Trésor des Chartes, JJ. 257¹, n° 177, fol. 94.
> 1 page.

Mai.

15096. Permission aux habitants de Massangis et Tormancy en Bourgogne de fortifier ces deux localités. Fontainebleau, mai 1546.

> Enreg. à la Chancellerie de France. Arch. nat., Trésor des Chartes, JJ. 257¹, n° 185, fol. 98 v°.
> 1 page.

Mai.

15097. Permission aux habitants de Neufville-la-Guyard (auj. Villeneuve-la-Guyard), au bailliage de Melun, de fortifier ce bourg. Fontainebleau, mai 1546.

> Enreg. à la Chancellerie de France. Arch. nat., Trésor des Chartes, JJ. 257¹, n° 184 bis, fol. 97.
> 1 page.
> Double, idem, n° 189, fol. 100 v°.

Mai.

15098. Permission à René de Sorbiers, seigneur des Pruneaux et de Villemanoche, de faire con-

Mai.

11.

struire un moulin à Pont-sur-Yonne, bail- 1546.
liage de Nemours. Fontainebleau, mai 1546.

> *Enreg. à la Chancellerie de France. Arch. nat.,*
> *Trésor des Chartes, JJ. 257¹, n° 171, fol. 91.*
> *1 page.*

15099. Permission à Claude de Languedoue de faire Mai.
fortifier le bourg de Pussay en Beauce, bailliage d'Étampes, dont il était seigneur. Fontainebleau, mai 1546.

> *Enreg. à la Chancellerie de France. Arch. nat.,*
> *Trésor des Chartes, JJ. 257¹, n° 184, fol. 98.*
> *1 page.*

15100. Permission à Antoine du Sollier, conseiller au Mai.
Parlement de Toulouse, de faire construire
à la Mothe, dans la ville de Rabasteins, un
édifice adossé aux murs des fortifications.
Fontainebleau, mai 1546.

> *Enreg. à la Chancellerie de France. Arch. nat.,*
> *Trésor des Chartes, JJ. 257¹, n° 191, fol. 101 v°.*
> *1 page 1/2.*

15101. Permission aux habitants de Saint-Maurice-sur- Mai.
Aveyron, au bailliage de Montargis, de fortifier leur village. Fontainebleau, mai 1546.

> *Enreg. à la Chancellerie de France. Arch. nat.,*
> *Trésor des Chartes, JJ. 257¹, n° 187, fol. 99.*
> *1 page.*

15102. Permission aux habitants de «Tholon», au Mai.
bailliage de Troyes, de fortifier ce bourg.
Fontainebleau, mai 1546.

> *Enreg. à la Chancellerie de France. Arch. nat.,*
> *Trésor des Chartes, JJ. 257¹, n° 186, fol. 99.*
> *1 page.*

15103. Permission aux habitants de Triguères, au dio- Mai.
cèse de Sens et bailliage de Montargis, de
fortifier leur ville. Fontainebleau, mai 1546.

> *Enreg. à la Chancellerie de France. Arch. nat.,*
> *Trésor des Chartes, JJ. 257¹, n° 169, fol. 90.*
> *1 page.*

15104. Permission à Jean Le Jau, écuyer, de faire Mai.
fortifier le lieu de Verteau en Gâtinais,

bailliage de Nemours. Fontainebleau, mai 1546.

Enreg. à la Chancellerie de France. Arch. nat., Trésor des Chartes, JJ. 257[1], n° 170, fol. 90 v°. 1 page.

15105. Lettres de légitimation accordées à Blaise Baudonat, âgé de dix ans, natif de Pailhès au diocèse de Clermont, fils naturel de messire Anne Baudonat, prêtre, et d'Anne Pellicier. Fontainebleau, mai 1546.   Mai.

Enreg. à la Chancellerie de France. Arch. nat., ...es Chartes, JJ. 257[1], n° 173, fol. 91 v°, et n° 175, fol. 93. 1 page. (Double.)

15106. Lettres de légitimation accordées à Jean de Beaumont, prêtre, demeurant à Saint-Junien en Limousin, fils naturel de feu Martial Fournier de la Villate, abbé de Saint-Jean-d'Angély, et de Robine Ferrette, originaire de Picardie. Fontainebleau, mai 1546.   Mai.

Enreg. à la Chancellerie de France. Arch. nat., Trésor des Chartes, JJ. 257[1], n° 172, fol. 91 v°.

15107. Lettres de légitimation accordées à Gaspard Forbin, fils naturel de Claude Forbin, s[r]. de la Mothe, de Marseille. Fontainebleau, mai 1546.   Mai.

Enreg. à la Chancellerie de France. Arch. nat., Trésor des Chartes, JJ. 257[1], n° 182, fol. 97. 1 page.

15108. Lettres de naturalité en faveur de Baptiste d'Alençon, natif de « Quarlat » (p.-ê. Carlazzo en Lombardie), depuis trente-trois ans au service du roi et fixé en France. Fontainebleau, mai 1546.   Mai.

Enreg. à la Chancellerie de France. Arch. nat., Trésor des Chartes, JJ. 257[1], n° 158, fol. 83 v°. 1 page.

15109. Lettres de naturalité en faveur de Laurencin, natif du diocèse de Turin, étudiant à Toulouse. Fontainebleau, mai 1546.   Mai.

Enreg. à la Chancellerie de France. Arch. nat., Trésor des Chartes, JJ. 257[1], n° 183, fol. 97 v°. 1 page.

15110. Lettres de naturalité en faveur de Georges-Antoine de Mare, valet de pied de Madame la Dauphine, natif de Florence. Fontainebleau, mai 1546.

> *Enreg. à la Chancellerie de France. Arch. nat., Trésor des Chartes, JJ. 257¹, n° 176, fol. 93 v°. 1 page.*

1546.
Mai.

15111. Lettres de naturalité en faveur de Marie de Rémy, lavandière de bouche de la reine, demeurant à Poissy, native du comté de Hainaut et mariée en France. Fontainebleau, mai 1546.

> *Enreg. à la Chancellerie de France. Arch. nat., Trésor des Chartes, JJ. 257¹, n° 168, fol. 89 v°. 1 page.*
> *Bibl. nat., ms. fr. 5127, fol. 12 v°. (Mention, sous la date de Fontainebleau, 26 juin 1546.)*

Mai.

15112. Lettres en faveur de Jacques et Sébastien Velzer, marchands allemands de la ville de Nuremberg, touchant les prêts d'argent et le change des monnaies qu'ils sont autorisés à faire dans le royaume, sans encourir de saisie par droit d'aubaine. Fontainebleau, mai 1546.

> *Arrêt d'enregistrement sur un registre à part, au Parl. de Paris, le 6 août 1546. Arch. nat., X¹ᵃ 1558, Conseil, fol. 397 v°.*
> *Enreg. à la Chambre des Comptes de Paris, le 18 août 1546, anc. mém. 2 N, fol. 149. Arch. nat., invent. PP. 136, p. 556. (Mention.)*

Mai.

15113. Création de deux foires l'an et d'un marché chaque semaine à Accolay, au bailliage d'Auxerre. Échou, mai 1546.

> *Enreg. à la Chancellerie de France. Arch. nat., Trésor des Chartes, JJ. 257¹, n° 198, fol. 105 v°. 1 page.*

Mai.

15114. Permission aux habitants de « Berges » (Bergères), au bailliage de Sézanne, de fortifier ce bourg. Échou, mai 1546.

> *Enreg. à la Chancellerie de France. Arch. nat., Trésor des Chartes, JJ. 257¹, n° 197, fol. 105. 1 page.*

Mai.

15115. Permission aux habitants de Saint-Martin-sur-Oize (s. d. sur-Ouanne), au bailliage de Sens, de fortifier ce bourg. Échou., mai 1546.

> Enreg. à la Chancellerie de France. Arch. nat., Trésor des Chartes, JJ. 257¹, n° 199, fol. 105 v°.
> 1 page.

1546.
Mai.

15116. Permission aux habitants de Rousson, au bailliage de Sens, de fortifier leur bourg. Le Vivier-en-Brie, mai 1546.

> Enreg. à la Chancellerie de France. Arch. nat., Trésor des Chartes, JJ. 257¹, n° 196, fol. 104 v°.
> 1 page.

Mai.

15117. Permission aux habitants de Sainte-Vertu, au bailliage de Tonnerre, de fortifier ce bourg. Le Vivier-en-Brie, mai 1546.

> Enreg. à la Chancellerie de France. Arch. nat., Trésor des Chartes, JJ. 257¹, n° 200, fol. 106.
> 1 page.

Mai.

15118. Création de trois foires par an et d'un marché chaque semaine à la Champcelée en Nivernais, en faveur de Charles d'Armes, écuyer, seigneur des Vergers. Beaulieu, mai 1546.

> Enreg. à la Chancellerie de France. Arch. nat., Trésor des Chartes, JJ. 257¹, n° 210, fol. 111.
> 1 page.

Mai.

15119. Lettres de création, en la gruerie de Chartrettes en Brie, de deux offices de gardes-sergents, aux mêmes salaire et franchises que les gardes de la forêt de Bière. Beaulieu, mai 1546.

> Enreg. à la Chancellerie de France. Arch. nat., Trésor des Chartes, JJ. 257¹, n° 222, fol. 116.
> 1 page.

Mai.

15120. Lettres portant suppression de l'office de contrôleur des deniers communs de la ville de Montargis. Fontenay[-Trésigny], 1er juin 1546.

> Original, Arch. municip. de Montargis, CC. 12.

1er juin.

15121. Lettres de relief d'adresse au grand maître des Eaux et forêts, des provisions de lieutenant du maître des Eaux et forêts de Bourbonnais données, le 12 novembre 1545 (n° 14628).

5 juin.

en faveur de Guillaume Quénart. Villeneuve
[-le-Comte], 5 juin 1546.

> *Enreg. aux Eaux et forêts (siège de la Table de
> marbre), le 7 juin suivant. Arch. nat., Z^10 330,
> fol. 138, 1 page.*

1546.

15122. Commission pour faire réparer les fossés
d'écoulement des terrains de la grange des
Échets en Bresse. Villeneuve-le-Comte, 6 juin
1546.

> *Enreg. à la Chambre des Comptes de Dijon. Arch.
> de la Côte-d'Or, B. 19, fol. 73.*

6 juin.

15123. Traité d'Ardres conclu par l'amiral d'Annebaut, Pierre Rémon et Guillaume Bochetel,
au nom de François Ier, avec le roi d'Angleterre. « Acta in agro prope villam vocatam
Camp, in confinibus Ardree et Guisnarum,
die vii junii 1546. »

> *Ratification par le roi Henri VIII, à Westmins-
> ter, le 17 juillet 1546.*
> *Original. Arch. nat., J. 651^b, n° 18 bis. (Musée
> des Archives, AE. III, 33.)*
> *Copie du xvie siècle. Arch. nat., J. 651^b, n° 23.*
> *Copie du xvie siècle. Bibl. nat., ms. fr. 3033,
> fol. 113.*
> *Enreg. à la Chambre des Comptes de Paris, le
> 26 juillet suivant; anc. mém. coté 2 N, fol. 157.
> Arch. nat., P. 2307, p. 909. 38 pages.*
> *Copies du xviiie siècle. Arch. nat., P. 2538,
> fol. 22 v°, et P. 2554, fol. 71. 24 pages.*
> *Imp. Fr. Léonard, Recueil des traités de paix,
> de trêve, etc. Paris, Léonard, 1693, 6 vol. in-4°,
> t. II, p. 458.*
> *Du Mont, Corps universel diplomatique, Ams-
> terdam, 1726, in-fol., t. IV, part. ii, p. 305,
> col. 2.*
> *T. Rymer, Fœdera, conventiones, acta publica,
> etc. La Haye, 1741, in-fol., t. VI, part. iii, p. 136.*

7 juin.

15124. Ordonnance pour bailler le sel par impôt.
Villeneuve-le-Comte, 8 juin 1546.

> *Enreg. à la Cour des Aides de Normandie, le
> 22 juin 1546. Arch. de la Seine-Inférieure, Mémo-
> riaux, 2e vol., fol. 11 v°. 2 pages.*

8 juin.

15125. Don à Jacques du Mans, hâteur à la cuisine de
bouche, de 50 écus soleil à prendre sur le
produit de la vente de l'office de sergent du

13 juin.

guet à pied de la ville de Paris, vacant par la mort d'Olivier Macé. Paris, 13 juin 1546.

Original. Bibl. nat., ms. fr. 25723, n° 984.

15126. Confirmation et vidimus d'une déclaration de Louis XII, donnée à Blois, le 24 février 1512, portant règlement entre le collège des notaires et secrétaires du roi et les référendaires de la chancellerie de Bordeaux, et application des dispositions y contenues à toutes les chancelleries du royaume. Paris, 14 juin 1546.

14 juin.

Enreg. à la Chancellerie de France, à Melun, le 23 du même mois. Arch. nat., Trésor des Chartes, JJ. 257¹, n° 181, fol. 96. 2 pages.
Copie collat. du xvi° siècle. Arch. nat., V² 3, n° 687.
Imp. E. Girard et J. Joly, Troisième livre des offices de France. Paris, 1647, in-fol., t. I, p. 758.

15127. Commission donnée à Robert Bouëte, Michel de L'Hôpital, André Tiraqueau et François Ambert, conseillers au Parlement de Paris, pour juger les fraudes imputées à des marchands qui avaient fourni les tentes, pavillons, draps d'or et fleurs de lis, employés au camp d'Ardres, l'an 1520, lors de l'entrevue des rois de France et d'Angleterre. Paris, 14 juin 1546.

14 juin.

Original. Arch. nat., K. 88, n° 17.

15128. Lettres d'exemption en faveur du grand audiencier de France de l'exécution des ordonnances relatives à l'apport et délivrance des deniers de sa recette au trésor de l'épargne. Paris, 14 juin 1546.

14 juin.

Enreg. à la Chambre des Comptes de Paris, le 26 du même mois, anc. mém. 2 N, fol. 165. Arch. nat., P. 2307, p. 949. (Arrêt d'enregistrement.)

15129. Provisions de l'office de portier du château, maison forte et basse-cour de Rouvres, pour Laurent Midan. Paris, 16 juin 1546.

16 juin.

Enreg. à la Chambre des Comptes de Dijon, le 19 juillet 1546. Arch. de la Côte-d'Or, B. 19, fol. 73 v°.

15130. Don à Pierre Chancel, trompette du roi, de 20 écus d'or soleil à prendre sur le produit de la vente de l'office de notaire royal au bailliage d'Aubière, dans la sénéchaussée d'Auvergne, auquel il n'avait pas encore été pourvu depuis la réduction des notaires dans ce pays. Paris, 16 juin 1546.

1546.
16 juin.

Original. Bibl. nat., ms. fr. 25723, n° 985.

15131. Provisions pour Guy Blondel de l'office de second mesureur et sergent au magasin à sel de Meaux, vacant par la résignation de Roland Jayot. Paris, 16 juin 1546.

16 juin.

Bibl. nat., ms. fr. 5127, fol. 11 v°. (Mention.)

15132. Don à Hugues Salel, abbé de Saint-Chéron, du doyenné électif de l'église collégiale de Burlats, diocèse de Castres, vacant par la mort de Falcon Auranc. Corbeil, 17 juin 1546.

17 juin.

Bibl. nat., ms. fr. 5127, fol. 14 v°. (Mention.)

15133. Mandement au trésorier de l'épargne d'accepter l'entérinement, bien que les délais soient depuis longtemps expirés, de lettres d'acquit du 6 juillet 1544, autorisant les gens des requêtes de Rouen à prendre sur le produit des exploits et amendes de ladite cour une somme de 400 livres tournois destinée à la construction et achèvement de la chambre où ils siègent. Leuville, 18 juin 1546.

18 juin.

Expédition authentique. Bibl. nat., ms. fr. 25723, n° 986.

15134. Lettres de commission adressées à Antoine Minart, président, et à Martin Ruzé, Jean Meigret, Louis Gayant et Michel de L'Hôpital, conseillers au Parlement de Paris, pour vaquer à la réformation des hôpitaux et maladreries, situés dans le ressort de la cour. Melun, 20 juin 1546.

20 juin.

Enreg. au Parl. de Paris, le 5 juillet 1546. Arch. nat., X¹ᵃ 8615, fol. 249 v°. 1 page 1/2.
Arrêt d'enregistrement. Idem, X¹ᵃ 4927, Plaidoiries, fol. 124.

Bibl. nat., mss. Moreau, t. 141, fol. 233.
(Mention.)
IMP. Plaquette in-12. *Arch. nat., AD.I 27.*
4 pages.
Plaquette in-8°. Paris, Jean Dallier et Vincent
Sertenas. *Bibl. nat., 8° F. Actes royaux (cartons).*
*Les loix, ordonnances et édictz, etc . . ., depuis le
roy S. Loïs. . .* Paris, Galiot du Pré, 1559, in-fol.,
fol. 199 v°.
*Recueil des édits et déclarations concernant les
hospitaux et maladreries de France.* Paris, S. Cra-
moisy, 1675, in-fol., p. 17.

1546.

15135. Lettres de présentation à l'évêque de Séez de
Bonaventure Guérin pour la cure de Sainte-
Honorine-la-Guillaume, vacante par la résignation de Guillaume Josse. Abbaye de Bar-
beaux, 23 juin 1346.

23 juin.

> *Bibl. nat., ms. fr. 5127, fol. 12. (Mention.)*

15136. Exemption de tailles et de tous subsides pendant six ans, accordée aux habitants de Saint-
Dizier, en considération des pertes qu'ils ont
éprouvées pendant les guerres. Fontainebleau, 26 juin 1546.

26 juin.

> *Enreg. à la Cour des Aides, le 5 juillet 1546.*
> *Arch. nat., Recueil Cromo, U. 665, fol. 321.*
> *(Mention.)*
> *Bibl. nat., ms. fr. 5127, fol. 12. (Mention.)*

15137. Lettres de don fait pour dix ans à Nicolas du
Wault, dit le capitaine Vertgalant, chevalier,
sieur de Monceau, capitaine du château
d'Auxonne, du revenu de la châtellenie de
Fresne-Saint-Mamès. Fontainebleau, 26 juin
1546.

26 juin.

> *Enreg. à la Chambre des Comptes de Dijon, le
> 30 juillet 1546. Arch. de la Côte-d'Or, reg. B. 20,
> fol. 210.*
> *Bibl. nat., ms. fr. 5127, fol. 12. (Mention.)*

15138. Confirmation du don fait, le 30 octobre 1545,
à la reine des biens de Guillaume de Jous-
serez (aliàs Joncheret), confisqués pour ses
démérites, avec permission d'en disposer en
faveur de qui il lui plaira. Fontainebleau,
26 juin 1546.

26 juin.

> *Bibl. nat., ms. fr. 5127, fol. 12. (Mention.)*

12.

15139. Lettres permettant aux frères Jacques et Jean Senneton, libraires de Lyon, de faire imprimer et vendre les lectures de « *Johannes de Anima* » sur le cinquième livre des Décrétales, avec privilège pour cinq ans. Fontainebleau, 26 juin 1546.

1546.
26 juin.

> *Entérinées au Parl. de Paris, le 13 juillet suivant.* Arch. nat., X¹ᵃ 1558, Conseil, fol. 268 v°. (*Mention.*)

15140. Lettres de relèvement de montre en faveur d'Antoine Foucault, homme d'armes de la compagnie du sʳ de la Rochepot, pour être payé de ses gages du troisième quartier de 1544 et du deuxième de 1545, pendant lesquels il était à l'armée de mer. Fontainebleau, 26 juin 1546.

26 juin.

> Bibl. nat., ms. fr. 5127, fol. 12 v°. (*Mention.*)

15141. Lettres autorisant Sébastien de L'Aubespine et Henri Clutin à résigner le droit qu'ils prétendent tous deux sur le doyenné de Bayeux, en faveur de Charles Clutin, moyennant l'échange de certains bénéfices avec Sébastien de L'Aubespine et la retenue d'une pension pour Henri Clutin. Fontainebleau, 26 juin 1546.

26 juin.

> Bibl. nat., ms. fr. 5127, fol. 12 v°. (*Mention.*)

15142. Don à Sébastien de Luxembourg, neveu du duc d'Étampes, de l'abbaye de Notre-Dame d'Issoudun, vacante par la mort de Francisque de Vimercati. Fontainebleau, 26 juin 1546.

26 juin.

> Bibl. nat., ms. fr. 5127, fol. 12 v°. (*Mention.*)

15143. Don à René Bellot de la prébende du chapitre de Saint-Pierre de la Cour au Mans, vacante par la résignation qu'en a faite à son profit Jean Maréchal. Fontainebleau, 26 juin 1546.

26 juin.

> Bibl. nat., ms. fr. 5127, fol. 14 v°. (*Mention.*)

15144. Don à Claude Fraddes, valet de limiers du roi, de l'office de sergent traversier en la forêt d'Orléans, vacant par la mort de Pierre Ferré,

26 juin.

pour en faire son profit[1]. Fontainebleau, 1546.
26 juin 1546.

Bibl. nat., ms. fr. 5127, fol. 23. (Mention.)

15145. Provisions de l'office de gruyer et maître des 27 juin.
Eaux et forêts d'Autun, Châlon, Charolles
et Montcenis, pour Pierre Martenot (*aliàs*
Martinet), dit du Moulin, sommelier de
l'échansonnerie du roi, en remplacement de
Briand de Bressey, décédé. Fontainebleau,
27 juin 1546.

*Enreg. par analyse à la Chambre des Comptes de
Dijon, le 11 août suivant. Arch. de la Côte-d'Or,
B. 20, fol. 211.*
Bibl. nat., ms. fr. 5127, fol. 13. (Mention.)

15146. Don à Jean Maignan, veneur du roi, de l'office 27 juin.
de sergent des Eaux et forêts en Touraine,
vacant par la forfaiture de Jean Favart[2].
Fontainebleau, 27 juin 1546.

Bibl. nat., ms. fr. 5127, fol. 22 v°. (Mention.)

15147. Commission à Robert de Papillon pour admi- 27 juin.
nistrer le prieuré hospitalier de Vire, vacant
par la mort de Jean Castel. Fontainebleau,
27 juin 1546.

Bibl. nat., ms. fr. 5127, fol. 15. (Mention.)

15148. Lettres en faveur de Lyonnet de Lavau, four- 28 juin.
rier ordinaire des toiles de chasse du roi,
confirmant le don qui lui avait été fait de
l'office de sergent des Eaux et forêts au bailliage de Senlis, et déclarant subreptices et
nulles les provisions que s'en était fait expédier Arnoul Naudart. Fontainebleau, 28 juin
1546.

*Enreg. aux Eaux et forêts (siège de la Table de
marbre), le 12 juillet suivant. Arch. nat., Z¹ᵉ 330,
fol. 145. 2 pages.*

15149. Provisions de l'office de sergent des Eaux et 28 juin.
forêts au bailliage de Senlis pour François

[1] Note en marge : « Il l'a fait expédier au nom de Jehan Rousseau. »
[2] Note en marge : « Il l'a depuis depesché au nom de René Barrier. »

de Fécan, en remplacement de Pierre Naudart, décédé, sur la présentation de Lyonnet
de Lavau, auquel ledit office avait été donné
pour en tirer profit. Fontainebleau, 28 juin
1546.

> *Enreg. aux Eaux et forêts (siège de la Table de*
> *marbre), le 12 juillet suivant. Arch. nat., Z¹ᵉ 330,*
> *fol. 144 v°. 1 page 1/2.*

1546.

15150. Don à Pierre de Fougerais de 40 écus d'or à
prendre sur le produit de la vente de l'office
de notaire royal au bailliage de Velay, en « la
ville Amblavèse [1] », vacant par la mort de
Claude Toulouse. Fontainebleau, 28 juin
1546.

> *Original. Bibl. nat., ms. fr. 25723, n° 987.*

28 juin.

15151. Lettres permettant à Antoine de la Barre, archevêque de Tours, de résigner l'abbaye de
Sainte-Catherine-au-Mont de Rouen, en
faveur de Jean de Brives, dit Monadier.
Fontainebleau, 28 juin 1546.

> *Bibl. nat., ms. fr. 5127, fol. 12 v°. (Mention.)*

28 juin.

15152. Don à Guillaume Rousselet, dit Montavisart,
potager à la cuisine du commun, de 25 écus
d'or à prendre sur le produit de la vente de
l'office de notaire royal dans la ville de Tournon, « du nombre des supernuméraires érigez
audit lieu ». Fontainebleau, 29 juin 1546.

> *Original. Bibl. nat., ms. fr. 25723, n° 988.*

29 juin.

15153. Lettres portant remise d'une amende de 60 livres parisis, prononcée par le Parlement de
Paris contre Oronce Fine, lecteur du roi ès
mathématiques. Fontainebleau, 29 juin 1546.

> *Enreg. à la Chambre des Comptes de Paris, le*
> *3 mars 1547 n. s. Arch. nat., invent. PP. 136,*
> *p. 557. (Mention.)*
> *Bibl. nat., ms. fr. 5127, fol. 13. (Mention.)*

29 juin.

15154. Provisions pour Gilbert Vergé, juge des traites
et impositions foraines d'Anjou, de l'office de

29 juin.

---

[1] Emblavès, auj. village dépendant de la commune de Lavoûte-sur-
Loire (Haute-Loire).

lieutenant du maître des Eaux et forêts d'Anjou, vacant par la mort de René Chevalier.
Fontainebleau, 29 juin 1546.

Bibl. nat., ms. fr. 5127, fol. 15. (*Mention.*)

15155. Don à Nicolas Hardy, sr de la Trousse, valet
de chambre du roi, de l'office de notaire
royal au bailliage d'Auxerre, vacant par la
mort de Benoît de Coiffy. Fontainebleau,
29 juin 1546.

Bibl. nat., ms. fr. 5127, fol. 13. (*Mention.*)

15156. Don à Honorat Grand, sommelier de paneterie de bouche, de l'office de sergent sur le
fait des aides et tailles en l'élection d'Angers,
vacant par la mort de François Brouillon.
Fontainebleau, 29 juin 1546.

Bibl. nat., ms. fr. 5127, fol. 13. (*Mention.*)

15157. Don à Salomon Cottereau, sommelier d'échansonnerie de bouche, de l'office de sergent à
verge à Auxerre, vacant par la mort d'Edmond
Potière. Fontainebleau, 29 juin 1546.

Bibl. nat., ms. fr. 5127, fol. 13. (*Mention.*)

15158. Don à Chaunay, fourrier ordinaire du roi, de
l'office de « registreur des clameurs » du scean
mage de la sénéchaussée de Toulouse, vacant
par la mort de Pierre Trassebot. Fontainebleau, 29 juin 1546.

Bibl. nat., ms. fr. 5127, fol. 13. (*Mention.*)

15159. Don à Antoine Pinain et à Antoine Chabannes,
maîtres queux en la cuisine de bouche du
roi, de l'office de mesureur du sel au magasin de Bernay, vacant par la mort de Guillaume Binet. Fontainebleau, 29 juin 1546.

Bibl. nat., ms. fr. 5127, fol. 13 v°. (*Mention.*)

15160. Don à Étienne Frimont, dit Pot-d'Étain, et à
René Racine, sommeliers d'échansonnerie,
de l'office de sergent royal à Chinon, bailliage de Touraine, vacant par la mort de
Jean Dufour. Fontainebleau, 29 juin 1546.

Bibl. nat., ms. fr. 5127, fol. 13 v°. (*Mention.*)

1546.

29 juin.

29 juin.

29 juin.

29 juin.

29 juin.

29 juin.

15161. Don à Jean Desgranges et à Hector Fillon,   1546.
archers de la porte du roi, de l'office de no-   29 juin.
taire au comté Forez, vacant par la mort de
Pierre Furet. Fontainebleau, 29 juin 1546.

     Bibl. nat., ms. fr. 5127, fol. 13 v°. (*Mention.*)

15162. Don à Marin Lemaistre et à Étienne Nerval,   29 juin.
serviteurs de garde-vaisselle du commun, de
l'office de notaire royal en la châtellenie de
Chenac en Saintonge, vacant par la mort
de Nicolas Sermau. Fontainebleau, 29 juin
1546.

     Bibl. nat., ms. fr. 5127, fol. 13 v°. (*Mention.*)

15163. Don à Pierre Poitou, hâteur en la cuisine du   29 juin.
commun, de l'office de sergent royal en An-
goumois, vacant par la mort de Guillaume
de Romanex. Fontainebleau, 29 juin 1546.

     Bibl. nat., ms. fr. 5127, fol. 13 v°. (*Mention.*)

15164. Don à Louis Le Cat, dit Maudoux, de l'office   29 juin.
de « paslayeur » de sel à Nantes, vacant par
la mort de Guillaume Guilloteau. Fontainebleau, 29 juin 1546.

     Bibl. nat., ms. fr. 5127, fol. 13 v°. (*Mention.*)

15165. Don à Mathurin Courtet, porteur en la cuisine   29 juin.
de bouche, de l'office de notaire royal au
bailliage de Montferrand, vacant par la mort
de Pierre Besset. Fontainebleau, 29 juin
1546.

     Bibl. nat., ms. fr. 5127, fol. 14. (*Mention.*)

15166. Don à Jacques du Mans, hâteur de la cuisine   29 juin.
de bouche, de l'office de sergent du guet à
pied à Paris, vacant par la mort d'Olivier
Macé. Fontainebleau, 29 juin 1546.

     Bibl. nat., ms. fr. 5127, fol. 14. (*Mention.*)

15167. Don à Pierre Chancel, huissier de salle, de   29 juin.
l'office de notaire royal à Aurillac, bailliage
des Montagnes d'Auvergne, vacant par la
mort d'Annet Barat. Fontainebleau, 29 juin
1546.

     Bibl. nat., ms. fr. 5127, fol. 14. (*Mention.*)

15168. Don à René Chesneau, archer des toiles du roi, de l'office de notaire royal au Puy en Velay, vacant par la mort de Claude Fabré. Fontainebleau, 29 juin 1546.

Bibl. nat., ms. fr. 5127, fol. 14. *(Mention.)*

1546.
29 juin.

15169. Don à Raoullet Estarge, garde-vaisselle du commun, de l'office de sergent royal au bailliage de Blois, vacant par la mort de Philippe de Mayenne. Fontainebleau, 29 juin 1546.

Bibl. nat., ms. fr. 5127, fol. 14. *(Mention.)*

29 juin.

15170. Don à Jacques Mestivier et à Jean Houllier, fruitiers du roi, de l'office de garde des sceaux aux obligations en la vicomté de Vire, vacant par la mort de Pierre Collardin. Fontainebleau, 29 juin 1546.

Bibl. nat., ms. fr. 5127, fol. 14 v°. *(Mention.)*

29 juin.

15171. Don à Guyon de Nesme, porte-table du roi, de l'office de sergent royal au bailliage de Dourdan, vacant par la mort de Pierre Boudet. Fontainebleau, 29 juin 1546.

Bibl. nat., ms. fr. 5127, fol. 14 v°. *(Mention.)*

29 juin.

15172. Lettres portant défenses aux gens de guerre d'aller par troupes, quand ils quitteront les armées, sous peine d'être dispersés par la force. Fontainebleau, 30 juin 1546.

Imp. P. Rebuffi, *Les édits et ordonnances des rois de France.* Lyon, 1573, in-fol., p. 995.
A. Fontanon, *Édits et ordonnances, etc.* Paris, 1611, in-fol., t. III, p. 172.

30 juin.

15173. Confirmation des ordonnances et statuts de Savoie, en tant qu'ils ne sont pas contraires aux ordonnances du royaume. Fontainebleau, 30 juin 1546.

Original. Arch. de la ville de Chambéry, AA. 27.

30 juin.

15174. Déclaration relative à la juridiction du Parlement de Savoie. Fontainebleau, 30 juin 1546.

Original. Arch de la ville de Chambéry, AA. 26.

30 juin.

15175. Commission à Antoine Bonacoursy, notaire et

30 juin.

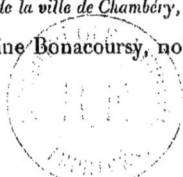

13
IMPRIMERIE NATIONALE.

secrétaire du roi, pour tenir le compte et
faire le payement des pensions accordées au
roi d'Angleterre par le dernier traité de paix
(7 juin 1546), et à certains personnages de
sa cour. Fontainebleau, 30 juin 1546.

> *Copie du XVIe siècle. Bibl. nat., ms. fr. 10375,*
> *fol. 8.*

1546.

15176. Provisions pour Louis Travers de l'office de sergent ordinaire en la forêt de Sénart, vacant
par la résignation de Pierre Travers, son
père. Fontainebleau, 30 juin 1546.

> *Bibl. nat., ms. fr. 5127, fol. 14 v°. (Mention.)*

30 juin.

15177. Lettres permettant à Claude Boytouset, religieux, prieur de « Vaux-le-Duc, dit le Quartier » de l'ordre du Val-des-Choux, diocèse de
Langres, de résigner ledit prieuré en faveur
de frère Nicolas Boytouset, religieux du
même ordre. Fontainebleau, 30 juin 1546.

> *Bibl. nat., ms. fr. 5127, fol. 17. (Mention.)*

30 juin.

15178. Don à Pierre Aynault de l'office d'un des
gardes et mortes-payes de la tour du pont de
Villeneuve-lès-Avignon, vacant par la mort
de Claude Ryetort. Fontainebleau, 30 juin
1546.

> *Bibl. nat., ms. fr. 5127, fol. 18 v°. (Mention.)*

30 juin.

15179. Permission aux habitants de Givry-sur-le-Cousin,
au bailliage d'Auxerre, de fortifier ce bourg.
Paris, juin 1546.

> *Enreg. à la Chancellerie de France. Arch. nat.,*
> *Trésor des Chartes, JJ. 257¹, n° 201, fol. 106 v°.*
> *1 page.*

Juin.

15180. Lettres de légitimation accordées à Alexandre
Bouju, demeurant en Normandie, fils natu-
rel de Nicolas Bouju, écuyer, s^r de la Croix,
et de Marion Regnard. Paris, juin 1546.

> *Enreg. à la Chancellerie de France. Arch. nat.,*
> *Trésor des Chartes, JJ. 257¹, n° 203, fol. 107 v°.*
> *1 page.*

Juin.

15181. Lettres de naturalité en faveur de Rançonnet
Guyrament, natif d'Entrechaux au comtat

Juin.

Venaissin, demeurant depuis l'âge de six ans 1546.
en Provence. Paris, juin 1546.

> *Enreg. à la Chancellerie de France. Arch. nat.,*
> *Trésor des Chartes, JJ. 257¹, n° 204, fol. 108.*
> 1 page.

15182. Lettres de naturalité en faveur d'Augustin Juin.
Forest, étudiant, natif de Diano en la Rivière
de Gênes, en récompense des services de son
oncle, Christophe Forest, médecin ordinaire
du roi. Chaumes en Brie, juin 1546.

> *Enreg. à la Chancellerie de France. Arch. nat.,*
> *Trésor des Chartes, JJ. 257¹, n° 207, fol. 109.*
> 1 page.

15183. Permission à Edme du Chesnay, seigneur de Juin.
Neuvy-sur-Loire, au bailliage d'Auxerre, de
fortifier ce bourg. La Guette, juin 1546.

> *Enreg. à la Chancellerie de France. Arch. nat.,*
> *Trésor des Chartes, JJ. 257¹, n° 202, fol. 107.*
> 1 page.

15184. Création de trois nouvelles foires à Choisy-aux- Juin.
Loges, au bailliage d'Orléans, en faveur d'Alof
de L'Hôpital, gouverneur de Fontainebleau,
seigneur du lieu. Fontainebleau, juin 1546.

> *Enreg. à la Chancellerie de France. Arch. nat.,*
> *Trésor des Chartes, JJ. 257¹, n° 206, fol. 108 v°.*
> 1 page.

15185. Création de deux foires annuelles à Saint- Juin.
Mesmes, au bailliage de Dourdan, en faveur
d'Alof de L'Hôpital, seigneur de Choisy-aux-
Loges et de Saint-Mesmes, capitaine et gouverneur de Fontainebleau. Fontainebleau,
juin 1546.

> *Enreg. à la Chancellerie de France. Arch. nat.,*
> *Trésor des Chartes, JJ. 257¹, n° 205, fol. 108 v°.*
> 1 page.

15186. Don accordé, à la prière de la reine, à Perrette Juin.
Maurel des biens de son mari Guillaume
Joncheret, ci-devant valet de fruiterie de la
reine, condamné par arrêt du Parlement au

bannissement et à la confiscation. Fontainebleau, juin 1546.

> *Enreg. à la Chancellerie de France. Arch. nat.,*
> *Trésor des Chartes, JJ. 257¹, n° 211, fol. 111 v°.*
> *1 page.*

1546

15187. Lettres de naturalité et permission de posséder
des bénéfices dans le royaume, en faveur de
Dominique de Beus, dit de Pontizet, natif
de Quiers (Chiéri) en Piémont, gentilhomme
de la maison du cardinal de Tournon. Fontainebleau, juin 1546.

> *Enreg. à la Chancellerie de France. Arch. nat.,*
> *Trésor des Chartes, JJ. 257¹, n° 244, fol. 125 v°.*
> *2 pages.*
> *Bibl. nat., ms. fr. 5127, fol. 17. (Mention, sous*
> *la date du 17 juillet.)*

Juin.

15188. Lettres confirmant les privilèges de la Cour des
Aides de Montpellier. Fontainebleau, 1ᵉʳ juillet
1546.

> *Arch. départ. de l'Hérault, B. 455. (Mention.)*

1ᵉʳ juillet.

15189. Mandement au trésorier des parties casuelles
de rembourser à Louis Chabanier, conseiller
au Parlement de Paris, une somme de
3,375 livres tournois qu'il avait prêtée au
roi, le 4 mai 1544, date de sa nomination
audit office, vacant par la résignation de son
oncle Antoine Chabanier. Fontainebleau,
1ᵉʳ juillet 1546.

> *Original. Bibl. nat., ms. fr. 25723, n° 989.*

1ᵉʳ juillet.

15190. Don à Roboam Mousseau de l'office de sergent
à verge au bailliage d'Auxerre, vacant par
la mort d'Edmond Potière. Fontainebleau,
1ᵉʳ juillet 1546.

> *Bibl. nat., ms. fr. 5127, fol. 14 v°. (Mention.)*

1ᵉʳ juillet.

15191. Don à Barthélemy Le Fèvre, prêtre, de la prébende du chapitre de Saint-Quentin en Vermandois, vacante par la résignation de Gilles
Petonis, dit Parain. Fontainebleau, 1ᵉʳ juillet
1546.

> *Bibl. nat., ms. fr. 5127, fol. 15 v°. (Mention.)*

1ᵉʳ juillet.

15192. Don à Odet d'Avroul, fils du s^r de Cormettes, de l'abbaye de Saint-Josse en Picardie, vacant par la mort de Philibert de La Fayette. Fontainebleau, 2 juillet 1546.
  Bibl. nat., ms. fr. 5127, fol. 18. (Mention.)

  1546.
  2 juillet.

15193. Don à Raoul Lalemant d'une prébende du chapitre de Saint-Pierre de Gerberoy, diocèse de Beauvais, vacante en régale. Fontainebleau, 3 juillet 1546.
  Bibl. nat., ms. fr. 5127, fol. 15. (Mention.)

  3 juillet.

15194. Don à Raoul Lalemant d'une prébende de l'église de Beauvais, vacante en régale. Fontainebleau, 3 juillet 1546.
  Bibl. nat., ms. fr. 5127, fol. 15. (Mention.)

  3 juillet.

15195. Provisions pour Jean Martet de l'office de contrôleur des deniers communs de la ville d'Ardres, vacant par la mort de Jacques Driville. Fontainebleau, 4 juillet 1546.
  Bibl. nat., ms. fr. 5127, fol. 15. (Mention.)

  4 juillet.

15196. Don au s^r de Laseigne, gentilhomme de la vénerie du roi, pour un de ses enfants, du prieuré de Chalard en Limousin, vacant par la mort de François de La Tour. Fontainebleau, 4 juillet 1546.
  Bibl. nat., ms. fr. 5127, fol. 15 v°. (Mention.)

  4 juillet.

15197. Provisions pour François de Laseigne, aumônier ordinaire du roi, du prieuré de Chalard, ordre de Saint-Augustin, diocèse de Limoges, vacant par la mort de François de La Tour. Fontainebleau, 4 juillet 1546.
  Bibl. nat., ms. fr. 5127, fol. 17 v°. (Mention.)

  4 juillet.

15198. Lettres autorisant la fabrication en la Monnaie de Rennes de testons et demi-testons, durant une année, jusqu'à concurrence de 1,000 marcs d'argent, pour utiliser les lingots et vaisselle provenant des prises maritimes. Fontainebleau, 5 juillet 1546.
  Original dans les minutes d'ordonnances de la Cour des Monnaies. Arch. nat., Z^{1b} 537.
  Enreg. à la Cour des Monnaies, le 4 août 1546. Arch. nat., Z^{1b} 63, fol. 222 v°. 2 pages.

  5 juillet.

15199. Mandement au Parlement de Paris de procéder
au jugement définitif de tous les procès pendants en ladite cour entre Marguerite de
Liniers, d'une part, et François et René de
La Rochefoucauld, ses enfants, d'autre. Fontainebleau, 5 juillet 1546.

1546.
5 juillet.

> *Entériné au Parl., le 24 juillet suivant. Arch.
> nat., X¹ᵃ 1558, Conseil, fol. 345. (Mention.)*

15200. Provisions en faveur de Fouquerant de Montlé,
naguère capitaine de trois cents hommes de
pied, de l'office de viguier d'Uzès en Languedoc, vacant par la mort de Charles de
Vaux. Fontainebleau, 5 juillet 1546.

5 juillet.

> *Bibl. nat., ms. fr. 5127, fol. 15. (Mention.)*

15201. Provisions pour Antoine Le Féron, licencié ès
lois, procureur du roi au bailliage de Senlis,
siège de Compiègne, de l'office de lieutenant
civil et criminel du bailli de Senlis et d'enquêteur aux sièges royaux de Compiègne,
vacant par la mort de Nicole Thibault, avec
permission de résigner l'office de procureur
sans acquitter les droits. Fontainebleau.
5 juillet 1546.

5 juillet.

> *Bibl. nat., ms. fr. 5127, fol. 15 vᵒ. (Mention.)*

15202. Provisions en faveur de Louis Le Féron, licencié
ès lois, de l'office de procureur du roi au
bailliage de Senlis, siège de Compiègne, vacant par la résignation d'Antoine Le Féron.
Fontainebleau, 5 juillet 1546.

5 juillet.

> *Bibl. nat., ms. fr. 5127, fol. 15 vᵒ. (Mention.)*

15203. Provisions pour Jean Thibault de l'office de
sergent royal en la prévôté de Marigny-lès-
Compiègne, vacant par la résignation de
Raoul Thibault, son père. Fontainebleau,
5 juillet 1546.

5 juillet.

> *Bibl. nat., ms. fr. 5127, fol. 15 vᵒ. (Mention.)*

15204. Ordonnance interdisant la fabrication des doubles et petits deniers tournois. Fontainebleau,
6 juillet 1546.

6 juillet.

> *Enreg. à la Cour des Monnaies, le 9 juillet 1546.
> Arch. nat., Z¹ᵇ 63, fol. 218 vᵒ. 1 page.*

15205. Provisions de l'un des six offices de gardes des forêts de Châteauneuf et Senonches, auquel il n'avait pas encore été pourvu, en faveur de Jean Du Rousseau, sur la nomination de Jean de Montereau, gentilhomme de la vénerie du roi. Fontainebleau, 6 juillet 1546.

1546.
6 juillet.

Enreg. aux Eaux et forêts (siège de la Table de marbre), le 19 juillet 1546. Arch. nat., Z¹ᵉ 330, fol. 155. 1 page 1/2.

15206. Don à Jean Duval, archer de la garde sous le commandement du prévôt de l'hôtel, de l'office de garde en la forêt de Brioudan, vacant par la mort de Nicolas des Roches. Fontainebleau, 6 juillet 1546.

6 juillet.

Bibl. nat., ms. fr. 5127, fol. 15 v°. (Mention.)

15207. Déclaration confirmative des droits du greffier ordinaire de la sénéchaussée de Guyenne, Pierre de Masparault, portant qu'il doit être appelé par les conseillers, enquêteurs et autres officiers de la sénéchaussée, lorsqu'ils vaquent à leurs commissions. Fontainebleau, 7 juillet 1546.

7 juillet.

Enreg. au Parl. de Bordeaux, le 20 juillet 1551. Arch. de la Gironde, B. 33, fol. 192. 4 pages 1/2.

15208. Pouvoirs conférés par le roi à Odet de Selve, à l'effet de promettre en son nom d'accomplir et d'exécuter le traité de paix conclu à Ardres, entre les délégués de France et d'Angleterre, le 7 juin 1546 (n° 15123). Fontainebleau, 8 juillet 1546.

8 juillet.

Enreg. à la Chambre des Comptes de Paris. Arch. nat., P. 2307, p. 944; P. 2538, fol. 38 v°; P. 2554, fol. 86 v°. 3 pages.

15209. Lettres portant défense aux baillis, sénéchaux et à tous autres juges de laisser quiconque prêcher dans l'étendue de leur ressort, sans avoir au préalable examiné les pouvoirs et la doctrine des prédicants. Fontainebleau, 8 juillet 1546.

8 juillet.

Enreg. au Parl. de Bordeaux, le 13 juillet 1546. Arch. de la Gironde, B. 33, fol. 1. 3 pages.

15210. Lettres accordées à Robert Petit, receveur et
payeur des gages du Parlement de Bordeaux,
pour ne payer lesdits gages que du jour de
son entrée en charge. Fontainebleau, 8 juillet
1546.

> *Enrég. au Parl. de Bordeaux, s. d. Arch. de la
> Gironde,* B. 33, fol. 28 v°. 2 pages 1/2.

1546.
8 juillet.

15211. Provisions pour Claude Royer de l'office de sergent royal en Beaujolais et Dombes, vacant
par la mort d'Étienne Vacheron. Fontainebleau, 8 juillet 1546.

> *Bibl. nat.,* ms. fr. 5127, fol. 24 v°. (*Mention.*)

8 juillet.

15212. Commission donnée à René Brinon, président
au Parlement de Bordeaux, pour la poursuite
des usuriers à Bordeaux et dans toute la
Guyenne. Fontainebleau, 9 juillet 1546.

> *Enreg. au Parl. de Bordeaux, s. d. Arch. de la
> Gironde,* B. 33, fol. 12. 2 pages 1/2.

9 juillet.

15213. Lettres permettant au chapitre de Sens de faire
couper deux cents arpents dans la forêt de
Merry pour subvenir à des réparations indis-
pensables à la cathédrale. Fontainebleau,
9 juillet 1546.

> *Original. Arch. départ. de l'Yonne,* G. 1824.

9 juillet.

15214. Lettres de jussion pour l'exécution des lettres
en date d'août 1545 (n° 14559) portant établissement de deux foires franches en la ville
de Tours. Fontainebleau, 10 juillet 1546.

> *Enreg. à la Chambre des Comptes de Paris. Arch.
> nat.,* P. 2307, p. 970. 3 pages.

10 juillet.

15215. Don à Charles de Ponthieu du « clerge » de la
sénéchaussée de Ponthieu, qui vient d'être
érigé en titre d'office. Fontainebleau, 10 juillet
1546.

> *Bibl. nat.,* ms. fr. 5127, fol. 17. (*Mention.*)

10 juillet.

15216. Don à Remy Le Pourveu du prieuré ou
doyenné de la Châtre en Berry, vacant par
la mort de Jean de Menois. Fontainebleau,
10 juillet 1546.

> *Bibl. nat.,* ms. fr. 5127, fol. 17 v°. (*Mention.*)

10 juillet.

15217. Don à Pierre Gauteret, sommelier de l'échansonnerie de bouche, de 50 écus soleil à prendre sur le produit de la vente de l'office de garde des ports de la ville de Lyon, vacant par la mort de Martin Dubois. Challeau, 12 juillet 1546.

Original. Bibl. nat., ms. fr. 25723, n° 990.
Bibl. nat., ms. fr. 5127, fol. 16 v°. (Mention.)

1546.
12 juillet.

15218. Mandement au receveur général des pays de Bresse, Bugey et Valromey, de payer au comte de Montrevel 1,200 livres tournois pour son état de gouverneur desdits pays durant la présente année. Challeau, 12 juillet 1546.

Bibl. nat., ms. fr. 5127, fol. 16. (Mention.)

12 juillet.

15219. Don au s^r de Lives (Livio Trotti), maître d'hôtel ordinaire du roi, des 3,400 livres tournois que feu Arnaud de Gaymeur (*aliàs* Gaigneur), de Bordeaux, devait à feu Nicolas Lecointe, changeur du trésor, dont les biens sont revenus au roi, parce que ledit Lecointe n'avait pas d'héritier et qu'il était débiteur du roi pour des sommes importantes. Challeau, 12 juillet 1546.

Bibl. nat., ms. fr. 5127, fol. 16. (Mention.)
Enreg. à la Chambre des Comptes de Paris, anc. mém. 2e N, fol. 167. Arch. nat., invent. PP. 119, p. 23. (Mention.)
Bibl. nat., ms. Clairambault 782, p. 313. (Mention, sous la date du 16 juillet.)

12 juillet.

15220. Lettres portant remise au s^r de Sénarpont des droits seigneuriaux qu'il doit au roi par suite du don que lui a fait son beau-père des terres de Longueval et de Lihons relevant du roi à cause du château de Péronne, lesdits droits montant à trois ou quatre mille écus. Challeau, 12 juillet 1546.

Bibl. nat., ms. fr. 5127, fol. 16. (Mention.)

12 juillet.

15221. Don à Pierre Chancel, huissier de salle du roi, de l'office de notaire royal au mandement de Salins, bailliage de Saint-Flour, vacant

12 juillet.

v.

14

par la mort de François Voye. Challeau, 12 juillet 1546.

1546.

> *Bibl. nat.*, ms. fr. 5127, fol. 16. (*Mention.*)

15222. Don à François de Barbançon, sʳ de Cany, des droits seigneuriaux dus au roi pour les terres et seigneuries de Hangest et Wiencourt, échues audit sʳ de Cany à cause de sa femme, lesdites terres mouvantes du roi à cause de la salle de Montdidier. Challeau, 12 juillet 1546.

12 juillet.

> *Bibl. nat.*, ms. fr. 5127, fol. 16 vᵒ. (*Mention.*)

15223. Don à Jean de Courteau, huissier de salle du roi, de l'office de notaire royal à la Chaise-Dieu en Auvergne, bailliage de Montferrant, vacant par la mort de Guillaume Combraille. Challeau, 12 juillet 1546.

12 juillet.

> *Bibl. nat.*, ms. fr. 5117, fol. 16 vᵒ. (*Mention.*)

15224. Don à Michel Lucas, sommelier de paneterie, de l'office de sergent royal au bailliage de Chalon, vacant par la forfaiture de Claude Dominé. Challeau, 12 juillet 1546.

12 juillet.

> *Bibl. nat.*, ms. fr. 5127, fol. 16 vᵒ. (*Mention.*)

15225. Don à Jean Druot, sommelier d'échansonnerie de bouche, de l'office de sergent royal au bailliage de Chalon, vacant par la mort de Claude Componey. Challeau, 12 juillet 1546.

12 juillet.

> *Bibl. nat.*, ms. fr. 5127, fol. 16 vᵒ. (*Mention.*)

15226. Confirmation de l'indult accordé par le pape Paul III à Rome, le 17 des calendes de juillet 1545, au cardinal d'Annebaut pour la collation des bénéfices dépendant de son évêché et de ses abbayes. Fontainebleau, 15 juillet 1546.

15 juillet.

> *Enreg. au Parl. de Paris, sous les réserves d'usage, le 20 juillet 1546. Arch. nat.*, Xˡᵃ 8615, fol. 285. 2 pages, et 4 1/2 pour l'indult.
> *Arrêt d'enregistrement. Idem*, Xˡᵃ 4927, Plaidoiries, fol. 197 vᵒ.

15227. Don à Pierre Ontignet de l'office de sergent royal au bailliage d'Amiens, prévôté de Beau-

15 juillet.

quesne, vacant par la mort de Charles Du-
crot. Fontainebleau, 15 juillet 1546.

1546.

> *Bibl. nat.*, ms. fr. 5127, fol. 16 v°. (*Mention.*)

15228. Lettres portant défense à toutes personnes de
porter des armes à feu ou autres, à la réserve
des gens d'armes du roi, et ordonnant à tous
les détenteurs d'armes de les porter aux maisons de villes ou châteaux les plus voisins.
Fontainebleau, 16 juillet 1546.

16 juillet.

> *Enreg. au Parl. de Grenoble, le 14 août 1546.*
> *Arch. de l'Isère, Chambre des Comptes de Grenoble*,
> B. 2911, II, fol. 46. 3 pages.
> *Imp. Les loix, ordonnances et édictz... depuis*
> *le roy S. Lois...* Paris, Galiot du Pré, 1559,
> in-fol., fol. 184 r°.
> P. Rebuffi, *Les édits et ordonnances des rois de*
> *France.* Lyon, 1573, in-fol., p. 264.
> A. Fontanon, *Édits et ordonnances*, etc. Paris,
> 1611, in-fol., t. I, p. 645.
> G. Saugrain, *La maréchaussée de France ou*
> *recueil des ordonnances, édits, déclarations*, etc.
> Paris, G. Saugrain, 1697, in-4°, p. 55.
> Isambert, *Anc. lois françaises*, etc. Paris, 1827,
> in-8°, t. XII, p. 910.

15229. Don à Nicolas Ducar, s^r de la Roche de Sommières, valet de chambre du dauphin, de
l'office de garde du sceau aux contrats et sentences du comté de Civray au siège de Saint-
Maixent en Poitou, nouvellement créé, sur
la présentation du s^r de Soubise «ayant don
de semblables offices». Fontainebleau, 16 juillet 1546.

16 juillet.

> *Bibl. nat.*, ms. fr. 5127, fol. 17 v°. (*Mention.*)

15230. Lettres portant prorogation pour huit ans, en
faveur des consuls et habitants de Lyon, de
la levée du dixième du vin vendu en détail et du barrage du pont du Rhône, pour
en employer le produit aux fortifications et
aux réparations dudit pont. Fontainebleau,
17 juillet 1546.

17 juillet.

> *Original. Arch. de la ville de Lyon*, série CC.
> *Copie. Arch. du Rhône, Chapitre métropolitain,*
> *Arm. Abram*, vol. 6, n° 25.

14.

15231. Lettres portant que désormais, et à partir du
1ᵉʳ janvier précédent, le receveur et payeur
des gages et droits du Parlement de Rouen
prendra la somme nécessaire au payement
desdits gages, soit 30,195 livres 5 sous tournois par an, sur les deniers provenant de la
crue de 15 livres par muid de sel vendu dans
les magasins de la généralité de Normandie.
Fontainebleau, 17 juillet 1546.

1546.
17 juillet.

> *Enreg. au Parl. de Rouen. Copie du XVIIᵉ siècle.
> Arch. nat., U. 757, 2ᵉ partie, p. 219. 6 pages.
> Enreg. à la Chambre des Comptes de Paris, le
> 24 juillet 1546, anc. mém. 2 N, fol. 189. Arch.
> nat., invent. PP. 136, p. 558. (Mention.)
> Copie du XVIIIᵉ siècle. Arch. nat., AD.IX 126,
> n° 68. 12 pages.*

15232. Lettres de relèvement des montres de tous les
quartiers de l'année 1545 pour Jean Turpin
et Guillaume Piche, dit la Roche, hommes
d'armes à la grande paye, et pour André de
Bourdeilles, et Ennemond de Beauchastel,
hommes d'armes à la petite paye du dauphin,
pour être payés de leurs gages, nonobstant
qu'ils aient été les uns malades, les autres en
congé. Fontainebleau, 17 juillet 1546.

17 juillet.

> *Bibl. nat., ms. fr. 5127, fol. 17. (Mention.)*

15233. Lettres de naturalité en faveur de Pierre de
Cambis, originaire du comtat d'Avignon,
avec permission de tenir des bénéfices jusqu'à
1,000 écus de revenu sans payer de droit.
Fontainebleau, 17 juillet 1546.

17 juillet.

> *Bibl. nat., ms. fr. 5127, fol. 17. (Mention.)*

15234. Mandement au trésorier de l'épargne de payer
à Jacques Bochetel, trésorier de la maison
du roi, 80 livres tournois pour les gages de
Joachim Rollant, menuisier du roi, omis
dans l'état des officiers domestiques de cette
année. Fontainebleau, 17 juillet 1546.

17 juillet.

> *Bibl. nat., ms. fr. 5127, fol. 17 v°. (Mention.)*

15235. Provisions pour Léon Galdras de l'office de sergent et garde des Eaux et forêts de la châ-

17 juillet.

tellenie de Jarnac, vacant par la mort de
Pierre Thiboreau. Fontainebleau, 17 juillet
1546.

1546.

> Bibl. nat., ms. fr. 5127, fol. 18. (Mention.)

15236. Lettres portant bail et prorogation de la jouissance et possession des comtés de Chaumont,
Magny, et châtellenie de Sézanne, donnés aux
enfants mineurs de feu François de Bourbon,
duc d'Estouteville, comte de Saint-Pol, jusqu'à ce qu'ils soient remis en possession du
comté de Saint-Pol. Fontainebleau, 18 juillet
1546.

18 juillet.

> Enreg. au Parl. de Paris, sauf réserve, le 12 juil-
let 1547. Arch. nat., X¹ᵃ 8616, fol. 19 v°.
5 pages.

15237. Don à Nicolas Le Berruyer d'une prébende du
chapitre de Notre-Dame de Paris, vacante en
régale par la mort de Guillaume de Launay.
Milly-en-Gâtinais, 20 juillet 1546.

20 juillet.

> Bibl. nat., ms. fr. 5127, fol. 18 v°. (Mention.)

15238. Provisions de l'office de général maître des
monnaies en Guyenne et en Languedoc, en
faveur de Jacques Chambon. Milly-en-Gâtinais, 21 juillet 1546.

21 juillet.

> Enreg. au Parl. de Toulouse, le 13 décembre
1546. Arch. de la Haute-Garonne, Édits, reg. 5,
fol. 198. 1 page 1/2.
> Enreg. par les trésoriers de France, le 21 mars
1547 n. s. Arch. nat., Cour des Monnaies, Z¹ᵇ 63,
fol. 236 v°. 2 pages.

15239. Provisions en faveur de Jean de Balhens de
l'office d'huissier au Parlement de Toulouse,
vacant par la mort de Guillaume Padel.
Milly-en-Gâtinais, 21 juillet 1546.

21 juillet.

> Bibl. nat., ms. fr. 5127, fol. 18. (Mention.)

15240. Provisions en faveur de Pierre Aube de Roque-
martine de l'office de capitaine et châtelain
de la Motte-lez-Albaron [1] en Languedoc,

22 juillet.

---

[1] La Motte, château auj. détruit, sur la rive droite du Petit-Rhône
en face Albaron (Bouches-du-Rhône), situé sur la rive gauche.

sénéchaussée de Beaucaire et Nîmes, vacant
par la résignation de Jérôme de Provence.
Courances, 22 juillet 1546.

1546.

> Bibl. nat., ms. fr. 5127, fol. 17 v°. (Mention.)

15241. Don à sœur Madeleine du Bellay, religieuse de
l'ordre de Saint-Benoît, de l'abbaye de Ni-
doiseau, dudit ordre, au diocèse d'Angers,
vacante par la mort de Louise du Plessis.
Courances, 23 juillet 1546.

23 juillet.

> Bibl. nat., ms. fr. 5127, fol. 17 v°. (Mention.)

15242. Don à Baudichard de Versellon et à Simon Viel,
maître queux à la cuisine du commun, de
70 écus d'or à prendre sur le produit de la
vente de l'office de notaire royal à Clermont,
vacant par la mort de Guillaume Varat. Le
Coudray, 24 juillet 1546.

24 juillet.

> Original. Bibl. nat., ms. fr. 25723, n° 991.

15243. Don à Damien Le Verdier de l'office de contrôleur sur le fait des Eaux et forêts d'Eawy et
d'Arques, vacant par la mort de François
Jehan. Yerres, 28 juillet 1546.

28 juillet.

> Bibl. nat., ms. fr. 5127, fol. 18. (Mention.)

15244. Don à Michel Delatour de l'office de sergent
des bois et buissons de « Varangueron et
Mont-du-Roc » en la vicomté de Valognes,
sous la verderie de Cherbourg, vacant par la
résignation de Louis Foyn. Fontainebleau,
28 juillet 1546.

28 juillet.

> Bibl. nat., ms. fr. 5127, fol. 18. (Mention.)

15245. Lettres permettant à Jacques de Marconnay,
doyen de l'église de Notre-Dame de Châtellerault, diocèse de Poitiers, de résigner
ledit doyenné en faveur de Gilbert de Saint-
Aubin, prêtre. Savigny-le-Temple, 29 juillet
1546.

29 juillet.

> Bibl. nat., ms. fr. 5127, fol. 18 v°. (Mention.)

15246. Don à frère Thibaut de Gand du prieuré de
« Notre-Dame de Vaux-le-Duc, dit le Quar-

30 juillet.

tier », vacant par la mort de frère Claude   1546.
Boytouzet. Melun, 3o juillet 1546.

Bibl. nat., ms. fr. 5127, fol. 21 v°. (Mention.)

15247. Don de la garde-noble des biens du fils mineur   31 juillet.
de feu Jean Thiboult, vicomte de Falaise, à
Isabeau Le Porcher, sa grand'mère, à charge
de rendre compte de sa gestion. Fontainebleau, 31 juillet 1546.

Bibl. nat., ms. fr. 5127, fol. 18 v°. (Mention.)

15248. Lettres de naturalité avec permission de tester   31 juillet.
et remise des droits, en faveur de Christophe
Arrault, marié en France, serviteur du sr de
Saint-Moris. Fontainebleau, 31 juillet 1546.

Bibl. nat., ms. fr. 5127, fol. 18 v°. (Mention.)

15249. Lettres portant remise suivant l'ordonnance,   31 juillet.
soit de la moitié, de l'amende à laquelle
Léonard de Combe, dit Piédeville, et sa
femme ont été condamnés par le Parlement,
le 7 mars dernier. Fontainebleau, 31 juillet
1546.

Bibl. nat., ms. fr. 5127, fol. 18 v°. (Mention.)

15250. Mandement au trésorier de la vénerie et fau-   31 juillet.
connerie de payer à Gilbert de Fougères,
gentilhomme de la vénerie, 92 livres 11 sous
8 deniers tournois revenant bons au roi des
gages de feu Louis Du Bois, aussi gentilhomme de la vénerie, décédé le 19 mai
dernier. Fontainebleau, 31 juillet 1546.

Bibl. nat., ms. fr. 5127, fol. 19. (Mention.)

15251. Don au sr de Longsart, archer de la garde du   31 juillet.
roi, de la moitié des lods et ventes, reliefs,
quints et requints, amendes, etc., dus au roi
au bailliage de Saint-Quentin, prévôté de
Péronne et dépendances, recelés depuis trente
ans. Fontainebleau, 31 juillet 1546.

Bibl. nat., ms. fr. 5127, fol. 19. (Mention.)

15252. Don à Martin de La Rue, sommelier d'échan-   31 juillet.
sonnerie de bouche, de l'office de garde du
sceau de la « ville d'Aude », sénéchaussée de

Beaucaire, vacant par la mort de Gaucien 1546.
Calvin. Fontainebleau, 31 juillet 1546.

Bibl. nat., ms. fr. 5127, fol. 19. (*Mention.*)

15253. Don à Pierre Picquet, sommelier de pane-   31 juillet.
terie de bouche, de l'office de sergent royal
d'Argences, Troarn et Varaville au bailliage de Caen, vacant par la mort d'André
Crestel. Fontainebleau, 31 juillet 1546.

Bibl. nat., ms. fr. 5127, fol. 19. (*Mention.*)

15254. Don à Pierre Lorgère, serviteur des tapissiers   31 juillet.
du roi, de l'office de sergent en l'élection
d'Angers, vacant par la mort de François
Boullon. Fontainebleau, 31 juillet 1546.

Bibl. nat., ms. fr. 5127, fol. 19 v°. (*Mention.*)

15255. Don à Philibert Brunet, garde du chariot de la   31 juillet.
garde-robe du roi, de l'office de notaire royal
en la sénéchaussée de Lyon, vacant par la
mort de Jean Rouzières. Fontainebleau,
31 juillet 1546.

Bibl. nat., ms. fr. 5127, fol. 19 v°. (*Mention.*)

15256. Don à Guillaume Dèze, sommelier de la du-   31 juillet.
chesse d'Étampes, de l'office de sergent royal
en Angoumois, vacant par la mort de Jean
Pichart. Fontainebleau, 31 juillet 1546.

Bibl. nat., ms. fr. 5127, fol. 19 v°. (*Mention.*)

15257. Don à Christophe Petit, saucier en la cuisine   31 juillet.
de bouche, de l'office de notaire royal au
bailliage de Saint-Pierre-le-Moutier, vacant
par la mort de Jacques Guyon. Fontainebleau, 31 juillet 1546.

Bibl. nat., ms. fr. 5127, fol. 19 v°. (*Mention.*)

15258. Don à Christophe Petit, saucier, et à Fran-   31 juillet.
çois Sager, huissier en la cuisine de bouche,
de l'office de sergent royal à Moulins, vacant
par la mort de Pierre Thomas. Fontainebleau, 31 juillet 1546.

Bibl. nat., ms. fr. 5127, fol. 20. (*Mention.*)

15259. Don à Jean Gadeau, serviteur des tapissiers du   31 juillet.
roi, de l'office de notaire royal au bailliage

d'Autun, vacant par la mort de Jean Bonnet.   1546.
Fontainebleau, 31 juillet 1546.
Bibl. nat., ms. fr. 5127, fol. 19 v°. (Mention.)

15260. Don à Victor Loyon, Étienne Loyon et René   31 juillet.
Potaire, fourriers ordinaires du roi, de l'of-
fice de notaire royal à Reims, bailliage de
Vermandois, vacant par la mort de Nicolas
Royer. Fontainebleau, 31 juillet 1546.
Bibl. nat., ms. fr. 5127, fol. 19 v°. (Mention.)

15261. Don à Antoine Caron, sommelier d'échanson-   31 juillet.
nerie de bouche, de l'office de mesureur du
sel à Rouen, vacant par la mort de Robert
Roquelin. Fontainebleau, 31 juillet 1546.
Bibl. nat., ms. fr. 5127, fol. 19 v°. (Mention.)

15262. Don à Jean Soudain, huissier de salle, et à   31 juillet.
Antoine Aunelle, saucier en la cuisine du
commun, de l'office de sergent du grand
guet de Paris, vacant par la mort de Nicolas
Dubois. Fontainebleau, 31 juillet 1546.
Bibl. nat., ms. fr. 5127, fol. 19 v°. (Mention.)

15263. Don à Jean Houllier, fruitier ordinaire du roi,   31 juillet.
de l'office de notaire royal à Brioude, bail-
liage de Montferrand, vacant par la mort
de Guillaume Sauvagant. Fontainebleau,
31 juillet 1546.
Bibl. nat., ms. fr. 5127, fol. 20. (Mention.)

15264. Don à Pierre Vastine, dit Soudan, tapissier   31 juillet.
ordinaire du roi, de l'office de notaire royal
en la ville et juridiction de Beaumont de
Lomagne, vacant par la mort de Jean Belo-
maine. Fontainebleau, 31 juillet 1546.
Bibl. nat., ms. fr. 5127, fol. 20. (Mention.)

15265. Don à Jean Bellac et à Pierre d'Auxerre, joueurs   31 juillet.
de hautbois du roi, de l'office de sergent
royal au bailliage de Blois, vacant par la mort
de Michel Herny, demeurant à Onzain. Fontainebleau, 31 juillet 1546.
Bibl. nat., ms. fr. 5127, fol. 20. (Mention.)

15266. Don à René Legeau, huissier de salle du feu   31 juillet.

duc d'Orléans, de l'office de notaire royal à
Acqs (Dax), sénéchaussée des Landes, vacant
par la mort de Pierre Martin de Gamardes.
Fontainebleau, 31 juillet 1546.

Bibl. nat., ms. fr. 5127, fol. 20. (Mention.)

1546.

15267. Don à Mathurin Girard et à Jean de La Fontaine, valets de garde-robe du roi, de l'office
de sergent royal au bailliage d'Amboise,
vacant par la mort de Guillaume Dastoullet.
Fontainebleau, 31 juillet 1546.

Bibl. nat., ms. fr. 5127, fol. 20. (Mention.)

31 juillet.

15268. Don à Jean Rocart et à François Dutheil, sommeliers d'échansonnerie de bouche, de l'office
de sergent royal à Rouen, vacant par la mort
de Nicolas Jespère. Fontainebleau, 31 juillet
1546.

Bibl. nat., ms. fr. 5127, fol. 20. (Mention.)

31 juillet.

15269. Don à Étienne Dubois, aide en la fourrière
du roi, de l'office de notaire royal à Moulins,
vacant par la mort de Nicolas Guenin. Fontainebleau, 31 juillet 1546.

Bibl. nat., ms. fr. 5127, fol. 20 v°. (Mention.)

31 juillet.

15270. Don à Louis Lemaire, valet de fourrière, de
l'office de notaire royal à Pierrefitte en Bourbonnais, en la châtellenie des Basses-Marches,
vacant par la mort de Pierre Rollet. Fontainebleau, 31 juillet 1546.

Bibl. nat., ms. fr. 5127, fol. 20 v°. (Mention.)

31 juillet.

15271. Don à Jehannet de Francastel, maître queux,
et à Vincent Dilligent, potager en la cuisine
du commun, de l'office de sergent royal à
l'Isle-Jourdain, sénéchaussée de Poitou. Fontainebleau, 31 juillet 1546.

Bibl. nat., ms. fr. 5127, fol. 20 v°. (Mention.)

31 juillet.

15272. Don à Pierre Chancel, huissier de salle du roi,
de l'office de notaire royal à Saint-Flour, bailliage des Montagnes d'Auvergne, vacant par

31 juillet.

la mort de Guillaume Brousse. Fontainebleau, 1546.
3 i juillet 1546.

Bibl. nat., ms. fr. 5127, fol. 20 v°. (Mention.)

15273. Don à Gilles Legrand, fournisseur d'œufs frais — 31 juillet.
du roi, de l'office de notaire royal à Berge-
rac, vacant par la mort de Pierre Pinel. Fontainebleau, 3 i juillet 1546.

Bibl. nat., ms. fr. 5127, fol. 20 v°. (Mention.)

15274. Don à Philibert Le Vasseur, officier de la fau- — 31 juillet.
connerie du roi, de l'office de sergent en
l'élection d'Arques, vacant par la mort de Va-
lery Rense, dit Rat. Fontainebleau, 3 i juillet
1546.

Bibl. nat., ms. fr. 5127, fol. 20 v°. (Mention.)

15275. Don à Gilles de La Rivière et à René Thabois, — 31 juillet.
valets de fourrière du roi, de l'office de no-
taire royal en la juridiction de Monclar, sénéchaussée d'Agénais, vacant par la mort
de Hugues Régal. Fontainebleau, 3 i juillet
1546.

Bibl. nat., ms. fr. 5127, fol. 20 v°. (Mention.)

15276. Don à Antoine Rochard et à Jean de La Fon- — 31 juillet.
taine, valets de garde-robe du roi, de l'office
de sergent royal au bailliage de Chartres,
vacant par la mort de René Babou. Fontainebleau, 3 i juillet 1546.

Bibl. nat., ms. fr. 5127, fol. 21. (Mention.)

15277. Don à René Hérault, fils du pâtissier du roi, — 31 juillet.
et à Germain Aube, serviteur du sr de Sourdis,
de l'office de revendeur et priseur de biens
en la ville et vicomté d'Évreux, vacant par
la mort de Robert Corneille. Fontainebleau,
3 i juillet 1546.

Bibl. nat., ms. fr. 5127, fol. 21. (Mention.)

15278. Don à Jean Tavart, huissier en la cuisine du — 31 juillet.
commun, de l'office de notaire à Sérignan,
sénéchaussée de Carcassonne, vacant par la
mort de Jean Dumas. Fontainebleau, 3 i juillet 1546.

Bibl. nat., ms. fr. 5127, fol. 21. (Mention.)

15.

15279. Don à Robert Hiron, sert-de-l'eau du roi, de
l'office de notaire royal au bailliage de Mâconnais, vacant par la mort de Guillaume de
Saint-Loup. Fontainebleau, 31 juillet 1546.

1546.
31 juillet.

Bibl. nat., ms. fr. 5127, fol. 21. (Mention.)

15280. Don à Pierre Langlois, à Pierre Vastine et à
Guillaume Alart, tapissiers ordinaires du roi,
de l'office de sergent royal en Poitou, vacant
par le décès de Jean Berthaudière. Fontainebleau, 31 juillet 1546.

31 juillet.

Bibl. nat., ms. fr. 5127, fol. 21. (Mention.)

15281. Don à Henri de Marde et à Robert Villamoine, écuyers en la cuisine du commun,
de l'office d'enquêteur au siège de Beaurepaire en Périgord, vacant par le décès d'Ay-
mon Doublet. Fontainebleau, 31 juillet 1546.

31 juillet.

Bibl. nat., ms. fr. 5127, fol. 21. (Mention.)

15282. Don à Nicolas Le Roy, enfant de cuisine du
commun, de l'office de notaire royal au bailliage de Dombes, vacant par la mort d'Antoine Corallin. Fontainebleau, 31 juillet
1546.

31 juillet.

Bibl. nat., ms. fr. 5127, fol. 21. (Mention.)

15283. Don à Jean Le Poulcre, écuyer, et à Ligier
Bohier, maître queux en la cuisine de bouche,
de l'office de sergent royal au bailliage de
Vermandois, siège de Châlons-sur-Marne,
vacant par la mort de Jean Germain. Fontainebleau, 31 juillet 1546.

31 juillet.

Bibl. nat., ms. fr. 5127, fol. 21. (Mention.)

15284. Lettres de suppression de l'office de second enquêteur au siège de la vicomté d'Auge. Fontainebleau, juillet 1546.

Juillet.

Enreg. à la Chancellerie de France. Arch. nat.,
Trésor des Chartes, JJ. 257ᵗ, n° 227, fol. 118 v°.
1 page.

15285. Lettres de suppression d'un office de sergent à
cheval nouvellement créé en la vicomté de

Juillet.

Beaumont-le-Roger, au bailliage d'Évreux. 1546.
Fontainebleau, juillet 1546.

Enreg. à la Chancellerie de France. Arch. nat.,
Trésor des Chartes, JJ. 257¹, n° 224, fol. 117.
2 pages.

15286. Lettres de suppression d'un office de sergent   Juillet.
des aides, tailles et gabelles en Normandie
(celui que Gilles Le Charretier exerçait à Honfleur). Fontainebleau, juillet 1546.

Enreg. à la Chancellerie de France. Arch. nat.,
Trésor des Chartes, JJ. 257¹, n° 226, fol. 118.
1 page.

15287. Permission à Thierry Dumont, conseiller au   Juillet.
Parlement de Paris, de faire creuser des ca-
naux et exécuter les travaux nécessaires pour
amener l'eau d'une fontaine dans sa maison
d'Acy-en-Multien, au duché de Valois. Fontainebleau, juillet 1546.

Enreg. à la Chancellerie de France. Arch. nat.,
Trésor des Chartes, JJ. 257¹, n° 213, fol. 112 v°.
1 page.

15288. Permission aux habitants de Bourdenay, au   Juillet.
bailliage de Troyes, de fortifier cette localité.
Fontainebleau, juillet 1546.

Enreg. à la Chancellerie de France. Arch. nat.,
Trésor des Chartes, JJ. 257¹, n° 214, fol. 113.
1 page.

15289. Lettres de création de deux foires annuelles et   Juillet.
d'un marché hebdomadaire à Candé, au
bailliage de Blois, en faveur de François
Cordon, écuyer, seigneur du lieu, contrôleur
général de la maison du dauphin. Fontainebleau, juillet 1546.

Enreg. à la Chancellerie de France. Arch. nat.,
Trésor des Chartes, JJ. 257¹, n° 254, fol. 139 v°.
1 page.

15290. Permission aux habitants de Fulvy en Cham-   Juillet.
pagne, bailliage de Sens, de fortifier cette
localité. Fontainebleau, juillet 1546.

Enreg. à la Chancellerie de France. Arch. nat.,
Trésor des Chartes, JJ. 257¹, n° 220, fol. 115.
1 page.

15291. Établissement de quatre foires par an et d'un marché hebdomadaire à Larrey, en Bourgogne, bailliage de la Montagne. Fontainebleau, juillet 1546.

1546.
Juillet.

> *Enreg. à la Chancellerie de France. Arch. nat., Trésor des Chartes, JJ. 257¹, n° 229, fol. 119.*
> 1 page.

15292. Création de deux foires par an et d'un marché chaque semaine à Montaignet en Bourbonnais [1]. Fontainebleau, juillet 1546.

Juillet.

> *Enreg. à la Chancellerie de France. Arch. nat., Trésor des Chartes, JJ. 257¹, n° 219, fol. 115.*
> 1 page.

15293. Établissement de trois foires l'an et d'un marché chaque semaine à Montpezat en Agénais. Fontainebleau, juillet 1546.

Juillet.

> *Enreg. à la Chancellerie de France. Arch. nat., Trésor des Chartes, JJ. 257¹, n° 239, fol. 123.*
> 1 page.

15294. Établissement de trois foires annuelles et d'un marché hebdomadaire au Moutier-d'Ahun, au comté de la Haute-Marche. Fontainebleau, juillet 1546.

Juillet.

> *Enreg. à la Chancellerie de France. Arch. nat., Trésor des Chartes, JJ. 257¹, n° 230, fol. 119 v°.*
> 1 page.

15295. Permission aux habitants de Piffonds, au bailliage de Sens, de fortifier ce bourg. Fontainebleau, juillet 1546.

Juillet.

> *Enreg. à la Chancellerie de France. Arch. nat., Trésor des Chartes, JJ. 257¹, n° 232, fol. 120 v°.*
> 1 page.

15296. Établissement de deux foires par an et d'un marché chaque semaine à Richebourg, bailliage de Montfort-l'Amaury. Fontainebleau, juillet 1546.

Juillet.

> *Enreg. à la Chancellerie de France. Arch. nat., Trésor des Chartes, JJ. 257¹, n° 215, fol. 113.*
> 1 page.

---

[1] Montaignet, arrondissement et canton de Gannat, ou Montaignet, arrondissement de la Palisse, canton du Donjon (Allier).

15297. Permission de faire relever les fortifications de La Tour en Auvergne, appartenant au dauphin. Fontainebleau, juillet 1546.

1546.
Juillet.

> Enreg. à la Chancellerie de France. Arch. nat., Trésor des Chartes, JJ. 257¹, n° 217, fol. 114. 1 page.

15298. Lettres de légitimation accordées à Marie de Barville, fille naturelle de Gilles de Barville, prêtre, et de Nicole Jolly, demeurant à Sens. Fontainebleau, juillet 1546.

Juillet.

> Enreg. à la Chancellerie de France. Arch. nat., Trésor des Chartes, JJ. 257¹, n° 235, fol. 121 v°. 1 page.

15299. Lettres de légitimation accordées à Bernard Coty, fils naturel de Renier Coty, prêtre du lieu de Daux, diocèse de Toulouse, et de Alis (alias Ysette), veuve de Mathurin de Serac, dudit lieu. Fontainebleau, juillet 1546.

Juillet.

> Enreg. à la Chancellerie de France. Arch. nat., Trésor des Chartes, JJ. 257¹, n° 236, fol. 122. 1 page.

15300. Lettres de légitimation accordées à N. Lerzier, prêtre, habitant de Montoison en Dauphiné, fils naturel de James Lerzier et de Michelle Granger. Fontainebleau, juillet 1546.

Juillet.

> Enreg. à la Chancellerie de France. Arch. nat., Trésor des Chartes, JJ. 257¹, n° 271, fol. 148 v°. 1 page.

15301. Lettres de naturalité en faveur de Chrétien Agrippa, natif de Cologne, docteur en médecine, demeurant à Périgueux. Fontainebleau, juillet 1546.

Juillet.

> Enreg. à la Chancellerie de France. Arch. nat., Trésor des Chartes, JJ. 257¹, n° 212, fol. 112. 1 page.
> Bibl. nat., Armoires de Baluze, t. XVIII, p. 228. (Mention.)

15302. Lettres de naturalité en faveur d'Isabeau de Beauvau, femme de Jean du Puy-du-Fou, et

Juillet.

de leurs enfants, nés en Lorraine. Fontaine-
bleau, juillet 1546.   1546.

> *Enreg. à la Chancellerie de France. Arch. nat.,
> Trésor des Chartes, JJ. 257¹, n° 234, fol. 121.*
> 1 page.

15303. Établissement de quatre foires par an et d'un   Juillet.
marché chaque semaine à «Montenays[1]»
en Poitou, en faveur de Louis du Bellay,
seigneur de la Géfardière. Challeau, juillet
1546.

> *Enreg. à la Chancellerie de France. Arch. nat.,
> Trésor des Chartes, JJ. 257¹, n° 225, fol. 117 v°.*
> 1 page.

15304. Lettres d'anoblissement en faveur de Jacques   Juillet.
Le Jay, seigneur de «Rentillier», en Dauphiné.
Challeau, juillet 1546.

> *Enreg. à la Chancellerie de France. Arch. nat.,
> Trésor des Chartes, JJ. 257¹, n° 245, fol. 126.*
> 1 page.

15305. Don à Gilles de Suramont, orfèvre du roi, des   Juillet.
biens meubles et immeubles de la succes-
sion de feu Antoine Bourdet, de Marguerite
la Lingère, sa femme, et de Jeanne leur bâtarde, adjugés au roi par sentence du bailli
de Blois, à défaut d'héritiers légitimes. Challeau, juillet 1546.

> *Enreg. à la Chancellerie de France. Arch. nat.,
> Trésor des Chartes, JJ. 257¹, n° 299, fol. 161 v°.*
> 1 page.

15306. Lettres de naturalité en faveur d'Étienne de   Juillet.
Novelles, libraire, demeurant à Poitiers de-
puis treize ans, natif du marquisat de Montferrat. Corbeil, juillet 1546.

> *Enreg. à la Chancellerie de France. Arch. nat.,
> Trésor des Chartes, JJ. 257¹, n° 231, fol. 120.*
> 1 page.

15307. Édit prohibant les assemblées et ports d'armes,   1er août.

---

(1) Probablement Moutournais, canton de Pouzauges (Vendée).

sous peine de mort et de confiscation de biens. Fontainebleau, 1er août 1546.

1546.

> *Enreg. au Parl. de Paris, le 7 septembre suivant. Arch. nat., U. 446, fol. 192 v°. 1 page 1/2.*
> *Enreg. au Parl. de Bordeaux, siégeant à Libourne, le 6 septembre 1546. Arch. de la Gironde, B. 33, fol. 10. 2 pages 1/2.*
> *Enreg. au Parl. de Dijon, le 3 septembre 1546. Arch. de la Côte-d'Or, Parl., reg. IV, fol. 34 v°.*
> *Enreg. à la Chambre des Comptes de Grenoble, le 2 septembre 1546. Arch. de l'Isère, B. 2911, II, fol. 47. 4 pages.*

15308. Acte du serment prêté par François Ier d'observer le traité conclu à Ardres, le 7 juin précédent, par ses ambassadeurs avec le roi d'Angleterre. 1er août 1546.

1er août.

> Imp. T. Rymer, *Fœdera, conventiones, acta publica*, etc. La Haye, 1741, in-fol., t. VI, 3e partie, p. 138, col. 1.

15309. Lettres nommant Pierre Lescot, seigneur de Clagny, architecte des nouveaux bâtiments du Louvre. Fontainebleau, 2 août 1546.

2 août.

> *Copie. Bibl. nat.,* ms. fr. 11179 (anc. suppl., fr. 336.)
> Imp. L. de Laborde, *Comptes des bâtiments du roi.* Paris, 1877, in-8°, t. I, p. 249.
> A. Berty, *Topographie historique du vieux Paris.* Paris, 1885, gr. in-4°, t. I, p. 211.

15310. Provisions en faveur de Pierre d'Aymar, capitaine du château de Corbeil, de l'office de capitaine, garde et gouverneur de la forêt de Bière et du château de Fontainebleau, vacant par le décès d'Alof de L'Hôpital. Fontainebleau, 2 août 1546.

2 août.

> *Enreg. à la Chambre des Eaux et forêts (siège de la Table de marbre), le 28 mars 1547 n. s. Arch. nat., Z1e 331, fol. 2 v°. 1 page.*

15311. Provisions en faveur de Pierre d'Aymar de l'office de grand forestier de la forêt de Bière, avec la maîtrise des Eaux et forêts du bailliage de Melun et ressort de Moret, vacant

2 août.

v.

16

par le décès d'Alof de L'Hôpital. Fontainebleau, 2 août 1546.

1546.

> *Enreg. à la Chambre des Eaux et forêts (siège de
> la Table de marbre), le 28 mars 1547 n. s. Arch.
> nat., Z¹ᵉ 331, fol. 3 v°. 1 page.*

15312. Don à sœur Isabeau de Courtemont de l'abbaye de la Barre, aux faubourgs de Château-
Thierry, vacante par la mort de la dernière
abbesse. Fontainebleau, 2 août 1546.

2 août.

> *Bibl. nat., ms. fr. 5127, fol. 21 v°. (Mention.)*

15313. Lettres d'attribution à la Cour des Aides du
recouvrement des créances de Pierre Turlay,
payeur de la compagnie des ordonnances sous
le commandement du Dauphin, duc de Bretagne, avec dépôt des rentrées opérées entre
les mains du trésorier de l'épargne. 3 août
1546.

3 août.

> *Enreg. à la Cour des Aides de Paris. Arch. nat.,
> Recueil Cromo, U. 665, fol. 321. (Mention.)*

15314. Provisions de l'office de gruyer et maître sergent de la forêt de Serquigny, pour Michel
de Tournebœuf, gentilhomme de la vénerie,
en remplacement de Pierre Prieur. Fontainebleau, 3 août 1546.

3 août.

> *Enreg. aux Eaux et forêts (siège de la Table
> de marbre), le 15 février 1547 n. s. Arch. nat.,
> Z¹ᵉ 330, fol. 215. 1 page 1/2.*

15315. Provisions pour Jacques de Goussainville,
licencié ès lois, de l'office de lieutenant
général, civil et criminel, du bailliage et
comté de Montfort-l'Amaury, sur la présentation de la duchesse d'Estouteville, en remplacement et sur la résignation de François
Guibert. Pithiviers, 6 août 1546.

6 août.

> *Reçu au Parl. de Paris et institué le 13 décembre
> 1546. Arch. nat., X¹ᵃ 4928, Plaidoiries, fol. 103 v°.
> (Mention.)*

15316. Provisions en faveur de Jean de Thais (Taix),
chevalier de l'ordre, gentilhomme de la
chambre du roi, de l'office de maître des
Eaux et forêts du comté de Loches, en remplacement d'Adrien Tiercelin, sʳ de Brosses,

6 août.

capitaine du château de Loches, décédé. « Pluviers » [*corr.* Pithiviers], 6 août 1546 [1].

*Enreg. aux Eaux et forêts (siège de la Table
de marbre), le 31 janvier 1547 n. s. Arch. nat.,
Z¹ᵉ 330, fol. 209 v°. 1 page 1/2.*

1546.

15317. Mandement à Jean Laguette, trésorier et receveur général des finances extraordinaires et
parties casuelles, de payer des deniers provenant de la vente de l'office de notaire
royal au bailliage d'Autun et de Moncenis,
vacant par la mort de Jean Bonnet, 25 écus
d'or soleil à Jean Gadeau, serviteur des tapissiers royaux. La Cour-Dieu, 9 août 1546.

*Original. Bibl. nat., Nouv. acquisitions franç.,
ms. 1483, n° 85.*

9 août.

15318. Provisions pour Jean Gelée de l'office de clerc
et payeur des œuvres du roi. 17 août 1546.

*Reçu à la Chambre des Comptes de Paris, le
26 août suivant, anc. mém. 2 N, fol. 172. Arch.
nat., invent. PP. 136, p. 559. (Mention.)*

17 août.

15319. Ordonnance pour la tenue des Grands jours
à Riom, du 13 septembre au 10 novembre
1546, avec ressort sur l'Auvergne, le Bourbonnais, le Berry, le Nivernais, le Forez, le
Beaujolais, le Lyonnais, le Mâconnais, Orléans, Montargis, Gien, la Marche, Saint-
Pierre-le-Moutier, etc. Moulins, 19 août
1546.

*Enreg. au Parl. de Paris, le 23 août 1546. Arch.
nat., X¹ᵃ 8615, fol. 303. 3 pages 1/2.
Arrêt d'enregistrement. Idem, X¹ᵃ 4927, Plaidoiries, fol. 264 v°.*

19 août.

15320. Lettres portant défense au sénéchal de Toulouse de lever sur les habitants du comté
de Foix et de la vicomté de Nébouzan, les
subsides récemment imposés par le roi sur
les villes closes de la sénéchaussée de Tou-

20 août.

[1] La date de la copie est celle-ci : « Donné à Pluviers (*sic*), le
seiziesme jour d'aoust »; mais l'acte d'enregistrement porte « le sixiesme
jour d'aoust ». La présence du roi à Pithiviers le 6 août nous a fait pré-
férer le second texte.

16

louse, pour subvenir à la solde de ses gens de pied; et ce en vertu d'anciens privilèges exemptant ces pays de contribuer à la solde des gens de guerre. Moulins, 20 août 1546.

Original. Arch. départ. des Basses-Pyrénées, E. 455.

1546.

15321. Lettres enjoignant au Parlement de Paris de refuser à tous les archevêques, évêques et autres prélats, quels qu'ils soient, l'entrée dans les chambres de la cour, sauf la grand'chambre du plaidoyer, aux jours et heures des plaidoiries, jusqu'à ce qu'ils aient fait apparaître « à la propre personne du roy » des droits et privilèges qu'ils prétendent en cette matière. Moulins, 20 août 1546.

Présentées au Parl., le 23 août suivant. Arch. nat., X¹ᵃ 1558, Conseil, fol. 514. (Mention.)

20 août.

15322. Mandement au Parlement de Paris, « concernant le faict du procès de Julien de Clermont, dit Talard, et maistre Estienne de Montmirel, rapporteur d'icelluy ». Moulins, 20 août 1546.

Présenté au Parl., le 23 août suivant. Arch. nat., X¹ᵃ 1558, Conseil, fol. 514. (Mention.)

20 août.

15323. Don à Pierre Boullay, dit Moricault, de 30 écus d'or à prendre sur le produit de la vente de l'office de notaire royal dans la sénéchaussée d'Auvergne, vacant par la mort de Benoît Salle. Moulins, 20 août 1546.

Original. Bibl. nat., ms. fr. 25723, n° 992.

20 août.

15324. Provisions pour Philippe Daulhon de l'office de receveur des aides dans l'élection du Lyonnais, en remplacement de Jacques de Bailleux. Moulins, 20 août 1546.

Copie du XVIᵉ siècle. Bibl. nat., ms. fr. 2702, fol. 257 v°.

20 août.

15325. Lettres adressées au sénéchal de Lyon, portant que les habitants de Lyon et des villes closes du pays lyonnais devront contribuer à la

21 août.

solde des gens de guerre pour une somme de 36,000 livres. Moulins, 21 août 1546.

Original. Archives de la ville de Lyon, CC. 316.

1546.

15326. Provisions de l'office de contrôleur des deniers communs de la ville de Dijon pour J. Fèvre, en remplacement et sur la résignation de J. du Soillat. Moulins, 21 août 1546.

Original. Arch. municip. de Dijon, H. 129.
Enreg. à la Chambre des Comptes de Dijon, le 31 août suivant. Arch. de la Côte-d'Or, B. 20, fol. 211.

21 août.

15327. Don à Guyon Letirant, archer de la garde du roi, de 20 écus d'or soleil à prendre sur le produit de la vente de l'office de notaire royal dans les villages de Baigneaux, Santilly-le-Moutier et Lumeau, au bailliage d'Orléans, vacant par la mort de Jean Carré. Moulins, 21 août 1546.

Original. Bibl. nat., ms. fr. 25723, n° 993.

21 août.

15328. Provisions de l'office d'huissier au Parlement de Dijon pour Nicolas Guillot, en remplacement de Jean Thierry, décédé. Moulins, 23 août 1546.

Enreg. au Parl. de Dijon, le 27 février 1547 n. s. Arch. de la Côte-d'Or, Parl., reg. IV, fol. 57 v°.

23 août.

15329. Nouvelles lettres de jussion pour l'exécution des lettres en date d'août 1545 (n° 14559), relatives à l'établissement de deux foires franches en la ville de Tours. Chevagnes, 26 août 1546.

Enreg. à la Chambre des Comptes de Paris. Arch. nat., P. 2307, p. 974. 2 pages.

26 août.

15330. Don à Jean Le Faucheur, aide du garde-vaisselle à la cuisine du commun, et à Jean Cosse, clerc du garde-manger, de 15 écus d'or à prendre sur le produit de la vente de l'office de notaire royal de Saint-Amand [-Mont-Rond], dans le duché de Bourbonnais, vacant par la mort de Jean Martin. Chevagnes, 26 août 1546.

Original. Bibl. nat., ms. fr. 25723, n° 994.

26 août.

15331. Permission aux habitants de Bazoches-lès-Bray, au bailliage de Meaux, de fortifier leur ville. Fontainebleau, août 1546.

> Enreg. à la Chancellerie de France. Arch. nat., Trésor des Chartes, JJ. 257¹, n° 240, fol. 123 v°.
> 1 page.

1546.
Août.

15332. Permission aux habitants de Bâlot en Bourgogne, bailliage de la Montagne, de faire fortifier ce bourg. Fontainebleau, août 1546.

> Enreg. à la Chancellerie de France. Arch. nat., Trésor des Chartes, JJ. 257¹, n° 280, fol. 153.
> 1 page.

Août.

15333. Permission aux habitants d'Étigny et Cérilly, au bailliage de Sens, de fortifier ces deux villages. Fontainebleau, août 1546.

> Enreg. à la Chancellerie de France. Arch. nat., Trésor des Chartes, JJ. 257¹, n° 242, fol. 124 v°.
> 1 page.

Août.

15334. Établissement de douze foires l'an, le dernier jour de chaque mois, à Verchocq au comté de Boulonnais, en faveur de Robert de Framezelles, commissaire ordinaire des guerres, seigneur du lieu. Fontainebleau, août 1546.

> Enreg. à la Chancellerie de France. Arch. nat., Trésor des Chartes, JJ. 257¹, n° 233, fol. 120 v°.
> 1 page.

Août.

15335. Lettres de ratification de la vente faite par Geoffroy de Hauteclère, maître des requêtes de l'hôtel, et Clugny Thunot, général des finances en Bourgogne, commissaires du roi pour les engagements et aliénations du domaine en Bourgogne, à Denis Lambert, contrôleur des deniers communs de la ville de Chalon, et à Pierre Vincent, marchand de Lyon, moyennant le prix de 1,602 livres tournois payées comptant, du droit de bichenage de tous grains dus au roi en ladite ville de Chalon. Fontainebleau, août 1546.

> Enreg. à la Chancellerie de France. Arch. nat., Trésor des Chartes, JJ. 257¹, n° 241, fol. 124.
> 1 page 1/2.

Août.

15336. Lettres de légitimation accordées à Guillaume de Dieudy, fils naturel de Vincent Bruant, seigneur de Chalonge, et de Guillemine Pigey, natif de Trébédan au diocèse de Dol, et demeurant à Cesson, diocèse de Rennes. Fontainebleau, août 1546.

1546.
Août.

> *Enreg. à la Chancellerie de France. Arch. nat., Trésor des Chartes,* JJ. 257¹, n° 237, fol. 122.

15337. Lettres de légitimation accordées à Jules-César Vernier, demeurant au duché de Bar-le-Duc, fils naturel de Jean Vernier, et d'une veuve originaire d'Italie. Fontainebleau, août 1546.

Août.

> *Enreg. à la Chancellerie de France. Arch. nat., Trésor des Chartes,* JJ. 257¹, n° 238, fol. 122 v°. 1 page.

15338. Lettres de naturalité en faveur de Pierre Vuchard, natif de Genève, établi à Pont-de-Veyle en Bresse. Fontainebleau, août 1546.

Août.

> *Enreg. à la Chancellerie de France. Arch. nat., Trésor des Chartes,* JJ. 257¹, n° 248, fol. 128. 1 page.

15339. Lettres de suppression, à la requête de l'évêque d'Auxerre, d'un office de notaire royal récemment créé à Cosne-sur-Loire en Nivernais. Nevers, août 1546.

Août.

> *Enreg. à la Chancellerie de France. Arch. nat., Trésor des Chartes,* JJ. 257¹, n° 253, fol. 139 v°. 1 page.

15340. Édit de suppression des offices de présidents, maîtres des requêtes et conseillers des Parlements de Paris, Toulouse, Bordeaux, Rouen, Dijon, Grenoble et Aix, créés depuis l'avènement de François Ier; ordonnant qu'on cessera de pourvoir aux vacances jusqu'à ce ce que lesdits offices soient réduits au nombre qui existait le 1er janvier 1515; avec règlement pour l'âge, l'examen et la réception des officiers desdites cours et des juridictions inférieures. Moulins, août 1546.

Août.

> *Enreg. à la Chancellerie de France. Arch. nat.,*

Trésor des Chartes, JJ. 257¹, n° 268, fol. 109 v°.
2 pages 1/2.

   Enreg. au Parl. de Bordeaux, siégeant à Libourne, le 30 août 1546. Arch. de la Gironde,
B. 33, fol. 5. 7 pages.

   Enreg. au Parl. de Dijon, le 3 septembre 1546.
Arch. de la Côte-d'Or, Parl., reg. IV, fol. 33.

   Enreg. au Parl. de Grenoble, le 3 novembre
1546. Arch. de l'Isère, Chambre des Comptes de
Dauphiné, B. 2911, II, fol. 48. 6 pages 1/2.

   Enreg. au Parl. de Toulouse, le 2 septembre
1546. Arch. de la Haute-Garonne, Édits, reg. 5,
fol. 194. 3 pages 1/2.

   Mention dans les lettres patentes de la Cour des
Aides de Paris, Z¹ᵉ 527.

   Imp. Pièce in-8°. *Arch. nat.,* AD ✠ 27 (anc.
AD.I 27). 2 pages.

   P. Rebuffi, *Les édits et ordonnances des rois de*
France. Lyon 1573, in-fol., p. 147.

   A. Fontanon, *Édits et ordonnances, etc.* Paris,
1611, in-fol., t. II, p. 579.

   Ordonnances royaux sur le faict de la justice,
abbréviation des procez, etc. Lyon, Arnoullet,
1612, 2 vol. in-16, t. II, p. 313.

   E. Girard et J. Joly, *Troisiesme livre des offices*
de France. Paris, 1647, in-fol., t. I, p. 19.

   Pierre Palliot, *Le Parlement de Bourgongne.*
Dijon, in-fol., 1649, p. 35.

   Isambert, *Anciennes lois françaises, etc.* Paris,
1827, in-8°, t. XII, p. 912.

15341. Lettres de ratification de l'engagement de la
châtellenie d'Aluze, au bailliage de Chalon-
sur-Saône, fait à Pierre Coron, l'aîné, marchand de cette ville, par Geoffroy de Hauteclère, maître des requêtes de l'hôtel et
Clugny Thunot, général des finances en
Bourgogne, commissaires du roi pour les
aliénations du domaine en Bourgogne. Moulins, août 1546.

   Enreg. à la Chancellerie de France. Arch. nat.,
Trésor des Chartes, JJ. 257¹, n° 246, fol. 127.
1 page 1/2.

                                Août.

15342. Permission à Louis de La Trémoille de faire
fortifier l'Isle-Bouchard en Touraine, dont
il était seigneur. Moulins, août 1546.

   Enreg. à la Chancellerie de France. Arch. nat.,
Trésor des Chartes, JJ. 257¹, n° 278, fol. 152.
1 page.

                                  Août.

1546.

15343. Lettres de suppression de l'office de receveur des deniers communs, dons et octrois de la ville de Noyers, au duché de Bourgogne. Moulins, août 1546.

1546. Août.

> *Enreg. à la Chancellerie de France. Arch. nat., Trésor des Chartes*, JJ. 257¹, n° 252, fol. 129 v°. 1 page.

15344. Lettres de suppression de l'office de sergent des aides et tailles de la vicomté de Pont-de-l'Arche. Moulins, août 1546.

Août.

> *Enreg. à la Chancellerie de France. Arch. nat., Trésor des Chartes*, JJ. 257¹, n° 279, fol. 152 v°. 1 page.

15345. Confirmation des bulles de Léon X de l'an 1520, portant sécularisation du chapitre de l'église de Montauban. Moulins, août 1546.

Août.

> *Enreg. à la Chancellerie de France. Arch. nat., Trésor des Chartes*, JJ. 257¹, n° 293, fol. 158 v°. 1 page.

15346. Lettres de légitimation accordées à Jean et à Péronnelle Bournat, enfants naturels de Laurent Bournat, prêtre, et de Louise Augier. Moulins, août 1546.

Août.

> *Enreg. à la Chancellerie de France. Arch. nat., Trésor des Chartes*, JJ. 257¹, n° 250, fol. 128 v°. 1 page.

15347. Lettres de légitimation accordées à Jeanne Roquette, demeurant à la Couvertoirade en Rouergue, fille naturelle de Raymond Roquette, prêtre, et de Catherine de Saint-Bauzille, veuve. Moulins, août 1546.

Août.

> *Enreg. à la Chancellerie de France. Arch. nat., Trésor des Chartes*, JJ. 257¹, n° 251, fol. 129. 1 page.

15348. Lettres de légitimation accordées à Antoine Yvose, fils naturel de Jean Yvose, prêtre, et de Rose Coral. Moulins, août 1546.

Août.

> *Enreg. à la Chancellerie de France. Arch. nat., Trésor des Chartes*, JJ. 257¹, n° 240, fol. 128. 1 page.

15349. Établissement de trois foires par an à Montoison.

Août.

V.

en Dauphiné, sénéchaussée de Valentinois, en faveur de Claude de Clermont, seigneur du lieu. Chevagnes, août 1546.

1546.

> *Enreg. à la Chancellerie de France. Arch. nat., Trésor des Chartes, JJ. 257¹, n° 269, fol. 148. 1 page.*

15350. Établissement de trois foires l'an et d'un marché chaque semaine à Saint-Nazaire en Dauphiné, sénéchaussée de Valentinois. Chevagnes, août 1546.

Août.

> *Enreg. à la Chancellerie de France. Arch. nat., Trésor des Chartes, JJ. 257¹, n° 270, fol. 148. 1 page.*

15351. Don à Jacques Maréchal, maître queux à la cuisine de bouche, de 60 écus d'or à prendre sur le produit de la vente de l'office de sergent royal au bailliage de Blois, vacant par la mort d'Étienne Dupuy. L'Abergement, 6 septembre 1546.

6 septembre.

> *Original. Bibl. nat., ms. fr. 25723, n° 995.*

15352. Mandement au Parlement de Paris d'envoyer au roi par le premier huissier ou sergent les charges, informations et procédures faites par ordre de la cour contre François Gouffier, évêque de Béziers, « touchant certaine recousse d'un prisonnier ». 6 septembre 1546.

6 septembre.

> *Présenté au Parl., le 8 octobre 1546. Arch. nat., X¹ᵃ 1558, Conseil, fol. 633. (Mention.)*

15353. Don à Edme de Vaux, archer de la garde du roi, de 35 écus d'or soleil à prendre sur le produit de la vente de l'office de notaire royal au bailliage de Dombes. L'Abergement, [6 ou 7 septembre] 1546.[1]

7 septembre.

> *Original. Bibl. nat., ms. fr. 25723, n° 996.*

15354. Provisions de l'office de lieutenant général en la sénéchaussée de Périgord, au siège de Ber-

7 septembre.

---

[1] La pièce est en partie déchirée et les dates de jour et de mois manquent. On ne trouve en 1546 d'actes datés de l'Abergement que des 6 et 7 septembre.

gerac, pour Jean de Lavergne. L'Aberge-   1546.
ment, 7 septembre 1546.

> *Enreg. au Parl. de Bordeaux, siégeant à Li-*
> *bourne, le 23 novembre 1546. Arch. de la Gironde,*
> B. 33, fol. 11 v°. 1 page 1/2.

15355. Mandement à Jean Laguette, trésorier et rece-   7 septembre.
veur général des finances extraordinaires et
parties casuelles, de payer, sur les deniers
provenant de la vente de l'office de notaire
royal au bailliage de Beaujolais et Dombes,
vacant par la mort de Pierre Chastelet,
un don de 40 écus d'or soleil fait à Jean Hé-
naut, fils d'un officier de la fourrière du roi.
L'Abergement, 7 septembre 1546.

> *Original. Bibl. nat.*, Nouv. acquisitions franç.,
> ms. 1483, n° 86.

15356. Lettres nommant Jacques Leclerc, conseiller   8 septembre.
au Parlement de Paris, commissaire aux re-
quêtes du Palais, en remplacement de feu
Bertrand Lelièvre. Bourg[-en-Bresse], 8 septembre 1546.

> *Réception dudit Leclerc au Parl., le 16 novembre*
> *1546. Arch. nat.*, X¹ᵃ 1559, Conseil, fol. 2. (Men-
> tion.)

15357. Provisions de l'office de sergent royal dans la   10 septembre.
sénéchaussée de Lyon, pour Jérôme Sabo-
rien. Cuisery, 10 septembre 1546.

> *Copie du xvɪᵉ siècle. Arch. du Rhône, reg. des*
> *insinuations de la sénéchaussée,* Livre du roi,
> fol. 97 v°.

15358. Mandement à Martin Roussel et à Pierre de   11 septembre.
Nosdres d'imposer et répartir la somme de
27,709 livres sur les habitants de l'Armagnac, du Fézensac, d'Aure, de Magnoac et
de Barousse, pour leur quote-part des
4 millions de livres tournois qui doivent être
levées sur tout le royaume. Cuisery, 11 septembre 1546.

> *Original. Arch. nat.*, K. 88, n° 18.

15359. Provisions en faveur d'André d'Exéa, docteur   11 septembre.

17.

en droit, de l'office de juge mage à Mont- | 1546.
pellier. Cuisery, 11 septembre 1546.

> *Enreg. au Parl. de Toulouse, le 10 décembre*
> *1546. Arch. de la Haute-Garonne, Édits, reg. 5,*
> *fol. 197. 1 page.*

15360. Pouvoirs des commissaires du roi aux États de | 11 septembre.
Languedoc, convoqués à Montpellier pour
le 25 novembre prochain. Cuisery, 11 septembre 1546.

> *Copie. États de Languedoc. Arch. départ. de*
> *l'Hérault, C. Recueils des lettres et actes des com-*
> *missaires du roi aux États, 1546. 2 pages 1/2.*

15361. Mandement aux élus du Lyonnais de lever : | 11 septembre.
1° une somme de 38,207 livres 8 deniers
tournois sans les frais, pour la taille de 1547;
2° une somme de 5,731 livres 1 sou 1 denier
tournois sans les frais, pour la part de l'élection dans la crue de 600,000 livres mise
sur tout le royaume; et 3° une somme de
628 livres pour le payement des prévôts et
archers chargés de la garde du pays. Cuisery,
11 septembre 1546.

> *Copie du xvie siècle. Bibl. nat., ms. fr. 2702,*
> *fol. 259.*

15362. Don à Michel Bonneau, enfant de la cuisine | 11 septembre.
du commun, de 40 écus d'or à prendre sur
le produit de la vente de l'office de sergent
royal de la prévôté de Saint-Riquier, au bailliage d'Amiens, vacant par la mort de Martin Senau. Cuisery, 11 septembre 1546.

> *Original. Bibl. nat., ms. fr. 25723, n° 997.*

15363. Don à Jean Houllier, fruitier du roi, de 20 écus | 11 septembre.
d'or à prendre sur le produit de la vente de
l'office de notaire royal à Aigueperse, bailliage de Montpensier, vacant par la mort de
Guillaume Garnault. Cuisery, 11 septembre
1546.

> *Original. Bibl. nat., ms. fr. 25723, n° 998.*

15364. Commission à Ozias Cadenet pour faire pro- | 13 septembre.

céder aux réparations de la grange des Échets
en Bresse. Cuisery, 13 septembre 1546.

1546.

> *Copie du xvie siècle. Arch. du Rhône, reg. des insinuations de la sénéchaussée, Livre du roi, fol. 98 v°.*

15365. Commission à Ozias Cadenet pour passer le
bail sur enchères du domaine des Échets.
Cuisery, 13 septembre 1546.

13 septembre.

> *Copie du xvie siècle. Arch. du Rhône, reg. des insinuations de la sénéchaussée, Livre du roi, fol. 99.*

15366. Don à Pierre de Chauffort, portier du château
de Blois, de 40 écus d'or à prendre sur le
produit de la vente de l'office de sergent et
maire du village de Champigny et « Mer-
lettes [1] », vacant par la mort de Simon
Lhommedieu. Sennecey, 15 septembre 1546.

15 septembre.

> *Original. Bibl. nat., ms. fr. 25723, n° 999.*

15367. Don à Robert de Fillon, écuyer de la maison
de la reine, de 50 écus d'or à prendre sur le
produit de la vente d'un office [2], vacant par
la mort de Nicolas Delahaye. Verdun[-sur-
Saône ou sur-Doubs], 17 septembre 1546.

17 septembre.

> *Original. Bibl. nat., ms. fr. 25723, n° 1000.*

15368. Don à Edme de Guy, serviteur de l'apothicaire
du roi, de 15 écus d'or à prendre sur le produit de la vente de l'office de notaire royal
de la ville de Saramon, sénéchaussée de Toulouse. Argilly, 21 septembre 1546.

21 septembre.

> *Original. Bibl. nat., ms. fr. 25723, n° 1001.*

15369. Don à Jean Barbin, aide de l'échansonnerie
de Marguerite de France, de 80 écus d'or à
prendre sur le produit de la vente de l'office
de mesureur du sel au magasin de Melun,
vacant par la mort de Charles Ferrant. Argilly, 24 septembre 1546.

24 septembre.

> *Original. Bibl. nat., ms. fr. 25723, n° 1002.*

---

[1] Champigny en Beauce et Merollète (carte de l'État-major), canton
d'Herbault (Loir-et-Cher).

[2] La pièce est lacérée et le nom de l'office manque.

15370. Lettres données à la requête des évêque, chapitre et clergé du diocèse d'Angoulême, portant règlement pour la levée des dîmes ecclésiastiques dans l'Angoumois. Argilly, 26 septembre 1546.

1546.
26 septembre.

> *Arrêt du Parl. de Paris, prescrivant une information, le 9 décembre 1546. Arch. nat., X¹ᵃ 1559, Conseil, fol. 43 v°. (Mention.)*

15371. Lettres portant assignation aux officiers nouvellement créés en la Cour des Aides de Paris, de 3,412 livres 10 sous sur les deniers de l'imposition de 15 livres par muid de sel. 27 septembre 1546.

27 septembre.

> *Enreg. à la Chambre des Comptes de Paris, le 20 novembre suivant, Arch. nat., invent. PP. 136, p. 569. (Mention.)*

15372. Don à François Du Theil, sommelier de l'échansonnerie de bouche, de 30 écus d'or à prendre sur le produit de la vente de l'office de notaire royal à Vailly[-sur-Aisne], bailliage de Vermandois, vacant par la mort de Claude Mairesse. Argilly, 28 septembre 1546.

28 septembre.

> *Original. Bibl. nat., ms. fr. 25723, n° 1003.*

15373. Don à Jean Deschamps, menuisier ordinaire du roi, de 50 écus d'or à prendre sur le produit de la vente de l'office de sergent royal au bailliage d'Auxois, vacant par la mort de Jean Coeffé, le jeune. Cîteaux, 30 septembre 1546.

30 septembre.

> *Original. Bibl. nat., ms. fr. 25723, n° 1004.*

15374. Établissement d'une foire annuelle et d'un marché hebdomadaire à Boucieu en Vivarais, au profit de Jean de Fay, chevalier, seigneur du lieu. Châtillon, septembre 1546.

Septembre.

> *Enreg. à la Chancellerie de France. Arch. nat., Trésor des Chartes, JJ. 257¹, n° 268, fol. 147 v°. 1 page.*

15375. Création d'un marché, le jeudi de chaque semaine, à Foissiat en Bresse, en faveur du comte de Montrevel, seigneur du lieu, gou-

Septembre.

verneur et lieutenant général de Bresse. Cuisery, septembre 1546.

> *Enreg. à la Chancellerie de France. Arch. nat.,*
> *Trésor des Chartes, JJ. 257¹, n° 261, fol. 143 v°.*
> *1 page.*

15376. Lettres de légitimation en faveur de Catherine
Baille, damoiselle, fille naturelle de Hugues
Baille, prêtre, s^r de Saint-Julien de Buissard-
en-Champsaur (Dauphiné). Cuisery, septembre 1546.

Septembre.

> *Enreg. à la Chancellerie de France. Arch. nat.,*
> *Trésor des Chartes, JJ. 257¹, n° 257, fol. 141.*
> *1 page.*

15377. Lettres de légitimation accordées à Charles
Belle, fils de feu Ramonet Belle, enfant na-
turel de François Belle, écuyer, s^r de Saint-
Julien. Loisy, septembre 1546.

Septembre.

> *Enreg. à la Chancellerie de France. Arch. nat.,*
> *Trésor des Chartes, JJ. 257¹, n° 256, fol. 140 v°.*

15378. Lettres de légitimation en faveur de Jacques,
Pierre, Jean et Marie Gillet, enfants naturels
de Jacques Gillet, prêtre, et de Jeanne Nicolas. Loisy, septembre 1546.

Septembre.

> *Enreg. à la Chancellerie de France. Arch. nat.,*
> *Trésor des Chartes, JJ. 257¹, n° 257 bis, fol. 141 v°.*
> *1 page.*

15379. Édit de suppression de l'office de receveur des
dons gratuits en Bourgogne, comme contraire
aux privilèges des États de la province. Argilly, septembre 1546.

Septembre.

> *Enreg. à la Chancellerie de France. Arch. nat.,*
> *Trésor des Chartes, JJ. 257¹, n° 273, fol. 149 v°.*
> *1 page 1/2.*
> *Enreg. au Parl. de Dijon, le 25 novembre sui-*
> *vant. Arch. de la Côte-d'Or, Parl., reg. IV,*
> *fol. 37 v°.*
> *Imp. Recueil des édits et ordonnances des États de*
> *Bourgogne. In-4°, t. I, p. 49.*

15380. Édit de suppression de la chambre des requêtes
créée en décembre 1543 (n° 13521), au

Septembre.

Parlement de Bourgogne. Argilly, septembre
1546.

> Enreg. à la Chancellerie de France. Arch. nat.,
> Trésor des Chartes, JJ. 257¹, n° 272, fol. 149.
> 1 page 1/2.
> Enreg. au Parl. de Dijon. Arch. de la Côte-d'Or,
> Parl., reg. IV, fol. 39 v°.
> Imp. Recueil des édits et ordonnances des États de
> Bourgogne. In-4°; t. I, p. 502.
> Pierre Palliot, Le Parlement de Bourgongne.
> Dijon, 1649, in-fol., p. 34. (Mention.)

1546.

15381. Lettres permettant aux manants et habitants
d'Autun de faire procéder à la clôture et fer-
meture de leur ville. Argilly, septembre 1546.

Septembre.

> Copie. Arch. de la ville d'Autun, Livre noir (car-
> tulaire municipal), fol. 154.

15382. Permission aux habitants de Sennevoy, au bailliage de Sens, de fortifier leur bourg. Argilly,
septembre 1546.

Septembre.

> Enreg. à la Chancellerie de France. Arch. nat.,
> Trésor des Chartes, JJ. 257¹, n° 267, fol. 147.
> 1 page.

15383. Lettres de légitimation accordées à Pierre
Roncier, barbier, demeurant à Verdun-sur-
Saône au bailliage de Chalon, natif de Savi-
gny-en-Revermont, même bailliage, fils na-
turel de Claude Roncier, prêtre, et de Jeanne
Moine. Argilly, septembre 1546.

Septembre.

> Enreg. à la Chancellerie de France. Arch. nat.,
> Trésor des Chartes, JJ. 257¹, n° 276, fol. 151.
> 1 page.
> Enreg. à la Chambre des Comptes de Dijon, le
> 14 décembre 1546. Arch. de la Côte-d'Or, B. 72,
> fol. 192 v°.

15384. Lettres de naturalité en faveur de Jean de
Vineuf[1] (p.-ê. de Viconovo), du pays de
Piémont, fils du s' de Vineuf, pensionné du
roi pour étudier les sciences et les lettres
grecques et latines. Argilly, septembre 1546.

Septembre.

> Enreg. à la Chancellerie de France. Arch. nat.,
> Trésor des Chartes, JJ. 257¹, n° 282, fol. 154.
> 1 page 1/2.

[1] Ce personnage est nommé, dans le même acte, tantôt «Jehan»,
tantôt «Jheronime», et son surnom est écrit Vineuf, Vinneuf et Vineux.

15385. Établissement de deux foires annuelles à Va-   1546.
lence d'Albigeois, en la sénéchaussée de Tou-   Septembre.
louse, à la requête de Guillaume de Vallery,
aumônier du roi, et des habitants. Rouvres,
septembre 1546.

> *Enreg. à la Chancellerie de France. Arch. nat.,*
> *Trésor des Chartes, JJ. 257¹, n° 281, fol. 153.*
> *1 page.*

15386. Lettres de naturalité en faveur de Jean Do-   Septembre.
caris, natif de « Falvarière » (p.-ê. Fabariega)
en Castille, établi à Rouen. Rouvres, septembre 1546.

> *Enreg. à la Chancellerie de France. Arch. nat.,*
> *Trésor des Chartes, JJ. 257¹, n° 283, fol. 154 v°.*
> *1 page.*

15387. Lettres de naturalité en faveur de Diego de   Septembre.
Pardo, natif de Burgos en Espagne, établi à
Rouen. Rouvres, septembre 1546.

> *Enreg. à la Chancellerie de France. Arch. nat.,*
> *Trésor des Chartes, JJ. 257¹, n° 284, fol. 155.*
> *1 page.*

15388. Don à Hubert Charpentier, dit Popo, fourrier   1ᵉʳ octobre.
ordinaire du roi, de 56 livres 5 sous tour-
nois à prendre sur le produit de la vente
d'un office de notaire royal, vacant par la
mort de Nicolas Fournier... [1] 1ᵉʳ octobre
1546.

> *Original. Bibl. nat., ms. fr. 25723, n° 1005.*

15389. Mandement au Parlement de Dijon de faire   3 octobre.
rembourser à Zacharie Chapelain, greffier, et
à Nicolas Quartier de Vel, huissier, la finance
des offices de greffier et d'huissier à la
chambre des requêtes dudit Parlement, récemment supprimés. Rouvres-lès-Dijon, 3 octobre 1546.

> *Copie du xvıᵉ siècle. Arch. de la Côte-d'Or,*
> *Cart. des États, C. 2978, fol. 218.*

15390. Don à Jean Leblanc et à Jacques Dalces, valets   6 octobre.
de fourrière de Marguerite de France, de

[1] La pièce est en partie déchirée; la date de lieu manque.

80 écus d'or à prendre sur le produit de la vente de l'office de mesureur de grains au bailliage d'Orléans, vacant par la mort de Jean Mager. Messigny, 6 octobre 1546.

Original. Bibl. nat., ms. fr. 25723, n° 1006.

1546.

15391. Don à Émery d'Orléans, fruitier du roi, de 25 écus d'or à prendre sur le produit de la vente de l'office de sergent royal au bailliage de Ponthieu, vacant par la mort de Jean Capron. Messigny, 7 octobre 1546.

Original. Bibl. nat., ms. fr. 25723, n° 1007.

7 octobre.

15392. Lettres portant confirmation en faveur de Claude de Vergy, seigneur de Champlitte, d'une rente annuelle de 300 livres sur la rève de Mâcon, accordée par Louis, duc de Savoie, à Jean de Vergy, son aïeul. Is-sur-Tille, 8 octobre 1546.

Enreg. à la Chambre des Comptes de Dijon, le 4 décembre suivant. Arch. de la Côte-d'Or, reg. B. 20, fol. 213 v°.

8 octobre.

15393. Lettres mandant aux gens des Comptes de laisser Palamèdes Gontier jouir des privilèges et émoluments de l'office de notaire et secrétaire du roi, dont il a été pourvu, le 18 novembre 1533 (n° 6501), malgré la surannation de ses provisions. Is-sur-Tille, 9 octobre 1546.

Arch. nat., Comptes de Palamèdes Gontier, KK. 103, fol. 115 v°. (Mention.)

9 octobre.

15394. Lettres portant assignation des gages des anciens et nouveaux officiers du Parlement de Bordeaux, jusqu'à concurrence de 34,300 livres 15 sous sur de nouveaux greniers à sel. 10 octobre 1546.

Enreg. à la Chambre des Comptes de Paris, le 12 novembre 1546, anc. mém. 2 N, fol. 197. Arch. nat., invent. PP. 119, p. 26. (Mention.)
Enreg. à la Cour des Aides de Paris. Arch. nat., Recueil Cromo, U. 665, fol. 321. (Mention.)

10 octobre.

15395. Lettres données en faveur du cardinal de Ferrare, évêque d'Autun, portant que les sujets

11 octobre.

et justiciables du diocèse d'Autun, en quelque
ressort et Parlement qu'ils demeurent, seront
« tenuz de comparoir et subir jurisdicion » par
devant l'official dudit évêque, en la ville d'Autun, en toutes matières ecclésiastiques, sans
que ledit évêque puisse être obligé de déléguer un vicaire ou official en chaque ressort
des divers Parlements dont la juridiction
s'étend sur le diocèse d'Autun. 11 octobre
1546.

> *Le Parlement de Paris s'oppose à la publication
> desdites lettres, par arrêt du 11 février 1547 n. s.
> Arch. nat., X¹ᵃ 1559, Conseil, fol. 199. (Mention.)*

15396. Mandement au trésorier des parties casuelles de
rembourser aux enfants et héritiers de Jean
Alexandre, ou à leurs tuteurs, une somme de
300 écus que ledit Alexandre avait payée pour
obtenir l'office d'élu de Villenauxe, mais qu'il
n'avait pas obtenu, Jean Perrot ayant présenté des lettres de provisions antérieures.
Langres, 15 octobre 1546.

> *Original. Bibl. nat., ms. fr. 25723, n° 1008.*

15397. Don à Charles de Gaïche, maître queux de la
cuisine de bouche, de 80 écus d'or à prendre
sur le produit de la vente de l'office de sergent royal au comté du Maine, vacant par la
mort de Marc du Boisbellanger. Luzy, 15 octobre 1546.

> *Original. Bibl. nat., ms. fr. 25723, n° 1009.*

15398. Lettres enjoignant aux solliciteurs et agents des
princes et seigneurs de quitter la cour dans
le délai de huit jours, et défendant à ceux
qui seront admis à y séjourner à l'avenir de
communiquer au dehors, par chiffres ou écri-
ture secrète, les nouvelles de ce qui s'y passe.
Joinville, 16 octobre 1546.

> *Imp. Les loix, ordonnances et édictz... depuis
> le roy S. Loïs... Paris, Galiot du Pré, 1559,
> in-fol., fol. 212 r°.*
> *P. Rebuffi, Les édits et ordonnances des rois de
> France. Lyon, 1573, in-fol., p. 1197.*

1546.

15 octobre.

15 octobre.

16 octobre.

18.

Miraulmont, *Le prevost de l'hostel et grand pre-*
vost de France. Paris, 1610, in 8°, p. 301.

A. Fontanon, *Édits et ordonnances, etc.* Paris,
1611, in-fol., t. I, p. 1009. (Sous la date du 6 octobre.)

Pièce in-4°, s. l. n. d. *Arch. nat.*, AD ✠ 27
(anc. AD.I 27), n° 11. *Bibl. nat.*, 4° F. Paquets.
(Sous la date de Joinville, dernier jour d'octobre.)
3 pages.

Isambert, *Anciennes lois françaises, etc.* Paris,
1827, in-8°, t. XII, p. 916. (Sous la date du 10 octobre.)

15399. Lettres relatives à la vérification des frais et   21 octobre.
dégâts occasionnés par le camp de Perpignan.
Ligny[-en-Barrois], 21 octobre 1546.

> *Deux copies du xvi° siècle. Arch. départ. de*
> *l'Hérault, États de Languedoc, C. Recueils des*
> *lettres et actes des commissaires du roi aux États,*
> *1546. 2 pages.*

15400. Lettres de mainlevée, au profit de l'archevêque   22 octobre.
de Lyon, de la saisie jadis faite de l'office de
greffier ordinaire de Lyon. Ligny[-en-Barrois],
22 octobre 1546.

> *Copie du xvi° siècle. Arch. du Rhône, reg. des*
> *insinuations de la sénéchaussée, Livre du roi,*
> *fol. 105.*

15401. Lettres de continuation des octrois accordés à   23 octobre.
la ville de Saint-Jean-de-Lône. Bar-le-Duc,
23 octobre 1546.

> *Original. Arch. municip. de Saint-Jean-de-Lône*
> *(Côte-d'Or), CC. 14, n° 6.*

15402. Provisions en faveur de Jean Boyer, docteur en   26 octobre.
droit, de l'office de juge mage en la séné-
chaussée de Carcassonne. Aulnois[-en-Per-
thois], 26 octobre 1546.

> *Enreg. au Parl. de Toulouse, le 2 décembre 1546.*
> *Arch. de la Haute-Garonne, Édits, reg. 5, fol. 197.*
> *1 page 1/2.*

15403. Don à Baudichart de Verselon, maître queux   26 octobre.
de la cuisine du commun, de 40 écus d'or à
prendre sur le produit de la vente de l'office
de sergent du bailli et châtelain de la ville

de Montrichard, vacant par la mort de Phi-
lippon Petit. . . [1] 26 octobre 1546.

1546.

Original. Bibl. nat., ms. fr. 25723, n° 1010.

15404. Ordonnance pour le payement des gages des
officiers du Parlement et de la Chambre des
Comptes de Dijon, assignés sur les revenus
de la gabelle du sel. Joinville, 28 octobre
1546.

28 octobre.

*Enreg. à la Chambre des Comptes de Dijon, le
17 décembre suivant. Arch. de la Côte-d'Or, reg. B.
20, fol. 215 v°.*

15405. Don à Jean de Nevers, clerc des offices de
l'hôtel du roi, et à Robert Villamoine, écuyer
de la cuisine du commun, de 75 écus d'or à
prendre sur le produit de la vente de l'office
de notaire royal à Compiègne, vacant par la
mort de Roch Bourguignon. Joinville, 30 octobre 1546.

30 octobre.

Original. Bibl. nat., ms. fr. 25723, n° 1011.

15406. Ordonnance enjoignant au grand maître des
Eaux et forêts, au siège de la Table de marbre,
de procéder à la réformation générale des
forêts du royaume, et lui conférant pleine et
entière juridiction pour les procès qui seront
instruits contre les délinquants. Joinville,
31 octobre 1546.

31 octobre.

*Enreg. à la Chambre des Eaux et forêts (siège de
la Table de marbre), le 3 février 1547 n. s. Arch.
nat., Z1e 330 (anc. Z. 4587), fol. 210 v°. 3 pages.*

15407. Lettres accordant un droit de pâturage dans
la forêt de Cuise aux habitants de Breuil,
Trosly et Couloisy. Joinville, 31 octobre
1546.

31 octobre.

*Copie dans une confirmation donnée par Henri IV,
en février 1609, avec d'autres lettres de Henri II
(Saint-Germain-en-Laye, 12 mai 1547). Arch. départ. de l'Oise, G. 1771. (Invent. somm., p. 270,
col. 2.)*

15408. Lettres de naturalité en faveur de Jérôme Salia-

Octobre.

[1] La date de lieu a été laissée en blanc.

dour, natif de Fontespalle (Fuentespalda) au
royaume d'Aragon, demeurant à Villefranche
en Beaujolais. Rouvres, octobre 1546.

> Enreg. à la Chancellerie de France. Arch. nat.,
> Trésor des Chartes, JJ. 257¹, n° 289, fol. 157.
> 1 page.

1546.

15409. Lettres de légitimation accordées à Urbain et
François Vaissière, fils naturels d'Urbain Vaissière, non marié, et de Marion Delaporte,
dont le mari, Antoine Claverie, s'était absenté
pendant douze ou treize ans. Is-sur-Tille, octobre 1546.

> Enreg. à la Chancellerie de France. Arch. nat.,
> Trésor des Chartes, JJ. 257¹, n° 286, fol. 156.
> 1 page.

Octobre.

15410. Lettres de naturalité en faveur de Pierre de
Alba, natif de Vitoria en Castille, établi à
Rouen. Is-sur-Tille, octobre 1546.

> Enreg. à la Chancellerie de France. Arch. nat.,
> Trésor des Chartes, JJ. 257¹, n° 285, fol. 155 v°.
> 1 page.

Octobre.

15411. Permission aux habitants de Baigneux-les-Juifs
au duché de Bourgogne, bailliage de la Montagne, de fortifier leur ville et de s'imposer
à cet effet. Langres, octobre 1546.

> Enreg. à la Chancellerie de France. Arch. nat.,
> Trésor des Chartes, JJ. 257¹, n° 287, fol. 156.
> 1 page.

Octobre.

15412. Lettres de légitimation accordées à Jean Astier,
natif de Pont-du-Château en Auvergne, fils
naturel de François Astier et de Hugonne
Bastice, dite Jeanne la Pâtissière. Roches [1],
octobre 1546.

> Enreg. à la Chancellerie de France. Arch. nat.,
> Trésor des Chartes, JJ. 257¹, n° 288, fol. 156 v°.
> 1 page.

Octobre.

15413. Lettres de légitimation accordées à Guillaume
de Calvimont, clerc, habitant de Saint-Priest

Octobre.

---

[1] Roches-sur-Marne, ou Roches-sur-Rognon, tous deux dans l'arrondissement de Vassy, le premier dans le canton de Saint-Dizier, le second
dans le canton de Doulaincourt (Haute-Marne).

en Limousin, fils naturel de Jean de Calvimont et de Guillemette Mériter. Ligny-en-
Barrois, octobre 1546.

> *Enreg. à la Chancellerie de France. Arch. nat.,*
> *Trésor des Chartes, JJ. 257¹, n° 291, fol. 158.*
> *1 page.*

15414. Déclaration portant que les appels interjetés
des juges ordinaires et communs d'Embrun
seront déférés immédiatement au juge royal
du palais d'Embrun ou au Parlement de Grenoble, au choix de l'appelant. Bar-le-Duc,
octobre 1546.

> *Enreg. au Parl. de Grenoble, le 21 janvier 1547*
> *n. s. Arch. de l'Isère, Chambre des Comptes de Gre-*
> *noble, B. 2911, t. II, fol. 49. 2 pages 1/4.*
> *Arch. nat., Notes de Fontanieu, K. 1157. (Men-*
> *tion.)*
> *IMP. C.-U.-J. Chevalier, Ordonnances relatives au*
> *Dauphiné. Colmar, 1871, in-8°, n° 895. (Mention,*
> *sous la date de novembre 1546.)*

15415. Édit portant que toute personne se disant noble,
et ne justifiant pas de sa qualité depuis quarante ans, sera soumise aux impositions et
subsides ordinaires. Bar-le-Duc, octobre
1546.

> *Enreg. au Parl. de Grenoble, le 21 janvier 1547*
> *n. s. Arch. de l'Isère, Chambre des Comptes de Gre-*
> *noble, B. 2912, fol. 14. 5 pages.*

15416. Lettres de suppression de l'office de receveur
des deniers communs et octrois patrimoniaux
de la ville de Langres. Bar-le-Duc[1], octobre
1546.

> *Enreg. à la Chancellerie de France. Arch. nat.,*
> *Trésor des Chartes, JJ. 257¹, n° 292, fol. 158.*
> *1 page.*
> *Enreg. au Parl. de Paris, sur mandement*
> *d'Henri II, le 4 juin 1554. Arch. nat., X¹ᵃ 8619,*
> *fol. 65 v°. 1 page 1/2.*

15417. Lettres de légitimation accordées à Jean, Gaspard et Didière des Essarts, enfants naturels
de Guillaume des Essarts, non marié, et de

---

[1] Joinville, « Gynville », suivant le registre du Parlement X¹ᵃ 8619.

Jeanne Maniot, femme de Jean Brunet. Bar-   1546.
le-Duc, octobre 1546.

> *Enreg. à la Chancellerie de France. Arch. nat.,*
> *Trésor des Chartes, JJ. 257¹, n° 290, fol. 157 v°.*
> 1 page.

15418. Lettres de naturalité en faveur de Gaspard   Octobre.
Zurluz, baron de « Canselere » (Cancellara),
natif de Naples, maître d'hôtel du duc de
Guise, établi en France depuis quarante ans.
Joinville, octobre 1546.

> *Enreg. à la Chancellerie de France. Arch. nat.,*
> *Trésor des Chartes, JJ. 257¹, n° 294, fol. 159.*
> 1 page.

15419. Lettres octroyant à Charles de Grilly, natif de   1ᵉʳ novembre.
Savoie, permission et dispense pour tenir
des bénéfices dans le royaume, jusqu'à concurrence d'un revenu annuel de 1,000 livres.
Joinville, 1ᵉʳ novembre 1546.

> *Enreg. au Parl. de Paris, le 6 juillet 1552, avec*
> *une confirmation d'Henri II. Arch. nat., X¹ᵃ 8617,*
> *fol. 411. 1 page 2/3.*

15420. Ordonnance portant que les personnes qui   2 novembre.
donneront asile ou protection aux bannis par
justice seront elles-mêmes condamnées au
bannissement et à la confiscation. Joinville,
2 novembre 1546.

> *Enreg. à la Chancellerie de France. Arch. nat.,*
> *Trésor des Chartes, JJ. 257¹, n° 307, fol. 165.*
> 1 page 1/2.

15421. Mandement au Parlement de Paris pour l'enre-   3 novembre.
gistrement d'un arrêt du Parlement de Dijon,
prononcé le 20 octobre 1546, en faveur de
Louis du Tillet, Jean du Tillet, le jeune, et
Raoul Le Mercier, contre Geoffroy de Berry,
au sujet du possessoire de l'archidiaconé
d'Angoulême, de la cure de Chaniers et du
prieuré de Beaulieu. Urville, 3 novembre
1546.

> *Enreg. au reg. des Ordonnances du Parl. de*
> *Paris, en conséquence dudit mandement, le 29 no-*
> *vembre 1546. Arch. nat., X¹ᵃ 8615, fol. 289.*
> 14 pages.

15422. Lettres confirmant à la Chambre des Comptes de Bretagne la connaissance en dernier ressort des appels des sentences rendues par les commissaires réformateurs du domaine, à condition qu'ils soient examinés par dix juges au moins. Ancerville, 4 novembre 1546.

1546.
4 novembre.

> Imp. La Gibonays, *Recueil des édits, etc.,* concernant *la Chambre des Comptes de Bretagne.* Nantes, 1721, in-fol., t. I, 1re partie, p. 49.

15423. Lettres ordonnant de procéder à la réformation du papier terrier au domaine de Rhuis, diocèse de Vannes, et de réprimer tous les abus et les entreprises contraires aux droits de la couronne. Ancerville, 4 novembre 1546.

4 novembre.

> *Enreg. à la Chambre des Comptes de Bretagne. Archives de la Loire-Inférieure, B. Mandements royaux,* III, fol. 1.

15424. Lettres pour l'acquit des gages des officiers de la Cour des Aides de Rouen. Ancerville, 4 novembre 1546.

4 novembre.

> *Enreg. à la Cour des Aides de Normandie, le 15 décembre 1546. Arch. de la Seine-Inférieure, Mémoriaux,* 2e vol., fol. 24. 6 pages.

15425. Provisions pour Guy Karuel (Caruel), sr de Boran, de l'office de bailli de Beaumont-sur-Oise, en remplacement de feu Simon Le Grand. Ancerville, 4 novembre 1546.

4 novembre.

> *Reçu au Parl. de Paris et institué le 20 décembre suivant. Arch. nat.,* X1a 4928, Plaidoiries, fol. 152 v°. (*Mention.*)

15426. Confirmation, en faveur de René de La Roche, des provisions de l'office de sénéchal d'Angoumois, qu'il tenait de feu le duc d'Orléans. Ancerville, 4 novembre 1546.

4 novembre.

> *Reçu au Parl. de Paris, le 20 janvier 1547 n. s. Arch. nat.,* X1a 4928, Plaidoiries, fol. 264 v°. (*Mention.*)

15427. Provisions en faveur de François du Fou, sr du Vigean, panetier du roi, de l'office de sénéchal de la Haute-Marche, vacant par suite

15 novembre.

V.

de la mort de Louis Racquet. Remilly, 15 novembre 1546.

> *Reçu au Parl. de Paris et institué le 1ᵉʳ février 1547 n. s. Arch. nat., Xˡᵃ 4928, Plaidoiries, fol. 337 v°. (Mention.)*

1546.

15428. Lettres de suppression et abolition des offices de juges d'appeaux des causes criminelles ou juges de crimes au Parlement de Toulouse, comme inutiles et superflus. Marchais, 17 novembre 1546.

> *Enreg. au Parl. de Toulouse, le 17 décembre 1546. Arch. de la Haute-Garonne, Édits, reg. 5, fol. 200. 2 pages.*

17 novembre.

15429. Déclaration portant que toutes appellations en matières criminelles ressortiront immédiatement au Parlement de Toulouse, sauf dans les cas de simples injures verbales et autres matières spécifiées, auxquels les appelants auront le choix de relever appel soit en la cour, soit au présidial. Marchais, 17 novembre 1546.

> *Enreg. au Parl. de Toulouse, le 17 décembre 1546. Arch. de la Haute-Garonne, Édits, reg. 5, fol. 202. 2 pages.*
>
> *Copie du xvɪᵉ siècle. Arch. municip. de Toulouse, ms. 8508, fol. 292.*

17 novembre.

15430. Lettres portant maintien de la chambre criminelle du Parlement de Toulouse, avec un ou deux présidents et dix conseillers lais, sans qu'ils puissent aucunement s'occuper des procès civils, à moins qu'il n'y ait aucun procès criminel à juger. Cette chambre criminelle avait été instituée en mai 1519 (nᵒ 1033) avec huit conseillers et un président. Le nombre des conseillers fut plus tard élevé à douze. Marchais, 17 novembre 1546 [1].

> *Enreg. au Parl. de Toulouse, le 17 décembre 1546. Arch. de la Haute-Garonne, Édits, reg. 5, fol. 203. 2 pages.*

17 novembre.

[1] Ces lettres sont données en dérogation aux précédentes du 17 novembre (nᵒ 15428).

15431. Lettres portant que Jean de Mansencal, premier président du Parlement de Toulouse, aura le même traitement que le premier président du Parlement de Paris. Marchais, 17 novembre 1546.

> *Enreg. au Parl. de Toulouse. Arch. de la Haute-Garonne, Édits, reg. 5, fol. 210. 1 page.*
> *Enreg. à la Chambre des Comptes de Paris, le 1er février 1547 n. s.; anc. mém. 2 N, fol. 216. Arch. nat., invent. PP. 136, p. 562. (Mention.)*
> *Copie du xvi° siècle: Bibl. nat., Pièces orig., vol. 1830, Mansencal, p. 14.*
> (Voir le 12 décembre 1546, n° 15447.)

1546.
17 novembre.

15432. Ordonnance interdisant le cours des gros d'Angleterre mis en circulation à la foire de Guibray, des demi-gros, des doubles écus et autres monnaies de titre inférieur frappées en Angleterre. Marchais, 18 novembre 1546.

> *Original sur parchemin dans les minutes d'ordonnances de la Cour des Monnaies. Arch. nat., Z¹ᵇ 537.*
> *Enreg. à la Cour des Monnaies, le 24 novembre 1546. Arch. nat., Z¹ᵇ 63, fol. 228. 3 pages.*

18 novembre.

15433. Confirmation du bail de la ferme du poisson de mer, passé par les prévôt des marchands et échevins de Paris au nom de Pierre Benoist pour deux années (24 juillet 1546-23 juillet 1548), moyennant 4,000 livres parisis par an. Marchais, 18 novembre 1546.

> *Arch. nat., H. 1781, fol. 42. (Mention.)*
> *Imp. Registres des délibérations du Bureau de la ville de Paris. Paris, in-4°, t. III, 1886, p. 67. (Mention.)*

18 novembre.

15434. Déclaration portant règlement pour la punition des pages et serviteurs des princes suivant la cour, qui sortent des hôtelleries sans payer. Sainte-Menehould, 19 novembre 1546 [1].

> *Imp. Les loix, ordonnances et édictz.... depuis le roy S. Loïs... Paris, Galiot du Pré, 1559, in-fol., fol. 212 v°.*

19 novembre.

---

[1] *Sic* dans les quatre ouvrages indiqués. L'itinéraire suivi par François Ier rendrait plus vraisemblable la date du 9 novembre.

P. Rebuffi, *Les édits et ordonnances des rois de France*. Lyon, 1573, in-fol., p. 1196.

A. Fontanon, *Édits et ordonnances, etc.* Paris, 1611, in-fol., t. I, p. 1008.

Isambert, *Anciennes lois françaises, etc.* Paris, 1827, in-8°, t. XII, p. 917.

1546.

15435. Lettres attribuant aux évêques et à leurs officiaux la connaissance des crimes d'hérésie qui leur seront renvoyés par les juges laïques, en examinant les procès soumis à ceux-ci pour blasphèmes, troubles, séditions et autres de leur compétence. Folembray, 23 novembre 1546.

23 novembre.

Enreg. au Parl. de Grenoble, le 21 janvier 1547 n. s. Arch. de l'Isère, Chambre des Comptes de Grenoble, B. 2912, fol. 12. 9 pages.

15436. Provisions pour Jean Le Genévois, licencié ès lois, de l'office de juge et lieutenant général du bailliage de Touraine, en remplacement d'Étienne Jousselin, décédé. Folembray, 23 novembre 1546.

23 novembre.

Reçu au Parl. de Paris, le 13 décembre suivant. Arch. nat., X¹ᵃ 4928, Plaidoiries, fol. 103 v°. (Mention.)

15437. Ordonnance réglementant le prix des vivres et denrées dans les tavernes et hôtelleries, et prescrivant aux baillis, sénéchaux et autres juges royaux de les taxer, de trois mois en trois mois, à prix raisonnable. Folembray, 26 novembre 1546.

26 novembre.

Enreg. au Châtelet de Paris. Arch. nat., Châtelet, Livre jaune grand, Y. 6ᵇ, fol. 121 v°. 7 pages.
Enreg. au Parl. de Grenoble, le 14 janvier 1547 n. s. Arch. de l'Isère, Chambre des Comptes de Grenoble, B. 2912, fol. 8. 11 pages 1/2.
Bibl. nat., ms. fr. 8125, fol. 39 v°. (Mention.)
Imp. P. Rebuffi, Les édits et ordonnances des rois de France. Lyon, 1573, in-fol., p. 1069.
A. Fontanon, Édits et ordonnances, etc. Paris, 1611, in-fol., t. I, p. 932.

15438. Lettres d'évocation au Parlement de Dijon du procès d'Étienne d'Humières, seigneur de Bussac, Isabeau de Moinéjean, sa femme, Jean et Albert d'Humières, leurs fils, contre

26 novembre.

Jean de Vezins, Guyon de Sévérac, Charles
et Vital Hérail, frères, Bertrand d'Escarnes le
cadet, Bouzan le cadet, Montledu et leurs
complices. Folembray, 26 novembre 1546.

> *Enreg. au Parl. de Dijon, le 7 janvier 1547 n. s.
> Arch. de la Côte-d'Or, Parl., reg. IV, fol. 43 v°.*

1546.

15439. Ordonnance en faveur du clergé du diocèse
de Bazas, touchant la perception des dîmes,
avec prescription de mesures contre ceux qui
voudraient se soustraire à cette obligation.
Folembray, 27 novembre 1546.

> *Enreg. au Parl. de Bordeaux, le 4 août 1547.
> Arch. de la Gironde, B. 33, fol. 36. 2 pages 1/2.*

27 novembre.

15440. Lettres autorisant la publication et la mise à
exécution de l'indult du pape Paul III, accordant au cardinal d'Amboise, archevêque de
Rouen, le droit de collation et de provision
pour tous les bénéfices dépendant de son
archevêché, et de ses abbayes et prieurés. Folembray, 30 novembre 1546.

> *Enreg. au Grand conseil, le 4 janvier 1546.
> Arch. nat., V⁵ 1052. 1 page.*

30 novembre.

15441. Don à François de Racine, seigneur de Villegomblain, gentilhomme de la vénerie du roi,
des biens confisqués sur Jean Vesant (*aliàs*
Vollant), condamné à mort. Joinville, novembre 1546.

> *Enreg. à la Chancellerie de France. Arch. nat.,
> Trésor des Chartes, JJ. 257¹, n° 309, fol. 166.
> 1 page.
> Enreg. à la Chambre des Comptes de Blois, le
> 10 mars 1547 n. s. Arch. nat., KK. 898, fol. 19 v°.
> 1 page.*

Novembre.

15442. Lettres de naturalité en faveur d'Ulrich « Helizuer », valet de chambre du comte de Laval,
précédemment au service du feu sr de Châteaubriant, natif du duché de Bavière, établi
en France depuis quinze ans. Joinville, novembre 1546.

> *Enreg. à la Chancellerie de France. Arch. nat.,
> Trésor des Chartes, JJ. 257¹, n° 297, fol. 160 v°
> 1 page.*

Novembre.

15443. Établissement de deux foires par an et d'un marché chaque semaine à Nully en Champagne (Neuilly-sur-Suize), bailliage de Chaumont. Sainte-Menehould, novembre 1546.

1546.
Novembre.

> *Enreg. à la Chancellerie de France. Arch. nat., Trésor des Chartes, JJ. 257¹, n° 295, fol. 159 v°. 1 page.*

15444. Don pendant dix ans à Jean-Philippe, comte sauvage du Rhin et de Salm, colonel des lansquenets au service du roi, de la châtellenie de Janville en Beauce. 1er décembre 1546.

1er décembre.

> *Enreg. à la Chambre des Comptes de Paris, anc. mém. 2 N, fol. 199 v°. Arch. nat., invent. PP. 119, p. 26. (Mention.)*
> *Bibl. nat., ms. Clairambault 782, p. 313. (Mention.)*

15445. Provisions pour Étienne Lallemant d'un office de conseiller maître lai en la Chambre des Comptes de Paris, en remplacement de Jean Teste, décédé. Folembray, 5 décembre 1546.

5 décembre.

> *Reçu à la Chambre des Comptes, le 13 décembre suivant, anc. mém. 2 N, fol. 182. Arch. nat., P. 2307, p. 977. (Mention.)*
> *Bibl. nat., ms. Clairambault 782, p. 313. (Mention.)*

15446. Don à Lyonnet de Taizé, lieutenant du sr de Nançay, capitaine des gardes du roi, de 60 écus d'or à prendre sur le produit de la vente de l'office d'huissier et messager de la Chambre des Comptes de Paris, vacant par la mort de Jean Mestereau. Folembray, 8 décembre 1546.

8 décembre.

> *Original. Bibl. nat., ms. fr. 25723, n° 1012.*

15447. Lettres adressées à la Chambre des Comptes de Paris touchant le traitement du premier président du Parlement de Toulouse, dont les gages ont été portés par lettres du 17 novembre précédent (n° 15431) sur le même pied que ceux du premier président du Par-

12 décembre.

lement de Paris. Compiègne, 12 décembre 1546.

Enreg. au Parl. de Toulouse. Arch. de la Haute-Garonne, Édits, reg. 5, fol. 211. 1 page.
Enreg. à la Chambre des Comptes de Paris, le 1ᵉʳ février 1547 n. s., anc. mém. 2 N, fol. 216. Arch. nat., invent. PP. 136, p. 562. (Mention.)

1546.

15448. Lettres portant création d'un office d'ouvrier en la Monnaie de Villeneuve-Saint-André, près d'Avignon, au profit de Zamet Serre. Compiègne, 12 décembre 1546.

Enreg. à la Cour des Monnaies, le 18 décembre 1546. Arch. nat., Zᵗʰ 63, fol. 231. 1 page.

12 décembre.

15449. Lettres portant création d'un office de monnayeur en la Monnaie de Villeneuve-Saint-André, près d'Avignon, au profit d'Antoine Mastais. Compiègne, 12 décembre 1546.

Enreg. à la Cour des Monnaies, le 18 décembre 1546. Arch. nat., Zⁱᴱ 63, fol. 232. 1 page.

12 décembre.

15450. Provisions de l'office de sergent royal en la ville et sénéchaussée de Lyon pour Jean Crétey. Compiègne, 14 décembre 1546.

Copie du XVIᵉ siècle. Arch. du Rhône, reg. des insinuations de la sénéchaussée, Livre du roi, fol. 100.

14 décembre.

15451. Mandement aux Parlements de Paris et de Rouen, au prévôt de Paris, au bailli de Rouen et d'Alençon, de faire livrer à Nicolas de Villegagnon, pour la chiourme des deux galères dont il a le commandement, soixante forçats pris parmi les prisonniers détenus dans les prisons de leurs ressorts, sous l'accusation de crimes entraînant la mort ou autre grande peine corporelle pouvant être commuée équitablement en celle des galères. Compiègne, 15 décembre 1546.

Enreg. au Parl. de Paris, le 12 février 1547 n. s. Arch. nat., X²ᵃ 102, reg. criminel non folioté. (À la date, add. sub fine). 2 pages.

15 décembre.

15452. Provisions de l'office de notaire royal en la

15 décembre.

sénéchaussée de Lyonnais pour Philibert   1546.
Nobis. Compiègne, 15 décembre 1546.

> *Copie du xvıᵉ siècle. Arch. du Rhône, reg. des*
> *insinuations de la sénéchaussée, Livre du roi,*
> *fol. 100 v°.*

15453. Lettres attribuant pour trois ans la moitié   16 décembre.
du revenu du péage de Saint-Symphorien-
d'Ozon aux consuls de Vienne, pour réparer
le pont de ladite ville. Compiègne, 16 décembre 1546.

> *Enreg. au Parl. de Grenoble, le 8 mars suivant.*
> *Arch. de l'Isère, Chambre des Comptes de Grenoble,*
> B. 2971, fol. 744.
> Iмp. C.-U.-J. Chevalier, *Ordonnances relatives*
> *au Dauphiné.* Colmar, 1871, in-8°, n° 898. (*Men-*
> *tion, sous la date du 26 décembre.*)

15454. Lettres nommant François, premier fils du   17 décembre.
dauphin, gouverneur et lieutenant général en
Languedoc, en remplacement de Jacques de
Genouilhac, dernier titulaire. Compiègne,
17 décembre 1546.

> *Enreg. au Parl. de Toulouse, le 5 avril 1547*
> *n. s. Arch. de la Haute-Garonne, Édits, reg. 5,*
> fol. 214. 2 pages.
> *Copie du xvıııᵉ siècle. Bibl. nat.,* ms. Clairam-
> bault 957, fol. 199.
> Iмp. Dom Vaissète, *Hist. générale de Lan-*
> *guedoc.* Paris, 1745, in-fol., t. V, Preuves,
> col. 106.

15455. Lettres portant que le sieur de Burye exercera   17 décembre.
la charge de lieutenant général en Languedoc,
pendant la minorité de François, fils aîné du
dauphin. Compiègne, 17 décembre 1546.

> *Enreg. au Parl. de Toulouse, le 5 avril 1547*
> *n. s. Arch. de la Haute-Garonne, Édits, reg. 5,*
> fol. 215. 2 pages.
> *Copie du xvıııᵉ siècle. Bibl. nat.,* ms. Clairam-
> bault 957, fol. 205.
> Iмp. Dom Vaissète, *Hist. générale de Lan-*
> *guedoc.* Paris, 1745, in-fol., t. V, Preuves,
> col. 106.

15456. Lettres portant que l'évêque de Viviers et   19 décembre.
autres seigneurs, propriétaires de péages sur
le Rhône, jouiront de leurs droits et que la

suppression ordonnée ne regarde que les   1546.
péages appartenant au domaine. Compiègne,
19 décembre 1546.

> *Vidimus du bailli de Vivarais, du 2 juin 1556.*
> *Arch. départ. de l'Hérault, C. États de Languedoc,*
> *coll. dom Pacotte, t. VII.*

15457. Lettres portant affranchissement, en faveur des   23 décembre.
habitants de la ville de Laon, du vingtième
sur les vins et d'autres impôts. Compiègne,
23 décembre 1546.

> *Original. Arch. municip. de Laon (Aisne), AA. 20.*

15458. Commission à Jean Maynier, premier prési-   24 décembre.
dent du Parlement de Provence, et à divers
maîtres des requêtes de l'hôtel, conseillers au
Grand conseil et au Parlement de Paris, et
à un conseiller au Parlement de Bordeaux,
pour juger un procès pendant au Parlement
de Bordeaux, entre François de Vivonne,
sr de la Châteigneraye, et Guy Chabot, sr de
Jarnac et de Montlieu, touchant l'honneur
de la dame de Jarnac. Compiègne, 24 décembre 1546.

> *Original. Bibl. nat., Pièces orig., vol. 3035,*
> *Vivonne, pièce 12.*

15459. Mandement au Parlement de Paris de remettre   25 décembre.
Jean Caillart, sergent au Châtelet de Paris,
prisonnier à la Conciergerie, entre les mains
des srs de Bernac, Michel de Pierrelatte et
Jean d'Alzan, archers de la garde, chargés
de le conduire au roi, « pour aucunes causes
qui touchent grandement l'estat du royaulme
et mesme la propre personne dudict seigneur ». Compiègne, 25 décembre 1546.

> *Entériné au Parl., le 29 décembre suivant.*
> *Arch. nat., X2a 102, reg. criminel, à la date.*
> *(Mention.)*

15460. Ordonnance portant que les sentences rendues   27 décembre.
par les prévôt des marchands et échevins de
Paris, pour la police de la marchandise de l'eau,
seront exécutées nonobstant appel, quand il

ne s'agira pas d'une somme excédant 16 livres
parisis. Compiègne, 27 décembre 1546.

*Enreg. au Parl. de Paris par provision, avec les
lettres confirmatives d'Henri II, le 12 juillet 1548.
Arch. nat., X¹ª 8616, fol. 180 v°. 1 page 1/2.*

*Arch. nat., H. 1781, Délibération du 5 janvier
1547 n. s., fol. 44. (Mention.)*

Imp. *Les ordonnances royaux sur le faict et juridiction de la Prévosté des marchands et échevinage
de la ville de Paris.* Paris, 1556, in-4°, fol. 158 r°.
Autre édition. Paris, 1644, in-fol., p. 235.

*Registres des délibérations du Bureau de la ville
de Paris.* Paris, in-4°, t. III, 1886, p. 69. (*Mention.*)

15461. Mandement aux gens du Grand conseil de dé-
charger les prévôt des marchands et échevins
de Paris des poursuites exercées contre eux par
les officiers domestiques du roi et de la reine
de Navarre, qui voulaient obtenir restitution
des deniers sur eux levés pour leur cotisation
à la solde d'une armée de 50,000 hommes,
en conséquence des lettres d'exemption qu'ils
avaient depuis obtenues du roi. Compiègne,
27 décembre 1546.

Original scellé. Arch. nat., K. 956, n° 20.

Arch. nat., H. 1781, fol. 43 v°. (Mention.)

Imp. *Registres des délibérations du Bureau de la
ville de Paris.* Paris, in-4°, t. III, 1886, p. 68.
(*Mention.*)

15462. Lettres d'évocation au Parlement de Paris d'un
procès pendant entre les prévôt des marchands et échevins de Paris et un nommé
Lyonnet de Laube, au sujet du droit de la
ville de percevoir 10 sous par « poise de sel »
passant sous les ponts de Mantes. Compiègne,
27 décembre 1546.

Original. Arch. nat., K. 956, n° 21.

Arch. nat., H. 1781, fol. 44. (Mention.)

Imp. *Registres des délibérations du Bureau de la
ville de Paris.* Paris, 1886, in-4°, t. III, p. 69.
(*Mention.*)

15463. Lettres d'évocation au Parlement de Paris d'un
procès pendant devant les Généraux des Aides,
entre les prévôt des marchands et échevins

de Paris, d'une part, et les héritiers de
Charles Lefèvre, fermier du huitième du vin
vendu en détail au quartier de Grève,
d'autre, touchant la franchise accordée aux
archers, arbalétriers et arquebusiers de la
ville, pour le vin de leur cru seulement.
Compiègne, 27 décembre 1546.

1546

> Original. Arch. nat., K. 956, n° 22.
> Arch. nat., H. 1781, fol. 43 v°. (Mention.)
> Imp. Registres des délibérations du Bureau de la
> ville de Paris. Paris, gr. in-4°, 1886, p. 68. (Mention.)

15464. Révocation des lettres qui avaient été obtenues
par Jacques Herlement et autres bourgeois
de Paris, pour être dédommagés de leurs
maisons du faubourg Saint-Denis abattues en
1544, durant les guerres, pour fortifier la
ville. Compiègne, 27 décembre 1546.

27 décembre.

> Arch. nat., H. 1781, fol. 43. (Mention.)
> Imp. Registres des délibérations du Bureau de la
> ville de Paris. Paris, gr. in-4°, t. III, 1886, p. 68.
> (Mention.)

15465. Mandement à la Chambre des Comptes de
faire rembourser par le receveur de la ville
de Paris, sur les deniers provenant de l'aide
de 2 sous 6 deniers par muid de vin en-
trant à Paris ou en sortant, certains habitants de ladite ville qui ont prêté chacun
100 livres tournois aux prévôt des marchands
et échevins, sommes pour lesquelles les quar-
teniers se sont obligés envers les prêteurs.
Compiègne, 27 décembre 1546.

27 décembre.

> Arch. nat., H. 1781, fol. 43 v°. (Mention.)
> Imp. Registres des délibérations du Bureau de la
> ville de Paris. Paris, gr. in-4°, t. III, 1886, p. 68.
> (Mention.)

15466. Pouvoirs adressés au cardinal de Tournon, au
chancelier Ollivier, à l'amiral d'Annebaut, à
Antoine Bohier, à Jean Duval et à Jean du
Peyrat, commissaires, pour emprunter, au
nom du roi, aux foires de Lyon, pendant

28 décembre.

l'année 1547. Compiègne, 28 décembre 1546.

> Enreg. au Parl. de Paris, le 5 janvier 1547
> n. s. Arch. nat., X¹ª 8615, fol. 250. 5 pages.
> Arrêt d'enregistrement. Idem, X¹ª 1559, Conseil,
> fol. 100.

15467. Mandement à la Chambre des Comptes de Paris de faire payer par le receveur général des finances de Paris à Oudard Hennequin, contrôleur général des finances en la charge d'Outre-Seine et Yonne, 3,600 livres pour six années (1541-1546) d'arrérages de ses gages, et à l'avenir 600 livres chaque année. Compiègne, 28 décembre 1546. — 28 décembre.

> Enreg. à la Chambre des Comptes, le 26 janvier
> 1547 n. s., anc. mém. 2 N, fol. 213. Arch. nat.,
> P. 2307, p. 993. 4 pages.

15468. Mandement à la Chambre des Comptes de Paris de faire payer par le receveur général des finances de Paris à Jean Binet, contrôleur général des finances en la charge de Guyenne, la somme de 3,600 livres pour les six dernières années de ses gages jusqu'au 31 décembre 1546, et à l'avenir 600 livres chaque année. Compiègne, 28 décembre 1546. — 28 décembre.

> Enreg. à la Chambre des Comptes, le 26 février
> 1547 n. s., anc. mém. 2 N, fol. 240. Arch. nat.,
> P. 2307, p. 1015. 4 pages.

15469. Mandement à la Chambre des Comptes de faire payer par le receveur général des finances de Paris à Gilbert Filhol (aliàs Filleul), contrôleur général des finances en la charge de Languedoc, 5,000 livres tournois pour les cinq dernières années de ses gages, y compris la présente finissant le 31 décembre 1546, et à l'avenir 1,000 livres chaque année. Compiègne, 28 décembre 1546. — 28 décembre.

> Enreg. à la Chambre des Comptes, le 9 mars
> 1547 n. s., anc. mém. 2 N, fol. 241. Arch. nat.,
> P. 2307, p. 1023. 4 pages.

15470. Procuration donnée par Henri de France, dauphin, à Jean du Peyrat, lieutenant général en la sénéchaussée de Lyon, et à Martin de Troyes, receveur général des finances à Lyon, pour contracter en son nom et au nom du roi tous les emprunts nécessaires dans ladite ville, pendant le cours de l'année 1547. Compiègne, 29 décembre 1546.

1546.
29 décembre.

Enreg. au Parl. de Paris, le 5 janvier 1547 n. s. Arch. nat., X¹ᵃ 8615, fol. 305. 5 pages.

15471. Mandement au Parlement et à la Chambre des Comptes, pour l'enregistrement de la procuration donnée, le jour précédent, par le dauphin à Jean du Peyrat et à Martin de Troyes. Compiègne, 30 décembre 1546.

30 décembre.

Enreg. au Parl. de Paris, le 5 janvier 1547 n. s. Arch. nat., X¹ᵃ 8615, fol. 307 v°. 1 page.

15472. Lettres portant ratification des emprunts contractés par le dauphin et par ses procureurs, en son nom et au nom du roi, et obligation de les rembourser. Compiègne, 31 décembre 1546.

31 décembre.

Enreg. au Parl. de Paris, le 5 janvier 1547 n. s. Arch. nat, X¹ᵃ 8615, fol. 308. 2 pages 1/2.

15473. Confirmation de la vente de la seigneurie de Fourques faite à Guillaume Guyart, juge royal de Beaucaire, par les commissaires du roi pour l'aliénation du domaine en Languedoc. Folembray, décembre 1546.

Décembre.

Enreg. à la Chancellerie de France. Arch. nat., Trésor des Chartes, JJ. 257¹, n° 302, fol. 163. 1 page.

15474. Lettres portant établissement de deux foires annuelles et d'un marché hebdomadaire à Bouloc en Quercy, au profit de Nicolas de la Rocque, seigneur du lieu, commissaire ordinaire de l'artillerie. Folembray, décembre 1546.

Décembre.

Enreg. à la Chancellerie de France. Arch. nat., Trésor des Chartes, JJ. 257¹, n° 303, fol. 163 v°. 1 page.

15475. Lettres de naturalité en faveur de Jean Doucete, chirurgien, natif du pays de Biscaye, établi à Montpezat en Agénais, depuis plus de quarante ans. Le Pavillon, près Coucy, décembre 1546.

> *Enreg. à la Chancellerie de France. Arch. nat., Trésor des Chartes, JJ. 257¹, n° 300, fol. 162. 1 page.*

1546.
Décembre.

15476. Lettres de légitimation accordées à René Doulcet, gentilhomme de la vénerie royale, fils naturel de Jean Doulcet, aussi gentilhomme de la vénerie, et de Robine Miral. Prémontré, décembre 1546.

> *Enreg. à la Chancellerie de France. Arch. nat., Trésor des Chartes, JJ. 257¹, n° 301, fol. 162 v°. 1 page.*

Décembre.

15477. Lettres portant établissement de quatre foires par an et d'un marché chaque semaine à Courtalain, au bailliage de Dunois, en faveur de Jacques d'Avaugour, et de Catherine de La Baume, sa femme, seigneur et dame de Courtalain. Compiègne, décembre 1546.

> *Enreg. à la Chancellerie de France. Arch. nat., Trésor des Chartes, JJ. 257¹, n° 305, fol. 164. 1 page.*

Décembre.

15478. Lettres portant établissement de quatre foires par an et d'un marché chaque semaine à Guerdon (auj. Givardon), bailliage de Saint-Pierre-le-Moutier, ressort de Sancoins. Compiègne, décembre 1546.

> *Enreg. à la Chancellerie de France. Arch. nat., Trésor des Chartes, JJ. 257¹, n° 308, fol. 165 v°. 1 page.*

Décembre.

15479. Lettres portant établissement de deux foires par an et d'un marché chaque semaine au Vigan, en la sénéchaussée de Quercy. Compiègne, décembre 1546.

> *Enreg. à la Chancellerie de France. Arch. nat., Trésor des Chartes, JJ. 257¹, n° 312, fol. 168. 1 page.*

Décembre.

15480. Lettres portant permission à Jérôme Dandini, secrétaire du pape et son ambassadeur auprès

Décembre.

de François Ier, de posséder des bénéfices en France. Compiègne, décembre 1546.

Enreg. à la Chancellerie de France. Arch. nat., Trésor des Chartes, JJ. 257¹, n° 306, fol. 164 v°. 1 page.

15481. Don à Antoine de Lévis, s^r de Caylus, échanson ordinaire du roi, des biens meubles et immeubles de Guillaume, Pierre, Tristan et Gabriel Blanc, enfants de feu Raymond Blanc, s^t de la Montagne, confisqués et adjugés au roi par arrêt du Parlement de Toulouse. Compiègne, décembre 1546.

Décembre.

Enreg. à la Chancellerie de France. Arch. nat., Trésor des Chartes, JJ. 257¹, n° 327, fol. 176. 1 page.

15482. Confirmation du don fait, le 5 août 1545, par le feu duc d'Orléans, fils du roi, à Toussaint Marchelerbe, l'un des chantres de sa chambre, des biens meubles et immeubles d'Étienne Le Reau, Jacquette Petit et François Bigault, condamnés à mort par arrêt du Parlement de Paris. Compiègne, décembre 1546.

Décembre.

Enreg. à la Chancellerie de France. Arch. nat., Trésor des Chartes, JJ. 257¹, n° 321, fol. 172. 2 pages.

15483. Lettres de légitimation en faveur de Jean Brou, fils naturel de Jean Brou, prêtre, et de Jeanne Ribeirolle, demeurant à Chalusset (commune de Jumillac-le-Grand), en Périgord. Compiègne, décembre 1546.

Décembre.

Enreg. à la Chancellerie de France. Arch. nat., Trésor des Chartes, JJ. 257¹, n° 316, fol. 170. 1 page.

15484. Lettres de légitimation accordées à Michel Delahaye, prêtre, et à Antoine Delahaye, son frère, étudiant, fils naturels de Pierre Delahaye, prêtre, et de Simonne Demeriau. Compiègne, décembre 1546.

Décembre.

Enreg. à la Chancellerie de France. Arch. nat., Trésor des Chartes, JJ. 257¹, n° 325, fol. 175. 1 page.

15485. Lettres de légitimation accordées à Charles et
Clément, fils naturels de N. Gratiolet, prêtre,
de Montpezat, et de Guillemette Dubois.
Compiègne, décembre 1546.

> Enreg. à la Chancellerie de France. Arch. nat.,
> Trésor des Chartes, JJ. 257¹, n° 311, fol. 167.
> 1 page.

1546.
Décembre.

15486. Lettres de naturalité en faveur de Sanson de
Corbieto, natif de « Herduna » (p.-ê. Ardaña)
en Espagne. Compiègne, décembre 1546.

> Enreg. à la Chancellerie de France. Arch. nat.,
> Trésor des Chartes, JJ. 257¹, n° 304, fol. 163 v°.
> 1 page.

Décembre.

15487. Lettres restituant la qualité et les droits de
Français à Roger Deprat, natif de Laffitte,
près Toulouse, marchand établi et marié en
Angleterre, où il resta pendant les dernières
guerres et se fit naturaliser Anglais. Compiègne, décembre 1546.

> Enreg. à la Chancellerie de France. Arch. nat.,
> Trésor des Chartes, JJ. 257¹, n° 322, fol. 173.
> 1 page 1/2.

Décembre.

15488. Lettres de naturalité en faveur de Constance
de Rangone-Fregose, veuve, et de César, fils
de feu César Fregose, en récompense des
services rendus au roi par leur mari et père.
Compiègne, décembre 1546.

> Enreg. à la Chancellerie de France. Arch. nat.,
> Trésor des Chartes, JJ. 257¹, n° 326, fol. 175 v°.
> 1 page.

Décembre.

15489. Lettres de naturalité en faveur d'André Leporis,
procureur du roi en la vicomté de Martigues,
natif de Melphes (Amalfi), au royaume de
Naples, et de sa femme Honorée Faulcon,
native du comtat Venaissin. Compiègne, décembre 1546.

> Enreg. à la Chancellerie de France. Arch. nat.,
> Trésor des Chartes, JJ. 257¹, n° 314, fol. 169.
> 1 page.

Décembre.

15490. Lettres de naturalité en faveur d'Accurse Noguet,
natif de Cavaillon au comtat Venaissin, ha-

Décembre.

bitant en Provence. Compiègne, décembre
1546.

> *Enreg. à la Chancellerie de France. Arch. nat.,*
> *Trésor des Chartes, JJ. 257¹, n° 315, fol. 169 v°.*
> *1 page.*

15491. Lettres de naturalité en faveur de Philippe
Parantes, originaire du pays de Florence, et
de ses enfants, Alexandre et Zénobie, établis
à Saintes. Compiègne, décembre 1546.

> *Enreg. à la Chancellerie de France. Arch. nat.,*
> *Trésor des Chartes, JJ. 257¹, n° 317, fol. 170 v°.*
> *1 page.*

15492. Lettres de naturalité en faveur de Baptiste de
Saumaye, natif de Florence, banquier établi
à Lyon. Compiègne, décembre 1546.

> *Enreg. à la Chancellerie de France. Arch. nat.,*
> *Trésor des Chartes, JJ. 257¹, n° 318, fol. 170 v°.*
> *1 page.*

15493. Lettres de naturalité en faveur d'Antoine de
Visdame, demeurant au bailliage de Saint-
Pierre-le-Moutier, homme d'armes à la
grande paye de la compagnie du sʳ de Dampierre, natif du duché de Mantoue. Compiègne, décembre 1546.

> *Enreg. à la Chancellerie de France. Arch. nat.,*
> *Trésor des Chartes, JJ. 257¹, n° 324, fol. 174 v°.*
> *1 page.*

15494. Lettres de légitimation de Pierre de Musy,
écuyer, fils naturel de François de Musy, seigneur de Sathonay. 1546.

> *Visées dans une requête et une information de l'an*
> *1546, pour l'entérinement de ces lettres. Arch. de la*
> *Côte-d'Or, B. 11198.*

15495. Don à Pierre Dumoulin, sommelier du roi, de
112 livres 10 sous tournois à prendre sur le
produit de la vente d'un office, vacant par
la mort de Josse Durand.... 1546 [1].

> *Original. Bibl. nat., ms. fr. 15723, n° 1014.*

---

[1] La pièce est en partie lacérée; on ne peut en préciser davantage
l'analyse; les dates de lieu et de jour manquent.

1546.

Décembre.

Décembre.

Décembre.

1546.

1546.

1547. — Pâques, le 10 avril.

15496. Provisions de l'office de notaire royal en la sénéchaussée de Lyon pour Guillaume Périgny, en remplacement de feu Antoine Philibert. Compiègne, 1ᵉʳ janvier 1546.

1ᵉʳ janvier.

> *Copie du XVIᵉ siècle. Arch. du Rhône, reg. des insinuations de la sénéchaussée, Livre du roi, fol. 102.*

15497. Don à Catherine Du Bosc, sœur du sʳ de Couessé, gentilhomme de la vénerie du roi, de l'abbaye de Brienne, près Anse, ordre de Sainte-Claire, diocèse de Lyon, vacante parce que Claude de Valenciennes, dernière abbesse, l'a résignée sans le consentement et la nomination du roi. Villers-Cotterets, 2 janvier 1546.

2 janvier.

> *Bibl. nat., ms. fr. 5127, fol. 153. (Mention.)*

15498. Lettres ordonnant des processions, prières générales et prédications solennelles dans toutes les églises de Paris, en réparation des injures et mutilations faites à un crucifix dans le cimetière des Saints-Innocents, et promettant 1,000 écus d'or soleil à celui ou ceux qui dénonceront les coupables. Villers-Cotterets, 5 janvier 1546.

5 janvier.

> *Enreg. au Parl. et publié à son de trompe par les carrefours de Paris, le 15 janvier 1547 n. s. Arch. nat., X²ᵃ 102, reg. criminel, à la date. (Mention.)*

15499. Don à Jean de Taix, chevalier de l'ordre, capitaine de Loches, de trente-trois arpents de pré. 7 janvier 1546.

7 janvier.

> *Bibl. nat., ms. Clairambault 782, p. 313. (Mention.)*

15500. Lettres portant réunion au domaine des terres de la Tour-du-Pin et de Pisançon. Villers-Cotterets, 11 janvier 1546.

11 janvier.

> *Original. Arch. de l'Isère, Chambre des Comptes de Grenoble, B. 3190.*

15501. Lettres portant règlement pour les sergents des tailles et des aides. 16 janvier 1546.

> *Enreg. à la Cour des Aides de Paris. Arch. nat.,
> Recueil Cromo, U. 665, fol. 322. (Mention.)*

1547.
16 janvier.

15502. Lettres de réception du serment de fidélité prêté au roi par Claude d'Ancienville, chevalier de l'ordre de Saint-Jean-de-Jérusalem, grand prieur de France, pour le temporel du grand prieuré et des commanderies qui en dépendent. Villers-Cotterets, 19 janvier 1546.

> *Original. Arch. nat., K. 88, n° 19.*

19 janvier.

15503. Lettres établissant prévôt des maréchaux de France en la prévôté de Paris et dans les élections de Senlis, Beauvais, Clermont-en-Beauvaisis, Mantes, Montfort-l'Amaury et Étampes, Claude Genton, licencié ès lois, fils du sieur des Brosses, prévôt de l'hôtel, et portant règlement pour l'exercice de ses fonctions, ses gages et ceux des officiers sous ses ordres. Villers-Cotterets, 20 janvier 1546.

> *Enreg. à la Connétablie et maréchaussée de France. Arch. nat., Z¹ᵉ 7 (anc. Z. 3503), fol. 111 v°. 8 pages.*
>
> *Imp. Pinson de La Martinière, La Connestablie et mareschaussée de France. Paris, Rocolet, 1661, in-fol., p. 508.*
>
> *G. Saugrain, La maréchaussée de France, ou recueil des ordonnances, édits, déclarations, etc. Paris, G. Saugrain, 1697, in-4°, p. 50.*

20 janvier.

15504. Provisions pour Adam Bihorel de l'office de courtier de vins en la ville et banlieue de Rouen, vacant par la résignation d'André Millot, faite au profit dudit Bihorel. Villers-Cotterets, 20 janvier 1546.

> *Bibl. nat., ms. fr. 5127, fol. 21 v°. (Mention.)*

20 janvier.

15505. Provisions en faveur d'Antoine Senneton, docteur en droit, et en raison de son mariage avec la fille aînée de Guillaume Millet, médecin ordinaire du roi, de l'office de conseiller lai au Parlement de Paris, vacant par

20 janvier.

la mort de Jean de Longuejoue. Villers-Cot- 1547.
terets, 20 janvier 1546.

Bibl. nat., ms. fr. 5127, fol. 25. (Mention.)

15506. Provisions en faveur du seigneur de Taix, che-   21 janvier.
valier de l'ordre, capitaine de cinquante
hommes d'armes et colonel d'une des bandes
de gens de pied français, de l'office de maître
et capitaine général de l'artillerie, vacant par
la mort de Jacques de Genouilhac, dit Galyot.
Villers-Cotterets, 21 janvier 1546.

*Copie du xviie siècle. Bibl. nat., ms. fr. 16690,
fol. 11.*

15507. Provisions pour André Morlon de l'office de   21 janvier.
receveur des deniers communs de la ville de
Poitiers, vacant par la résignation de Jean
Nepveu. Villers-Cotterets, 21 janvier 1546.

Bibl. nat., ms. fr. 5127, fol. 22. (Mention.)

15508. Provisions pour Jean Tartas de l'office de ser-   21 janvier.
gent royal en la sénéchaussée de Guyenne,
vacant par la mort de René Pian. Villers-
Cotterets, 21 janvier 1546.

Bibl. nat., ms. fr. 5127, fol. 27 v°. (Mention.)

15509. Lettres portant don des ville, château et sei-   22 janvier.
gneurie de Compiègne à Claude d'Annebaut,
maréchal et amiral de France, gouverneur et
lieutenant général en Normandie, en l'absence
du dauphin, pour ses nombreux et excep-
tionnels services. Villers-Cotterets, 22 janvier 1546.

*Copie du xvie siècle. Bibl. nat., Pièces orig.,
Annebaut, vol. 74, p. 37.
Enreg. à la Chambre des Comptes de Paris, le
3 février suivant, anc. mém. 2 N, fol. 217. Arch.
nat., invent. PP. 119, p. 29. (Mention.)
Bibl. nat., ms. Clairambault 782, p. 313.
(Mention.)*

15510. Permission à Jean de Reilhac, abbé de Saint-   23 janvier.
Pierre de Lesterps, ordre de Saint-Augustin,
et prévôt de l'église collégiale de Saint-Junien,
diocèse de Limoges, de résigner lesdits bé-

néfices en faveur de Nicole de Reilhac, son
frère. Villers-Cotterets, 23 janvier 1546.

Bibl. nat., ms. fr. 5127, fol. 21 v°. (Mention.)

15511. Mandement à la Chambre des Comptes de
Paris de faire payer par le receveur général
des finances de Paris à Jean Le Picart, contrôleur général des finances en la charge de
Bourgogne, 2,400 livres pour les six dernières années de ses gages, et à l'avenir
400 livres tournois chaque année. Villers-
Cotterets, 23 janvier 1546.

*Enreg. à la Chambre des Comptes, le 1er février
1547 n. s., anc. mém. 2 N, fol. 215. Arch. nat.,
P. 2307, p. 1001. 4 pages.*

15512. Provisions de l'office d'huissier au Parlement
de Dijon pour Guillaume Lecomte, en remplacement de Hugues Durier, décédé. Villers-
Cotterets, 25 janvier 1546.

*Enreg. au Parl. de Dijon. Arch. de la Côte-d'Or,
Parl., reg. IV, fol. 53.*

15513. Lettres de jussion à la Chambre des Comptes
de Paris pour l'enregistrement des lettres
du 17 novembre 1546 (n° 15431), accordant
à Jean de Mansencal, premier président du
Parlement de Toulouse, le même traitement
qu'au premier président du Parlement de
Paris. 25 janvier 1546.

*Enreg. à la Chambre des Comptes de Paris, le
1er février suivant, anc. mém. 2 N, fol. 216. Arch.
nat., invent. PP. 136, p. 562. (Mention.)*

15514. Provisions pour François Hubin de l'office de
notaire royal dans les châtellenies de Cognac
et Merpins en Angoumois, vacant par la
mort de Guillaume Durateau. Villers-Cotterets, 25 janvier 1546.

Bibl. nat., ms. fr. 5127, fol. 22. (Mention.)

15515. Provisions pour Antoine de Saint-Yon, sr de
Roucy, de l'office de lieutenant du maître
des Eaux et forêts du duché de Valois, vacant

1547.

23 janvier.

25 janvier.

25 janvier.

25 janvier.

28 janvier.

par la démission de Pierre Barbe. Nanteuil, 28 janvier 1546.

1547.

Bibl. nat., ms. fr. 5127, fol. 22. (Mention.)

15516. Provisions pour Charles de Louvencourt de l'office de receveur ordinaire du domaine du roi à Amiens du côté d'Artois, avec 100 livres de gages, vacant par la mort de Nicolas du Cloy. Saint-Germain-en-Laye, 29 janvier 1546.

29 janvier.

Bibl. nat., ms. fr. 5127, fol. 22. (Mention.)

15517. Provisions pour Louis Vallée de l'office de sergent royal à Saint-Lubin-en-Vergonois, bailliage de Blois, vacant par la résignation de Jean Bélineau. Saint-Germain-en-Laye, 29 janvier 1546.

29 janvier.

Bibl. nat., ms. fr. 5127, fol. 22. (Mention.)

15518. Provisions pour François de Paucé de l'office de grènetier de Sommières en Languedoc, vacant par la démission qu'en a faite ès mains du roi Henri Maréchal, pourvu de l'office de contrôleur sur le fait des aides et tailles en l'élection de Berry. Saint-Germain-en-Laye, 31 janvier 1546.

31 janvier.

Bibl. nat., ms. fr. 5127, fol. 22 v°. (Mention.)

15519. Lettres portant fixation du nombre des regrattiers ressortissant au grenier à sel d'Autun. Villers-Cotterets, janvier 1546.

Janvier.

Enreg. à la Chambre des Comptes de Dijon, le 13 mai 1547. Arch. de la Côte-d'Or, reg. B. 19, fol. 75 v°.

15520. Édit de suppression de l'office de sénéchal de Saumur, nouvellement créé. Villers-Cotterets, janvier 1546.

Janvier.

Présenté au Parl. de Paris, le 19 janvier et les 9 et 10 mai 1547. Arch. nat., X¹ᵃ 1559, Conseil, fol. 135, et X¹ᵃ 4930, Plaidoiries, fol. 104 v° et 115 v°. (Mentions.)

15521. Lettres autorisant l'établissement à Longpont, au diocèse de Soissons, d'une foire annuelle, le lendemain de la Purification, et d'un

Janvier.

marché hebdomadaire, le mercredi. Villers-
Cotterets, janvier 1546 [1].

> *Copie du xvie siècle. Arch. départ. de l'Aisne,*
> Cartulaire de Longpont, H. 692.

1547.

15522. Provisions pour Robert Briffault de l'office de
sergent à cheval dans la forêt de Roumare,
vacant par la mort de Jean Briffault, son
père. Saint-Germain-en-Laye, 1er février
1546.

> *Bibl. nat., ms. fr. 5127, fol. 23. (Mention.)*

1er février.

15523. Provisions pour François Calouet de l'office
de greffier de la prévôté de Pontoise, nouvellement créé. Saint-Germain-en-Laye, 1er février 1546.

> *Bibl. nat., ms. fr. 5127, fol. 22 v°. (Mention.)*

1er février.

15524. Provisions pour Guillaume Bacquet de l'office
d'huissier des requêtes du Palais à Rouen,
vacant par la mort de Pierre de Bray. Saint-
Germain-en-Laye, 2 février 1546.

> *Bibl. nat., ms. fr. 5127, fol. 22. (Mention.)*

2 février.

15525. Lettres permettant à sœur Marie de Pisseleu
de résigner son prieuré de Poissy en faveur
de sœur Marie de Vieuxpont, nièce de
l'amiral. Saint-Germain-en-Laye, 2 février
1546.

> *Bibl. nat., ms. fr. 5127, fol. 23. (Mention.)*

2 février.

15526. Provisions pour Marie de Pisseleu de l'abbaye
de Maubuisson, ordre de Cîteaux, diocèse de
Paris, vacante par la mort de l'abbesse, Marie
d'Annebaut. Saint-Germain-en-Laye, 2 février
1546.

> *Bibl. nat., ms. fr. 5127, fol. 23. (Mention.)*

2 février.

15527. Lettres de franc-salé en faveur de l'évêque de
Chartres pour six setiers de sel, en remplacement du dix-huitième minot qu'il prélevait

3 février.

---

[1] En marge de la copie, on lit : « Lesdites lettres ont été publiées à
Neuilly-Saint-Front et à la Ferté-Milon, comme il se voit sur le dos de
l'original. »

sur tout le sel vendu au grenier de Chartres. 1547.
3 février 1546.

> *Enreg. à la Cour des Aides de Paris. Arch. nat.,*
> *Recueil Cromo, U. 665, fol. 322. (Mention.)*

15528. Commission aux sénéchaux des Lannes et de 3 février.
Guyenne de s'informer si réellement Henri II,
roi de Navarre, et ses prédécesseurs ont eu
de temps immémorial le droit de pourvoir
aux offices de notaires et de sergents dans
leurs terres d'Albret et autres seigneuries
mouvantes de la couronne, et, dans ce cas,
d'enregistrer et mettre à exécution les lettres
du 27 mars 1545 n. s. (n° 14389) concernant ce privilège. Saint-Germain-en-Laye,
3 février 1546.

> *Original scellé. Arch. départ. des Basses-Pyrénées,*
> E. 574.

15529. Mandement au Parlement de Paris de per- 3 février.
mettre à Étienne Fleury, conseiller en ladite
cour, d'aller faire son rapport au Grand
conseil du procès évoqué de Louis de Sainte-
Maure, comte de Joigny, contre Claude de
Prie, veuve de Claude de Sainte-Maure. 3 février 1546.

> *Entériné au Parl., le 16 du même mois. Arch.*
> *nat., X¹ᵃ 1559, Conseil, fol. 217 v°. (Mention.)*

15530. Mandement à l'évêque de Nîmes de faire ré- 3 février.
partir et lever sur le clergé de son diocèse un
don gratuit de 14,192 livres tournois, pour
aider le roi à recouvrer Boulogne. Saint-Germain-en-Laye, 3 février 1546.

> *Original. Bibl. nat., ms. fr. 20409, n° 6.*

15531. Mandement à l'évêque de Lodève d'assembler 3 février.
les ecclésiastiques de son diocèse et de leur
demander au nom du roi, pour le recouvrement de Boulogne, un don gratuit de
3,508 livres tournois équivalant à quatre
décimes. Saint-Germain-en-Laye, 3 février
1546.

> *Original. Bibl. nat., ms. fr. 20425, pièce n° 25.*

15532. Provisions pour Barnabé Foucher de l'office
de sergent royal au bailliage et prévôté de
Gien, vacant par la mort de François Pousset.
Saint-Germain-en-Laye, 3 février 1546.

> Bibl. nat., ms. fr. 5127, fol. 22 v°. (Mention.)

1547.
3 février.

15533. Don à Jacques de La Motte, barbier et valet
de chambre ordinaire du roi, de l'abbaye de
Saint-Prix, près Saint-Quentin en Vermandois, vacante par la mort de Claude Boc-
quillon, Saint-Germain-en-Laye, 3. février
1546.

> Bibl. nat., ms. fr. 5127, fol. 152. (Mention.)

3 février.

15534. Provisions pour Accurse Noguet de l'office de
visiteur des gabelles et greniers à sel de Provence, vacant par la mort de Julien de Pé-
russis, à 100 livres tournois de gages. Saint-
Germain-en-Laye, 4 février 1546.

> Bibl. nat., ms. fr. 5127, fol. 22 v°. (Mention.)

4 février.

15535. Lettres de présentation à l'évêque d'Évreux de
Jean Larcher, pour être pourvu de la cure de
Saint-Martin-du-Thilleul, audit diocèse, vacante par la mort de Pierre Valdory, ladite
présentation appartenant au roi à cause de
litige entre plusieurs patrons. Saint-Germain-
en-Laye, 4 février 1546.

> Bibl. nat., ms. fr. 5127, fol. 152. (Mention.)

4 février.

15536. Lettres relatives à l'imposition de 36,000 livres
tournois mise sur la ville de Lyon et les villes
closes de la sénéchaussée, le 21 août 1546
(n° 15325), pour l'entretien des gens de
guerre. Saint-Germain-en-Laye, 5 février
1546.

> Copie du xvi° siècle. Arch. de la ville de Lyon,
> CC. 316.

5 février.

15537. Mandement au Prévôt de Paris, pour la répartition et levée sur les villes closes de la
prévôté et vicomté de Paris d'une somme
de 90,000 livres tournois, montant de leur
quote-part des 600,000 livres imposées sur
le royaume, pour la solde pendant quatre

5 février.

mois de vingt-cinq mille hommes de pied, Saint-Germain-en-Laye, 5 février 1546.

1547.

> *Enreg. au reg. des délibérations du Bureau de la ville de Paris, le 21 février suivant. Arch. nat., H. 1781, fol. 46 v°. 4 pages.*
> *Imp. Registres des délibérations du Bureau de la ville de Paris. Paris, 1886, in-4°, t. III, p. 72.*

15538. Lettres conférant au maréchal d'Annebaut le droit de faire couper tous les bois qui se trouvent sous les arbres de haute futaie de la forêt de Compiègne, sans aucune restriction. Saint-Germain-en-Laye, 5 février 1546.

5 février.

> *Copie du xvi° siècle. Bibl. nat., Pièces orig., Annebaut, vol. 74, p. 41.*

15539. Don à Pierre d'Apestigny, ancien général des finances en Bourgogne, de l'office de tabellion aux bailliage, ville et prévôté de Champagne (ou Champagné), et leurs ressorts, qui n'a pas été pourvu depuis son érection en titre d'office. Saint-Germain-en-Laye, 5 février 1546.

5 février.

> *Bibl. nat., ms. fr. 5127, fol. 23 v°. (Mention.)*

15540. Provisions pour Claude de Chavigny de l'office de sergent et garde en la forêt de Rets, vacant par le décès d'Antoine de Chavigny, son père. Saint-Germain-en-Laye, 5 février 1546.

5 février.

> *Bibl. nat., ms. fr. 5127, fol. 24 v°. (Mention.)*

15541. Lettres portant mandement pour les réceptions aux maîtrises de métiers, créées à l'occasion de l'avènement comme dauphin de Henri, second fils de François I°°. Saint-Germain-en-Laye, 6 février 1546.

6 février.

> *Enreg. au Châtelet de Paris. Arch. nat., Livre jaune grand, Y. 6°, fol. 138. 1 page.*

15542. Provisions en faveur de François Godart de l'office de garde des livres, papiers, etc. de la Chambre des Comptes, vacant par la mort de Jean Mestereau. Saint-Germain-en-Laye, 6 février 1546.

6 février.

> *Copie du xvii° siècle. Bibl. nat., ms. fr. 6760, fol. 29 v°.*

15543. Provisions pour Guillaume Moricé de l'office de lieutenant particulier du maître des Eaux et forêts de France, Brie et Champagne, au siège de Poissy, vacant par la mort de Michel de Moustier. Saint-Germain-en-Laye, 6 février 1546.

1547.
6 février.

> Bibl. nat., ms. fr. 5127, fol. 24. (Mention.)

15544. Ordonnance prescrivant des mesures rigoureuses contre les brigands et voleurs de grands chemins. Saint-Germain-en-Laye, 7 février 1546.

7 février.

> Enreg. au Parl. de Bordeaux, le 17 février 1547 n. s. Arch. de la Gironde, B. 33, fol. 23 v°. 2 pages.

15545. Provisions pour Étienne Chaumont de l'office de sergent à cheval au Châtelet de Paris, vacant par la mort d'Isaac Robinet. Saint-Germain-en-Laye, 7 février 1546.

7 février.

> Bibl. nat., ms. fr. 5127, fol. 23. (Mention.)

15546. Provisions pour Jean Faure, de Saint-Hilaire, de l'office de notaire royal en Forez, vacant par la mort de Pierre de Rivo. Saint-Germain-en-Laye, 7 février 1546.

7 février.

> Bibl. nat., ms. fr. 5127, fol. 23 v°. (Mention.)

15547. Provisions pour Claude Coste de l'office de sergent royal en la prévôté de Cusset, vacant par la mort de Pierre Gaye. Saint-Germain-en-Laye, 7 février 1546.

7 février.

> Bibl. nat., ms. fr. 5127, fol. 23 v°. (Mention.)

15548. Don à Richard de Bars, chantre et chanoine ordinaire de la chapelle du roi, de la cure de Roncey, au diocèse de Coutances, vacante par la mort d'Antoine de Saint-Germain. Saint-Germain-en-Laye, 7 février 1546.

7 février.

> Bibl. nat., ms. fr. 5127, fol. 32. (Mention.)

15549. Lettres réglant les gages des conseillers du Parlement de Grenoble, pendant le temps des

8 février.

22.

vacations. Saint-Germain-en-Laye, 8 février 1546.

1547.

> *Enreg. au Parl. de Grenoble. Arch. de l'Isère*, B. 2334, fol, 317. 2 pages.

15550. Provisions pour Georges Le Grant de l'office de greffier en la gruerie de Saint-Germain-en-Laye, vacant par la mort de Jean Fromont, son beau-père. Saint-Germain-en-Laye, 8 février 1546.

8 février.

> *Bibl. nat.*, ms. fr. 5127, fol. 23 v°. (*Mention.*)

15551. Lettres de présentation de Marguerin de Sainte-Marie à la cure de Roncey, au diocèse de Coutances, vacante par la mort d'Antoine de Saint-Germain, ladite présentation appartenant au roi par suite de litige. Saint-Germain-en-Laye, 8 février 1546.

8 février.

> *Bibl. nat.*, ms. fr. 5127, fol. 152. (*Mention.*)

15552. Lettres d'évocation au Grand conseil de tous procès intentés pour raison du possessoire des bénéfices à la collation du cardinal d'Amboise, en vertu de l'indult du pape Paul III. Saint-Germain-en-Laye, 9 février 1546.

9 février.

> *Enreg. au Grand conseil, le 25 février 1547 n. s. Arch. nat.*, V⁵ 1052. 2 pages.

15553. Provisions pour Jean Baudot de l'office de receveur ordinaire du domaine du comté de Gisors, vacant par la résignation de Pierre Courcel. Saint-Germain-en-Laye, 9 février 1546.

9 février.

> *Bibl. nat.*, ms. fr. 5127, fol. 23 v°. (*Mention.*)

15554. Édit portant règlement pour l'artillerie et ses officiers, création de l'office de garde général et contrôleur de l'artillerie et des munitions de France, et règlement de ses attributions. Saint-Germain-en-Laye, 10 février 1546.

10 février.

> *Enreg. à la Chambre des Comptes de Paris, le 16 mars 1547 n. s. Arch. nat.*, P. 2307, p. 1067. 22 pages.
> *Enreg. à la Cour des Aides de Paris. Copie collationnée faite par ordre de ladite cour, le 26 janvier 1779*, Z¹ᵃ 527.
> *Copie du XVII⁴ siècle. Bibl. nat.*, ms. fr. 16695, fol. 37. (Avec la date erronée du 19 février.)

— 173 —

Imp. Plaquette in-4° de 8 pages. *Arch. nat.*, AD ✚ 19 (anc. AD.I 19); et AD.IX 124, n° 7 [1]. *Idem. Bibl. nat.*, in-4°. F. Paquets. *Autre. Arch. nat.*, AD.IX 126, n° 62.

Autre pièce in-4°. *Arch. nat.*, AD ✚ 27 (anc. AD.I 27). 12 pages.

1547.

15555. Déclaration portant que Nicolas Cotton, greffier du Grand conseil, pourvu dernièrement de l'office de secrétaire dudit conseil, par suite de la résignation faite à son profit par Étienne Lallemant, maître des comptes, en considération de ce qu'il doit à ce titre faire partie du collège des notaires et secrétaires du roi, sera pourvu du premier office de notaire et secrétaire du roi qui vaquera, contre remboursement de 3,000 livres tournois payées au roi par ledit Lallemant, lors de sa provision. Saint-Germain-en-Laye, 10 février 1546.

10 février.

Bibl. nat., ms. fr. 5127, fol. 24. (*Mention.*)

15556. Lettres portant assignation de 100 livres par an sur la recette des amendes du Parlement de Rouen, pour le chauffage et autres frais de la chambre des requêtes du Palais de ladite ville. 10 février 1546.

10 février.

Enreg. à la Chambre des Comptes de Paris, anc. mém. 2 N, fol. 356. *Arch. nat.*, invent. PP. 136, p. 565. (*Mention.*)

15557. Mandement aux Parlements de Toulouse et de Bordeaux de faire remettre au capitaine de Saint-Blancard les prisonniers condamnés aux galères. Saint-Germain-en-Laye, 12 février 1546.

12 février.

Enreg. au Parl. de Bordeaux, s. d. *Arch. de la Gironde*, B. 33, fol. 25 v°. 1 page 1/2.

15558. Mandement au Parlement de Paris de faire délivrer à Bernard d'Ornezan, baron de Saint-Blancard, capitaine de galères, un certain nombre de forçats pris parmi les prisonniers détenus dans les prisons de son ressort, con-

12 février.

[1] La date donnée par ces imprimés est 1536, faute d'impression évidente, puisqu'à la suite immédiatement on lit : « et de nostre règne le 33e ».

damnés aux travaux forcés ou accusés de
crimes entraînant la mort ou autre grande
peine corporelle, pouvant être équitablement
commuée en celle des galères, pour ramer
sur la *Bastardelle* qui se trouve actuellement
sur les côtes de Normandie. Saint-Germain-
en-Laye, 12 février 1546.

1547.

> *Enreg. au Parl. de Paris, le 31 mars 1547 n. s.,*
> X²ᵉ 102, *registre criminel non folioté. (A la date,*
> *add. sub fine.) (Mention [1].)*

15559. Mandement aux prévôt des marchands et
échevins de Paris de donner leur avis sur
une requête adressée au roi par les maîtres
rôtisseurs de ladite ville, demandant d'être
maintenus dans leur ancien privilège de pouvoir vendre la volaille et le gibier, nonobstant la prétention contraire des poulaillers.
Saint-Germain-en-Laye, 12 février 1546.

12 février.

> *Enreg. au reg. des délibérations du Bureau de la*
> *ville de Paris, le 14 février 1547 n. s. Arch. nat.,*
> H. 1781, fol. 45 v°. 1 page.
> Imp. *Registres des délibérations du Bureau de la*
> *ville de Paris.* Paris, gr. in-4°, t. III, 1886, p. 70.

15560. Provisions pour Michel de Baudran, l'un des
cent gentilshommes de la maison du roi, de
l'office de chevalier du guet à Paris, vacant
par la mort de Jean Le Bouteiller. Saint-Germain-en-Laye, 12 février 1546.

12 février.

> *Bibl. nat., ms. fr. 5127, fol. 27 v°. (Mention.)*

15561. Pouvoirs des commissaires du roi aux États de
Languedoc, convoqués à Montpellier pour
le 1ᵉʳ mars suivant. Saint-Germain-en-Laye,
13 février 1546.

13 février.

> *Copie du xvıᵉ siècle. Arch. départ. de l'Hérault,*
> *États de Languedoc, Recueil des lettres et actes*
> *des commissaires du roi,* 1546. 2 pages.

15562. Règlement pour la gendarmerie. Saint-Germain-en-Laye, 13 février 1546.

13 février.

> *Copie du xvıııᵉ siècle. Bibl. nat., Portefeuilles*
> de Fontanieu, vol. 256.

---

[1] Le feuillet sur lequel ces lettres étaient transcrites a été lacéré.
Il reste l'arrêt d'enregistrement, la désignation des forçats livrés et le
récépissé du baron de Saint-Blancard.

15563. Mandement aux élus du Lyonnais de lever par égale portion, le 15 mars et le 15 juin 1547, une crue de 5,868 livres 3 sous 1 denier tournois, frais compris. Saint-Germain-en-Laye, 13 février 1546.

1547.
13 février.

> Copie du xvi° siècle. Bibl. nat., ms. fr. 2702, fol. 259 v°.

15564. Provisions en faveur de Mathurin Béjault de l'office de receveur général de la gabelle du pays et duché de Bretagne, en remplacement et sur la résignation d'André Rageau, faite à son profit. La Muette-lès-Saint-Germain-en-Laye, 15 février 1546.

15 février.

> Bibl. nat., ms. fr. 5127, fol. 25. (Mention.)

15565. Commission adressée à Odet de Selve, conseiller au Grand conseil, ambassadeur en Angleterre, et au baron de la Garde, capitaine général des galères, pour traiter avec les délégués du roi d'Angleterre la question de délimitation et de réparation des fortifications de Boulogne-sur-Mer. La Muette[-lès-Saint-Germain-en-Laye], 15 février 1546.

15 février.

> Imp. T. Rymer, Fœdera, conventiones, acta publica, etc. La Haye, 1741, in-fol., t. VI, 3e partie, p. 148, col. 1.

15566. Déclaration en faveur d'Antoine Bohier, seigneur de Saint-Ciergues, chambellan du roi, confirmant la remise de 40,000 livres tournois qui lui a été faite, au mois de juin 1535, sur une somme de 190,000 livres que son père, Thomas Bohier, avait été condamné à payer au roi par les commissaires sur le fait des finances. Saint-Germain-en-Laye, 16 février 1546.

16 février.

> Enreg. au Parl. de Paris, le 19 février 1547 n. s. Arch. nat., X1a 8615, fol. 309 v°. 3 pages.
> Enreg. à la Chambre des Comptes de Paris.
> Enreg. à la Cour des Aides de Paris, le 3 mars suivant. Arch. nat., Recueil Cromo, U. 665, fol. 322. (Mention.)

15567. Don à Nicolas de Faverolles, gentilhomme de

16 février.

la vénerie du roi, de l'office de verdier d'Évreux, la Haye-le-Comte et la Haye-Richer, vacant par la mort de Jacques Boudin. La Muette-lès-Saint-Germain-en-Laye, 16 février 1546.

Bibl. nat., ms. fr. 5127, fol. 25 v°. (*Mention.*)

1547.

15568. Provisions pour Jean Prévost de l'office de sergent au magasin à sel de Péronne, vacant par le décès de Pierre de la Vespière. La Muette-lès-Saint-Germain-en-Laye, 16 février 1546.

Bibl. nat., ms. fr. 5127, fol. 25 v°. (*Mention.*)

16 février.

15569. Lettres portant remise à « Madame la Grand seneschalle » (Diane de Poitiers, veuve de Louis de Brézé, comte de Maulévrier, grand sénéchal de Normandie) du tiers et danger qu'elle pourra devoir au roi en raison des coupes de bois qu'elle veut faire cette année dans les bois de Mauny. La Muette-lès-Saint-Germain-en-Laye, 17 février 1546.

Bibl. nat., ms. fr. 5127, fol. 24 v°. (*Mention.*)

17 février.

15570. Don au sʳ de Marconnay, capitaine de Chizé, du revenu de la terre et seigneurie de Chizé (blés, avoines, vins, foins, eaux, pêcheries), pour en jouir tant qu'il en sera capitaine, avec les arrérages depuis la mort du grand écuyer, et ce en considération de ce que ledit office de capitaine ne comporte pas de gages. La Muette-lès-Saint-Germain-en-Laye, 17 février 1546.

Bibl. nat., ms. fr. 5127, fol. 24 v°. (*Mention.*)

17 février.

15571. Remise à Jean de Nancré, potager en la cuisine de bouche, de 29 livres tournois montant des lods et ventes qu'il doit par suite de l'acquisition de 18 livres tournois de rente assises sur une maison lui appartenant dans la rue de la Mortellerie, à Paris. La Muette-lès-Saint-Germain-en-Laye, 17 février 1546.

Bibl. nat., ms. fr. 5127, fol. 24 v°. (*Mention.*)

17 février.

15572. Lettres de naturalité avec permission de tester et remise des droits, accordées à Jean de

17 février.

« Senambay » et à Catherine de Patras, sa
femme, originaires de Turquie, en considération de ce qu'ils se sont fait baptiser et demeurent en France depuis quatorze ou quinze
ans. La Muette-lès-Saint-Germain-en-Laye,
17 février 1546.

Bibl. nat., ms. fr. 5127, fol. 25. (Mention.)

15573. Lettres affranchissant des tailles, aides et impositions, au même titre que les officiers
domestiques du roi, Jérôme della Robbia,
maître maçon du château de Boulogne, et
Luc della Robbia, son frère, maître émailleur
et sculpteur du roi. La Muette-lès-Saint-Germain-en-Laye, 17 février 1546.

Bibl. nat., ms. fr. 5127, fol. 25. (Mention.)

15574. Mandement à Antoine Pétremol, trésorier de
l'extraordinaire des guerres, de rembourser
au comte de Sancerre 2,380 livres 13 sous
5 deniers tournois qu'il a déboursés pour le
service du roi, pendant qu'il était assiégé à
Saint-Dizier. La Muette-lès-Saint-Germain-en-
Laye, 17 février 1546.

Bibl. nat., ms. fr. 5127, fol. 25. (Mention.)

15575. Mandement au receveur ordinaire d'Amboise
de payer à la veuve de feu Montjoie, concierge du château d'Amboise, les mêmes gages
qu'à feu son mari, tant qu'elle aura la garde
des meubles du roi, et qu'il n'aura été pourvu
audit état de concierge. La Muette-lès-Saint-
Germain-en-Laye, 17 février 1546.

Bibl. nat., ms. fr. 5127, fol. 25. (Mention.)

15576. Lettres d'exemption de tous subsides et impositions en faveur du procureur général de la
marée. 20 février 1546.

*Enreg. à la Cour des Aides de Paris, le 17 juin
1547. Arch. nat., Recueil Cromo, U. 665, fol. 323.
(Mention.)*

15577. Provisions pour François Louénard de l'office
de sergent royal au magasin à sel de Bellême.

1547.

17 février.

17 février.

17 février.

20 février.

20 février.

V.   23

vacant par la mort de Protais Drouyn. Limours, 20 février 1546.

Bibl. nat., ms. fr. 5127, fol. 25 v°. (Mention.)

1547.

15578. Lettres permettant à frère René de la Roche, abbé de Notre-Dame de Bonnevaux, ordre de Cîteaux, diocèse de Poitiers, de résigner cette abbaye en faveur de Guichard de Saint-Georges, neveu du s^r de Puigriffier, écuyer d'écurie du roi. Limours, 20 février 1546.

20 février.

Bibl. nat., ms. fr. 5127, fol. 152. (Mention.)

15579. Provisions pour Jean Heudon de l'office de sergent en la forêt de Sénart, vacant par la mort de Jean Travers. Limours, 20 février 1546.

20 février.

Bibl. nat., ms. fr. 5127, fol. 28. (Mention.)

15580. Lettres réintégrant Guillaume, comte de Nassau, en la principauté d'Orange, pour en jouir comme faisaient le prince Philibert et ses prédécesseurs, avant la saisie faite de la souveraineté. Limours, 21 février 1546.

21 février.

Exécution par le juge du Saint-Esprit, le 20 juillet 1547.
Imp. Le R. P. Bonaventure, de Sisteron, Hist. de la ville et principauté d'Orange. Avignon, 1741, p. 398.

15581. Lettres permettant à François de Créquy, évêque de Thérouanne, de faire expédier au nom du cardinal du Bellay les lettres lui donnant l'abbaye de Montolieu, près Carcassonne, vacante par la mort d'Antoine de Bonne. Limours, 21 février 1546.

21 février.

Bibl. nat., ms. fr. 5127, fol. 152. (Mention.)

15582. Lettres adressées aux dignitaires de la cour de Rome, les priant d'accorder à frère Germain Nicolas, prieur de Saint-Martin-des-Champs, l'autorisation de prendre des extraits, copies ou traductions authentiques d'actes dont il a besoin pour le procès pendant au Parlement, entre son prieuré et François de Lautrec,

21 février.

subrogé de Jean Ceysset. Paris, 21 février 1547.
1546. (Texte latin.)

> *Original. Bibl. nat., Pièces orig., Nicolas,*
> *vol. 2107 (dossier 47,966), pièce 4.*

15583. Lettres autorisant la continuation de la fabrication des testons et demi-testons en la Monnaie de Lyon, durant une année, jusqu'à
concurrence de 2,000 marcs, pour permettre
au maître particulier d'accepter la livraison
de 300 marcs d'argent par des marchands
allemands. Rochefort, près Rambouillet,
25 février 1546.

25 février.

> *Original sur parchemin dans les minutes d'or-*
> *donnances de la Cour des Monnaies. Arch. nat.,*
> *Z¹ᵇ 537.*
> *Enreg. à la Cour des Monnaies, le 18 mars 1547*
> *n. s. Arch. nat., Z¹ᵇ 63, fol. 233 v°. 2 pages.*

15584. Mandement aux baillis, sénéchaux, prévôts et
autres juges de se transporter dans les hôpitaux de leur ressort, pour y exécuter l'édit
de réformation du 15 janvier 1546 n. s.
(n° 14685). Rochefort, 26 février 1546.

26 février.

> *Arrêt d'enregistrement au Parl. de Paris, le*
> *15 mars 1547 n. s. Arch. nat., X¹ᵃ 4929, Plai-*
> *doiries, fol. 167 v°.*
> *Bibl. nat., Mss. Moreau, t. 1411, fol. 233.*
> *(Mention.)*
> *Imp. Plaquette in-8°. Paris, Jean Dallier et*
> *Vincent Sertenas, 1555. Arch. nat., AD ✠ 27*
> *(anc. AD.I 27). Bibl. nat., 8° F. Actes royaux.*
> *(Cartons.) 10 pages.*
> *A. Fontanon, Édits et ordonnances, etc. Paris,*
> *1611, in-fol., t. IV, p. 578.*
> *Isambert, Anciennes lois françaises, etc. Paris,*
> *1827, in-8°, t. XII, p. 920.*

15585. Provisions en faveur de Guillaume Duval de
l'office de notaire et secrétaire du roi, au
nombre des bourses, vacant par la mort de
Michel de Civille, sans payer finance, attendu
que le roi avait fait don de cet office à Emma-
nuel Riccio, qui l'a cédé audit Duval. Rochefort, 26 février 1546.

26 février.

> *Bibl. nat., ms. fr. 5127, fol. 25 v°. (Mention.)*

23.

15586. Provisions pour Gilbert Guillon de l'office de
      greffier du magasin à sel nouvellement établi
      à Esnon. Rochefort, 26 février 1546.

Bibl. nat., ms. fr. 5127, fol. 26. (Mention.)

    1547.
    26 février.

15587. Provisions pour Robert Viel de l'office de con-
      trôleur du magasin à sel nouvellement établi
      à Mayne-la-Juhée (Mayenne). Rochefort,
      26 février 1546.

Bibl. nat., ms. fr. 5127, fol. 26. (Mention.)

    26 février.

15588. Provisions en faveur de René de Grandpré,
      gentilhomme ordinaire de la vénerie, de
      l'office de capitaine du château de Saint-
      Sauveur-le-Vicomte, auquel il n'avait pas
      encore été pourvu, depuis sa réunion à la
      couronne. Rambouillet, 27 février 1546.

Bibl. nat., ms. fr. 5127, fol. 26 v°. (Mention.)

    27 février.

15589. Provisions pour Jean des Roches de l'office de
      greffier du magasin à sel nouvellement établi
      à Loches. Rambouillet, 28 février 1546.

Bibl. nat., ms. fr. 5127, fol. 26. (Mention.)

    28 février.

15590. Édit de suppression de l'office de receveur des
      deniers communs et d'octroi en la ville de
      Sens. Leuville, février 1546.

Enreg. au Parl. de Paris, le 7 mars 1547 n. s.
Arch. nat., X¹ᵃ 8615, fol. 311. 3 pages 1/2.

    Février.

15591. Provisions pour Jacques Moniot de l'office de
      sergent royal en la prévôté de Vassy, bailliage
      de Chaumont en Bassigny, vacant par la
      résignation d'Antoine de Vitalecourt, faite au
      profit dudit Moniot. Rambouillet, 1ᵉʳ mars
      1546.

Bibl. nat., ms. fr. 5127, fol. 26. (Mention.)

    1ᵉʳ mars.

15592. Provisions pour Nicolas Thunot de l'office de
      sergent royal sur le fait des aides, tailles et
      gabelles en l'élection de Langres, au quartier
      et doyenné de Chaumontois, vacant par la
      résignation de Jacques Simon, faite au profit
      dudit Thunot. Rambouillet, 1ᵉʳ mars 1546.

Bibl. nat., ms. fr. 5127, fol. 26. (Mention.)

    1ᵉʳ mars.

15593. Don au cardinal d'Armagnac de l'archevêché   1547.
de Tours, vacant par la mort d'Antoine de La   1ᵉʳ mars.
Barre. Rambouillet, 1ᵉʳ mars 1546.
> *Bibl. nat.*, ms. fr. 5127, fol. 152 v°. (*Mention.*)

15594. Don à Jean de Bayencourt, fils du feu sʳ de   1ᵉʳ mars.
Bouchavesne, du prieuré de Saint-Sulpice
près Doullens, ordre Saint-Benoît, diocèse
d'Amiens, vacant par la mort d'Antoine Coc-
quin, dit de Saint-Aragon. Rambouillet,
1ᵉʳ mars 1546.
> *Bibl. nat.*, ms. fr. 5127, fol. 152 v°. (*Mention.*)

15595. Lettres conférant au cardinal de Lorraine,   2 mars.
évêque d'Agen, le droit de lever des dîmes
spéciales dans son diocèse. Rambouillet,
2 mars 1546.
> *Mentionnées dans une confirmation de Henri II,*
> *datée de Bordeaux, le 30 juin 1551.*
> *Imp. Archives hist. de la Gironde.* Paris et Bor-
> deaux, in-4°, 1868, t. X, p. 28. (*Mention.*)

15596. Mandement au bailli de Senlis de faire déli-   2 mars.
vrer par les commissaires chargés d'adminis-
trer le temporel de l'abbaye de Notre-Dame-de-
la-Victoire près Senlis, les vivres, vêtements
et autres nécessités aux religieux de ladite
abbaye, ainsi que le porte l'arrêt prononcé
par le Parlement de Paris contre leur abbé,
en 1524, et confirmé par lettres patentes
du roi en date du 14 mars dernier. Rambouillet, 2 mars 1546.
> *Original. Bibl. nat.*, collection de Picardie,
> vol. 343, n° 413.

15597. Provisions pour Robert Gautronneau de l'office   2 mars.
de sergent royal au bailliage de Berry, siège
et ressort d'Issoudun, vacant par la mort de
Pierre Vivier, sur la présentation de Jacques
Groslot, garde des sceaux d'Alençon, ayant
pouvoir de la reine de Navarre. Rambouillet,
2 mars 1546.
> *Bibl. nat.*, ms. fr. 5127, fol. 26 v°. (*Mention.*)

15598. Provisions pour Georges Baron de l'office de   3 mars.
sergent à cheval au Châtelet de Paris, vacant

par la mort d'Évrart Du Gallet. Rambouillet, 3 mars 1546.

1547.

> *Bibl. nat., ms. fr. 5127, fol. 26 v°. (Mention.)*

15599. Provisions en faveur de Jean Desboves de l'état de concierge et garde des meubles, tapisseries, broderies, etc. du château de Villers-Cotterets, aux gages de 200 livres tournois par an, office auquel il n'avait pas encore été pourvu. Rambouillet, 4 mars 1546.

4 mars.

> *Bibl. nat., ms. fr. 5127, fol. 27. (Mention.)*

15600. Lettres d'évocation au Grand conseil des procès intentés à Étienne Quentin, Louise de Villars, Étienne Putet et Jacques Roy, habitants de Lyon, exemptés par lettres de mai 1543 (n° 13127) de toutes contributions et subsides pour leurs biens situés dans les pays de Dombes et de Dauphiné. Rambouillet, 5 mars 1546.

5 mars.

> *Enreg. au Grand conseil, le 21 avril 1547. Arch. nat., V⁵ 1053. 1 page.*

15601. Provisions en faveur de Robert Cavelier de l'office de secrétaire du roi au nombre des gages, vacant par la résignation de Pierre Sarde. Rambouillet, 5 mars 1546.

5 mars.

> *Bibl. nat., ms. fr. 5127, fol. 26 v°. (Mention.)*

15602. Mandement au Parlement de Paris pour l'enregistrement de l'édit de février 1544 n. s. (n° 13656), portant création d'un office de sergent général en la sénéchaussée de Saumur. Rambouillet, 6 mars 1546.

6 mars.

> *Enreg. au Parl. de Paris, le 29 juillet 1549. Arch. nat., X¹ᵃ 8616, fol. 296 v°.*

15603. Mandement au Parlement de Paris pour l'enregistrement de l'édit de septembre 1537 (n° 9325), portant création d'un office de second enquêteur à Saumur, donné à la requête de René Creste, enquêteur. Rambouillet, 6 mars 1546.

6 mars.

> *Enreg. au Parl. de Paris, le 21 août 1547. Arch. nat., X¹ᵃ 8616, fol. 33. 1 page.*

15604. Provisions pour Jacques Deschamps de l'office de sergent en la forêt de Conches en Normandie, vacant par la mort de Toussaint Legrand. Rambouillet, 6 mars 1546.

Bibl. nat., ms. fr. 5127, fol. 27. (Mention.)

1547.
6 mars.

15605. Provisions pour Antoine François de l'office de sergent royal en la ville du Puy, bailliage de Velay, vacant par la mort de Jean Bonhomme. Rambouillet, 6 mars 1546.

Bibl. nat., ms. fr. 5127, fol. 27. (Mention.)

6 mars.

15606. Provisions pour Michel Bonneau de l'office de greffier nouvellement créé aux marais salants de la paroisse de Saint-Hilaire d'Hyères, à 40 livres tournois de gages, sur la présentation du général des finances Bohier. Rambouillet, 6 mars 1546.

Bibl. nat., ms. fr. 5127, fol. 27. (Mention.)

6 mars.

15607. Provisions pour Jean Seguerin de l'office de notaire royal en la prévôté de Doullens, bailliage d'Amiens, vacant par la résignation de François Fournel, faite à son profit. Rambouillet, 7 mars 1546.

Bibl. nat., ms. fr. 5127, fol. 27 v°. (Mention.)

7 mars.

15608. Don à Jacques Olivier de la prévôté de l'église cathédrale de Digne, vacante par la mort de Tanneguy Givrement. Rambouillet, 7 mars 1546.

Bibl. nat., ms. fr. 5127, fol. 152 v°. (Mention.)

7 mars.

15609. Provisions pour Louis Guillon de l'office de procureur du roi au magasin à sel nouvellement établi à Tonnay-Charente. Rambouillet, 8 mars 1546.

Bibl. nat., ms. fr. 5127, fol. 27 v°. (Mention.)

8 mars.

15610. Provisions pour François Daveu de l'office de contrôleur du magasin à sel nouvellement établi à Lussac-le-Château. Rambouillet, 8 mars 1546.

Bibl. nat., ms. fr. 5127, fol. 27 v°. (Mention.)

8 mars.

15611. Déclaration portant que le droit de péage qui se payait en sel aux seigneurs se payera à l'avenir en argent. Rambouillet, 9 mars 1546.

1547.
9 mars.

Enreg. à la Chambre des Comptes de Paris, le 16 mars suivant. Arch. nat., P. 2307, p. 1031. 18 pages 1/2.

Enreg. à la Cour des Aides de Paris. Arch. nat., Recueil Cromo, U. 665, fol. 322, et Z¹ª 527, sous la date du 6 mars. (Mentions.)

Enreg. à la Cour des Aides de Normandie, le 29 mars 1547 n. s. Arch. de la Seine-Inférieure, Mémoriaux, 3ᵉ vol., fol. 31. 14 pages.

Imp. Pièce in-4°. Arch. nat., AD ✠ 27 (anc. AD.I 27), et AD.IX 126, n° 63. 25 pages.

Pièce in-8°, s. d. Orléans, Gilles Hotot. Bibl. nat., in-8°, F. Actes royaux. (Cartons.)

Autre pièce in-8°. Paris, Estienne Roffet, 1547. Bibl. nat., in-8°, F. Actes royaux. (Cartons.)

Les loix, ordonnances et édictz... depuis le roy S. Loïs... Paris, Galiot du Pré, 1559, in-fol., fol. 208 r°.

P. Rebuffi, Les édits et ordonnances des rois de France. Lyon, 1573, in-fol., p. 664.

Pièce in-8°. Orléans, Éloy Gibier, 1583. Bibl. nat., 8° F. Actes royaux. (Cartons.)

A. Fontanon, Édits et ordonnances, etc. Paris, 1611, in-fol., t. II, p. 1030.

J. Corbin, Nouveau recueil des édits, etc. de la juridiction des Cours des Aides. Paris, 1623, in-4°, p. 641.

Pièce in-8°. Orléans, Fabian Hotot, 1626. Bibl. nat., 8° F. Actes royaux. (Cartons.)

Pièce in-4°. Paris, Th. Charpentier, 1676. Bibl. nat., 4° F. (Paquets.)

15612. Lettres interdisant le transport du sel sur les rivières de Seine et de Somme et leurs affluents, autrement que dans des bateaux couverts et fermés à clef, sous peine de confiscation du sel. Rambouillet, 9 mars 1546.

9 mars.

Enreg. à la Cour des Aides de Paris, le 18 mars 1546. Simple mention dans les Lettres patentes de la Cour des Aides. Arch. nat., Z¹ª 527.

Enreg. à la Cour des Aides de Normandie, le 29 mars 1547 n. s. Arch. de la Seine-Inférieure, Mémoriaux, 3ᵉ vol., fol. 37 v°. 4 pages.

Bibl. nat., Mss. Moreau, t. 1402, fol. 278. (Mention.)

Imp. Pièce in-4°. *Arch. nat.*, AD ✠ 27 (anc. AD.I 27). 2 pages.

1547.

Les loix, ordonnances et édictz... depuis le roy S. Loïs... Paris, Galiot du Pré, 1559, in-fol., fol. 210 v°.

P. Rebuffi, *Les édits et ordonnances des rois de France.* Lyon, 1573, in-fol., p. 668.

A. Fontanon, *Édits et ordonnances*, etc. Paris, 1611, in-fol., t. II, p. 1033.

J. Corbin, *Nouveau recueil des édits, etc., de la juridiction des Cours des Aides.* Paris, 1623, in-4°, p. 649.

15613. Déclaration portant règlement pour le mesurage du sel à Nantes et le devoir des officiers à ce commis. Rambouillet, 9 mars 1546.

9 mars.

Enreg. à la Cour des Aides de Paris, le 10 du même mois. Simple mention dans les Lettres patentes de ladite Cour. Arch. nat., Z¹ᵃ 527.

Imp. Les loix, ordonnances et édictz... depuis le roy S. Loïs... Paris, Galiot du Pré, 1559, in-fol., fol. 211 r°.

P. Rebuffi, *Les édits et ordonnances des rois de France.* Lyon, 1573, in-fol., p. 669.

A. Fontanon, *Édits et ordonnances*, etc. Paris, 1611, in-fol., t. II, p. 1034.

J. Corbin, *Nouveau recueil des édits, etc. de la juridiction des Cours des Aides...* Paris, 1623, in-4°, p. 1081.

15614. Provisions pour Olivier Hastin de l'office de notaire en la ville et banlieue de Sens, vacant par la résignation de Jean Loison. Rambouillet, 10 mars 1546.

10 mars.

Bibl. nat., ms. fr. 5127, fol. 28. (*Mention.*)

15615. Provisions pour Sulpice Lemasier de l'office de lieutenant particulier des Eaux et forêts en la vicomté de Conches, vacant par la mort de Joachim Gastinel. Rambouillet, 10 mars 1546.

10 mars.

Bibl. nat., ms. fr. 5127, fol. 28. (*Mention.*)

15616. Provisions pour Jean Briant de l'office de greffier du magasin à sel nouvellement établi à Saint-Saulge en Nivernais, sur la présentation du général des finances Bohier. Rambouillet, 10 mars 1546.

10 mars.

Bibl. nat., ms. fr. 5127, fol. 28. (*Mention.*)

15617. Traité conclu par le baron de La Garde et Odet de Selve, au nom de François Ier, avec les délégués du roi d'Angleterre, réglant les limites des marches de Boulogne-sur-Mer et les réparations à faire aux fortifications de la ville. Londres, 11 mars 1546. — 1547. 11 mars.

Imp. Fr. Léonard, *Recueil des traités de paix, de trèves, etc.* Paris, Fr. Léonard, 1693, 6 vol. in-4°, t. II, p. 465.
Du Mont, *Corps universel diplomatique.* Amsterdam, 1726, in-fol., t. IV, 2° partie, p. 324.
T. Rymer, *Fœdera, acta publica, etc.* La Haye, 1741, in-fol., t. VI, 3° partie, p. 152 et 153.

15618. Déclaration portant que ceux qui ont été pourvus par la dauphine des maîtrises créées par lettres du 3 avril 1546 n. s. (n° 14951), à l'occasion de la naissance de sa fille Élisabeth de France, y seront reçus sans être obligés de faire de chef-d'œuvre, ni d'offrir les banquets accoutumés. Rambouillet, 12 mars 1546. — 12 mars.

Enreg. au Parl. de Paris, le 28 mars suivant. Arch. nat., X¹ª 8615, fol. 253. 3 pages.
Arrêt d'enregistrement: Idem, X¹ª 4929, Plaidoiries, fol. 274 v°.

15619. Provisions pour Hilaire Marguerite de l'office de mesureur du sel au magasin de Falaise, vacant par la mort de Jean Defoncq. Rambouillet, 12 mars 1546. — 12 mars.

Bibl. nat., ms. fr. 5127, fol. 28. (*Mention.*)

15620. Provisions pour Bertrand de Lacommie de l'office de notaire royal en la baronnie de la Veue et du Capbreton, sénéchaussée des Lannes, vacant par le décès de Jean Ladouar. Rambouillet, 14 mars 1546. — 14 mars.

Bibl. nat., ms. fr. 5127, fol. 29. (*Mention.*)

15621. Provisions pour Jacques Delajus de l'office de notaire royal en la sénéchaussée des Lannes, au siège de Saint-André, vacant par la mort d'Arnaud Duprat. Rambouillet, 14 mars 1546. — 14 mars.

Bibl nat., ms. fr. 5127, fol. 29 v°. (*Mention.*)

15622. Provisions pour Marin Samet de l'office de
greffier du magasin à sel nouvellement établi à Saint-Maixent, sur la présentation du
général des finances Bohier. Rambouillet,
16 mars 1546.

Bibl. nat., ms. fr. 5127, fol. 28 v°. (Mention.)

1547.
16 mars.

15623. Provisions pour Pierre Rampion de l'office de
contrôleur du magasin à sel nouvellement
établi au Dorat, sur la présentation du général Bohier et de Martin Le Camus, conseiller
au Parlement. Rambouillet, 16 mars 1546.

Bibl. nat., ms. fr. 5127, fol. 28 v°. (Mention.)

16 mars.

15624. Provisions pour Mathieu Richard de l'office de
regrattier nouvellement établi au magasin à
sel de Beaune, sur la présentation de Philippe Merlant, général des finances de Bourgogne. Rambouillet, 16 mars 1546 [1].

Bibl. nat., ms. fr. 5127, fol. 28 v°. (Mention.)

16 mars.

15625. Provisions pour Pierre Teytaut de l'office de
mesureur du magasin à sel du Dorat, sur la
présentation du général Bohier et de Martin
Le Camus, conseiller au Parlement de Paris.
Rambouillet, 16 mars 1546.

Bibl. nat., ms. fr. 5127, fol. 28 v°. (Mention.)

16 mars.

15626. Provisions pour Jean Gervais de l'office de contrôleur du magasin à sel de Saint-Maixent,
sur la présentation du général des finances
Bohier. Rambouillet, 16 mars 1546.

Bibl. nat., ms. fr. 5127, fol. 29. (Mention.)

16 mars.

15627. Provisions pour Jean Duval de l'office de receveur du magasin à sel de Saint-Maixent, sur
la présentation du général des finances Bohier.
Rambouillet, 16 mars 1546.

Bibl. nat., ms. fr. 5127, fol. 29. (Mention.)

16 mars.

15628. Provisions pour Pierre Gibouin de l'office de
procureur du roi au magasin à sel nouvelle-

16 mars.

[1] Note en marge : «La lettre a esté depuis reffaicte et resignée du
xiii° avril, pour ce qu'elle n'avoit pas esté scellée du vivant du feu roy.»

24.

ment établi à Saint-Maixent, sur la présentation du général des finances Bohier. Rambouillet, 16 mars 1546.

1547.

Bibl. nat., ms. fr. 5127, fol. 29. (*Mention.*)

15629. Provisions pour Étienne Magrotel de l'office de sergent royal au bailliage d'Autun, vacant par la mort de Jean Magrotel. Rambouillet, 16 mars 1546.

16 mars.

Bibl. nat., ms. fr. 5127, fol. 30. (*Mention.*)

15630. Don à sœur Marguerite de Clermont, nièce de M. de Saint-Vallier, de l'abbaye de Saint-Honorat-de-Lérins de Tarascon, vacante par la mort de la dernière abbesse. Rambouillet, 17 mars 1546.

17 mars.

Bibl. nat., ms. fr. 5127, fol. 153. (*Mention.*)

15631. Don à Jacques Amyot de l'abbaye de Bellozanne, ordre de Prémontré, diocèse de Rouen, vacante par la mort de François Vatable. Rambouillet, 18 mars 1546.

18 mars.

Bibl. nat., ms. fr. 5127, fol. 152 v°. (*Mention.*)

15632. Provisions pour Claude Asseline de l'office de notaire royal au bailliage et comté de Chaumont, vacant par la résignation de Louis Escouelle, sur la présentation de la duchesse d'Estouteville. Rambouillet, 18 mars 1546.

18 mars.

Bibl. nat., ms. fr. 5127, fol. 29. (*Mention.*)

15633. Provisions pour Jacques Varengier de l'office de notaire royal en la châtellenie de Conac en Saintonge, vacant par la mort de Jean Morineau. Rambouillet, 18 mars 1546.

18 mars.

Bibl. nat., ms. fr. 5127, fol. 29 v°. (*Mention.*)

15634. Provisions pour Jean Bessant de l'office de sergent du guet à pied de Paris, vacant par la mort de Nicolas Dubois. Rambouillet, 18 mars 1546.

18 mars.

Bibl. nat., ms. fr. 5127, fol. 29 v°. (*Mention.*)

15635. Provisions pour Olivier Bortereau de l'office de notaire royal en la châtellenie de Jonzac en

18 mars.

Saintonge, vacant par la mort de Jacques Chassereau. Rambouillet, 18 mars 1546.

Bibl. nat., ms. fr. 5127, fol. 29 v°. (Mention.)

15636. Provisions pour Ennemond Gayaut de l'office de contrôleur du magasin à sel établi à Cognac. Rambouillet, 18 mars 1546.

Bibl. nat., ms. fr. 5127, fol. 29 v°. (Mention.)

15637. Provisions pour Guillaume Le Masurier de l'office de sergent royal d'Argences, Troarn et Varaville, au bailliage de Caen, vacant par la mort d'André Coustel. Rambouillet, 18 mars 1546.

Bibl. nat., ms. fr. 5127, fol. 30. (Mention.)

15638. Provisions pour Pierre Morel de l'office de sergent royal au siège de Saintes, vacant par la mort de Louis Gazeau. Rambouillet, 19 mars 1546.

Bibl. nat., ms. fr. 5127, fol. 30. (Mention.)

15639. Lettres commettant à la grande chambre des enquêtes du Parlement de Paris la connaissance de certaine cause de saisie, faite à la requête du procureur général, de la terre et seigneurie de Gournay et la Ferté-en-Bray (auj. la Ferté-Saint-Samson), et de l'opposition faite à ladite saisie par le duc de Guise. 20 mars 1546.

Entérinées au Parl., le 26 du même mois. Arch. nat., X¹ᵃ 1559, Conseil, fol. 341. (Mention.)

15640. Lettres adressées à la Chambre des Comptes de Paris, lui enjoignant de procéder à l'audition des comptes des échevins de Lyon et d'y recevoir comme partie le clergé de la ville. Rambouillet, 23 mars 1546.

Original. Arch. du Rhône, Chapitre métropolitain, Arm. Abram, vol. 10, n° 3.

15641. Provisions pour Louis Le Blois de l'office de receveur du magasin à sel nouvellement établi à Angoulême. Rambouillet, 23 mars 1546.

Bibl. nat., ms. fr. 5127, fol. 30. (Mention.)

1547.

18 mars.

18 mars.

19 mars.

20 mars.

23 mars.

23 mars.

15642. Provisions pour Martin Picart de l'office de
sergent royal au bailliage d'Amiens, sur les
limites de la prévôté de Beauquesne, de l'ancien membre d'Artois, vacant par la résignation de Jacques de Richemont. Rambouillet,
23 mars 1546.

1547.
23 mars.

> Bibl. nat., ms. fr. 5127, fol. 30 v°. (*Mention.*)

15643. Lettres commettant à la grande chambre des
enquêtes du Parlement de Paris la connaissance d'une cause de saisie, faite à la requête
du procureur général, de la terre et baronnie
de Mercœur, et à laquelle s'est opposé Nicolas de Lorraine, évêque de Metz et de Verdun, baron de Mercœur. 24 mars 1546.

24 mars.

> *Entérinées au Parl., le 30 du même mois.* Arch.
> nat., X¹ᵃ 1559, Conseil, fol. 362 v°. (*Mention.*)

15644. Provisions pour Charles Paynneau de l'office de
mesureur du magasin à sel de Tonnay-Charente en Saintonge, vacant par la résignation
de Vincent Lenfant, faite au profit dudit Paynneau. Rambouillet, 24 mars 1546.

24 mars.

> Bibl. nat., ms. fr. 5127, fol. 30. (*Mention.*)

15645. Provisions pour François de Caix de l'office de
notaire royal en la prévôté de Montdidier,
vacant par la résignation de Toussaint de
Thiel. Rambouillet, 24 mars 1546.

24 mars.

> Bibl. nat., ms. fr. 5127, fol. 30 v°. (*Mention.*)

15646. Provisions pour Claude Duboys de l'office
d'huissier et sergent à cheval au Châtelet de
Paris, vacant par la résignation d'Antoine
Lebel. Rambouillet, 25 mars 1546.

25 mars.

> Bibl. nat., ms. fr. 5127, fol. 30 v°. (*Mention.*)

15647. Provisions pour Michel Dorbé de l'office de
greffier des aides et tailles en l'élection de
Loudun, vacant par la résignation de Pierre
Moreau. Rambouillet, 25 mars 1546.

25 mars.

> Bibl. nat., ms. fr. 5127, fol. 30 v°. (*Mention.*)

15648. Provisions pour Nicolas Barbot de l'office d'auneur et mesureur de toiles et canevas, vacant

25 mars.

par la résignation de Jean Barbot, son père. Rambouillet, 25 mars 1546.

1547.

Bibl. nat., ms. fr. 5127, fol. 32. (*Mention.*)

15649. Provisions pour Nicolas Largentier de l'office de bailli de Pont-sur-Seine, en remplacement et sur la résignation de Denis Angenoust. Rambouillet, 26 mars 1546.

26 mars.

Confirmation par Henri II.
Reçu au Parl. de Paris et institué le 27 mai 1547.
Arch. nat., X^{1a} 4930, Plaidoiries, fol. 214. (*Mention.*)
Bibl. nat., ms. fr. 5127, fol. 31. (*Mention.*)

15650. Provisions pour Frambert Boucher de l'office de procureur du roi à Pont-sur-Seine, vacant par la nomination de Nicolas Largentier à l'office de bailli dudit lieu. Rambouillet, 26 mars 1546 [1].

26 mars.

Bibl. nat., ms. fr. 5127, fol. 31. (*Mention.*)

15651. Provisions pour Jean Chesnon de l'office de sergent royal en la ville et banlieue de Rouen, vacant par la résignation de Guillaume Bacquet, pourvu de l'office d'huissier des requêtes du Palais à Rouen. Rambouillet, 26 mars 1546.

26 mars.

Bibl. nat., ms. fr. 5127, fol. 31. (*Mention.*)

15652. Provisions pour Savigny de la Noue de l'office de sergent royal au bailliage de Chalon, ressort de la chancellerie du duché de Bourgogne, vacant par la résignation de Pierre de la Cuisine. Rambouillet, 26 mars 1546.

26 mars.

Bibl. nat., ms. fr. 5127, fol. 31. (*Mention.*)

15653. Provisions pour Guy Farineau de l'office de greffier de la prévôté de Saumur, vacant par la résignation de Julien Dortel, faite au profit dudit Farineau. Rambouillet, 27 mars 1546.

27 mars.

Bibl. nat., ms. fr. 5127, fol. 31. (*Mention.*)

15654. Provisions pour Antoine Arnault, notaire royal

28 mars.

---

[1] Note en marge : « Elle a esté redepeschée du temps du roy Henry, du xme jour de may M.V^c XLVII. »

à Châtellerault, de l'office de procureur du
roi au magasin à sel nouvellement établi à
Châtellerault, vacant par la résignation de
Louis Dupuys. Rambouillet, 28 mars 1546.

Bibl. nat., ms. fr. 5127, fol. 31 v°. (*Mention.*)

1547.

15655. Provisions pour Jean Perrinault de l'office de
mesureur du grenier à sel de Selles-sur-Cher
en Berry, vacant par la mort de Jean Rousseau. Rambouillet, 28 mars 1546.

Bibl. nat., ms. fr. 5127, fol. 31 v°. (*Mention.*)

28 mars.

15656. Provisions pour Raoul de Vaulx de l'office de
greffier du magasin à sel de Compiègne, vacant par la mort de Simon Charmolue. Rambouillet, 28 mars 1546.

Bibl. nat., ms. fr. 5127, fol. 31 v°. (*Mention.*)

28 mars.

15657. Provisions pour François de La Ferté de l'office
de receveur du magasin à sel de Saint-Dizier,
vacant par la résignation de Jean de La Ferté,
son père. Rambouillet, 28 mars 1546.

Bibl. nat., ms. fr. 5127, fol. 31 v°. (*Mention.*)

28 mars.

15658. Provisions pour Jean de Loué, avocat au Parlement de Rouen, de l'office de greffier des
Eaux et forêts de la vicomté de Rouen, vacant par la mort de Martin Noël, sur la présentation du sʳ de Repère, maître enquêteur
et général réformateur des Eaux et forêts de
Normandie. Rambouillet, 29 mars 1546 [1].

Bibl. nat., ms. fr. 5127, fol. 31 v°. (*Mention.*)

29 mars.

15659. Provisions pour François Duport de l'office
de morte-paye, garde et servant du château
de Beaucaire, vacant par la résignation de
Jacques Fournier, faite au profit dudit Duport. Rambouillet, 29 mars 1546.

Bibl. nat., ms. fr. 5127, fol. 32. (*Mention.*)

29 mars.

15660. Provisions pour Germain Jacques de l'office de
notaire royal au bailliage et duché de Berry,

29 mars.

---

[1] Note en marge : « La lettre a esté depuis redepeschée du xiiiᵉ avril,
pour ce qu'elle n'avoit peu estre scellée du vivant du feu roy. »

sur la présentation de la reine de Navarre,
vacant par la mort de Jacques Rodillon.
Rambouillet, 29 mars 1546.

1547.

> *Bibl. nat., ms. fr. 5127, fol. 32. (Mention.)*

15661. Provisions pour Isaac Chambellan de l'office de
greffier de l'élection de Compiègne, vacant
par la mort de Simon Charmolue. Rambouillet, 29 mars 1546.

29 mars.

> *Bibl. nat., ms. fr. 5127, fol. 32. (Mention.)*

15662. Lettres autorisant l'ouverture à Beaucaire d'un
nouveau marché qui se tiendra tous les mardis,
outre celui qui a lieu le jeudi. Rambouillet,
mars 1546.

Mars.

> *Copie. Arch. départ. de l'Hérault, C. États de*
> *Languedoc, coll. dom Pacotte, t. IX.*

15663. Lettres d'habilitation et de naturalité octroyées
à André Ruis et à sa femme, originaires
d'Espagne, établis en France et résidant
ordinairement à Nantes. Rambouillet, mars
1546.

Mars.

> *Enreg. à la Chambre des Comptes de Bretagne.*
> *Archives de la Loire-Inférieure, B. Mandements*
> *royaux, III, fol. 13.*

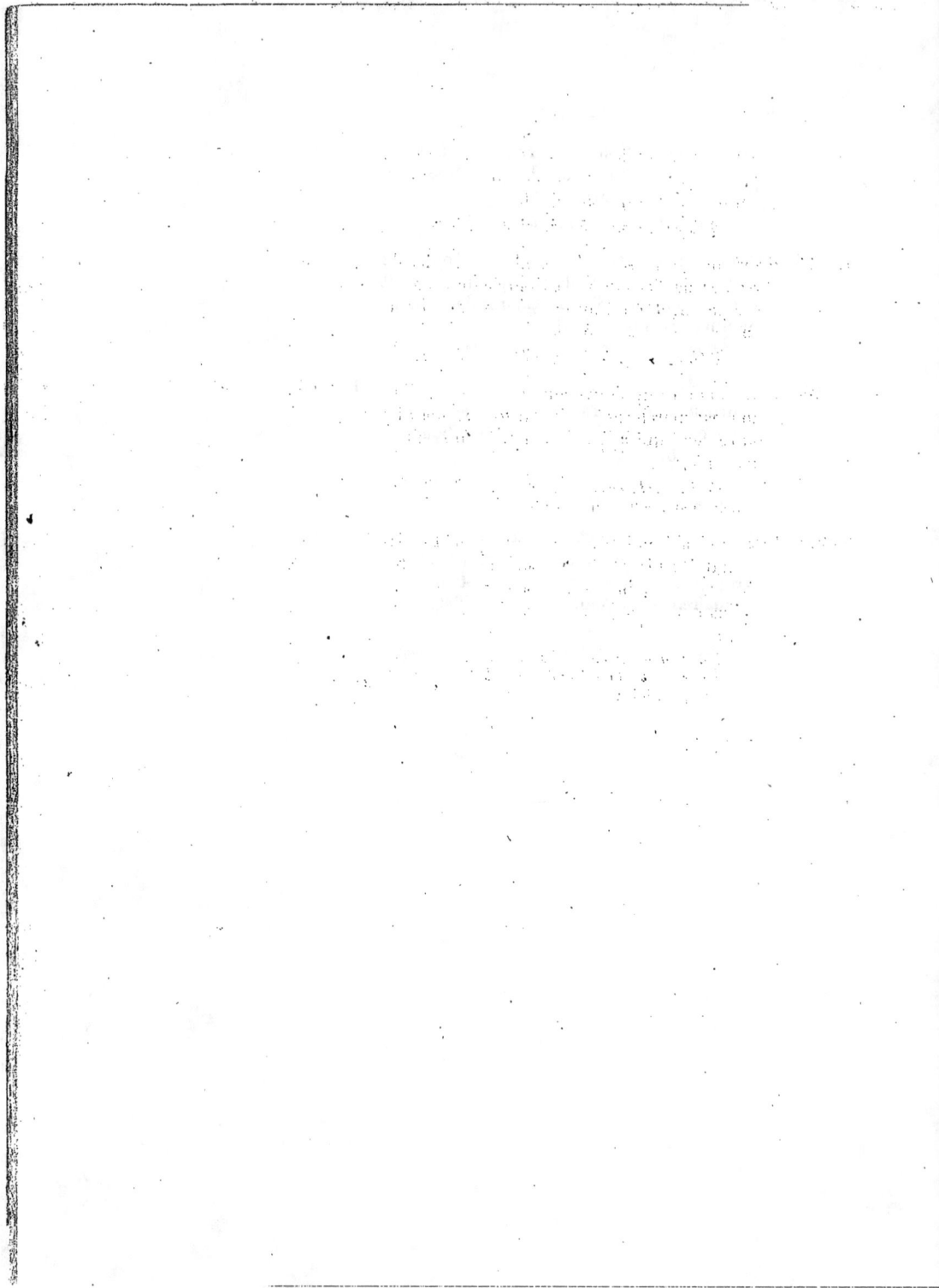

SUPPLÉMENT.

1515. — Pâques, le 8 avril.

15664. Lettres confirmant Jean-Jacques Trivulce dans son office de maréchal de France. Paris, 3 janvier 1514.

> *Original. Milan, Bibl. Trivulziana (palais Trivulce), cad. 2252.*
> *Imp. Rosmini, Dell' istoria intorno alle militari imprese i alla vita di Gian Jacopo Trivulzio. Milan, 1815, t. II, p. 316.*

3 janvier.

15665. Lettres confirmant Jean-Francisque Trivulce dans son office de grand veneur du Milanais. Paris, 3 janvier 1514.

> *Copie du XVIII⁰ siècle. Milan, arch. du prince Trivulce.*

3 janvier.

15666. Confirmation des lettres de Louis XII (Blois, 12 octobre 1512), donnant à Antoine Trivulce, évêque d'Asti, à son frère Scaramouche, évêque de Côme, et à leurs frères, les comtes Jérôme et Alexandre, la terre et seigneurie de Borgonovo dans la province de Plaisance. Paris, 4 janvier 1514.

> *Enreg. au Sénat de Milan, le 9 juillet 1516. Milan, Arch. di stato, Registri del antico Senato, fol. 896 v⁰.*

4 janvier.

15667. Provisions de la charge de lieutenant général et gouverneur des duché de Guyenne, ville et pays de la Rochelle, en faveur d'Odet de Foix, seigneur de Lautrec, maréchal de France. Paris, 5 janvier 1514.

> *Enreg. au Parl. de Bordeaux, le 17 mars suivant.*

5 janvier.

Original. Arch. départ. des Basses-Pyrénées, E. 5o3. (Cf. n° 14 du Catal., sous la date du 7 janvier.)

1515.

15668. Lettres confirmant Michel de Bretoul, notaire et secrétaire du roi, en son office de vicomte d'Avranches. Paris, 5 janvier 1514.

5 janvier.

Enreg. à la Chambre des Comptes de Paris, anc. mém. Z, fol. 2. Arch. nat., PP. 118, p. 1. (Mention.)
Bibl. nat., ms. Clairambault 782, p. 262. (Mention.)
Bibl. nat., ms. fr. 21405, p. 264. (Mention.)

15669. Don à Guillaume Gouffier, sieur de Bonnivet, d'une pension annuelle de 1,000 écus couronne, à prélever sur les produits de la chancellerie. Paris, 6 janvier 1514.

6 janvier.

Bibl. nat., ms. lat. 5981, fol. 18. (Mention.)

15670. Lettres de confirmation des présidents, conseillers et autres officiers du Parlement de Rouen en leurs offices. Paris, 7 janvier 1514.

7 janvier.

Enreg. au Parl. de Rouen, le 26 janvier suivant.
Copie du XVII° siècle. Arch. nat., U. 757, fol. 71 (2° partie). 3 pages.

15671. Lettres de confirmation des présidents, conseillers et autres officiers de la Cour des Aides de Montpellier en leurs offices. Paris, 7 janvier 1514.

7 janvier.

Arch. départ. de l'Hérault, B. 455. (Mention.)

15672. Lettres de confirmation d'Henri Bohier, chevalier, s' de Chesnaye, en son office de général des finances en Dauphiné. Paris, 7 janvier 1514.

7 janvier.

Arch. départ. de l'Isère, B. 2907, fol. 84 ter. 3 pages 1/2.

15673. Lettres confirmant Dreux Budé, notaire et secrétaire du roi, en l'office de trésorier et garde des chartes du roi. Paris, 7 janvier 1514.

7 janvier.

Enreg. à la Chambre des Comptes de Paris, anc. mém. Z, fol. 12 v°. Arch. nat., PP. 118, p. 5. (Mention.)
Bibl. nat., ms. Clairambault 782, p. 263. (Mention.)
Bibl. nat., ms. fr. 21405, p. 266. (Mention.)

15674. Lettres confirmant Florimond Robertet, chevalier, trésorier de France, dans son office de bailli et concierge du Palais. Paris, 7 janvier 1514.

> Enreg. et réception dudit Robertet au Parl. de Paris, le 6 mars 1515 n. s. Arch. nat., X¹ᵃ 4858, Plaidoiries, fol. 257 v°. (Mention.)

1515.
7 janvier

5675. Lettres confirmant Florimond Robertet, chevalier, trésorier de France, dans son office de secrétaire des finances. Paris, 7 janvier 1514.

> Enreg. à la Chambre des Comptes de Paris, anc. mém. Z, fol. 10. Arch. nat., PP. 118, p. 5. (Mention.)
> Bibl. nat., ms. Clairambault 782, p. 263. (Mention.)
> Bibl. nat , ms. fr. 21405, p. 266. (Mention.)

7 janvier.

15676. Lettres confirmant Oudin de Montdoucet, premier barbier et valet de chambre ordinaire du feu roi Louis XII, en l'office de concierge et garde du château de Blois. Paris, 7 janvier 1514.

> Vidimus du bailli de Blois, du 27 septembre 1515. Bibl. nat., Pièces orig., Montdoucet, vol. 1994, p. 8.

7 janvier.

15677. Lettres confirmant François de Silly, chevalier, sieur de Longroy, conseiller et premier écuyer tranchant du roi, en l'office de bailli de Caen. Paris, 7 janvier 1514.

> Enreg. à la Chambre des Comptes de Paris, anc. mém. Z, fol. 46. Arch. nat., PP. 118, p. 10. (Mention.)
> Bibl. nat., ms. Clairambault 782, p. 264. (Mention.)
> Bibl. nat., ms. fr. 21405, p. 268. (Mention.)

7 janvier.

15678. Lettres confirmant Jean Cotereau, chevalier, sieur de Maintenon, en l'office de trésorier de France à Paris. Paris, 7 janvier 1514.

> Enreg. à la Chambre des Comptes de Paris, anc. mém. Z, fol. 2. Arch. nat., PP. 118, p. 1. (Mention.)
> Bibl. nat., ms. Clairambault 782, p. 262. (Mention.)
> Bibl. nat., ms. fr. 21405, p. 264. (Mention.)

7 janvier.

15679. Lettres confirmant Pierre Legendre, chevalier, en l'office de trésorier de France. Paris, 7 janvier 1514.

> *Enreg. à la Chambre des Comptes de Paris*, anc. mém. Z, fol. 3 v°. *Arch. nat.*, PP. 118, p. 2. (*Mention.*)
>> *Bibl. nat.*, ms. Clairambault 782, p. 262. (*Mention.*)
>> *Bibl. nat.*, ms. fr. 21405, p. 265. (*Mention.*)

1515.
7 janvier.

15680. Lettres confirmant Louis de Poncher, chevalier, en l'office de trésorier de France. Paris, 7 janvier 1514.

> *Enreg. à la Chambre des Comptes de Paris*, anc. mém. Z, fol. 3. *Arch. nat.*, PP. 118, p. 1. (*Mention.*)
>> *Bibl. nat.*, ms. Clairambault 782, p. 262. (*Mention.*)
>> *Bibl. nat.*, ms. fr. 21405, p. 264. (*Mention.*)

7 janvier.

15681. Lettres confirmant Aignan Cailly en l'office de vicomte et receveur ordinaire d'Arques. Paris, 7 janvier 1514.

> *Enreg. à la Chambre des Comptes de Paris*, anc. mém. Z, fol. 12 v°. *Arch. nat.*, PP. 118, p. 6. (*Mention.*)
>> *Bibl. nat.*, ms. Clairambault 782, p. 263. (*Mention.*)
>> *Bibl. nat.*, ms. fr. 21405, p. 266. (*Mention.*)

7 janvier.

15682. Lettres confirmant François Dupré en l'office de vicomte et receveur ordinaire de Bayeux. 7 janvier 1514.

> *Enreg. à la Chambre des Comptes de Paris*, anc. mém. Z, fol. 5. *Arch. nat.*, PP. 118, p. 2. (*Mention.*)
>> *Bibl. nat.*, ms. fr. 21405, p. 265. (*Mention.*)

7 janvier.

15683. Lettres confirmant Guillaume Delamare, notaire et secrétaire du roi, en l'office de vicomte de Beaumont-le-Roger. Paris, 7 janvier 1514.

> *Enreg. à la Chambre des Comptes de Paris*, anc. mém. Z, fol. 6. *Arch. nat.*, PP. 118, p. 3. (*Mention.*)
>> *Bibl. nat.*, ms. Clairambault 782, p. 263. (*Mention.*)
>> *Bibl. nat.*, ms. fr. 21405, p. 265. (*Mention.*)

7 janvier.

15684. Lettres confirmant François d'Harcourt en l'of-

7 janvier.

fice de vicomte de Caen. Paris, 7 janvier 1514.

1515.

> *Enreg. à la Chambre des Comptes de Paris*, anc. mém. Z, fol. 7 v°. *Arch. nat.*, PP. 118, p. 4. (*Mention.*)
> *Bibl. nat.*, ms. Clairambault 782, p. 263. (*Mention.*)
> *Bibl. nat.*, ms. fr. 21405, p. 266. (*Mention.*)

15685. Lettres confirmant Jean de Saint-Germain en l'office de vicomte et receveur de Carentan au bailliage de Cotentin. 7 janvier 1514.

7 janvier

> *Enreg. à la Chambre des Comptes de Paris*, anc. mém. Z, fol. 12. *Arch. nat.*, PP. 118, p. 5. (*Mention.*)
> *Bibl. nat.*, ms. fr. 21405, p. 266. (*Mention.*)

15686. Lettres confirmant Jean Mazeline, écuyer, en son office de vicomte et receveur ordinaire de Conches et Breteuil. 7 janvier 1514.

7 janvier.

> *Enreg. à la Chambre des Comptes de Paris*, anc. mém. Z, fol. 4 v°. *Arch. nat.*, PP. 118, p. 2. (*Mention.*)
> *Bibl. nat.*, ms. fr. 21405, p. 265. (*Mention.*)

15687. Lettres confirmant Jean Louvel, écuyer, en l'office de vicomte et receveur ordinaire de Coutances. 7 janvier 1514.

7 janvier.

> *Enreg. à la Chambre des Comptes de Paris*, anc. mém. Z, fol. 5 v°. *Arch. nat.*, PP. 118, p. 3. (*Mention.*)
> *Bibl. nat.*, ms. fr. 21405, p. 265. (*Mention.*)

15688. Lettres confirmant Raoul de La Faye en l'office de vicomte et receveur ordinaire d'Évreux. 7 janvier 1514.

7 janvier.

> *Enreg. à la Chambre des Comptes de Paris*, anc. mém. Z, fol. 5. *Arch. nat.*, PP. 118, p. 2. (*Mention.*)
> *Bibl. nat.*, ms. fr. 21405, p. 265. (*Mention.*)

15689. Lettres confirmant Jean Picart, sieur de Radeval, conseiller et maître d'hôtel ordinaire du roi, en l'office de vicomte et receveur ordinaire de Falaise. Paris, 7 janvier 1514.

7 janvier.

> *Enreg. à la Chambre des Comptes de Paris*, anc. mém. Z, fol. 14. *Arch. nat.*, PP. 118, p. 6. (*Mention.*)

Bibl. nat., ms. Clairambault 782, p. 263. (Mention.)   1515.

Bibl. nat., ms. fr. 21405, p. 267. (Mention.)

15690. Lettres confirmant Jean de Basset, chevalier,   7 janvier.
seigneur de Normanville, en l'office de vi-
comte et receveur de Gisors. 7 janvier 1514.

> Enreg. à la Chambre des Comptes de Paris, anc.
> mém. Z, fol. 5. Arch. nat., PP. 118, p. 2. (Men-
> tion.)
> Bibl. nat., ms. fr. 21405, p. 265. (Mention.)

15691. Lettres confirmant Pierre Gruel (aliàs Griel)   7 janvier.
en l'office de vicomte et receveur ordinaire
d'Orbec. Paris, 7 janvier 1514.

> Enreg. à la Chambre des Comptes de Paris, anc.
> mém. Z, fol. 6. Arch. nat., PP. 118, p. 3. (Men-
> tion.)
> Bibl. nat., ms. Clairambault 782, p. 262. (Men-
> tion.)
> Bibl. nat., ms. fr. 21405, p. 265. (Mention.)

15692. Lettres confirmant Jean d'Orsonvillier, cheva-   7 janvier.
lier, en l'office de vicomte et receveur ordi-
naire de Pontauthou et de Pont-Audemer.
Paris, 7 janvier 1514.

> Enreg. à la Chambre des Comptes de Paris, anc.
> mém. Z, fol. 9. Arch. nat., PP. 118, p. 5. (Men-
> tion.)
> Bibl. nat., ms. Clairambault 782, p. 263. (Men-
> tion.)
> Bibl. nat., ms. fr. 21405, p. 266. (Mention.)

15693. Lettres confirmant Jacques Chalange en son   7 janvier.
office de vicomte et receveur du Pont-de-
l'Arche. 7 janvier 1514.

> Enreg. à la Chambre des Comptes de Paris, anc.
> mém. Z, fol. 4 v°. Arch. nat., PP. 118, p. 2. (Men-
> tion.)
> Bibl. nat., ms. fr. 21405, p. 265. (Mention.)

15694. Lettres confirmant Jean Langlois, écuyer, en   7 janvier.
l'office de vicomte et receveur ordinaire de
Saint-Sauveur-Landelin. 7 janvier 1514.

> Enreg. à la Chambre des Comptes de Paris, anc.
> mém. Z, fol. 4 v°. Arch. nat., PP. 118, p. 2. (Men-
> tion.)
> Bibl. nat., ms. fr. 21405, p. 265. (Mention.)

15695. Lettres confirmant Louis d'Urthebie en l'office de vicomte et receveur de Valognes. 7 janvier 1514.

1515.
7 janvier.

> *Enreg. à la Chambre des Comptes de Paris*, anc. mém. Z, fol. 7 v°. *Arch. nat.*, PP. 118, p. 4. (*Mention.*)
> *Bibl. nat.*, ms. fr. 21405, p. 266. (*Mention.*)

15696. Lettres confirmant Secondin Vial, chevalier, en l'office de maître des ports de la sénéchaussée de Lyon et bailliage de Mâcon. Paris, 7 janvier 1514.

7 janvier.

> *Enreg. à la Chambre des Comptes de Paris*, anc. mém. Z, fol. 5. *Arch. nat.*, PP. 118, p. 2. (*Mention.*)
> *Bibl. nat.*, ms. Clairambault 782, p. 262. (*Mention.*)
> *Bibl. nat.*, ms. fr. 21405, p. 265. (*Mention.*)

15697. Lettres de confirmation en faveur de Jean Cueillette, contrôleur général des finances de Languedoc, des dons et octrois à lui faits par Charles VIII et Louis XII, et règlement de ses gages à 400 livres tournois par an, à dater du jour de la mort de Louis XII. Paris, 7 janvier 1514.

7 janvier.

> *Copie collationnée. Bibl. nat., Pièces orig.*, vol. 950, Cueillette, p. 21.

15698. Lettres confirmant Pierre Boyer en l'office de conservateur de l'équivalent au siège de Carcassonne, qu'il exerçait déjà sous Louis XII. Paris, 7 janvier 1514.

7 janvier.

> *Vidimus du sénéchal de Carcassonne du 28 mai 1516. Bibl. nat., Pièces orig.*, vol. 486, Boyer, doss. 10876, p. 6.

15699. Lettres confirmant Bernard Pelletan en l'office de juge et conservateur de l'équivalent au siège de Montpellier, qu'il exerçait sous le règne précédent. Paris, 7 janvier 1514.

7 janvier.

> *Copie collat. du 20 mars 1515 n. s. Bibl. nat.*, ms. Clairambault, vol. 132 (titres scellés), p. 33.

15700. Lettres confirmant Pierre de Bardy, bourgeois de Toulouse, en l'office de conservateur du

7 janvier.

droit de l'équivalent en la sénéchaussée de
Toulouse. Paris, 7 janvier 1514.

1515.

> *Vidimus du sénéchal de Toulouse, du 6 avril
> 1518 n. s. Bibl. nat., Pièces orig., vol. 195,
> Bardy, p. 3.*

15701. Lettres confirmant Pierre Coustau en l'office
d'examinateur au Châtelet de Paris, qu'il
exerçait sous le feu roi. Paris, 9 janvier 1514.

9 janvier.

> *Original. Arch. nat., V² 32. (Dossier des exa-*
> *minateurs au Châtelet.)*

15702. Lettres confirmant Jean Dosseran en l'office de
contregarde de la Monnaie de Tours. Paris,
9 janvier 1514.

9 janvier.

> *Vérifiées à la Cour des Monnaies, le 6 mars sui-*
> *vant. Arch. nat., Z¹ᵇ 548, dossier de l'année 1532.*
> *(Mention.)*

15703. Confirmation en faveur du procureur du roi au
gouvernement, bailliage et duché de Valois,
du privilège de prendre un sou pour livre sur
tous les droits casuels dus au roi à cause de
son domaine du duché de Valois. Paris,
10 janvier 1514.

10 janvier.

> *Copie collat. du XVIIᵉ siècle. Arch. nat., R⁴ 84.*

15704. Provisions en faveur de Jean de Jussac, premier écuyer d'écurie du roi, de l'office de
maître et auditeur en la Chambre des Comptes
de Blois, au lieu de Jean Chevalier, décédé.
Paris, 10 janvier 1514.

10 janvier.

> *Vidimus du 26 mai 1515, présenté ce jour en la*
> *Chambre des Comptes de Blois. Bibl. nat., Pièces*
> *orig., Jussac, vol. 1601, p. 3.*

15705. Provisions pour Denis Cochon de l'office de
receveur ordinaire du domaine de la prévôté
de Sainte-Menehould. 10 janvier 1514.

10 janvier.

> *Enreg. à la Chambre des Comptes de Paris, anc.*
> *mém. Z, fol. 187 v°. Arch. nat., PP. 118, p. 30.*
> *(Mention.)*
> *Bibl. nat., ms. fr. 21405, p. 271. (Mention.)*

15706. Lettres confirmant aux habitants d'Amboise le
privilège de l'apetissement de la mesure du

11 janvier.

vin, pour le surplus du temps qui restait encore à courir sur les six ans accordés par Louis XII. Paris, 11 janvier 1514.

> *Original. Arch. de la ville d'Amboise (Indre-et-Loire), CC. 14.*

1515.

15707. Confirmation des privilèges octroyés à la Chambre des Comptes de Blois par lettres de Louis XII, en date du 26 mars 1499 n. s. Paris, 12 janvier 1514.

> IMP. *Mémoire pour les officiers de la Chambre des Comptes de Blois...., contre les officiers du présidial de la même ville, s. l. n. d., in-4° (Bibl. nat., imp.* f° F. 3, t. 36), p. 4 des pièces justificatives. (*Mention.*)

12 janvier.

15708. Confirmation des pouvoirs de Roger de Gramont, conseiller et chambellan du roi, en qualité de maire et capitaine de Bayonne. Paris, 12 janvier 1514.

> *Original. Bibl. nat., ms. fr. 24058, fol. 7.*

12 janvier.

15709. Lettres de confirmation pour François de Pontbriant de l'office de capitaine de Blois, qu'il tenait déjà sous Louis XII. Paris, 12 janvier 1514.

> *Original. Bibl. nat., Pièces orig., Pontbriant, vol. 2334, pièce 39.*

12 janvier.

15710. Lettres portant que le roi, obtempérant au désir de sa mère de voir maintenir les officiers du royaume ayant servi sous le dernier règne, confirme Pierre de Lur, gentilhomme de son hôtel, dans l'office de capitaine de la ville et du château de Saint-Sever. Paris, 12 janvier 1514.

> *Copie authentique. Bibl. nat., Pièces orig., Lur, vol. 1775, p. 19.*

12 janvier.

15711. Lettres confirmant en son office de prévôt de Saint-Sever en la sénéchaussée des Lannes, Bertrand de Casaux, selon le désir de Louise de Savoie que les officiers de Louis XII conservent leurs charges. Paris, 12 janvier 1514.

> *Vidimus sous le sceau aux contrats de la ville de Bayonne. Bibl. nat., Pièces orig., Casaulx, vol. 608, p. 13.*

12 janvier.

26.

15712. Confirmation de la commission donnée par Louis XII à Guillaume Briçonnet, secrétaire du roi, de faire le payement des gages des cent gentilshommes de l'hôtel du roi, commandés par le duc de Longueville. Paris, 12 janvier 1514.

> *Arch. nat., 10e compte de Guillaume Briçonnet,* K. 502, n° 5, fol. 13. (*Mention.*)

1515.
12 janvier.

15713. Confirmation de Jean Le Sénéchal en son office de notaire au Châtelet de Paris, qu'il exerçait sous le feu roi Louis XII. Paris, 12 janvier 1514.

> *Original. Arch. nat.,* V² 32. (*Dossier intitulé : Notaires au Châtelet.*)

12 janvier.

15714. Confirmation de Jean Sénéchal, licencié ès lois, en son office d'avocat du roi au comté et bailliage de Blois. Paris, 12 janvier 1514.

> *Vidimus du bailli de Blois, du 19 janvier 1515 n. s. Bibl. nat., Pièces orig.,* Sénéchal, vol. 2685 (doss. 59,571), p. 5.

12 janvier.

15715. Confirmation de Guillaume Maréchal en l'office de maître des eaux et forêts du comté de Blois. Paris, 12 janvier 1514.

> *Vidimus du bailli de Blois, du 2 août 1515. Bibl. nat., Pièces orig.,* vol. 1846, Maréchal (doss. 42,649), p. 19.

12 janvier.

15716. Confirmation de Jean Colart en son office de maître particulier des eaux et forêts de Sézanne et Chantemerle, qu'il exerçait sous Louis XII. Paris, 12 janvier 1514.

> *Enreg. aux Eaux et forêts, le 14 février suivant. Arch. nat.,* Z¹ᵉ 316, fol. 129. 1 page.

12 janvier.

15717. Confirmation de Jacques d'Espinay en son office de maître particulier des eaux et forêts du duché de Touraine. Paris, 12 janvier 1514.

> *Enreg. aux Eaux et forêts, le 15 mars suivant. Arch. nat.,* Z¹ᵉ 316, fol. 131. 1 page.

12 janvier.

15718. Confirmation de Martin Langrangier en son office de maître particulier des eaux et forêts

12 janvier.

de la prévôté de Chauny. Paris, 12 janvier 1514. **1515.**

Enreg. aux Eaux et forêts, le 20 juillet suivant. Arch. nat., Z^{le} 316, fol. 137 v°. 1 page.

15719. Confirmation d'Étienne Daniel en l'office de bailli et garde de la terre et justice de Tremblevif (aujourd'hui Saint-Viâtre) en Sologne. Paris, 12 janvier 1514.   **12 janvier.**

Vidimus du garde de la prévôté d'Orléans. Bibl. nat., Pièces orig., Daniel (doss. 21,470); vol. 971, p. 5.

15720. Don de 1,213 livres 6 sous 8 deniers tournois à Guillaume de Houdetot, l'un des cent gentilshommes de l'hôtel de la compagnie du s^r de Brezé, grand sénéchal de Normandie, pour ses services au roi Louis XII, en la garde du château de Godefa, près Gênes. Paris, 12 janvier 1514.   **12 janvier.**

Original. Bibl. nat., Pièces orig., vol. 1537, Houdetot, p. 51.

15721. Mandement à Jean Lalemant, trésorier général des finances en Languedoc, de payer à François de Haubourdin, l'un des cent gentilshommes de l'hôtel de la compagnie du s^r de Brézé, à lui promis pour chaque année par Louis XII, à l'occasion de son mariage. Paris, 12 janvier 1514.   **12 janvier.**

Original. Bibl. nat., Pièces orig., vol. 1490, Haubourdin, p. 2.

15722. Lettres de réception de foi et hommage de Jean d'Albret, comte de Dreux et de Rethel, s^r d'Orval, baron de Rozoy en Thiérache, pour ladite seigneurie de Rozoy, mouvante de Laon. Paris, 12 janvier 1514.   **12 janvier.**

Original. Arch. nat., Chambre des Comptes, P. 15, n° 5544.

15723. Provisions de l'office de bailli de la Montagne (Châtillonnais), pour Antoine de Lamet, en remplacement du s^r de Fontaines. Paris, 14 janvier 1514.   **14 janvier.**

Enreg. au Parlement de Dijon, le 24 avril 1515. Arch. de la Côte-d'Or, Parlement; reg. I, fol. 129.

15724. Mandement de payer 1,000 écus d'or, quart
du don fait par le roi à Adrien de Brimeu,
sʳ d'Humbercourt, pour le récompenser de ses
services militaires en Italie, sous le dernier
roi, et dernièrement en Guyenne et Navarre
contre les Espagnols, et en Picardie, où le
roi a été témoin de sa valeur. Paris, 14 janvier 1514.

    *Original. Bibl. nat., Pièces orig., vol. 519,
Brimeu, p. 26.*

1515.
14 janvier.

15725. Déclaration de foi et hommage de Dreux Budé,
gardé des chartes, pour un fief sis au Petit-
Drancy, dit les Noues, mouvant de Corbeil.
Paris, 15 janvier 1514.

    *Original. Arch. nat., Chambre des Comptes de
Paris, P. 2, n° 605.*

15 janvier.

15726. Déclaration de foi et hommage de Dreux Budé,
pour la terre de Villiers-sur-Marne, mouvante
du Châtelet de Paris. Paris, 15 janvier 1514.

    *Original. Arch. nat., Chambre des Comptes de
Paris, P. 2, n° 606.*

15 janvier.

15727. Déclaration de foi et hommage de Dreux Budé,
pour la terre d'Yerres en Brie, mouvante de
Corbeil. Paris, 15 janvier 1514.

    *Original. Arch. nat., Chambre des Comptes de
Paris, P. 2, n° 607.*

15 janvier.

15728. Provisions en faveur de Jean Cotereau, sommelier ordinaire de l'échansonnerie du roi,
de l'office de concierge et garde du petit jardin du château de Blois, qu'il exerçait déjà
sous Louis XII. Paris, 16 janvier 1514.

    *Vidimus du bailli de Blois. Bibl. nat., Pièces orig.,
Cotereau, vol. 872, p. 51.*

16 janvier.

15729. Confirmation de Simon du Marhault en l'office
d'examinateur au Châtelet de Paris, dont il
avait été pourvu par Louis XII. Paris, 16 janvier 1514.

    *Original. Arch. nat., V² 32. (Dossier des exa-
minateurs au Châtelet.)*

16 janvier.

15730. Confirmation de Claude Giroul en l'office de

16 janvier.

sergent à cheval au Châtelet de Paris, qu'il
exerçait sous le feu roi. Paris, 16 janvier 1514.

> Original. Arch. nat., V² 32. (Dossier des ser-
> gents au Châtelet.)

1515.

15731. Confirmation de Guillaume Giroult en son office de garde de la Monnaie de Tours. Paris,
16 janvier 1514.

16 janvier.

> Vérifiée à la Cour des Monnaies, le 17 mars sui-
> vant. Arch. nat., Z¹ᵇ 548, dossier de l'année
> 1532. (Mention.)

15732. Provisions de l'office de conseiller clerc au Parlement de Paris en faveur de Raoul Aymeret,
au lieu d'Imbert de La Platière, nommé évêque de Nevers. Paris, 17 janvier 1514 [1].

17 janvier.

> Présentées au Parlement de Paris, le 9 février
> 1515 n. s. Arch. nat., X¹ᵃ 1517, fol. 68 v°.
> (Mention.)

15733. Provisions pour Jean Lopin, licencié ès lois, de
l'office de bailli d'Amboise, en remplacement
et sur la résignation de Raymond de Dezest,
écuyer. Paris, 17 janvier 1514.

17 janvier.

> Original. Arch. municipales d'Amboise (Indre-et-
> Loire), II, 4.

15734. Don à Guillaume d'Ailly, homme d'armes des
ordonnances, lieutenant de la compagnie du
duc de Lorraine, des biens confisqués par
droit d'aubaine sur Clément Charpentier.
17 janvier 1514.

17 janvier.

> Enreg. à la Chambre des Comptes de Paris, anc.
> mém. Z, fol. 6 v°. Arch. nat., PP. 118, p. 3.
> (Mention.)
> Bibl. nat., ms. fr. 21405, p. 265. (Mention.)
> Bibl. nat., ms. Clairambault 782, p. 263.
> (Mention.)

15735. Déclaration de l'hommage de Jean Herbert, dit
d'Orsonvilliers, pour la baronnie de Courcy

18 janvier.

---

[1] Quelques jours plus tard, François Iᵉʳ disposait du même office
en faveur de Nicole Lecoq (voir Catal., n° 58). Celui-ci s'étant présenté
au Parlement, le 9 février 1515 n. s., Guillaume Aymeret, père de
Raoul, s'opposa à sa réception; mais il retira son opposition, le mercredi suivant, 15 février, sur l'ordre du roi. (Arch. nat., X¹ᵃ 1517,
fol. 72 v° et 73.)

(bailliage de Caen, vicomté et châtellenie de
Falaise). Paris, 18 janvier 1514.

> *Expéd. orig. Arch. nat., P. 273², cote 6004.*

15736. Déclaration de foi et hommage de Claude Rapine, veuve de Guillaume Vollant, conseiller
et avocat du roi au Parlement, dame de
Dollot en Gâtinais, pour ladite seigneurie
mouvante de Sens. Paris, 18 janvier 1514.

18 janvier.

> *Original. Arch. nat., Chambre des Comptes de
> Paris, P. 14, n° 5108.*

15737. Déclaration de l'hommage de Philippe de Croy,
comte de Porcien, pour la seigneurie de Bar-
sur-Aube (bailliage de Chaumont). Paris,
22 janvier 1514.

22 janvier.

> *Expéd. orig. Arch. nat., P. 163¹, cote 950.*

15738. Provisions pour Denis Pellisson de l'office de
receveur ordinaire du domaine au comté du
Maine. 22 janvier 1514.

22 janvier.

> *Enreg. à la Chambre des Comptes de Paris, anc.
> mém. Z, fol. 180. Arch. nat., PP. 118, p. 28.
> (Mention.)*
> *Bibl. nat., ms. fr. 21495, p. 271. (Mention.)*

15739. Déclaration de foi et hommage de Jacques de
Moy, chevalier, chambellan du roi, pour la
seigneurie de Bellencombre, mouvante d'Arques; pour la seigneurie de « Beuzemouchel »,
mouvante de Caudebec en fief de haubert; pour
un quart de fief noble, situé à Bailly-en-Rivière
et mouvant de Mortemer; pour le fief de la
Mailleraye, mouvant de Pont-Audemer, et
pour le huitième du fief de Bosguérard, situé
à Bretteville, mouvant de Rouen, etc. Reims,
26 janvier 1514.

26 janvier.

> *Original. Arch. nat., Chambre des Comptes, P.
> 264², n° 1171.*

15740. Déclaration de foi et hommage de Jacques de
Moy, conseiller et chambellan du roi, pour
la seigneurie de Chin, mouvante de Tournay.
Reims, 26 janvier 1514.

26 janvier.

> *Original. Arch. nat., Chambre des Comptes de
> Paris, P. 15, n° 5545.*

15741. Déclaration de l'hommage rendu par Jean de Bohan, seigneur de Clamecy, au nom de Madeleine Chardon, sa femme, pour la seigneurie de Nanteuil-la-Fosse (bailliage de Vitry, prévôté de Châtillon-sur-Marne). Reims, 26 janvier 1514.

1515.
26 janvier.

> *Expéd. orig. Arch. nat. P.* 162¹, *cote* 492.

15742. Déclaration de l'hommage de Jean de Balaignes (*aliàs* Balangans) pour partie des seigneuries de la Queue-au-Bois et de Villegruis (bailliage de Meaux, châtellenie de Provins). Reims, 26 janvier 1514.

26 janvier.

> *Expéd. orig. Arch. nat.*, P. 164², *cote* 1673.

15743. Déclaration de l'hommage d'Ogier de Saint-Blaise, écuyer, pour partie de la seigneurie de Changy, mouvante du château de Vitry, pour une maison sise dans les dépendances dudit château, pour le droit de chasse dans la garenne royale dudit Vitry, et pour deux rentes, l'une de 12 muids de grain sur les moulins de Provins, l'autre de 15 livres tournois sur le domaine dudit lieu. Reims, 26 janvier 1514.

26 janvier.

> *Expéd. orig. Arch. nat.*, P. 164², *cote* 1674.

15744. Lettres portant que Jean Dupuy, écuyer, seigneur de la Jarte, maire de Périgueux, a fait au roi, au nom des habitants de cette ville, acte de foi et hommage. Paris, 26 janvier 1514.

26 janvier.

> *Copie collat. du 6 février 1538 n. s. Arch. nat., suppl. du Trésor des chartes*, J. 864, n° 31.

15745. Déclaration de foi et hommage de **Thomas Bohier**, s' de Saint-Ciergues et de Chenonceaux, général des finances, pour la seigneurie de Chenonceaux, mouvante d'Amboise. Reims, 27 janvier 1514.

27 janvier.

> *Original. Arch. nat., Chambre des Comptes de Paris*, P. 11, n° 3869.

15746. Mandement du roi au sujet d'un conflit de

30 janvier.

juridiction entre l'évêque de Tournay et l'archevêque de Reims. Paris, 3o janvier 1514. 1515.

> *Copie du xvi° siècle. Arch. départ. du Nord,*
> *Trésor des chartes, carton 55o, n° 16713.*

15747. Confirmation des privilèges, exemptions et libertés accordés par les rois aux habitants d'Amboise et des faubourgs. Paris, janvier 1514. Janvier.

> *Original. Arch. municipales d'Amboise (Indre-et-Loire), AA. 17.*
> *Imp. L'abbé C. Chevalier, Inventaire des arch. d'Amboise. In-8°, 1874, p. 8.*

15748. Confirmation des privilèges accordés aux Célestins d'Avignon par les comtes de Provence. Paris, janvier 1514. Janvier.

> *Mention dans un arrêt du Grand conseil, en date du 7 octobre 1533.[1] Arch. nat., V⁵ 1049.*

15749. Confirmation des privilèges accordés par Louis XI et Charles VIII aux habitants de Castel-Sarrasin. Paris, janvier 1514. Janvier.

> *Copie du xviii° siècle dans un vidimus d'Antoine de Rochechouart, sénéchal de Toulouse et d'Albigeois, du 4 janvier 1539. Bibl. nat., coll. Doat, vol. 92, fol. 536.*

15750. Lettres portant confirmation des privilèges accordés aux consuls et habitants de Sommières par Charles VIII, en décembre 1483. Paris, janvier 1514. Janvier.

> *Original. Arch. communales de Sommières (Gard), AA. 11.*

15751. Lettres de réception de foi et hommage de Jean de Harlus, sʳ de Milly et de Saint-Front, maître des comptes, pour la moitié de la châtellenie de Milly et de la vicomté héréditaire dudit lieu, mouvant de Milly. Compiègne, 1ᵉʳ février 1514. 1ᵉʳ février.

> *Original. Arch. nat., Chambre des Comptes de Paris, P. 7, n° 2188.*

[1] Cet arrêt mentionne un acte du roi René en faveur desdits religieux, daté du 5 novembre 1476.

15752. Lettres de réception de foi et hommage de Jean de Harlus, maître des comptes, sʳ de Cramaille, premier baron de Valois, pour la baronnie de Cramaille, première baronnie de Valois, mouvante d'Oulchy-le-Château. Compiègne, 1ᵉʳ février 1514.

> Original. Arch. nat., Chambre des Comptes de Paris, P. 7, nᵒ 2189.

1515.
1ᵉʳ février.

15753. Lettres de réception de foi et hommage de Jean de Harlus, maître des comptes, pour le fief héréditaire d'Oulchy-le-Château, mouvant d'Oulchy-le-Château. Compiègne, 1ᵉʳ février 1514.

> Original. Arch. nat., Chambre des Comptes de Paris, P. 7, nᵒ 2190.

1ᵉʳ février.

15754. Provisions pour Bonaventure Thomassin, docteur ès droits, de l'office de conservateur des privilèges de Lyon, vacant par la résignation de Claude Thomassin, écuyer, son père. Compiègne, 2 février 1514.

> Reçu au Parl. de Paris, le 25 juin 1515. Arch. nat., X¹ᵃ 4859, Plaidoiries, fol. 181 vᵒ. (Mention.)

2 février.

15755. Provisions de l'office de clerc auditeur en la Chambre des Comptes de Dijon pour Jean Frémyot, en remplacement et sur la résignation de René Frémyot, son père. Paris, 4 février 1514.

> Enreg. à la Chambre des Comptes de Dijon, le 12 novembre 1518. Arch. de Côte-d'Or, B. 18, fol. 18.

4 février.

15756. Déclaration portant qu'à l'avenir l'Échiquier de Rouen portera le nom de Parlement de Normandie. Compiègne, 6 février 1514.

> Enreg. audit Parlement, le 13 février suivant. Copie du xvɪɪᵉ siècle. Arch. nat., U. 757, p. 74 (2ᵉ partie). 1 page.

6 février.

15757. Commission au sʳ de La Trémoïlle, lieutenant général du roi et gouverneur de Bourgogne, à Michel Boudet, évêque de Langres, à Jacques Hurault, général des finances, et à Jean Sapin, receveur général de Bourgogne, d'as-

6 février.

sister à l'assemblée des trois États du comté
d'Auxonne. Compiègne, 6 février 1514.

1515.

> Original. Arch. de la Côte-d'Or, États, C. 7484.

15758. Lettres adressées au duc d'Alençon, lieutenant
général et gouverneur de Normandie, portant confirmation de Christophe de Charnoy
comme capitaine de la nef royale *La Diep-
poise*, qu'il commandait déjà sous Louis XII.
Compiègne, 6 février 1514.

6 février.

> Vidimus de la vicomté de Rouen, du 20 février
> 1515 n. s. Bibl. nat., Pièces originales, vol. 669,
> Charnoy, p. 2.

15759. Déclaration de foi et hommage de Jacques Hurault, chevalier, général des finances, pour
la ville de Vibraye et les bois de Gréez qui en
dépendent, mouvants du Mans. Paris, 9 février 1514.

9 février.

> Original. Bibl. nat., Chambre des Comptes de
> Paris, P. 348¹, n° 1407²³.

15760. Déclaration de l'hommage de Nicole Horis, élu
en l'élection de Reims, pour la seigneurie de
Courtagnon (bailliage de Vitry, châtellenie
de Châtillon-sur-Marne). Paris, 10 février
1514.

10 février.

> Expéd. orig. Arch. nat., P. 162¹, cote 493.

15761. Provisions en faveur de René de Savoie, dit « le
grand bâtard de Savoie », de l'office de grand
sénéchal, gouverneur et lieutenant général du
roi en Provence. Paris, 11 février 1514.

11 février.

> Bibl. nat., ms. fr. 20874, fol. 451. (Mention.)

15762. Déclaration de foi et hommage d'Étienne Petit,
trésorier de l'ordre de Saint-Michel, pour la
terre de Croissy-en-Brie, mouvante du Châtelet de Paris. Paris, 11 février 1514.

11 février.

> Original. Arch. nat., Chambre des Comptes de
> Paris, P. 2, n° 608.

15763. Déclaration de foi et hommage d'Étienne Petit,
chevalier, secrétaire et trésorier de l'ordre de
Saint-Michel, pour un fief contenant des bois
appelés les « bois d'Eron », mouvant de Torcy

11 février.

en Brie, ayant appartenu à feu Raoul de Gau- 1515.
court, s¹ de Luzarches. Paris, 11 février 1514.

> Original. Arch. nat., Chambre des Comptes de
> Paris, P. 2, n° 610.

15764. Déclaration de l'hommage lige de Martin La 14 février.
Caille, chevalier, pour le huitième du fief de
« Feuquerey » (bailliage de Caux, châtellenie
d'Arques). Paris, 14 février 1514.

> Expéd. orig. Arch. nat., P. 267¹, cote 2348.

15765. Déclaration de l'hommage rendu par Jean de 14 février.
Magneville, chevalier, au nom de Guillemette
de Grimonville, sa femme, pour les seigneuries de Carantilly (vicomté de Coutances) et
de Varengière [1] (vicomté de Valognes), au
bailliage de Cotentin. Paris, 14 février 1514.

> Expéd. orig. Arch. nat., P. 268², cote 3094.

15766. Mandement aux généraux des finances de faire 16 février.
payer par Jean Lalemant, trésorier de Lan-
guedoc, à Nicolas de Cerisay, trésorier et
receveur de la reine douairière Marie, 2,600
livres tournois, sur les 13,487 livres 10 sous
tournois que le roi a donnés cette année à ladite dame, à compter sur son douaire. Paris,
16 février 1514.

> Original. Bibl. nat., ms. fr. 25720, n° 6.

15767. Lettres portant assignation à Claude Brachet, 16 février.
commis au payement des archers écossais de
la garde, commandés par Robert Stuart, sʳ
d'Aubigny, 33,227 livres tournois, pour employer en son office. Paris, 16 février 1514.

> Original. Bibl. nat., Titres scellés de Clairam-
> bault, vol. 134, p. 117.

15768. Déclaration de l'hommage de Philibert du Châ- 16 février
telet pour les seigneuries de Merlaut, Outre-
pont, et partie de celles de Cirey-le-Château
et Bouzancourt, aux bailliages de Vitry et
de Chaumont. Paris, 16 février 1514.

> Expéd. orig. Arch. nat., P. 166², cote 2505.

(1) A Picauville (voir ci-dessous, au 4 mars 1517 n. s., n° 16329).

15769. Provisions de l'office de conseiller au Parlement de Dijon pour J. Perricard, conseiller au Parlement de Grenoble, en remplacement de Jacques Gallien. Paris, 17 février 1514.

Enreg. au Parl. de Dijon, le 18 mars suivant. Arch. de la Côte-d'Or, Parlement, reg. I, fol. 125.

1515.
17 février.

15770. Déclaration de l'hommage de Tristan de Verdelot, écuyer, gentilhomme de la vénerie, pour la seigneurie de Champgueffier (bailliage de Meaux, châtellenie de Provins). Paris, 17 février 1514.

Exped. orig. Arch. nat., P. 164², cote 1675.

17 février.

15771. Provisions de l'office de maître des comptes à Blois en faveur de Mathurin Viart, valet de chambre du feu roi, au lieu de Jean Vigneron, décédé. Paris, 18 février 1514.

Vidimus du bailli de Blois, en date du 26 mars 1515 n. s. Bibl. de Blois, fonds Joursanvault, n° 1596.

18 février.

15772. Lettres prorogeant pour dix ans l'octroi d'un vingtième perçu sur la vente des vins dans la ville de Vienne en Dauphiné, pour en employer le produit aux fortifications de la ville. Paris, 19 février 1514.

Enreg. au Parl. de Grenoble, le 19 mars 1515 n. s. Arch. de l'Isère, B. 2968, fol. 720. 6 pages 1/2.

19 février.

15773. Confirmation d'Étienne Gillent en l'office de sergent à cheval au Châtelet de Paris, qu'il exerçait sous le feu roi. Paris, 20 février 1514.

Original. Arch. nat., V² 33. (Dossier des Sergents au Châtelet.)

20 février.

15774. Déclaration de foi et hommage de Louis de Gouvy, écuyer, s' de la Mare, pour ladite seigneurie, mouvante du duché de Normandie. Paris, 22 février 1514.

Original. Arch. nat., Chambre des Comptes, P. 265², n° 1593.

22 février.

15775. Déclaration de l'hommage rendu par Louis de Gouvy, au nom de Marie de Roncherolles,

22 février.

veuve de Jean de Gouvy, sa mère, pour les
seigneuries de Cretot et Étainhus, en Normandie. Paris, 22 février 1514.

1515.

> *Exp. orig. Arch. nat.*, P. 267², cote 2616.

15776. Déclaration de foi et hommage de Gilbert de
Lévis, conseiller et chambellan du duc de
Bourbonnais et d'Auvergne, pour deux parts
de 100 arpents de bois, une rente de 18 livres parisis sur la seigneurie de Presles et
deux parts de 16 arpents de terre à Belloy,
le tout mouvant de Beaumont-sur-Oise. Paris, 22 février 1514.

22 février.

> *Original. Arch. nat., Chambre des Comptes de
> Paris*, P. 5, n° 1556.

15777. Lettres de réception de l'hommage de Philippe
de Croy pour le comté de Porcien, au bailliage de Vitry, mouvant des comté de Champagne et seigneurie de Sainte-Menehould.
Paris, 22 février 1514.

22 février.

> *Original. Arch. nat., suppl. du Trésor des chartes*,
> J. 768, n° 45.
> *Autre exped. orig. Archives nat., Chambre des
> Comptes de Paris*, P. 166¹, cote 2350.

15778. Déclaration de l'hommage lige de Jean de La
Personne, écuyer, pour un quart de fief de
haubert appelé « Saint-Estienne de Bevère »
(bailliage d'Évreux, vicomté d'Orbec). Paris,
22 février 1514.

22 février.

> *Exp. orig. Arch. nat.*, P. 270², cote 4230.

15779. Déclaration de foi et hommage de Jacques d'É-
pinay, chevalier, conseiller et chambellan du
roi, pour la seigneurie d'Ussé-sur-Indre, mouvante de Chinon. Paris, 23 février 1514.

23 février.

> *Original. Arch. nat., Chambre des Comptes de
> Paris*, P. 13, n° 4375.

15780. Déclaration de foi et hommage de Jacques d'Épi-
nay, chevalier, pour la terre et seigneurie de
Saint-Michel-sur-Loire, mouvante de Chinon.
Paris, 23 février 1514.

23 février.

> *Original. Arch. nat., Chambre des Comptes de
> Paris*, P. 13, n° 4376.

15781. Déclaration de foi et hommage de Jacques d'Épinay, chevalier, chambellan du roi pour les seigneuries de Launay et Bodé, mouvantes d'Amboise. Paris, 23 février 1514.

> Original. Arch. nat., Chambre des Comptes de Paris, P. 11, n° 3870.

1515.
23 février.

15782. Lettres de confirmation de l'aide du quatrième denier à prendre sur le vin vendu au détail, octroyée aux habitants de Châlons par Louis XII, ladite aide applicable aux travaux des fortifications. Paris, 24 février 1514.

> Arch. de la ville de Châlons (Marne), CC. Octrois.

24 février.

15783. Déclaration de l'hommage de Claude d'Épense, chevalier, pour la maison forte d'Épense, le sixième des dîmes grosses et menues de Sainte-Menehould, le fief de Josselin audit lieu de Sainte-Menehould, partie de la seigneurie de Braux-Sainte-Cohière et Dommartin-la-Planchette (châtellenie de Sainte-Menehould), et la seigneurie de Soizy-aux-Bois (châtellenie de Sézanne). Paris, 24 février 1514.

> Exp. orig. Arch. nat., P. 166², cote 2506.

24 février.

15784. Provisions pour Jacques Bellanger de l'office de vicomte et receveur ordinaire de Beaumont-le-Roger. 24 février 1514.

> Enreg. à la Chambre des Comptes de Paris, anc. mém. Z, fol. 12 v°. Arch. nat., PP. 118, p. 6. (Mention.)
> Bibl. nat., ms. fr. 21405, p. 266. (Mention.)

24 février.

15785. Lettres confirmant Jean Medon en son office de vicomte et receveur ordinaire d'Auge. Paris, 25 février 1514.

> Enreg. à la Chambre des Comptes de Paris, anc. mém. Z, fol. 14. Arch. nat., PP. 118, p. 6. (Mention.)
> Bibl. nat., ms. Clairambault 782, p. 263. (Mention.)
> Bibl. nat., ms. fr. 21405, p. 267. (Mention.)

25 février.

15786. Déclaration de foi et hommage de Jean d'Oissé, écuyer, pour la seigneurie de Touchet, mou-

25 février.

vante en fief de haubert de Mortain. Paris, 1515.
25 février 1514.

*Original. Arch. nat., Chambre des Comptes,
P. 268², n° 3262.*

15787. Déclaration de l'hommage de François, seigneur
d'Avaugour, pour le comté de Vertus, mouvant immédiatement de la couronne. Paris,
26 février 1514.

26 février.

Expéd. orig. Arch. nat., P. 166², cote 2395.

15788. Déclaration de l'hommage de Clément Proudines, écuyer, pour la seigneurie du Plessis
Raoul (bailliage et vicomté de Caen). Paris,
26 février 1514.

26 février.

Expéd. orig. Arch. nat., P. 273¹, cote 5724.

15789. Déclaration de l'hommage de Jean, seigneur de
Castelnau, pour les fiefs suivants, sis au bailliage de Chaumont : la moitié du village et
de la basse-cour du château de Choiseul, des
seigneuries de Breuvannes, Pouilly, Ravenne
Fontaine (châtellenie de Montigny-le-Roi),
Semilly, Chalvraines, Orquevaux, Aillianville
(châtellenie de Monteclaire); de la prévôté de
Grand, de la seigneurie de Colombey-les-deux
Églises et la Villeneuve-aux-Frênes (châtellenie de Chaumont), d'un petit fief dit Tourailles (mouvant de la tour de Grand); le
quart du village de Leschères (châtellenie de
Vassy); la moitié du péage de Bar-sur-Aube.
Paris, 27 février 1514.

27 février.

Expéd. orig. Arch. nat., P. 164¹, cote 1384.

15790. Lettres accordant aux habitants de Beauvais,
conformément aux lettres de Louis XII
(10 novembre 1514), continuation pendant
dix ans des octrois à eux concédés de l'impôt
dit du petit godet sur la vente, dans ladite
ville, du vin au détail, et de 4 deniers par
livre sur celle des marchandises. Paris, 28 février 1514.

28 février.

Vérifiées au bailliage de Senlis, le 6, et à l'élection de Beauvais, le 19 février 1516 n. s.
*Original. Arch. communales de Beauvais (Oise),
AA. 6.*

15791. Lettres de réception du serment de fidélité de
Pierre de Martigny, évêque de Castres, pour
le temporel de l'abbaye de Saint-Étienne de
Caen. Paris, 28 février 1514.

Expéd. orig. Arch. nat., P. 273¹, cote 5722.

1515.
28 février.

15792. Déclaration de l'hommage rendu par Jean Daguerre, chevalier, au nom de Gatien Daguerre, gouverneur de Mouzon, son père,
pour la baronnie de Rumigny, mouvante du
comté de Champagne, et les châtellenies
d'Aubenton et Martigny, mouvantes du comté
de Vermandois. Paris, 28 février 1514.

Expéd. orig. Arch. nat., P. 166², cote 2507.

28 février.

15793. Déclaration de l'hommage rendu par Colin, fils
de feu Michel de la Ruelle, dit Perat, et par
Michel Du Val, au nom de Pierre, son père,
pour la sergenterie fieffée de Vexin d'Andely
(bailliage et vicomté de Gisors, châtellenie
d'Andely). Paris, 28 février 1514.

Expéd. orig. Arch. nat., P. 274¹, cote 6239.

28 février.

15794. Confirmation des privilèges accordés par les
rois de France aux habitants d'Aubervilliers,
sujets de l'abbaye de Saint-Denis. Paris, février 1514.

Copie collationnée du XVIII° siècle. Arch. nat.,
K. 180, n° 55.

Février.

15795. Confirmation des privilèges des maîtres chandeliers, huiliers et moutardiers de Paris. Paris,
février 1515 [1].

*Lue et publiée à la Chambre civile du Châtelet de
Paris, le 15 mars 1515 n. s.*
Imp. S. l. n. d. Pièce in-4°. Bibl. nat., 4° F.
(Actes royaux.)
*Recueil des statuts, arrêts et sentences servant de
règlement à la communauté des maîtres chandeliers
et huiliers de la ville et fauxbourgs de Paris. Paris,
1760, in-4°. (Bibl. nat., Invent. F. 12922.)*

Février.

15796. Confirmation des privilèges et exemptions du

Février.

[1] *Sic.* La date a été ramenée au nouveau style par l'éditeur ; il s'agit
bien de la première année du règne.

prieuré de Saint-Louis de Poissy. Paris, février
1514.

> *Copie collationnée du XVIII° siècle. Arch. nat.,*
> K. 191, n° 56.

15797. Confirmation des privilèges et franchises de la
ville de Verdun. Paris, février 1514.

> *Copie de D. Michel Colloz sur l'original conservé
à l'Hôtel de ville de Verdun, le 8 avril 1785. Bibl.
nat., coll. Moreau, vol. 261, fol. 80.*

Février.

15798. Déclaration de l'hommage de Philibert de Beaujeu, chevalier, pour le château d'Allibaudières,
la seigneurie de Trainel, première baronnie de
Champagne (châtellenie de Troyes) et le tiers
de Saint-Martin-de-Bossenay (châtellenie de
Pont-sur-Seine). Paris, 1er mars 1514.

> *Expéd. orig. Arch. nat., P. 166², cote 2508.*

1er mars.

15799. Déclaration de l'hommage de Philibert de Beaujeu, chevalier, baron de Trainel, pour les
château, fossés et murailles de Marigny (bailliage et châtellenie de Troyes). Paris, 1er mars
1514.

> *Expéd. orig. Arch. nat., P. 165², cote 2114.*

1er mars.

15800. Déclaration de l'hommage de Philibert de Beaujeu, chevalier, baron de Trainel, pour la
vicomté de Troyes. Paris, 1er mars 1514.

> *Expéd. orig. Arch. nat., P. 165², cote 2115.*

1er mars.

15801. Déclaration de l'hommage de Nicolas de La
Boissière, pour le fief de haubert de Ducey
(bailliage de Cotentin), en Normandie. Paris,
2 mars 1514.

> *Expéd. orig. Arch. nat., P. 268², cote 3146.*

2 mars.

15802. Déclaration de l'hommage lige de François de
Choiseul, écuyer, pour les seigneuries de Clefmont, Audeloncourt, Buxières et Perrusses
(bailliage de Chaumont, châtellenie de Nogent-
le-Roi). Paris, 2 mars 1514.

> *Expéd. orig. Arch. nat., P. 163², cote 1140.*

2 mars.

15803. Déclaration de l'hommage rendu par Jean Pi-
chonnet, écuyer, au nom de Jean, son père,

2 mars.

28.

pour le quart de fief de haubert de « Cham-
picpus, autrement dit du Livet » (bailliage
de Cotentin, vicomté de Coutances). Paris,
2 mars 1514.

1515.

Expéd. orig. Arch. nat., P. 268², cote 3145.

15804. Déclaration de l'hommage d'Amé de Sarrebruck,
pour le comté de Braine, mouvant du château d'Oulchy, le comté de Roucy, mouvant
de Châtillon-sur-Marne, et partie de la seigneurie de Commercy, mouvante du château
de Vitry (bailliage de Vitry). Paris, 3 mars
1514.

3 mars.

Expéd. orig. Arch. nat., P. 161², cote 240.

15805. Déclaration de l'hommage d'Amé de Sarrebruck,
comte de Braine et de Roucy, pour le château de Commercy, en Barrois, et la portion
du territoire dudit Commercy et du Breuil[1]
à lui échue par suite du décès de Robert de
Sarrebruck, son père, le tout mouvant de la
couronne. Paris, 3 mars 1514.

3 mars.

Expéd. orig. Arch. nat., P. 166², cote 2386.

15806. Déclaration de l'hommage d'Amé de Sarrebruck,
pour le parc de Lachy (bailliage et châtellenie
de Sézanne), à lui échu par suite du décès de
Robert de Sarrebruck, son père. Paris, 3 mars
1514.

3 mars.

Expéd. orig. Arch. nat., P. 165², cote 1956.

15807. Déclaration de l'hommage rendu par Jean
Grault, écuyer, pour la seigneurie de Bavent
(châtellenie de Caen), les deux quarts de fief de
Gisay et Villerville (châtellenie de Honfleur),
en son nom, et les seigneuries de Trouville
et la « Vassourie au Boutiller » (châtellenie
de Touques), au nom de Philippe Vipart, sa
femme. Paris, 3 mars 1514.

3 mars.

Expéd. orig. Arch. nat., P. 273¹, cote 5723.

15808. Déclaration de l'hommage lige de Guillaume de
Chaumont, écuyer, seigneur de Saint-Martin,

4 mars.

_____

[1] Faubourg de Commercy.

pour la seigneurie du Mesnil-au-Vicomte (bailliage d'Évreux, vicomté d'Orbec, paroisse dudit Saint-Martin). Paris, 4 mars 1514.

Expéd. orig. Arch. nat., P. 270², cote 4241.

1515.

15809. Déclaration de l'hommage lige de Jean Le Veneur, pour la baronnie de Tillières, mouvante du comté de Breteuil (bailliage d'Évreux). Paris, 4 mars 1514.

Expéd. orig. Arch. nat., P. 270¹, cote 4098.

4 mars.

15810. Déclaration de l'hommage de Jean de Saulx, chevalier, seigneur d'Orain, pour les seigneuries du Pailly, de Violot, Damphal, Lécourt et Is-en-Bassigny (bailliage de Chaumont, châtellenies de Montiguy et Nogent-le-Roi). Paris, 4 mars 1514.

Expéd. orig. Arch. nat., P. 163², cote 1141.

4 mars.

15811. Déclaration de l'hommage de Jean de Villiers, seigneur dudit lieu, pour la seigneurie de Dannevoux (bailliage de Vitry, châtellenie de Sainte-Menehould), à lui échue par suite du décès de Gobert de Villiers, son père. Paris, 5 mars 1514.

Expéd. orig. Arch. nat., P. 162², cote 687.

5 mars.

15812. Lettres portant convocation des États du comté d'Auxonne et des pays d'outre-Saône, pour le vote d'une aide de 4,000 livres nécessitée par les dépenses faites lors du siège de la ville de Dijon par les Suisses. Paris, 6 mars 1514.

Original. Arch. de la Côte-d'Or, États, C. 7484.

6 mars.

15813. Don à Artus Gouffier, sʳ de Boisy, d'une pension annuelle de 6,000 livres tournois pour la garde de la ville et de la forêt d'Amboise, en sus de ses autres gages et pensions. Paris, 6 mars 1514.

Copie du xviiiᵉ siècle. Bibl. nat., ms. fr. 2960, fol. 82.

6 mars.

15814. Lettres accordant un délai de six mois pour bailler aveu et dénombrement des seigneuries

6 mars.

de « Brucey et Bray[1] » (bailliage de Chaumont, châtellenie de Vaucouleurs), à Andrieu
Paspergaire, écuyer, en considération de la
perte des anciens aveux et terriers desdites
seigneuries. Paris, 6 mars 1514.

> *Expéd. orig. Arch. nat.*, P. 164¹, cote 1255.

15815. Déclaration de foi et hommage de Guillaume de
Morainvillier, dit Vipart, écuyer, sʳ de Fla-
court, pour les terres de Maule, de Bontigny
et Montainville, et pour un fief sis à Herbe-
ville, mouvant de Poissy. Paris, 6 mars 1514.

> *Original. Arch. nat., Chambre des Comptes de
> Paris*, P. 2, n° 609.

15816. Déclaration de foi et hommage de Théode de
Saint-Chamond, abbé de Saint-Antoine-de-
Viennois, commandeur de l'hôpital de Saint-
Antoine d'Aumonières, pour la seigneurie de
Bussière, mouvante de Sens. Paris, 6 mars
1514.

> *Original. Arch. nat., Chambre des Comptes de
> Paris*, P. 14, n° 5110.

15817. Déclaration de foi et hommage de Pierre Brette,
licencié ès lois, pour la seigneurie de la Cour-
de-Vouvray près Tours, mouvante de Tours.
Paris, 6 mars 1514.

> *Original. Arch. nat., Chambre des Comptes de
> Paris*, P. 13, n° 4377.

15818. Déclaration de l'hommage d'Antoine de Stain-
ville, seigneur de Couvonges, pour le tiers de
la seigneurie d'Orconte (bailliage et châtellenie de Vitry). Paris, 6 mars 1514.

> *Expéd. orig. Arch. nat.*, P. 161¹, cote 71.

15819. Déclaration de l'hommage lige de Guichard de
Saint-Georges, chevalier, pour le quart de
fief noble de Champdolent, mouvant du
comté d'Évreux. Paris, 6 mars 1514.

> *Expéd. orig. Arch. nat.*, P. 270², cote 4240.

1515.

6 mars.

6 mars.

6 mars.

6 mars.

6 mars.

---

[1] Broussey-en-Blois et Braux (commune de Naives-en-Blois), canton
de Void, arrondissement de Commercy (Meuse).

15820. Déclaration de foi et hommage de Guillaume Budé, pour la terre de Marly-la-Ville, mouvante de Gonesse. Paris, 7 mars 1514.

> Original. Arch. nat., Chambre des Comptes de Paris, P. 2, n° 611.

1515.
7 mars.

15821. Déclaration de foi et hommage de Guillaume Courtin, secrétaire du roi, pour une rente de 48 livres tournois assise sur la seigneurie de Carrois, mouvante de Melun. Paris, 9 mars 1514.

> Original. Arch. nat., Chambre des Comptes de Paris, P. 9, n° 2915.

9 mars.

15822. Déclaration de foi et hommage de Savary de Boutenay, écuyer, pour la seigneurie du Châtellier (paroisse de Saint-Denis-Hors), mouvante d'Amboise. Paris, 9 mars 1514.

> Original. Arch. nat., Chambre des Comptes de Paris, P. 11, n° 3871.

9 mars.

15823. Provisions en faveur de Jacques de Saint-Yon, fils de Jacques de Saint-Yon, notaire au Châtelet de Paris, de l'office de notaire audit Châtelet, sur la résignation de René Goupil. Paris, 10 mars 1514.

> Original. Bibl. nat., Pièces orig., Saint-Yon, vol. 2780, pièce 69.

10 mars.

15824. Lettres fixant à 6 sous parisis par jour et 10 livres de manteaux par an les gages de Pierre Huault, secrétaire du roi, en exercice sous le règne de Louis XII. Paris, 10 mars 1514.

> Copie collationnée. Bibl. nat., Pièces orig., vol. 1542, Huault, p. 4.

10 mars.

15825. Lettres portant permission à Morelet du Museau, d'exercer conjointement l'office de trésorier des guerres et celui de payeur des gages et droits de la Chambre des Comptes. Paris, 10 mars 1514.

> Enreg. à la Chambre des Comptes de Paris, anc. mém. Z, fol. 41 v°. Arch. nat., PP. 118, p. 10. (Mention.)

10 mars.

Bibl. nat., ms. Clairambault 782, p. 264. (Mention.)
Bibl. nat., ms. fr. 21405, p. 268. (Mention.)

15826. Déclaration de foi et hommage de Guillaume Le Roux, écuyer, conseiller au Parlement de Rouen, pour la seigneurie du Bourg-Theroulde et le fief du Val, mouvants de Pont-Audemer; pour le fief de Vironvay [1], mouvant de Pacy-sur-Eure; pour le fief de Villettes, mouvant de Beaumont-le-Roger; pour le fief de Lucy, mouvant de Neufchâtel, et pour le fief de Montpertuis, mouvant de Montivilliers. Paris, 10 mars 1514.

10 mars.

Original. Arch. nat., Chambre des Comptes de Paris, P. 264², n° 1172.

15827. Lettres accordant un délai de dix mois pour rendre l'hommage dû au roi pour les seigneuries de Greux et Maxey-sur-Meuse (bailliage de Chaumont, châtellenie de Monteclaire [2]), à Nicolas, comte de Salm, seigneur de Viviers au duché de Bar, retenu en Hongrie pour le traitement d'une blessure reçue devant Padoue, en servant sous le maréchal de la Palice. Paris, 12 mars 1514.

12 mars.

Expéd. orig. Arch. nat., P. 164¹, cote 1324.

15828. Lettres portant prorogation pour dix années, commençant au 1ᵉʳ octobre 1514, du don fait par Louis XII à Anne de France, duchesse de Bourbonnais et d'Auvergne, du revenu des huitièmes et équivalents dans l'élection de Gien. Paris, 13 mars 1514.

13 mars.

Original. Arch. nat., Titres de Bourbon, P. 1370¹, cote 1873.

15829. Mandement aux trésoriers de France, leur faisant savoir qu'il est fait don à Yves Le Jeune, Jacques Le Jeune, dits Malherbes, frères, et à Jacques Dupuy, de tout le produit des nouveaux acquêts et francs-fiefs des comtés et

13 mars.

[1] Demi-fief à Martainville-en-Lieuvin, canton de Beuzeville (Eure).
[2] Monteclaire, ancien château sur le territoire d'Andelot (Haute-Marne).

bailliages de Chartres, Blois et Janville. Paris, 1515.
13 mars 1514.

Copie du xvie siècle. Bibl. nat., Collection du Parlement, vol. 453, p. 77.

15830. Déclaration de foi et hommage de Jean d'Har-   13 mars.
court, chevalier, pour la seigneurie d'Au-
villiers, mouvante du duché de Normandie.
Paris, 13 mars 1514.

Original. Arch. nat., Chambre des Comptes de Paris, P. 265², n° 1592.

15831. Mandement de payer à Jean Bourdineau,   14 mars.
pourvu, le 12 janvier 1512, par Louis XII,
du contrôle du grenier à sel d'Évreux et de
la chambre à sel de Conches, ses gages échus
jusqu'au 1er octobre dernier; bien qu'il n'ait
pu, ayant été presque aussitôt pris au service
de Louise de Savoie, sous le maître de la
chambre aux deniers de son hôtel, exercer
par lui-même son contrôle, dont le roi le
relève, tout en lui laissant pour un an encore
la faculté de le faire exercer par procuration et
d'en toucher les gages. Paris, 14 mars 1514.

Original. Bibl. nat., Pièces orig., Bourdineau, vol. 464, pièce 11.

15832. Provisions pour Jean Porcellet de l'office de   14 mars.
sergent et garde du château royal de Beau-
caire, vacant par la résignation d'Honoré Por-
cellet en faveur dudit Jean, son neveu. Paris,
14 mars 1514.

Vidimus du sénéchal de Beaucaire et Nîmes, du 13 octobre 1515. Bibl. nat., Pièces orig., Por-cellet, vol. 2339, p. 2.

15833. Réception de foi et hommage de Laurent du   15 mars.
Mesnil, s^r de La Mothe et de Baccon, commissaire ordinaire des guerres, pour le droit
d'usage et de chauffage qu'il a en la forêt d'Orléans, mouvante du duché d'Orléans. Paris,
15 mars 1514.

Original. Arch. nat., Chambre des Comptes de Paris, P. 10, n° 3426.

15834. Mandement aux généraux des finances de faire   16 mars.

v.   29

payer par.... la somme de.... [1] à Jean de
Poncher et Morelet du Museau, trésoriers des
guerres, pour employer au fait de leurs offices.
Paris, 16 mars 1514.

> *Original. Bibl. nat., ms. fr. 25720, n° 11.*

15835. Lettres accordant permission à Anne de France,
duchesse de Bourbonnais et d'Auvergne, de
nommer aux offices royaux établis dans les
seigneuries de Creil et de Vierzon. 17 mars
1514.

> *Publiées aux assises tenues à Creil, le 28 mai*
> *1515.*
> *Vidimus du 14 août 1515, sous le sceau de la*
> *châtellenie de Creil. Arch. nat., Titres de Bour-*
> *bon, P. 1378², cote 3042.*

15836. Don à Antoine Du Prat, chancelier de France,
d'une somme annuelle de 2,100 livres tournois et d'une autre de 2,555 livres tournois,
pour compléter ses gages de chancelier,
comme avaient ses prédécesseurs, Guy de
Rochefort et Jean de Ganay, à prendre sur
les produits de la chancellerie. Paris, 17 mars
1514.

> *Bibl. nat., ms. lat. 5981, fol. 17. (Mention.) Cf.*
> *le n° 145 du Catalogue.*

15837. Déclaration de foi et hommage de Henri Ta-
bouyer, écuyer, pour la sergenterie fieffée de
Cambremer, mouvante de la vicomté d'Auge.
Paris, 17 mars 1514.

> *Original. Arch. nat., Chambre des Comptes de*
> *Paris, P. 265², n° 1594.*

15838. Mandement aux généraux des finances de faire
payer par Jean Lallemant, le jeune, receveur
général en la généralité de Languedoc, la
somme de 1,000 écus d'or soleil, à raison de
38 sous 6 deniers pièce, au sʳ de Précy, chambellan du roi, pour un diamant qu'il a vendu
au roi, le prix de 4,000 écus d'or, le surplus
devant être payé 1,000 écus par le receveur
du domaine de Normandie et 2,000 écus

1515.

17 mars.

17 mars.

17 mars.

18 mars.

---

[1] Le parchemin est mutilé en ces deux endroits.

par le trésorier de la généralité d'Outre-Seine. 1515.
Paris, 18 mars 1514.

> *Original. Bibl. nat., ms. fr. 20616, n° 57.*

15839. Mandement semblable pour le payement au s^r 18 mars.
de Précy de 1,000 écus d'or par le receveur
général de Normandie, pour le même objet.
Paris, 18 mars 1514.

> *Original. Bibl. nat., Pièces orig., vol. 2374,*
> Précy, p. 6.

15840. Déclaration de l'hommage de René d'Anglure, 18 mars.
vicomte d'Étoges, pour ses fiefs de Cham-
pagne et de Brie. Paris, 18 mars 1514.

> *Expéd. orig. Arch. nat., P. 162¹, cote 494.*

15841. Déclaration de l'hommage de Guy d'Orbec, che- 18 mars.
valier, pour les seigneuries d'Orbec (bailliage
d'Évreux, vicomté et châtellenie d'Orbec) et
de Vattierville (bailliage de Caux, vicomté et
châtellenie de Neufchâtel), fiefs de haubert.
Paris, 18 mars 1514.

> *Expéd. orig. Arch. nat., P. 270², cote 4235.*

15842. Déclaration de l'hommage de Jean d'Orbec, pro- 18 mars.
tonotaire du Saint-Siège, pour la seigneurie
du Plessis-le-Pré et du Coudray (bailliage
d'Évreux, vicomté et châtellenie d'Orbec),
fief de haubert. Paris, 18 mars 1514.

> *Expéd. orig. Arch. nat., P. 270², cote 4236.*

15843. Déclaration de l'hommage de Jean de Recusson, 18 mars.
écuyer, pour le quart de fief d'Allouville
(bailliage de Caux, vicomté de Caudebec).
Paris, 18 mars 1514.

> *Expéd. orig. Arch. nat., P. 267², cote 2615.*

15844. Lettres portant pouvoir au duc de Savoie pour 19 mars.
traiter, tant par lui-même que par ses dé-
putés, au nom de François Ier, la paix avec
les cantons suisses de la haute Allemagne, et
conclure avec eux une ligue offensive et dé-
fensive pour la défense des États que le roi
possédait en Italie. Paris, 19 mars 1514.

> *Original. Turin, Arch. di stato, Traités avec les*
> *Suisses, paquet 4, n° 7.*

15845. Provisions pour François de Rochechouart, seigneur de Chandenier, de l'office de gouverneur de la Rochelle, en remplacement de Gaston de Foix, seigneur de Candale. Paris, 19 mars 1514.

1515.
19 mars.

> Analyse. Bibl. nat., Cabinet des titres, Dossier bleu 15111 (Rochechouart), fol. 136.

15846. Confirmation de François de Rochechouart, dans son office de sénéchal de Toulouse. Paris, [19 mars] 1514.

19 mars.

> Analyse. Bibl. nat., Cabinet des titres, Dossier bleu 15110 (Rochechouart), fol. 54.

15847. Don au sr de Bellenave et à Madeleine d'Anjou sa femme, de 600 livres par an à prendre sur le domaine de Montferrand. 19 mars 1514.

19 mars.

> Enreg. à la Chambre des Comptes de Paris, anc. mém. Z, fol. 24 v°. Arch. nat., PP. 118, p. 7. (Mention.)
> Bibl. nat., ms. fr. 21405, p. 267. (Mention.)

15848. Déclaration de foi et hommage de Jean de Laloe, chevalier, sr de Foëcy, dans la seigneurie de Laloe, pour la haute, moyenne et basse justice de Foëcy, et plusieurs terres situées en ladite paroisse, mouvante de Mehun-sur-Yèvre. Paris, 20 mars 1514.

20 mars.

> Original. Arch. nat., Chambre des Comptes de Paris, P. 14, n° 4888.

15849. Lettres de confirmation des coutumes et privilèges accordés à la ville de Bayonne et aux seigneurs de Gramont. Paris, 23 mars 1514.

23 mars.

> Original. Bibl. nat., ms. fr. 24058, fol. 8.

15850. Déclaration de foi et hommage de Pierre d'Anlezy, écuyer, sr de Boisbuart[1], pour ladite seigneurie comportant la haute, moyenne et basse justice, et pour la royauté des jeux de

23 mars.

---

[1] Bois-Buard (carte de l'État-Major), Bois-Berd (Cassini), commune de Parnay, canton de Dun-le-Roi (Cher).

Dun-le-Roi, le tout mouvant de Dun-le-Roi. 1515.
Paris, 23 mars 1514.

> Original. Arch. nat., Chambre des Comptes de
> Paris, P. 14, n° 4889.

15851. Déclaration de l'hommage de Jean du Quélenec, 23 mars.
écuyer, vicomte du Fou, pour les seigneuries
de Mesnil-Garnier, Thiéville, Anisy et les
sergenteries de la ville et banlieue de Caen
(bailliages de Caen et Cotentin), lui appartenant à cause de Françoise Gouyon, sa
femme. Paris, 23 mars 1514.

> Expéd. orig. Arch. nat., P. 273¹, cote 5721.

15852. Lettres de don à Jacques de Chabannes, sʳ de 24 mars.
la Palice, maréchal de France, en récom-
pense de ses services, des deniers qui seront
levés en Rouergue sur les francs-fiefs et nouveaux acquêts. Paris, 24 mars 1514.

> Copie du xviiᵉ siècle. Bibl. nat., coll. Dont,
> vol. 229, fol. 310.
> Imp. Comte H. de Chabannes, Preuves pour
> servir à l'histoire de la maison de Chabannes. Dijon,
> 1892, in-4°, p. 461.

15853. Lettres portant les gages de François de Pont- 24 mars.
briant, sʳ de la Villate, bailli et gouverneur
du comté de Blois, de 160 à 366 livres tournois par an. Paris, 24 mars 1514.

> Original. Bibl. nat., Pièces orig., Pontbriant,
> vol. 2334, pièce 38.

15854. Concession à Claude de Lorraine, comte de 24 mars.
Guise, des revenus du droit de gabelle du
grenier à sel de Guise. 24 mars 1514.

> Anc. arch. de la Chambre des Comptes de Join-
> ville. Arch. nat., KK. 908, fol. 334 v°. (Mention.)

15855. Déclaration de l'hommage de Jean d'Amboise, 24 mars.
chevalier de l'ordre, pour la baronnie de
Bussy-le-Château, mouvante du château de
Sainte-Menehould, et les seigneuries de Va-
vray-le-Petit, Vavray-le-Grand, et Pargny-sur-
Saulx, mouvantes du château de Vitry (bailliage de Vitry). Paris, 24 mars 1514.

> Expéd. orig. Arch. nat., P. 161², cote 241.

15856. Déclaration de l'hommage de Jean d'Amboise, chevalier de l'ordre, baron de Bussy, pour les fiefs suivants, sis au bailliage de Chaumont : la baronnie de Reynel, les villages d'Orquevaux, Semilly et Chalvraines (châtellenie de Monteclaire); les seigneuries de Vignory, Blaise et Sexfontaines (châtellenie de Chaumont); partie de la seigneurie de Choiseul (châtellenie de Montigny-le-Roi), et du village de Grand (châtellenie de Grand). Paris, 24 mars 1514.

1515.
24 mars.

Expéd. orig. Arch. nat., P. 164¹, cote 1385.

15857. Déclaration de l'hommage de Jean, seigneur d'Estouteville, pour la moitié de la seigneurie de Bar-sur-Aube (bailliage de Chaumont), à lui appartenant à cause de Jacqueline d'Estouteville, sa femme. Paris, 24 mars 1514.

24 mars.

Expéd. orig. Arch. nat., P. 163¹, cote 951.

15858. Confirmation du droit de 12 deniers pour livre octroyé par Louis XI aux habitants de Bayonne sur l'entrée des marchandises étrangères en leur ville. Paris, 26 mars 1514.

26 mars.

Vidimus du garde du sceau de Bayonne. Bibl. nat., ms. fr. 24058, fol. 9.

15859. Confirmation des lettres patentes de Louis XII (Bois de Vincennes, 27 juin 1513), portant don viager à Marguerite de Foix, marquise de Saluces, de la seigneurie de Gages en Rouergue. Paris, 26 mars 1514.

26 mars.

Copie du XVIᵉ siècle. Arch. départ. des Basses-Pyrénées, E. 882.

15860. Provisions en faveur du marquis de Saluces, de la charge de gouverneur d'Asti. Paris, 26 mars 1514.

26 mars.

Arch. de l'Isère, Inventaire des titres du marquisat de Saluces. (Mention.)

15861. Déclaration de foi et hommage de Louis de Brézé, comte de Maulévrier, grand sénéchal et réformateur de Normandie, pour le comté de Maulévrier et la baronnie du Bec-Crespin,

26 mars.

mouvants du duché de Normandie. Paris, 1515.
26 mars 1514.

> Original. Arch. nat., Chambre des Comptes de
> Paris, P. 266², n° 2246.

15862. Déclaration de foi et hommage de Robert Le 26 mars.
Gras, écuyer, pour le demi-fief de haubert,
dit « le fief de Bigards », mouvant de Pont-
Audemer. Paris, 26 mars 1514.

> Original. Arch. nat., Chambre des Comptes de
> Paris, P. 265², n° 1568.

15863. Lettres d'exemption en faveur du chapitre de 27 mars.
Chartres du logement des gens de guerre.
Paris, 27 mars 1514.

> Original. Arch. départ. d'Eure-et-Loir, G. 718.

15864. Lettres de réception du serment de fidélité de 27 mars.
Jean d'Augougé, prieur de Saint-Pierre du
Ham, pour deux francs-fiefs ou membres de
fiefs sis au Ham et à Gouberville (bailliage
de Cotentin, vicomté de Valognes). Paris,
27 mars 1514.

> Expéd. orig. Arch. nat., P. 268², cote 3144.

15865. Déclaration de foi et hommage de Louis de 27 mars.
Rouville, chevalier, grand veneur de France,
pour le fief noble à haute, basse et moyenne
justice, dit « le fief de Rouville », mouvant du
Pont-de-l'Arche, et pour les fiefs de « Briante
et la Gallarde » en la paroisse du Bourg
[-Dun], mouvante d'Arques. Paris, 27 mars
1514.

> Original. Arch. nat., Chambre des Comptes de
> Paris, P. 265², n° 1572.

15866. Déclaration de foi et hommage de Robert Au- 29 mars.
thouis, receveur ordinaire du roi au bailliage
de Senlis, pour les fiefs de la gruerie de Béthisy en la forêt de Cuise, et du Rozoy, mouvants de Compiègne. Paris, 29 mars 1514.

> Original. Arch. nat., Chambre des Comptes de
> Paris, P. 5, n° 1557.

15867. Lettres portant que Jacques de La Trémoille, 30 mars.
seigneur de Mauléon, chambellan du roi,

conservera la jouissance de la forêt de
Chœurs, sans préjudice du procès pendant
au Parlement entre le roi et ledit seigneur,
touchant la propriété de ladite forêt. Paris,
3o mars 1514.

> *Mentionnées dans une charte de Jacques de La
> Trémoïlle du même jour. Original. Arch. nat.,
> J. 749, n° 13.*
> *Enreg. à la Chambre des Comptes de Paris, anc.
> mém. Z, fol. 57. Arch. nat., PP. 118, p. 13.*
> *(Mention.)*
> *Bibl. nat., ms. fr. 21405, p. 269. (Mention,
> sous la date du 26 mars.)*

15868. Déclaration de l'hommage de Jean de Bauquemare, prêtre, chanoine de Saint-Quiriace
de Provins, pour les écoles de grammaire
de la châtellenie de Provins, à lui appartenant en sa qualité de chantre de Saint-Quiriace. Paris, 3o mars 1514.

> *Expéd. orig. Arch. nat., P. 164², cote 1676.*

15869. Déclaration de foi et hommage de Guy de Cote-
blanche, écuyer, sieur de la Guétrie, avocat
au Parlement de Paris, pour la sergenterie de
Cailly, mouvante de Rouen. Paris, 3o mars
1514.

> *Original. Arch. nat., Chambre des Comptes de
> Paris, P. 265²; n° 1570.*

15870. Déclaration de foi et hommage de Jean Chauvin, chevalier, pour les deux cinquièmes de la
seigneurie de Vermenton, mouvante d'Auxerre. Paris, 3o mars 1514.

> *Original. Arch. nat., Chambre des Comptes de
> Paris, P. 14, n° 5111.*

15871. Déclaration de l'hommage de Robert de Mal-
berg, seigneur dudit lieu[1], pour les seigneuries de Boureuilles-la-Grande et Boureuilles-
la-Petite (bailliage de Vitry, châtellenie de
Sainte-Menehould). Paris, 3o mars 1514.

> *Expéd. orig. Arch. nat., P. 162², cote 688.*

[1] Meuse, arrondissement de Commercy, canton de Void, commune
de Morlaincourt.

1515.

3o mars.

3o mars

3o mars.

3o mars.

15872. Déclaration de l'hommage de Robert Gédoin, secrétaire des finances, baron du Thour, pour ladite baronnie (bailliage de Vitry, châtellenie de Sainte-Menehould). Paris, 31 mars 1514.

    1515.
    31 mars.

> *Expéd. orig. Arch. nat., P., 162², cote 689.*

15873. Traité de confédération et d'alliance conclu entre François Ier et l'archiduc Charles, prince d'Espagne, et clauses du projet de mariage de ce dernier avec Renée de France. Paris, 31 mars 1514.

    31 mars.

> *Original scellé. Bibl. nat.,* Mélanges de Colbert, vol. 362, n° 280.

15874. Déclaration de foi et hommage de Jean Arbaleste, notaire et secrétaire du roi, pour la seigneurie de la Borde-le-Vicomte en Brie, mouvante de Melun. Paris, 31 mars 1514.

    31 mars.

> *Original. Arch. nat., Chambre des Comptes de Paris,* P. 9, n° 2916.

15875. Déclaration de foi et hommage de Florimond de Villiers, chevalier, sieur de Dampmart, pour le fief de Villers-Saint-Paul, mouvant de Creil. Paris, 31 mars 1514.

    31 mars.

> *Original. Arch. nat., Chambre des Comptes de Paris,* P. 5, n° 1558.

15876. Confirmation des privilèges, franchises et exemptions de la ville d'Angoulême. Paris, mars 1514.

    Mars.

> *Enreg. au Parl. de Paris, le 2 avril 1550 n. s. Arch. nat.,* X^{1a} 8616, fol. 434 v°. 2 pages.
> *Copie collat. du XVIIIe siècle. Arch. nat.,* K. 176, n° 113.

15877. Lettres de confirmation des privilèges de la ville de Bayonne en ce qui touche les tailles, coutumes et autres subsides. Paris, mars 1514.

    Mars.

> *Original. Arch. de la ville de Bayonne,* AA. 15 et 17. (Cf. le n° 173 du *Catalogue.*)

15878. Confirmation en faveur du chapitre de Char-

    Mars.

tres du privilège de ne ressortir que du Parlement de Paris. Paris, mars 1514.

Enreg. le 31 mai suivant.
Original. Arch. départ. d'Eure-et-Loir, G. 714.

15879. Confirmation des privilèges des habitants de
Crécy en Ponthieu. Paris, mars 1514.

Original. Arch. comm. de Crécy (Somme), AA. 1.

15880. Confirmation des privilèges, franchises et
exemptions accordés par les rois de France
à la ville et aux habitants de Dax. Paris,
mars 1514.

Original. Arch. de la ville de Dax (Landes),
AA. 5.
Copie du XVIe siècle. Id., ibid., BB. 15, fol. 33.

15881. Lettres de confirmation des privilèges de l'ordre
de Fontevrault. Paris, mars 1514.

Original et copie du XVIe siècle. Arch. nat.,
L. 1019.

15882. Confirmation et vidimus des privilèges accordés à l'abbaye du Moncel, près Pont-Sainte-
Maxence, par les rois Philippe IV (Paris,
avril 1309), Philippe VI (Paris, mai 1336,
abbaye du Moncel, 13 octobre 1340 et mars
1344 n. s.; Vincennes, juillet 1348), Charles VI (Paris, mai 1403), Charles VII (camp
devant Pontoise, juillet 1441), Louis XI
(Pont-Sainte-Maxence, février 1464 n. s.),
Charles VIII (Paris, janvier 1486 n. s.) et
Louis XII (Paris, juillet 1498). Paris, mars
1514.

Copie collationnée du XVIIIe siècle. Arch. nat.,
K. 189, n° 143.

15883. Lettres de confirmation des privilèges des habitants de Saint-Germain-lès-Compiègne [1].
Paris, mars 1514.

Copie coll. de 1644. Registre intitulé : Titres de
Saint-Germain. Arch. municipales de Compiègne,
DD. 21, fol. 12.

[1] Village réuni à la commune de Compiègne depuis la Révolution.

15884. Lettres confirmant la sauvegarde et protection accordée par les rois de France aux habitants de Toul et de la banlieue, sis à trois lieues de la frontière. Paris, mars 1514.

1515. Mars.

> Copie coll. à Toul, le 5 mai 1625. Arch. nat., J. 979, n° 18°.

15885. Lettres octroyées au duc et à la duchesse de Bourbon, comte et comtesse de la Marche, portant érection d'un siège ordinaire de la sénéchaussée de la Haute-Marche en la ville de Guéret. Mars 1514.

Mars.

> Le Parlement, saisi de ces lettres, décide qu'un double en sera remis aux opposants, qui viendront postérieurement soutenir leur opposition, le 18 mai 1517. Arch. nat., X¹ᵃ 4861, Plaidoiries, fol. 172. (Mention.)

15886. Lettres permettant à Jacques, baron de Château-Morand, d'avoir des fourches patibulaires à quatre piliers en ses seigneuries de Château-Morand, Châtelus, Pierrefitte, Montourmantier [1] et Bournat. Paris, mars 1514.

Mars.

> Original. Arch. nat., Titres de Bourbon, P. 1365², cote 1456.

15887. Lettres cédant à Bertrand de Boisse, l'un des cent gentilshommes de l'hôtel, la juridiction et rente appartenant au roi au lieu de Roquépine, en échange du droit de péage en la terre de Molières. Paris, mars 1514.

Mars.

> Enreg. à la Chambre des Comptes de Paris, anc. mém. Z, fol. 37. Arch. nat., PP. 118, p. 9. (Mention.)
> Bibl. nat., ms. fr. 21465, p. 268. (Mention.)

15888. Lettres d'autorisation donnée par François Iᵉʳ à la reine sa femme de faire le serment d'observer le traité conclu, le 24 mars, au sujet du mariage de Charles d'Autriche avec Renée de France. Paris, 1ᵉʳ avril 1514. (Voir le n° 152.)

1ᵉʳ avril.

> Original, scellé. Bibl. nat., Mélanges de Colbert, vol. 362, n° 282.

[1] Montourmantier, commune de Monetay-sur-Loire, canton de Dompierre (Allier).

15889. Commission donnée à Étienne de Champront,   1515.
avocat au bailliage de Chartres, et à Jean   2 avril.
Le Sueur, licencié en lois, pour la recherche
et la levée des finances dues pour les nouveaux acquêts, francs-fiefs, etc., dans les
comtés et bailliages de Chartres, Blois et
Janville. Paris, 2 avril 1515.

> Copie du XVI⁰ siècle. Bibl. nat., Collection du
> Parlement, vol. 453, p. 65. 12 pages.

15890. Lettres de réception de foi et hommage d'Im-   2 avril.
bert de Batarnay, conseiller et chambellan
du roi, pour la seigneurie de Montrésor,
mouvante de Loches. Paris, 2 avril 1514.

> Original. Arch. nat., Chambre des Comptes de
> Paris, P. 13, n° 4378.

15891. Lettres portant continuation de la permission   3 avril.
de porter à Bayonne en franchise et d'aller
choisir par tout le pays de Guyenne des blés
et autres denrées nécessaires aux habitants
de cette ville. Paris, 3 avril 1514.

> Original. Arch. de la ville de Bayonne, AA. 15.

15892. Lettres de confirmation du don fait au sieur   Avril.
d'Orval, chevalier de l'ordre, gouverneur de
Champagne et Brie, des châteaux de Sainte-
Menehould, Passavant et Vassy, sa vie durant. Avril 1514.

> Enreg. à la Chambre des Comptes de Paris, anc.
> mém. Z, fol. 47. Arch. nat., PP. 118, p. 11.
> (Mention.)
> Bibl. nat., ms. fr. 21405, p. 268. (Mention.)
> Bibl. nat., ms. Clairambault 782, p. 264. (Men-
> tion.)

15893. Lettres confirmant Hervé Daneau, écuyer, en   10 avril.
l'office de vicomte et receveur ordinaire de
Mortain. Paris, 10 avril 1515.

> Enreg. à la Chambre des Comptes de Paris, anc.
> mém. Z, fol. 73. Arch. nat., PP. 118, p. 15. (Men-
> tion.)
> Bibl. nat., ms. Clairambault 782, p. 265. (Men-
> tion.)
> Bibl. nat., ms. fr. 21405, p. 269. (Mention.)

15894. Mandement aux généraux des finances de faire   11 avril.

payer par Jean Lalemant l'aîné, receveur
général en Normandie, à René, bâtard de
Savoie, lieutenant général du roi et grand
sénéchal de Provence, 3,900 livres tournois
faisant partie des 19,500 livres tournois que
le roi lui a assignées, pour rembourser le
sieur de Saint-Vallier de semblable somme
qu'il avait payée au duc de Longueville pour
ledit office de gouverneur et grand sénéchal.
Paris, 11 avril 1515.

> Original. Bibl. nat., ms. Clairambault 962,
> p. 101.

15895. Lettres de réception de foi et hommage de
Louis de Bourbon, prince de La Roche-sur-
Yon, pour sa seigneurie de Champigny [-sur-
Veude], mouvante de Chinon. Paris, 11 avril
1515.

11 avril.

> Original. Arch. nat., Chambre des Comptes de
> Paris, P. 13, n° 4380.

15896. Provisions pour Séraphin du Tillet de l'office
de payeur des gages des officiers domestiques
de l'hôtel du roi. 12 avril 1515.

12 avril.

> Enreg. à la Chambre des Comptes de Paris, anc.
> mém. Z, fol. 48 v°. Arch. nat., PP. 118, p. 11.
> (Mention.)
> Bibl. nat., ms. fr. 21405, p. 268. (Mention.)

15897. Don à Jean de La Barre, écuyer, valet de
chambre ordinaire et maître de la garde-robe
du roi, de la terre et seigneurie du Plessis-
lès-Tours, que tenaient le sieur de Tournon
et Henri Bohier, général des finances. 13 avril
1515.

13 avril.

> Enreg. à la Chambre des Comptes de Paris, anc.
> mém. Z, fol. 47 v°. Arch. nat., PP. 118, p. 11.
> (Mention.)
> Bibl. nat., ms. fr. 21405, p. 268. (Mention.)
> Bibl. nat., ms. Clairambault 782, p. 264. (Men-
> tion.)

15898. Lettres de réception de l'hommage de Guillaume de Prêtreval, chevalier, pour les seigneuries de Prêtreval, Mesmoulins, Vatte-
tot-sur-Mer et la sergenterie héréditaire de

13 avril.

Goderville (bailliage de Caux, vicomté de
Montivilliers), à lui échues par suite du décès
de Simon, son père. Paris, 13 avril 1515.

> *Expéd. orig. Arch. nat.*, P. 267², cote 2614.

1515.

15899. Provisions pour Austremoine Faure, écuyer,
sieur de Combret, de l'office de vicomte et
receveur ordinaire de Bayeux. 13 avril 1515.

> *Enreg. à la Chambre des Comptes de Paris*, anc.
> mém. Z, fol. 64 v°. *Arch. nat.*, PP. 118, p. 14.
> (*Mention.*)
> *Bibl. nat.*, ms. fr. 21405, p. 269. (*Mention.*)

13 avril.

15900. Mandement de payer à Denis Du Val, secrétaire
du roi, 100 livres tournois pour deux voyages
par lui faits, sur l'ordre de Louis XII, et en
compagnie de Thomas Bohier, chevalier, général conseiller sur le fait des aides pour la
guerre, le premier à Tours, en avril 1514,
le second à Amiens, Abbeville et Montreuil,
en mai 1515. Paris, 15 avril 1515.

> *Original. Bibl. nat., Pièces orig.*, vol. 2911
> (doss. 64754), p. 58.

15 avril.

15901. Lettres de relief de surannation pour l'enregistrement des lettres de Louis XII, en date de
février 1513 n. s., confirmant la concession
faite par Louis XI à François de L'Estang de
droits d'usage dans la forêt de Voust, près
Saint-Laurent-sur-Baranjon. Paris, 16 avril
1515.

> *Copie collationnée du xviii° siècle. Arch. nat.*,
> K. 176, n° 39.

16 avril.

15902. Lettres de réception de foi et hommage de Nicolas de Cerisay pour la baronnie du Hommet, mouvante de Carentan. Paris, 16 avril
1515.

> *Original. Arch. nat., Chambre des Comptes de
> Paris*, P. 268³, n° 3401.

16 avril.

15903. Déclaration de l'hommage lige de Philippe Le
Chevalier, écuyer, pour la sergenterie héré-
ditaire des Baons-le-Comte en la vicomté de
Caudebec. Paris, 16 avril 1515.

> *Expéd. orig. Arch. nat.*, P. 267², cote 2613.

16 avril.

15904. Lettres portant établissement de foires an-   1515.
nuelles et d'un marché par quinzaine en la   17 avril.
paroisse de Saint-Vincent d'Urrugne, au bail-
liage de Labour. Paris, 17 avril 1515.

Original. Arch. de la ville de Bayonne, AA. 15.

15905. Provisions en faveur d'Henri de Lénoncourt   18 avril.
de l'office de bailli de Vitry, vacant par la
mort de Thierry de Lénoncourt, son père.
18 avril 1515.

Enreg. à la Chambre des Comptes de Paris, anc.
mém. Z, fol. 108 v°. Arch. nat., PP, 118, p. 22.
(Mention.)
Bibl. nat., ms. fr. 21405, p. 270. (Mention.)
Bibl. nat., ms. Clairambault 782, p. 265. (Men-
tion.)

15906. Déclaration de l'hommage de Jean Aubert pour   18 avril.
la seigneurie de Biéville et pour un quart de
fief sis à Moult, au bailliage d'Évreux. Paris,
18 avril 1515.

Expéd. orig. Arch. nat., P. 273¹, cote 5726.

15907. Déclaration de l'hommage d'Eliffe Ferry, écuyer,   18 avril.
pour partie des seigneuries de Riaucourt (châ-
tellenie de Chaumont) et Épinant (châtellenie de Montigny-le-Roi), au bailliage de
Chaumont. Paris, 18 avril 1515.

Expéd. orig. Arch. nat., P. 164¹, cote 1386.

15908. Lettres contenant les pouvoirs des commis-   20 avril.
saires du roi aux États de Languedoc con-
voqués à Annonay pour le 1ᵉʳ juin. Paris,
20 avril 1515.

Copie. Arch. dép. de l'Hérault, C. États de Lan-
guedoc, Commissions pour la tenue des États, tome I,
fol. 179. 7 pages.
Copie. Idem, Recueils des lettres et actes des com-
missaires du roi aux États, 1515. 5 pages.

15909. Lettres adressées au duc de Bourbonnais et   20 avril.
d'Auvergne, connétable de France et lieu-
tenant général du roi en Languedoc, aux
évêques d'Aix et de Nîmes, à Henri de La
Voulte, chambellan du roi, à Henri Bohier,
général des finances, et à Jean Lalemant, le
jeune, receveur des finances, portant qu'une

crue de 59,833 livres 1 sou 6 deniers tour-   1515.
nois a été imposée au pays de Languedoc,
pour subvenir aux frais de la guerre. Paris,
20 avril 1515.

> *Original. Bibl. nat., ms. fr. 22405, n° 36.*

15910. Mandement à Jean de La Loere de répartir et   20 avril.
faire lever la somme de 12,972 livres 13 sous
4 deniers tournois sur les pays de Rouergue
haut et bas, et le comté de Rodez, pour leur
quote-part de la crue de 600,000 livres imposée sur tout le royaume, avec 150 livres
pour les commissaires. Paris, 20 avril 1515.

> *Copie du xvie siècle. Arch. départ. de l'Aveyron,
> C. 1211, fol. 1 v°.*

15911. Don à Léopard de Renty, écuyer d'écurie ordi-   21 avril.
naire du roi, et à Renée d'Argence, sa femme,
de 200 livres tournois de rente sur le domaine de la Ferté-Alais, 21 avril 1515.

> *Enreg. à la Chambre des Comptes de Paris, anc.
> mém. Z, fol. 97 v°. Arch. nat., PP. 118, p. 19.
> (Mention.)*
> *Bibl. nat., ms. Clairambault 782, p. 265. (Men-
> tion.)*
> *Bibl. nat., ms. fr. 21405, p. 270. (Mention.)*

15912. Déclaration de l'hommage de Jean Pignard, li-   21 avril.
cencié ès droits, écuyer, pour la seigneurie
de la Tour de Mandres et le fief de Proven-
chères, sis à Dampierre. (bailliage de Chaumont, châtellenie de Nogent-le-Roi). Paris,
21 avril 1515.

> *Expéd. orig. Arch. nat., P. 163², cote 1142.*

15913. Donation faite par le roi à Claude, reine de   22 avril.
France, duchesse de Bretagne, des duchés
d'Anjou, d'Angoumois, comtés du Maine et
de Beaufort, pour en jouir après le décès de
Louise de Savoie. Paris, 22 avril 1515.

> *Acte notarié original. Arch. nat., J. 964, n° 29
> (anc. musée AE. II, n° 561).*

15914. Ordonnance renouvelant l'autorisation du cours   23 avril.

et du transport des sels en Bourgogne. Paris,
23 avril 1515.

Original. Arch. départ. du Doubs, B. 284.

1515.

15915. Lettres accordant à l'archiduchesse Marguerite
d'Autriche la surséance des 1,000 livres vien-
noises dues par la saunerie, le libre cours du
sel de Salins au duché de Bourgogne et le
maintien de la tradition relative à ce commerce, à charge par Marguerite de justifier
de ces droits en ce qui concernait le refus de
servir la rente de 1,000 livres. Paris, 23 avril
1515.

Original. Arch. départ. du Doubs, B. 218.

23 avril.

15916. Lettres portant donation à l'archiduc Charles
d'Autriche du revenu et émolument de l'aide
que le roi de France avait droit de prendre au
pays d'Artois, en considération de son mariage projeté avec Renée de France, belle-
sœur du roi. Paris, 23 avril 1515.

*Original. Bibl. nat., Mélanges de Colbert,
vol. 362, n° 285.
Copie du xvi° siècle. Arch. dép. du Nord, Documents diplomatiques.*

23 avril.

15917. Lettres autorisant l'archiduc Charles d'Autriche
à nommer les officiers des greniers à sel du
Charolais. Paris, 23 avril 1515.

*Original. Arch. départ. du Nord, Trésor des
chartes, carton 555, n° 16731.*

23 avril.

15918. Mandement aux généraux des finances de faire
rembourser par Jean Lalemant, l'aîné, receveur général en Normandie, 25,000 livres
tournois à Thomas Bohier, qui les avait prêtées au roi. Paris, 23 avril 1515.

Original. Bibl. nat., ms. fr. 25720, n° 15.

23 avril.

15919. Déclaration de l'hommage de Guillaume de Ménilles, dit Le Sesne, écuyer, pour les seigneuries de Ménilles et la Heunière. (bailliage
d'Évreux, châtellenie de Pacy). Paris, 24 avril
1515.

Expéd. orig. Arch. nat., P. 269², cote 3988.

24 avril.

v.

31

15920. Déclaration de foi et hommage de Louise de
Neelle, veuve de Jean de La Gruthuse, chevalier, sénéchal d'Anjou, pour la seigneurie
de Bray-sur-Somme, mouvante de Péronne.
Paris, 24 avril 1515.

1515.
24 avril.

> *Original. Arch. nat., Chambre des Comptes de
> Paris, P. 15, n° 5547.*

15921. Déclaration de foi et hommage de Louise de
Neelle, veuve de Jean de La Gruthuse, sénéchal d'Anjou, pour les seigneuries de Mello
et de Maysel, mouvantes de Senlis, les seigneuries d'Offémont et de Thourotte, mouvantes de Compiègne, et la seigneurie de Cramoisy, mouvante de Creil. Paris, 24 avril
1515.

24 avril.

> *Original. Arch. nat., Chambre des Comptes de
> Paris, P. 5, n° 1560.*

15922. Déclaration de foi et hommage de Jean Le Picart, contrôleur général des finances de Bourgogne, pour la terre de Villeron, mouvante
de Gonesse. Paris, 25 avril 1515.

25 avril.

> *Original. Arch. nat., Chambre des Comptes de
> Paris, P. 2, n° 624.*

15923. Déclaration de foi et hommage de Jean Le Picart pour la terre d'Attilly en Brie, mouvante
de Tournant. Paris, 25 avril 1515.

25 avril.

> *Original. Arch. nat., Chambre des Comptes de
> Dijon, P. 2, n° 625.*

15924. Lettres portant imposition sur la ville de Bourges
d'un subside de 4,000 livres tournois pour sa
part des taxes levées sur les principales villes
du royaume, destinées à subvenir aux frais
de la guerre contre les Suisses. Montereau-
faut-Yonne, 30 avril 1515.

30 avril.

> *Original. Arch. municipales de Bourges, AA. 87.*

15925. Lettres demandant à la ville de Paris un don
de 20,000 livres tournois pour la défense du
royaume contre les Suisses, et ordonnant que
cette somme soit répartie et levée sur tous

les habitants, privilégiés et non privilégiés. 1515.
Montereau-faut-Yonne, 30 avril 1515.

> *Arch. nat., reg.* H. 1778, fol. 290 r°, 293 v° et
> suiv. (*Mentions.*)
> *Imp. Registres des délibérations du Bureau de la
> ville de Paris.* Paris, gr. in-4°, tome I, 1883, p. 222,
> 224, 225. (*Mentions.*)

15926. Lettres portant exemption d'impôts en faveur Avril.
des bourgeois et habitants de Toulon. Paris,
avril 1515.

> *Copie. Archives de la ville de Toulon* (*Var*),
> CC. 454.

15927. Don à Henri Bohier, chevalier, s' de Chesnaye, Avril.
conseiller et général des finances, des château,
terre et seigneurie de Castelnau. Paris, avril
1515.

> *Enreg. à la Chambre des Comptes de Paris,* anc.
> mém. Z, fol. 301. *Arch. nat.,* PP. 118, p. 45.
> (*Mention.*)
> *Bibl. nat.,* ms. Clairambault 782, p. 267.
> (*Mention.*)
> *Bibl. nat.,* ms. fr. 21405, p. 273. (*Mention.*)

15928. Don des droits seigneuriaux de la terre de Re- 1er mai.
moville à Jacques de Neufchâtel, écuyer,
panetier ordinaire de la reine. Montereau,
1er mai 1515.

> *Enreg. à la Chambre des Comptes de Paris,* anc.
> mém. Z, fol. 256. *Arch. nat.,* PP. 118, p. 40.
> (*Mention.*)
> *Bibl. nat.,* ms. fr. 21405, p. 272. (*Mention.*)
> *Bibl. nat.,* ms. Clairambault 782, p. 267.
> (*Mention.*)

15929. Provisions pour Jean Le Vasseur de l'office de 4 mai.
vicomte d'Avranches, au lieu de Michel de
Bretout. Montargis, 4 mai 1515.

> *Enreg. à la Chambre des Comptes de Paris,* anc.
> mém. Z, fol. 206. *Arch. nat.,* PP. 118, p. 32.
> (*Mention.*)
> *Bibl. nat.,* ms. fr. 21405, p. 271. (*Mention.*)
> *Bibl. nat.,* ms. Clairambault 782, p. 266.
> (*Mention.*)

15930. Provisions pour Jean Bruneau de l'office de 12 mai.

31.

vicomte et receveur ordinaire de Vire et Condé. **1515.**
Châtillon-sur-Loing, 12 mai 1515.

> *Enreg. à la Chambre des Comptes de Paris*, anc.
> mém. Z, fol. 100. *Arch. nat.*, PP. 118, p. 20.
> *(Mention.)*
> *Bibl. nat.*, ms. Clairambault 782, p. 265.
> *(Mention.)*
> *Bibl. nat.*, ms. fr. 21405, p. 270. *(Mention.)*

15931. Confirmation du don fait à Philippe de Croy **19 mai.**
et de Renty, à Jean s^r d'Estouteville, baron
de Berneval, Cléville et Briquebec, et à Jacqueline d'Estouteville, sa femme, fille et héritière de feu Guy d'Estouteville, chevalier, et
de feu Isabeau de Croy, du revenu du grenier
à sel de Bar-sur-Aube. 19 mai 1515.

> *Enreg. à la Chambre des Comptes de Paris*, anc.
> mém. Z, fol. 89. *Arch. nat.*, PP. 118, p. 18.
> *(Mention.)*
> *Bibl. nat.*, ms. Clairambault 782, p. 265.
> *(Mention.)*
> *Bibl. nat.*, ms. fr. 21405, p. 269. *(Mention.)*

15932. Lettres de règlement au sujet de la juridiction **21 mai.**
de l'abbaye de Saint-Waast d'Arras sur les
terres et villages de Servin, Berneville et Vis-
en-Artois. Paris (*sic*), 21 mai 1515.

> *Copie du xvie siècle. Arch. départ. du Nord,*
> *Trésor des chartes*, carton 555, n° 16756.

15933. Lettres de réception du serment de fidélité **24 mai.**
d'André Frappin, au nom d'Isabelle de Bour-
bon, abbesse de la Trinité de Caen, pour le
temporel de ladite abbaye et des prieurés en
dépendant. Blois, 24 mai 1515.

> *Expéd. orig. Arch. nat.*, P. 273¹, cote 5690.

15934. Mandement aux généraux des finances de laisser **26 mai.**
Jean Lalemant, l'aîné, receveur général en
Normandie, prendre sur les deniers de sa recette à échoir l'an prochain 3,000 livres tournois, pour le rembourser de pareille somme
qu'il vient de prêter au roi afin de l'aider à
subvenir aux frais de la guerre. Blois, 26 mai
1515.

> *Original. Bibl. nat., Nouvelles acquisitions fran-*
> *çaises*, ms. 1483, n° 36.

15935. Déclaration de foi et hommage de François
  Harpin, chevalier, contrôleur général de l'artillerie, s^r de Chabris, pour un mas de terre
  nommé les Usages dépendant de Chabris et
  mouvant d'Issoudun. Blois, 30 mai 1515.

  *Original. Arch. nat., Chambre des Comptes de
  Paris, P. 14, n° 4892.*

1515.
30 mai.

15936. Déclaration de foi et hommage de François
  Harpin, chevalier, maître d'hôtel du roi, contrôleur général de l'artillerie, s^r de la Saunière
  et des Bordes, pour la métairie des Bordes [1],
  mouvante d'Amboise. Blois, 30 mai 1515.

  *Original. Arch. nat., Chambre des Comptes de
  Paris, P. 11, n° 3874.*

30 mai

15937. Confirmation des privilèges, franchises et libertés des habitants de Dax. Montargis, mai
  1515.

  *Copie du XVIIe siècle. Bibl. nat., Armoires de
  Baluze, t. XXV, fol. 24.*

Mai.

15938. Lettres de sauvegarde octroyées au chapitre de
  Saint-Just de Lyon. Blois, mai 1515.

  *Copie du XVIe siècle. Arch. départ. du Rhône,
  reg. des insinuations de la sénéchaussée, Livre du
  roi, fol. 100 v°.*

Mai.

15939. Confirmation des lettres de Louis XI (Rouen,
  13 juin 1467), permettant aux habitants de
  Rouen de tenir et posséder des fiefs nobles,
  sans payer finance, pourvu qu'ils aient douze
  ans de résidence. Mai 1515.

  *Original. Arch. de la ville de Rouen. (Invent.
  ms., n° 2. Arch. nat., F. 89127.)*

Mai.

15940. Commission à Jean Vaillant de Guellis, bailli de
  Dunois, conseiller au Grand conseil, à Jean
  de Dampierre, protonotaire du Saint-Siège et
  aumônier du roi, et à Jean de Combault,
  licencié ès lois, de rechercher en Normandie
  les gens de mainmorte qui détiennent des
  fiefs, rentes, héritages, etc., sans avoir obtenu

1er juin.

[1] Les Petites-Bordes, commune de Pontlevoy (Loir-et-Cher).

de lettres d'amortissement, et de procéder
contre eux. Blois, 1ᵉʳ juin 1515.

1515.

> *Enreg. au Parl. de Normandie. Copie du*
> *XVIIᵉ siècle. Arch. nat., U. 757 (2ᵉ partie),*
> *p. 88. 4 pages.*

15941. Mandement à Jacques Hurault, chevalier, seigneur de Cheverny, général des finances du
comté de Blois, Asti, Soissons et Coucy, de
faire payer par le payeur des gages des officiers
de la Chambre des Comptes à Jean de Jussac,
premier écuyer d'écurie du roi, pourvu de
l'office de maître et auditeur en la Chambre
des Comptes de Blois, les gages échus depuis
la date de ses provisions jusqu'à celle de sa
réception. Blois, 1ᵉʳ juin 1515.

1ᵉʳ juin.

Attache de Jacques Hurault en conséquence des présentes, du 13 juin 1515.

> *Original. Bibl. nat., Pièces orig., vol. 1601,*
> *Jussac, p. 3 et 4.*

15942. Déclaration de foi et hommage d'Artus de Villequier, chevalier, comme procureur de Baptiste
de Villequier, son fils, pour les seigneuries de
la Guerche et de Chanceaux, mouvantes de
Tours; pour la vicomté de Saint-Sauveur-le-
Vicomte, mouvante du Cotentin; pour la seigneurie de Villequier, mouvante du duché de
Normandie; pour les îles d'Oleron, Marennes,
Arvert, Broue, Chassors, etc., mouvantes du
comté de Saintonge, et la moitié indivise du
fief de Montfaucon, mouvant d'Angers. Amboise, 5 juin 1515.

5 juin.

> *Original. Arch. nat., Chambre des Comptes de*
> *Paris, P. 16, nº 5963.*

15943. Mandement à Jean Ruzé, général des finances
d'Outre-Seine et Yonne, de rembourser à
Jacques Viart, receveur du comté de Blois,
la somme de 8,000 livres tournois, avancée
par lui pour le payement des constructions
récemment faites au château de Blois. Amboise, 7 juin 1515.

7 juin

> *Copie du 19 juin suivant. Bibl. de Blois, fonds*
> *Joursanvault, nº 1597.*

15944. Déclaration de foi et hommage d'Imbert de
Batarnay, conseiller et chambellan ordinaire
du roi, pour la « chevance des Trousseaux »
sise en la seigneurie royale de Dun-le-Roi.
Amboise, 8 juin 1515.

> *Original. Arch. nat., Chambre des Comptes de
> Paris, P. 14, n° 4893.*

1515.
8 juin.

15945. Déclaration de foi et hommage de Denis Che-
vreau, pour le fief de la Bonninière, mouvant
d'Amboise. Amboise, 9 juin 1515.

> *Original. Arch. nat., Chambre des Comptes de
> Paris, P. 11, n° 3876.*

9 juin.

15946. Déclaration de foi et hommage de Jean Dudoit,
écuyer, pour la seigneurie de Thommeaux et
le grand hôtel de Mosnes, mouvants d'Amboise. Amboise, 9 juin 1515.

> *Original. Arch. nat., Chambre des Comptes de
> Paris, P. 11, n° 3875.*

9 juin.

15947. Mandement aux généraux des finances de faire
payer par Jean Lalemant, l'aîné, receveur des
finances en Normandie, 21,375 livres tournois à Barthélemy Laurencin, commis à tenir
le compte des cent gentilshommes de l'hôtel,
sous la conduite du sire de Brézé, grand sénéchal de Normandie, pour leur solde des
trois derniers quartiers de la présente année.
Amboise, 10 juin 1515.

> *Original. Bibl. nat., ms. fr. 25720, n° 17.*

10 juin.

15948. Provisions en faveur d'Honorat de Grimaldi de
l'office de conseiller et chambellan du roi.
Amboise, 12 juin 1515.

> *Original. Turin, Arch. di stato, citta et contado
> di Nizza, mazzo 21, n° 15.*

12 juin.

15949. Déclaration de l'hommage lige de Jacques d'Amboise, baron de Renel, capitaine de cinquante
lances des ordonnances, pour la moitié de la
seigneurie du Parc, à Lachy (bailliage et châtellenie de Sézanne), et des reprises des seigneuries de Mussey, Mathons et Morancourt.

13 juin.

(bailliage de Chaumont, châtellenie de Vassy). 1515.
Amboise, 13 juin 1515.

Expéd. orig. Arch. nat., P. 166², cote 2510.

15950. Déclaration de foi et hommage de Jean de La   13 juin.
Forestière, écuyer, s' de Cottereau, du Châtellier et de Limeray, pour le Châtellier
mouvant d'Amboise. Amboise, 13 juin 1515.

*Original. Arch. nat., Chambre des Comptes de
Paris, P. 11, n° 3876.*

15951. Déclaration de foi et hommage d'Olivier Le   15 juin.
Voyer, chevalier, maître d'hôtel de la reine,
comme douairier du fief de Husson appartenant à feu sa femme, Anne du Haslay, et
mouvant de Mortain. Amboise, 15 juin 1515.

*Original. Arch. nat., Chambre des Comptes de
Paris, P. 268², n° 3257.*

15952. Déclaration de foi et hommage de Guyon de   15 juin.
Rochefort, s' d'Ermille (auj. Armilly), pour
ladite seigneurie mouvante de Tours. Amboise, 15 juin 1515.

*Original. Arch. nat., Chambre des Comptes de
Paris, P. 13, n° 4382.*

15953. Déclaration de l'hommage de Roland Thérard,   15 juin.
écuyer, pour la seigneurie des Essarts (bail-
liage de Caen, vicomté et châtellenie de
Bayeux). Amboise, 15 juin 1515.

Expéd. orig. Arch. nat., P. 273², cote 6005.

15954. Lettres portant que Thierry Dorne jouira des   17 juin.
gages de 6 sous parisis par jour et de 10 livres
parisis par an pour droit de manteau, à dater
du jour de son institution en l'office de secrétaire du roi. Amboise, 17 juin 1515.

*Arch. nat., 2ᵉ compte de Jean Sapin, receveur
général de Languedoïl et Guyenne, KK. 289,
fol. 545 v°. (Mention.)*

15955. Déclaration de foi et hommage de Mathieu Co-   18 juin.
thin, chanoine en l'église de Saint-Jean-l'Évangéliste de Montilz-lez-Tours, comme procureur des chanoines de ladite église, pour les

seigneuries de « Foubesches [1] » et de la Côte, mouvantes d'Amboise. Amboise, 18 juin 1515.

Original. Arch. nat., Chambre des Comptes de Paris, P. 11, n° 3879.

1515.

15956. Déclaration de foi et hommage d'Étienne de La Loë, écuyer, pour la seigneurie de Fontenay sise en la paroisse de Saint-Christophe de Bléré, mouvante d'Amboise. Amboise, 18 juin 1515.

18 juin.

Original. Arch. nat., Chambre des Comptes de Paris, P.,11, n° 3882.

15957. Lettres portant délai d'un an accordé au duc de Longueville et à Jean d'Orléans, archevêque de Toulouse, son frère, pour rendre l'hommage dû au roi à cause des seigneuries de Parthenay, Vouvant, Beceleuf et le Coudray-Sallebart, en Poitou, et bailler l'aveu et dénombrement desdites seigneuries. Amboise, 21 juin 1515.

21 juin.

Copie du temps. Arch. nat., P. 552², cote 263. Autre copie du XVI° siècle. Arch. nat., P. 716, n° 236.

15958. Don et remise des droits seigneuriaux dus au roi par Charles de Silly, pour la terre et seigneurie de la Rocheguyon. 22 juin 1515.

22 juin.

Enreg. à la Chambre des Comptes de Paris, anc. mém. Z, fol. 109. Arch. nat., PP. 118, p. 23. (Mention.)
Bibl. nat., ms. fr. 21405, p. 270. (Mention.)
Bibl. nat., ms. Clairambault 782, p. 265. (Mention.)

15959. Déclaration de l'hommage de Moriet de Fédebrie, écuyer, homme d'armes des ordonnances sous la conduite du duc d'Alençon, pour la seigneurie du Mesnil-Manissier (bailliage de Caen, vicomté de Falaise, paroisse de Saint-Germain-le-Vasson). Amboise, 25 juin 1515.

25 juin.

Expéd. orig. Arch. nat., P. 273², cote 5985.

[1] Fosse-Besse (cartes de Cassini et de l'État-major), commune de Bléré (Indre-et-Loire).

IMPRIMERIE NATIONALE.

15960. Provisions pour Hugues Le Masle de l'office de
vicomte et receveur ordinaire d'Évreux. Amboise, 26 juin 1515.

> Enreg. à la Chambre des Comptes de Paris, anc.
> mém. Z, fol. 99. Arch. nat., PP. 118, p. 19.
> (Mention.)
> Bibl. nat., ms. fr. 21405, p. 270. (Mention.)
> Arch. nat., ms. Clairambault 782, p. 265.
> (Mention.)

1515.
26 juin.

15961. Lettres portant ratification par le roi du traité
d'alliance de Louis XII avec Venise. Amboise,
27 juin 1515.

> Copie du xvi⁶ siècle. Arch. de Venise, Comme-
> moriali 20, fol. 20.
> Idem, Patti, seria I⁴, n° 755.

27 juin.

15962. Lettres adressées aux gens des comptes, aux
sénéchaux de Guyenne, Toulouse et Périgord, etc., les informant qu'Alain, sire d'Albret, a fait hommage pour les comtés d'Armagnac, Périgord, Gaure, la seigneurie d'Albret
et autres terres qu'il tient de la couronne.
Amboise, 27 juin 1515.

> Original et copie. Arch. départ. des Basses-Py-
> rénées, E. 103.
> Copie collat. du xvi⁶ siècle. Arch. nat., Papiers
> de Bouillon, R² 105.
> Copie du xvii⁶ siècle. Bibl. nat., coll. Doat,
> vol. 230, fol. 273.
> Imp. Arch. historiques de la Gironde, tome III,
> in-4°, Bordeaux et Paris (1861-1862), p. 215.
> Idem, tome XXV, 1887, p. 563.

27 juin.

15963. Lettres adressées à la Chambre des Comptes,
au sénéchal de Carcassonne, etc., portant
qu'Alain, sire d'Albret, a fait hommage des
comté de Castres et châtellenie de Sérignan,
sans préjudice du procès pendant devant le
Parlement de Paris au sujet de ces domaines,
et des droits que le roi prétend à leur possession. Amboise, 27 juin 1515.

> Original. Arch. départ. des Basses-Pyrénées,
> E. 147.
> Copie du xvii⁶ siècle. Bibl. nat., coll. Doat,
> vol. 230, fol. 271.

27 juin.

15964. Lettres adressées à la Chambre des Comptes,

27 juin.

lui notifiant qu'Alain, sire d'Albret, a fait ce
jour l'hommage pour le comté de Dreux.
Amboise, 27 juin 1515.

> *Copie du XVIIe siècle. Bibl. nat., coll. Doat,
> vol. 248, fol. 382.*

1515.

15965. Provisions pour Lancelot du Lac, seigneur de
Chamerolles, chambellan du roi, de l'office
de bailli d'Orléans. 27 juin 1515.

> *Enreg. à la Chambre des Comptes de Paris, anc.
> mém. Z, fol. 98.*
> *Bibl. nat., ms. fr. 21405, p. 270. (Mention.)*

27 juin.

15966. Déclaration de foi et hommage de Vaast Brioys,
doyen de l'église Saint-Martin de Tours, pour
sondit doyenné et la seigneurie de Ligueil.
Amboise, 29 juin 1515.

> *Original. Arch. nat., Chambre des Comptes de
> Paris, P. 13, n° 4383.*

29 juin.

15967. Confirmation des privilèges de l'abbaye de
Tiron, au diocèse de Chartres. Amboise, juin
1515.

> *Copie collationnée du XVIIIe siècle. Arch. nat.,
> K. 178, n° 33.*

Juin.

15968. Confirmation du don fait par la reine Claude
(Blois, 26 mai 1515) à Jean Cottereau, seigneur de Vauperreux (aujourd'hui la Vicomté),
près Blois, trésorier de France, du droit de
chasse pour le moulin de Chéry, dans la paroisse de Choussy, et union dudit droit de
chasse au fief dudit Vauperreux. Amboise,
juin 1515.

> *Enreg. à la Chambre des Comptes de Blois, le
> 6 juillet 1515. Arch. nat., KK. 897, fol. 297 v°.*
> *1 page 1/3.*

Juin.

15969. Commission donnée par le roi pour la recherche
des francs-fiefs et nouveaux acquêts en Normandie. Juin 1515.

> *Original. Arch. de la ville de Rouen. (Invent.
> ms., n° 5, aux Arch. nat., F. 89127.)*

Juin.

15970. Don à Galéas de Saint-Séverin, grand écuyer de
France, chevalier de l'ordre, du château de

2 juillet.

32.

Mehun-sur-Yèvre. Romorantin, 2 juillet 1515.

1515.

> *Enreg. à la Chambre des Comptes, anc. mém. Z, fol. 211. Arch. nat., PP. 118, p. 33. (Mention.)*
> *Bibl. nat., ms. Clairambault 782, p. 266. (Mention.)*
> *Bibl. nat., ms. fr. 21405, p. 271. (Mention.)*
> *Imp. Le P. Anselme, Hist. généal., in-fol., 3ᵉ édition, t. VIII, p. 502 [1]. (Mention.)*

15971. Déclaration de foi et hommage de Pierre de Monceau, écuyer, pour la seigneurie de Monceau (Montceaux) en la forêt de Bière, avec le droit d'usage en ladite forêt, mouvante de Melun. Bourges, 5 juillet 1515.

5 juillet.

> *Original. Arch. nat., Chambre des Comptes de Paris, P. 16, n° 5964.*

15972. Déclaration de foi et hommage de Christophe Bende pour les deux moulins du Pont de Dun-le-Roi, les deux moulins de Boussereau, sis sur la rivière d'Auron, et le huitième d'une pièce de pré appelée Pré-le-Roi, mouvante de Dun-le-Roi (auj. Dun-sur-Auron). Bourges, 5 juillet 1515.

5 juillet.

> *Original. Arch. nat., Chambre des Comptes de Paris, P. 14, n° 4894.*

15973. Déclaration de foi et hommage de François de Touzelle, conseiller et avocat du roi au siège d'Issoudun, pour la moitié de la justice et terre de Brouillamnon [2], mouvante d'Issoudun. Moulins, 8 juillet 1515.

8 juillet.

> *Original. Arch. nat., Chambre des Comptes de Paris, P. 14, n° 4895.*

15974. Lettres de sauvegarde octroyées à l'église collégiale de Saint-Frambourg de Senlis. Paris (sic), 11 juillet 1515.

11 juillet.

> *Copie du XVIIIᵉ siècle. Bibl. nat., Collection Moreau, vol. 261, fol. 99. (D'après les archives de la collégiale de Saint-Frambourg.)*

[1] D'après le même ouvrage, Galéas fut naturalisé par lettres de décembre 1517.

[2] Commune de Plou, canton de Charost (Cher).

15975. Lettres permettant à Antoine Du Prat, chancelier de France, d'exercer la charge de chancelier et chef de la justice et du conseil de Louise de Savoie, duchesse d'Angoumois et d'Anjou, comtesse du Maine et de Beaufort. Lyon, 15 juillet 1515.

> Original. Bibl. nat., ms. fr. 4658, fol. 15.

1515.
15 juillet.

15976. Déclaration de foi et hommage de Guérin Mauguier, s^r de la Borde-Fournier, commissaire ordinaire de l'artillerie, pour la terre de la Borde-Fournier, mouvante de Brie-Comte-Robert. Lyon, 17 juillet 1515.

> Original. Arch. nat., Chambre des Comptes de Paris, P. 2, n° 629.

17 juillet.

15977. Lettres de réception de foi et hommage du s^r de La Trémoille, premier chambellan du roi, pour le comté de Benon et les seigneuries de Marans et de l'île de Ré. Lyon, 18 juillet 1515.

> Original. Arch. nat., Chambre des Comptes, P. 555², n° 601.
> Copie moderne appartenant à M. le duc de La Trémoille.

18 juillet.

15978. Lettres remettant aux hommes de chef et de corps du comté de Blois, dans la garde de Beausse, 200 livres tournois sur ce qu'ils pouvaient devoir de la taille de dix années. 18 juillet 1515.

> Bibl. nat., ms. Moreau 405, invent. de la Chambre des Comptes de Blois, fol. 190 v°. (Mention.)

18 juillet.

15979. Commission pour contraindre le grènetier du grenier à sel «estably en Thirache⁽¹⁾» au payement de la somme de 800 livres que Claude de Lorraine est autorisé, par concession royale, à prélever chaque année sur ledit grenier. 20 juillet 1515.

> Anc. arch. de la Chambre des Comptes de Joinville. Arch. nat., KK. 908, fol. 375. (Mention.)

20 juillet.

---

(1) Sans doute celui de Guise.

15980. Mandement aux gens des comptes à Paris de faire payer aux conseillers de la chambre de la Tournelle du Parlement de Paris créée par édit d'avril 1515 (n° 237) la crue de gages qui leur a été octroyée. Paris [1], 23 juillet 1515.

> Enreg. au Parl. de Paris, Arch. nat., U. 446, fol. 132 v°. 1 page.

1515.
23 juillet.

15981. Provisions de l'office de concierge et portier de la Chambre des Comptes de Dijon, pour Guillaume Lecomte, en remplacement et sur la résignation de Michel Paluchot. Lyon, 23 juillet 1515.

> Enreg. à la Chambre des Comptes de Dijon, le 30 juillet suivant. Arch. de la Côte-d'Or, B. 18, fol. 5 v°.

23 juillet.

15982. Lettres d'assignation à Austremoine Faure, commis au payement des pensions d'Angleterre, des sommes suivantes : 1° 950 livres tournois pour ses gages du terme de novembre 1514; 2° 1,079 livres 7 sous 6 deniers tournois pour achat d'écus d'or soleil destinés audit payement. Lyon, 24 juillet 1515.

> Arch. nat., KK. 349, 1er compte d'Austr. Faure. (Mention.)

24 juillet.

15983. Lettres d'assignation à Austremoine Faure, commis au payement des pensions d'Angleterre, des sommes suivantes : 1° 950 livres tournois pour ses gages du terme de mai 1515; 2° 2,566 livres 16 sous 3 deniers tournois pour achat d'écus d'or soleil destinés audit payement. Lyon, 24 juillet 1515.

> Arch. nat., KK. 349, 2e compte d'Austr. Faure. (Mention.)

24 juillet.

15984. Déclaration de l'hommage rendu par Marc de La Baume, comte de Montrevel, au nom de Joachim, son fils émancipé, pour la baronnie de Châteauvillain (bailliage de Chaumont),

24 juillet.

[1] Sic. Le nom de lieu a été rempli postérieurement.

donnée audit Joachim par Anne de Châteauvillain, sa mère, avec le consentement dudit
Marc. Lyon, 24 juillet 1515.

> *Expéd. orig. Arch. nat., P. 163¹, cote 953.*

15985. Mandement aux généraux des finances d'allouer
aux comptes du receveur et payeur de
l'écurie du roi 500 livres tournois, qu'il a
payées, sur l'ordre du feu roi, à Galéas de San
Severino, chevalier de l'ordre et grand écuyer
de France, et 71 livres tournois payées à
différentes personnes. Lyon, 26 [juillet [1]]
1515.

> *Original. Bibl. nat., ms. fr. 25720, n° 23.*

15986. Mandement à l'archevêque de Bourges [An-
toine Bohier], d'envoyer au roi un dévolu de
l'évêché de Luçon au nom de frère Philibert
de La Guiche, conseiller et chambellan du
roi. Lyon, 28 juillet 1515.

> *Copie. Arch. départ. du Cher, fonds de l'arche-
> vêché de Bourges, cartulaire n° 196.*

15987. Déclaration de foi et hommage de Robert Raoulin, pour le fief de « Longpaon », mouvant de
la vicomté et châtellenie de Rouen. Vienne,
31 juillet 1515.

> *Original. Arch. nat., Chambre des Comptes de
> Paris, P. 265², n° 1577.*

15988. Déclaration de foi et hommage de Robert Raoulin, pour le demi-fief de haubert dit le fief de
« la Geolle », mouvant de la vicomté et châtellenie de Rouen. Vienne, 31 juillet 1515.

> *Original. Arch. nat., Chambre des Comptes de
> Paris, P. 265², n° 1576.*

15989. Don à Artus Gouffier, seigneur de Boisy, de la
seigneurie de Bourg-Charente. Lyon, juillet
1515 [2].

> *Copie collationnée du XVIII° siècle. Arch. nat.,
> K. 176, n° 114.*

---

[1] Le mois est resté en blanc.
[2] Ces lettres furent vérifiées à la Chambre des Comptes d'Angoulême, transférée à Beaucaire-lès-Saint-Genis-d'Hiersac à cause de la peste,
le 26 septembre suivant.

1515.

26 juillet.

28 juillet.

31 juillet.

31 juillet.

Juillet.

15990. Provisions de l'office de second président du
Parlement de Dijon, pour Claude Patarin,
en remplacement de Hugues Fournier. Lyon,
juillet 1515.

1515.
Juillet.

> *Enreg. au Parl. de Dijon, le 6 août suivant.*
> *Arch. de la Côte-d'Or, Parl., reg. I, fol. 137 v°.*

15991. Confirmation en faveur de Jean de Poitiers,
chevalier, seigneur de Saint-Vallier, capitaine
des cent gentilshommes ordinaires de l'hôtel
du roi, des inféodations à lui faites des seigneuries de la Roche-de-Glun, Beaumont et
Monteux. Lyon, juillet 1515.

Juillet.

> *Arch. de l'Isère, B. 2986, cah. 27. 5 pages.*

15992. Lettres instituant Pierre de Pontbriant, genti-
homme ordinaire de la chambre, vicomte et
receveur de la vicomté de Carentan. Moyrend
(Moirans), 1er août 1515.

1er août.

> *Original. Bibl. nat., Pièces orig., Pontbriant,*
> *vol. 2334, pièce 44.*

15993. Pouvoirs des commissaires du roi aux États
de Languedoc, convoqués au Puy pour le
28 août. Grenoble, 3 août 1515.

3 août.

> *Copie. Arch. départ. de l'Hérault, États de Lan-*
> *guedoc, C. Commissions pour la tenue des États,*
> *tome I, fol. 183. 9 pages.*
> *Copie. Idem, Recueil des lettres et actes des com-*
> *missaires du roi aux États, 1515. 5 pages.*

15994. Provisions en faveur de Guillaume Quentin,
de l'office nouvellement créé d'enquêteur et
examinateur au siège et en la châtellenie de
Loches, au bailliage de Touraine. Grenoble,
5 août 1515.

5 août.

> *Original. Bibl. nat., Titres scellés de Clairam-*
> *bault, ms. 116, pièce 85, anc. 9173.*

15995. Lettres de réception de l'hommage de René de
Mainemares, seigneur de Bellegarde, pour le
fief de haubert de Tranchevilliers (bailliage et
vicomté d'Évreux, châtellenie de Nonancourt), et les deux huitièmes de fief de Raim-
bertat et la Franchetable (bailliage de Caux,

7 août.

châtellenie de Montivilliers, Grenoble, 7 août 1515.

Expéd. orig. Arch. nat., P. 270², cote 4021.

15996. Mandement ordonnant de faire lever les décharges nécessaires pour le payement de la pension de 400 livres tournois de Louis du Mesnil, sʳ de Maupas, pour l'année 1515. Grenoble, 8 août 1515.

Original. Bibl. nat., Pièces orig., vol. 1949, Mesnil (doss. 44677), p. 20.

15997. Mandement aux généraux des finances de faire payer par Morelet du Museau trésorier des guerres, 11,000 livres tournois à Philibert Babou, contrôleur de l'argenterie et commis à tenir le compte de l'extraordinaire des guerres, pour employer au fait de sa commission. Embrun, 11 août 1515.

Original. Bibl. nat., ms. fr. 25720, n° 27.

15998. Lettres confirmant la reconnaissance faite par Louis XII de la souveraineté et du droit de port de Monaco, en faveur de Lucien de Grimaldi. Embrun, 12 août 1515.

Copie du xviiᵉ siècle. Bibl. de l'Institut de France, ms. Godefroy 73, fol. 228. 2 pages.
Copie du xviiiᵉ siècle. Arch. du Ministère des affaires étrangères à Paris, Monaco, suppl., reg. I, n° 89.
Imp. G. Saige, *Documents hist. relatifs à la principauté de Monaco*. Impr. de Monaco, in-4°, t. II, 1890, p. 153.

15999. Lettres d'État et surséance pour Charles de Lignières, écuyer, archer de la garde française commandée par M. de Crussol, accompagnant le roi en Italie. Lyon, 20 août 1515.

Copie du 6 novembre 1515. Arch. de l'Oise, série H, fonds de Froidmond.

16000. Provisions en faveur du sʳ d'Orval de la charge de lieutenant général du roi en Dauphiné.

1515.

8 août.

11 août.

12 août.

20 août.

26 août.

IMPRIMERIE NATIONALE

Au camp près Saint-Germain [1], 26 août
1515.

> Arch. départ. de l'Isère, B. 2907, fol. 86.
> 4 pages 1/2.

16001. Déclaration de l'hommage de Charles de
Couesmes, pour la baronnie du Neubourg,
mouvante du comté de Beaumont-le-Roger,
au bailliage d'Évreux. «Camp de la Serre
sur le Therin [2]», 31 août 1515.

31 août.

> Expéd. orig. Arch. nat., P. 270¹, côte 3994.

16002. Lettres d'amortissement du fief de Changis,
dit les Bas-Moulins, dans la forêt de Bière,
accordées aux Billettes du prieuré Notre-
Dame de la Charité à Paris, en échange de
celles qu'ils avaient obtenues jadis, mais que
la mauvaise administration d'un des précédents prieurs avait fait perdre. Grenoble,
août 1515.

Août.

> Copie collationnée du XVIII° siècle. Arch. nat.,
> K. 180, n° 139.

16003. Mandement de Louise de Savoie, régente de
France, aux généraux des finances, leur ordonnant d'exécuter les lettres du roi du 23 avril
1515 (n° 227), bien qu'on eût oublié d'in-
diquer sur le vidimus de ces lettres qui leur
a été remis, qu'il fallait y ajouter foi comme à
l'original. Amboise, 2 septembre 1515.

2 septembre.

> Original scellé. Bibl. nat., Mélanges de Colbert,
> vol. 362, n° 286.

16004. Provisions pour Pierre Desmoulins d'un office
de notaire au Châtelet de Paris, en remplacement et sur la résignation de Pierre Carrel.
Amboise, 4 septembre 1515.

4 septembre.

> Original. Arch. nat., V² 32. (Dossier intitulé :
> Notaires au Châtelet.)

16005. Commission à Guy de Moreau, docteur ès
droits, pour la recherche des francs-fiefs,

6 septembre.

[1] San Germano Chissone, circonscription de Pinerol.
[2] Cette localité doit être Cerro sur le Tanaro, province d'Alexandrie.

nouveaux acquêts et autres droits dus au roi
dans le duché de Bourgogne, la vicomté
d'Auxonne, le comté de Mâconnais, le Charolais et l'Auxerrois. Lyon, 6 septembre
1515.

> Arch. nat., R³* 133, fol. 15. (Mention.)

16006. Lettres de la régente portant prorogation, pour
six ans, de l'octroi décennal de 200 livres par
an, accordé par Louis XII aux habitants de
Cognac, pour les aider à subvenir aux frais
d'entretien de leurs fortifications. Amboise,
7 septembre 1515.

> Arch. nat., 2ᵉ compte de Jean Sapin, receveur
> général de Languedoïl et Guyenne, KK, 289,
> fol. 426. (Mention.)

16007. Lettres de Louise de Savoie, régente, notifiant
aux échevins et jurés de la ville de Metz
qu'elle a reçu des mains de Jean Jouglet,
ambassadeur de l'archiduc d'Autriche, la
lettre par laquelle ils adhèrent au traité conclu, le 24 mars précédent (n° 152), entre ce
prince et le roi de France, Amboise, 10 septembre 1515.

> Original scellé, Bibl. nat., Mélanges de Colbert,
> vol. 362, n° 287.

16008. Déclaration de foi et hommage de Jean de Sale-
zart, comme procureur de Gilles de Barville,
sʳ du Coudray en Beauce, pour ladite seigneurie mouvante du duché de Nemours.
Amboise, 11 septembre 1515.

> Original. Arch. nat., Chambre des Comptes de
> Paris, P. 10, n° 3164.

16009. Ordonnance de Louise de Savoie, régente, qui,
sur la demande des maire, échevins et habitants de Beaune, proroge pour six ans l'octroi
sur le sel pour la fortification de la ville.
Lyon, 14 septembre 1515.

> Original. Arch. municipales de Beaune (Côte-
> d'Or), fortifications, n° 90.

16010. Provisions pour Jean de Gonzague de la charge
de capitaine d'une compagnie de cinquante

1515.

7 septembre

10 septembre.

11 septembre.

14 septembre.

16 septembre.

33.

lances des ordonnances. Milan, 16 septembre   1515.
1515.

> *Copie collationnée du 13 mars 1516. Turin,*
> *Arch. di stato, Corti estere, Francia.*

16011. Commission de Louise de Savoie régente, à   22 septembre.
Jean Floquet, sʳ de Foussey, à Raoullequin
de Halescourt et à Bergerart Lelong, écuyers,
pour donner la chasse aux vagabonds qui
pillent la Normandie. Amboise, 22 septembre
1515.

> *Copie certifiée du notaire Langlois, le 30 no-*
> *vembre 1515. Bibl. nat., ms. fr. 20615, n° 44.*

16012. Exemption accordée par Louise de Savoie, ré-   22 septembre.
gente, à l'abbaye de Fontaines-les-Blanches,
près Amboise, du droit de huitième sur le
vin de son cru qu'elle vendra aux pèlerins se
rendant audit lieu. 22 septembre 1515.

> *Enreg. à la Cour des Aides. Arch. nat., Recueil*
> *Cromo, U. 665, p. 213. (Mention.) Cf. Catalogue,*
> *n° 454.*

16013. Provisions pour Jean de La Chesnaye, notaire   22 septembre.
et secrétaire du roi, de l'office de vicomte de
Carentan. 22 septembre 1515.

> *Enreg. à la Chambre des Comptes de Paris, anc.*
> *mém. Z, fol. 243. Arch. nat., PP, 118, p. 38.*
> *(Mention.)*
> *Bibl. nat., ms. fr. 21405, p. 272. (Mention.)*

16014. Don du péage du pont de Gravellona, province   24 septembre.
de Pavie, à Augustin Buttigella. Pavie,
24 septembre 1515.

> *Enreg. au Sénat de Milan, le 12 décembre 1515.*
> *Milan, Arch. di stato, registri del antico Senato,*
> *fol. 867 v°.*

16015. Lettres de réception de l'hommage fait entre les   25 septembre.
mains de Mondot de La Marthonie, premier
président du Parlement de Paris, commis à
la garde du sceau ordinaire en l'absence du
grand, par Jacques de Dinteville, chevalier,
seigneur de Commarin, tuteur de Claude,
fils mineur de feu Jacques de Dinteville,
grand veneur de France, et d'Anne de Châteauvillain, pour la propriété des ville et châ-

teau de Châteauvillain (bailliage de Chaumont) et leur revenu, estimé à 400 livres
tournois par an, donnés audit Claude par sa
mère. Amboise, 25 septembre 1515 [1].

> *Expéd. orig. Arch. nat.*, P. 163[1], cote 954.

1515.

16016. Lettres de réception de l'hommage fait entre les
mains de Mondot de La Marthonie, premier
président du Parlement de Paris, commis à la
garde du sceau, par Jean de Moreau, prieur
de Saint-Vigor-le-Grand, prieuré bénédictin
dépendant de l'abbaye de Saint-Bénigne de
Dijon, pour les biens possédés par ladite
abbaye dans les vicomtés de Bayeux et de
Caen. Amboise, 26 septembre 1515.

26 septembre.

> *Expéd. orig. Arch. nat.*, P. 273[5], cote 5842.

16017. Lettres de sauvegarde et de relief d'appel en
faveur du monastère de la Thieuloye, au diocèse d'Arras. Paris (*sic*), 27 septembre 1515.

27 septembre.

> *Copie. Arch. de l'État à Gand (Belgique)*, coll.
> van Steenberghe, F, fol. 97.

16018. Don de la seigneurie de Soncino, dans la province de Crémone, à Artus Gouffier, s[r] de
Boisy, grand maître de France. Pavie, septembre 1515.

Septembre.

> *Enreg. au Sénat de Milan, le 23 novembre 1515.
> Milan, Arch. di stato*, registri del antico Senato,
> fol. 859.
> IMP. Galantino, *Gouffier de Boysy. Supplemento
> all' appendice del volume terzo della storia di Son-
> cino*. Milano, 1881, p. 180.

16019. Confirmation en faveur de Charles de Rohan,
seigneur de Gié, comte de Guise, des dons
faits à son père dans le Milanais. Pavie, septembre 1515.

Septembre.

> *Copie du XVIIIe siècle. Arch. nat.*, ms. de dom
> Morice, MM. 759, p. 893.

16020. Mandement au viguier de Milan de faire publier la défense d'aller étudier à une autre

1er octobre.

---

[1] Cet acte est au nom du roi, quoique daté d'Amboise.

université qu'à celle de Pavie. Pavie, 1ᵉʳ octobre 1515.

> *Milan. Arch. civico, Lettere ducali (1503-1523),*
> fol. 123.

16021. Lettres de réception de foi et hommage de Gatien de Plais, seigneur par sa femme du fief de Rosnay, en la paroisse de Négron, pour ledit fief mouvant d'Amboise. Amboise, 1ᵉʳ octobre 1515.

1ᵉʳ octobre.

> *Original, Arch. nat., Chambre des Comptes de*
> *Paris, P. 11, nᵒ 3883.*

16022. Lettres portant don, pendant six ans, aux religieuses du couvent de Sainte-Claire d'Albi de cent charretées de bois mort, chaque année, pour leur chauffage, à prendre en la forêt de Fagerolles. 3 octobre 1515.

3 octobre.

> *Mentionnées dans des lettres de renouvellement de*
> *ce don (1521). Bibl. nat., ms. fr. 5086 (xvıᵉ siècle),*
> fol. 74.

16023. Lettres promulguant le traité conclu avec Maximilien Sforza, par lequel ce dernier s'engage à remettre au roi les châteaux de Milan et de Crémone, moyennant quoi François Iᵉʳ promet d'accorder aux Milanais des lettres de grâce, au duc une pension de 36,000 écus et une somme de 94,000 écus payable en deux ans; au sᵣ Ludovic, fils du comte Francisque, 1,000 écus; à Jérôme Marone une charge de sénateur au Sénat de Milan, l'office de maître des requêtes de son hôtel et la jouissance du comté de Lecco; et au sᵣ Gonzague 2,000 écus. Pavie, 4 octobre 1515.

4 octobre.

> *Copie faite sur l'original, le 14 mai 1517, par*
> *un secrétaire du roi. Bibl. nat., ms. fr. 20615,*
> nᵒ 38.
> *Copie du xvıᵉ siècle. Bibl. de Grenoble, ms. R.*
> 80, t. VIII, fol. 439.

16024. Provisions par Louise d'Angoulême, régente, de l'office de premier huissier au Parlement de Dijon en faveur de Philibert Proudon,

8 octobre

en remplacement de Pierre Vaillant. Amboise, 8 octobre 1515.

Reçu le 12 novembre 1515. Enreg. au Parl. de Dijon. Archives de la Côte-d'Or, Parl., reg. I, fol. 140 v°.

1515.

16025. Lettres adressées aux généraux des finances, les informant du traité conclu avec Maximilien Sforza, auquel le roi s'est engagé de donner une pension annuelle de 36,000 écus d'or, et 46,000 écus d'or complétant la somme de 94,000 écus payée comme il a été dit dans le traité. Milan, 13 octobre 1515.

13 octobre.

Copie certifiée du temps. Bibl. nat., ms. fr. 20615, n° 42.

16026. Mandement de la régente à Jacques Hurault, général des finances du comté de Blois, de faire payer à Denis Musset, lieutenant du bailliage, et à Étienne de Morvilliers, procureur général dudit comté, à chacun 120 livres tournois, que Louis XII avait décidé de leur donner pour leurs services pendant la peste qui régna à Blois, quatre ans avant, pendant que la cour s'y trouvait. Amboise, 15 octobre 1515.

15 octobre.

Original provenant de la Chambre des Comptes de Blois. Bibl. nat., Pièces orig., vol. 2084, Musset, n° 25.

16027. Lettres de naturalité milanaise accordées à plusieurs Génois nommés dans l'acte. Milan, 15 octobre 1515.

15 octobre.

Milan, Arch. di stato, Registres Panigarola, K, fol. 277.

16028. Mandement aux gens des comptes de faire payer par Séraphin du Tillet, commis au payement des gages des officiers de l'hôtel, 400 livres tournois à Pierre d'Aydie, panetier ordinaire, pour ses gages de cette année, bien que cette somme ne soit pas portée sur l'état des officiers de la maison du roi, dont ledit Pierre fait partie en vertu des présentes lettres. Milan, 16 octobre 1515.

16 octobre.

Original. Bibl. nat., ms. fr. 26264, p. 307.

16029. Mandement aux généraux des finances de faire
payer par Jean Lalemant, le jeune, receveur
général des finances de Languedoc, à Philibert
Babou, contrôleur de l'argenterie, 21,609 livres tournois pour employer à l'extraordinaire
des guerres. Milan, 16 octobre 1515.

1515.
16 octobre.

> *Original. Bibl. nat., ms. fr. 20616, n° 59.*

16030. Provisions pour Jean de Pommereu, s^r du
Plessis, de l'office de maître de l'artillerie au
duché de Milan et en Italie, avec les mêmes
pouvoirs et fonctions que le s^r de La Fayette,
à présent capitaine de Boulogne, avait lorsqu'il tenait cet office, sous Louis XII. Milan,
17 octobre 1515.

17 octobre.

> *Copie collationnée. Bibl. nat., Pièces orig., Pom-*
> *mereu, vol. 2323, p. 4.*

16031. Provisions pour Jacques Le Maignan de l'office
de contrôleur général de l'artillerie royale
dans le duché de Milan et autres possessions
françaises d'Italie. Milan, 17 octobre 1515.

17 octobre.

> *Copie collationnée. Bibl. nat., Pièces orig., Mai-*
> *gnan, vol. 1794, pièce 6.*

16032. Provisions pour Albert Vignati de l'office de
maître des œuvres du duché de Milan, vacant
par la destitution de Jean-Antoine Imperiali.
Milan, 17 octobre 1515.

17 octobre.

> *Imp. Archivio storico lombardo, t. XVIII, in-8°,*
> *1891, p. 887.*

16033. Ratification par François Ier des articles con-
venus entre Antoine Du Prat, chancelier de
France, au nom du roi, et le mandataire du
pape Léon X. Milan, 19 octobre 1515.

19 octobre.

> *Original. Florence, Arch. di stato, Torrigiani.*
> *Imp. I manoscritti torrigiani del R. Archivio di*
> *Firenze. Firenze, 1878, p. 460, n° 85.*

16034. Provisions pour Hardouin de Cossé, seigneur
de Lamothe-Messine, gentilhomme de l'hôtel
sous le commandement du comté de Maulévrier, grand sénéchal de Normandie, de la

20 octobre.

charge de capitaine de cent arbalétriers ordinaires à cheval de la garde du corps. Pavie,
20 octobre 1515.

> *Vidimus de la châtellenie de Tours, du 26 avril
> 1516. Bibl. nat., Pièces orig., vol. 867, Cossé,
> p. 6.*

16035. Provisions en faveur de Nicolas Chenu de l'office de prêteur de Milan, vacant par la mort
de son père, Nicolas Chenu. Milan, 20 octobre 1515.

> *Milan, Arch. civico, Lettere ducali (1503-1523),
> fol. 126.*

16036. Lettres de réception de foi et hommage de
Michel-Antoine marquis de Saluces, pour le
marquisat de Saluces et toutes ses dépendances. Milan, 21 octobre 1515.

> *Copie du XVIᵉ siècle. Turin, Arch. di stato, Mar-
> chesato di Saluzzo, 4ᵉ catégorie, mazzo 9, fol. 463.
> Arch. de l'Isère, Chambre des Comptes de Gre-
> noble, invent. des titres de Saluces. (Mention.)*

16037. Lettres de réception par la régente du serment
de fidélité à elle fait par frère Jean Conseil,
religieux bénédictin, pour le temporel de
l'abbaye de Fontenay, au diocèse de Bayeux.
Blois, 22 octobre 1515.

> *Expéd. orig. Arch. nat., P. 273¹, cote 5696.*

16038. Confirmation par François Iᵉʳ des privilèges de
la ville de Bra. Milan, 26 octobre 1515.

> *Original. Bra, Archives. (Communiqué par
> M. de Saint-Pierre.)*

16039. Confirmation par François Iᵉʳ des privilèges accordés par Louis XII (Blois, avril 1502) aux
habitants de Buttigliera d'Asti. Milan, octobre
1515.

> *Copie collationnée. Buttigliera d'Asti, Archives.
> (Communiqué par M. de Saint-Pierre.)*

16040. Lettres de légitimation d'Artus Sarrasin, écuyer,
fils naturel de J. Sarrasin, seigneur de Monte-
seu, et de Marie Rosier. Pavie, octobre 1515.

> *Enreg. à la Chambre des Comptes de Dijon, le
> 4 mai 1517. Arch. de la Côte-d'Or, B. 72, fol. 21 v°.*

Marginal dates (right column): 1515. — 20 octobre. — 21 octobre. — 22 octobre. — 26 octobre. — Octobre. — Octobre.

v.

16041. Confirmation du don du Val de Lugano fait par Louis XII au comte Mainfroy Gourenet. Vigevano, 4 novembre 1515.

1515.
4 novembre.

> Enreg. au Sénat de Milan, le 27 mai 1516. Milan, Arch. di stato, Registri del antico Senato, fol. 892 v°.

16042. Provisions en faveur de Michel-Antoine, marquis de Saluces, de la charge de capitaine de cinquante lances des ordonnances. Vigevano, 4 novembre 1515.

4 novembre.

> Avec les attaches du connétable et des trésoriers de France.
> Original, Turin, Arch. di stato, Marchesato di Saluzzo, 9° catégorie, mazzo 1, n° 26.
> Arch. de l'Isère, Chambre des Comptes de Grenoble, invent. des titres de Saluces. (Mention, sous la date du 14 novembre.)

16043. Lettres de Louise de Savoie, régente, confirmant l'octroi fait aux habitants de Châlons de 10 sous 6 deniers tournois à prendre sur chaque minot de sel vendu au grenier de leur ville. Moulins, 6 novembre 1515.

6 novembre.

> Arch. de la ville de Châlons (Marne), CC. Octrois.

16044. Lettres de réception de foi et hommage par la régente de Lyon de Brie, pour la moitié de la seigneurie de Coudun, mouvante de Compiègne. Moulins, 7 novembre 1515.

7 novembre.

> Original, Arch. nat., Chambre des Comptes de Paris, P. 5, n° 1564.

16045. Lettres d'abolition en faveur de plusieurs Milanais rebelles. Milan, 12 novembre 1515.

12 novembre.

> Copie du xvi° siècle, Milan, Arch. di stato, Registre Panigarola O, fol. 297 v°.
> Autre copie, Milan, Biblioteca Trivulziana, cod. 1130.

16046. Lettres de non-préjudice en faveur de Thomas Bohier et de Raoul Hurault, généraux des finances, au sujet d'une obligation de 94,000 écus, souscrite par eux au nom du roi, au

14 novembre.

profit de Maximilien Sforza. Milan, 14 novembre 1515.   1515.

> *Arch. nat., 2e compte de Jean Sapin, receveur*
> *général de Languedoïl et Guyenne, KK. 289,*
> *fol. 465. (Mention.)*

16047. Provisions en faveur de Charles de Trogue,   15 novembre.
chevalier, seigneur de La Motte, commissaire
ordinaire des guerres, de l'office de notaire
rural de Milan, vacant par la destitution de
Silvius Braschi. Milan, 15 novembre 1515.

> *Milan, Arch. civico, Lettere ducali (1503-*
> *1523), fol. 129.*

16048. Provisions de Louise de Savoie, régente, pour   16 novembre.
Jean Arbaleste, secrétaire du roi, de l'office
de conseiller général à la Cour des Aides,
vacant par suite de la démission de Pierre
Clutin, devenu conseiller au Parlement. 16 novembre 1515.

> *Enreg. à la Cour des Aides. Arch. nat., recueil*
> *Cromo, U. 665, p. 144. (Mention.)*

16049. Confirmation accordée à dame Pagana, veuve   18 novembre.
de Barthélemy de Marini, de la donation entre
vifs que ce dernier lui avait faite de ses biens.
Milan, 18 novembre 1515.

> *Enreg. au Sénat de Milan, le 18 décembre 1515.*
> *Milan, Arch. di stato, Registri del antico Senato,*
> *fol. 888 v°.*

16050. Provisions pour Mathurin Dupont, trésorier   18 novembre.
des mortes-payes de Normandie, de l'office
de vicomte et receveur de Pontauthou et
Pont-Audemer. 18 novembre 1515.

> *Enreg. à la Chambre des Comptes de Paris, anc.*
> *mém. Z, fol. 181. Arch. nat., PP. 118, p. 28.*
> *(Mention.)*
> *Bibl. nat., ms. fr. 21405, p. 27. (Mention.)*

16051. Confirmation de la vente d'une saline dans   19 novembre.
le Plaisantin faite par Maximilien Sforza,
moyennant 6,000 ducats, à Pierre de Pus-

terla et à sa femme, Clavie de Vimercati. 1515.
Milan, 19 novembre 1515.

> *Enreg. au Sénat de Milan, le 1ᵉʳ décembre 1515.
> Milan, Arch. di stato, Registri del antico Senato,
> fol. 868.*

16052. Confirmation de Jean de Ferrari, secrétaire de 20 novembre.
Jean-Jacques Trivulce, dans l'office de gref-
fier du capitaine de la justice du duché de
Milan. Milan, 20 novembre 1515.

> *Copie du xviiiᵉ siècle. Milan, Biblioteca Tri-
> vulziana, cad. 2252.*

16053. Création d'une foire tous les samedis à Vico- 20 novembre.
mercati (Vimercate, arrondissement de
Monza), dans le duché de Milan. Milan,
20 novembre 1515.

> *Enreg. au Sénat de Milan, le 14 novembre 1518.
> Milan, Arch. di stato, Registri del antico Senato,
> fol. 1639 v°.*

16054. Don à Baptiste de Laguilin, chambrier du pape, 20 novembre.
des revenus du port de Plaisance. Milan,
20 novembre 1515.

> *Vidimus de l'évêque de Saint-Malo, légat en
> France, daté de Rome, le 27 juin 1518. Milan,
> Arch. di stato, Diplomi et dispacci sovrani, car-
> ton 35.*

16055. Lettres contenant notification de la prestation 20 novembre.
du serment de fidélité par les envoyés de la
ville de Gênes au roi de France. Milan, 20 novembre 1515.

> *Original. Milan, Arch. di stato, Materie poli-
> tiche, mazzo 15.*

16056. Lettres de réception de foi et hommage d'Im- 20 novembre.
bert de Batarnay, chevalier de l'ordre, con-
seiller et chambellan du roi, baron du Bouchage, pour la seigneurie de la Roche,
mouvante de Loches. Lyon, 20 novembre
1515.

> *Original. Arch. nat., Chambre des Comptes de
> Paris, P. 13, n° 4384.*

16057. Mandement aux maîtres des requêtes du palais 21 novembre.
à Paris de faire une enquête sur le procès

pendant entre le cardinal de Luxembourg, Antoine et François de Luxembourg, d'une part et Imbert de Batarnay, s^r du Bouchage, de l'autre. Paris, 21 novembre 1515.

> Copie du temps. Bibl. nat., ms. fr. 2965, fol. 96.

1515.

16058. Lettres de réception par Louise de Savoie, régente, des foi et hommage de Pierre Auber, religieux et prieur de Saint-Lô de Rouen, pour ledit prieuré. Lyon, 21 novembre 1515.

> Original. Arch. nat., Chambre des Comptes de Paris, P. 265, n° 1181.

21 novembre.

16059. Concession à Anne de France, duchesse de Bourbonnais et d'Auvergne, du revenu des greniers à sel de Moulins, Montluçon, Bourbon-Lancy, Vierzon, Creil, Clermont-en-Beauvaisis, Issoudun, Cosne, Gien et Saint-Pierre-le-Moûtier, et des chambres à sel en dépendant, pour l'année commençant au 1er octobre 1515. Milan, 22 novembre 1515.

> Copie collationnée du 18 février 1517 n. s. Arch. nat., Titres de Bourbon, P. 1361², cote 960.

22 novembre.

16060. Provisions pour François Dupré, écuyer, de l'office de vicomte et receveur ordinaire de Bayeux. 22 novembre 1515.

> Enreg. à la Chambre des Comptes de Paris, anc. mém. AA, fol. 32 v°. Arch. nat., PP. 119, p. 1. (Mention.)
> Bibl. nat., ms. fr. 21405, p. 274. (Mention.)
> Bibl. nat., ms. Clairambault 782, p. 267. (Mention.)

22 novembre.

16061. Lettres confirmant un privilège accordé par Charles VII aux chanoines de l'église collégiale de Villeneuve-lès-Avignon, de se faire délivrer chaque année dix quintaux de sel au grenier de Beaucaire, sans payer de droits. Lyon, 23 novembre 1515.

> Original. Arch. départ. du Gard, G. 1239.

23 novembre.

16062. Mandement de payer au marquis de Villeneuve-Trans, chambellan du roi, 1140 livres tournois, savoir 600 livres pour sa pension, 240 pour ses gages de la capitainerie de Gap, et

25 novembre.

3oo en échange des villes « gabellées » de
Fréjus. Milan, 25 novembre 1515.

1515.

> Original. Bibl. nat., Pièces orig., Villeneuve,
> (doss. 66814), vol. 3011, p. 11.

16063. Mandement de la régente de payer 180 livres
tournois à Pierre Faulcon, orfèvre, sur sa
pension de 240 livres par an. Lyon, 25 novembre 1515.

25 novembre.

> Original. Bibl. nat., Pièces orig., Faulcon,
> vol. 1104, p. 7.

16064. Confirmation du don de 200 ducats de rente
accordé par Louis XII à Gabriel Stanga, rente
réversible sur la tête de son fils Jean-Paul.
Milan, 26 novembre 1515.

26 novembre.

> Enreg. au Sénat de Milan, le 7 juin 1516. Milan,
> Arch. di stato, Registri del antico Senato, fol. 894.

16065. Confirmation du don fait par Louis XII à Roger,
baron de Béardi, capitaine de cent lances,
des biens confisqués sur Jérôme de Court,
rebelle. Milan, novembre 1515.

Novembre.

> Enreg. au Sénat de Milan, le 24 janvier 1516.
> Milan, Arch. di stato, Registri del antico Senato,
> fol. 877 v°.

16066. Lettres de don à Jérôme Marone du comté de
Locate. Milan, novembre 1515.

Novembre.

> Milan, Arch. di stato, Registre Panigarola O,
> fol. 127.
> Imp. Miscellanea di storia italiana, 1re série,
> t. II. Documenti che concernono la vita pubblica di
> Girolamo Marone. Turin, 1845, p. 214.

16067. Lettres d'abolition octroyées aux Génois rebelles. Milan, novembre 1515.

Novembre.

> Original. Gênes, Arch. di stato, Materie poli-
> tiche, mazzo 15.

16068. Lettres d'abolition octroyées à Gaspard Sormano. Milan, novembre 1515.

Novembre.

> Enreg. au Sénat de Milan, le 5 décembre 1515.
> Milan, Arch. di stato, Registri dell antico Senato,
> fol. 866.

16069. Lettres d'abolition en faveur de Baptistin de   1515.
« Basilica Petri », Milan, novembre 1515.   Novembre.

> Enreg. au Sénat de Milan, le 5 décembre 1515.
> Milan, Arch. di stato, Registri del antico Senato,
> fol. 865.

16070. Lettres de garde-gardienne accordées par la ré-   Novembre.
gente au chapitre de l'église collégiale de
Saint-Frambourg de Senlis. Moulins, novembre 1515.

> Copie du XVIII° siècle. Bibl. nat., coll. Moreau,
> vol. 261, fol. 119 (d'après l'original qui se trouvait
> aux archives de la collégiale de Saint-Frambourg).

16071. Lettres octroyant aux ouvriers du serment de   Novembre.
France de la Monnaie de Paris le privilège
d'être exemptés de la juridiction du Prévôt
de Paris, sauf en certains cas spécifiés. Novembre 1515.

> Bibl. nat., ms. fr. 4401, fol. 573 v°. (Mention.)

16072. Don à Marguerite, veuve d'Antoine-Marie de   1er décembre.
San Severino, et à Charles, son fils, de la seigneurie de « Propera », située dans le territoire
de Pavie, Milan, 1er décembre 1515.

> Enreg. au Sénat de Milan, le 29 janvier 1516.
> Milan, Arch. di stato, Registri del antico Senato,
> fol. 882 v°.

16073. Provisions de l'office de contrôleur des deniers   7 décembre.
communs, dons et octrois de la ville de Dijon,
en faveur de Bénigne Serre. Pavie, 7 décembre 1515.

> Enreg. au Parl. de Dijon. Arch. de la Côte-d'Or,
> Parl., reg. I, fol. 144.

16074. Mandement de la régente aux généraux des fi-   9 décembre.
nances d'ordonnancer à Jean Edemant, le
jeune, trésorier du Languedoc, la somme de
1,000 livres tournois, qu'il doit payer à Jacques de Dinteville, sr des Chenets, pour le
rembourser d'un prêt fait au roi lors de la
conquête du Milanais. Lyon, 9 décembre
1515.

> Original, Bibl. nat., ms. fr. 26114, fol. 92.

16075. Don des droits seigneuriaux de Montmirail à   12 décembre.

Jeanne de Graville, veuve du s' de Chaumont, 1515.
grand maître de France, et de la garde noble
de Georges d'Amboise, leur fils mineur, 12 décembre 1515.

> *Enreg. à la Chambre des Comptes de Paris*, anc.
> mém. Z, fol. 121 v°. *Arch. nat.*, PP. 118, p. 24.
> (*Mention.*)
> *Bibl. nat.*, ms. fr. 21405, p. 270. (*Mention.*)
> *Bibl. nat.*, ms. Clairambault 782, p. 265.
> (*Mention.*)

16076. Don à Louis de Graville, amiral de France, 19 décembre.
des droits seigneuriaux dus pour la terre
d'« Imbo [1] ». 19 décembre 1515.

> *Enreg. à la Chambre des Comptes de Paris*, anc.
> mém. Z, fol. 185. *Arch. nat.*, PP. 118, p. 29.
> (*Mention.*)
> *Bibl. nat.*, ms. fr. 21405, p. 271. (*Mention.*)
> *Bibl. nat.*, ms. Clairambault 782, p. 265.
> (*Mention.*)

16077. Lettres de la régente portant confirmation et 20 décembre.
prorogation pour huit ans de l'octroi, concédé
par Louis XII aux habitants d'Avallon, de
4 livres tournois par muid de sel vendu au
grenier dudit lieu, et du huitième du vin vendu
en détail dans ladite ville, en considération
des dommages causés auxdits habitants par
la venue des Suisses devant la ville de Dijon.
Montélimar, 20 décembre 1515.

> *Original scellé. Arch. comm. d'Avallon (Yonne)*,
> CC. 33, n° 1.

16078. Mandement aux trésoriers de France de faire 22 décembre.
payer par Séraphin du Tillet, commis à tenir
le compte des gages des officiers de l'hôtel,
à Guillaume . . . . . [2], aide de fruiterie, 45 livres tournois pour ses gages du dernier quartier de la présente année. Milan, 22 décembre
1515.

> *Original. Bibl. nat.*, ms. fr. 25720, n° 30.

---

[1] *Sic.* Parmi les terres possédées par l'amiral de Graville, on trouve
Imonville et Ingouville.
[2] Le nom a disparu par suite d'une déchirure du parchemin.

16079. Mandement aux généraux des finances de faire
payer par Jean Lalemant, receveur général
en Normandie, à Renée Burdelot, veuve de
Jean Fournier, en son vivant commis au
payement de la solde des deux cents archers
français de la garde commandés par M. de
Crussol, 189 livres tournois qui étaient dues
à son défunt mari par le feu roi. Blois, 23 décembre 1515.

1515.
23 décembre.

> Original. Bibl. nat., ms. Clairambault 225,
> n° 461.

16080. Ratification du traité conclu entre François Iᵉʳ
et les cantons suisses, à Genève, le 7 novembre précédent (n° 373). Milan, 24 décembre 1515.

24 décembre.

> Minute. Arch. nat., Suppl. du Trésor des chartes,
> J. 935, n° 4.
> Copie du XVIIIᵉ siècle. Bibl. nat., ms. fr. 23607.

16081. Lettres portant érection en comté de la seigneurie de Soncino en faveur d'Artus Gouffier. Milan, 24 décembre 1515.

24 décembre.

> Enreg. au Sénat de Milan, le 11 janvier 1516.
> Milan, Arch. di stato, Registri del antico Senato,
> fol. 873 v°.
> Imp. Galantino, Gouffier de Boisy. Supplemento
> all' appendice della storia di Soncino. Milan, 1881,
> p. 185.

16082. Lettres de confirmation des privilèges et exemptions accordés aux habitants de la ville de
Côme. Milan, décembre 1515.

Décembre.

> Copie du XVIIᵉ siècle. Bibl. nat., coll. Dupuy,
> vol. 452, fol. 218.

16083. Lettres exemptant les chanoines de l'église cathédrale de Narbonne du logement des gens
de guerre, si ce n'est quand la garnison de
Narbonne compterait plus de 150 hommes
d'armes ou de 1,000 hommes de pied. Bologne, décembre 1515.

Décembre.

> Copie du XVIIIᵉ siècle. Bibl. nat., coll. de Doat,
> vol. 56, fol. 437.

16084. Don à Scaramouche Trivulce, évêque de Côme,

Décembre.

v.

35

des biens confisqués sur Pierre de Sclavi. Bologne, décembre 1515.

Décembre 1515.

Enreg. au Sénat de Milan, le 10 janvier 1516. Milan, Arch. di stato, Registri del antico Senato, fol. 870.

1515.

16085. Don à Charles d'Alençon, comte d'Armagnac, et à Marguerite de France, sa femme, des comtés d'Armagnac, Fésenzac, l'Isle-Jourdain et Pardiac. Amboise, décembre 1515.

Décembre.

Copie du xviie siècle. Bibl. nat., coll. Doat, vol. 230, fol. 306.

16086. Confirmation des privilèges octroyés par les rois de France en 1412, 1437, 1440, 1442 et 1484, aux propriétaires des salines de Peccais, près Aigues-Mortes. 1515.

1515.

Mention dans un arrêt du Grand Conseil, en date du 25 octobre 1530. Arch. nat., V[s] 1047.

1516. — Pâques, 23 mars.

1516.

16087. Lettres concédant à Louis de La Trémoïlle, vicomte de Thouars, prince de Talmont, gouverneur de Bourgogne, etc., la jouissance de la forêt de Chœurs dépendant d'Issoudun en Berry, qui avait appartenu à son frère feu Jacques de La Trémoïlle. Milan, 2 janvier 1515.

2 janvier.

Mentionné dans une charte de Louis de La Trémoïlle, du même jour. Original. Arch. nat., J. 749, n° 14.

16088. Lettres de naturalité pour Philippe de Bondelmonte, avec faculté de posséder des bénéfices en France, en récompense des services rendus par son père, Benoît de Bondelmonte, au roi et à Laurent de Médicis, duc d'Urbin. Milan, 3 janvier 1515.

3 janvier.

Original. Florence, Arch. di stato, Rinuccini.

16089. Confirmation du don fait par Louis XII à Antoine-Marie Garimberti, parmesan, des biens

4 janvier.

confisqués sur Nicolas Rubieri. Milan, 4 janvier 1515.

    *Enreg. au Sénat de Milan, le 26 janvier 1516
n. s. Milan, Arch. di stato, Registri del antico Senato, fol. 880.*

1516.

16090. Don du revenu des châtellenies de Quirieu et
la Balme en Dauphiné, en faveur de Jacques
de Montepoy, dit Tallebart, l'un des gentilshommes pensionnaires de l'hôtel du roi.
5 janvier 1515.

    *Arch. départ. de l'Isère, B. 3049, fol. 876.
(Mention.)*

5 janvier.

16091. Lettres d'abolition accordées à François Caga-
tosico, habitant d'Abbiategrosso (province et
arrondissement de Milan), coupable de rébellion. Milan, 7 janvier 1515.

    *Enreg. au Sénat de Milan, le 24 janvier 1516
n. s. Milan, Arch. di stato, Registri del antico
Senato, fol. 884 v°.*

7 janvier.

16092. Lettres d'abolition pour Alexandre et Jean Clément de Visturino, coupables de rébellion
contre Louis XII. Milan, 7 janvier 1515.

    *Enreg. au Sénat de Milan, le 24 mai 1516.
Milan, Arch. di stato, Registri del antico Senato,
fol. 890 v°.*

7 janvier.

16093. Provisions en faveur de Charles de Bourbon,
connétable de France, de l'office de lieutenant
général du roi dans le Milanais. Milan, 8 janvier 1515.

    *Copie du XVIᵉ siècle. Bibl. nat., ms. Clairam-
bault 958, fol. 410.*

8 janvier.

16094. Lettres de confirmation de l'office de général
des monnaies en Bourgogne, obtenues par
Jacques Le Charron. Pavie, 10 janvier 1515.

    *Enreg. à la Chambre des Comptes de Dijon, le
8 février 1518 n. s. Arch. de la Côte-d'Or, B. 18,
fol. 15.*

10 janvier.

16095. Don au sʳ de Piennes, conseiller et chambellan
ordinaire du roi et son lieutenant général en
Picardie, du comté de Guines avec ses appartenances. 16 janvier 1515.

    Enreg. à la Chambre des Comptes de Paris, anc.

16 janvier.

35.

mém. Z, fol. 183. *Arch. nat.*, P. 118, p. 29.   1516.
(*Mention.*)

> *Bibl. nat.*, ms. fr. 21405, p. 271. (*Mention.*)
> *Bibl. nat.*, ms. Clairambault 782, p. 265.
> (*Mention.*)

16096. Lettres confirmatives, en faveur de la ville de   19 janvier.
Saumur, de l'octroi de 20 deniers tournois
sur chaque minot de sel vendu au grenier
de cette ville. 19 janvier 1515.

> *Imp. Vente de chartes et titres nobiliaires, 8-9 avril
> 1868.* Charavay, *Catalogue*, n° 421. (*Mention.*)

16097. Lettres portant attribution de 250 livres tour-   26 janvier.
nois de gages annuels à Mathurin Gaillard
et à Étienne de Morvilliers, auditeurs en la
Chambre des Comptes de Blois, et aux autres
maîtres et auditeurs de ladite Chambre.
26 janvier 1515.

> *Bibl. nat., Invent. de la Chambre des Comptes de
> Blois*, ms. Moreau 406, fol. 367.v°. (*Mention.*)

16098. Concession d'articles à la ville et aux habitants   Janvier.
de Milan. Milan, janvier 1515.

> *Copie du xvi° siècle.* Milan, *Arch. di stato*,
> Registres Panigarola, O, fol. 40 v°.
> *Imp. Archivio storico italiano*, 1re série, t. III,
> p. 359.
> Formentini, *Il ducato di Milano.* Milano,
> 1877, p. 229 et suiv.

16099. Confirmation par François Ier des privilèges   Janvier.
accordés par Louis XII à la ville de Savone.
Milan, janvier 1515.

> *Copie du xviii° siècle.* Turin, *Arch. di stato*,
> Genova, Republica et riviera, Savona, mazzo,
> n° 1, fol. 78 v°.

16100. Confirmation des privilèges et franchises de la   Janvier.
ville de Blaye. Aix, janvier 1515.

> *Copie authentique. Arch. municip. de Blaye.* (*Gi-
> ronde*), AA. 6.
> *Imp. Arch. hist. de la Gironde*, in-4°, t. XII.
> Paris et Bordeaux, 1872, p. 49.

16101. Confirmation du don fait par Louis XII au   Janvier.
comte de Musocco et à ses enfants, Jean,
Francisque et Louis de Trivulce, des terres et

seigneuries de Castelnuovo, Martignano, etc.
Paris, janvier 1515.   1516.

> *Copie du xviii° siècle. Milan, Archives du prince*
> *Trivulce.*

16102. Confirmation des privilèges des habitants de   Janvier.
Carcassonne. Janvier 1515.

> *Mention dans un arrêt du Grand conseil, en date*
> *du 6 juillet 1528. Arch. nat., V° 1046.*

16103. Mandement aux trésoriers de France de faire   5 février.
payer par Jean Lalemant, le jeune, trésorier
et receveur général de Languedoc, Lyonnais,
Forez et Beaujolais, à la reine douairière
Marie 4,000 livres tournois, en échange du
droit de 10 deniers tournois mis sur chaque
quintal de sel vendu en Languedoc, qui lui
avait été donné pour partie de son douaire.
Avignon, 5 février 1515.

> *Original. Bibl. nat., ms. fr. 25720, n° 33.*

16104. Confirmation en faveur de l'Université de Mont-   6 février.
pellier, de l'exemption qui lui a été accordée
du logement des gens d'armes. Avignon,
6 février 1515.

> *Imp. Courtaud, Monspeliensis medicoram uni-*
> *versitas. Oratio pronunciata à Cartaudo. Mont-*
> *pellier, 1645, in-4°, p. 88. (Mention.)*

16105. Lettres en faveur de l'archiduc Charles d'Au-   20 février.
triche, portant qu'il ne pourra éprouver
aucun préjudice du fait que, dans le procès
entre le sr de la Gruthuse et le sr de Bevern,
touchant la terre de Tournehem, il avait déclaré que cette terre avait été réunie au
comté d'Artois et en relevait. Paris, 20 février
1515.

> *Copie du xvi° siècle. Arch. départ. du Nord,*
> *Trésor des chartes, carton 555, n° 16752.*

16106. Lettres de réception du serment de fidélité de   22 février.
Guillaume Briçonnet, évêque de Lodève et
de Meaux, pour le temporel dudit évêché de
Meaux. Vienne, 22 février 1515.

> *Expéd. orig. Arch. nat., P. 166², cote 2599.*

16107. Provisions de l'office de maître des Eaux et
forêts dans le comté de Boulonnais et de
capitaine du château de Hardelo dans ledit
comté, pour Charles de Bournonville, en
remplacement de son père, décédé. Vienne,
23 février 1515.

1516.
23 février.

*Enreg. aux Eaux et forêts (siège de la Table de
marbre du Palais à Paris), le 22 août 1516. Arch.
nat., Z¹ᵉ 316 (anc. Z. 4573), fol. 171. 2 pages.*

16108. Mandement aux généraux des finances de faire
payer par Jean Lalemant, le jeune, trésorier
et receveur général en Languedoc, Lyonnais
et Beaujolais, à Bastien de Marcau, maître
de la chambre aux deniers du roi, 1,000 livres
tournois faisant partie des 4,538 livres 5 sous
1 denier tournois, que le roi lui a assignés
pour partie de sa passe des trois premiers
quartiers de l'année 1515. Il a été appointé
du reste, soit de 3,538 livres 5 sous 1 denier
tournois, à raison de 1,538 livres 5 sous 1 denier tournois sur la généralité de Languedoïl,
et de 1,000 livres sur chacune des généralités de Normandie et d'Outre-Seine. Vienne,
23 février 1515.

23 février.

*Original. Bibl. nat., Nouv. acquisitions franç.,
ms. 1483, n° 37.*

16109. Provisions de l'office d'auditeur en la Chambre
des Comptes de Dauphiné en faveur de
Claude Cognier, sur la résignation et en remplacement de Jean Sauvage. La Guillotière
près Lyon, 27 février 1515.

27 février.

*Copie du xvⁱ siècle. Arch. départ. de l'Isère,
B. 3293. 3 pages 1/2.*

16110. Provisions pour Jean de Harlus, avocat au Parlement, de l'office de maître des comptes à
Paris, au lieu de Jean Raguier. Paris (*sic*),
27 février 1515.

27 février.

*Enreg. à la Chambre des Comptes de Paris, anc.
mém. Z, fol. 52. Arch. nat., PP. 118, p. 12.
(Mention.)*
Bibl. nat., ms fr. 21405, p. 268. (Mention.)
*Bibl. nat., ms. Clairambault 782, p. 264.
(Mention.)*

16111. Don à Alexandre de Saint-Gelais, s^r de Lansac, conseiller et chambellan ordinaire du roi, de l'office de garde du sceau de la chancellerie de Bordeaux. Lyon, 28 février 1515.

    Enreg. à la Chambre des Comptes de Paris, anc. mém. 2 A, fol. 83 v°. *Arch. nat.*, PP. 119, p. 9. (*Mention.*)
        Bibl. nat., ms. fr. 21405, p. 275. (*Mention.*)
        Bibl. nat., ms. Clairambault 782, p. 268. (*Mention.*)

1515.
28 février.

16112. Lettres de confirmation des privilèges, exemptions, franchises et libertés de la ville d'Aups. Avignon, février 1515.

    Arch. communales d'Aups (*Var*), AA. 1 (n° provisoire), cartulaire, fol. 24.

Février.

16113. Lettres de sauvegarde concédées au chapitre de Villeneuve-lès-Avignon, par le roi François Ier. Avignon, février 1515.

    Original. Arch. départ. du Gard, G. 1239.

Février.

16114. Confirmation de la donation faite par Louis XII à Nicolas Petronio, de Crémone. Milan, février 1515.

    Enreg. au Sénat de Milan. Milan, *Arch. di stato*, Registri del antico Senato, fol. 887.

Février.

16115. Commission au lieutenant et à l'avocat du roi au bailliage de Dijon, pour vérifier les amortissements, francs-fiefs et nouveaux acquêts faits au duché de Bourgogne, dans la vicomté d'Auxonne, le Mâconnais, le Charolais, l'Auxerrois, Bar-sur-Seine et la seigneurie de Noyers. Lyon, 6 mars 1515.

    Insérée dans un acte d'un des commissaires. Copie collat. du XVIIIe siècle. Arch. nat., K. 188, n° 35.

6 mars.

16116. Lettres de réception de foi et hommage d'Isabeau de Bourbon, dame de Carency et de Combles, pour la seigneurie de Combles, mouvante de Péronne. Lyon, 8 mars 1515.

    Original. Arch. nat., Chambre des Comptes de Paris, P. 15, n° 5562.

8 mars.

16117. Mandement au Sénat de Milan, lui ordonnant de livrer au duc de Savoie les malfaiteurs

9 mars.

savoyards réfugiés dans le Milanais. Lyon, 9 mars 1515.

> *Original. Turin, Arch. di stato, Trattati, mazzo 6, n° 5.*

1516.

16118. Lettres de réception de foi et hommage de Thomas Bohier, chevalier, sʳ de Saint-Ciergues, Chenonceaux et du Moulin de la Rochette, pour les fiefs de Thoré et dudit Moulin, mouvants d'Amboise. Lyon, 12 mars 1515.

> *Original. Arch. nat., Chambre des Comptes de Paris, P. 11, n° 3873.*

12 mars.

16119. Provisions de l'office de chevalier d'honneur du Parlement de Dijon, en faveur de Gérard de Vienne, sʳ de Ruffey, chevalier, chambellan du roi, en remplacement de Charles de Mipont. Lyon, 13 mars 1515.

> *Reçu le 7 avril suivant. Enreg. au Parl. de Dijon. Arch. de la Côte-d'Or, Parl., reg. 1, fol. 146.*

13 mars.

16120. Mandement au Parlement et à la Chambre des Comptes de Paris, de faire faire une enquête *de commodo* touchant la demande de l'Hôtel-Dieu de Paris, d'être autorisé à construire sur la Seine deux salles superposées. Lyon, 14 mars 1515.

> *Original. Arch. de l'Assistance publique à Paris (liasse 40, pièce cotée A, n° 334 de l'inventaire sommaire).*
> *Imp. Husson, Étude sur les hôpitaux. Paris, 1862, in-4°, p. 496. (Extrait.)*

14 mars.

16121. Lettres de réception du serment de fidélité de Jean Caluau, évêque de Senlis, maître des requêtes de l'hôtel, pour le temporel dudit évêché. Lyon, 16 mars 1515.

> *Expéd. orig. Arch. nat., P. 725¹, cote 230.*

16 mars.

16122. Confirmation du don de 80 livres sur la ferme du portage, octroyé aux maire, échevins et habitants de la ville de Beaune. Lyon, 19 mars 1515.

> *Original. Arch. municip. de Beaune, Patrimoine, n° 23.*

19 mars.

16123. Provisions de l'office de conseiller au Parlement

22 mars.

de Dijon, pour Claude Tournon, licencié ès
droits, en remplacement de Claude Patarin,
nommé président. Lyon, 22 mars 1515.

*Enreg. au Purl. de Dijon. Arch. de la Côte-d'Or,
Parl.*, reg. I, fol. 145.

1516.

16124. Don de la seigneurie de Montrichard à Jacques
de Genouilhac, dit Galyot, sénéchal d'Armagnac, maître de l'artillerie et chambellan du
roi. Lyon, mars 1515.

Enreg. à la Chambre des Comptes de Paris, anc.
mém. CC, fol. 15. *Bibl. nat.*, ms. fr. 21405,
p. 272. (*Mention.*)
Bibl. nat., ms. Clairambault 782, p. 226.
(*Mention.*)
Imp. Le P. Anselme, *Hist. généal.*, 3° édit.,
t. VIII, p. 175. (*Mention.*)

Mars.

16125. Confirmation des privilèges de Saint-Léonard
de Noblac, dans le Limousin, en considération de M. saint Léonard, issu de la maison
de France. Mars 1515.

Imp. L'abbé Arbellot, *Vie de saint Léonard*,
in-8°, 1863, p. 268. (*Mention.*)

Mars.

16126. Lettres de naturalité obtenues par Pierre Rigault, natif d'Avignon, morte-paye à Auxonne
où il a pris domicile. Lyon, mars 1515.

*Enreg. à la Chambre des Comptes de Dijon.
Arch. de la Côte-d'Or*, B, 72, fol. 20.

Mars.

16127. Mandement aux généraux des finances de faire
payer par Jean Lalemant, le jeune, receveur
général en Languedoc, 37,728 livres 8 sous
tournois à Philibert Babou, contrôleur de
l'argenterie et commis à faire le payement
de l'extraordinaire des guerres, pour employer
à sa commission. Lyon, 27 mars 1516.

Original. Bibl. nat., ms. fr. 25720, n° 36.

27 mars.

16128. Lettres de prorogation accordées aux habitants
de Bar-sur-Aube, pour les six années restant à
courir de l'octroi de 2 sous parisis sur chaque
minot de sel vendu au grenier à sel de Bar-sur-
Aube, concédé pour huit ans par lettres patentes de Louis XII, en date du 16 novembre

28 mars.

1513, et dont le produit devait être affecté à la réparation des fortifications de la ville. Lyon, 28 mars 1516.

Original. Arch. municip. de Bar-sur-Aube, CC 2.

1516.

16129. Pouvoirs des commissaires du roi aux États de Languedoc, convoqués au Puy pour le 1ᵉʳ mai 1516. Lyon, 31 mars 1516.

Copie. Arch. départ. de l'Hérault, États de Languedoc, C. Procès-verbaux, 1516. 4 pages.

31 mars.

16130. Provisions de l'office de conseiller lai au Parlement de Dijon pour François Medulla, docteur en droit, en remplacement de François Mellon, nommé conseiller au Sénat de Milan. Lyon, 2 avril 1516.

Réception, le 2 juin 1516. Enreg. au Parl. de Dijon, Archives de la Côte-d'Or, Parl., reg. I, fol. 149 v°.

2 avril.

16131. Lettres de réception du serment de fidélité prêté, à l'occasion de sa promotion au cardinalat, par Adrien [Gouffier], cardinal-prêtre du titre de Saint-Pierre et Saint-Marcellin, pour le temporel de l'évêché de Coutances. Lyon, 2 avril 1516.

Expéd. orig. Arch. nat., P. 268², cote 3152.

2 avril.

16132. Confirmation de Nicolas d'Elbene, de Florence, dans sa charge de maître d'hôtel ordinaire du roi. Lyon, 2 avril 1516.

Analyse. Bibl. nat., Cabinet des titres, dossier bleu 6372 (Elbene), fol. 23 v°.

2 avril.

16133. Mandement aux généraux des finances de faire payer par Jean Lalemant, le jeune, receveur général en Languedoc, à Claude Brachet, commis au payement de la solde de la garde écossaise, commandée par Béraud Stuart, 32,227 livres tournois pour la solde de cette année commencée le 1ᵉʳ octobre 1515. Lyon, 3 avril 1516.

Original. Bibl. nat., ms. fr. 25720, n° 37.

3 avril.

16134. Lettres portant remise en faveur de Geoffroy de Pompadour, évêque du Puy et comte de

4 avril.

Velay, des droits seigneuriaux dus pour la terre de Fromenteau. 4 avril 1516.

Enreg. à la Chambre des Comptes de Paris; anc. mém. Z, fol. 298. Arch. nat., PP. 118, p. 44. (Mention.)

Bibl. nat., ms. fr. 21405, p. 273. (Mention.)

Bibl. nat., ms. Clairambault 782, p. 267. (Mention.)

16135. Lettres autorisant l'archevêque d'York à toucher la pension du s^r de Poynings, pour les termes de mai et novembre 1515, montant à 1,050 livres tournois, et portant qu'Austremoine Faure, commis au payement des pensions d'Angleterre, sera déchargé de ladite somme sur quittance dudit archevêque. Lyon, 6 avril 1516.

Arch. nat., KK. 349, 2e compte d'Austremoine Faure. (Mention.)

16136. Don à Renée d'Argence, veuve de Léonard de Renty, en son vivant écuyer d'écurie du roi, des biens de Martin « Alonce », échus au roi par droit d'aubaine. 6 avril 1516.

Enreg. à la Chambre des Comptes de Paris, anc. mém. 2 A, fol. 71 v°. Arch. nat., PP. 119, p. 7. (Mention.)

Bibl. nat., ms. fr. 21405, p. 274. (Mention.)

Bibl. nat., ms. Clairambault 782, p. 268. (Mention.)

16137. Lettres portant assignation à Austremoine Faure, commis au payement des pensions d'Angleterre, des sommes de 950 livres tournois pour ses gages du terme de novembre 1515, et de 4,073 livres 19 sous 7 deniers tournois, pour achat d'écus d'or soleil destinés audit payement. Lyon, 10 avril 1516.

Arch. nat., KK. 349, 2e compte d'Austremoine Faure. (Mention.)

16138. Mandement aux généraux des finances d'allouer aux comptes d'Austremoine Faure, commis au payement des pensions d'Angleterre, la somme de 39,000 livres tournois, par lui

1516.

6 avril.

6 avril.

10 avril.

10 avril.

payée à la reine douairière Marie, veuve de
Louis XII. Lyon, 10 avril 1516.

Arch. nat., KK. 349, 2ᵉ compte d'Austremoine
Faure. (Mention.)

1516.

16139. Mandement à Austremoine Faure, commis au
payement des pensions d'Angleterre, de payer
à Denis Néel, sergent à cheval du Châtelet
de Paris, la somme de 37 livres 16 sous
tournois, pour le voyage qu'il avait fait en
novembre 1515, portant audit Faure une
missive de la régente, lui ordonnant de payer
à l'archevêque d'York, la pension du sʳ de
Poynings. Lyon, 10 avril 1516.

10 avril.

Arch. nat., KK. 349, 3ᵉ compte d'Austremoine
Faure. (Mention.)

16140. Déclaration portant que l'édit de création des
enquêteurs examinateurs dans toutes les juridictions du royaume (février 1515 n. s.,
nᵒ 107) sera gardé et exécuté selon sa forme
et teneur. Lyon, 11 avril 1516.

11 avril.

Copie coll. du XVIIIᵉ siècle. Arch. nat., Châtelet
de Paris, Y. 17071.
Imp. P. Rebuffi, Les édits et ordonnances des
rois de France, etc. Édit. de 1547, in-fol., p. 341 vᵒ.

16141. Lettres de provisions de l'office de conseiller
maître à la Chambre des Comptes de Dijon,
pour Claude Berjot, seigneur d'Orval, receveur et grènetier à Chalon, en remplacement
de Philibert Maignin, décédé. Lyon, 11 avril
1516.

11 avril.

Enreg. à la Chambre des Comptes de Dijon, le
14 avril suivant. Arch. de la Côte-d'Or, B. 18,
fol. 7 vᵒ.

16142. Mandement aux trésoriers de France de faire
rembourser par Philibert Babou, commis à
tenir le compte de l'extraordinaire des guerres,
au chancelier Du Prat 10,000 écus qu'il avait
prêtés au roi pour la conquête du Milanais.
Lyon, 12 avril 1516.

12 avril.

Original. Turin, Arch. di stato, Corti estere,
Francia.

16143. Mandement au sénéchal de Rouergue, à Jean Chauvet, élu au pays de Forez, et à Guillaume Cottereau, receveur des tailles en Limousin, de répartir et lever la somme de 12,972 livres 13 sous 4 deniers tournois sur la sénéchaussée de Rouergue et le comté de Rodez, pour leur part de la crue de 600,000 livres imposée sur tout le royaume. Lyon, 12 avril 1516.

> *Copie du XVIᵉ siècle. Arch. départ. de l'Aveyron,* C. 1212, fol. 1 v°.

1516.
12 avril.

16144. Mandement aux généraux des finances de faire payer par Jean Lallemant, le jeune, receveur général de Languedoc, à Bernardin de Baux, chevalier de Saint-Jean-de-Jérusalem, la somme de 7,600 livres tournois pour la solde et entretien de deux galères placées sous ses ordres. Lyon, 12 avril 1516.

> *Original. Bibl. nat., ms. Clairambault 1314,* n° 43.

12 avril.

16145. Lettres accordant à Marie d'Albret, comtesse de Nevers, les profits, émoluments et revenus, précédemment accordés au comte de Nevers, des greniers à sel de Nevers, Decize, Saint-Saulge, Clamecy, Luzy, Moulins-Engilbert, etc., et de ceux du comté d'Eu. 14 avril 1516.

> *Arch. départ. de la Nièvre, B. Chambre des Comptes de Nevers* (n° 50 de l'inventaire de M. Eysenbach).

14 avril.

16146. Don à Philippe de Croy, comte de Porcien, du revenu des greniers à sel de Château-Porcien et Cormicy. 15 avril 1516.

> *Enreg. à la Chambre des Comptes de Paris,* anc. mém. Z, fol. 242. *Arch. nat.,* PP. 118, p. 38. (*Mention.*)
> *Bibl. nat., ms. fr.* 21405, p. 272. (*Mention.*)
> *Bibl. nat., ms. Clairambault* 782, p. 266. (*Mention.*)

15 avril.

16147. Lettres accordant un délai de six mois à Jacques de Silly, évêque de Sées et abbé commendataire de Cerisy et de Saint-Pierre-sur-Dives,

16 avril.

pour prêter le serment de fidélité dû au roi à cause du temporel desdits évêché et abbayes, et bailler l'aveu et dénombrement dudit temporel. Lyon, 16 avril 1516.

1516.

> *Copie collat. du temps. Arch. nat.*, P. 273², cote 5989.

16148. Provisions en faveur de Guillaume d'Aurival, sʳ de « Maliciicque », de l'office de lieutenant laï, général et spécial, du sénéchal de Toulouse, vacant par la mort d'Henri de Voisins, sʳ de Blagnac, d'Aussonne et de « Pinot ». Lyon, 24 avril 1516.

24 avril.

> *Original. Bibl. nat., Pièces orig.*, vol. 980, Daurival, p. 2.

16149. Lettres de réception de l'hommage de Charles de Luxembourg, baron d'Ivry, pour la nue propriété du comté de Brienne, des seigneuries de Ramerupt, Piney, Montangon, Tréveray, Villeneuve-au-Chemin et Saint-Mards en partie (châtellenie de Chaumont-en-Bassigny) et la Nonnelle (bailliage de Vitry, châtellenie de Châtillon-sur-Marne), à lui concédée par Antoine de Luxembourg, son père. Lyon, 28 avril 1516.

28 avril.

> *Expéd. orig. Arch. nat.*, P. 166², cote 2511.

16150. Lettres de réception du serment de fidélité de Philippe de Luxembourg, cardinal, abbé commendataire de Jumièges, pour le temporel de ladite abbaye, mouvante du duché de Normandie. Lyon, 28 avril 1516.

28 avril.

> *Original. Arch. nat., Chambre des Comptes de Paris*, P. 265², n° 1564.

16151. Provisions de l'office de conseiller clerc au Parlement de Dijon pour L. Julien, licencié ès lois, en remplacement de François Medulla, nommé conseiller laï. Lyon, 29 avril 1516.

29 avril.

> *Réception, le 2 juin 1516. Enreg. au Parl. de Dijon. Arch. de la Côte-d'Or, Parl., reg. I, fol. 148.*

16152. Mandement au bailli de Senlis de contraindre les habitants de Beauvais à payer la somme

30 avril.

de 3,000 livres que le roi leur a demandée, au cas où ils ne voudraient pas faire ce payement de bon gré. Colombier, 30 avril 1516.

1516.

Présenté au conseil de ville de Beauvais, le 29 mai 1516. Archives communales de Beauvais (Oise), BB. 12, fol. 250. 1 page.

16153. Mandement aux généraux des finances de faire payer par Jean Lalemant, le jeune, receveur général en Languedoc, 12,000 livres tournois à Barthélemy Laurencin, commis à tenir le compte des cent gentilshommes de l'hôtel, commandés par le sʳ de Brézé, grand sénéchal de Normandie, pour parfaire le payement des 42,700 livres tournois destinées à leur solde de cette année. Crémieu, 4 mai 1516.

4 mai.

Original. Bibl. nat., ms. fr. 25720, n° 41.

16154. Lettres d'assignation à Raymond Phelippeaux d'une somme de 3,000 livres tournois, destinée aux frais de construction du château de Blois. Crémieu, 9 mai 1516.

9 mai.

Imp. La Saussaye, Histoire du château de Blois. Paris, 1840, in-4°, p. 229. (Mention, d'après une quittance.)

16155. Lettres de réception de foi et hommage de Guillaume Habert, écuyer, sʳ du Petit Bois-Garnier, pour ladite seigneurie, mouvante d'Amboise. Lyon, 10 mai 1516.

10 mai.

Original. Arch. nat., Chambre des Comptes de Paris, P. 11, n° 3884.

16156. Provisions pour René de Puyguion, gentilhomme ordinaire de la chambre du roi, de l'office de capitaine de Cherbourg, vacant par la mort de Guillaume de La Marck, capitaine des Suisses de la garde du roi. Crémieu, 23 mai 1516.

23 mai.

Vidimus de Deslandes, du 25 février 1517. Bibl. nat., ms. Clairambault 959, fol. 119.

16157. Provisions en faveur de Jean d'Amboise, chevalier de l'ordre, conseiller et chambellan du

23 mai.

roi, s' de Bussy, de l'office de bailli et capi-   1516.
taine de Chaumont-en-Bassigny. Crémieu,
23 mai 1516.

> Enreg. à la Chambre des Comptes de Paris, anc.
> mém. Z, fol. 275. Arch. nat., PP. 118, p. 42.
> (Mention.)
> Bibl. nat., ms. fr. 21405, p. 272. (Mention.)
> Bibl. nat., ms. Clairambault 782, p. 267.
> (Mention.)

16158. Lettres de réception de foi et hommage de Léon   25 mai.
Barré, pour la seigneurie de la Roche-Solus,
mouvante d'Amboise. Lyon, 25 mai 1516.

> Original. Arch. nat., Chambre des Comptes de
> Paris, P. 11, n° 3885.

16159. Lettres de réception de foi et hommage de Jean   26 mai.
François, chevalier, maître d'hôtel ordinaire
de la reine pour la seigneurie d'Azay-le-Chétif, mouvante de Loches. Lyon, 26 mai 1516.

> Original. Arch. nat., Chambre des Comptes de
> Paris, P. 13, n° 4385.

16160. Lettres exemptant de la taille les jurisconsultes   Mai.
milanais et leur famille. Crémieu, mai 1516.

> Copie imprimée. Milan, Arch. di stato, Diplomi
> et dispacci sovrani, carton 35.
> Id. ibid., Collection Panigarola, registre P,
> fol. 267.

16161. Confirmation des lettres de Louis XI, déchar-   Mai.
geant les trois États de Normandie des taxes
des francs-fiefs et droits d'amortissement. Crémieu, mai 1516.

> Copie du XVIᵉ siècle. Bibl. nat., coll. Moreau,
> vol. 261, fol. 129. (D'après les archives de l'abbaye
> de Saint-Ouen de Rouen.)

16162. Lettres de confirmation des privilèges, fran-   Mai.
chises et libertés accordés par les rois aux
habitants de Rouen. Crémieu, mai 1516.

> Original. Arch. de la ville de Rouen, n° 2 du
> chartrier.
> Enreg. au Parl. de Normandie, le 30 mai 1516.
> Copie du XVIIᵉ siècle. Bibl. nat., U. 757, 2ᵉ part.,
> p. 93. 2 pages.

16163. Lettres de réception de l'hommage de Marc de   16 juin.

La Baume, chevalier, comte de Montrevel, capitaine de cinquante hommes d'armes des ordonnances, pour les seigneuries de Ville-sur-Tourbe et Elise (bailliage de Vitry, châtellenie de Sainte-Menehould). Chambéry, 16 juin 1516.

Expéd. orig. Arch. nat., P. 162ᵇ, cote 694.

1516.

16164. Lettres de réception de l'hommage d'Avoye de Chabannes, comtesse de Dammartin, veuve de Jacques de La Trémoïlle, sʳ de Bommiers, pour le comté de Dammartin, mouvant du Châtelet de Paris, pour la seigneurie de Courtenay, mouvante de Sens, pour la seigneurie de Champignelles, mouvante de Villeneuve-le-Roi, et pour la seigneurie de Saint-Maurice, mouvante de Montargis. Chambéry, 16 juin 1516.

16 juin.

Original. Arch. nat., Chambre des Comptes de Paris, P. 16, n° 5972.

16165. Provisions en faveur du sʳ de Lautrec, maréchal de France, de l'office de lieutenant général du roi en Milanais, en remplacement de Charles de Bourbon. Chambéry, 17 juin 1516.

17 juin.

Copie du xvıᵉ siècle. Bibl. nat.; ms. Clairambault 958, fol. 412.

16166. Lettres accordant délai d'un an au duc de Longueville et à Jean d'Orléans, son frère, archevêque de Toulouse, de faire foi et hommage pour le comté de Dunois, mouvant de Blois, la seigneurie de la Brosse, mouvante de Chartres, la seigneurie de Château-Renault, mouvante de Tours, les seigneuries de Fingry et de Hesdigneul, mouvantes de Boulogne, le comté de Tancarville avec les seigneuries qui en dépendent, mouvant du duché de Normandie, et les seigneuries de Gournay, la Ferté-en-Bray et Gaillefontaine, mouvantes dudit duché de Normandie. Amboise, 21 juin 1516.

21 juin.

Copie du temps. Arch. nat., Chambre des Comptes de Paris, P. 716, n° 237.

v.

37

16167. Confirmation des lettres de don accordées le 5 janvier 1516 n. s. (n° 16090) à Jacques de Montepoy, dit Tallebart, l'un des gentils-hommes pensionnaires de l'hôtel, du revenu des châtellenies de Quirieu et la Balme en Dauphiné, pour en jouir sa vie durant, à charge de maintenir les places fortes en état de défense. Voreppe, 25 juin 1516. — 1516. 25 juin.

Arch. départ. de l'Isère, B. 3049, fol. 876. 7 pages 1/2.

16168. Mandement aux généraux des finances de faire payer par Jean Lalemant, le jeune, trésorier et receveur général de Languedoc, à Philibert Babou, contrôleur de l'argenterie et commis à tenir le compte et faire le payement de l'extraordinaire des guerres, 12,000 livres tournois à employer au fait de sa commission. Lyon, 30 juin 1516. — 30 juin.

Original. Bibl. nat., Nouv. acquisitions franç., ms. 1483, n° 38.

16169. Création de deux foires par an et d'un marché chaque semaine à Vailly en Berry, au profit de François de Bueil, trésorier de la Sainte-Chapelle du Palais à Bourges, seigneur tem-porel de Vailly. Chambéry, juin 1516. — Juin.

Mention dans un acte du 13 novembre 1516, émané du lieutenant général au siège de Concressaut. Arch. nat., R¹ 145.

16170. Confirmation des privilèges, franchises et li-bertés de la ville de Gap. Juin 1516. — Juin.

Arch. départ. de l'Isère, B. 2994, cah. 61. (*Mention.*)

16171. Provisions pour Gabriel, baron d'Allègre, con-seiller et chambellan du roi, de l'office de garde de la Prévôté de Paris. 2 juillet 1516. — 2 juillet.

Enreg. à la Chambre des Comptes de Paris, anc. mém. 2 A, fol. 285 v°. *Bibl. nat.,* ms. fr. 21405, p. 278. (*Mention.*)

16172. Pouvoirs des commissaires du roi aux États de — 8 juillet.

Languedoc, convoqués à Aubenas pour le 15 octobre. Lyon, 8 juillet 1516.

Copie. Arch. départ. de l'Hérault, États de Languedoc, C. Procès-verbaux, 1516. 5 pages.

1516.

16173. Lettres interdisant aux capitaines des châteaux royaux en Milanais de se mêler aux procès des habitants du pays et de requérir des vivres ou des ouvriers, sans passer par l'intermédiaire du général de Milan. Lyon, 8 juillet 1516.

Imp. Archivio storico italiano, 1re série, tome III, p. 392.

8 juillet.

16174. Lettres interdisant aux gouverneurs des places fortes du Milanais de s'immiscer dans les procès des habitants du pays. Lyon, 8 juillet 1516.

Imp. Archivio storico italiano, 1re série, tome III, p. 390.

8 juillet.

16175. Mandement au général des finances du Milanais de faire payer à la ville de Milan les 10,000 ducats auxquels elle a été taxée. Lyon, 8 juillet 1516.

Copie du xvie siècle. Milan, Arch. di stato, Registres Panigarola, O, fol. 13.

8 juillet.

16176. Mandement de payer 120 livres tournois à Jean Sénéchal, conseiller et avocat du roi au comté de Blois, pour avoir vaqué avec le lieutenant et le procureur du roi, dès le règne de Louis XII jusqu'à ce jour, à faire évacuer les malades et nettoyer les maisons et rues, pendant la peste qui a ravagé Blois et les environs. Lyon, 8 juillet 1516.

Original. Bibl. nat., Pièces orig., Sénéchal, vol. 2685 (doss. 59571), p. 6.

8 juillet.

16177. Ordonnance touchant l'annate dans le Milanais. Lyon, 9 juillet 1516.

Copie du xvie siècle. Milan, Arch. di stato, Registres Panigarola, O, fol. 25.
Copie du xvie siècle. Ibidem, Gride.
Copie du xvie siècle. Milan, Archivio civico, Lettere ducali, 1503-1523, fol. 149.

9 juillet.

37.

16178. Provisions en faveur de Christophe Panigarola, docteur en droit civil et canon, de l'office de lieutenant royal à la chancellerie de Milan. Lyon, 9 juillet 1516.

1516.
9 juillet.

> *Copie du xvie siècle. Milan, Archivio civico, Lettere ducali, 1503-1523, fol. 143.*

16179. Provisions pour Louis de Hallwin, chevalier de l'ordre, de la charge de gouverneur et bailli de Péronne. 10 juillet 1516.

10 juillet.

> *Bibl. nat., ms. Clairambault 782, p. 269. (Mention.)*

16180. Lettres adressées à Jean Godon, conseiller au Grand conseil, lui mandant de faire exécuter un arrêt de cette cour rendu, ce jour, en faveur des habitants de la Freyssinière, Largentière, Vallouise, etc. Lyon, 11 juillet 1516.

11 juillet.

> *Copie du xvie siècle. Arch. départ. de l'Isère, B. 2333, fol. 32 v°. 1 page.*

16181. Mandement aux généraux des finances de faire payer par Jean Lalemant, le jeune, receveur général en Languedoc, 30,375 livres tournois à Henri Bohier, pour le remboursement de pareille somme qu'il avait prêtée au roi. Lyon, 27 juillet 1516.

27 juillet.

> *Original. Bibl. nat., ms. fr. 25720, n° 47.*

16182. Confirmation du don de 800 ducats de rente assise sur les confiscations prononcées contre les Milanais rebelles, fait par Louis XII (Lyon, 4 juillet 1500) à Louis d'Ars, duc de Terme, conseiller, chambellan du roi, capitaine de cent lances et gouverneur de Pavie. Moulins, 29 juillet 1516.

29 juillet.

> *Enreg. au Sénat de Milan. Milan, Arch. di stato, Registri del antico Senato, fol. 1436.*

16183. Lettres de réception de l'hommage de Pierre Maréchal, seigneur de Fouchault, maître d'hôtel de la duchesse de Bourbonnais, ayant la garde-noble des enfants mineurs nés de son mariage avec feu Jeanne de Boulainvilliers,

29 juillet.

pour la seigneurie de Doudeauville, au bail- 1516.
liage de Gisors. Moulins, 29 juillet 1516.

Expéd. orig. Arch. nat., P. 274¹, cote 6248.

16184. Concession de nouveaux articles à la ville et aux   Juillet.
habitants de Milan. Lyon, juillet 1516.

Copie du xvi⁰ siècle. Milan, Arch. di stato,
Registres Panigarola, O, fol. 59.
Imp. Formentini, Il ducato di Milano. Milano,
in-8°, 1877, p. 250.
Archivio storico italiano, 1ʳᵉ série, t. III, p. 379.

16185. Confirmation des privilèges, franchises et li-   Juillet.
bertés de la ville de Romans en Dauphiné.
Lyon, juillet 1516.

Enreg. au Parl. de Grenoble, le 19 janvier
1543, sur lettres de jussion du 6 octobre 1542.
Arch. de l'Isère, B. 2980, fol. 700. 40 pages.

16186. Confirmation des lettres de Louis XII (Paris,   Juillet.
juin 1513, et Vincennes, 6 juillet 1513),
portant exemption du logement des gens de
guerre en faveur des religieux de Saint-An-
toine-de-Viennois. Lyon, juillet 1516.

Original. Arch. nat., M. 61, n° 3.

16187. Lettres de réception de foi et hommage de   3 août.
Jacques de Veilhan, sʳ de Merry-sur-Yonne,
conseiller et chambellan du roi, pour ladite
seigneurie, mouvante d'Auxerre. Cosne-sur-
Loire, 3 août 1516.

Original. Arch. nat., Chambre des Comptes de
Paris, P. 14, n° 5112.

16188. Lettres accordant délai d'un an à la duchesse   5 août.
de Longueville, comme tutrice de ses enfants
mineurs, de faire foi et hommage pour le
duché de Longueville, mouvant de la couronne; pour les seigneuries de Parthenay,
Béceleuf et le Coudray-Salbart, mouvantes de
Poitiers; pour la principauté de Châtelaillon,
mouvante de la couronne; pour les vicomtés
d'Abbeville et du Crotoy, les seigneuries de
Noyelles et Noyellette, mouvantes du comté de
Ponthieu; pour les seigneuries de Hiermont

et Conteville, mouvantes de Crécy, etc. Châteauneuf, 5 août 1516.

> *Copie du xvi⁰ siècle. Arch. nat., Chambre des Comptes de Paris, P. 265, n° 1182.*

16189. Lettres par lesquelles François I⁰ʳ prend l'engagement de consentir à l'abrogation que le pape se propose de faire, au prochain concile de Latran, de la constitution de Bourges (la Pragmatique sanction), et de faire accepter, dans les six mois qui suivront, ladite abrogation par le clergé de France et par toutes les cours de Parlement du royaume. Tours, 13 août 1516.

> *Original. Florence, Archivio di stato, Torrigiani. (Cf. I manoscritti torrigiani donati al r. Archivio di Firenze. Firenze, 1878, p. 462, n° 98.)*

16190. Lettres de créance à Roger Barme, avocat du roi au Parlement de Paris, envoyé au pape pour signer le concordat et régler les difficultés qui subsistent encore en raison de la Pragmatique sanction. Tours, 13 août 1516.

> *Original. Florence, Archivio di stato, Torrigiani. (Cf. I manoscritti torrigiani del r. Archivio di Firenze. Firenze, 1878, p. 462, n° 97.)*

16191. Lettres de réception de foi et hommage de Macé Cortin, comme procureur du chapitre de l'église collégiale Saint-Jean-l'Évangéliste de Montils-les-Tours, pour les seigneuries de Doudeville et de Néville, mouvantes des vicomtés de Caudebec et d'Arques. Tours, 13 août 1516.

> *Original. Arch. nat., Chambre des Comptes de Paris, P. 266², n° 2239.*

16192. Lettres de réception de foi et hommage de Jean Parenteau, chanoine de l'église collégiale de Saint-Pierre-le-Puellier de Tours, comme procureur des chanoines de ladite église, pour l'hôtel et la dîme des Coulaines en la paroisse de Saint-Martin-le-Beau, mouvante d'Amboise. Tours, 13 août 1516.

> *Original. Arch. nat., Chambre des Comptes de Paris, P. 12, n° 3886.*

1516.

13 août.

13 août.

13 août.

13 août.

16193. Lettres d'évocation de l'appel relevé par Louis
Guillart, évêque de Tournay, contre des officiers de la gouvernance de Lille qui avaient
condamné deux clercs de son diocèse. Paris
(*sic*), 14 août 1516.

> *Copie du* xvie *siècle. Arch. départ. du Nord,*
> *Trésor des chartes, carton* 566, n° 16806.

1516.
14 août.

16194. Traité conclu entre les ambassadeurs de François Ier et ceux de Maximilien Ier, empereur,
et de Charles Ier, roi d'Espagne, portant confirmation des traités de Noyon et de Bruxelles,
conclus, le premier le 13 août, et le second
au mois de décembre 1515. Cambrai, 16 août
1516.

> *Original. Bibl. nat., Mélanges de Colbert,*
> vol. 363, n° 295 (encadré).

16 août.

16195. Lettres par lesquelles le roi, sur la présentation des citoyens d'Asti, institue Francisque
Afflicte podestat de cette ville. Amboise,
[16 août-30 septembre [1]] 1516.

> *Imp. Catalogue de M. de Courcelles,* 1834,
> p. 60. Vente par Leblanc, libraire. (*Mention.*)

16 août.

16196. Mandement à Jacques Hurault, général des finances du comté de Blois, de faire payer à
Pascillo de Mercoliano, jardinier du château
de Blois, 300 livres tournois pour l'entretien
et les réparations des jardins dudit château.
Amboise, 18 août 1516.

> *Vidimus du 31 octobre 1516, par Guillaume*
> *Hallope, notaire à Blois. Bibl. de Blois, fonds*
> Joursanvault, n° 1631.

18 août.

16197. Lettres de réception de l'hommage de Jean
Jalon pour la seigneurie de Narbonne, mouvante d'Amboise. Tours, 18 août 1516.

> *Original. Arch. nat., Chambre des Comptes de*
> *Paris,* P. 11, n° 3887.

18 août.

16198. Lettres de réception de l'hommage de Philibert
du Châtelet, seigneur de Saint-Amand, pour

20 août.

---

[1] Peut être aussi bien du 25 octobre au 23 décembre, les actes de
cette période étant datés également d'Amboise.

le village d'Haussignémont et ses dépendances
au bailliage de Vitry, mouvant du château
dudit Vitry. Tours, 20 août 1516.

1516.

Expéd. orig. Arch. nat., P. 161¹, cote 85.

16199. Lettres de réception de l'hommage de Mathurin
Godeau, sʳ de Pray, pour ladite seigneurie,
mouvante d'Amboise. Tours, 20 août 1516.

20 août.

*Original. Arch. nat., Chambre des Comptes de
Paris, P. 11, n° 3888.*

16200. Lettres de réception de l'hommage de Jacques
de Beaune, sʳ de Semblançay, général des
finances, pour la seigneurie de Semblançay,
la prévôté de Neuvy-[le-Roy], le fief des ponts
et faubourgs de Tours et la partie du cours
de la Loire traversant ledit fief, le tout mouvant de Tours. Tours, 22 août 1516.

22 août.

*Original. Arch. nat., Chambre des Comptes de
Paris, P. 13, n° 4386.*

16201. Mandement aux élus des haut et bas pays d'Auvergne de répartir, après octroi des États desdits pays, la somme de 50,000 livres tournois
qu'Anne de France et le duc de Bourbon,
son gendre, se proposent de demander auxdits États, convoqués à Riom pour le mois de
septembre prochain. Amboise, 28 août 1516.

28 août.

*Original. Arch. nat., Titres de Bourbon, P. 1372²,
cote 2085.*

16202. Lettres de réception de l'hommage de Françoise de Maillé, vicomtesse de Tours, dame de
Champchévrier, Rillé et la Ferrière, pour la
seigneurie de Rillé, mouvante de Tours. Amboise, 30 août 1516.

30 août.

*Original. Arch. nat., Chambre des Comptes de
Paris, P. 13, n° 4387.*

16203. Mandement de payer 500 écus d'or à François
de Bonjan, secrétaire et contrôleur général
des finances de Louise de Savoie, sur les
2,000 écus à lui donnés pour son mariage avec
Marie Cueillette, fille du contrôleur général
de Languedoc, Lyonnais, Forez et Beaujolais,

31 août.

mariage fait par Louise de Savoie et le roi. Amboise, 31 août 1516.

1516.

Original. Bibl. nat.; Pièces originales, Bonjan, vol. 465, p. 3.

16204. Lettres de réception du serment de fidélité de Laurent Cibo, comme procureur d'Innocent Cibo, son frère, cardinal et abbé commendataire de Saint-Ouen de Rouen, pour le temporel de ladite abbaye. Amboise, 31 août 1516.

31 août.

Original. Arch. nat., Chambre des Comptes de Paris, P. 264², n° 1136.

16205. Lettres de réception du serment de fidélité d'Antoine Bohier, archevêque de Bourges, pour le temporel de l'abbaye de Fécamp. Amboise, 31 août 1516.

31 août.

Expéd. orig. Arch. nat., P. 267¹, cote 2404.

16206. Provisions en faveur d'Artus Gouffier, comte d'Étampes, de la charge de gouverneur et lieutenant général du roi en Dauphiné. Amboise, 1er septembre 1516.

1er septembre.

Copie du xvi° siècle, Bibl. nat., ms. fr. 4604, fol. 20.
Arch. de l'Isère, Invent. ms. de la Chambre des Comptes de Grenoble, Generalia, t. I, p. 404. (Mention.)

16207. Lettres de réception de l'hommage lige fait entre les mains du roi par le duc d'Alençon, pour le duché-pairie d'Alençon et ses dépendances. Amboise, 2 septembre 1516.

2 septembre.

Expéd. orig. Arch. nat., P. 274², cote 6379.

16208. Lettres de réception de l'hommage du duc d'Alençon pour la châtellenie du Clos, mouvante d'Amboise. Amboise, 2 septembre 1516.

2 septembre.

Original. Arch. nat., Chambre des Comptes de Paris, P. 11, n° 3891.

16209. Lettres de réception de l'hommage du duc d'Alençon, pair de France, pour la baronnie

2 septembre.

v.

38

de Gallardon et le fief de Marly, mouvants de
Chartres. Amboise, 2 septembre 1516.

> *Original. Arch. nat., Chambre des Comptes de
> Paris*, P. 8, n° 2610.

1516.

16210. Lettres de réception de l'hommage du duc
d'Alençon pour les baronnies de Saosnes
(Sonnois) et de Peray, mouvantes du Mans.
Amboise, 2 septembre 1516.

> *Original. Arch. nat., Chambre des Comptes de
> Paris*, P. 348⁴, n⁵ 1407²².

2 septembre.

16211. Mandement aux généraux des finances de faire
payer par Jean Lalemant, le jeune, receveur
général en Languedoc, à Morelet du Museau
et à Jean de Poncher, trésoriers des guerres,
6,000 livres tournois pour les employer au
fait de leur office. Amboise, 3 septembre
1516.

> *Original. Bibl. nat., ms. fr.* 25720, n° 49.

3 septembre.

16212. Provisions pour Nicolas de Neufville, chevalier,
conseiller du roi et secrétaire de ses finances,
de l'office de conseiller et audiencier de la
chancellerie de France, vacant par la résignation de Guillaume de Beaune, général des
finances. Amboise, 4 septembre 1516.

> *Copie du xvi⁵ siècle. Bibl. nat., ms. lat.* 5981,
> fol. 1 v°.

4 septembre.

16213. Mandement aux généraux des finances de payer
aux enfants de feu Jacques d'Amboise, s⁵ de
Revel, tué à la journée de Sainte-Brigitte
(septembre 1515), frère de Georges d'Amboise, archevêque de Rouen, sa pension de
l'année 1515, montant à 1,000 livres tournois. Amboise, 4 septembre 1516.

> *Original. Bibl. nat., ms. fr.* 20639, fol. 2.

4 septembre.

16214. Lettres de réception du serment de fidélité de
Thomas Humbert, abbé de Notre-Dame du
Val-Richer, de l'ordre de Cîteaux, pour le
temporel de ladite abbaye. Bleré, 12 septembre 1516.

> *Original. Arch. nat., Chambre des Comptes de
> Paris*, P. 265¹, n° 1488.

12 septembre.

16215. Commission à Jacques Mesnager, conseiller au Parlement de Paris, de faire la taxe de tous les bénéfices du diocèse de Maillezais, pour leur contribution à la décime octroyée par le pape au roi de France, par bulle donnée à Rome, le 16 des calendes de juin précédent. Amboise, 13 septembre 1516.

1516.
13 septembre.

> *Arch. nat., suppl. du Trésor des chartes, J. 1037, n° 8, compte rendu dudit commissaire. (Mention.)*

16216. Lettres d'autorisation donnée par François Ier à Claude de France, sa femme, pour faire le serment requis au sujet du traité de Noyon (n° 503). Amboise, 29 septembre 1516.

29 septembre.

> *Original scellé. Bibl. nat., Mélanges de Colbert, vol. 363, n° 290.*

16217. Lettres données en exécution du traité de Noyon (13 août 1516, n° 503), nommant des procureurs en cour de Rome, pour y reconnaître au nom du roi les clauses de ce traité et se soumettre aux censures de l'Église, s'il y contrevenait. Amboise, 29 septembre 1516.

29 septembre.

> *Copie du XVIe siècle. Arch. départ. du Nord, Trésor des chartes, carton 566, n° 16823.*

16218. Provisions en faveur de Jacques Rouvier, licencié en droit, de l'office de conseiller lai au Parlement de Toulouse, vacant par la mort de Guillaume Bénédicti. Amboise, 29 septembre 1516.

29 septembre.

> *Vidimus de François de Rochechouart, sénéchal de Toulouse et d'Albigeois. Bibl. nat., ms. fr. 25720, n° 65.*

16219. Pouvoirs donnés au seigneur d'Orval, gouverneur de Champagne, à François de Rochechouart, à Jacques Olivier et à Robert Gédoyn, pour aller, comme ambassadeurs de François Ier, recevoir le serment de Charles Ier, roi d'Espagne, au sujet du traité de Noyon. Amboise, 30 septembre 1516.

30 septembre.

> *Original scellé. Bibl. nat., Mélanges de Colbert, vol. 363, n° 291.*

16220. Déclaration portant que le remboursement des

Septembre.

38.

sommes payées par le roi de France pour
l'acquisition de l'hommage de Châtel-sur-
Moselle ne pourra être exigé du duc de Lorraine, et remettant à celui-ci les 60,000 livres
qu'il devait payer. Amboise, septembre 1516.

1516.

*Original scellé. Anc. Trésor des chartes de Lor-
raine, layette Châtel-sur-Moselle, III, n° 12. Arch.
de Meurthe-et-Moselle, B. 611, n° 12* [1].

16221. Provisions en faveur d'Aubert Beauclerc, de
l'office de receveur ordinaire de Meaux. Paris,
5 octobre 1516.

5 octobre.

Enreg. à la Chambre des Comptes de Paris, anc.
mém. Z, fol. 243 v°. *Arch. nat.,* PP. 118, p. 38.
(*Mention.*)
Bibl. nat., ms. Clairambault 782, p. 266.
(*Mention.*)
Bibl. nat., ms. fr. 21405, p. 272. (*Mention.*)

16222. Lettres de réception de l'hommage de Jean Len-
fernat, s^r de la Court, pour les fiefs des
Boulayes et des « Alouez », situés en la paroisse
de Châtres en Brie, mouvante de Tournan.
Paris, 7 octobre 1516.

7 octobre.

*Original. Arch. nat., Chambre des Comptes de
Paris,* P. 2, n° 656.

16223. Mandement au Sénat de Milan, lui défendant
de laisser entrer dans le duché de Milan les
sujets rebelles du duc de Savoie. Paris, 9 octobre 1516.

9 octobre.

Original. Turin, Archivio di stato, Negoziazioni,
Francia, mazzo I, n° 26.

16224. Don à Jacques de Chabannes, conseiller et
chambellan du roi, chevalier de l'ordre, s^r de
la Palisse, maréchal de France, du revenu
de la châtellenie de Compiègne, sa vie durant.
9 octobre 1516.

9 octobre.

Enreg. à la Chambre des Comptes de Paris, anc.

[1] L'analyse détaillée de cet acte par Dufourny (*Arch. nat.,* KK. 1119,
fol. 365 v°) a été publiée par M. Lecoy de La Marche, p. 34 (note) du
mémoire intitulé : *Louis XI et la succession de Provence.* (Paris, Palmé,
1886, 34 pages in-8°. Extrait de la *Revue des questions historiques,*
janvier 1888.)

mém. Z, fol. 272. *Arch. nat.*, PP. 118, p. 42.   1516.
(*Mention.*)
    Bibl. nat., ms. fr. 21405, p. 272. (*Mention.*)
    Bibl. nat., ms. Clairambault 782, p. 267.
(*Mention.*)

16225. Lettres de réception de l'hommage rendu par   11 octobre.
Jacques de Choisy, écuyer, tant en son nom
qu'en celui de Jean de Méry, écuyer, mari de
Jeanne de Clefmont, pour la part leur appartenant par indivis dans les seigneuries de
Sainte-Livière et de la Petite-Ville (bailliage
de Vitry, châtellenie de Saint-Dizier), et le
tiers du bailage de Chaumont-en-Bassigny.
Paris, 11 octobre 1516.

    Expéd. orig. Arch. nat., P. 166², cote 2512.

16226. Lettres de François Ier faisant connaître les   13 octobre.
alliés qui participent au traité d'alliance con-
clu à Noyon (n° 503) entre lui et Charles Ier,
roi d'Espagne. Paris, 13 octobre 1516.

    Original scellé. Bibl. nat., Mélanges de Col-
bert, vol. 363, n° 292.

16227. Lettres de réception de foi et hommage de   13 octobre.
Jacques « Daucoich », fils aîné et principal
héritier de feu Jean « Daucoich », pour la
seigneurie de la « Louatière », mouvante de
Château-Renard, et la seigneurie du Fay,
mouvante de Montargis. Paris, 13 octobre
1516.

    *Original. Arch. nat., Chambre des Comptes de
Paris*, P. 10, n° 3429.

16228. Lettres autorisant Charles, roi de Castille, en   15 octobre.
vertu du traité de Noyon et du mariage pro-
jeté entre ce prince et Louise de France, à
lever pendant dix ans des aides et subsides
dans le comté d'Artois. Paris, 15 octobre
1516.

    *Vidimus sous le sceau des échevins de Lille, le
4 avril suivant. Arch. départ. du Nord, Trésor des
chartes*, carton 566, n° 16812.

16229. Lettres de réception du serment de fidélité   15 octobre.
d'Ambroise Le Veneur, évêque d'Évreux, pour

le temporel de l'abbaye de Lyre, au diocèse
d'Évreux. Paris, 15 octobre 1516.

> *Expéd. orig. Arch. nat., P. 270², cote 4264.*

1516.

16230. Mandement à la Chambre des Comptes d'allouer aux comptes du receveur de Normandie
1,800 livres tournois, données par le roi à
son chambellan ordinaire Louis de Hallwin,
seigneur de Piennes. Paris, 16 octobre 1516.

> *Original. Bibl. nat., Pièces originales, Hallwin,*
> vol. 1468, p. 17.

16 octobre.

16231. Lettres de réception de l'hommage de Philippe
de Sauzay, bourgeois de Bourges, pour le
Moulin du Pré, sur la rivière de Thiou
(Théols), mouvant d'Issoudun. Paris, 16 octobre 1516.

> *Original. Arch. nat., Chambre des Comptes de*
> *Paris, P. 14, n° 4898.*

16 octobre.

16232. Lettres de réception de l'hommage de Michel
Troismançois, écuyer, pour la sergenterie hé-
réditaire de Barville (bailliage et vicomté de
Caen). Paris, 16 octobre 1516.

> *Expéd. orig. Arch. nat., P. 273², cote 5984.*

16 octobre.

16233. Mandement au bailli de Sens de procéder à la
vérification des lettres de réception de foi et
hommage de Claude Rapine, veuve de Guillaume Volant, pour la seigneurie de Dollot
en Gâtinais, qu'elle n'a pu présenter dans les
délais voulus. Paris, 17 octobre 1516.

> *Original. Arch. nat., Chambre des Comptes de*
> *Paris, P. 14, n° 5109.*

17 octobre.

16234. Lettres de réception de l'hommage de Jean
d'Amboise, seigneur de Bussy, pour les fiefs
suivants, sis au bailliage de Chaumont : 1° une
moitié et un quart de l'autre moitié de la seigneurie de Marcilles (châtellenie de Chaumont); 2° divers biens, jadis possédés par
Isabelle d'Orges, sis à Andelot et Monteclaire
(châtellenie de Monteclaire); 3° la moitié du
village de Thol, près Clinchamp (châtellenie
de Nogent-le-Roi). Paris, 18 octobre 1516.

> *Expéd. orig. Arch. nat., P. 164¹, cote 1387.*

18 octobre

16235. Lettres d'assignation à Austremoine Faure, commis au payement des pensions d'Angleterre, des sommes suivantes : 1° 950 livres tournois pour ses gages du terme de mai 1516 ; 2° 5,014 livres pour achat d'écus d'or soleil destinés audit payement. Paris, 19 octobre 1516.

1516.
19 octobre.

    Arch. nat., KK. 349, 3° compte d'Austremoine Faure. (*Mention.*)

16236. Lettres de réception de l'hommage d'Henri de Mannoury, chevalier, pour la seigneurie du Mont de la Vigne, mouvante des vicomtés d'Auge, Falaise et Caen. Paris, 21 octobre 1516.

21 octobre.

    Original. Arch. nat., Chambre des Comptes, P. 264², n° 1078.

16237. Lettres de réception de l'hommage de Jean Picart, chevalier, pour la seigneurie et justice du Vivier (bailliage et vicomté de Gisors, châtellenie d'Andely). Paris, 21 octobre 1516.

21 octobre.

    Expéd. orig. Arch. nat., P. 274¹, cote 6254.

16238. Lettres de réception de l'hommage de Jean Picart, chevalier, pour la seigneurie de Radeval (bailliage et vicomté de Gisors, châtellenie d'Andely). Paris, 21 octobre 1516.

21 octobre.

    Expéd. orig. Arch. nat., P. 274¹, cote 6256.

16239. Mandement aux généraux conseillers des finances de faire payer par Pierre Faure, receveur des aides à Reims, à Lambert Meigret, commis au payement de l'extraordinaire des guerres, la somme de 20,000 livres tournois pour employer au fait de sa commission. Anet, 23 octobre 1516.

23 octobre.

    Original. Bibl. nat., Pièces originales, Meigret, vol. 1912, n° 2.

16240. Lettres de réception du serment de fidélité prêté devant le chancelier de France par Jean Adeline, pour le temporel de l'abbaye cistercienne de Torigny. Amboise, 25 octobre 1516.

25 octobre.

    Expéd. orig. Arch. nat., P. 273¹, cote 5963.

16241. Don à Artus Gouffier des confiscations dévolues à la Chambre royale dans le territoire de Soncino. Paris, octobre 1516.

> Enreg. au Sénat de Milan, le 13 septembre 1516. Milan, Arch. di stato, Registri del antico Senato, fol. 912.
> IMP. Galantino, Gouffier de Boisy. Supplemento all'appendice della storia di Soncino. Milano, 1881, p. 192.

1516. Octobre.

16242. Mandement aux généraux des finances de faire payer par Jean Lalemant, l'aîné, receveur général en Normandie, 50 écus d'or soleil à Outrellet Marie, sommelier du roi catholique, qui a apporté au roi à Amboise deux poinçons de vin du Rhin. Amboise, 1er novembre 1516.

> Original. Bibl. nat., ms. fr. 25720, n° 52.

1er novembre.

16243. Lettres d'érection en marquisat de la seigneurie de Robecco et dépendances, dans la province de Milan, en faveur d'Aimery de San Severino. Amboise, 2 novembre 1516.

> Original. Milan, Archives du prince Trivulce.

2 novembre.

16244. Lettres de réception de l'hommage lige rendu par Jacques de Montejean, au nom de Georges Tournemine, seigneur de la Hunaudaye, pour la baronnie du Hommet, aux bailliages de Rouen, Caen et Cotentin. Amboise, 2 novembre 1516.

> Expéd. orig. Arch. nat., P. 273², cote 5978.

2 novembre.

16245. Commission à Guillaume Briçonnet, évêque de Lodève, et à Denis Briçonnet, évêque de Saint-Malo, envoyés pour négocier une ligue avec le pape Léon X, la république de Florence, le duc d'Urbin et toute la maison de Médicis. Amboise, 3 novembre 1516.

> Original. Florence, Archivio di stato, Torrigiani. (Cf. I manoscritti torrigiani, etc. Firenze, 1878, p. 462, n° 99.)

3 novembre.

16246. Provisions pour Jacques de Beaune, sr de Semblançay, chambellan du roi, de l'office de

3 novembre.

gouverneur et bailli de Touraine. 3 novembre 1516. 1516.

> *Reçu à la Chambre des Comptes de Paris, le 22 janvier 1517 n. s.,* anc. mém. Z, fol. 277 v°. *Arch. nat.,* PP. 118, p. 42. *(Mention.)*
> *Bibl. nat.,* ms. fr. 21405, p. 272. *(Mention.)*

16247. Mandement de payer 6,150 livres tournois au sʳ de Bayard, conseiller et chambellan ordinaire, pour l'aider à payer ses dettes contractées au service du roi. Amboise, 4 novembre 1516. 4 novembre.

> *Original. Bibl. nat., Pièces originales,* Bayard, vol. 234, doss. 5176, p. 2.

16248. Confirmation par François Iᵉʳ du don du droit de « dace » fait par Louis XII (2 août 1506) à la ville d'Asti, pour trois ans. Amboise, 12 novembre 1516. 12 novembre.

> *Copie collationnée d'octobre 1519, Asti, Archives,* Re di Francia, n° 6. (Communiqué par M. de Saint-Pierre.)

16249. Provisions en faveur de Nicolas Boileau de l'office de contrôleur des deniers communs de la ville de Beauvais. Amboise, 20 novembre 1516. 20 novembre.

> *Présentées au Conseil de ville de Beauvais, le 9 février 1517 n. s. Arch. communales de Beauvais (Oise),* BB. 12, fol. 253. 1 page.

16250. Provisions pour Adam Berjonneau de l'office de lieutenant particulier de la ville et principauté de Cognac et de la châtellenie de Merpins. Amboise, 20 novembre 1516. 20 novembre.

> *Copie. Arch. de la ville de Cognac,* Extrait du *Livre rouge.*

16251. Don de 4,000 livres à Jean de Castillon, en remplacement du péage du Po donné au cardinal Bibbiena, Amboise, 20 novembre 1516. 20 novembre.

> *Copie du* xviᵉ *siècle. Milan, Arch. di stato,* Registres Panigarola, O, fol. 282 v°.

16252. Lettres autorisant l'archiduchesse Marguerite à percevoir les revenus des greniers à sel du Charolais, de Château-Chinon et de Noyers, 21 novembre.

en vertu du traité de Noyon. Amboise, 21 novembre 1516.

> *Original. Arch. départ. du Nord, Trésor des
> chartes, carton 566, n° 1678. (Avec un mande-
> ment de la Chambre des Comptes de Dijon, pour
> leur exécution.)*

16253. Lettres de don et rabat de 250 livres tournois
à Jean Legoux et à Jean Gadrillon, fermiers
du quatrième des boissons vendues en détail
en la ville de Séez, sur le prix de leur ferme,
pour les indemniser des dommages qu'ils ont
éprouvés à cause de la peste qui fit abandonner
la ville par ses habitants. Amboise, 24 novembre 1516.

> *Original. Bibl. nat., Pièces originales, vol. 1262,
> Gadrillon, p. 2.*

16254. Lettres de réception de l'hommage de François
de Courtenay, sʳ de la Grange en Brie et de Blé-
neau, pour la seigneurie de la Grange, mouvante de Melun. Amboise, 24 novembre 1516.

> *Original. Arch. nat., Chambre des Comptes de
> Paris, P. 9, n° 2923.*

16255. Lettres d'abolition en faveur de quatre-vingt-
huit Milanais rebelles, énumérés dans l'acte.
Amboise, 26 novembre 1516.

> *Copie du XVIᵉ siècle. Milan, Arch. di stato, Re-
> gistri del antico Senato, fol. 1413 v°.
> Copie du XVIᵉ siècle. Milan, Bibl. Trivulziana,
> codex 1130.*

16256. Lettres d'abolition réintégrant dans leurs biens
les rebelles exilés du duché de Milan. Amboise, 27 novembre 1516.

> *Imp. Archivio storico italiano, 1ʳᵉ série, tome III,
> p. 398.*

16257. Lettres de terrier données par le roi à l'évêque
de Senlis, pour sa terre et seigneurie de Mont-
lévêque. Paris, 27 novembre 1516.

> *Copie du XVIᵉ siècle. Arch. départ. de l'Oise, G.
> 2284. (Inventaire sommaire, p. 457, col. 2.)*

16258. Mandement de payer 285 livres tournois à
Christophe de Poix, écuyer, naguère lieute-

(colonne de droite, dates)

1516.

24 novembre.

24 novembre.

26 novembre.

27 novembre.

27 novembre.

28 novembre.

nant du sr de Chaumont, capitaine du château de Dieppe. Amboise, 28 novembre 1516.

> Original. Bibl. nat., Pièces orig., Poix, vol. 2317 (doss. 52303), p. 21.

1516.

16259. Confirmation des privilèges et franchises de la ville et du comté d'Asti. Amboise, novembre 1516.

> Original. Turin, Arch. di stato, Provincia di Asti, mazzo 5, n° 3.

Novembre.

16260. Don de la seigneurie de Cantù dans la province de Côme, à Guillaume Gouffier, sr de Bonnivet. Amboise, novembre 1516.

> Original. Milan, Archives du prince Trivulce.

Novembre.

16261. Lettres réintégrant Galéas Visconti dans tous ses biens. Amboise, novembre 1516.

> Enreg. au Sénat de Milan. Milan, Arch. di stato, Registri del antico Senato, fol. 1419.

Novembre.

16262. Lettres d'abolition en faveur de plusieurs Milanais rebelles. Amboise, novembre 1516.

> Enreg. au Sénat de Milan. Milan, Arch. di stato, Registri del antico Senato, fol. 1416.
> Copie du xvie siècle. Milan, Biblioteca Trivulziana, codex 1180.
> Imp. Archivio storico italiano, 1re série, tome III, p. 398.

Novembre.

16263. Lettres portant que Macé Marchant jouira des gages de 6 sous parisis par jour et de 10 livres parisis par an, pour droit de manteau, à dater du jour de son institution en l'office de secrétaire du roi. Amboise, 1er décembre 1516.

> Arch. nat., 2e compte de Jean Sapin, receveur général de Languedoïl et Guyenne, KK. 289, fol. 545. (Mention.)

1er décembre.

16264. Lettres portant défense de tirer hors du duché de Bourgogne aucuns blés ni grains. Amboise, 2 décembre 1516.

> Enreg. au Parl. de Dijon. Arch. de la Côte-d'Or, Parlement, reg. 1, fol. 151.

2 décembre.

16265. Mandement au Sénat de Milan d'entériner sans restriction le don de confiscations fait à

3 décembre.

Artus Gouffier, en octobre 1516. Amboise, 1516.
3 décembre 1516[1].

> Imp. Galantino, *Gouffier de Boisy. Supplemento all' appendice della storia di Soncino.* Milano, 1881, p. 193.

16266. Provisions de l'office d'enquêteur et examina- 3 décembre.
teur au bailliage d'Auxois pour Edme Cham-
pinot. Amboise, 3 décembre 1516.

> *Copie du XVIe siècle.* Bibl. nat., ms. fr. 4905, fol. 38.

16267. Provisions de l'office d'enquêteur et examina- 5 décembre.
teur au bailliage d'Auxois pour Jean Chante-
pignot. Amboise, 5 décembre 1516.

> *Copie du XVIe siècle.* Bibl. nat., ms. fr. 4905, fol. 37 v°.

16268. Traité de paix conclu à Genève entre François Ier 7 décembre.
et les cantons suisses. 7 décembre 1516.

> *Copie du XVIe siècle.* Bibl. nat., ms. fr. 2892, fol. 51.

16269. Lettres de don viager à Maximilien Sforza des 9 décembre.
ville, château et châtellenie d'Issoudun et de
ses dépendances, en rabais et déduction de
le pension que lui fait le roi. Amboise, 9 décembre 1516.

> *Présentées au Parl. de Paris, le 12 janvier 1517. Oppositions admises.* Arch. nat., X[1a] 4860, Plai-
> doiries, fol. 177. (*Mention.*)

16270. Commission à Michel Bienvenu, chanoine et 10 décembre.
aumônier de l'église Saint-Hilaire de Poitiers,
pour exécuter, dans le diocèse de Maillezais,
les bulles apostoliques ordonnant la levée en
France de deux décimes en vue de la Croisade. Amboise, 10 décembre 1516.

> *Copie du XVIe siècle.* Bibl. nat., ms. fr. 24206, fol. 21.

16271. Commission à Pierre Bernault, chanoine de 10 décembre.
l'église de Poitiers, pour exécuter, dans ledit
diocèse de Poitiers, les lettres apostoliques ordonnant la levée en France de deux décimes

---

[1] N'a pas été retrouvé aux Archives de Milan.

en vue de la Croisade. Amboise, 10 décembre
1516.

> Copie du xvi* siècle. Bibl. nat., ms. fr. 24206,
> fol. 2.

16272. Commission à André d'Averton, chanoine et
chancelier de l'église de Tours, d'exécuter
dans le diocèse de Tours les lettres apostoliques ordonnant la levée en France de deux
décimes en vue de la Croisade. Amboise,
10 décembre 1516.

> Copie du xvi* siècle. Bibl. nat., ms. fr. 24207,
> fol. 13ª.

16273. Don de la terre de Vernot et de la garde de la
forêt de la Gresle, en faveur de Thibaut de
Gand, officier de la vénerie du roi en Bourgogne. Amboise, 10 décembre 1516.

> Copie collat. du xvi* siècle. Arch. de la Côte-d'Or,
> B. 1331.

16274. Lettres de réception de l'hommage de Louis des
Barres, dit le Barrois, maître d'hôtel ordinaire du roi, sʳ de Neufvy, comme procureur
de Jeanne d'Estouteville, sa mère, veuve de
Jacques des Barres, pour les seigneuries de
la Roche-Guyon et Vétheuil; et la neuvième
partie des seigneuries de Trye-la-Ville, Trye-
Château et Fresnes-l'Éguillon, mouvantes de
Chaumont. Amboise, 10 décembre 1516.

> Original. Arch. nat., Chambre des Comptes de
> Paris, P. 5, n° 1572.

16275. Lettres de réception de l'hommage de Louis des
Barres, dit le Barrois, sʳ de Neufvy, maître
d'hôtel ordinaire du roi, comme procureur
de Jeanne d'Estouteville, veuve de Jacques des
Barres, pour la sixième partie des fiefs d'Auneau et d'Aunay, mouvants de Chartres. Amboise, 10 décembre 1516.

> Original. Arch. nat., Chambre des Comptes de
> Paris, P. 8, n° 2611.

16276. Lettres de réception de l'hommage de Louis de
Vendôme, vidame de Chartres, principal héritier de Louis de Graville, amiral de France,

1516.

10 décembre.

10 décembre.

10 décembre.

10 décembre.

10 décembre.

pour les seigneuries de Fontenay et Senancourt (bailliage et vicomté de Gisors). Amboise, 10 décembre 1516.

> *Expéd. orig. Arch. nat.*, P. 274¹, cote 6250.

16277. Lettres de réception de l'hommage de Louis de Vendôme, vidame de Chartres, pour le fief de la Haye de la Fontaine, mouvant de la vicomté de Rouen, et pour la seigneurie de Grandcamp, mouvante de Caudebec. Amboise, 10 décembre 1516.

> *Original. Arch. nat., Chambre des Comptes*, P. 265², n° 1554.

16278. Lettres de réception du serment de fidélité, prêté par procureur devant le chancelier de France, de Gabriel Le Veneur, protonotaire du Saint-Siège, pour le temporel de l'abbaye bénédictine de Saint-Sever, au diocèse de Coutances. Amboise, 11 décembre 1516.

> *Original. Arch. nat.*, P. 273², cote 5982.

16279. Lettres de relief de surannation pour la vérification à la Chambre des Comptes de Paris des lettres de réception de l'hommage de René de Mainemares, du 7 août 1515 (n° 15995). Paris (*sic*), 11 décembre 1516.

> *Expéd. orig. Arch. nat.*, P. 270¹, cote 4022.

16280. Lettres de réception du serment de fidélité de François de Melun, évêque de Thérouanne, pour le temporel dudit évêché. Amboise, 16 décembre 1516.

> *Expéd. orig. Arch. nat.*, P. 725¹, cote 231.

16281. Commission donnée à Josse de La Garde, docteur en théologie, vicaire général de l'église cathédrale de Toulouse, pour l'exécution dans le diocèse de Toulouse de la bulle du pape Léon X relative à la Croisade. Amboise, 17 décembre 1516.

> *Imp.* Michaud, *Histoire des Croisades*, Paris, 1822, t. V, p. 334. (A la suite sont les instructions qui furent données audit de La Garde, à cette occasion.)

(marginal dates) 1516. — 10 décembre. — 11 décembre. — 11 décembre. — 16 décembre. — 17 décembre.

16282. Provisions en faveur de Jacques Danyau de l'office de procureur du roi au siège de Fontenay-le-Comte, dans la sénéchaussée de Poitou. 18 décembre 1516.

> *Mention dans un arrêt du Grand Conseil, en date du 2 mars 1528 n. s. Arch. nat., V⁵ 1046.*

1516.
18 décembre.

16283. Lettres de réception de l'hommage rendu par Jean Le Breton, écuyer, au nom de Marie d'Amboise, comtesse de Braine et de Roucy, pour la seigneurie de Ricey (bailliage et châtellenie de Bar-sur-Seine). Amboise, 18 décembre 1516.

> *Expéd. orig. Arch. nat., P. 166¹, cote 2260.*

18 décembre.

16284. Lettres notifiant à la ville de Bayonne qu'elle est désignée parmi les douze villes qui doivent garantir l'exécution du traité de Noyon, et du mariage du roi catholique avec la fille aînée du roi de France. Amboise, 20 décembre 1516.

> *Original. Arch. de la ville de Bayonne; AA. 15.*

20 décembre.

16285. Lettres notifiant aux consuls de Narbonne que leur ville fait partie des douze qui doivent garantir le traité de Noyon, conclu entre François I⁰ʳ et le roi catholique, et les invitant à donner l'acte d'acquiescement et de garantie pour ce requis. Amboise, 20 décembre 1516.

> *Copie du xvɪ⁰ siècle. Arch. de la ville de Narbonne, AA. 106, fol. 113 v°.*

20 décembre.

16286. Lettres invitant Charles, duc de Bourbonnais et d'Auvergne, connétable de France, à prêter serment de garantir l'exécution du traité de Noyon, conclu pour le mariage du roi catholique avec Louise, fille aînée du roi. Amboise, 20 décembre 1516.

> *Original Arch. nat., Titres de Bourbon, P. 1358¹, cote 578.*

20 décembre.

16287. Mandement à la ville de Bourges d'envoyer à Paris, le 15 mars suivant, deux députés instruits et pouvant aider le Conseil dans le

29 décembre.

travail des affaires de l'État. Blois, 29 décembre 1516.

1516.

> *Copie collat. du 20 avril 1517. Arch. municip. de Bourges, AA. 13.*

16288. Lettres de réception du serment de fidélité de Louis de Canosse, évêque de Bayeux, pour le temporel dudit évêché. Blois, 3o décembre 1516.

3o décembre.

> *Expéd. orig. Arch. nat., P. 273², cote 5841.*

1517. — Pâques, 13 avril.

1517.

16289. Provisions de l'office de procureur général du roi au Parlement de Dijon pour Barthelémy Gaigne, en remplacement de Denis Poillot, nommé conseiller au Grand conseil. Amboise, 4 janvier 1516.

4 janvier.

> *Réception le 5 février suivant. Enreg. au Parl. de Dijon. Arch. de la Côte-d'Or, Parl., reg. I, fol. 153.*

16290. Mandement aux trésoriers de France de faire payer par Jean Ruzé, receveur général en la généralité d'Outre-Seine, à Raymond Phélipeaux, commis à faire le payement des réparations du château de Blois, 1,000 livres tournois pour employer au fait de son office. Romorantin, 8 janvier 1516.

8 janvier.

> *Original. Bibl. nat., ms. fr. 25720, n° 58.*

16291. Lettres portant abandon à la reine Claude du gouvernement et de l'administration des comtés de Blois et de Soissons et de la seigneurie de Coucy, qui forment son propre héritage et patrimoine. Paris, 8 janvier 1516.

8 janvier.

> *Enreg. à la Chambre des Comptes de Blois. Arch. nat., KK. 897, fol. 290 v°. 1 page.*

16292. Lettres de réception de l'hommage d'Henri Cagnault comme procureur de Robert de Longueval, pour les seigneuries de Thenelles,

9 janvier.

Regny et le Vivier-le-Roi, mouvantes de Ribemont. Paris, 9 janvier 1516.

1517.

> Original. Arch. nat., Chambre des Comptes de
> Paris, P. 15, n° 5552.

16293. Lettres portant don au comte de Nevers de tout
le profit, revenu et émolument des droits de
gabelle des greniers à sel de Nevers, Decize,
Saint-Saulge, Clamecy, Luzy, Moulins-Engilbert, etc., ainsi que de ceux du comté d'Eu,
avec les amendes et forfaitures y relatives.
10 janvier 1516.

10 janvier.

> Copie. Arch. départ. de la Nièvre, B. Chambre
> des Comptes de Nevers (n° 49 de l'inventaire de
> M. Eysenbach).

16294. Lettres de réception de l'hommage de Jean
Tronson, sr du Coudray, conseiller au Parlement de Paris, pour la justice, voirie, ton-
lieu, etc. du Coudray[-sur-Seine] et pour un
fief appelé « Mallesepmaine », mouvant de
Corbeil. Paris, 13 janvier 1516.

13 janvier.

> Original. Arch. nat., Chambre des Comptes de
> Paris, P. 2, n° 632.

16295. Lettres en faveur d'Hélène de Chambes, veuve
de Philippe de Commynes, chevalier, seigneur d'Argenton, à l'occasion d'un procès
qu'elle avait au Parlement de Paris contre
Claude et Tristan de Châtillon. 17 janvier
1516.

17 janvier.

> Pièce vendue en mai 1844, à la salle Silvestre.
> Bibl. de l'École des Chartes, t. V, p. 520. (Men-
> tion.)

16296. Lettres de réception de l'hommage d'Antoine
Du Buisson, écuyer, pour le huitième du fief
de haubert nommé le Fief du Roi en la paroisse de Rebets, mouvant de Rouen. Paris,
25 janvier 1516.

25 janvier.

> Original. Arch. nat., Chambre des Comptes, P.
> 265², n° 1559.

16297. Lettres de réception de l'hommage d'Antoine Du
Buisson, écuyer, pour le fief de « Saint-Yves »,
huitième de fief de haubert, mouvant du

25 janvier.

v.

40

château de Lyons (bailliage et vicomté de Gisors). Paris, 25 janvier 1516.

Expéd. orig. Arch. nat., P. 274¹, cote 6249.

16298. Lettres de réception de l'hommage de René de Pontavice, écuyer, pour la seigneurie de Saint-Laurent-de-Terregatte, mouvante en quart de fief de haubert de Saint-James de Beuvron. Paris, 26 janvier 1516.

Original. Arch. nat., Chambre des Comptes, P. 268², n° 3222.

26 janvier.

16299. Lettres de réception de l'hommage rendu par Jean d'Apremont, écuyer, au nom de Jean d'Apremont, chevalier, seigneur de Busancy, son père, pour la seigneurie d'Imécourt (bailliage de Vitry, châtellenie de Sainte-Menehould). Paris, 28 janvier 1516.

Expéd. orig. Arch. nat., P. 162², cote 691.

28 janvier.

16300. Lettres de sauf-conduit délivrées au duc de Savoie, en vue du voyage qu'il devait faire à la Sainte-Baume. Paris, 1ᵉʳ février 1516.

Original. Turin, Arch. di stato, Negoziazione, Francia, mazzo I, n° 25.

1ᵉʳ février.

16301. Lettres de François Iᵉʳ faisant savoir à Charles Iᵉʳ, roi d'Espagne, que Charles, duc de Gueldre, a adhéré au traité conclu entre eux à Noyon, au mois d'août précédent. Paris, 3 février 1516.

Original scellé. Bibl. nat., Mélanges de Colbert, vol. 363, n° 294.

3 février.

16302. Mandement aux généraux des finances d'allouer aux comptes de Jean Grossier, commis à tenir le compte des subventions du duché de Milan, les 2,000 livres tournois qu'il a payées à François d'Allègre, conseiller et chambellan du roi, seigneur de Précy, que le roi avait données à celui-ci en récompense de sa conduite à la bataille de Marignan. Paris, 3 février 1516.

Original. Bibl. nat., ms. fr. 25720, n° 59.

3 février.

16303. Lettres d'assignation sur la recette de Jean Sapin,

3 février.

receveur général des finances, d'une somme de 30 écus d'or donnée à .... [1], ancien page du roi. Paris, 3 février 1516.

1517.

> *Original. Était en vente chez M. Eug. Charavay, en mars 1891.*

16304. Lettres d'assignation à Bernard Salviati, marchand florentin, d'une somme de 25,347 livres tournois. Paris, 5 février 1516.

5 février.

> *Arch. nat., 2ᵉ compte de Jean Sapin, receveur général de Languedoïl et Guyenne, KK. 289, fol. 466 vᵒ. (Mention.)*

16305. Lettres de réception de l'hommage d'Antoine de Montagu, écuyer, pour la seigneurie de Neufmoutiers, mouvante de Tournan, et pour les seigneuries d'« Aigrefin » et des Trois-Maisons, mouvantes de Crécy-en-Brie. Paris, 5 février 1516.

5 février.

> *Original. Arch. nat., Chambre des Comptes de Paris, P. 16, nᵒ 5968.*

16306. Lettres permettant à Jean, duc d'Albany, régent du royaume d'Écosse, de faire sortir de France mille tonneaux de vin et mille tonneaux de blé, francs de toute imposition. Paris, 7 février 1516.

7 février.

> *Imp. Catalogue de M. de Courcelles, 1834, p. 59-60. Vente par Leblanc, libraire. (Mention.)*

16307. Mandement de payer à Henri Bohier, sʳ de la Chesnaye, conseiller du roi et général des finances, 27,500 livres tournois, pour remboursement de pareille somme par lui prêtée, quart de la somme de 55,000 écus dont les généraux ont fait prêt au roi; laquelle somme a été convertie en payements faits entre autres à l'Empereur, en vertu du traité conclu avec lui, le 3 décembre dernier, à Bruxelles. Paris, 8 février 1516.

8 février.

> *Original. Bibl. nat., Pièces originales, vol. 381, Bohier (doss. 8395), pièce 75.*

---

[1] Cette pièce étant mutilée, on ne sait le nom du personnage à qui ladite somme était donnée.

40.

16308. Lettres de réception de l'hommage de Julien Le
Gascoing, enquêteur en la vicomté de Coutances, pour la seigneurie de Nicorps, dans
ladite vicomté. Paris, 8 février 1516.

> *Expéd. orig. Arch. nat.*, P. 268², cote 3170.

1517.
8 février.

16309. Dons au bâtard de Rouen de 200 livres tournois; à Jacques Roypetit, secrétaire de Normandie, 240 livres tournois; au fils du
comte Pierre de Navarre, 240 livres tournois;
au capitaine Jean de Laigniville, 400 livres
tournois; au capitaine Chyn, 400 livres tournois, sur les greniers et aides de Normandie.
Paris, 9 février 1516.

> *Original. Bibl. nat., Pièces originales*, Roypetit,
> vol. 2586, p. 2.

9 février.

16310. Lettres de réception de l'hommage de François
Herpin, chevalier, maître d'hôtel ordinaire
du roi, pour la seigneurie du Châtelier, mouvante de Dun-le-Roi, pour les usages de Chabris, mouvants d'Issoudun, et pour la seigneurie des Bordes, mouvante d'Amboise.
Paris, 13 février 1516.

> *Original. Arch. nat., Chambre des Comptes de
> Paris*, P. 16, n° 5969.

13 février.

16311. Déclaration portant que les vassaux de l'église
d'Asti devront payer leur part des 6,000 écus
imposés au comté d'Asti. Paris, 16 février
1516.

> *Original. Turin, Arch. di stato*, Province d'Asti,
> mazzo 24, n° 6.

16 février.

16312. Lettres portant quittance de 20,000 écus d'or
payés par Venise, comme complément de
50,000 promis au roi pour cette année, par
suite de la convention relative à Vérone,
passée entre François Ier et l'empereur. Paris,
16 février 1516.

> *Copies contemporaines. Arch. de Venise*, Com-
> memoriali 20, fol. 67, et Patti, série I, n° 760.

16 février.

16313. Lettres de réception de l'hommage de Guillaume
Cuvelier, écuyer, pour la seigneurie de Villequier, nommée le fief de Beaumesnil, assis

16 février.

en la vicomté de Caudebec et mouvant de
ladite vicomté. Paris, 16 février 1516.

> *Original. Arch. nat., Chambre des Comptes,*
> P. 266², n° 2235.

1517.

16314. Provisions pour François de Saint-Marsault de
l'office de sénéchal de Périgord, vacant par la
mort de Bertrand d'Estissac. 17 février 1516.

> *Enreg. à la Chambre des Comptes de Paris, anc.*
> *mém. AA, fol. 39. Arch. nat., PP. 119, p. 2.*
> (*Mention.*)
> *Bibl. nat., ms. fr.* 21405, p. 274. (*Mention.*)

17 février.

16315. Lettres de réception de l'hommage de Philippe
de Boulainvilliers, chevalier, comte de Dammartin, pour le comté de Dammartin, mouvant du Châtelet de Paris; la baronnie de
Champignelles, mouvante de Villeneuve-le-
Roi; la seigneurie de Courtenay, mouvante de
Sens, et la seigneurie de Saint-Maurice[-sur-
Aveyron], mouvante de Montargis. Paris,
17 février 1516.

> *Original. Arch. nat., Chambre des Comptes de*
> *Paris,* P. 16, n° 5970.

17 février.

16316. Lettres notifiant à Charles III de Savoie que,
sous réserve de son acceptation, il a été compris dans le traité de Noyon au nombre des
alliés de la France. Paris, 18 février 1516.

> *Original. Turin, Arch. di stato,* Trattati, mazzo 6,
> n° 6.

18 février.

16317. Mandement aux généraux des finances de faire
payer par Jean Ruzé, receveur général en la
généralité d'Outre-Seine, 600 livres tournois
à Thomas Pascal, président de la Chambre
des enquêtes à Paris, pour le rembourser de
pareille somme qu'il avait prêtée au roi. Paris,
18 février 1516.

> *Original. Bibl. nat., ms. fr.* 25720, n° 63.

18 février.

16318. Mandement aux grènetiers et contrôleurs de la
chambre à sel de Sallenelle de ne pas délivrer
de sel sans faire payer les droits, même à

18 février.

ceux qui pourraient se prévaloir de quelques
franchises et exemptions. 18 février 1516.

1517.

> Bibl. nat., coll. dom Grenier, t. XXVIII (4° paquet, art. 4), p. 192 v°. (Mention.)
> Imp. Aug. Thierry. Recueil des monuments inédits de l'histoire du Tiers-état. Paris, in-4°, t. IV, 1870, p. 727. (Mention.)

16319. Lettres de quittance de 30,000 écus d'or à la république de Venise, pour le premier payement de 100,000 écus, sur 200,000 que le roi a promis de payer à l'empereur. Paris, 18 février 1516.

18 février.

> Original. Arch. de Venise, Patti, série I, n° 759.
> Copie contemporaine. Arch. de Venise, Commemoriali 20, fol. 67 v°.

16320. Lettres de réception de l'hommage rendu par Jacques de Montreuil, écuyer, au nom et comme procureur de Gillette du Châtel, pour la seigneurie de Crépon, au bailliage de Caen. Paris, 18 février 1516.

18 février.

> Expéd. orig. Arch. nat., P. 273², cote 5981.

16321. Lettres de réception de l'hommage de Pierre Le Roy, écuyer, seigneur de la Poterie, greffier de la Cour des Aides de Normandie, pour la seigneurie et haute justice de Bacqueville (bailliage et vicomté de Gisors, châtellenie d'Andely). Paris, 18 février 1516.

18 février.

> Expéd. orig. Arch. nat., P. 274¹, cote 6253.

16322. Lettres de réception de l'hommage rendu par Jean de Villiers, pour la seigneurie du Meix-Saint-Epoing (bailliage et châtellenie de Sézanne). Paris, 21 février 1516.

21 février.

> Expéd. orig. Arch. nat., P. 165², cote 1961.

16323. Provisions pour Jacques de Genouilhac, dit Galyot, chambellan du roi, grand maître et capitaine général de l'artillerie, de l'office de sénéchal de Quercy. 25 février 1516.

25 février.

> Reçu le 4 mars suivant, à la Chambre des Comptes de Paris, anc. mém. Z, p. 280 v°. Arch. nat., PP. 118, p. 43. (Mention.)
> Bibl. nat., ms. fr. 21405, p. 272. (Mention.)

16324. Lettres de réception du serment de fidélité de Julien Eschard, docteur en théologie, pour le temporel de l'abbaye de Notre-Dame de Montmorel, de l'ordre de Saint-Augustin, au diocèse d'Avranches. Paris, 25 février 1516.

Expéd. orig. Arch. nat., P. 268², cote 3172.

1517.
25 février.

16325. Lettres de réception de l'hommage de Julien Eschard, docteur en théologie, abbé de N.-D. de Montmorel, au diocèse d'Avranches, pour la seigneurie de la Roche-au-Bœuf, paroisse de Saint-Aubin-de-Terregatte, mouvante de Saint-James-de-Beuvron dans la vicomté d'Avranches. Paris, 25 février 1516.

Original. Arch. nat., Chambre des Comptes, P. 268³, n° 3296 bis.

25 février.

16326. Lettres portant don de 500 livres tournois à [Jacques de Beaufort de Montboissier], vicomte de Valerne, gendre de Jacques de Chabannes, sᵣ de la Palice, maréchal de France, pour sa pension. Paris, 26 février 1516.

Original. Bibl. nat., Pièces originales, vol. 240, Beaufort, p. 38.

26 février.

16327. Lettres de réception de l'hommage de Guillaume Le Voirrier, écuyer, pour la baronnie de Vassy (bailliage de Caen, vicomté de Vire), lui appartenant à cause de Philippe de Craon, sa femme. Paris, 28 février 1516.

Expéd. orig. Arch. nat., P. 273², cote 5980.

28 février.

16328. Lettres portant prorogation pour quatre ans de l'octroi concédé pour huit ans par Louis XII, le 11 avril 1507, aux habitants de Tonnerre, de 12 deniers tournois par minot de sel vendu au grenier dudit lieu. Paris, 4 mars 1516.

Transcription du temps, en tête du compte de Jean Billard, receveur des deniers communs de la ville de Tonnerre, pour l'année commençant à la Madeleine 1516. Arch. comm. de Tonnerre.

4 mars.

16329. Lettres de réception de l'hommage de Maurice de La Vigne, écuyer, pour la seigneurie de la Varengère, à Picauville (bailliage de Cotentin,

4 mars.

vicomté de Valognes), sixième de fief. Paris, 4 mars 1516.

1517.

Exped. orig. Arch. nat., P. 268², coté 3171.

16330. Lettres de réception de l'hommage d'Antoine Chevallier, pour la sergenterie de Caudebec, mouvante de la vicomté dudit lieu. Paris, 5 mars 1516.

5 mars.

Original. Arch. nat., Chambre des Comptes, P. 266², n° 2238.

16331. Provisions en faveur de Galéas Visconti des offices de prêteur de « Val Ciccide [1] », de chambellan du roi et de sénateur de Milan. Paris, 8 mars 1516.

8 mars.

Enreg. au Sénat de Milan, le 7 juillet 1517. Milan, Arch. di stato, Registri del antico Senato, fol. 1477 v°.

16332. Lettres d'abolition pour plusieurs Milanais qui avaient pris le parti de Maximilien Sforza. Paris, 8 mars 1516.

8 mars.

Enreg. au Sénat de Milan. Milan, Arch. di stato, Registri del antico Senato, fol. 1473 v°.

16333. Lettres de réception de l'hommage de Bonabé de Poçé, écuyer, pour le sixième des terres d'Auneau, Aunay, Adonville et Francourville, mouvantes de Chartres, pour le neuvième des seigneuries de la Rocheguyon, Vétheuil, Trye et Fresnes-l'Éguillon, mouvantes de Chaumont. Paris, 8 mars 1516.

8 mars.

Original. Arch. nat., Chambre des Comptes de Paris, P. 16, n° 5971.

16334. Déclaration de l'hommage d'Isabelle de Barbançois, veuve de Jean de Refuge, seigneur du Quartier, pour la seigneurie et justice de « Cousnon », et la métairie de la Marpaudière, au comté de Blois. 9 mars 1516.

9 mars.

Présentée à la Chambre des Comptes de Blois, le 8 juillet 1517. Arch. nat., KK. 902, fol. 67 v°. (Mention.)

16335. Déclaration de l'hommage de Louis Le Brun,

10 mars.

[1] Peut-être Valsecca, province et arrondissement de Bergame.

chevalier, pour les sergenteries de Couraye[1], au bailliage de Cotentin. Paris, 10 mars 1516.

Expéd. orig. Arch. nat., P. 268², cote 3166.

1517.

16336. Déclaration de l'hommage de Roger de Pitres, écuyer, pour le quart du fief d'« Yquerville » en la paroisse de Saint-Aubin, mouvant du duché de Normandie. Paris, 11 mars 1516.

Original. Arch. nat., Chambre des Comptes, P. 265², n° 1558.

11 mars.

16337. Déclaration de l'hommage d'Antoine de Poissy, écuyer, pour la seigneurie de Gouy, le quart du fief de « Vesquet », et la moitié du fief de Préaux assis à Belbœuf, mouvants du duché de Normandie. Paris, 11 mars 1516.

Original. Arch. nat., Chambre des Comptes, P. 265², n° 1557.

11 mars.

16338. Déclaration de l'hommage de Jean de La Mothe, écuyer, pour le fief de haubert, dit le fief de Glatigny, mouvant de la châtellenie de Cailly au bailliage de Rouen. Paris, 14 mars 1516.

Original. Arch. nat., Chambre des Comptes, P. 265², n° 1556.

14 mars.

16339. Déclaration de l'hommage de Guillaume Le Hache, écuyer, pour la seigneurie de Champeaux, mouvante en tiers de fief de haubert d'Avranches. Paris, 16 mars 1516.

Original. Arch. nat., Chambre des Comptes, P. 268², n° 3233.

16 mars.

16340. Déclaration de l'hommage de Michel de Bailhon, vicomte de Caudebec, pour la seigneurie de « Holandes », mouvante de la châtellenie de Saint-Léger-en-Yveline (comté de Montfort-l'Amaury). Paris, 19 mars 1516.

Original. Arch. nat., Chambre des Comptes de Paris, P. 7, n° 2343.

19 mars.

16341. Mandement de faire payer 500 livres tournois

21 mars.

---

[1] Ce nom était au siècle dernier porté par deux sergenteries de l'élection de Coutances (voir Expilly).

à François d'Allègre, s^r de Précy, grand
maître, enquêteur et général réformateur des
eaux et forêts, sur ses gages de 2,000 livres
tournois. Paris, 21 mars 1516.

> Original. Bibl. nat., Pièces originales, Allègre,
> vol. 31, p. 90.

1517.

16342. Déclaration de l'hommage de Thibaut Doribon,
prêtre, pour le fief du « Clos-Cornu » et
d'« Asac » et le minage de Château-Landon,
mouvants de Château-Landon. Paris, 23 mars
1516.

> Original. Arch. nat., Chambre des Comptes de
> Paris, P. 10, n° 3165.

23 mars.

16343. Lettres portant transport au s^r de Cercy du
droit de commise poursuivi par le procureur
du roi de la Chambre des Comptes de Dijon,
sur la seigneurie d'Uxelles, ensemble d'une
somme de 1,950 livres reçue par Magnin,
seigneur d'Uxelles, pour les convertir au
rachat de la terre de Santenay. Ablon-sur-
Seine, 26 mars 1516.

> Vidimus du xvie siècle. Arch. de la Côte-d'Or,
> B. 941.

26 mars.

16344. Lettres de réception de l'hommage de Jacques
Le Prévost, écuyer, pour la seigneurie de
« Saint-Jean de Bezans » (bailliage de Caen,
vicomté de Bayeux). Paris, 28 mars 1516.

> Expéd. orig. Arch. nat., P. 273², cote 5971.

28 mars.

16345. Mandement aux généraux des finances de faire
payer par Jean Lalemant, le jeune, receveur
général en Languedoc, Lyonnais, Beaujolais et
Forez, à Jacques de Craon, écuyer, lieutenant
de Gabriel de La Châtre, capitaine des cent
archers français de la garde, 200 livres tournois pour sa pension de l'année présente,
omise dans les états. Saint-Maur-les-Fossés,
31 mars 1516.

> Original. Bibl. nat., ms. Clairambault 225,
> n° 467.

31 mars.

16346. Mandement aux généraux des aides de faire
payer sa pension de 1,000 livres tournois à

31 mars.

Jean de Grassay, dit Champeroux, écuyer, s^r de Ternant. Saint-Maur-les-Fossés, 31 mars 1516.

> *Original. Bibl. nat., Pièces originales, Grassay, vol. 1385, p. 9.*

16347. Lettres de réception de l'hommage de Charles Voulsy, receveur des tailles en Anjou, pour les seigneuries de «Mallessay [1]», de la Périsse et d'Étrechy en Berry, mouvantes de Dun-le-Roi. Paris, 31 mars 1516.

> *Original. Arch. nat., Chambre des Comptes de Paris, P. 14, n° 4897.*

16348. Ordonnance portant que toutes les causes criminelles portées au Parlement de Normandie, en première instance ou en appel, seront jugées définitivement comme dans les autres Parlements, et réglant le nombre des juges nécessaires pour rendre les arrêts. Bois de Vincennes, mars 1516.

> *Enreg. au Parl. de Normandie, sauf modifications, le 3 avril suivant.*
> *Copie du XVIIe siècle. Arch. nat., U. 754, fol. 13 v°, 4 pages.*

16349. Lettres de réception de l'hommage de Pierre Aubelin, fils et procureur de Radegonde Compaing, pour trois émines de terre et 32 sous 6 deniers parisis de cens, assis en la paroisse de Bazoches-les-Gallerandes et mouvants de Janville. Paris, 2 avril 1516.

> *Original. Arch. nat., Chambre des Comptes de Paris, P. 10, n° 3428.*

16350. Lettres de réception de l'hommage de Guillaume Basin, écuyer, pour le fief de haubert, dit le fief de Lanquetot, mouvant de la vicomté de Caudebec. Paris, 2 avril 1516.

> *Original. Arch. nat., Chambre des Comptes, P. 266², n° 2237.*

16351. Confirmation pour le chapitre de Chartres de

---

[1] Malcé (carte de Cassini), Malçay (carte de l'État-major).

1517.

31 mars.

Mars.

2 avril.

2 avril.

4 avril.

41.

la justice, haute, moyenne et basse, dans la
paroisse d'Authon. Paris, 4 avril 1516.

1517.

Original. Arch. départ. d'Eure-et-Loir, G. 2089.

16352. Mandement aux généraux des finances de faire
payer par Jean Lalemant, le jeune, receveur
général en Languedoc, 20,287 livres 10 sous
tournois à Henri Bohier, pour le rembourser
de pareille somme qu'il avait prêtée au roi.
Saint-Maur-les-Fossés, 6 avril 1516.

6 avril.

Original. Bibl. nat., ms. fr. 25720, n° 64.

16353. Mandement de rembourser à Raoul Hurault,
général des finances, 20,287 livres 10 sous
tournois, par lui prêtées au roi pour le payement des dons et pensions dus aux cantons
des Ligues suisses. Saint-Maur-les-Fossés,
6 avril 1516.

6 avril.

Original. Bibl. nat., Pièces originales, vol. 1551,
Hurault, p. 35.
IMP. *Catalogue de M. de Courcelles,* 1834,
p. 60. Vente par Leblanc, libraire. (*Mention.*)

16354. Commission au bailli de Senlis pour lever sur
les villes à deniers communs de son bailliage
les sommes affectées à la fortification des
places frontières. Ces sommes, destinées à
être versées, le 10 juin au plus tard, entre
les mains de Jean Ruzé, receveur général
d'Outre-Seine et Yonne, ont été réparties
comme suit entre lesdites villes : Senlis,
300 livres; Beauvais, 2,000; Compiègne,
400; Creil, 100; Pontoise, 600; Clermont
en Beauvaisis, 200. Saint-Maur-les-Fossés,
7 avril 1516.

7 avril.

*Présentée au conseil de ville de Beauvais, le
13 mai 1517. Arch. commun. de Beauvais (Oise),*
BB. 12, fol. 268. 1 page.

16355. Lettres de déclaration touchant l'entrée des vins
étrangers au bourg de Saint-Esprit, maintenant la ville de Bayonne en ses privilèges, et
prohibant le droit d'entrée prétendu par les
chanoines de Saint-Esprit. Paris, 7 avril 1516.

7 avril.

Original. Arch. de la ville de Bayonne, AA. 15.

16356. Ratification par François Ier des articles de la
ligue conclue, le 18 février 1517 n. s., entre
lui et le pape, la République de Florence, le
duc d'Urbin et la maison de Médicis. Saint-
Maur-les-Fossés, 8 avril 1516.

> *Original. Florence, Arch. di stato, Torrigiani.*
> (Cf. *I manoscritti Torrigiani, etc.* Firenze, 1878,
> p. 464, n° 101).

1517.
8 avril.

16357. Confirmation des privilèges de la ville de Rennes,
et en particulier de l'exemption du ban et
arrière-ban octroyée par Charles VIII aux
bourgeois et habitants tenant fiefs nobles en
Bretagne, à charge de résider en ville et de
veiller à sa garde en temps de guerre. Saint-
Maur-les-Fossés, avril 1516.

> *Copie collat. de l'an 1575. Arch. d'Ille-et-Vilaine,*
> C. 3325.

Avril.

16358. Don à François de Noceto, écuyer du roi, de
400 écus de rente confisqués sur Jean-Marc
de Soncino, médecin. Saint-Maur-les-Fossés,
avril 1516.

> *Enreg. au Sénat de Milan, Milan. Arch. di stato,*
> Registri del antico Senato, fol. 1514.

Avril.

16359. Commission à Jean de La Roche, s^r de La Rochebeaucourt, conseiller et chambellan du roi,
pour assister au serment que doit prêter
Charles, roi de Castille, de maintenir le traité
de Cambray du 11 mars précédent (n° 617).
Saint-Maur-les-Fossés, 14 avril 1517.

> *Original. Arch. depart. du Nord, Trésor des*
> *Chartes,* carton 579, n° 16826.

14 avril.

16360. Don à Louise de Savoie, mère du roi, des deniers restant des comptes de feu François
Briçonnet, receveur général des finances du
feu roi. 14 avril 1517.

> *Enreg. à la Chambre des Comptes de Paris,* anc.
> mém. AA, fol. 58 v°. *Arch. nat.,* PP. 119, p. 5.
> (*Mention.*)
> *Bibl. nat.,* ms. fr. 21405, p. 174. (*Mention.*)
> *Bibl. nat.,* ms. Clairambault 782, p. 268.
> (*Mention.*)

14 avril.

16361. Confirmation par le roi de la ligue de Louis XII

15 avril.

avec Venise, contenant le détail des troupes
que chaque allié doit mettre en ligne. Au
palais ducal (Milan), 15 avril 1517.

Copie contemporaine. Arch. de Venise, Commemoriali 20, fol. 68 v°.

1517.

16362. Mandement de payer à Jean-Albert de Merveille, écuyer d'écurie du roi, sa pension de
400 livres tournois pour l'année 1517. Saint-
Maur-lès-Fossés, 15 avril 1517.

15 avril.

Original. Bibl. nat., Pièces originales, Albert,
vol. 20, doss. 562, p. 20.

16363. Lettres de réception de l'hommage d'Olivier
Le Vayer, chevalier, maître d'hôtel ordinaire
de la reine, comme procureur de Jean Le
Vayer, écuyer, son fils, pour la seigneurie de
Husson, mouvante de Mortain. Paris, 15 avril
1517.

15 avril.

Original. Arch. nat., Chambre des Comptes,
P. 268², n° 3256.

16364. Mandement aux généraux des finances de faire
payer par Jean Ruzé, receveur général d'Outre-
Seine, 3,000 livres tournois à Morelet du
Museau et à Jean de Poncher, trésoriers des
guerres, pour les employer à leur commission.
Paris, 21 avril 1517.

21 avril.

Original. Bibl. nat., ms. fr. 25720, n° 68.

16365. Mandement de payer 6,000 livres tournois à
Guy Pignard, commis à tenir le compte et
faire le payement des édifices et réparations
des places de Champagne, sur les finances
de la charge et généralité d'Outre-Seine. Paris,
21 avril 1517.

21 avril.

Original. Bibl. nat., Pièces originales, Ruzé,
vol. 2597, p. 41.

16366. Lettres de réception de l'hommage de Claude
de Hellenvilliers pour la seigneurie de Feu-
guerolles et la verderie de Gravigny, mouvantes des comtés d'Évreux et de Beaumont-
le-Roger. Paris, 21 avril 1517.

21 avril.

Expéd. orig. Arch. nat., P. 270¹, cote 4195.

16367. Lettres de réception de l'hommage de Germain
Le Vassor pour dix-huit mines de terre, sises
à Janville et mouvantes de Janville. Paris,
22 avril 1517.

> *Original. Arch. nat., Chambre des Comptes de
> Paris, P. 10, n° 3432.*

1517.
22 avril.

16368. Mandement pour le payement des mortes-payes
de Granville. Paris, 23 avril 1517.

> *Original, Bibl. nat., Nouv. acquisitions franç.,
> ms. 3624, n° 472.*

23 avril.

16369. Mandement aux généraux des finances de faire
payer par Jean Lalemant, l'aîné, receveur
général de Normandie, à [Frédéric Frégose],
archevêque de Salerne, frère du gouverneur
de Gênes, 5,000 livres tournois faisant partie
des 8,000 livres tournois que le roi lui a
allouées pour sa pension de la présente année.
Paris, 24 avril 1517.

> *Original. Bibl. nat., ms. Clairambault 225,
> n° 482.*

24 avril.

16370. Mandement aux généraux des finances de faire
payer par Jean Lalemant, le jeune, trésorier
et receveur général des finances en Languedoc, Lyonnais, Beaujolais, etc., 3,000 livres tournois à [Frédéric Frégose], archevêque de Salerne, frère du gouverneur de
Gênes, pour le complet payement de sa pension s'élevant à 8,000 livres tournois, les
autres 5,000 livres étant ordonnancées sur
la généralité de Normandie. Paris, 24 avril
1517.

> *Original. Bibl. nat., ms. fr. 22293, fol. 99.*

24 avril.

16371. Lettres de réception de l'hommage de François
Bonjean, notaire et secrétaire du roi, comme
procureur de Jean Cueillette, notaire et secrétaire du roi, contrôleur général des finances
en Languedoc, pour le fief de Lavaud, mouvant de Loudun. Paris, 24 avril 1517.

> *Original. Arch. nat., Chambre des Comptes de
> Paris, P. 13, n° 4389.*

24 avril.

16372. Mandement aux généraux des finances de faire payer par Jean Grossier, commis pour Jacques Salviati à la recette et au payement de la dîme accordée par le pape, 61,000 livres tournois à Jean Lalemant, l'aîné, receveur général en Normandie, pour employer en son office. Paris, 25 avril 1517.

Original. Bibl. nat., ms. fr. 25720, n° 70.

1517.
25 avril.

16373. Mandement aux généraux des finances de faire payer par Jean Grossier, commis pour Jacques Salviati à la recette et au payement de la dîme accordée par le pape, 61,000 livres tournois à Jean Sapin, général des finances. Paris, 25 avril 1517.

Original. Bibl. nat., ms. fr. 25720, n° 71.

25 avril.

16374. Déclaration de l'hommage reçu de Gilles de Pierrepont, pour le quart de fief de haubert de Silly, mouvant de Montfort en Auge. Paris, 27 avril 1517.

Original. Londres, British Museum, Add. Charters, 6689.
Autre expéd. orig. Arch. nat., P. 265², n° 1555.

27 avril.

16375. Déclaration de l'hommage de Gilles de Pierrepont, écuyer, pour le quart de fief de haubert de Lamberville (bailliage d'Évreux, vicomté d'Orbec, paroisse de Boissy). Paris, 27 avril 1517.

Expéd. orig. Arch. nat., P. 270¹, cote 4192.

27 avril.

16376. Déclaration de l'hommage de Gilles de Pierrepont, écuyer, pour la maîtrise et verderie de Bur-le-Roi et les terres de Vissy, sises à Ryes et à Trungy, et le fief d'Amblie (bailliage de Caen, vicomté de Bayeux). Paris, 27 avril 1517.

Expéd. orig. Arch. nat., P. 273², cote 5979.

27 avril.

16377. Don à Louis d'Ars, duc de Termes, des seigneuries de Nebbuino, Mandello, Belluno, Varano, Dervio, Careno, Montanaso, Arena,

30 avril.

Robecco, Pinarolo et Gerola. Paris, 30 avril 1517.

> *Enreg. au Sénat de Milan, le 12 octobre 1517. Milan, Arch. di stato, Registri del antico Senato, fol. 1487.*

1517.

16378. Lettres de noblesse pour André Porte, conseiller au Parlement de Paris. Saint-Maur-les-Fossés, avril 1517.

Avril.

> *Enreg. à la Cour des Aides, le 22 mai 1517. Copie. Bibl. de l'Arsenal, ms. 4940, p. 16. 6 pages. Copie collationnée faite par ordre de la Cour des Aides, le 24 avril 1778. Arch. nat., Z¹ª 526.*

16379. Déclaration de l'hommage de François de Billy, chevalier, s^r de Courville, pour ladite seigneurie, mouvante de Chartres. Paris, 2 mai 1517.

2 mai.

> *Original. Arch. nat., Chambre des Comptes de Paris, P. 8, n° 2612.*

16380. Déclaration de l'hommage de François de Billy, chevalier, pour la haute, moyenne et basse justice et le tréfonds de la seigneurie d'Ivors, mouvante de Crépy-en-Valois. Paris, 2 mai 1517.

2 mai.

> *Original. Arch. nat., Chambre des Comptes de Paris, P. 7, n° 2194.*

16381. Confirmation des lettres de grâce accordées en novembre 1515 (n° 16069) à Baptistin de « Basilica Petri ». Paris, 3 mai 1517.

3 mai.

> *Enreg. au Sénat de Milan. Milan, Arch. di stato, Registri del antico Senato, fol. 1520.*

16382. Lettres portant que René Thizart jouira des gages de 6 sous parisis par jour et 10 livres parisis par an, pour droit de manteau, à dater du jour de son institution en l'office de secrétaire du roi. Paris, 5 mai 1517.

5 mai.

> *Arch. nat., 2e Compte de Jean Sapin, receveur général de Languedoïl et Guyenne, KK. 289, fol. 543 v°. (Mention.)*

16383. Déclaration de l'hommage de Jean du Monceau, chevalier, s^r de Tignonville, pour la seigneurie

6 mai.

et justice de ladite paroisse, mouvante d'É-
tampes, et pour la haute justice, moyenne
et basse de la paroisse d'Auxy, mouvante de
Château-Landon. Paris, 6 mai 1517.

Original. Arch. nat., Chambre des Comptes de Paris, P. 16, n° 5978.

16384. Mandement aux généraux des finances de faire
payer par Jean Ruzé, receveur général d'Outre-Seine, 18,200 livres tournois à Raoul Hurault, pour le rembourser de pareille somme
qu'il a prêtée au roi. Paris, 8 mai 1517.

Original. Bibl. nat., ms. fr. 25720, n° 73.

16385. Déclaration de l'hommage de Gaston Lestandart,
chevalier, pour la seigneurie du Mesnil-Har-
dray (bailliage d'Évreux, vicomté et châtellenie de Conches), lui appartenant à cause
de Charlotte Le Beuf, sa femme. Paris, 8 mai
1517.

Expéd. orig. Arch. nat., P. 270¹, cote 4194.

16386. Lettres de non-préjudice en faveur de Thomas
Bohier et de Raoul Hurault, généraux des
finances, pour l'emprunt par eux contracté au
nom du roi d'une somme de 44,915 écus
d'or soleil destinée à être versée à Maximilien
Sforza. Paris, 9 mai 1517.

Arch. nat., 2ᵉ *compte de Jean Sapin, receveur général de Languedoïl et Guyenne,* KK. 289, fol. 466. (*Mention.*)

16387. Lettres de réception du serment de fidélité de
Denis Bassé et Jean Regnard, comme procureurs du chapitre de l'église collégiale de Saint-
Michel de Blainville, pour les seigneuries
appartenant à ladite église et mouvantes des
vicomtés de Rouen, Arques et Gisors. Paris,
12 mai 1517.

Original. Arch. nat., Chambre des Comptes, P. 265², n° 1553.

16388. Déclaration de l'hommage lige de Jean Le Clerc,
écuyer, pour le tiers de fief de pleines armes

1517.

8 mai.

8 mai.

9 mai.

12 mai.

12 mai.

de Noyers (bailliage et vicomté de Gisors, 1517. châtellenie d'Andely). Paris, 12 mai 1517.

Expéd. orig. Arch. nat., P. 274¹, cote 6257.

16389. Confirmation des privilèges, franchises et 15 mai. exemptions de la commune et des habitants de Soncino. Paris, 15 mai 1517.

Imp. Francia ed Italia, ossia i manoscritti francesi delle nostre biblioteche... di Carlo Morbio. Milano, Ricordi, 1873, in-4°, p. 147. (Original mentionné.)

16390. Mandement de payer, sur les finances de Lan- 15 mai. guedoc, 4,200 livres tournois à Henri Bohier, général des finances, pour remboursement de pareille somme que le roi lui emprunte présentement pour le trésor des guerres. Paris, 15 mai 1517.

Original. Bibl. nat., Pièces orig., vol. 381, Bohier (doss. 8395), p. 76.

16391. Déclaration de l'hommage de Georges du Ches- 15 mai nay, pour ce qui lui appartient dans la vicomté et mouvance de Melun. Paris, 15 mai 1517.

Original. Arch. nat., Chambre des Comptes de Paris, P. 9, n° 2927.

16392. Mandement aux généraux des finances de faire 16 mai. payer par Jean Ruzé, receveur général d'Outre-Seine, à Lambert Meigret, commis à tenir le compte de l'extraordinaire des guerres, 600 livres tournois pour employer à son office. Paris, 16 mai 1517.

Original. Bibl. nat., ms. fr. 25720, n° 74.

16393. Mandement de payer, sur les finances de Lan- 16 mai. guedoc, 10,000 livres tournois à Henri Bohier, général des finances, pour remboursement de pareille somme que le roi lui a empruntée, et qui a été commise à André Le Roy, pour employer aux dons et pensions alloués aux cantons des Ligues suisses. Paris, 16 mai 1517.

Original. Bibl. nat., Pièces orig., vol. 381, Bohier (doss. 8395), p. 77.

42.

16394. Déclaration de l'hommage de Jean de Balaines, écuyer, pour la seigneurie du Meix-Saint-Epoing (bailliage et châtellenie de Sézanne). Paris, 17 mai 1517. **1517. 17 mai.**

Expéd. orig. Arch. nat., P. 165², cote 1966.

16395. Déclaration de l'hommage rendu par Jean de Balaines, écuyer, seigneur de la Queue, tant en son nom que comme tuteur des enfants de Guillaume de Chaumont et de Marguerite d'Anglure, décédés, pour la seigneurie des forêts de Bidan et de Fralignes (bailliage et châtellenie de Bar-sur-Seine). Paris, 17 mai 1517. **17 mai.**

Expéd. orig. Arch. nat., P. 166¹, cote 2261.

16396. Mandement aux généraux des finances d'allouer aux comptes de Jean Lalemant, le jeune, receveur général de Languedoc, 300 livres tournois qu'il a payées à Claude Sauvage, vieil archer de la garde de Louis XII. Paris, 18 mai 1517. **18 mai.**

Original. Bibl. nat., ms. fr. 25720, nᵒ 75.

16397. Déclaration de l'hommage de Louis de Burcamp, comme bail de sa femme Louise de La Fontaine, veuve de Louis de Tracy, sʳ d'Ercuis, pour ladite terre, mouvante de Creil. Paris, 19 mai 1517. **19 mai.**

Original. Arch. nat., Chambre des Comptes de Paris, P. 5, nᵒ 1576.

16398. Mandement au sénéchal de Limousin de laisser jouir Nicolas de Mont, secrétaire de Henri II, roi de Navarre, des revenus de la seigneurie de Condat, dans la châtellenie de Mazères, à lui donnés par ce prince en remboursement d'un prêt d'argent qu'il lui avait fait. Paris, 20 mai 1517. **20 mai.**

Copie du xvɪᵉ siècle. Arch. départ. des Basses-Pyrénées, E. 778.

16399. Déclaration de l'hommage de Jean de Brandes **20 mai.**

pour la châtellenie de Vire, mouvante du duché de Normandie. Paris, 20 mai 1517.

1517.

Original. Arch. nat., Chambre des Comptes, P. 265², n° 1658.

16400. Déclaration de l'hommage de Germain de Marle, conseiller et général des monnaies, pour la terre d'Aubervilliers le grand et le petit, mouvante de Tournan en Brie. Paris, 22 mai 1517.

22 mai.

Original. Arch. nat., Chambre des Comptes de Paris, P. 2, n° 661.

16401. Déclaration de l'hommage de Martin Courtin pour les terres de Pomponne et la Villeneuve-aux-Ânes, mouvantes de Gournay-sur-Marne. Paris, 23 mai 1517.

23 mai.

Original. Arch. nat., Chambre des Comptes de Paris, P. 2, n° 662.

16402. Déclaration de l'hommage de Jean Dupré, notaire et secrétaire du roi, et de Nicolas Dupré, maître des comptes, pour les seigneuries de la Brosse et de Nailly, mouvantes d'Auxerre. Paris, 27 mai 1517.

27 mai.

Original. Arch. nat., Chambre des Comptes de Paris, P. 14, n° 5113.

16403. Mandement de payer 620 livres tournois à Jean Gros, dit Dauphin, roi d'armes, pour sa pension de cette année. Compiègne, 29 mai 1517.

29 mai.

Original. Bibl. nat., Pièces orig., Gros (doss. 31997), vol. 1416, p. 13.

16404. Don à Jean Cochon, écuyer de cuisine ordinaire du commun de l'hôtel du roi, des biens de Jean de Béthisy, échus au roi par droit d'aubaine. Mai 1517.

Mai.

Enreg. à la Chambre des Comptes de Paris, anc. mém. 2 A, fol. 141. Arch. nat., PP. 119, p. 21. (Mention.)
Bibl. nat., ms. fr. 21405, p. 275. (Mention.)
Bibl. nat., ms. Clairambault 782, p. 268. (Mention.)

16405. Don de 400 livres tournois à François Le

1er juin.

Bascle, seigneur de Varennes, pour services
rendus au roi. Compiègne, 1ᵉʳ juin 1517.

1517.

> *Original. Bibl. nat. Pièces orig., vol. 163,*
> *Bacle, p. 12.*

16406. Lettres de pouvoirs en faveur du comte de
Villars et de Tende. Compiègne, 1ᵉʳ juin
1517.

1ᵉʳ juin.

> *Arch. nat., 2ᵉ compte de Jean Sapin, receveur*
> *général de Languedoïl et Guyenne, KK. 289,*
> *fol. 442. (Mention à propos du payement de*
> *1,942 livres 10 sous tournois à Gilles Berthelot,*
> *effectué par ledit Sapin sur l'ordre dudit comte de*
> *Villars.)*

16407. Déclaration de l'hommage de Philippe Regnart,
notaire royal à Tours, pour quatre arpents
de terre en deux pièces à Chançay en Touraine, mouvant d'Amboise. Paris, 1ᵉʳ juin
1517.

1ᵉʳ juin.

> *Original. Arch. nat., Chambre des Comptes de*
> *Paris, P. 11, n° 3892.*

16408. Lettres d'assignation à Antoine Bohier, commis
au payement des pensions d'Angleterre, des
sommes suivantes : 1° 950 livres tournois
pour ses gages du terme de novembre 1516;
2° 4,989 livres pour achat d'écus d'or soleil
destinés audit payement. Compiègne, 2 juin
1517.

2 juin.

> *Arch. nat., 1ᵉʳ compte d'Antoine Bohier, KK. 349.*
> *(Mention.)*

16409. Commission à Henri Bohier, général des finances, pour bailler à ferme les châtellenies,
péages, greffes et autres revenus du domaine
en Dauphiné. Compiègne, 4 juin 1517.

4 juin.

> *Original. Arch. départ. de l'Isère, P. 3186.*

16410. Lettres ordonnant que les cinquante mortes-
payes qui ont la garde des châteaux vieux et
neuf et de la tour de Saint-Esprit, seront pris
parmi les nobles bourgeois de la ville de
Bayonne, et réglant leur service. Compiègne,
4 juin 1517.

4 juin.

> *Original. Arch. de la ville de Bayonne, AA. 15.*

16411. Déclaration de l'hommage de Christophe Le
Loutrel, pour le huitième de fief des Jardins
et le quart de fief de Saint-Aubin-sur-Risle,
mouvants du comté de Beaumont-le-Roger
(bailliage d'Évreux). Paris, 4 juin 1517.

Expéd. orig. Arch. nat., P. 270¹, cote 4196.

16412. Déclaration de l'hommage de Jean d'Escalles,
écuyer, pour le quart d'un fief de chevalier,
dit le fief de Bostenney, paroisse du Torpt,
en la vicomté de Pont-Audemer, mouvance
de Montfort-sur-Risle. Paris, 5 juin 1517.

*Copie du xvi° siècle. Arch. nat., Chambre des
Comptes, P. 265², n° 1551.*

16413. Déclaration de l'hommage de Jean d'Orbec,
écuyer, en son nom et au nom de sa femme,
pour la seigneurie de Vasouy, mouvante de
la vicomté d'Auge. Paris, 5 juin 1517.

*Original. Arch. nat., Chambre des Comptes,
P. 264¹, n° 1080.*

16414. Déclaration de l'hommage de Thomas Pascal,
président de la chambre des enquêtes du
Parlement de Paris, pour le château de Mau-
creux et les fiefs de Faverolles et Vouty,
mouvants de Pierrefonds. Paris, 5 juin 1517.

*Original. Arch. nat., Chambre des Comptes de
Paris, P. 7, n° 2195.*

16415. Déclaration de l'hommage de Jean Hocart,
pour les seigneuries de Ville-sur-Tourbe, la
Glageole, Hurlus, le Mesnil, Buzy, Rouvroy,
et Massiges (bailliage de Vitry, châtellenie de
Sainte-Menehould). Paris, 7 juin 1517.

Expéd. orig. Arch. nat., P. 162², cote 697.

16416. Lettres ratifiant un accord intervenu entre les
États particuliers de la sénéchaussée de Toulouse et Pierre Fillioli (Filleul), archevêque
d'Aix, lieutenant du duc de Bourbon, gouverneur de Languedoc, pour le rachat du
droit de francs-fiefs et nouveaux acquêts.
Amiens, 18 juin 1517.

*Copie. Arch. de la Haute-Garonne, H, fonds de
Malte. 18 pages.*

1517.
4 juin.

5 juin.

5 juin.

5 juin.

7 juin.

18 juin.

16417. Lettres de réception du serment de fidélité d'Aymar Gouffier, abbé de Saint-Denis en France, pour le temporel de ladite abbaye. Amiens, 19 juin 1517.

1517.
19 juin.

> *Expéd. orig. Arch. nat., P. 725¹, cote 233.*

16418. Mandement de payer sa solde de deux quartiers, deux mois et quatre jours (avril-juin 1516, janvier-mars 1517, 1er avril à 4 juin 1517) à Michel Cabert, l'un des hommes de la compagnie de cinquante lances du sʳ de Boisy, grand maître de France, bien qu'il n'ait pas été présent à la montre, par congé. Abbeville, 23 juin 1517.

23 juin.

> *Original. Bibl. nat., Pièces orig., vol. 564, Cabert, p. 2.*

16419. Lettres accordant à l'ordre de Saint-Jean-de-Jérusalem délai d'un an pour produire les lettres d'amortissement de Charles VIII, en vertu desquelles ledit ordre se prétend affranchi du payement des droits de francs-fiefs et nouveaux acquets. Abbeville, 24 juin 1517.

24 juin.

> *Vidimus du prévôt de Paris, en date du 8 juillet 1517. Arch. nat., M. 29, n° 4.*

16420. Traité conclu entre François Iᵉʳ, représenté par Antoine Du Prat, chancelier de France, Milan et Bretagne, et les députés du marquis de Brandebourg, électeur du Saint-Empire, contenant les articles du mariage du fils de l'électeur avec Renée de France, fille de Louis XII et d'Anne de Bretagne. Abbeville, 26 juin 1517.

26 juin.

> *Original et copie du xvⁱᵉ siècle. Arch. nat., suppl. du Trésor des Chartes, J. 995ᵉ, nᵒˢ 5 et 5 bis. (Cf. un traité semblable, daté du 21 décembre 1517, n° 760.)*

16421. Lettres autorisant Antoine de Varey, écuyer, à céder à des tiers ses droits sur les seigneuries de Marignane et de Gignac, en Provence. Abbeville, 26 juin 1517.

26 juin.

> *Original. Arch. nat., Titres de Bourbon, P. 1379¹, cote 3113.*

16422. Concession à Anne de France, duchesse de Bourbonnais et d'Auvergne, du revenu des greniers à sel de Moulins, Montluçon, Bourbon-Lancy, Vierzon, Creil, Clermont-en-Beauvaisis, Issoudun, Cosne, Gien et Saint-Pierre-le-Moutier, et des chambres à sel en dépendant, pour l'année commencée au 1er octobre 1516. Montreuil, 3o juin 1517. — 1517. 3o juin.

> Original. Arch. nat., Titres de Bourbon, P. 1361², cote 960.

16423. Déclaration de l'hommage de Gilles d'Ostrel et de Guillaume Goffeste, comme procureurs des confrères de la société marchande de Montreuil appelée *Gueude*, pour ladite *Gueude*, ses droits et privilèges mouvants de Montreuil. Montreuil, 3o juin 1517. — 3o juin.

> Original. Arch. nat., Chambre des Comptes de Paris, P. 15, n° 5556.

16424. Lettres prescrivant de faire les déclarations des fiefs et francs-fiefs acquis depuis trente ans en Normandie. Juin 1517. — Juin.

> Original. Arch. de la ville de Rouen (invent. ms. n° 5, aux Arch. nat., F. 89127).

16425. Lettres portant suppression de la première prébende qui viendra à vaquer dans le chapitre de Saint-Furcy de Péronne, et attribution de ses revenus à l'entretien d'enfants de chœur et vicaires en ladite église. Juin 1517. — Juin.

> Mentionnées dans des lettres d'évocation au Grand conseil d'un procès touchant ladite suppression. Bibl. nat., ms. fr. 5086, fol. 72 v°.

16426. Lettres contenant les instructions du roi à Jean de Sains, sr de Marigny, bailli de Senlis, et à Joachim Moltzau, ses ambassadeurs auprès du marquis de Brandebourg, électeur du Saint-Empire. Boulogne-sur-Mer, 2 juillet 1517. — 2 juillet.

> Original. Arch. nat., suppl. du Trésor des Chartes, J. 995³, n° 9.

16427. Lettres de ratification et promesse du roi d'observer le traité conclu par ses plénipotentiaires à Cambrai, le 11 mars 1517 n. s. — 10 juillet.

v.

43

(n° 617), avec l'empereur Maximilien et
Charles, roi d'Espagne. Abbeville, 10 juillet
1517.

Original scellé, Bibl. nat., Mélanges de Colbert,
vol. 363, n° 296.
Copie du xvi° siècle. Arch. départ. du Nord,
Documents diplomatiques.
Copie du xvii° siècle. Bibl. nat., ms. fr. 20624,
fol. 12.

1517.

16428. Provisions de l'office de premier huissier du
Parlement de Dijon pour Jacques Gueneau,
en remplacement de Philibert Prudhon,
décédé. Abbeville, 11 juillet 1517.

11 juillet.

Réception en novembre 1517. Enreg. au Parl.
de Dijon. Arch. de la Côte-d'Or, Parl., reg. I,
fol. 158 v°.

16429. Mandement au sénéchal de Rouergue, à Jean
de La Loère, l'aîné, et à Jean Chauvet, élu
sur le fait des aides au pays de Forez, d'imposer, répartir et faire lever sur le haut et
bas Rouergue et sur le comté de Rodez :
1° 10,810 livres 11 sous 2 deniers tournois,
pour leur part des 500,000 livres d'impôt
extraordinaire; 2° 51,890 livres 13 sous
6 deniers tournois, portion des 2,400,000
de taille annuelle; 3° 300 livres pour les frais
des commissaires; et 4° 800 livres pour la
solde des prévôt, lieutenant et archers ordonnés « pour garder la pillerye èsdits païs ».
Abbeville, 13 juillet 1517.

13 juillet.

Copie du xvi° siècle. Arch. départ. de l'Aveyron,
C. 1012, fol. 1 v°.
Idem, C. 1213, fol. 1 v°.

16430. Lettres portant quittance de 25,000 écus d'or,
moitié de 50,000 écus restant des 100,000
dont Venise est obligée envers le roi, pour
la moitié du payement de 200,000 écus à
l'empereur, en exécution de la convention
relative à Vérone, dont celui-ci a déjà reçu
150,000 écus. Arques, 20 juillet 1517.

20 juillet.

Original. Arch. de Venise, Patti, série I, n° 766.
Copie contemporaine. Arch. de Venise, Commemoriali 20, fol. 68.

16431. Mandement aux généraux des finances de faire
payer par Jean Lalemant, le jeune, receveur général de Languedoc, à Henri Bohier
12,500 livres tournois pour le rembourser
de pareille somme qu'il avait prêtée au roi.
Arques, 20 juillet 1517.

    Original. Bibl. nat., ms. fr. 25720, n° 81.

                               1517.
                           20 juillet.

16432. Mandement aux généraux des finances de faire
payer par Jean Lalemant, l'aîné, receveur
général des finances en Normandie, à Pierre
Gaultier, receveur des aides en la vicomté
d'Alençon, 100 livres tournois pour un
voyage qu'il a fait au mois de mai dernier en
Normandie, afin de demander aux officiers de
cette province, de la part du roi, une avance
de 10,000 livres tournois sur leurs appoin-
tements. Dieppe, 23 juillet 1517.

    Original. Bibl. nat., ms. fr. 20616, n° 60.

            23 juillet.

16433. Déclaration de l'hommage de Gilles Le Roy,
écuyer, sr du Plessis, comme procureur de
Guyon Le Roy, chevalier, sr du Chillou, vice-
amiral de France, pour la seigneurie de
l'Orcher, mouvante de Montivilliers. Paris,
25 juillet 1517.

    *Original. Arch. nat., Chambre des Comptes,
P. 267¹, n° 2340.*

            25 juillet.

16434. Conventions passées entre l'ambassadeur de
François Ier et celui du roi d'Angleterre, pour
aviser à faire rendre justice aux sujets des
deux royaumes qui ont souffert des dépré-
dations commises entre les deux nations,
depuis le traité de paix conclu avec le feu roi
Louis XII. Londres, 26 juillet 1517.

    *Original. Arch. nat., suppl. du Trésor des
Chartes, J. 920, n° 11.*

            26 juillet

16435. Déclaration de l'hommage de Jacques Bordel,
président au Parlement de Rouen, pour la
seigneurie de Graveron (bailliage d'Evreux,
vicomté de Beaumont-le-Roger). Rouen,
29 juillet 1517.

    Exped. orig. Arch. nat., P. 270¹, côte 4170.

            29 juillet

16436. Déclaration de l'hommage de Jean Le Sueur, chevalier, sʳ d'Esquetot (Ectot), pour les seigneuries de « Solles et de Brilly » (bailliage de Caux, vicomtés de Caudebec et de Montivilliers). Rouen, 29 juillet 1517.

1517. 29 juillet.

Expéd. orig. Arch. nat., P. 267¹, cote 2331.

16437. Déclaration de l'hommage de Charlotte Luillier, veuve de Louis Picart, chevalier, sʳ d'Etelan, pour les seigneuries de Quittebeuf, Bois-Normand et Yville-sur-Seine, mouvantes d'Évreux et de Pont-Audemer. Rouen, 29 juillet 1517.

29 juillet.

Original. Arch. nat., Chambre des Comptes, P. 265², nᵒ 1547.

16438. Lettres d'assignation à Antoine Bohier, commis au payement des pensions d'Angleterre, des sommes suivantes : 1ᵒ 950 livres tournois pour ses gages du terme de mai 1517; 2ᵒ 4,308 livres 5 sous 10 deniers pour achat d'écus d'or soleil destinés audit payement. Croisset, 31 juillet 1517.

31 juillet.

Arch. nat., 2ᵉ compte d'Antoine Bohier, KK. 349. (Mention.)

16439. Lettres de noblesse conférées à Philibert Tabernier, de la Côte-Saint-André en Dauphiné. Abbeville, juillet 1517.

Juillet.

Enreg. au Parl. de Grenoble, le 8 mars 1521. Arch. de l'Isère, B. 2968, fol. 854. 7 pages.

16440. Déclaration de l'hommage rendu par Antoinette de Clermont, comme procuratrice de Charles de Vesc, son mari, pour les terres de Viry, Orangis et Thorigny, et pour la haute justice de Savigny et d'un lieu nommé « la Hucholle », le tout mouvant du Châtelet de Paris, de Corbeil et de Montlhéry. Rouen, 1ᵉʳ août 1517.

1ᵉʳ août.

Original. Arch. nat., Chambre des Comptes de Paris, P. 2, nᵒ 69.

16441. Provisions de l'office de bailli, gouverneur et capitaine de Chauny, pour Girard de Vienne, seigneur de Ruffey, en survivance de Jean de

4 août.

Dinteville, s^r des Chenêts, titulaire actuel. 1517.
4 août 1517.

Reçu au Parl. de Paris, le 15 février 1518 n. s.
Arch. nat., X^{1a} 4862, fol. 296. (Mention.)

16442. Déclaration de l'hommage d'Emond de La Cha- 4 août.
pelle pour la sergenterie fieffée de la châtellenie de Lyons (bailliage et vicomté de Gisors).
Rouen, 4 août 1517.

Expéd. orig. Arch. nat., P. 274¹, cote 6261.

16443. Lettres de réception du serment de fidélité 6 août.
d'Alexandre de Marconnay, abbé de la Sainte-
Trinité au Mont de Sainte-Catherine-lez-
Rouen, pour le temporel de ladite abbaye.
Rouen, 6 août 1517.

Original. Arch. nat., Chambre des Comptes,
P. 265², n° 1543.

16444. Lettres de réception de l'hommage rendu par 6 août.
Louis de Hellenviller, écuyer, pour la seigneurie du Mesnil-Jourdain, mouvante en fief
de haubert du Pont-de-l'Arche. Rouen, 6 août
1517.

Original. Arch. nat., Chambre des Comptes,
P. 265², n° 1545.

16445. Lettres de réception du serment de fidélité 6 août.
prêté devant le chancelier de France par
Jean Sanguin, pour le temporel de son abbaye de Mortemer, dans la forêt de Lyons.
Rouen, 6 août 1517.

Expéd. orig. Arch. nat., P. 274¹, cote 6262.

16446. Mandement au bailli d'Orléans d'informer *de* 7 août.
commodo et incommodo sur la requête des
maîtres tanneurs de ladite ville, tendante à
obtenir la ratification de « leurs articles et ordonnances sur le faict dudict mestier ». 7 août
1517.

Mention dans un arrêt du Grand conseil, en date
du 15 mai 1526. Arch. nat., V⁵ 1045.

16447. Déclaration de l'hommage rendu par Louis 8 août
Fouet, écuyer, grènetier du grenier à sel
d'Harfleur, pour les fiefs du « Touppin » et de

Fréville assis en la paroisse de Bléville et Octeville, et mouvants de Montivilliers. Rouen, 8 août 1517.

Original. Arch. nat., Chambre des Comptes, P. 266², n° 2245.

16448. Mandement de payer, sur les finances de Languedoc, 12,500 livres tournois à Thomas Bohier, général des finances, pour remboursement de pareille somme, prêtée par lui au roi et déposée entre les mains de Jean Sapin, receveur général des finances, pour employer en son office. Rouen, 11 août 1517.

11 août.

Original. Bibl. nat., Pièces orig., vol. 381, Bohier (doss. 8395), p. 90.

16449. Lettres portant que Charles Becdelièvre jouira des gages de 6 sous parisis par jour et 10 livres parisis par an pour droit de manteau, à dater du jour de son installation en l'office de secrétaire du roi. Rouen, 11 août 1517.

11 août.

Arch. nat., 2ᵉ compte de Jean Sapin, receveur général de Languedoïl et Guyenne, KK. 289, fol. 543 v°. (Mention.)

16450. Lettres de réception du serment de fidélité de Jean Ribault, abbé du monastère de Notre-Dame de Valmont, pour le temporel de ladite abbaye. Rouen, 12 août 1517.

12 août.

Original. Arch. nat., Chambre des Comptes, P. 266², n° 2251.

16451. Déclaration de l'hommage de Robert de Villy, procureur général du roi au Parlement de Rouen, pour le fief Blouet à Cintheaux (bailliage de Caen, châtellenie de Falaise), et pour un huitième de fief sis en la vicomté de Rouen. Rouen, 13 août 1517.

13 août.

Expéd. orig. Arch. nat., P. 273², cote 5854.

16452. Mandement de payer à Charles de Montbel, comte d'Entremont, 1,000 livres tournois pour partie de 4,000 livres tournois à lui données, en déduction de 10,000 livres tournois que le roi lui a promises, à cause de son

14 août.

mariage avec Madeleine d'Estrac, fille de feu
Jean, comte d'Estrac. Rouen, 14 août 1517.

> Original. Bibl. nat., Pièces orig., vol. 2008,
> Montbel (doss. 46085), p. 25.

1517.

16453. Déclaration de l'hommage rendu par Louis de
Ménipeny, chevalier, sʳ de Concressault, pour
ladite seigneurie mouvante du duché de Berry.
Rouen, 15 août 1517.

> Original. Arch. nat., Chambre des Comptes de
> Paris, P. 14, n° 4990.

15 août.

16454. Déclaration de l'hommage rendu par Pierre Le
Goupil, écuyer, sʳ du Parquet, pour le quart
de fief du Parquet, situé dans les paroisses
de la Vaupalière et de Henouville et mouvant de Caen. Rouen, 15 août 1517.

> Original. Arch. nat., Chambre des Comptes,
> P. 265², n° 1538.

15 août.

16455. Lettres ordonnant que les matières qui seront
dévolues désormais au Parlement de Rouen,
entre le procureur du roi et des particuliers,
seront pour un cinquième vidées sur-le-champ
en audience ou autrement. Rouen, 16 août
1517.

> Enreg. au Parl. de Rouen, le 1ᵉʳ décembre sui-
> vant.
> Copie du xvıııᵉ siècle. Arch. nat., U. 760,
> fol. 35. 2 pages.

16 août.

16456. Ratification par François Iᵉʳ des promesses faites
par Denis Briçonnet, évêque de Saint-Malo,
et Macé de Villebresme, ses ambassadeurs à
Rome à l'occasion de la réintégration dans
leurs dignités des cardinaux de Saint-Georges
et Sauli. Rouen, 16 août 1517.

> Original. Florence, Archivio di stato, Torrigiani.
> (Cf. I manoscritti Torrigiani del R. Arch. di Fi-
> renze. Firenze, 1878, p. 465, n° 107.)

16 août.

16457. Mandement aux généraux des finances de faire
payer par Jean Lalemant, le jeune, receveur
général de Languedoc, à Prégent de Bidoux,
prieur de Saint-Gilles, capitaine général des
galères, 3,500 livres tournois pour la solde

16 août.

et entretien de trois galères. Rouen, 16 août — 1517.
1517.

> *Original. Bibl. nat., ms. Clairambault 1314,*
> n° 45.

16458. Lettres ordonnant aux trésoriers et généraux — 18 août.
conseillers sur le fait des finances à Rouen,
de faire payer en dix ans, moitié sur les
revenus du domaine, moitié sur les revenus
des finances extraordinaires de Normandie,
la somme de 10,000 livres tournois restant
des 12,000 allouées par le roi Louis XII pour
la réparation et restauration des tour, cloches,
couverture et voûtes de la cathédrale de
Rouen. Rouen, 18 août 1517.

> *Original et copie. Arch. départ. de la Seine-Infé-*
> *rieure, G. 4421 et 4450.*

16459. Mandement de payer 50 livres tournois à Jean — 18 août.
Breton, receveur des aides et tailles de l'élection de Gisors, pour faire les réparations in-
dispensables au château de Gisors, durant
cette année finissant au 31 décembre. Rouen,
18 août 1517.

> *Original. Bibl. nat., Pièces orig., Breton,*
> vol. 504, pièce 48.

16460. Mandement au receveur général de Normandie — 18 août.
de payer 15,000 livres tournois à Rigault de
Berquetot, auquel a été achetée une nef
nommée *l'Hermine*, de 500 tonneaux ou
environ, avec tous ses agrès et ses deux na-
celles. Rouen, 18 août 1517.

> *Original. Bibl. nat., Pièces orig., Berquetot,*
> vol. 307, pièce 2.

16461. Déclaration de l'hommage rendu par Guillaume — 18 août.
Du Quesne, écuyer, s^r de Bautot, huissier
ordinaire au Parlement de Rouen, pour la
moitié de la sergenterie noble de Pavilly
assise au bailliage de Rouen. Rouen, 18 août
1517.

> *Original. Arch. nat., Chambre des Comptes,*
> P. 265², n° 1711.

16462. Déclaration de l'hommage lige d'Alexis Bulletot, pour le huitième de fief noble dit le Fief-Léger (bailliage d'Évreux, vicomté de Conches, paroisses de Saint-Pierre-des-Cercueils, Thuit-Signol et autres voisines), lui appartenant à cause de Jeanne, sa femme. Rouen, 18 août 1517. 1517. 18 août.

Expéd. orig. Arch. nat., P. 270¹, cote 4034.

16463. Déclaration de l'hommage rendu par Jean Olivier, secrétaire du roi, au nom de Germain de Foix, reine douairière d'Aragon, pour le comté de Beaufort-en-Champagne [1], les châtellenies de Soulaines et Lassicourt, la vicomté de Saint-Florentin, les bois de Dixmont, la baronnie d'Ervy-le-Châtel, les châtellenies de Dannemoine, Séant-en-Othe [2], Coulommiers, Villers, Vayres, D'Huison, la baronnie de Pont-Saint-Pierre, Radepont et Bourg-Baudouin, celle d'Hauterive et les moulins en dépendant, la seigneurie de Ginelle et la baronnie d'Aspet, le tout mouvant de la couronne, et échu à ladite reine par suite du décès de Gaston de Foix, duc de Nemours, son frère. Rouen, 19 août 1517. 19 août.

Expéd. orig. Arch. nat., P. 166², cote 2398.

16464. Déclaration de l'hommage rendu par Antoine Macquerel, seigneur d'Hermanville, pour les fiefs d'« Halletemare » (vicomté d'Arques, paroisse du Bourg-Dun) et de Bailleul (vicomté de Neufchâtel), au bailliage de Caux. Rouen, 20 août 1517. 20 août.

Expéd. orig. Arch. nat., P. 267¹, cote 2363.

16465. Don à Louis de Brézé, comte de Maulévrier, grand sénéchal de Normandie, en récompense de ses services, de 1,000 livres tournois sur la vente des ravitaillements commandés jadis par Louis XII, pour l'armée 21 août.

(1) Aujourd'hui Montmorency.
(2) Aujourd'hui Bérulles.

IMPRIMERIE NATIONALE.

de mer qu'il avait voulu former. Mauny, 21 août 1517.

1517.

Original. Bibl. nat., Pièces originales, Faure, vol. 1107 (doss. 25476), p. 21.

16466. Mandement aux généraux des finances de faire payer par Jean de Poncher, chevalier, trésorier des guerres, à Antoine de Montfort, homme d'armes de la compagnie du sr de Fleuranges, à René de Montfort et à Pierre Réal, archers de la même compagnie, leurs gages et soldes des deuxième et troisième quartiers de 1516, bien qu'ils n'aient pas assisté aux montres, étant occupés ailleurs pour les affaires du roi. Mauny, 21 août 1517.

21 août.

Original. Bibl. nat., Nouv. acquisitions franç., ms. 1483, n° 39.

16467. Don à Jacques de Chabannes, seigneur de la Palice, maréchal de France, d'une somme de 8,000 écus d'or soleil, en récompense des services qu'il a rendus au roi tant avant qu'après son avènement à la couronne, et notamment lors de la conquête du duché de Milan. Mauny, 22 août 1517.

22 août.

Mention dans le 2ᵉ compte de Jean Sapin, receveur général de Languedoïl et Guyenne. Arch. nat., KK. 289, fol. 369 v°.

16468. Mandement aux généraux des finances de faire payer par Jean Lalemant, receveur général de Normandie, au sr d'Aubigny 375 livres tournois formant le résidu des 7,000 livres tournois qu'il avait payées dans la ville de Brescia, lorsque, étant lieutenant général de Louis XII, il y fut assiégé pendant sept ou huit mois par les armées du pape, de l'empereur, du roi d'Espagne et les Suisses. Rouen, 24 août 1517.

24 août.

Original. Bibl. nat., ms. fr. 20616, n° 61.

16469. Déclaration de l'hommage rendu par François d'Argy, écuyer, pour la seigneurie de Mesvres

24 août.

et les fiefs d'Argy aux faubourgs d'Amboise, mouvants d'Amboise. Rouen, 24 août 1517.

Original. Arch. nat., Chambre des Comptes de Paris, P. 11, n° 3893.

16470. Déclaration de l'hommage lige de Richard du Quesnoy, écuyer, pour la seigneurie et justice de la Heuze (bailliage de Caux, vicomté d'Arques). Rouen, 26 août 1517.

Expéd. orig. Arch. nat., P. 267¹, cote 2364.

16471. Lettres portant prorogation du Parlement de Paris jusqu'à nouvel ordre. Reuville, 30 août 1517.

Enreg. au Parl., le 7 septembre, suivant. Arch. nat., X¹ª 4861, Plaidoiries, fol. 308 v°. 1 page.

16472. Confirmation, en faveur de la duchesse et du duc de Bourbon, du privilège par lequel les rois Louis XI et Charles VIII avaient exempté leurs prédécesseurs de la levée des droits de francs-fiefs et nouveaux acquêts dans leurs domaines, et extension dudit privilège au duché de Châtellerault. Rouen, août 1517.

Original, jadis scellé sur lacs de soie. Arch. nat., Titres de Bourbon, P. 1371¹, cote 1942.

16473. Mandement aux généraux des finances de faire payer par Jean Ruzé, receveur général d'Outre-Seine, 5,000 livres tournois à Jean Sapin, receveur général des finances, pour employer au fait de son office. Louviers, 3 septembre 1517.

Original. Bibl. nat., ms. fr. 25720, n° 88.

16474. Mandement aux généraux des finances de faire payer par Jean Ruzé, receveur général d'Outre-Seine, à Jean Sapin, la somme de 8,250 livres tournois. Louviers, 3 septembre 1517.

Original. Bibl. nat., ms. fr. 25720, n° 89.

16475. Mandement aux généraux des finances de faire payer par Jean Lalemant, le jeune, trésorier et receveur général de Languedoc, avant le 15 décembre, à Jean Sapin, receveur général des finances, 8,250 livres tournois pour

1517.

26 août.

30 août.

Août.

3 septembre.

3 septembre.

3 septembre.

44.

employer au payement de ce qui reste dû à
l'empereur en vertu du dernier traité de paix.
Louviers, 3 septembre 1517.

> Original. Bibl. nat., Nouv. acquisitions franç.,
> ms. 1483, n° 41.

1517.

16476. Lettres de réception du serment de fidélité de
Blanche de Livet, prieure de Notre-Dame-de-
Bondeville, près Rouen, pour le temporel
dudit prieuré. Rouen, 3 septembre 1517.

> Original, Arch. nat., Chambre des Comptes,
> P. 264², n° 1073.

3 septembre.

16477. Lettres relevant l'archevêque de Rouen du serment de fidélité qu'il doit au roi pour le
temporel de son archevêché, parce qu'il
l'avait déjà prêté au feu roi. Gaillon, 4 septembre 1517.

> Original, Arch. nat., Chambre des Comptes,
> P. 265², n° 1548.

4 septembre.

16478. Déclaration de l'hommage rendu par Richard
Goullé, écuyer, pour le fief de la Tropelle,
sis à Muids et Andé (bailliage et vicomté de
Gisors, châtellenie d'Andely). Louviers, 6 septembre 1517.

> Expéd. orig. Arch. nat., P. 274¹, cote 6258.

6 septembre.

16479. Mandement au trésorier de Carcassonne de faire
jouir Albert de La Pierre, capitaine des
Suisses, du revenu de la châtellenie de Montréal. Évreux, 9 septembre 1517.

> Original. Bibl. nat., ms. fr. 20436, fol. 41.

9 septembre.

16480. Déclaration de l'hommage rendu par Claude
de Clefmont, écuyer, pour partie des seigneuries de Sainte-Livière et la Petite-Ville (bailliage de Vitry, châtellenie de Saint-Dizier) et
pour certaines rentes à Prez-sur-Marne (bailliage et châtellenie de Chaumont). Évreux,
9 septembre 1517.

> Expéd. orig. Arch. nat., P. 166², cote 2514.

9 septembre.

16481. Déclaration de l'hommage rendu par Jean de
Maillé, écuyer, pour la seigneurie de Sac-

11 septembre.

quenville, fief de haubert, mouvant du comté
d'Évreux. Évreux, 11 septembre 1517.

Expéd. orig. Arch. nat., P. 270¹, cote 4191.

16482. Déclaration de l'hommage rendu par Jean de
Belleau, écuyer, pour le fief de Courtonne
(bailliage d'Évreux, vicomté d'Orbec, paroisse de Saint-Paul), fief de haubert. Bernay,
17 septembre 1517.

Expéd. orig. Arch. nat., P. 270¹, cote 4171.

16483. Déclaration de l'hommage rendu par Jean de
Saint-Pierre, prêtre, pour la franche sergenterie de Touques, s'étendant sur les paroisses
de Saint-Julien-sur-Calonne, Manneville-
la-Pipard, Mesnil-sur-Blangy, Saint-André-
d'Hébertot, Saint-Benoît-d'Hébertot, etc.,
mouvantes de la vicomté d'Auge. Lisieux,
20 septembre 1517.

*Original. Arch. nat., Chambre des Comptes,
P. 264², n° 1114.*

16484. Déclaration de l'hommage rendu par Jean d'An-
del, écuyer, pour la vavasserie du Parc, anciennement nommé le Quemin [1] (bailliage
d'Évreux, vicomté d'Orbec). Lisieux, 21 septembre 1517.

Expéd. orig. Arch. nat., P. 170¹, cote 4169.

16485. Déclaration de l'hommage rendu par Jacques
d'Auroy, baron de Saint-Paer-le-Servin (auj.
Saint-Pois), pour ladite baronnie, mouvante
de Mortain. Argentan, 27 septembre 1517.

*Original. Arch. nat., Chambre des Comptes,
P. 268², n° 3248.*

16486. Déclaration de l'hommage rendu par Jean Larcher, écuyer, pour la huitième partie du fief
Malherbe, près Caen (bailliage et vicomté
de Caen), et la sergenterie de Bernay (même
bailliage, vicomté de Bayeux). Argentan,
3 octobre 1517.

Expéd. orig. Arch. nat., P. 273¹, cote 5729 bis.

1517.

17 septembre.

20 septembre.

21 septembre.

27 septembre.

3 octobre.

[1] «Le Parc, dit Duquemin, fief à Saint-Germain-la-Campagne.»
Blosseville, *Dict. topogr. de l'Eure.*)

16487. Déclaration de l'hommage rendu par François Tiboult, pour le demi-fief de chevalier du Grais (bailliage de Caen, vicomté de Falaise, baronnie de la Ferté-Macé). Argentan, 3 octobre 1517.

> *Expéd. orig. Arch. nat.*, P. 273², cote 5965.

16488. Déclaration de l'hommage rendu par Jean Le Porcher, écuyer, pour le quart de fief de Garsalle, sis à Épanay, et celui du château de Pouilly ou de Sassy (bailliage de Caen, vicomté et châtellenie de Falaise). Argentan, 3 octobre 1517.

> *Expéd. orig. Arch. nat.*, P. 273², cote 5966.

16489. Commission au bailli de Saint-Pierre-le-Moutier, pour requérir des officiers, villes et communautés de son ressort, la production dans les quinze jours des lettres de confirmation de leurs offices ou privilèges, et pour dresser la liste desdites lettres sur un registre destiné à être transmis au roi. Argentan, 5 octobre 1517.

> *Copie du temps. Bibl. nat.*, ms. Moreau 736 (Portefeuille Fontette 2), fol. 1. 1 page 1/2.

16490. Déclaration de l'hommage rendu par Guillaume Le Beauvoisin, écuyer, pour le demi-fief de chevalier de Cardonville, sis à Coulombs (bailliage et vicomté de Caen). Argentan, 5 octobre 1517.

> *Expéd. orig. Arch. nat.*, P. 273², cote 5917.

16491. Déclaration de l'hommage rendu par Roland Thézard, sʳ des Essars, pour les seigneuries de Graincourt, mouvante de la vicomté d'Arques, et d'Angerville, mouvante de Montivilliers, pour le huitième du fief d'Écretteville-sur-Mer, mouvant de Caudebec, et pour le tiers du fief du Mesnil-sous-Fourches, mouvant de Falaise. Argentan, 5 octobre 1517.

> *Original. Arch. nat., Chambre des Comptes*, P. 266², n° 2244.

16492. Mandement au Parlement de Paris de permettre à Jacques Ménager, conseiller en ladite cour, de faire exécuter les arrêts rendus entre Jean de Châtillon, s^r de la Grève et d'Argenton, d'une part, et Hélène de Chambes, veuve de Philippe de Commynes et René de Bretagne, comte de Penthièvre, d'autre. 6 octobre 1517.

1517.
6 octobre.

Présenté au Parl. de Paris, le 14 novembre 1517. Arch. nat., X^{1a} 4862, fol. 4. (Mention.)

16493. Déclaration de l'hommage rendu par Guillaume Gouffier, [s^r de Bonnivet], amiral de France, pour la seigneurie d'Angoutessan (auj. Engoudsent), mouvante de Boulogne. Argentan, 6 octobre 1517.

6 octobre.

Original. Arch. nat., Chambre des Comptes de Paris, P. 15, n° 5557.

16494. Déclaration de l'hommage rendu par Guillaume Gouffier, chevalier de l'ordre, amiral de France, pour les seigneuries de Catheux et de Tricot, mouvantes de Montdidier. Argentan, 6 octobre 1517.

6 octobre.

Original. Arch. nat., Chambre des Comptes de Paris, P. 15, n° 5558.

16495. Provisions en faveur d'Ambroise de Talentini, florentin, de l'office de sénateur de Milan. Argentan, 8 octobre 1517.

8 octobre.

Enreg. au Sénat de Milan, Milan. Arch. di stato, Registri del antico Senato, fol. 1499 v°.

16496. Confirmation du don fait à Jean de La Barre, bailli de Rouen, valet de chambre ordinaire du roi et maître de sa garde-robe, de la terre du Plessis-du-Parc-lès-Tours, sa vie durant. Argentan, 8 octobre 1517.

8 octobre.

Enreg. à la Chambre des Comptes de Paris, anc. mém. 2 A, fol. 130 v°. Arch. nat., PP. 119, p. 19. (Mention.)
Bibl. nat., ms. Clairambault 782, p. 268, (Mention.)
Bibl. nat., ms. fr. 21405, p. 275. (Mention.)

16497. Déclaration de l'hommage rendu par Aubert de Saint-Germain, chevalier, pour la baronnie d'Annebecq et les seigneuries de Bellou,

8 octobre.

Quetiéville et Vaux (bailliage de Caen, vicomté de Falaise). Argentan, 8 octobre 1517.

Expéd. orig. Arch. nat., P. 273², cote 5948.

16498. Lettres portant quittance de 25,000 écus d'or,
restant des 100,000 que Venise devait payer
au roi, sur les 200,000 dus à l'empereur en
vertu de la convention relative à Vérone.
« Noues »[1], 22 octobre 1517.

*Original. Arch. de Venise, Patti, série I, n° 769.
Copie contemporaine: Arch. de Venise. Comme-
moriali-20, fol. 83.*

22 octobre.

16499. Lettres accordant à la duchesse douairière de
Longueville délai pour faire les foi et hommage de la terre de Secondigny, relevant du
château de Poitiers, jusqu'à la majorité de son
fils, Claude d'Orléans, duc de Longueville.
Le Mesle[-sur-Sarthe], 24 octobre 1517.

Original. Arch. nat., R¹ 203.

24 octobre.

16500. Lettres portant octroi, en faveur des habitants
de Châlons, de deux cents pieds d'arbres à
prendre dans les forêts royales de Saint-
Dizier, Charmont et autres des environs, pour
les employer aux réparations et fortifications
de leur ville. Moulins[-la-Marche], 31 octobre 1517.

*Arch. de la ville de Châlons (Marne), EE. For-
tifications.*

31 octobre.

16501. Mandement aux généraux des finances d'allouer au compte de Guillaume Cartier, clerc
de Jean de Poncher, trésorier des guerres,
2,000 livres tournois qu'il a avancées aux
quatre-vingt-dix hommes d'armes de la compagnie de Robert de La Marck, seigneur de
Sedan. Moulins, 31 octobre 1517.

Original. Bibl. nat., ms. fr. 25720, n° 90.

31 octobre.

16502. Lettres de réception de foi et hommage fait au
roi par Charles, duc de Bourbonnais et d'Auvergne, connétable de France, pour les sei-

31 octobre.

[1] Peut-être les Noës, château, commune de Saint-Léger-sur-Sarthe.

gneuries de Marignane et de Gignac, en Provence. Moulins, 31 octobre 1517.

> Original. Arch. nat., Titres de Bourbon, P. 1379¹,
> cote 3114.

1517.

16503. Provisions pour Jean Lingem de l'office de connétable de la porte orientale de Milan. Milan,
5 novembre 1517.

> Copie du XVIᵉ siècle. Bibl. nat., ms. fr. 25720,
> fol. 91.

5 novembre.

16504. Mandement aux trésoriers de France, les informant que Louis de Brézé, comte de Maulévrier,
chevalier de l'ordre, grand sénéchal de Normandie, devra toucher les émoluments attachés à l'office de maître enquêteur et réformateur des Eaux et forêts, depuis le jour où
le roi l'en a pourvu, bien qu'il n'ait pu encore en remplir les fonctions, ni prêter serment. La Ferté-Bernard, 14 novembre 1517.

> Original. Bibl. nat., Nouv. acquisitions franç.,
> ms. 1483, n° 40.

14 novembre.

16505. Don à Pierre Hennequin, procureur du roi sur
le fait des monnaies, des droits de lods et
ventes dus pour une maison à Paris, rue du
Coq. 21 novembre 1517.

> Enreg. à la Chambre des Comptes de Paris, anc.
> mém. 2 A, fol. 87. Arch. nat., PP. 119, p. 10.
> (Mention.)
> Bibl. nat., ms. Clairambault 782, p. 268.
> (Mention.)
> Bibl. nat., ms. fr. 21405, p. 275. (Mention.)

21 novembre.

16506. Mandement à la Chambre des Comptes de Bretagne, ordonnant de ne payer aux receveurs
et autres officiers comptables que les gages
depuis longtemps fixés. Le Plessis-lès-Tours,
30 novembre 1517.

> Imp. La Gibonays, Recueil des édits... concer-
> nant la Chambre des Comptes de Bretagne, Nantes,
> 1721 et 1722, t. I, 1ʳᵉ partie, p. 201.

30 novembre.

16507. Déclaration de l'hommage rendu par Maurice
Rousseau, demeurant à Tours, pour la sei-

3 décembre.

v.

45

gneurie de Fosse-Besse (c^{on} de Bléré), mou-   1517.
vante d'Amboise. Tours, 3 décembre 1517.

> Original. Arch. nat., Chambre des Comptes de
> Paris, P. 11, n° 3894.

16508. Mandement aux généraux des finances d'allouer   5 décembre.
aux comptes de Jean Lalemant, receveur gé-
néral en Languedoc, Lyonnais, Forez et
Beaujolais, 2,000 livres tournois qu'il a payées
par l'ordre du feu roi à Claude Brachet,
commis au payement des gages et montures
des capitaines et archers de la garde écossaise.
Le Plessis-lès-Tours, 5 décembre 1517.

> Original. Bibl. nat., ms. Clairambault 225,
> n° 484.

16509. Lettres d'assignation à Jean Duval, payeur des   8 décembre.
gages des officiers du Parlement de Paris,
d'une somme de 50,347 livres tournois, pour
les employer à son office. Le Plessis-lès-Tours,
8 décembre 1517.

> Mention dans l'article du 2e compte de Jean Supin,
> receveur de Languedoïl et Guyenne, relatif au paye-
> ment de 11,385 livres, partie de la susdite somme.
> Arch. nat., KK 289, fol. 265.

16510. Déclaration de l'hommage rendu par Jean   8 décembre.
Baudet, s^r des Cartes, pour le fief du Mai
(ou Mée, c^{on} de la Croix-de-Bléré), mouvant
d'Amboise. Tours, 8 décembre 1517.

> Original. Arch. nat., Chambre des Comptes de
> Paris, P. 11, n° 3895.

16511. Déclaration de l'hommage rendu par Adam   9 décembre.
Gourlé, chapelain de la chapelle Barbes fondée
en l'église de Tours, pour la métairie de la
Guérinière et autres cens appartenant à ladite
chapelle et situées en la paroisse de la Croix-
de-Bléré, mouvante d'Amboise. Tours, 9 décembre 1517.

> Original. Arch. nat., Chambre des Comptes de
> Paris, P. 12, n° 3897.

16512. Commission à Charles de Bournonville, s^r de   11 décembre.
Capres, capitaine du château d'Hardelot et
maître des Eaux et forêts du Boulonnais,

touchant la réformation de la forêt d'Har- (1517.
delot et autres. 11 décembre 1517.

Enreg. à la Chambre des Comptes de Paris, anc.
mém. 2 A, fol. 113 v°. *Arch. nat.*, PP. 119, p. 16.
(*Mention.*)
Bibl. nat., ms. fr. 21405, p. 275. (*Mention.*)

16513. Mandement aux généraux des finances de faire 13 décembre.
payer par Guillaume Prudhomme, receveur
général de Normandie, 4,000 livres tournois
à Jean Du Val, receveur et payeur des gages
des officiers du Parlement de Paris, pour
employer à son office. Amboise, 13 décembre
1517.

Original. Bibl. nat., ms. fr. 25720, n° 92.

16514. Provisions de l'office de greffier du Parlement 16 décembre.
de Bourgogne pour Thierry Fouet, dit Dorne,
notaire et secrétaire du roi, en remplacement
de Didier de Recourt, décédé. Amboise,
16 décembre 1517.

Enreg. le 12 nov. 1518 au Parl. de Dijon.
Arch. de la Côte-d'Or, Parl., reg. J, fol. 161 v°.

16515. Déclaration de l'hommage rendu par Raimond 16 décembre.
d'Égreville, pour la terre d'Égreville, mou-
vante de Château-Landon. Amboise, 16 décembre 1517.

Original. Arch. nat., Chambre des Comptes de
Paris, P. 19, n° 3168.

16516. Déclaration de l'hommage rendu par Louis 16 décembre.
d'Égreville, s⁵ des Barres et de Brannay, pour
lesdites seigneuries, mouvantes de Sens. Amboise, 16 décembre 1517.

Original. Arch. nat., Chambre des Comptes de
Paris, P. 14, n° 5114.

16517. Provisions en faveur de Renaud de Refuge, 17 décembre.
chevalier, de l'office de conseiller et maître
des comptes, en remplacement de Jean Richer.
Amboise, 17 décembre 1517.

Enreg. à la Chambre des Comptes de Paris, anc.
mém. 2 A, fol. 155 v°. *Arch. nat.*, PP. 119, p. 23.
(*Mention.*)
Bibl. nat., ms. Clairambault 782, p. 268.
(*Mention.*)
Bibl. nat., ms. fr. 21405, p. 275. (*Mention.*)

16518. Déclaration de l'hommage rendu par René de
Bretagne, comte de Penthièvre, pour les seigneuries de Boussac et de la « Pérouse »,
mouvantes de la grosse tour d'Issoudun en
Berry. Amboise, 17 décembre 1517.

> *Original. Arch. nat., Chambre des Comptes de
> Paris, P. 14, n° 4902.*

1517.
17 décembre.

16519. Mandement aux généraux des finances de faire
payer par Guillaume Prudhomme, receveur
général en Normandie, 2,692 livres 1 sou
8 deniers tournois à Jean de Poncher, trésorier des guerres. Saint-Aignan, 18 décembre
1517.

> *Original. Bibl. nat., ms. fr. 25720, n° 94.*

18 décembre.

16520. Confirmation de l'exemption du droit de passage, en faveur des Frères prêcheurs de la
ville de Blois, pour le transport de leurs provisions par tout le royaume. Amboise, 19 décembre 1517.

> *Vidimus délivré, le 8 janvier 1518, par le bailli
> de Blois. Arch. départ. d'Ille-et-Vilaine, 1 H. 5,
> n° 10.*

19 décembre.

16521. Mandement de payer à Louis d'Hallwin, lieutenant général en Picardie, gouverneur et
bailli des villes de Péronne, Montdidier et
Roye, les gages et droits dudit office. 19 décembre 1517.

> *Enreg. à la Chambre des Comptes de Paris, anc.
> mém. 2 A, fol. 95. Arch. nat., PP. 119, p. 12.
> (Mention.)*
> *Bibl. nat., ms. fr. 21405, p. 275. (Mention.)*

19 décembre.

16522. Mandement à Jean Sapin, receveur général de
Languedoïl et Guyenne, de bailler la somme
de 11,000 livres tournois à Gilbert Filhol,
commis au payement des gages des conseillers
de Grand conseil. Amboise, 22 décembre
1517.

> *Arch. nat., 2° compte de Jean Sapin, KK. 289,
> fol. 265. (Mention.)*

22 décembre.

16523. Mandement au Sénat de Milan de terminer au
plus tôt le procès pendant entre Galéas de

24 décembre.

San Severino et les curateurs de Jean Francis-   1517.
que Trivulce, fils mineur d'Urbain Trivulce,
au sujet de la seigneurie de Castelnuovo. Amboise, 24 décembre 1517.

> *Copie du XVIIIe siècle. Milan, Bibl. Trivulziana,*
> *cod. 2252.*

16524. Mandement de payer à Jacques Chaumeil, con-   24 décembre.
seiller au Parlement de Toulouse, nommé par
le roi le 23 mars précédent, ses gages depuis le
15 mars, jour de la mort de son prédécesseur
Amé Laubespin, bien qu'il n'ait été institué
que le 26 avril. Amboise, 24 décembre 1517.

> *Original. Bibl. nat., Pièces orig., vol. 715,*
> *Chaumeil, p. 109.*

16525. Mandement aux généraux des finances de faire   26 décembre.
payer par Jean Ruzé, receveur général des
finances d'Outre-Seine, 11,416 livres tournois à Morelet du Museau et à Jean de Poncher, trésoriers des guerres. Amboise, 26 décembre 1517.

> *Original. Bibl. nat., ms. fr. 25720, n° 95.*

16526. Confirmation des lettres de la reine Claude   28 décembre.
(Amboise, septembre 1516), portant conces-
sion à Charles Abortie, archer de la garde
écossaise, moyennant une rente annuelle de
5 sous tournois, du droit de chasse du moulin
de Gâtine, sis à la Noisaie, paroisse de Suévres,
au comté de Blois. 28 décembre 1517.

> *Vérifiée à la Chambre des Comptes de Blois, le*
> *9 novembre 1518, et y présentée de nouveau le*
> *9 juillet 1626. Arch. nat., P. 2883¹. (Mention.)*

16527. Confirmation du privilège de franc-salé accordé   Décembre.
au chapitre de Notre-Dame de Cléry par les
rois Louis XI, Charles VIII et Louis XII. Le
Plessis-lès-Tours, décembre 1517.

> *Copie collat. du XVIIIe siècle. Arch. nat., K. 178,*
> *n° 76.*

16528. Lettres permettant à Thomas Bohier, chevalier,   Décembre.
de construire un pont sur le Cher à Chenon-
ceaux. Le Plessis-lès-Tours, décembre 1517.

> *Imp. L'abbé C. Chevalier, Archives royales de*

Chenonceaux. *Pièces relatives à la châtellenie de* 1517.
Chenonceaux. Paris, J. Techener, 1864, in-8°,
p. 63. 2 pages.
Idem. *Histoire de Chenonceaux.* Lyon, imp. Louis
Perrin, 1868, in-8°, p. 127. 1 page.

16529. Lettres de don d'une somme de 4,000 livres 1517.
tournois au comte Petre de Navarre, pour le
défrayer des dépenses d'un voyage qu'il va
faire « à l'encontre des infidèles ennemis de
nostre saincte foy catholique ». Paris. 1517.
I*mp.* Catalogue de M. de Courcelles, 1834, p. 60.
Vente par Leblanc, libraire. (*Mention.*)

1518. — Pâques, 4 avril.

1518.

16530. Don aux religieuses de l'abbaye d'Yerres d'une 1er janvier.
somme de 320 livres tournois, pour les aider
à faire rebâtir leur dortoir, détruit par un
incendie. Amboise, 1er janvier 1517.
Arch. nat., 2e compte de Jean Sapin, receveur
général de Languedoïl et Guyenne, KK. 289,
fol. 376 v°. (*Mention.*)

16531. Mandement à Jean Sapin, receveur général de 1er janvier.
Languedoïl et Guyenne, de payer à Jean
Hurault, maître des requêtes de l'hôtel, la
somme de 128 livres tournois pour une che-
vauchée à Toulouse et aux environs, faite au
mois de mai 1517, à l'effet d'informer « des
delictz, monopolles, oppressions et empes-
chemens faiz, mis et donnez » aux commissaires députés pour le fait des francs-fiefs et
nouveaux acquêts. Amboise, 1er janvier 1517.
Arch. nat., 2e compte de Jean Sapin, KK. 289,
fol. 469. (*Mention.*)

16532. Mandement à Jean Sapin, receveur général de 2 janvier.
Languedoïl et Guyenne, de verser la somme
de 20,441 livres tournois à François Richer,
commis au payement des travaux de la ville
et du château de Cognac. Amboise, 2 janvier
1517.
Arch. nat., 2e compte de Jean Sapin, KK. 289,
fol. 274. (*Mention.*)

16533. Lettres de jussion à la Chambre des Comptes
de Dijon pour l'enregistrement de la confirmation obtenue par Jacques Le Charron de
son office de général des monnaies en Bourgogne, le 10 janvier 1516 n. s. (n° 16994).
Amboise, 4 janvier 1517.

1518
4 janvier.

> *Enreg. à la Chambre des Comptes de Dijon, le
> 8 février suivant. Arch. de la Côte-d'Or, B. 18,
> fol. 15.*

16534. Lettres de décharge de 1,000 écus d'or soleil
(2,000 livres tournois) pour Jean Sapin, receveur général de Languedoïl et Guyenne.
Amboise, 5 janvier 1517.

5 janvier.

> *Arch. nat., 2° compte de Jean Sapin, KK. 289,
> fol. 279. (Mention.)*

16535. Mandement à Jean Sapin, receveur général de
Languedoïl et Guyenne, de bailler la somme
de 4,279 livres 7 sous 6 deniers, à Guillaume
Quinette, payeur des gages des officiers de la
Cour des Aides de Paris. Amboise, 8 janvier
1517.

8 janvier.

> *Arch. nat., 2° compte de Jean Sapin, KK. 289,
> fol. 266, v°. (Mention.)*

16536. Don à Charles Pipion, page du roi, d'une
somme de 30 écus d'or soleil, pour l'aider
à s'équiper pour servir dans les ordonnances.
Amboise, 8 janvier 1517.

8 janvier.

> *Arch. nat., 2° compte de Jean Sapin, receveur
> général de Languedoïl et Guyenne, KK. 289,
> fol. 411 v°. (Mention.)*

16537. Don à Georges de Manrique, fils du duc de
Najara, d'une somme de 200 écus d'or soleil,
pour l'aider à s'entretenir au service du roi.
Amboise, 8 janvier 1517.

8 janvier.

> *Arch. nat., 2° compte de Jean Sapin, receveur
> général de Languedoïl et Guyenne, KK. 289,
> fol. 411 v°. (Mention.)*

16538. Lettres portant quittance de 2,474 écus d'or
soleil (4,948 livres tournois) pour Jean

9 janvier.

Sapin, receveur général de Languedoïl et
Guyenne. Amboise, 9 janvier 1517.

> Arch. nat., 2ᵉ compte de Jean Sapin, KK. 289,
> fol. 279 v°. (Mention.)

1518.

16539. Don à André Gallois, huissier et sergent d'armes, d'une somme de 60 livres tournois,
pour avoir gardé pendant six mois la porte
du Conseil étroit. Amboise, 9 janvier 1517.

> Arch. nat., 2ᵉ compte de Jean Sapin, receveur
> général de Languedoïl et Guyenne, KK. 289,
> fol. 412. (Mention.)

9 janvier.

16540. Don à François de La Barre, page du roi, d'une
somme de 30 écus d'or soleil, pour l'aider à
s'équiper pour servir dans les ordonnances.
Amboise, 9 janvier 1517.

> Arch. nat., 2ᵉ compte de Jean Sapin, receveur
> général de Languedoïl et Guyenne, KK. 289,
> fol. 412 v°. (Mention.)

9 janvier.

16541. Mandement à Jean Sapin, receveur général de
Languedoïl et Guyenne, de faire payer, en
partie sur le grenier à sel de Château-Gontier,
en partie sur celui de la Flèche, au duc d'A-
lençon, la somme de 2,000 livres tournois
que le roi lui a assignée à titre de pension.
Amboise, 11 janvier 1517.

> Arch. nat., 2ᵉ compte de Jean Sapin, KK. 289,
> fol. 371. (Mention.)

11 janvier.

16542. Déclaration de l'hommage de Rataut de Villiers, écuyer, comme procureur de Louis de
Roncherolles, chevalier, pour la seigneurie
du Pont-Saint-Pierre, mouvante de Rouen.
Amboise, 11 janvier 1517.

> Original. Arch. nat., Chambre des Comptes, P.
> 264², n° 1134.

11 janvier.

16543. Mandement de payer à Guillaume Prudhomme
la somme 20,000 livres tournois pour la
construction du Havre-de-Grâce. Amboise,
12 janvier 1517.

> Imp. Revue des autographes, Gabriel Charavay,
> mars 1877, n° 47. (Mention.)

12 janvier.

16544. Déclaration de l'hommage d'Étienne Eudes,

12 janvier.

archer de la garde française du roi, comme
procureur de Robert Fauquet, écuyer, sʳ de
Celland, pour ladite seigneurie de Celland,
mouvante de Mortain. Amboise, 12 janvier
1517.

1518.

> Original. Arch. nat., Chambre des Comptes,
> P. 268², n° 3252.

16545. Mandement à Jean Sapin, receveur général de
Languedoïl et Guyenne, de payer : 1° 25 livres
à Martin Berthelot, lieutenant du prévôt de
l'hôtel, pour ses frais du procès d'un nommé
Florimond, lequel a été depuis décapité;
2° 155 livres à Alabre de Saule, prévôt des
maréchaux, pour une expédition dans le
Perche contre certains aventuriers et vagabonds; 3° 198 livres 16 sous à Pierre d'Ouville,
capitaine du charroi de l'artillerie, pour divers
transports; 4° 30 livres à André Chesneau,
clerc, pour avoir grossoyé deux expéditions
du traité de Noyon et divers autres lettres,
tant patentes que missives; 5° 10 écus d'or
soleil à Jean Onzel pour son entretien au service du roi. Amboise, 14 janvier 1517.

14 janvier.

> Arch. nat., 2ᵉ compte de Jean Sapin, KK. 289,
> fol. 431 v°. (Mention.)

16546. Mandement à Jean Sapin, receveur général de
Languedoïl et Guyenne, de payer : 1° 25 livres
tournois à Jean Chappeau, procureur du roi
sur le fait des aides et gabelles en Nivernais,
pour l'aider à soutenir un procès pendant au
Grand conseil contre le procureur général de
Bourgogne; 2° 97 livres 10 sous à Nicolas
Perdriel, pour avoir porté les ordonnances sur
le fait des aides, tailles et gabelles, aux élections et greniers à sel de la généralité de Languedoïl; 3° 13 livres 15 sous au même, pour
avoir porté à Guillaume de Beaune, général
des finances, des lettres de la Cour des Aides de
Paris; 4° 100 livres à Catherine Presteseille,
dont la maison et les meubles avaient été
brûlés; 5° 24 livres à Ulrich, serviteur de
l'archevêque de Trèves, pour les frais de son

14 janvier.

v.

46

retour en Allemagne. Amboise, 14 janvier
1517.

> *Arch. nat., 2ᵉ compte de Jean Sapin, KK. 289,*
> *fol. 469 vᵒ. (Mention.)*

1518.

16547. Lettres de naturalité milanaise accordées à
Étienne Robba et à son fils Olivier. Amboise,
14 janvier 1517.

> *Enreg. au Sénat de Milan, le 13 avril 1518.*
> *Milan, Arch. di stato, Registri del antico Senato,*
> *fol. 1544 vᵒ.*

14 janvier.

16548. Lettres ordonnant une enquête sur l'opposition
faite par le clergé du Livradois à la levée de
l'aide ou subside caritatif ordonné par Thomas Du Prat, évêque de Clermont. Amboise, 15 janvier 1517.

> *Original. Archives du Puy-de-Dôme, Évêché,*
> *1ᵉʳ supplément, liasse 16 (cote provisoire).*

15 janvier.

16549. Lettres assignant sur les revenus du Dauphiné
10,000 livres tournois de rente à Laurent de
Médicis, duc d'Urbin, en faveur et à l'occasion de son mariage avec Madeleine de Boulogne... [1]. 15 janvier 1517.

> *Original. Florence, Arch. di stato, Soldani.*

15 janvier.

16550. Lettres de don à Maximilien Sforza des château,
terre et seigneurie de Langeais en Touraine,
pour en jouir sa vie durant. 15 janvier 1517.

> *Enreg. à la Chambre des Comptes de Paris, anc.*
> *mém. 2 A, fol. 162. Arch. nat., PP. 119, p. 24.*
> *(Mention.)*
> *Bibl. nat., ms. fr. 21405, p. 275. (Mention.)*
> *Bibl. nat., ms. Clairambault 782, p. 269.*
> *(Mention.)*

15 janvier.

16551. Mandement à Jean Sapin, receveur général de
Languedoïl et Guyenne, de payer à Marguerite de France, duchesse d'Alençon, sœur
unique du roi, la somme de 24,000 livres
tournois, à titre de pension. Amboise, 16 janvier 1517.

> *Arch. nat., 2ᵉ compte de Jean Sapin, KK. 289,*
> *fol. 295. (Mention.)*

16 janvier.

---

[1] Le lieu est en blanc.

16552. Mandement à Jean Sapin, receveur général de
Languedoïl et Guyenne, de rembourser à
Frédéric Cathaigne, archer de la garde, les
sommes suivantes, par lui dépensées sur
l'ordre du roi : 1° 60 écus soleil, en allant de
Tours à Bellancourt, en Picardie, chercher
M. de Mailly; 2° 86 écus, pour la nourriture
de trente-huit prisonniers faits audit lieu, qui
furent amenés avec ledit Mailly à Orléans;
3° 54 écus en conduisant ledit Mailly d'Orléans à Loches. Amboise, 16 janvier 1517.

> Arch. nat., 2° compte de Jean Sapin, KK. 289,
> fol. 471. (Mention.)

1518.
16 janvier.

16553. Mandement à Jean Sapin, receveur général de
Languedoïl et Guyenne, de payer à Robin
Rousseau, orfèvre, la somme de 300 écus
d'or soleil pour une chaîne dont le roi a fait
présent à l'ambassadeur du duc de Ferrare.
Amboise, 19 janvier 1517.

> Arch. nat., 2° compte de Jean Sapin, KK. 289,
> fol. 314. (Mention.)

19 janvier.

16554. Déclaration de l'hommage de Charles de Clercy,
pour la seigneurie de Clercy[a], mouvante en
plein fief de haubert de Montivilliers. Amboise, 19 janvier 1517.

> Original. Arch. nat., Chambre des Comptes de
> Paris, P. 268¹, n° 2248.

19 janvier.

16555. Ordonnance touchant l'annate dans le Milanais.
Amboise, 20 janvier 1517.

> Copie du XVI° siècle. Milan, Arch. di stato, Re-
> gistres Panigarola, O, fol 179.
> Copie du XVI° siècle. Idem, Gride.
> Milan, Archivio civico, Lettere ducali (1503-
> 1523), fol. 164 v°.

20 janvier.

16556. Provisions pour Charles de Clercy, de la charge
de commissaire des mortes-payes en Normandie, vacante par suite de la résignation de

21 janvier.

---

[a] Clercy, ancien château, commune de Bornambusc, canton de Goderville, Seine-Inférieure.

Guillaume, bâtard de Brézé. Amboise, 21 janvier 1517.

1518.

> *Vidimus de Jean Estienne, receveur des aides en l'élection d'Arques, du même jour. Bibl. nat., Pièces orig., vol. 781 (doss. 17764), p. 15.*

16557. Lettres de réception du serment de fidélité de Pierre de Montigny, évêque de Castres, abbé de Ferrières, au bailliage de Sens, pour le temporel de ladite abbaye. Amboise, 21 janvier 1517.

21 janvier.

> *Expéd. orig. Arch. nat., P. 725¹, coté 232.*

16558. Confirmation du don de 400 écus de rente fait, en avril 1516, à Francisco de Noceto. Amboise, 22 janvier 1517.

22 janvier.

> *Enreg. au Sénat de Milan, le 4 février suivant. Milan, Arch. di stato, Registri del antico Senato, fol. 1533..*

16559. Lettres de quittance de 10,000 écus d'or soleil (20,000 livres tournois) pour Jean Sapin, receveur général de Languedoïl et Guyenne. Amboise, 22 janvier 1517.

22 janvier.

> *Arch. nat., 2ᵉ compte de Jean Sapin, KK. 289, fol. 280. (Mention.)*

16560. Mandement à Jean Sapin, receveur général de Languedoïl et Guyenne, de payer à Raoul Guyot, contrôleur de l'audience de la Chancellerie, la somme de 152 livres 10 sous tournois, pour voyage de Paris à Rouen et à Argentan, à l'effet de porter au roi l'état des finances des généralités de Languedoïl, Languedoc, Normandie et Outre-Seine pendant l'année 1500. Amboise, 22 janvier 1517.

22 janvier.

> *Arch. nat., 2ᵉ compte de Jean Sapin, KK. 289, fol. 471 v°. (Mention.)*

16561. Lettres d'assignation à Antoine Bohier, commis au payement des pensions d'Angleterre, des sommes suivantes: 1° 950 livres tournois pour ses gages du terme de novembre 1517; 2° 4,267 livres 4 sous 2 deniers pour achat

22 janvier.

d'écus d'or soleil destinés audit payement.
Amboise, 22 janvier 1517.

Arch. nat., 3ᵉ compte d'Antoine Bohier, KK. 349.
(*Mention.*)

16562. Mandement à Jean Sapin, receveur général de
Languedoïl et Guyenne, de payer : 1° 100 écus
soleil à Jean Lobligeois, Jean de La Brosse,
Jeannot Le Tondeur, Jacques Amyart et Guillaume de La Bonde, capitaines d'infanterie,
pour les aider à rentrer dans leurs foyers ;
2° 50 écus à Jean Angilboul (*alias* Angilbeul),
Italien, pour les frais du voyage qu'il doit faire
en Italie en la compagnie de Galéas de Saint-
Séverin, grand écuyer, chargé d'une mission
secrète. Amboise, 23 janvier 1517. — 23 janvier.

Arch. nat., *2ᵉ compte de Jean Sapin*, KK. 289,
fol. 472 v°. (*Mention.*)

16563. Mandement à Jean Sapin, receveur général de
Languedoïl et Guyenne, de payer : 1° 15 écus
d'or soleil à Jean de Beaumont, bachelier en
décret, pour l'indemniser de dépenses faites
à Noyon, Bruxelles et Cambrai, en compagnie de Jacques Olivier, premier président du
Parlement de Paris, envoyé en mission secrète
auprès de l'empereur et du roi catholique ;
2° 50 écus d'or soleil à Libertas Cornélis,
sujet espagnol, en récompense de ses services.
Amboise, 24 janvier 1517. — 24 janvier.

Arch. nat., *2ᵉ compte de Jean Sapin*, KK. 289,
fol. 387 v°. (*Mention.*)

16564. Mandement à Jean Sapin, receveur général de
Languedoïl et Guyenne, de payer : 1° 120 livres tournois à Lancelot du Regnier, dit de
la Tour, pour avoir été en Italie porter des
oiseaux de proie et des chiens de chasse à
M. de Lautrec ; 2° 35 livres à Jean de Croiseau,
huissier au Parlement de Bordeaux, pour frais
à l'occasion du procès d'un nommé Pierre
Chevalier. Amboise, 24 janvier 1517. — 24 janvier.

Arch. nat., *2ᵉ compte de Jean Sapin*, KK. 289,
fol. 473. (*Mention.*)

16565. Déclaration de l'hommage de Philippe Pra-
don pour le droit d'usage de bois pour bâtir
à « Ornon », et de pâturage pour ses bêtes au
temps de la glandée dans la forêt de Saint-
Laurent-sur-Barenjon. Amboise, 24 janvier
1517.
    *Original. Arch. nat., Chambre des Comptes de
Paris, P. 24, n° 4899.*

1518.
24 janvier.

16566. Mandement aux généraux des finances de faire
payer par Guillaume Prudhomme, receveur
général de Normandie, 11,278 livres 13 sous
1 denier tournois à Lambert Meigret, commis à tenir le compte et faire le payement
de l'extraordinaire des guerres et des Suisses.
Amboise, 25 janvier 1517.
    Original, Bibl. nat., ms. fr. 25720, n° 98.

25 janvier.

16567. Mandement aux généraux des finances de faire
payer par Jean Lalemant, le jeune, receveur
général de Languedoc, 3,000 livres tournois
à Antoine Bohier, commis à tenir le compte
et faire le payement des pensions d'Angleterre.
Amboise, 25 janvier 1517.
    Original. Bibl. nat., ms. fr. 25720, n° 101.

25 janvier.

16568. Mandement aux généraux des finances de faire
payer par Guillaume Prudhomme, receveur
général de Normandie, 3,000 livres tournois
à Antoine Bohier, commis à tenir le compte
et faire le payement des pensions d'Angleterre.
Amboise, 25 janvier 1517.
    Original. Bibl. nat., ms. fr. 25720, n° 100.

25 janvier.

16569. Mandement à Jean Sapin, receveur général de
Languedoïl et Guyenne, de bailler la somme
de 3,000 livres tournois à Antoine Bohier,
commis au payement des pensions d'Angleterre. Amboise, 25 janvier 1517.
    *Arch. nat., 2e compte de Jean Sapin, KK. 289,
fol. 257. (Mention.)*

25 janvier.

16570. Mandement à Jean Sapin, receveur général de
Languedoïl et Guyenne, de bailler la somme
de 978 livres 6 sous tournois à Lambert Mei-

25 janvier.

gret, commis au payement de l'extraordinaire   1518.
des guerres. Amboise, 25 janvier 1517.

> Arch. nat., 2ᵉ compte de Jean Sapin, KK. 289,
> fol. 246 vᵒ. (Mention [1].)

16571. Mandement à Jean Sapin, receveur général de   25 janvier.
Languedoïl et Guyenne, de bailler la somme
de 12,800 livres tournois à François Richer,
commis au payement des travaux de la ville
et du château de Cognac, et à Hugues
Blandin, commis au payement des travaux
de la ville, du château et du parc d'Amboise.
Amboise, 25 janvier 1517.

> Arch. nat., 2ᵉ compte de Jean Sapin, KK. 289,
> fol. 274 vᵒ. (Mention.)

16572. Mandement à Jean Sapin, receveur général de   25 janvier.
Languedoïl et Guyenne, de faire payer à
Pierre Clabault, orfèvre à Amboise, la somme
de 412 écus d'or soleil pour fourniture d'une
chaîne d'or que le roi a donnée à Jean-Marie
de La Girolle, qui lui avait présenté quatre
grands coursiers de la part de la duchesse de
Bar. Amboise, 25 janvier 1517.

> Arch. nat., 2ᵉ compte de Jean Sapin, KK. 289,
> fol. 414 vᵒ. (Mention.)

16573. Mandement à Jean Sapin, receveur général de   26 janvier.
Languedoïl et Guyenne, de rembourser à
Louis Le Roy, seigneur de Chavigny, la
somme de 117 livres tournois, dépensée pendant un voyage en Normandie pour affaires
secrètes. Amboise, 26 janvier [2] 1517.

> Arch. nat., 2ᵉ compte de Jean Sapin, KK. 289,
> fol. 474. (Mention.)

16574. Mandement à la Chambre des comptes de Blois   26 janvier.
d'envoyer à Paris tous les comptes et titres
des terres qui sont de l'apanage de la cour,
administrées par ladite Chambre. 26 janvier
1517.

> Bibl. nat., Invent. de la Chambre des Comptes de
> Blois. Bibl. nat., ms. Moreau, 486, fol. 366.

---

[1] Le même compte mentionne des mandements pareils pour les
sommes de 10,000 livres (fol. 247) et de 375 livres (fol. 247 vᵒ).

[2] Le texte porte par erreur juin.

16575. Mandement à Jean Sapin, receveur général de Languedoïl et Guyenne, de rembourser à Michau de Sainte-Mesme[1], seigneur dudit lieu, la somme de 500 écus d'or soleil, par lui dépensée durant une mission secrète à Rome, auprès du pape. 28 janvier 1517.

1518.
28 janvier.

> Arch. nat., 2e compte de Jean Sapin, KK. 289, fol. 474 v°. (Mention.)

16576. Mandement à Jean Sapin, receveur général de Languedoïl et Guyenne, de payer la somme de 2,750 écus d'or soleil à Jean de Montpezat, écuyer d'écurie, envoyé en Espagne pour acheter des chevaux au roi. Amboise, 28 janvier 1517.

28 janvier.

> Arch. nat., 2e compte de Jean Sapin, KK. 289, fol. 475. (Mention.)

16577. Mandement à Jean Sapin, receveur général de Languedoïl et Guyenne, de payer la somme de 330 écus d'or soleil à Jean de Rochefort, bailli de Dijon, et à François Le Rouge, conseiller au Parlement de Paris, envoyés en ambassade secrète auprès du duc de Gueldres. Amboise, 28 janvier 1517.

28 janvier.

> Arch. nat., 2e compte de Jean Sapin, KK. 289, fol. 475 v°. (Mention.)

16578. Mandement à Jean Sapin, receveur général de Languedoïl et Guyenne, de payer la somme de 116 livres tournois à Jean Sallat, maître des requêtes de l'hôtel, pour un séjour de vingt-neuf jours à Rouen, où il a vaqué à la réformation de la forêt de Brotonne. Amboise, 28 janvier 1517.

28 janvier.

> Arch. nat., 2e compte de Jean Sapin, KK. 289 fol. 476. (Mention.)

16579. Mandement à Jean Sapin, receveur général de Languedoïl et Guyenne, de payer à l'empereur Maximilien la somme de 41,500 écus d'or soleil, restant des 200,000 écus à lui

29 janvier.

---

[1] Son nom de famille paraît avoir été Cadorat. (Voir KK. 289, fol. 488.)

promis par le traité de Bruxelles (n° 559).
Amboise, 29 janvier 1517.

*Arch. nat., 2ᵉ compte de Jean Sapin, KK. 289,
fol. 433. (Mention.)*

1518.

16580. Déclaration de l'hommage de Charles de La
Forêt, écuyer, comme procureur de Roland
Pigace, écuyer, et de Jaquette de Cabriac, sa
femme, pour la seigneurie de Coutainville,
mouvante de Saint-Sauveur-Lendelin, et pour
la sergenterie héréditale de Saint-James-de-
Beuvron, mouvante d'Avranches. Amboise,
29 janvier 1517.

*Original. Arch. nat., Chambre des Comptes, P.
268², n° 3195.*

29 janvier.

16581. Déclaration de l'hommage de Gilles Beulet,
sᵣ de la Godefroy, élu d'Avranches, pour la
seigneurie de la Godefroy, le château du Val-
de-Sec et la seigneurie de Planche-Jumelle.
Amboise, 29 janvier 1517.

*Original. Arch. nat., Chambre des Comptes, P.
268³, n° 3295.*

29 janvier.

16582. Lettres de décharge pour Jean Sapin, receveur
général de Languedoïl et Guyenne, de la
somme de 2,216 écus d'or soleil, par lui payée
à divers envoyés suisses. Amboise, 31 janvier
1517.

*Arch. nat., 2ᵉ compte de Jean Sapin, KK. 289,
fol. 416. (Mention.)*

31 janvier.

16583. Mandement à Jean Sapin, receveur général de
Languedoïl et Guyenne, de payer à Robert
Albisse, de Florence, la somme de 1,036 écus
d'or soleil pour les frais à lui occasionnés par
le payement de 100,000 écus formant le
complément des 200,000 écus assignés à
l'empereur Maximilien par le traité de Bruxelles (n° 559). Amboise, 31 janvier 1517.

*Arch. nat., 2ᵉ compte de Jean Sapin, KK. 289,
fol. 434 v°. (Mention.)*

31 janvier.

16584. Confirmation de tous les privilèges, droits, coutumes, usages, franchises, libertés, etc., oc-

Janvier.

v.

troyés autrefois aux habitants de Narbonne. Amboise, janvier 1517.

1518.

> *Original. Arch. de la ville de Narbonne, AA. 65.*
> *Copie du XVIII° siècle. Bibl. nat., collection de Doat, vol. 54, fol. 355.*

16585. Lettres de naturalité pour Godefroy de Raumont, né en Hainaut, habitant Paris. Amboise, janvier 1517.

Janvier.

> *Enreg. à la Chambre des Comptes de Paris, le 8 juin 1518, anc. mém. AA, fol. 151.*
> *Enreg. au Châtelet de Paris, le 27 janvier 1519 n. s. Arch. nat., Bannières, Y. 8, fol. 74 v°. 2 pages.*

16586. Lettres de naturalité pour Conrad Resch, né en Allemagne, habitant Paris. Amboise, janvier 1517.

Janvier.

> *Enreg. à la Chambre des Comptes de Paris, le 4 mars 1518 n. s., anc. mém. AA, fol. 119.*
> *Enreg. au Châtelet de Paris, le 19 février 1519 n. s. Arch. nat., Bannières, Y. 8, fol. 75 v°. 2 pages.*

16587. Mandement aux bailli, châtelain et prévôt de Montferrand de faire procéder à la visite de la rivière d'Allier et de s'enquérir si on pourrait la rendre navigable d'Issoire à Pont-du-Château. Amboise, 1er février 1517.

1er février.

> *Copie collat. du 27 mai 1518, dans le procès-verbal des commissaires. Arch. nat., J. 832, n° 21.*

16588. Lettres de provisions, en faveur de Geoffroy Stuart, de l'office d'huissier ordinaire au Parlement de Toulouse. Marchenoir, 3 février 1517.

3 février.

> *Vidimus du sénéchal de Toulouse, le 18 avril 1519. Bibl. nat., Pièces orig., Stuart (doss. 61047), vol. 2731, p. 31.*

16589. Confirmation en faveur d'Antoine Ferrussino, chevalier de Saint-Jean-de-Jérusalem, du don que lui a fait Louis XII de la seigneurie de « Serezadio [1] ». Amboise, 4 février 1517.

4 février.

> *Enreg. au Sénat de Milan, le 9 mars 1518 n. s. Milan, Arch. di stato, Registri del antico Senato, fol. 1427.*

[1] Peut-être Cereseto, province d'Alexandrie, arrondissement de Casale.

16590. Mandement aux généraux des finances de faire payer par Jean Lalemant, receveur général de Languedoc, 33,228 livres tournois à René Thizart, receveur et payeur de la solde de la garde écossaise, pour la solde de l'année courante. Amboise, 7 février 1517.

1518.
7 février.

> Original. Bibl. nat., ms. fr. 25720, n° 102.

16591. Lettres de décharge de 1,000 écus d'or soleil (2,000 livres tournois) pour Jean Sapin, receveur général de Languedoïl et Guyenne. Amboise, 9 février 1517.

9 février.

> Arch. nat., 2ᵉ compte de Jean Sapin, KK. 289, fol. 280 v°. (Mention.)

16592. Mandement à Jean Sapin, receveur général de Languedoïl et Guyenne, de payer à Antoine de Carmain, seigneur de Négrepelisse, la somme de 1,250 livres tournois, partie des 5,000 livres dont le roi lui a fait don, à l'occasion de son mariage avec Françoise d'Aure, dite d'Aster, dame d'honneur de Louise de Savoie. Amboise, 9 février 1517.

9 février.

> Arch. nat., 2ᵉ compte de Jean Sapin, KK. 289, fol. 371 v°. (Mention.)

16593. Mandement aux généraux des finances de faire payer par Jean Grossier, commis à recevoir les deniers de la « Cruciade », à Lambert Meigret, commis à tenir le compte et faire le payement de l'extraordinaire des guerres et des Suisses, 10,000 livres tournois à employer en sa commission. Amboise, 10 février 1517.

10 février.

> Original. Bibl. nat., ms. fr. 25720, n° 103.

16594. Mandement à Jean Sapin, receveur général de Languedoïl et Guyenne, de bailler la somme de 7,750 livres tournois à Guillaume Ribier, commis au payement de la vénerie et fauconnerie du roi. Amboise, 10 février 1517.

10 février.

> Arch. nat., 2ᵉ compte de Jean Sapin, KK. 289, fol. 260. (Mention.)

16595. Mandement à Jean Sapin, receveur général de

10 février.

47.

Languedoïl et Guyenne, de payer à Jacques
de Daillon, seigneur du Lude, la somme de
100 livres tournois, pour partie de la pension
jadis assignée par Louis XII à feu François
de Daillon, seigneur de la Crotte, frère dudit
Jacques. Amboise, 10 février 1517.

> Arch. nat., 2ᵉ compte de Jean Sapin, KK. 289,
> fol. 363. (*Mention.*)

16596. Mandement à Jean Sapin, receveur général de
Languedoïl et Guyenne, de payer à Guillaume
Besnier et à Etienne, son fils, boulangers suivant le roi, la somme de 1,000 livres tournois, que le roi leur a assignée en récompense de leurs services durant la campagne
d'Italie. Amboise, 10 février 1517.

> Arch. nat., 2ᵉ compte de Jean Sapin, KK. 289,
> fol. 388. (*Mention.*)

16597. Lettres d'assignation à Jean de Quinchy, huissier
ordinaire du Grand conseil, d'une somme de
223 livres 4 sous tournois, pour être allé à
Amiens, à Montdidier, à Roye, à Péronne et
dans diverses autres villes, chercher des prisonniers qu'il a amenés à Amboise. Amboise,
10 février 1517.

> Arch. nat., 2ᵉ compte de Jean Sapin, receveur
> général de Languedoïl et Guyenne, KK. 289,
> fol. 436 vᵒ. (*Mention.*)

6598. Lettres d'assignation à Raoul de La Faye, trésorier-payeur de la garde française du corps
du roi, commandée par Gabriel de La Châtre,
seigneur de Nançay, d'une somme de 34,298
livres 8 sous 9 deniers tournois, pour employer aux dépenses de son office. Amboise,
12 février 1517.

> Arch. nat., 2ᵉ compte de Jean Sapin, receveur gé
> néral de Languedoïl et Guyenne, KK. 289, fol. 252.
> (*Mention.*)

16599. Mandement à Jean Sapin, receveur général de
Languedoïl et Guyenne, de payer la somme
de 1,373 livres 15 sous 6 deniers à Jean Sa-

1518.

10 février.

10 février.

12 février.

12 février.

vary, pour diverses fournitures de bouche. Amboise, 12 février 1517.

1518.

> Arch. nat., 2ᵉ compte de Jean Sapin, KK. 289, fol. 316 v°. (Mention.)

16600. Mandement à Jean Sapin, receveur général de Languedoïl et Guyenne, de payer la somme de 140 écus d'or soleil à Pierre Guy, médecin du pays de Comminges, à Jacques Chaucée, gentilhomme gênois, à Jérôme de Sentrailles, Espagnol, et à Jean Ousel, Italien, venus auprès du roi pour affaires secrètes. Amboise, 12 février 1517.

12 février.

> Arch. nat., 2ᵉ compte de Jean Sapin, KK. 289, fol. 476 v°. (Mention.)

16601. Mandement à Jean Sapin, receveur général de Languedoïl et Guyenne, de payer à Charles Vousy, receveur des aides et tailles en l'élection d'Angers, et à Martin Ogier, procureur du roi sur le fait des aides et gabelles en l'élection de Tours, la somme de 342 livres 8 sous tournois, pour vacations diverses. Paris⁽¹⁾, 12 février 1517.

12 février.

> Arch. nat., 2ᵉ compte de Jean Sapin, KK. 289, fol. 477. (Mention.)

16602. Mandement à Nicolas de Neufville, audiencier de la Chancellerie, de payer sur les produits de ladite Chancellerie à Jean Amy, orfèvre à Paris, 95 livres 18 sous parisis pour un sceau du Dauphiné enfermé dans un écrin couvert de velours jaune, semé de lys et de dauphins d'argent. Amboise, 14 février 1517.

14 février.

> Bibl. nat., ms. lat. 5981, fol. 90 v°. (Mention.)

16603. Lettres portant que Jean Robineau jouira des gages de 6 livres parisis par jour et de 10 livres parisis par an pour droit de manteau, à dater du jour de son institution en l'office de secrétaire du roi. Paris⁽²⁾, 16 février 1517.

16 février.

> Arch. nat., 2ᵉ compte de Jean Sapin, receveur général de Languedoïl et Guyenne, KK. 289, fol. 546. (Mention.)

⁽¹⁾ Sic. Il y a sans doute erreur, le roi étant à Amboise à cette date, et l'acte mentionné comme signé de sa main.
⁽²⁾ Même observation.

16604. Provisions en faveur de François de Saint-Marsault, de l'office de sénéchal de Périgord, vacant par la mort de Bertrand d'Estissac. 17 février 1517.

> *Bibl. nat.*, ms. Clairambault 782, p. 268. (*Mention.*)

1518.
17 février.

16605. Lettres accordant délai d'un an au cardinal de Boisy, grand aumônier du roi, de bailler aveu et dénombrement pour l'abbaye du Bec-Hellouin. Amboise, 18 février 1517.

> *Original. Arch. nat., Chambre des Comptes*, P. 265², n° 1542.

18 février.

16606. Mandement à la Chambre des Comptes d'allouer aux comptes du receveur ordinaire de Valois les gages de l'office de bailli et gouverneur de Valois, dont Jacques, bâtard de Bourbon, a été pourvu par lettres données au Port-Saint-Ouen, bien que dans lesdites lettres il n'ait été mandé à la Chambre des Comptes de recevoir son serment. Amboise, 25 février 1517.

> *Original. Bibl. nat.*, ms. fr. 25720, n° 104.

25 février.

16607. Mandement à Jean Sapin, receveur général de Languedoïl et Guyenne, de payer la somme de 100 écus d'or soleil à Clérancius, héraut d'armes du roi d'Angleterre, venu auprès du roi pour affaires secrètes. Amboise, 25 février 1517.

> *Arch. nat.*, 2ᵉ compte de Jean Sapin, KK. 289, fol. 479 v°. (*Mention.*)

25 février.

16608. Mandement aux généraux des finances de faire payer par Guillaume Prudhomme, receveur général de Normandie, 2,400 livres tournois à François Rat, receveur et payeur des gages des maîtres des monnaies de Paris. Amboise, 26 février 1517.

> *Original. Bibl. nat.*, ms. fr. 25720, n° 105.

26 février.

16609. Lettres d'assignation à Guillaume Briçonnet, commis au payement des cent gentilshommes de l'hôtel du roi, sous la conduite de M. de

26 février.

Saint-Vallier, d'une somme de 41,700 livres tournois, destinée aux dépenses de ladite commission. Amboise, 26 février 1517.

> *Arch. nat., 2e compte de Jean Sapin, receveur général de Languedoïl et Guyenne, KK. 289, fol. 251 v°. (Mention.)*

1518.

16610. Lettres d'assignation à Guillaume Deseigne, trésorier-payeur des officiers ordinaires de l'artillerie du roi, d'une somme de 28,660 livres tournois pour les dépenses de son office. Amboise, 26 février 1517.

26 février.

> *Arch. nat., 2e compte de Jean Sapin, receveur général de Languedoïl et Guyenne, KK. 289, fol. 255. (Mention.)*

16611. Déclaration de l'hommage de Guyon de Rochefort, sr d'Ermillé (auj. Armilly), pour ladite seigneurie, mouvante de Tours. Amboise, 27 février 1517.

27 février.

> *Original. Arch. nat., Chambre des Comptes de Paris, P. 13, n° 4388.*

16612. Mandement à Jean Sapin, receveur général de Languedoïl et Guyenne, de payer : 1° 25 livres tournois à Jean Falaizeau, huissier du Grand conseil, qui s'est rendu, le 15 février, de Tours à la Ferté-Bernard, auprès du chancelier, pour lui faire sceller diverses expéditions; 2° 9 livres 15 sous tournois à Jean Savois, autre huissier du Grand conseil, qui est allé, en août 1517, de Rouen à Paris pour y chercher un prisonnier. Amboise, 28 février 1517.

28 février.

> *Arch. nat., 2e compte de Jean Sapin, KK. 289, fol. 417 v°. (Mention.)*

16613. Mandement à Jean Sapin, receveur général de Languedoïl et Guyenne, de payer à Robin Rousseau, orfèvre à Tours, la somme de 572 écus d'or soleil pour fourniture d'un reliquaire d'or semé de fleurs de lys et garni de rubis et d'émeraudes, que le roi a envoyé en Suisse. Amboise, 28 février 1517.

28 février.

> *Arch. nat., 2e compte de Jean Sapin, KK. 289, fol. 418. (Mention.)*

16614. Confirmation des privilèges des comtes de Périgord. Amboise, février 1517.

> *Copie du XVIIIe siècle. Bibl. nat., collection de Doat, vol. 246, fol. 222.*

1518.
Février.

16615. Mandement à Jean Sapin, receveur général de Languedoïl et Guyenne, de payer à Robin Rousseau, orfèvre à Tours, la somme de 462 livres 17 sous 6 deniers tournois, pour fourniture d'un diamant taillé en dos d'âne, que le roi a gardé, et d'une émeraude destinée au dauphin. Amboise, 1er mars 1517.

> *Arch. nat., 2e compte de Jean Sapin, KK. 289, fol. 419. (Mention.)*

1er mars.

16616. Mandement à Jean Sapin, receveur général de Languedoïl et Guyenne, de payer : 1° 32 livres tournois à Jacques Le Roux, lieutenant de la justice du prévôt de l'hôtel, pour avoir recouvré une « chapelle » volée lors du séjour du roi à Argentan, en octobre 1517, et pour avoir vaqué pendant douze jours au procès d'un nommé Florimond Le Bel, lequel a été depuis décapité à Amboise; 2° 92 livres 11 sous à Martin Berthelot, autre lieutenant de la justice du prévôt de l'hôtel, pour vacations diverses à Tours, Bléré et ailleurs, à l'occasion dudit procès, et transport dudit Le Bel auxdits lieux. Amboise, 1er mars 1517.

> *Arch. nat., 2e compte de Jean Sapin, KK. 289, fol. 420. (Mention.)*

1er mars.

16617. Mandement à Jean Sapin, receveur général de Languedoïl et Guyenne, de payer la somme de 342 livres 13 sous tournois à Étienne Bourbenon, greffier de la justice du prévôt de l'hôtel, pour ses frais lors du procès du nommé Florimond Le Bel, depuis décapité à Amboise. Amboise, 1er mars 1517.

> *Arch. nat., 2e compte de Jean Sapin, KK. 289, fol. 429. (Mention.)*

1er mars.

16618. Mandement à Jean Sapin, receveur général de Languedoïl et Guyenne, de payer à Léonard Le Court, tapissier de la reine, et à Jean-

1er mars.

Baptiste, courrier, la somme de 394 livres 13 sous tournois pour divers transports de tapisseries. Amboise, 1er mars 1517.

> *Arch. nat., 2e compte de Jean Sapin, KK. 289, fol. 437. (Mention.)*

16619. Déclaration de l'hommage d'Antoine de Cugnac, chevalier, baron d'Ymonville, au nom d'Antoine de Cugnac, chevalier, seigneur de Dampierre, son père, pour un droit d'usage dans la forêt d'Orléans et pour la seigneurie de Vatimesnil, dans le Vexin normand, mouvante du château de Gisors. Amboise, 1er mars 1517.

> *Expéd. orig. Arch. nat., P. 274¹, cote 6259.*

16620. Don d'une somme de 600 écus d'or soleil à Jean Bourdichon, peintre, pour avoir enluminé un grand livre d'heures destiné au roi, et en attendant une récompense « qui approche du mérite desdictes heures ». Amboise, 2 mars 1517.

> *Arch. nat., 2e compte de Jean Sapin, receveur général de Languedoïl et Guyenne, KK. 289, fol. 389. (Mention.)*

16621. Mandement à Jean Sapin, receveur général de Languedoïl et Guyenne, de payer : 1° 127 écus d'or soleil et demi, dont 30 livres pour traversée de mer, à Gabriel Le Forestier, roi d'armes du titre de Normandie, envoyé pour affaires secrètes auprès du roi d'Angleterre; 2° 165 écus à Michel Gilles, roi d'armes du titre de Champagne, envoyé en Écosse. Amboise, 2 mars 1517.

> *Arch. nat., 2e compte de Jean Sapin, KK. 289, fol. 480. (Mention.)*

16622. Mandement à Jean Sapin, receveur général de Languedoïl et Guyenne, de payer à Compagnet d'Armendaris : 1° 72 livres tournois pour avoir conduit le chancelier d'Espagne de Bordeaux à Bayonne; 2° 24 livres pour

v.

48

avoir envoyé à ses frais un messager de Bor- 1518.
deaux à Amboise. Amboise, 3 mars 1517.

> *Arch. nat., 2ᵉ compte de Jean Sapin, KK. 289,*
> *fol. 421. (Mention.)*

16623. Mandement à Jean Sapin, receveur général de 5 mars.
Languedoïl et Guyenne, de payer : 1° 200 écus
d'or soleil à Bernardin Conte (*aliàs* Zuple)
pour ses services; 2° 15 écus à Jean Guiber-
teau, avocat au Parlement de Paris, pour
avoir apporté le codicille de l'amiral de Graville, portant quittance au roi d'une dette
de 80,000 livres; 3° 120 écus à Christophe
Darest, huissier, « pour luy aider à faire une
trompette d'argent »; 4° 25 écus à Jean Antoine, Italien, « gouverneur des lyons estans
à Amboyse », pour son entretien. Amboise,
5 mars 1517.

> *Arch. nat., 2ᵉ compte de Jean Sapin, KK. 289,*
> *fol. 440. (Mention.)*

16624. Déclaration de l'hommage de Gabriel d'Alègre, 6 mars.
chambellan du roi, baron d'Alègre, seigneur
de Saint-Just, pour le fief d'Oissery, mouvant de Senlis, et le fief de Blainville, mouvant de Rouen. Amboise, 6 mars 1517.

> *Original. Arch. nat., Chambre des Comptes de*
> *Paris, P. 16, n° 5976.*

16625. Lettres de don à Charles de Clairy (Clercy), 6 mars.
chevalier, des droits dus pour la terre de
Beauvoir. 6 mars 1517.

> *Enreg. à la Chambre des Comptes de Paris, anc.*
> *mém. 2 A, fol. 142 v°. Arch. nat., PP. 119, p. 21.*
> *(Mention.)*
> *Bibl. nat., ms. fr. 21405, p. 275. (Mention.)*

16626. Mandement aux généraux des finances de faire 7 mars.
payer par Jean Lalemant, trésorier et rece-
veur général de Languedoc, 375 livres tournois à Raymond Phelipeaux, commis à tenir
le compte et faire le payement des réparations du château de Blois, en sus des sommes
déjà ordonnées à cet effet. Amboise, 7 mars
1517.

> *Original. Bibl. nat., ms. fr. 21443, fol. 5.*

16627. Mandement à Jean Sapin, receveur général de
Languedoïl et Guyenne, de bailler la somme
de 375 livres tournois à Raymond Phélipeaux, commis au payement des travaux du
château de Blois. Amboise, 7 mars 1517.

> *Arch. nat., 2ᵉ compte de Jean Sapin, KK. 289,
> fol. 247 vᵒ. (Mention.)*

1518.
7 mars.

16628. Déclaration relative à l'enregistrement de la
confirmation des privilèges de la ville de
Rennes, donnée en avril 1517 n. s. Amboise, 8 mars 1517.

> *Copie collat. de 1575. Arch. départ. d'Ille-et-Vi-
> laine, C. 3325.*

8 mars.

16629. Déclaration de l'hommage de Louis Raguier,
chevalier, gentilhomme de la chambre, pour
la seigneurie d'Esternay (bailliage et châtellenie de Sézanne). Amboise, 8 mars 1517.

> *Expéd. orig. Arch. nat., P. 165², cote 1965.*

8 mars.

16630. Déclaration de l'hommage de Louis Raguier,
chevalier, gentilhomme de la chambre du
roi, pour la châtellenie de la Mothe, mouvante de Sens. Amboise, 8 mars 1517.

> *Original. Arch. nat., Chambre des Comptes de
> Paris, P. 14, nᵒ 5115.*

8 mars.

16631. Déclaration de l'hommage de Louis Raguier,
gentilhomme de la chambre du roi, pour la
châtellenie de Villeneuve-au-Chemin et partie
de la seigneurie de Saint-Mards, mouvantes du
château de Chaumont-en-Bassigny. Amboise,
8 mars 1517.

> *Expéd. orig. Arch. nat., P. 163¹, cote 955.*

8 mars.

16632. Don d'une somme de 100 écus d'or soleil,
payable sur la recette générale de Languedoïl et Guyenne, à Antoine Tanart, valet de
chambre ordinaire du roi Amboise, 9 mars
1517.

> *Arch. nat., 2ᵉ compte de Jean Sapin, KK. 289,
> fol. 467 vᵒ. (Mention.)*

9 mars.

16633. Mandement à Jean Sapin, receveur général de
Languedoïl et Guyenne, de payer la somme

9 mars.

de 100 écus d'or soleil à Albert Paure, de
Plaisance, « maistre inventeur d'engins »,
venu d'Italie à Amboise, auprès du roi,
« pour luy deviser le portraict de plusieurs
engins ». Amboise, 9 mars 1517.

1518.

> Arch. nat., 2ᵉ compte de Jean Sapin, KK. 289,
> fol. 480 v°. (Mention.)

16634. Mandement à Jean Sapin, receveur général de
Languedoïl et Guyenne, de rembourser Galéas
de Saint-Séverin, grand écuyer de France,
d'une somme de 250 écus d'or soleil (500 livres tournois) qu'il avait payée, sur l'ordre du
roi, partie à Albert Plaisantin (Piacentini),
envoyé d'Italie par M. de Lautrec pour affaires secrètes, et partie à Belin de Crémone,
écuyer d'écurie, pour un « courlault rouen »
présenté au roi. Amboise, 10 mars 1517.

10 mars.

> Arch. nat., 2ᵉ compte de Jean Sapin, KK. 289,
> fol. 292 v°. (Mention.)

16635. Commission à Jean de Lévis, baron de Châteaumorant, l'un des douze gentilshommes de
la chambre du roi, de se transporter dans la
sénéchaussée de Rouergue et d'y faire exécuter les arrêts du Parlement de Toulouse
donnés contre les habitants du pays, coupables de rébellion. Amboise, 11 mars 1517.

11 mars.

> Copie collat., dans l'original du procès-verbal du-
> dit commissaire. Arch. nat., J. 891, n° 33.

16636. Mandement à Jean Sapin, receveur général de
Languedoïl et Guyenne, de payer à Claude
de Chalon, femme du comte de Nassau, la
somme de 2,000 livres tournois dont le roi
lui a fait don, pour l'aider à payer certaines
dettes par elle contractées au service des
reines Anne et Claude. Amboise, 11 mars
1517.

11 mars.

> Arch. nat., 2ᵉ compte de Jean Sapin, KK. 289,
> fol. 369. (Mention.)

16637. Mandement à Jean Sapin, receveur général de
Languedoïl et Guyenne, de payer à Louis
Denzen, orfèvre ordinaire du roi, la somme

11 mars.

de 1,628 écus d'or soleil 30 sous tournois, pour fourniture de six colliers de l'ordre. Amboise, 11 mars 1517.

> Arch. nat., 2ᵉ compte de Jean Sapin, KK. 289, fol. 422. (Mention.)

16638. Lettres de réception du serment de fidélité prêté devant le chancelier de France par frère Ambroise de Mondot, au nom de frère Macé [Petiot], abbé de Fontaine-Daniel, pour les seigneuries de Fontenay-le-Pesnel (bailliage et vicomté de Caen), Montchamp (même bailliage, vicomté de Vire) et Réville (bailliage de Cotentin, vicomté de Valognes), appartenant à ladite abbaye. Amboise, 11 mars 1517.

11 mars.

> Expéd. orig. Arch. nat., P. 273², cote 5972.

16639. Lettres de provisions de l'office de général des monnaies en Bourgogne pour Méry Du Bois, en remplacement et sur la résignation de Jacques Le Charron. Amboise, 12 mars 1517.

12 mars.

> Enreg. à la Chambre des Comptes de Dijon, le 18 mai 1518. Arch. de la Côte-d'Or, B. 18, fol. 16 v°.

16640. Mandement à Jean Sapin, receveur général de Languedoïl et Guyenne, de rembourser à Charles de Chambiran, archer de la garde, la somme de 168 livres 8 sous 4 deniers tournois, qu'il avait dépensée pour la nourriture de Jean de Doulhac, auparavant prévôt de l'hôtel, confié à sa garde. Amboise, 13 mars 1517.

13 mars.

> Arch. nat., 2ᵉ compte de Jean Sapin, KK. 289, fol. 447. (Mention.)

16641. Mandement à Jean Sapin, receveur général de Languedoïl et Guyenne, de payer à Jacques de Cran, lieutenant de M. de Nançay, capitaine de la garde française, la somme de 278 livres 17 sous tournois, à laquelle se montaient les dépenses faites par ledit lieutenant pour aller chercher M. de Mailly et quatre de ses familiers, prisonniers à Loches,

13 mars.

et les conduire à Paris, puis à Amboise. Amboise, 13 mars 1517.

1518.

Arch. nat., 2ᵉ compte de Jean Sapin, KK. 289,
fol. 447 v°. (Mention.)

16642. Mandement à Jean Sapin, receveur général de
Languedoïl et Guyenne, de payer la somme
de 116 livres 16 sous tournois à Antoine et
Jeannot de Bouchs, Pierre de Champfagos
et Barthélemy de Chaignes, archers de la
garde, précédemment envoyés à Toulouse,
sous la conduite de François de Théligny,
chevalier, « pour eulx informer d'aucunes re-
bellions, monopolles et colusions qui se fai-
soient alencontre du roy en la seneschaucée
dudict Tholoze ». Amboise, 14 mars 1517.

14 mars.

Arch. nat., 2ᵉ compte de Jean Sapin, KK. 289,
fol. 482. (Mention.)

16643. Mandement à Jean Sapin, receveur général de
Languedoïl et Guyenne, de payer à Jeanne
de La Rochandry la somme de 500 livres
tournois, pour dix mois de la pension de
M. de Brisambourg, son mari, décédé au
mois de novembre 1515. Amboise, 15 mars
1517.

15 mars.

Arch. nat., 2ᵉ compte de Jean Sapin, KK. 289,
fol. 363 v°. (Mention.)

16644. Mandement à Jean Sapin, receveur général de
Languedoïl et Guyenne, de payer la somme
de 170 écus d'or soleil à Frédéric Cathaigne,
archer de la garde, précédemment envoyé à
Rome auprès du pape, pour affaires secrètes.
Amboise, 15 mars 1517.

15 mars.

Arch. nat., 2ᵉ compte de Jean Sapin, KK. 289,
fol. 481. (Mention.)

16645. Mandement aux généraux des finances de faire
payer par Guillaume Prudhomme, receveur
général de Normandie, 2,185 livres tournois
à Morelet du Museau, receveur et payeur des
gages des officiers de la Chambre des Comptes
de Paris, pour le complément des 20,246 li-

16 mars.

vres tournois employées à ce payement durant
cette année. Amboise, 16 mars 1517.

Original. Bibl. nat., ms. fr. 25720, n° 107.

16646. Mandement à Jean Sapin, receveur général de
Languedoïl et Guyenne, de bailler la somme
de 5,000 livres tournois à Morelet du Museau, payeur des gages des officiers de la
Chambre des Comptes de Paris. Amboise,
16 mars 1517.

*Arch. nat., 2ᵉ compte de Jean Sapin, KK. 289,
fol. 266. (Mention.)*

16647. Mandement à Jean Sapin, receveur général de
Languedoïl et Guyenne, de payer à Gaspart
Laët la somme de 400 écus d'or soleil (800 livres tournois), en compensation de sa pension de l'année 1517, omise sur l'état général
des finances pour ladite année. Amboise,
16 mars 1517.

*Arch. nat., 2ᵉ compte de Jean Sapin, KK. 289,
fol. 377. (Mention.)*

16648. Mandement à Jean Sapin, receveur général de
Languedoïl et Guyenne, de payer à Thierry
Fouet, dit Dorne, secrétaire du roi, la somme
de 200 livres tournois en dédommagement
des dépenses qu'il a faites pour diverses expéditions : dépêches secrètes envoyées en deçà
et au delà des monts, lettres ordonnant des
prières pour le roi et la reine enceinte, autres
avertissant le peuple des entreprises du sultan
contre la chrétienté, etc. Amboise, 16 mars
1517.

*Arch. nat., 2ᵉ compte de Jean Sapin, KK. 289,
fol. 390. (Mention.)*

16649. Mandement à Jean Sapin, receveur général de
Languedoïl et Guyenne, de payer à Robin
Rousseau, orfèvre à Tours, la somme de
1,020 livres 15 sous 11 deniers pite tournois, pour fourniture de vaisselle d'argent
offerte par le roi à Jean Stuart, ambassadeur
d'Écosse. Amboise, 16 mars 1517.

*Arch. nat., 2ᵉ compte de Jean Sapin, KK. 289,
fol. 83. (Mention.)*

1518.

16 mars.

16 mars.

16 mars.

16 mars.

16650. Lettres de quittance de 5,000 écus d'or soleil
(10,000 livres tournois) pour Jean Sapin, receveur général de Languedoïl et Guyenne.
Amboise, 17 mars 1517.

*Arch. nat., 2ᵉ compte de Jean Sapin, KK. 289,
fol. 280 v°. (Mention.)*

1518.
17 mars.

16651. Mandement à Jean Sapin, receveur général de
Languedoïl et Guyenne, de payer à Marguerite Thomas la somme de 200 livres tournois,
que le roi lui a donnée pour l'aider à payer
les dettes de feu Jean de Saint-Ouen, archer
de la garde, son mari. Amboise, 17 mars
1517.

*Arch. nat., 2ᵉ compte de Jean Sapin, KK. 289,
fol. 372. (Mention.)*

17 mars.

16652. Provisions pour Guillaume Brachet, chevalier,
de l'office de bailli et gouverneur d'Étampes.
Amboise, 18 mars 1517.

*Reçu à la Chambre des Comptes de Paris, le
4 mai 1518, anc. mém. 2 A, fol. 163. Arch. nat.,
PP. 119, p. 24. (Mention.)
Bibl. nat., ms. fr. 21405, p. 275. (Mention.)*

18 mars.

16653. Permission à Denis Poillot, conseiller au Grand
conseil, d'entrer au Parlement de Bourgogne,
sa vie durant, et d'y avoir opinion et voix dé-
libérative comme les autres conseillers. Amboise, 20 mars 1517.

*Enreg. en mai 1518, au Parlement de Dijon.
Arch. de la Côte-d'Or, Parl., reg. I, fol. 160 v°.*

20 mars.

16654. Mandement à Jean Sapin, receveur général de
Languedoïl et Guyenne, de bailler la somme
de 16,300 livres à Nicole Barbier, maître de
la chambre aux deniers du roi, commis au
payement des cent Suisses de la garde. Amboise, 20 mars 1517.

*Arch. nat., 2ᵉ compte de Jean Sapin, KK. 289,
fol. 254 v°. (Mention.)*

20 mars.

16655. Don à Séraphin du Tillet, commis au payement
des soixante archers de la garde commandés
par M. de Chavigny, d'une somme de 450 livres tournois, pour l'indemniser d'une avance

20 mars.

qu'il avait faite de ses propres deniers en vue
dudit· payement. Amboise, 20 mars 1517.

*Arch. nat.; 2ᵉ compte de Jean Sapin, KK. 289,
fol. 372. (Mention.)*

16656. Mandement aux généraux des finances de faire
payer par Guillaume Prudhomme, receveur
général de Normandie, 10,000 livres tournois
à Sébastien de Mareau, maître de la chambre
aux deniers du roi. Amboise, 22 mars 1517.

22 mars.

Original. Bibl. nat., ms. fr. 25720, n° 108.

16657. Lettres d'assignation à Sébastien de Mareau,
maître de la chambre aux deniers du roi,
d'une somme de 50,000 livres tournois pour
les· dépenses de sondit office. Amboise,
22 mars 1517.

22 mars.

*Arch. nat., 2ᵉ compte de Jean Sapin, receveur
général de Languedoïl et Guyenne, KK. 289,
fol. 258 vᵉ. (Mention.)*

16658. Mandement à Jean Sapin, receveur général de
Languedoïl et·Guyenne, de payer à Pierre
Laparque la somme de 162 livres 10 sous
tournois, pour avoir acheté 80,000 pieds de
vigne de Beaune et les avoir fait transporter
de Beaune au port de Digoin, de là à Tours
et enfin à Romorantin, où le roi les a fait
planter. Amboise, 22 mars 1517.

22 mars.

*Arch. nat., 2ᵉ compte de Jean Sapin, KK. 289,
fol. 423 vᵒ. (Mention.)*

16659. Déclaration de l'hommage de Jacqueline d'Estouteville, dame de Trye et de Fresnes-
l'Éguillon, pour lesdites seigneuries, mouvantes de Chaumont. Amboise, 22 mars 1517.

22 mars.

*Original. Arch. nat., Chambre des Comptes de
Paris, P. 5, n° 1574.*

16660. Mandement à Jean Sapin, receveur général de
Languedoïl et Guyenne, de bailler la somme
de 5,000 livres tournois à Antoine de Troyes,
commis au payement des turcies et levées de
la Loire et du Cher. Amboise, 25 mars 1517.

25 mars.

*Arch. nat., 2ᵉ compte de Jean Sapin, KK. 289,
fol. 261. (Mention.)*

v.

49

16661. Déclaration de l'hommage de Philippe de Suze, chevalier, un des cent gentilshommes de l'hôtel commandés par le s' de Saint-Vallier, pour la seigneurie d'Outrouville en Beauce, mouvante de Janville. Amboise, 26 mars 1517.

1518.
26 mars.

> Original. Arch. nat., Chambre des Comptes de Paris, P. 10, n° 3430.

16662. Déclaration de l'hommage de Philippe de Suze, chevalier, un des cent gentilshommes de l'hôtel commandés par le s' de Saint-Vallier, pour la terre de Coye, mouvante du Châtelet de Paris. Amboise, 26 mars 1517.

26 mars,

> Original. Arch. nat., Chambre des Comptes de Paris, P. 2, n° 660.

16663. Déclaration de l'hommage de Philippe de Suze, gentilhomme de l'hôtel du roi de la compagnie de M. de Saint-Vallier, pour la seigneurie de Laversine-sur-Oise, mouvante de Creil. Amboise, 27 mars 1517.

27 mars.

> Original. Arch. nat., Chambre des Comptes de Paris, P. 5, n° 1575.

16664. Don aux religieux de Fontaines-les-Blanches d'une somme de 50 livres tournois, pour une messe quotidienne qu'ils disent à l'intention du roi, de sa mère et des enfants de France. Amboise, 28 mars 1517.

28 mars.

> Arch. nat., 2' compte de Jean Sapin, receveur général de Languedoïl et Guyenne, KK. 289, fol. 388 v°. (Mention.)

16665. Mandement à Jean Sapin, receveur général de Languedoïl et Guyenne, de payer la somme de 120 écus d'or soleil à Bénédict Musnier, messager du canton de Berne, envoyé à Amboise par l'avoyer dudit canton. Amboise, 28 mars 1517.

28 mars.

> Arch. nat., 2' compte de Jean Sapin, KK. 289, fol. 424 v°. (Mention.)

16666. Mandement au sénéchal d'Agenais de faire exécuter l'arrêt du Parlement condamnant les habitants de Saint-Macaire à restituer à Tho-

29 mars.

mas Du Pont, marchand de Rouen, et à d'autres les vins achetés par eux à Gaillac, et que les habitants de Saint-Macaire ont saisis, en violation de la transaction passée entre eux et les gens de Gaillac. Amboise, 29 mars 1517.

Copie du XVIII° siècle. Bibl. nat., coll. Doat, vol. 116, fol. 262.

1518.

16667. Don à Gilbert Bayard, secrétaire du roi, d'une somme de 100 livres tournois, pour l'indemniser de ce qu'il avait, depuis six mois, fait grossoyer à ses frais « huit vingtz lettres missives pour prier Dieu pour le roy et sa compaigne, unze lettres patentes pour signiffier que ceulx qui auroient receu dommaige des Angloys se retirassent dedans Calaiz et leur seroit fait justice, vingt-deux lettres missives contenans aucunes ordonnances sur le fait de la gendarmerie, et soixante grans lettres missives adressans aux baillifz et seneschaulx du royaulme, contenant ordonnance sur ladicte gendarmerye, et plusieurs autres par lesquelles le roy advertissoit nostre Sainct Père le Pape et plusieurs princes et seigneurs, et pareillement les bonnes villes du royaume, de la grace qu'il avoit pleu à Dieu luy faire de luy donner ung filz ». Amboise, 29 mars 1517.

29 mars.

Arch. nat., 2° compte de Jean Sapin, KK. 289, fol. 373. (Mention.)

16668. Mandement à Jean Sapin, receveur général de Languedoïl et Guyenne, de payer la somme de 45 écus d'or soleil à Colinet de La Pasture et à Michel de Ferras, précédemment envoyés en Espagne pour affaires secrètes. Amboise, 29 mars 1517.

29 mars.

Arch. nat., 2° compte de Jean Sapin, KK. 289, fol. 481 v°. (Mention.)

16669. Déclaration de l'hommage rendu par Jean Picart, chevalier, seigneur de Radeval, au nom de Pierre de Ferrières, pour les seigneuries de Dangu, Bézu-le-Long (bailliage de Gisors), Thury (bailliage de Caen) et Livarot, au Neuf-

29 mars.

49.

bourg (bailliage d'Évreux). Amboise, 29 mars 1517. ⟶ 1518.

> *Expéd. orig. Arch. nat.*, P. 270², cote 4347.

16670. Mandement à Jean Sapin, receveur général de 30 mars.
Languedoïl et Guyenne, de verser la somme
de 16,140 livres tournois à Jacques Ragueneau, secrétaire du roi, commis au payement
des mortes-payes des places de Guyenne. Amboise, 30 mars 1517.

> *Arch. nat., 2ᵉ compte de Jean Sapin*, KK. 289,
> fol. 250 v°. (*Mention.*)

16671. Mandement à Jean Sapin, receveur général de 30 mars.
Languedoïl et Guyenne, de bailler la somme
de 32,165 livres 7 sous 6 deniers tournois à
Séraphin du Tillet, commis au payement des
105 archers français de la garde du roi, commandés par Louis Le Roy, seigneur de Chavigny. Amboise, 30 mars 1517.

> *Arch. nat., 2ᵉ compte de Jean Sapin*, KK. 289,
> fol. 253 v°. (*Mention.*)

16672. Mandement à Jean Sapin, receveur général de 30 mars.
Languedoïl et Guyenne, de verser la somme
de 16,000 livres tournois à Jacques Ragueneau, commis au payement des travaux de
fortification dans le duché de Guyenne. Amboise, 30 mars 1517.

> *Arch. nat., 2ᵉ compte de Jean Sapin*, KK. 289,
> fol. 271. (*Mention.*)

16673. Don à François de Gruaulme, mis hors de page 30 mars.
de l'écurie du roi, d'une somme de 30 écus
d'or soleil (60 livres tournois), « pour luy aider
à soy monter et armer ». Amboise, 30 mars
1517.

> *Arch. nat., 2ᵉ compte de Jean Sapin*, KK. 289,
> fol. 372 v°. (*Mention.*)

16674. Lettres de légitimation de Claude Lombart, Mars.
fils naturel de Jean Lombart, chanoine
d'Autun, et d'une veuve. Amboise, mars 1517.

> *Enreg. à la Chambre des Comptes de Dijon, le
> 19 juin suivant. Arch. de la Côte-d'Or*, B. 72, fol. 27.

16675. Mandement de payer au cardinal Trivulce, pour ses services en cour de Rome, les gages de conseiller ordinaire au Grand conseil, depuis le dernier payement à lui fait jusqu'au 1ᵉʳ juillet dernier, jour de sa promotion au cardinalat, bien qu'il n'ait point siégé au Conseil pendant ce temps. Amboise, 2 avril 1517.

1518.
2 avril.

> *Original. Bibl. nat., Pièces originales, Trivulce, vol. 2885, p. 47.*

16676. Lettres d'assignation à Pierre Antoine, conseiller au Grand conseil, d'une somme de 500 livres tournois, laquelle lui sera payée par Gilbert Filleul, payeur des gages des officiers du Grand conseil, sur les revenants-bons acquis au roi à cause des conseillers absents. Amboise, 2 avril 1517.

2 avril.

> *Original. Était en vente chez M. Eugène Charavay en mars 1891.*

16677. Mandement à Jean Sapin, receveur général de Languedoïl et Guyenne, de payer à Claudin, orfèvre à Tours, la somme de 125 écus d'or soleil pour fourniture d'une chaîne d'or dont le roi a fait don à David de Coran, ambassadeur du roi de Danemark. Amboise, 5 avril 1518.

5 avril.

> *Arch. nat., 2ᵉ compte de Jean Sapin, KK. 289, fol. 450 vᵒ. (Mention.)*

16678. Mandement à Jean Sapin, receveur général de Languedoïl et Guyenne, de payer à Florentin Hardoin, hôtelier à Amboise, la somme de 383 livres 16 sous 4 deniers tournois, pour avoir, pendant trente jours, hébergé l'ambassadeur de Danemark, accompagné de quinze personnes et de dix chevaux. Amboise, 5 avril 1518.

5 avril.

> *Arch. nat., 2ᵉ compte de Jean Sapin, KK. 289, fol. 451. (Mention.)*

16679. Mandement à Jean Sapin, receveur général de Languedoïl et Guyenne, de bailler la somme de 5,000 livres tournois à Thomas Jacot,

9 avril.

commis à la recette des salpêtres de la généralité de Languedoïl et Guyenne. Amboise,
9 avril 1518.

> Arch. nat., 2ᵉ compte de Jean Sapin, KK. 289,
> fol. 256. (Mention.)

1518.

16680. Don d'une somme de 30 écus d'or soleil à François de Nosé (ou Nocé), mis hors de page
de l'écurie du roi, pour l'aider « à soy monter
et armer pour servir ledict seigneur en ses
ordonnances ». Amboise, 10 avril 1518.

> Arch. nat., 2ᵉ compte de Jean Sapin, receveur
> général de Languedoïl et Guyenne, KK. 289,
> fol. 377. (Mention.)

10 avril.

16681. Don d'une somme de 30 écus d'or soleil à
Louis de Larière, mis hors de page de l'écurie
du roi, pour l'aider « à soy monter et armer
pour servir ledict seigneur en ses ordonnances ». Amboise, 10 avril 1518.

> Arch. nat., 2ᵉ compte de Jean Sapin, receveur
> général de Languedoïl et Guyenne, KK. 289,
> fol. 377 v°. (Mention.)

10 avril.

16682. Lettres portant défense de laisser acquérir des
terres et des fiefs nobles en Bretagne par
les roturiers et gens de bas état. Amboise,
11 avril 1518.

> Copie collationnée. Arch. départ. d'Ille-et-Vilaine
> (à classer).

11 avril.

16683. Commission au sʳ des Roches, maître des requêtes de l'hôtel, et à Nicole de Saint-Gelais,
premier maître d'hôtel, de se transporter à
Paris pour faire une enquête approfondie sur
la propagande de l'Université contre le concordat, dont elle a défendu l'impression.
Amboise, 12 avril 1518.

> Copie contemporaine. Londres, British Museum,
> Cotton, Caligula, D. VII, fol. 4 à 5 v°.

12 avril.

16684. Mandement à Jean Sapin, receveur général de
Languedoïl et Guyenne, de payer à Pierre
de Verdelles, archer de la garde, la somme
de 180 livres tournois pour dépenses faites
durant son séjour dans le Maine et le Perche,

12 avril.

où le roi l'a envoyé poursuivre certains mal-   1518.
faiteurs et faire leur procès. 12 avril 1518.

> Arch. nat., 2ᵉ compte de Jean Sapin, KK. 289,
> fol. 451 v°. (Mention.)

16685. Mandement à Jean Sapin, receveur général de   15 avril.
Languedoïl et Guyenne, de payer la somme
de 87 livres 10 sous tournois à Guillaume
Féau, valet de chambre du roi, précédemment envoyé à Toulouse et à Bordeaux pour
les affaires du roi. Amboise, 15 avril 1518.

> Arch. nat., 2ᵉ compte de Jean Sapin, KK. 289,
> fol. 483. (Mention.).

16686. Mandement à Jean Sapin, receveur général de   15 avril.
Languedoïl et Guyenne, de payer à la veuve
et aux héritiers de Nicole Gaudin, en son
vivant secrétaire du roi, les gages dus audit
Gaudin pour sondit office, depuis le 1ᵉʳ octobre 1514 jusqu'au 26 juin 1515, jour de
son décès. Amboise, 15 avril 1518.

> Arch. nat., 2ᵉ compte de Jean Sapin, KK. 289,
> fol. 542. (Mention.)

16687. Mandement aux généraux des finances d'allouer   18 avril.
aux comptes de Guillaume Prudhomme, rece-
veur général de Normandie, 3,000 livres
tournois pour le rembourser de pareille
somme qu'il avait prêtée au roi. Amboise,
18 avril 1518.

> Original. Bibl. nat., ms. fr. 25720, n° 110.

16688. Mandement à Jean Sapin, receveur général de   18 avril.
Languedoïl et Guyenne, de verser la somme
de 4,000 livres tournois à François de Bonjan,
secrétaire du roi, commis au payement des
ouvriers en draps de soie et d'or de la ville de
Tours. Amboise, 18 avril 1518.

> Arch. nat., 2ᵉ compte de Jean Sapin, KK. 289,
> fol. 264 v°. (Mention.)

16689. Mandement à Jean Sapin, receveur général de   18 avril.
Languedoïl et Guyenne, de bailler la somme
de 3,740 livres tournois à Morelet du Museau

et à Jean de Poncher, trésoriers des guerres. 1518.
Amboise, 18 avril 1518.

> Arch. nat., 2ᵉ compte de Jean Sapin, KK. 289,
> fol. 271 vº. (Mention [1].)

16690. Mandement à Jean Sapin, receveur général   18 avril.
de Languedoïl et Guyenne, de rembour-
ser Jacques Le Roy, contrôleur général des
finances, d'une somme de 1,500 livres tournois qu'il avait avancée, sur mandement du
roi, à Morelet du Museau et à Jean de Poncher, trésoriers des guerres. Amboise, 18 avril
1518.

> Arch. nat., 2ᵉ compte de Jean Sapin, KK. 289,
> fol. 285 vº. (Mention.)

16691. Lettres autorisant Jean Sapin, receveur général   18 avril.
de Languedoïl et Guyenne, à se rembourser
sur les deniers de sa recette d'une somme de
3,000 livres tournois, par lui avancée, sur
mandement du roi, à Morelet du Museau et à
Jean de Poncher, trésoriers des guerres. Amboise, 18 avril 1518.

> Arch. nat., 2ᵉ compte de Jean Sapin, KK. 289,
> fol. 285 vº. (Mention.)

16692. Mandement à Jean Sapin, receveur général de   18 avril.
Languedoïl et Guyenne, de rembourser Guil-
laume de Beaune, seigneur de la Carte, d'une
somme de 5,000 livres tournois, qu'il avait
avancée, sur mandement du roi, à Morelet
du Museau et à Jean de Poncher, trésoriers
des guerres. Amboise, 18 avril 1518.

> Arch. nat., 2ᵉ compte de Jean Sapin, KK. 289,
> fol. 293 vº. (Mention.)

16693. Don à Jean Brodier et à Bernardin Chioze, de   20 avril.
Milan, d'une somme de 170 écus d'or soleil,
pour services rendus dans certaines affaires
secrètes. Amboise, 20 avril 1518.

> Arch. nat., 2ᵉ compte de Jean Sapin, receveur
> général de Languedoïl et Guyenne, KK. 289,
> fol. 378. (Mention.)

---

[1] Le même compte mentionne (fol. 272) un pareil mandement pour
la somme de 36,313 livres.

16694. Mandement à Jean Sapin, receveur général de Languedoïl et Guyenne, de rembourser à François de Saint-Marsault, sénéchal de Périgord, la somme de 500 écus d'or soleil, que le roi lui avait empruntée à Saint-Quentin au mois de juin précédent, pour la distribuer à plusieurs gentilshommes du roi catholique. Amboise, 22 avril 1518.

1518.
22 avril.

> *Arch. nat., 2ᵉ compte de J. Sapin, KK. 289, fol. 452 v°. (Mention.)*

16695. Confirmation des lettres patentes du roi Charles VIII, défendant à tous sergents et officiers de faire dans la ville de Seurre aucun exploit de justice, sans y appeler les maire et échevins de la ville. Amboise, 24 avril 1518.

24 avril.

> *Original. Arch. municip. de Seurre (Côte-d'Or), B. 1, n° 24.*

16696. Déclaration de l'hommage lige rendu par Catault Le Gras, écuyer, seigneur de la Fresnaie, au nom de René du Plessis et de Françoise d'Anglure, sa femme, pour les seigneuries de Donjeux (bailliage de Chaumont, châtellenie de Monteclaire), Eurville, Humbécourt (même bailliage, châtellenie de Vassy) et Bienville (bailliage de Vitry, châtellenie de Saint-Dizier). Amboise, 24 avril 1518.

24 avril.

> *Expéd. orig. Arch. nat., P. 166², cote 2515.*

16697. Mandement à Jean Sapin, receveur général de Languedoïl et Guyenne, de bailler la somme de 1,372 livres 10 sous tournois à Florimond Fortier, commis au payement des dépenses extraordinaires de l'artillerie. Amboise, 26 avril 1518.

26 avril.

> *Arch. nat., 2ᵉ compte de Jean Sapin, KK. 289, fol. 272 v°. (Mention.)*

16698. Don d'une somme de 300 écus d'or soleil, à prendre sur la recette générale de Languedoïl et Guyenne, à Girard d'Haraucourt, seigneur de Chessy en Champagne, venu de Bourgogne

26 avril.

v.

50

auprès du roi pour l'avertir de certaines affaires secrètes. Amboise, 26 avril 1518.

> Arch. nat., 2ᵉ compte de Jean Sapin, KK. 289,
> fol. 378 v°. (Mention.)

1518.

16699. Mandement à Jean Sapin, receveur général de
Languedoïl et Guyenne, de rembourser Guillaume de Beaune d'une somme de 7,771 livres 14 sous 6 deniers tournois, qu'il avait
payée, sur mandement du roi, à Lambert
Meigret, commis au payement de l'extraordinaire des guerres. Amboise, 27 avril 1518.

> Arch. nat., 2ᵉ compte de Jean Sapin, KK. 289,
> fol. 294. (Mention.)

27 avril.

16700. Don aux courriers du roi catholique d'une
somme de 200 écus d'or soleil. Amboise,
28 avril 1518.

> Arch. nat., 2ᵉ compte de Jean Sapin, receveur
> général de Languedoïl et Guyenne, KK. 289,
> fol. 379. (Mention.)

28 avril.

16701. Mandement aux généraux des finances de faire
payer par Guillaume Prudhomme, receveur
général de Normandie, 19,068 livres tournois
à Mathurin Du Pont, commis à tenir le compte
et faire le payement des mortes-payes de Normandie. Amboise, 30 avril 1518.

> Original. Bibl. nat., ms. fr. 25720, n° 112.

30 avril.

16702. Mandement de payer sur les finances de Languedoc 4,000 livres tournois à Henri Bohier, général des finances, pour remboursement de pareille somme qu'il a prêtée au roi
et qui a été baillée à Guillaume Prudhomme,
commis à faire les payements de la construction du Havre-de-Grâce. Amboise, 1ᵉʳ mai
1518.

> Original. Bibl. nat., Pièces orig., vol. 381,
> Bohier (doss. 8395), p. 78.

1ᵉʳ mai.

16703. Mandement à Jean Sapin, receveur général
de Languedoïl et Guyenne, de rembourser
Guillaume de Beaune, général des finances,
d'une somme de 4,000 livres tournois, qu'il
avait avancée, sur mandement du roi, à Guil-

1ᵉʳ mai.

laume Prudhomme, receveur général de
Normandie. Amboise, 1ᵉʳ mai 1518.

> *Arch. nat., 2ᵉ compte de Jean Sapin, KK. 289,
> fol. 286 v°. (Mention.)*

1518.

16704. Mandement à Jean Sapin, receveur général de
Languedoïl et Guyenne, de payer à Jean
Billon, secrétaire du roi, la somme de 200 li-
vres tournois, pour trois voyages par lui pré-
cédemment faits en compagnie de M. de
Boisy. Amboise, 1ᵉʳ mai 1518.

> *Arch. nat., 2ᵉ compte de Jean Sapin, KK. 289,
> fol. 483 v°. (Mention.)*

1ᵉʳ mai.

16705. Mandement aux généraux des finances de
donner décharge de la somme de 200 livres
tournois aux habitants de Cognac, autorisés
par octroi de Louis XII, prorogé par la régente, le 7 septembre 1515 (n° 16006), à
prélever chaque année, pendant dix ans, ladite somme sur le duché d'Angoumois. Amboise, 3 mai 1518.

> *Arch. nat., 2ᵉ compte de Jean Sapin, receveur
> général de Languedoïl et Guyenne. Arch. nat.,
> KK. 289, fol. 425. (Mention.)*

3 mai.

16706. Déclaration de foi et hommage de Jacques Le
Prévost, sʳ de la Corbière, pour ladite seigneurie, mouvante d'Avranches. Amboise,
3 mai 1518.

> *Original. Arch. nat., Chambre des Comptes, P.
> 268³, n° 3292.*

3 mai.

16707. Don à Jacques Billart, huissier de salle ordinaire, de tous les droits et devoirs seigneuriaux dus au roi, à cause de la vente faite par
Guillaume Champion et sa femme à Guillaume
La Bielle, des terres d'Ecaquelon et du Bois-
Héroult, mouvantes du château de Montfort
[-sur-Risle], au bailliage de Rouen et vicomté
de Pont-Audemer. Amboise, 4 mai 1518.

> *Original. Bibl. nat., Pièces orig., Billard,
> vol. 349 (doss. 7508), p. 19.*

4 mai.

16708. Mandement à Jean Sapin, receveur général de
Languedoïl et Guyenne, de payer à Jeanne,

5 mai.

duchesse de Valois et comtesse de Taillebourg, la somme de 6,000 livres tournois, à titre de pension. Amboise, 5 mai 1518.

Arch. nat., 2ᵉ compte de Jean Sapin, KK. 289, fol. 298 vᵒ. (Mention.)

16709. Don à Vast de Saint-Georges, seigneur dudit lieu, envoyé par le roi dans les ordonnances, d'une somme de 30 écus d'or soleil, pour l'aider à s'équiper. Amboise, 5 mai 1518.

Arch. nat., 2ᵉ compte de Jean Sapin, receveur général de Languedoïl et Guyenne, KK. 289, fol. 453. (Mention.)

16710. Mandement à Jean Sapin, receveur général de Languedoïl et Guyenne, de bailler la somme de 2,000 livres tournois à André Le Roy, commis au payement des menus plaisirs du roi. Amboise, 6 mai 1518.

Arch. nat., 2ᵉ compte de Jean Sapin, KK. 289, fol. 275. (Mention.)

16711. Mandement à Jean Sapin, receveur général de Languedoïl et Guyenne, de payer la somme de 200 écus d'or soleil à Jean « Desurie » et à Louis Du Buisson, précédemment envoyés en Allemagne pour affaires secrètes. Amboise, 7 mai 1518.

Arch. nat., 2ᵉ compte de Jean Sapin, KK. 289, fol. 484. (Mention.)

16712. Confirmation des dons faits à Louis d'Ars, duc de Terme, le 30 avril 1517. Amboise, 10 mai 1518.

Enreg. au Sénat de Milan, le 9 juillet 1518. Milan, Arch. di Stato, Registri del antico Senato, fol. 1565 vᵒ.

16713. Mandement à Jean Sapin, receveur général de Languedoïl et Guyenne, de bailler la somme de 2,000 livres tournois à André Le Roy, commis au payement des menus plaisirs du roi. Amboise, 14 mai 1518.

Arch. nat., 2ᵉ compte de Jean Sapin, KK. 289, fol. 275 vᵒ. (Mention.)

16714. Don à François de Bourbon, comte de Saint-

Pol, d'une somme de 4,000 écus d'or soleil, en récompense de ses services. Amboise, 14 mai 1518.

> Arch. nat., 2ᵉ compte de Jean Sapin, receveur général de Languedoïl et Guyenne, KK. 289, fol. 379 vᵒ. (Mention.)

1518.

16715. Commission à Pierre de Saint-André, Jean Tournouer, Accurse Maynier, présidents au Parlement de Toulouse, Jean Cottereau, seigneur de Maintenon, trésorier de France, et Nicole Du Pré, maître des comptes à Paris, pour faire sur le comté de Lavaur, la baronnie de Saint-Sulpice, les seigneuries de Buzet, de Castelsarrasin, les châtellenies de Montech, Saint-Porquier, Château-Gaillac, Rabastens, l'Isle-d'Albi, la baronnie de Cordes, les seigneuries de Penne, Puicelcy, Valence d'Alligeois, les châtellenies de Verdun, Grenade-sur-Garonne, Beaumont-de-Lomagne et Gimont, l'assiette de la rente de 10,000 écus promise à Laurent de Médicis, duc d'Urbin, et à Madeleine de Boulogne, sa femme, à l'occasion de leur mariage, ainsi qu'à leurs descendants. Amboise, 17 mai 1518.

17 mai.

> Original scellé. Arch. nat., J. 1126, nᵒ 14.

16716. Mandement de payer leur solde du troisième quartier de 1516 à Jean, bâtard d'Ars, à deux autres hommes d'armes et à cinq archers, tous de la compagnie du seigneur d'Ars, bien qu'ils ne se soient pas trouvés à la montre, leur capitaine les ayant dispensés. Amboise, 17 mai 1518.

17 mai.

> Original. Bibl. nat., Pièces orig., vol. 106, Ars, p. 40.

16717. Don d'une somme de 100 écus d'or soleil à frère Jean-Baptiste, chevalier de Saint-Jean de Jérusalem, envoyé par le grand-maître de Rhodes pour porter au roi plusieurs oiseaux de proie. Amboise, 17 mai 1518.

17 mai.

> Arch. nat., 2ᵉ compte de Jean Sapin, receveur général de Languedoïl et Guyenne, KK. 289, fol. 380. (Mention.)

16718. Mandement à Jean Sapin, receveur général de
Languedoïl et Guyenne, de payer la somme
de 150 écus d'or soleil à Adrien Rouy, Maurice de Bonneval, Antoine Picard, Jacques
de Fromentières et Jacques de Visques, pages
du roi, afin de les aider à s'équiper pour
servir dans les ordonnances. Amboise, 17 mai
1518.

> Arch. nat., 2ᵉ compte de Jean Sapin, KK. 289,
> fol. 427. (Mention.)

1518.
17 mai.

16719. Mandement à Jean Sapin, receveur général de
Languedoïl et Guyenne, de payer à Claudin
Coutant, orfèvre, la somme de 312 écus d'or
soleil 10 sous tournois, pour fourniture d'une
chaîne d'or dont le roi a fait don à l'ambassadeur du duc de Holstein. 17 mai 1518.

> Arch. nat., 2ᵉ compte de Jean Sapin, KK. 289,
> fol. 453 v°. (Mention.)

17 mai.

16720. Déclaration de foi et hommage de François
Tissart, sʳ de Villetissart et de la Guépière,
contrôleur général de l'artillerie, pour la seigneurie de la Guépière, mouvante d'Amboise. Amboise, 17 mai 1518.

> Original. Arch. nat., Chambre des Comptes de
> Paris, P. 12, n° 3899.

17 mai.

16721. Provisions pour Guillaume Brachet, chevalier,
de l'office de bailli et gouverneur d'Étampes.
Amboise, 18 mai 1518.

> Bibl. nat., ms. Clairambault 782, p. 269. (Men-
> tion.)

18 mai.

16722. Don et remise à René de Clermont, chevalier,
sʳ de Saint-Georges, de 350 écus sur les droits
seigneuriaux que lui, sa femme et les enfants
de Jean de Ray, premier mari de celle-ci,
devaient au roi pour leurs terres sises au bailliage de Sézanne. 19 mai 1518.

> Enreg. à la Chambre des Comptes de Paris, anc.
> mém. 2 A, fol. 195 v°. Arch. nat., PP. 119, p. 27.
> (Mention.)
> Bibl. nat., ms. fr. 21405, p. 276. (Mention.)
> Bibl. nat., ms. Clairambault 782, p. 269. (Men-
> tion.)

19 mai.

16723. Commission à René de Cossé, chevalier, premier panetier et grand fauconnier de France, de faire faire les réparations nécessaires pour le séjour que le roi doit faire avec la reine au château d'Angers, et de faire payer les réparations par Thomas Thibault, receveur ordinaire d'Anjou, dont le compte en sera crédité après vérification des généraux des finances. Amboise, 20 mai 1518.

Original. Bibl. nat., Nouv. acquisitions franç., ms. 1483, n° 42.

1518.
20 mai.

16724. Déclaration de l'hommage de René de Clermont, chevalier, pour la seigneurie de Pleurs (bailliage et châtellenie de Sézanne). Amboise, 20 mai 1518.

Expéd. orig. Arch. nat., P. 165², cote 1970.

20 mai.

16725. Déclaration de foi et hommage d'André Paille, sr de Dannemois, pour ladite seigneurie, mouvante de Melun, et pour les seigneuries de « Charances, Navarre, la Croix-Blanche, les Bruyères », situées en la paroisse de Châteauneuf (bailliage d'Orléans) et mouvantes de Châteauneuf-sur-Loire. Amboise, 22 mai 1518.

Original. Arch. nat., Chambre des Comptes de Paris, P. 16, n° 5981.

22 mai.

16726. Lettres attribuant aux généraux de la justice des aides en Normandie la connaissance des deniers des tailles, aides et impôts extraordinaires levés pour l'entretien et le payement des gens de guerre. 24 mai 1518.

Mentionnées dans une déclaration du 20 février 1519 n. s. Arch. nat., U. 757, p. 75.

24 mai.

16727. Commission à François de Nori, juge des daces de la cité de Milan, pour faire un rapport sur la valeur des seigneuries de Languedoc sur lesquelles le roi a assigné la rente de 10,000 livres tournois constituée en faveur du duc et de la duchesse d'Urbin. Chinon, 24 mai 1518.

Original scellé. Arch. nat., J. 1126, n° 13.

24 mai.

16728. Mandement à Jean Sapin, receveur général de
Languedoïl et Guyenne, de payer la somme
de 150 écus d'or à Mellin de Saint-Gelais,
seigneur de Saint-Séverin, précédemment
envoyé deux fois à Moulins pour les affaires
du roi. Chinon, 27 mai 1518.

1518.
27 mai.

> Arch. nat., 2ᵉ compte de Jean Sapin, KK. 289,
> fol. 484 v°. (Mention.)

16729. Lettres de quittance de 4,000 écus d'or soleil
(8,000 livres tournois) pour Jean Sapin,
receveur général de Languedoïl et Guyenne.
Chinon, 29 mai 1518.

29 mai.

> Arch. nat., 2ᵉ compte de Jean Sapin, KK. 289,
> fol. 281. (Mention.)

16730. Confirmation des lettres de Louis XI (Rouen,
13 juin 1467), permettant aux habitants de
Rouen de tenir et posséder des fiefs nobles,
sans payer finance, pourvu qu'ils aient douze
ans de résidence. Mai 1518.

Mai.

> Original. Arch. de la ville de Rouen. (Invent.
> ms., n° 5, aux Arch. nat., F. 89127.)

16731. Lettres de naturalité obtenues par Jean de
Janly, chanoine de la cathédrale de Chalon,
fils de Jean de Janly, sʳ de Montilles, conseiller au Parlement de Dijon, né à Malines
de parents bourguignons. Amboise, mai
1518.

Mai.

> Enreg. à la Chambre des Comptes de Dijon, le
> 13 mai 1519. Arch. de la Côte-d'Or, B. 72, fol. 32.

16732. Déclaration de foi et hommage de François de
La Rivière, écuyer, sʳ dudit lieu, vicomte de
Quincy, etc., pour les seigneuries de Saille-
nay (auj. Seignelay), de Beaumont, Cheny
et Bassou, mouvantes d'Auxerre. Amboise,
2 juin 1518.

2 juin.

> Original. Arch. nat., Chambre des Comptes de
> Paris, P. 14, n° 5118.

16733. Déclaration de foi et hommage de Charles de
Bonigale (Boingale ou Bourgale), licencié en
lois, pour les seigneuries de Bray, de Coquiau,

7 juin.

de la Fuye, de la Guépière et Vallettes, mou- 1518.
vantes d'Amboise. Amboise, 7 juin 1518.

*Original. Arch. nat., Chambre des Comptes de
Paris, P. 12, n° 3900.*

16734. Don à Charles, duc d'Alençon et comte d'Ar- 8 juin.
magnac, d'une somme de 1,000 livres tour-
nois, pour l'aider à faire bâtir une maison au
château d'Amboise, « pour loger et retirer
son train », Angers, 8 juin 1518.

*Arch. nat., 2° compte de Jean Sapin, receveur
général de Languedoïl et Guyenne, KK. 289,
fol. 380 v°. (Mention.)*

16735. Don à Louis de Brézé, grand sénéchal de Nor- 14 juin.
mandie, d'une somme de 1,000 écus d'or
soleil, pour le dédommager de dépenses faites
au service du roi. Angers, 14 juin 1518.

*Arch. nat., 2° compte de Jean Sapin, receveur
général de Languedoïl et Guyenne, KK. 289,
fol. 381. (Mention.)*

16736. Mandement à Jean Sapin, receveur général de 14 juin.
Languedoïl et Guyenne, de rembourser à
Nicolas Le Cointe, maître de la monnaie de
Paris, la somme de 689 livres 17 sous 6 deniers obole pite et demi-pite tournois, qu'il
avait dépensée pour fournir vingt-quatre
écuelles d'argent destinées à la fruiterie de
l'hôtel du roi. Angers, 14 juin 1518.

*Arch. nat., 2° compte de Jean Sapin, KK. 289,
fol. 454. (Mention.)*

16737. Mandement à Jean Sapin, receveur général de 18 juin.
Languedoïl et Guyenne, de rembourser Guil-
laume de Beaune d'une somme de 6,133 livres 19 sous tournois, qu'il avait versée, en
décembre 1516, à André Le Roy, alors commis au payement des pensions des seigneurs
des ligues et cantons des hautes Allemagnes,
appelés Suisses. Angers, 18 juin 1518.

*Arch. nat., 2° compte de Jean Sapin, KK. 289,
fol. 294 v°. (Mention.)*

16738. Mandement à Jean Sapin, receveur général de 18 juin.
Languedoïl et Guyenne, de payer à Marc-

Antoine Colonne la somme de 8,000 livres
tournois, à lui assignée en récompense de ses
services. Angers, 18 juin 1518.

*Arch. nat., 2ᵉ compte de Jean Sapin, KK. 289,
fol. 367. (Mention.)*

1518.

16739. Mandement à Jean Sapin, receveur général de
Languedoïl et Guyenne, de payer à Guillaume Barthélemy la somme de 470 livres
10 sous tournois, pour transports de tapisseries et vaisselles, lors de fêtes données par les
rois Louis XII et François Iᵉʳ. Angers, 18 juin
1518.

*Arch. nat., 2ᵉ compte de Jean Sapin, KK. 289,
fol. 427 v°. (Mention.)*

18 juin.

16740. Mandement à Jean Sapin, receveur général de
Languedoïl et Guyenne, de payer : 1° 100 livres tournois à Fouquet Girault, religieux de
l'abbaye de Bassac en Angoumois, pour avoir
apporté à la reine en couches, à Amboise, « le
sainct cordon dont nostre Seigneur Jhesuscrist
fut lié en sa Passion » et avoir séjourné audit
lieu jusqu'au 10 avril, jour où la reine se re-
leva; 2° 35 livres à Jacques Bréquart, pour
avoir, avec deux autres personnes, ramené
cette relique à Bassac; 3° 200 livres à Nicole
de Brœil et à Gilles de La Fontaine, chanoines
de l'église de Dol, pour avoir, en la même
circonstance, apporté la ceinture de sainte
Marguerite; 4° 262 livres à frère Alexis de
Corée, pour aller à Saint-Jacques de Com-
postelle faire des offrandes et « presenter ung
cierge de cire blanche du poix de sa personne ». Amboise (sic), 20 juin 1518.

*Arch. nat., 2ᵉ compte de Jean Sapin, KK. 289,
fol. 454 v°. (Mention.)*

20 juin.

16741. Mandement à Jean Sapin, receveur général de
Languedoïl et Guyenne, de payer diverses
sommes, formant un total de 2,606 livres
10 sous tournois, à cinquante et une femmes,
nourrices ou accoucheuses, venues d'Orléans,
de Blois, de Tours, de Vendôme, de Bléré,

20 juin.

de Loches, de Chaumont-sur-Loire, de Chinon, de Châteaudun, de Beaugency, de Moulins en Bourbonnais, de la Basse-Normandie, du Perche et du Poitou à Amboise, et à quatre médecins du roi et de la reine, envoyés en quête de nourrices. Angers, 20 juin 1518.

> *Arch. nat., 2ᵉ compte de Jean Sapin, KK. 289, fol. 455 vᵒ. (Mention.)*

1518.

16742. Lettres de prolongation pour huit ans de l'octroi des portages et du prélèvement de 80 livres sur les 180 livres du prix de l'adjudication, accordés aux maire, échevins et habitants de la ville de Beaune. Angers, 22 juin 1518.

> *Original. Arch. municipales de Beaune (Côte-d'Or), Patrim., nᵒ 26.*

22 juin.

16743. Mandement à Jean Sapin, receveur général de Languedoïl et Guyenne, de payer à Louis d'Arzen, la somme de 1,552 livres 8 sous 5 deniers pite tournois, pour fourniture de vaisselle d'argent dont le roi a fait présent à Guillaume Quignon, commandeur de la commanderie d'Arnheim, ambassadeur du duc de Gueldres. Angers, 24 juin 1518.

> *Arch. nat., 2ᵉ compte de Jean Sapin, KK. 289, fol. 457. (Mention.)*

24 juin.

16744. Mandement à Jean Sapin, receveur général de Languedoïl et Guyenne, de payer à Louis d'Arzen la somme de 314 écus d'or soleil 12 sous 6 deniers tournois, pour fourniture d'une chaîne d'or dont le roi a fait présent à l'ambassadeur du duc de Ferrare. Angers, 24 juin 1518.

> *Arch. nat., 2ᵉ compte de Jean Sapin, KK. 289, fol. 457 vᵒ. (Mention.)*

24 juin.

16745. Mandement à Jean Sapin, receveur général de Languedoïl et Guyenne, de payer la somme de 92 livres tournois à divers personnages envoyés ou retournant en Suisse. Angers, 24 juin 1518.

> *Arch. nat., 2ᵉ compte de Jean Sapin, KK. 289, fol. 458. (Mention.)*

24 juin.

51.

16746. Mandement à Jean Sapin, receveur général de Languedoïl et Guyenne, de rembourser à Robert Albisse la somme de 2,125 écus d'or soleil, qu'il avait fait payer à Anvers, par lettres de banque, à Jacques Housseau, envoyé en Flandres pour achat de juments destinées aux haras du roi. Angers, 24 juin 1518.

1518.
24 juin.

Arch. nat., 2ᵉ compte de Jean Sapin, KK. 289, fol. 458 vᵒ. (Mention.)

16747. Don d'une somme de 1,000 écus d'or soleil, à prendre sur la recette générale de Languedoïl et Guyenne, à Charles de Pompet, seigneur de Lachault, gentilhomme de la cour du roi catholique, venu auprès du roi pour communications secrètes. Angers, 26 juin 1518.

26 juin.

Arch. nat., 2ᵉ compte de Jean Sapin, KK. 289, fol. 381 vᵒ. (Mention.)

16748. Mandement à Jean Sapin, receveur général de Languedoïl et Guyenne, de bailler la somme de 1,000 écus d'or soleil (2,000 livres tournois) à André Le Roy, commis au payement des menus plaisirs du roi. Angers, 28 juin 1518.

28 juin.

Arch. nat., 2ᵉ compte de Jean Sapin, KK. 289, fol. 276. (Mention.)

16749. Provisions pour Jean Du Puy de l'office de receveur ordinaire de Vermandois, en remplacement de Jean Duport. Angers, 30 juin 1518.

30 juin.

Enreg. à la Chambre des Comptes de Paris, anc. mém. 2 A, fol. 221 vᵒ. Arch. nat., PP. 119, p. 30. (Mention.)
Bibl. nat., ms. fr. 21405, p. 277. (Mention.)
Bibl. nat., ms. Clairambault 782, p. 269. (Mention.)

16750. Déclaration de l'hommage lige de Mathurin de Montalles, chevalier, pour la baronnie de Courseulles, mouvante du château de Caen. Angers, 30 juin 1518.

30 juin.

Expéd. orig. Arch. nat., P. 273², cote 5906.

16751. Confirmation des privilèges et franchises ac-

Juin.

cordés aux habitants de Montcuq en Quercy. Amboise, juin 1518.

1518.

> Copie. Bibl. nat., coll. Duchesne, vol. 96, fol. 48.

16752. Don à Noël Du Fay, chevalier, s^r de Perrault, chambellan du roi, lieutenant de la compagnie du s^r de Bonnivet, et à Françoise de Saint-Gelais, sa future épouse, du péage de Serrières en la sénéchaussée de Beaucaire. Angers, juin 1518.

Juin.

> Enreg. à la Chambre des Comptes de Paris, anc. mém. 2 A, fol. 172. Arch. nat., PP. 119, p. 26. (Mention.)
> Bibl. nat., ms. fr. 21405, p. 276. (Mention.)
> Bibl. nat., ms. Clairambault 782, p. 269. (Mention.)

16753. Lettres de naturalité accordées à Jean Egris, dit Hanequin, natif de Bruxelles, établi à Toulon-sur-Arroux. Angers, juin 1518.

Juin.

> Enreg. à la Chambre des Comptes de Dijon, le 20 décembre 1518. Arch. de la Côte-d'Or, B. 72, fol. 28.

16754. Mandement à Jean Sapin, receveur général de Languedoïl et Guyenne, de bailler la somme de 16,345 livres 1 sou 10 deniers obole tournois à Élie Richer, commis verbalement par le roi au payement des travaux de la ville et du château de Cognac, en remplacement de Guillaume Richer, son père, décédé. Amboise (sic), 1er juillet 1518.

1er juillet.

> Arch. nat., 2e compte de Jean Sapin, KK. 289, fol. 275 v°. (Mention.)

16755. Déclaration de foi et hommage de Jean Faucon, écuyer, pour les seigneuries de Fontenay, Saint-Martin et Saint-Quentin, mouvantes de la vicomté de Valognes. Angers, 3 juillet 1518.

3 juillet.

> Original. Arch. nat., Chambre des Comptes, P. 268², n° 3209.

16756. Lettres accordant délai d'un an à Gabriel de Lévis, s^r de Cousant, chambellan ordinaire du duc de Bourbon, pour rendre l'hommage

4 juillet.

lige dû au roi à cause de la seigneurie de
Magny-l'Essart (auj. Magny-les-Hameaux),
mouvante de la vicomté de Paris. Angers,
4 juillet 1518. 1518.

> *Copie du xvi° siècle. Arch. nat., Chambre des
> Comptes de Paris, P. 147¹, n° 7.*

16757. Mandement à Jean Sapin, receveur général de
Languedoïl et Guyenne, de payer à Jean De
Plais, marchand suivant la cour, la somme de
498 livres tournois, pour fourniture de draps
d'or, d'argent et de soie destinés à l'habille-
ment des princesses Louise et Charlotte de
France. Angers, 6 juillet 1518. 6 juillet.

> *Arch. nat., 2° compte de Jean Sapin, KK. 289,
> fol. 444 v°. (Mention.)*

16758. Déclaration de foi et hommage de Jean de La
Chesnaye, vicomte de Carentan, comme procureur de Gabriel de Lévis, s° de Cousant et
chambellan ordinaire du duc de Bourbon,
pour les terres de Magny-l'Essart, Fouge-
rolles, etc., mouvantes de la vicomté de Paris.
Angers, 7 juillet 1518. 7 juillet.

> *Original. Arch. nat., Chambre des Comptes de
> Paris, P. 2, n° 689.*

16759. Lettres accordant à la ville de Saint-Riquier, en
Picardie, un franc marché le troisième mercredi de chaque mois. Angers, 9 juillet 1518. 9 juillet.

> *Original. Archives municip. de Saint-Riquier
> (Somme).*

16760. Provisions pour Jean Brinon de l'office de
maître des comptes, en remplacement de Bertrand Lorfèvre. Angers, 9 juillet 1518. 9 juillet.

> *Reçu à la Chambre des Comptes de Paris, le
> 28 août suivant, anc. mém. 2 A, fol. 198 v°.
> Arch. nat., PP. 119, p. 28. (Mention.)
> Bibl. nat., ms. fr. 21405, p. 276. (Mention.)
> Bibl. nat., ms. Clairambault 782, p. 269.
> (Mention.)*

16761. Lettres d'assignation sur la recette générale de
Languedoïl et Guyenne d'une somme de 300
écus d'or soleil donnée l'année précédente à 10 juillet.

Martin Dupin, chargé de missions secrètes. 1518.
Le Plessis-Macé, 10 juillet 1518.

Arch. nat., 2ᵉ compte de Jean Sapin, KK. 289,
fol. 382. (Mention.)

16762. Don à Agathe Féau, lavandière du linge de table 15 juillet.
du roi, d'une somme de 40 livres tournois,
en récompense des services rendus par elle
au roi, lors de son séjour en Italie. Angers,
15 juillet 1518.

Arch. nat., 2ᵉ compte de Jean Sapin, receveur
général de Languedoil et Guyenne, KK. 289,
fol. 382 vᵒ. (Mention.)

16763. Pouvoirs des commissaires du roi aux États de 17 juillet.
Languedoc convoqués à Toulouse pour le
8 octobre. Le Verger, 17 juillet 1518.

Copie. Arch. départ. de l'Hérault, États de Lan-
guedoc, C. Commissions pour la tenue des États, t. I,
fol. 195. 6 pages.
Copie. Idem, Recueil des lettres et actes des com-
missaires du roi aux États, 1518. 5 pages.

16764. Mandement à Sébastien de Mareau, maître de 17 juillet.
la chambre aux deniers, de payer aux bou-
chers, poissonniers, fruitiers, boulangers et
autres fournisseurs de l'hôtel du roi, la somme
de 7,253 livres 18 sous 1 denier pour marchandises fournies au baptême du dauphin,
pour la réception du duc d'Urbin, et en dédommagement de pertes par eux subies depuis
trois ans pendant les voyages du roi à Milan,
à Chambéry, en Dauphiné, en Normandie et
en Picardie. Le Verger, 17 juillet 1518.

Arch. nat., Comptes de l'hôtel, KK. 94, fol. 81 vᵒ.
(Mention.)

16765. Mandement au sénéchal de Rouergue, à Jean 17 juillet.
Chauvet, élu au pays de Forez, et à Guil-
laume Cottereau, receveur des tailles en Limousin, de répartir et lever la somme de
51,890 livres 13 sous 6 deniers tournois sur
les pays de Rouergue haut et bas, le comté de
Rodez, pour leur part des 2,400,000 livres
imposées sur tout le royaume, avec 300 livres

pour les frais des commissaires. Le Verger, 1518.
17 juillet 1518.

> *Copie du xvie siècle. Arch. départ. de l'Aveyron,*
> *C. 1214, fol. 1 v°.*

16766. Don à « Velltin de Orthuse », ancien capitaine de   18 juillet.
lansquenets, d'une somme de 300 écus d'or
soleil, en récompense de ses services et pour
l'aider à acheter une maison voisine de Compiègne. Le Verger, 18 juillet 1518.

> *Arch. nat., 2e compte de Jean Sapin, receveur*
> *général de Languedoil et Guyenne, KK. 289,*
> *fol. 383. (Mention.)*

16767. Mandement à Jean Sapin, receveur général de   22 juillet.
Languedoil et Guyenne, de bailler la somme
de 800 livres tournois à Lambert Meigret,
commis au payement de l'extraordinaire des
guerres. Angers, 22 juillet 1518.

> *Arch. nat., 2e compte de Jean Sapin, KK. 289,*
> *fol. 257 v°. (Mention.)*

16768. Provisions pour Guillaume Bochetel de l'office   27 juillet.
de clerc et notaire du roi. Angers, 27 juillet
1518.

> *Copie collationnée. Bibl. nat., Pièces originales,*
> *Bochetel, vol. 377, p. 20.*

16769. Mandement à Jean Sapin, receveur général de   27 juillet.
Languedoil et Guyenne, de payer la somme
de 120 livres tournois à Pierre Lizet, avocat
du roi au Parlement de Paris, retenu à la
cour, pour les affaires du roi, du 29 juin au
27 juillet 1518. Angers, 27 juillet 1518.

> *Arch. nat., 2e compte de Jean Sapin, KK. 289,*
> *fol. 485. (Mention.)*

16770. Provisions pour Jean Aguenin, dit le Duc, de   27 juillet.
l'office de clerc auditeur en la Chambre des
Comptes de Paris, vacant par la résignation
de Simon Lebègue. Angers, 27 juillet 1518.

> *Reçu à la Chambre des Comptes, le 9 août sui-*
> *vant, anc. mém. 2 A, fol. 193 v°. Arch. nat., PP.*
> *119, p. 27. (Mention.)*
> *Bibl. nat., ms. fr. 21405, p. 276. (Mention.)*

16771. Don d'une somme de 500 écus d'or soleil à Jean   28 juillet.

de Gonzague, venu de Mantoue pour affaires secrètes. Angers, 28 juillet 1518.

1518.

Arch. nat., 2ᵉ compte de Jean Sapin, receveur général de Languedoïl et Guyenne, KK. 289, fol. 383 v°. (Mention.)

16772. Don à Jean Pointet, secrétaire du roi, d'une somme de 300 livres tournois, en dédommagement des dépenses qu'il a faites pour exercer, conjointement avec Gilbert Pointet, son père, l'office de contrôleur des chevaucheurs de l'écurie. Angers, 28 juillet 1518.

28 juillet.

Arch. nat., 2ᵉ compte de Jean Sapin, receveur général de Languedoïl et Guyenne, KK. 289, fol. 384. (Mention.)

16773. Provisions pour Jacques Luillier de l'office de clerc auditeur des comptes, en remplacement de Jean Brisson. Angers, 28 juillet 1518.

28 juillet.

Reçu à la Chambre des Comptes de Paris, le 28 août 1518, anc. mém. 2 A, fol. 198 v°. Arch. nat., PP. 119, p. 2. (Mention.)
Bibl. nat., ms. fr. 21405, p. 276. (Mention.)
Bibl. nat., ms. Clairambault 782, p. 269. (Mention.)

16774. Déclaration de foi et hommage de Louis de Rohan, sʳ de Guémené, pour les seigneuries de Condé-sur-Noireau, Remilly, Marigny et Hautteville-la-Guichart, mouvantes de Coutances et de Mortain. Angers, 28 juillet 1518.

28 juillet.

Original. Arch. nat., Chambre des Comptes, P. 268³, n° 3420.

16775. Don à Thierry Fouet, dit Dorne, d'une somme de 100 livres tournois, en dédommagement des frais que lui a coûtés la confection des lettres de commission envoyées dans les élections de la généralité de Languedoïl, pour ordonner le bail à ferme des aides, impositions, huitièmes et équivalents pour l'année commençant le 1ᵉʳ octobre 1518. Angers, 29 juillet 1518.

29 juillet.

Arch. nat., 2ᵉ compte de Jean Sapin, receveur général de Languedoïl et Guyenne, KK. 289, fol. 384 v°. (Mention.)

v.

52

16776. Lettres de ratification d'un traité de trêve conclu par les ambassadeurs de François Ier entre l'empereur Maximilien et la république de Venise. Angers, 31 juillet 1518.

> *Original. Arch. nat., suppl. du Trésor des chartes, J. 992, n° 18.*
> *Ratification du doge de Venise, le 17 août 1518. Original. Id. ibid., n° 19.*
> *Arch. de Venise, Patti, seria I^a, n° 774.*

1518.
31 juillet.

16777. Lettres contenant promesse et obligation de payer 12,000 livres tournois par an au cardinal Thomas Wolsey, légat du pape, qui, étant évêque de Tournai, alors au roi d'Angleterre, mais dont le retour à la France se négocie, avait refusé de prêter serment audit roi d'Angleterre, et s'était vu confisquer ses biens et bénéfices pour cette résistance. Angers...(1), juillet 1518.

> *Copie contemporaine. Londres, British Museum, Cotton, D. VII. 20.*

Juillet.

16778. Mandement à Jean Sapin, receveur général de Languedoïl et Guyenne, de bailler la somme de 19,179 livres 10 sous 11 deniers obole à Guillaume de Beaune, maître de la chambre aux deniers de Louise et de Charlotte de France...(2). 1er août 1518.

> *Arch. nat., 2e compte de Jean Sapin, KK. 289, fol. 263 v°. (Mention.)*

1er août.

16779. Don à Thierry Fouet, dit Dorne, d'une somme de 200 écus d'or en dédommagement des dépenses qu'il a faites pour la confection de diverses lettres envoyées aux élections de la généralité de Languedoïl et Guyenne, « pour imposer les tailles » de l'année commençant au 1er janvier 1519 n. s. Nantes, 8 août 1518.

> *Arch. nat., 2e compte de Jean Sapin, receveur général de Languedoïl et Guyenne, KK. 289, fol. 385. (Mention.)*

8 août.

---

(1) Le quantième du mois a été omis.
(2) L'indication du lieu est restée en blanc.

16780. Provisions en faveur de Sébastien de La Combe, conseiller clerc au Parlement de Toulouse, de l'office de conseiller lai audit Parlement, en remplacement de Jacques Chaumel, décédé. Nantes, 10 août 1518.

> *Vidimus du sénéchal de Toulouse (11 sept. 1518).* Bibl. nat., *Pièces originales*, Combe, vol. 826 (doss. 18552), p. 14.

1518.
10 août.

16781. Provisions pour Vidal de Thèbe, docteur ès droits, de l'office de conseiller clerc au Parlement de Toulouse, en remplacement de Sébastien de La Combe, créé conseiller lai. Nantes, 10 août 1518.

> *Vidimus du sénéchal de Toulouse.* Bibl. nat., *Pièces originales*, vol. 2817, Thèbe, pièce 2.

10 août.

16782. Lettres portant commission à Claude Patarin, président au Parlement de Dijon, et à trois autres personnages pour informer contre les opposants à la réception du Concordat. Nantes, 11 août 1518.

> *Copie du xvi⁰ siècle, informe et sans date.* Arch. nat., J. 942.
> *Copie du xvi⁰ siècle, datée, mais à moitié mangée.* Arch. nat., J. 1027.

11 août.

16783. Don à Conrad Reynier, chantre ordinaire de la chapelle du roi, d'une somme de 120 livres tournois, à titre de pension, et au lieu de celle qui avait été assignée au feu prévôt d'Anjou, chantre de ladite chapelle. Nantes, 12 août 1518.

> Arch. nat., 2⁰ *compte de Jean Supin, receveur général du Languedoïl et Guyenne*, KK. 289, fol. 385.v⁰. (*Mention.*)

12 août.

16784. Don à Philippe de Saarbruck, veuve de Charles de Silly, sⁱ de la Rocheguyon, et à Nicolas, Louis, Jacques et Catherine de Silly, leurs enfants, des droits seigneuriaux de la châtellenie de la Rocheguyon. Nantes, 12 août 1518.

> *Enreg. à la Chambre des Comptes de Paris*, anc.

12 août.

52.

mém. 2 A, fol. 220. *Arch. nat.*, PP. 119, p. 30. 1518.
(*Mention.*)
    Bibl. nat., ms. fr. 21405, p. 277. (*Mention.*)
    Bibl. nat., ms. Clairambault 782, p. 269.
(*Mention.*)

16785. Déclaration de foi et hommage d'Antoine de 15 août.
La Barre, protonotaire du Saint-Siège et
doyen de Saint-Martin de Tours, pour sondit
doyenné et la seigneurie de Ligueil, mouvante de Tours. Nantes, 15 août 1518.

    *Original. Arch. nat., Chambre des Comptes de
Paris,* P. 13, n° 4391.

16786. Mandement à Jean Sapin, receveur général de 16 août.
Languedoïl et Guyenne, de bailler la somme
de 500 écus d'or soleil (1,000 livres tournois)
à André Le Roy, commis au payement des
menus plaisirs du roi. Blain, 16 août 1518.

    Arch. nat., 2ᵉ compte de Jean Sapin, KK. 289,
fol. 276 v°. (*Mention.*)

16787. Lettres de provisions en faveur de Guillaume 21 août.
de Borrassol, secrétaire du roi, de l'office de
greffier civil au Parlement de Toulouse, vacant par la mort de Raymond Michaelis.
Blain, 21 août 1518.

    *Vidimus du sénéchal de Toulouse (30 déc. 1518).
Bibl. nat., Pièces originales,* Borrassol, vol. 421,
p. 11.

16788. Provisions en faveur d'Angelo de Montfort, 22 août.
comte de Campobasso, de l'office de garde et
concierge de l'hôtel appelé la Cour la Reine,
à Paris, en remplacement d'Antoine Du Cartier. Blain, 22 août 1518.

    Copie du xviiiᵉ siècle. Arch. nat., K. 1377, d'après
l'anc. mém. de la *Chambre des Comptes de Paris,*
coté AA, fol. 256. (Papiers Fontanieu.)
    Arch. nat., invent. PP. 119, p. 37. (*Mention.*)
    Bibl. nat., ms. Clairambault 782, p. 270.
(*Mention.*)
    Bibl. nat., ms. fr. 21405, p. 278. (*Mention.*)

16789. Don et remise des droits seigneuriaux dus pour 27 août.
la terre de Blaru à Françoise Ladvocat, veuve

de Jean de Tilly, en son vivant, sʳ de Blaru. 1518.
27 août 1518.

> *Enreg. à la Chambre des Comptes de Paris*, anc.
> mém. 2 A, fol. 198. *Arch. nat.*, PP. 119, p. 28.
> (*Mention.*)
> *Bibl. nat.*, ms. fr. 21405, p. 276. (*Mention.*)
> *Bibl. nat.*, ms. Clairambault 782, p. 269.
> (*Mention.*)

16790. Lettres d'assignation à Antoine Bohier, commis 28 août.
au payement des pensions d'Angleterre, des
sommes suivantes : 1° 950 livres tournois pour
ses gages du terme de mai 1518; 2° 4,121 livres 16 sous 4 deniers pour achat d'écus d'or
soleil destinés audit payement. « Esparnay » [1],
28 août 1518.

> *Arch. nat.*, KK. 349, *4ᵉ compte d'Antoine Bohier.*
> (*Mention.*)

16791. Mandement à Jean Sapin, receveur général de 30 août.
Languedoïl et Guyenne, de bailler la somme
de 1,000 livres tournois à André Corieu, grènetier de Romorantin, commis au payement
des travaux exécutés pour rendre la Sauldre
navigable entre Romorantin et le Cher. Rochefort, 30 août 1518.

> *Arch. nat.*, *2ᵉ compte de Jean Sapin*, KK. 289,
> fol. 273. (*Mention.*)

16792. Lettres pourvoyant Jean Hervieu, forgeur de 31 août.
l'artillerie, d'un état de religieux lai en l'abbaye de Saint-Germain-des-Prés. 31 août
1518.

> *Mention dans des lettres d'exemption accordées*
> *par la suite à ladite abbaye, copiées au* XVIᵉ *siècle.*
> *Bibl. nat.*, ms. fr. 5086, fol. 78 v°.

16793. Don à Guillaume Raymond, commis à la recette 3 septembre.
des amendes et confiscations provenant de la
réformation des eaux et forêts, d'une pension
annuelle de 300 livres tournois, en récompense des peines qu'il a eues dans l'exercice de
sa commission. Vannes, 3 septembre 1518.

> *Original. Bibl. nat.*, ms. fr. 25720, n° 121.

---

[1] *Sic.* Il faut sans doute lire Savenay; le roi dut passer dans cette
ville en se rendant de Nantes, où il était encore la veille, à Rochefort-
en-Terre, où il se trouva le 30.

16794. Commission à Pierre de Saint-André, premier
président au Parlement de Toulouse, à Jean
Nicolaï, premier président à la Chambre des
Comptes de Paris, à Jean Cottereau, trésorier
de France, et à Pierre Potier aîné, seigneur de
la Terrasse, pour asseoir la rente de 10,000
livres tournois, promise au duc d'Urbin, sur
le comté de Lavaur, les seigneuries de Saint-
Sulpice, Buzet et autres de la jugerie d'Albigeois, de proche en proche, avec extension,
en cas de nécessité, sur la sénéchaussée de
Toulouse, en ne réservant au roi que les forêts et l'hommage. Vannes, 6 septembre
1518.

> *Original scellé. Arch. nat.,* J. 1126, n° 14 bis.

1518.
6 septembre.

16795. Lettres portant convocation des consuls d'Alais
pour les États de Languedoc, qui se tiendront
à Toulouse, le 8 octobre prochain. Vannes,
7 septembre 1518.

> *Original. Archives municipales d'Alais (Gard),*
> liasse 3, n° 26.

7 septembre.

16796. Mandement à Jean Sapin, receveur général de
Languedoïl et Guyenne, de rembourser à
Gabriel de La Châtre, seigneur de Nançay,
capitaine de la garde française, la somme de
13 écus d'or soleil, qu'il avait employée de ses
deniers à divers payements ordonnés par le
roi. Auray, 7 septembre 1518.

> *Arch. nat., 2ᵉ compte de Jean Sapin,* KK. 289,
> fol. 459. (*Mention.*)

7 septembre.

16797. Provisions pour Antoine de La Fayette, chevalier, capitaine de Boulogne-sur-Mer, de l'office de sénéchal de Boulonnais. Auray, 8 septembre 1518.

> *Reçu au Parlement de Paris, le 9 décembre 1518.*
> *Arch. nat.,* Xˡᵃ 4863, Plaidoiries, fol. 55 v°. (*Men-*
> *tion, sous la date du 7 septembre.*)
> *Reçu à la Chambre des Comptes de Paris, le 9 dé-*
> *cembre 1518,* anc. mém. 2 A, fol. 242 v°. *Arch.*
> *nat.,* PP. 119, p. 34. (*Mention.*)
> *Bibl. nat.,* ms. fr. 21405, p. 277. (*Mention.*)
> *Bibl. nat.,* ms. Clairambault 782, p. 269.
> (*Mention.*)

8 septembre.

16798. Provisions en faveur d'Adrien Tiercelin, s^r de Brosses, de l'office de sénéchal de Ponthieu, vacant par la promotion du s^r de La Fayette à l'office de sénéchal de Boulonnais. Auray, 8 septembre 1518.

1518.
8 septembre.

> Reçu au Parl. de Paris, le 19 janvier 1520 n. s. Arch. nat., X^{1a} 4865, Plaidoiries, fol. 183 v°. (Mention.)

16799. Lettres de relief d'adresse et de surannation pour l'enregistrement à la Cour des Aides de Paris des lettres de noblesse accordées par Louis XII (Bourges, avril 1506, n. s.) [1] à Pierre Berthonnier, auditeur à la Chambre des Comptes de Paris. Paris (sic), 18 septembre 1518.

18 septembre.

> Enreg. à la Cour des Aides de Paris, avec les lettres de Louis XII, le 13 octobre 1518.
> Copie. Bibl. de l'Arsenal, ms. 4940, p. 13.
> 2 pages.

16800. Mandement à Jean Sapin, receveur général de Languedoïl et Guyenne, de rembourser à Bernard Le Voyer, capitaine de Brest, la somme de 100 écus d'or soleil, qu'il avait déboursée à la suite d'accidents d'artillerie survenus lors de l'entrée du roi à Brest, afin d'indemniser les blessés et les veuves des morts. Saint-Pol-de-Léon, 21 septembre 1518.

21 septembre.

> Arch. nat., 2e compte de Jean Sapin, KK. 289, fol. 459 v°. (Mention.)

16801. Mandement à Jean Sapin, receveur général de Languedoïl et Guyenne, de bailler la somme de 1,000 livres tournois à André Le Roy, commis au payement des menus plaisirs du roi. Saint-Brieuc, 28 septembre 1518.

28 septembre.

> Arch. nat., 2e compte de Jean Sapin, KK. 289, fol. 276 v°. (Mention.)

16802. Mandement à Jean Sapin, receveur général de Languedoïl et Guyenne, de payer : 1° 15 livres tournois aux Frères mineurs de Saint-Brieuc,

28 septembre.

---

[1] La fausse date de 1515, donnée dans le recueil Cremo aux lettres de noblesse de Pierre Berthonnier, les avait fait prendre pour un acte de François Ier et porter au Catalogue sous le n° 256.

afin qu'ils disent des messes pour le repos
de l'âme de deux chevaliers de l'ordre, et
des prières pour le roi; 2° 40 livres à Jean
Guyomar, pour services rendus au roi, durant
son séjour en Bretagne; 3° 40 livres à Fou-
ques Rivallan, afin de l'aider à s'équiper pour
entrer dans la garde du roi, sous le commandement de Gabriel de La Châtre. Saint-
Brieuc, 28 septembre 1518.

> Arch. nat., 2e compte de Jean Sapin, KK. 289,
> fol. 387. (Mention.)

16803. Lettres de quittance de 2,000 écus d'or soleil
(4,000 livres tournois), pour Jean Sapin,
receveur général de Languedoïl et Guyenne.
La Hunaudaye, 30 septembre 1518.

> Arch. nat., 2e compte de Jean Sapin, KK. 289,
> fol. 281 v°. (Mention.)

30 septembre.

16804. Lettres de surannation obtenues par Jean Frémyot pour l'enregistrement de ses provisions
de l'office de clerc auditeur en la Chambre des
Comptes de Dijon, datées du 4 février 1515
n. s. (n° 15755). Ancenis, 5 octobre 1518.

> Enreg. à la Chambre des Comptes de Dijon, le
> 12 novembre 1518. Arch. de la Côte-d'Or, B. 18,
> fol. 18.

5 octobre.

16805. Mandement à Jean Sapin, receveur général de
Languedoïl et Guyenne, de bailler la somme
de 1,000 livres tournois à André Le Roy,
commis au payement des menus plaisirs du
roi. Pontorson, 7 octobre 1518.

> Arch. nat., 2e compte de Jean Sapin, KK. 289,
> fol. 277. (Mention.)

7 octobre.

16806. Déclaration de foi et hommage de Pierre Juvi-
gney, écuyer, sr de Saint-Nicolas et de Bellême, pour la seigneurie de Saint-Nicolas
du Bois-Baudouin, mouvante d'Avranches.
Rennes, 11 octobre 1518.

> Original. Arch. nat., Chambre des Comptes,
> P. 268², n° 3231.

11 octobre.

16807. Lettres de réception du serment de fidélité de
Jacques Potier, prêtre, religieux et bailli du

11 octobre.

prieuré conventuel de Saint-Thomas de la
Bloutière, comme procureur de Guillaume
Guisle, prieur dudit prieuré pour son tem-
porel. « Boyn[1] », 11 octobre 1518.

> *Original. Arch. nat., Chambre des Comptes,*
> P. 268⁹, n° 3235.

1518.

16808. Don à Raoul de La Faye, trésorier-payeur des
archers ordinaires de la garde française, d'une
somme de 1,000 livres tournois, en dédommagement de pertes qu'il a faites pendant les
dernières années. Baugé, 12 (*sic*) octobre
1518.

> *Arch. nat., 2ᵉ compte de Jean Supin, KK. 289,*
> fol. 374. (*Mention.*)

12 octobre.

16809. Don d'une somme de 10,000 écus d'or soleil à
Charles, duc de Gueldres et de Juliers, comte
de Zutphen, en récompense de ses services.
Baugé, 21 octobre 1518.

> *Arch. nat., 2ᵉ compte de Jean Supin, KK. 289,*
> fol. 375. (*Mention.*)

21 octobre.

16810. Provisions pour Jacques Acarie, chevalier, notaire et secrétaire du roi, et trésorier des au-
mônes, de l'office de bailli de Chartres, en
remplacement de Jean Berziau. Baugé, 22 octobre 1518.

> *Enreg. à la Chambre des Comptes de Paris, anc.*
> mém. 2 A, fol. 238. Arch. nat., PP. 119, p. 33.
> (*Mention.*)
> *Bibl. nat., ms. fr. 21405, p. 277. (Mention.)*
> *Bibl. nat., ms. Clairambault 782, p. 269.*
> (*Mention.*)

22 octobre.

16811. Provisions pour Jean Gaillard de l'office de
verdier de la forêt de Conches. Saint-Clair,
16 novembre 1518.

> *Copie. Bibl. nat., ms. fr. 25721, n° 298.*

16 novembre.

16812. Déclaration de l'hommage de Pierre de Condé,
écuyer, pour les seigneuries de Vandières et
Trotte, mouvantes de la tour de Châtillon-

17 novembre.

---

[1] Ce lieu est vraisemblablement Bain (auj. Bain-de-Bretagne), chef-
lieu de canton de l'arrondissement de Redon, Ille-et-Vilaine.

IMPRIMERIE NATIONALE.

sur-Marne (bailliage de Vitry). Paris, 17 novembre 1518.

1518.

Expéd. orig. Arch. nat., P. 162¹, cote 496.

16813. Mandement de payer 400 livres tournois à
Pierre de Coussac, sʳ de Saint-Brice, pour
son salaire d'avoir fait les montres et revues
d'une partie des gens de guerre cantonnés
en deçà et au delà des monts, pour l'année
1517. Paris, 18 novembre 1518.

18 novembre.

*Original. Bibl. nat., Pièces originales, vol. 914,
Coussac, p. 2.*

16814. Déclaration de foi et hommage de Bernard Du
Val, écuyer, homme d'armes de la compagnie
du sʳ d'Ars, pour le fief du Plessis de Nesles,
mouvant du château de Melun. Paris, 19 novembre 1518.

19 novembre.

*Original. Arch. nat., Chambre des Comptes de
Paris, P. 9, n° 2943.*

16815. Déclaration de l'hommage de Jacques de Sorbey,
écuyer, pour la seigneurie de Vouziers (bailliage de Vitry, châtellenie de Sainte-Menehould). Paris, 19 novembre 1518.

19 novembre.

Expéd. orig. Arch. nat., P. 162¹, cote 700.

16816. Mandement à Jean Sapin, receveur général de
Languedoïl et Guyenne, de bailler la somme
de 4,800 livres tournois à Guillaume de
Beaune, receveur des tailles en Poitou et
commis au payement des travaux de la sépul-
ture du roi Louis XII et d'Anne de Bretagne.
Paris, 20 novembre 1518.

20 novembre.

*Arch. nat., 2ᵉ compte de Jean Sapin, KK. 289,
fol. 268 v°. (Mention.)*

16817. Mandement à Jean Sapin, receveur général de
Languedoïl et Guyenne, de payer à Jean
Viart et à Guillaume Raillard, marchands à
Orléans, la somme de 9,103 livres 12 sous
tournois, pour fourniture et livraison à Bou-
logne-sur-Mer, entre les mains de Florimond
Fortier, garde de l'artillerie, de cuivre et d'étain

20 novembre.

destinés à la fonte de nouvelles pièces d'artil-   1518.
lerie. Paris, 20 novembre 1518.

> Arch. nat., 2ᵉ compte de Jean Sapin, KK. 289,
> fol. 429 vᵒ. (Mention.)

16818. Déclaration de l'hommage de Nicolas Benest,   22 novembre.
écuyer, pour le quart de fief de la Motte
(bailliage de Caen, vicomté de Bayeux). Paris,
22 novembre 1518.

> Expéd. orig. Arch. nat., P. 273², cote 5964.

16819. Réception de l'hommage de Jacques de Col-   23 novembre.
legon, écuyer, pour la seigneurie de Tosny
(bailliage de Gisors, châtellenie de Gaillon).
Paris, 23 novembre 1518.

> Expéd. orig. Arch. nat., P. 274³, cote 6270.

16820. Mandement à Jean Sapin, receveur général de   24 novembre.
Languedoïl et Guyenne, de payer à Jacques
Bérard, seigneur de Chissay, la somme de
400 livres tournois pour partie de la pension
de Pierre Bérard, seigneur de la Croix-de-
Bléré, son frère, décédé au mois de janvier
1518 n. s. Paris, 24 novembre 1518.

> Arch. nat., 2ᵉ compte de Jean Sapin, KK. 289,
> fol. 364. (Mention.)

16821. Don à Charles de Luxembourg, chevalier, comte   24 novembre.
de Brienne et de Ligny, de la moitié des droits
seigneuriaux dus pour les terres de Piney,
Ramerupt, etc. 24 novembre 1518.

> Enreg. à la Chambre des Comptes de Paris, anc.
> mém. 2 A, fol. 247 vᵒ. Arch. nat., PP. 119, p. 35.
> (Mention.)
> Bibl. nat., ms. fr. 21405, p. 277. (Mention.)
> Bibl. nat., ms. Clairambault 782, p. 269.
> (Mention.)

16822. Déclaration de foi et hommage de Fiacre de Har-   27 novembre.
ville pour la terre de Palaiseau, mouvante du
Châtelet de Paris. Paris, 27 novembre 1518.

> Original. Arch. nat., Chambre des Comptes de
> Paris, P. 2, nᵒ 717.

16823. Déclaration de foi et hommage de Jacques Le   27 novembre.
Pelletier, écuyer, sʳ de Martainville, pour le
fief de Saint-Maclou-de-Folleville, le quart de

fief du Mesle, le fief d'Eudemare, le quart de
fief de Montpoignant, mouvants de Rouen,
et le fief de la Motte, mouvant de Pont-de-
l'Arche. Paris, 27 novembre 1518.

1518.

> Original. Arch. nat.; Chambre des Comptes,
> P. 265², n° 1532.

16824. Déclaration de l'hommage de Jacques Le Pelletier, écuyer, seigneur de Martainville, pour
le fief de Hautot (aliàs de Thionville), le quart
de fief Hue Le Prevost (bailliage de Caux,
vicomté de Neufchâtel, sergenterie de Saint-
Saëns), et les fiefs de Claville et la Salle
(bailliage, vicomté et châtellenie d'Évreux).
Paris, 27 novembre 1518.

27 novembre.

> Expéd. orig. Arch. nat., P. 267¹, cote 2359.

16825. Déclaration de l'hommage de Robert Du Bois
pour la seigneurie du « Mesnil Rabel », quart
de fief de chevalier, mouvant du duché de
Normandie (bailliage de Caen, vicomté de
Bayeux). Paris, 27 novembre 1518.

27 novembre.

> Expéd. orig. Arch. nat., P. 273², cote 5967.

16826. Mandement à Jean Sapin, receveur général de
Languedoïl et Guyenne, de bailler la somme
de 2,000 livres tournois à André Le Roy,
commis au payement des menus plaisirs du
roi. Paris, 28 novembre 1518.

28 novembre.

> Arch. nat., 2ᵉ compte de Jean Sapin, KK. 289,
> fol. 277 v°. (Mention.)

16827. Mandement à Jean Sapin, receveur général de
Languedoïl et Guyenne, de payer à Leonardo
Spina, marchand florentin, la somme de
18,070 livres tournois, pour fourniture de
cuivre et d'étain livrés à Florimond Fortier,
garde de l'artillerie. Paris, 28 novembre
1518.

28 novembre.

> Arch. nat., 2ᵉ compte de Jean Sapin, KK. 289,
> fol. 430 v°. (Mention.)

16828. Mandement à Jean Sapin, receveur général de
Languedoïl et Guyenne, de payer à Bernard
Fortia, marchand à Tours, la somme de

28 novembre.

3,075 écus d'or soleil, pour fourniture de soufre. Paris, 28 novembre 1518.   1518.

> Arch. nat., 2ᵉ compte de Jean Sapin, KK. 289, fol. 460 v°. (Mention.)

16829. Déclaration de foi et hommage de Jean Jouvenel des Ursins, écuyer, en son nom et au nom de ses frères et sœurs, pour la seigneurie de la Chapelle, mouvante de Melun, pour le fief du Moulin-d'en-bas dans la paroisse de Soignolles en Brie, mouvant de Tournant, et pour la Maison-au-Bois dans la paroisse de Monthiers en Brie, mouvante de Château-Thierry. Paris, 29 novembre 1518.   29 novembre.

> Original. Arch. nat., Chambre des Comptes de Paris, P. 16, n° 5992.

16830. Mandement aux généraux des finances de faire payer par Jean Lallemant, receveur général de Languedoc, à Jean Sapin 6,200 livres tournois. Paris, 30 novembre 1518.   30 novembre.

> Original. Bibl. nat., ms. fr. 25720, n° 126.

16831. Don à François Dales, premier médecin du roi, d'une somme de 2,000 écus d'or soleil, à l'occasion du mariage de sa fille avec le fils d'Adam Fumée, seigneur des Roches, maître des requêtes de l'hôtel. Paris, 30 novembre 1518.   30 novembre.

> Arch. nat., 2ᵉ compte de Jean Sapin, KK. 289, fol. 373 v°. (Mention.)

16832. Don à Louis du Coudray, mis hors de page, d'une somme de 30 écus d'or soleil, payable sur la recette de Jean Sapin, receveur général de Languedoïl et Guyenne, afin de l'aider à s'équiper pour servir dans les ordonnances. Paris, 30 novembre 1518.   30 novembre.

> Arch. nat., 2ᵉ compte de Jean Sapin, KK. 289, fol. 460. (Mention.)

16833. Lettres concernant les exemptions d'appel du duché de Vendôme. Vendôme, novembre 1518.   Novembre.

> Bibl. nat., ms. fr. 16902, fol. 4 v°. (Mention.)

16834. Déclaration de l'hommage de Jean de Chan-
telou, écuyer, pour une des sergenteries
fieffées du bois et buisson du Vernay (bailliage de Caen, vicomté de Bayeux). Paris,
1ᵉʳ décembre 1518.

1518.
1ᵉʳ décembre.

> *Expéd. orig. Arch. nat., P. 273², cote 5951.*

16835. Déclaration de foi et hommage de Jean Brinon,
président au Parlement de Rouen, comme
tuteur de Guillaume Brinon, son frère, pour
les fiefs de Guyancourt et de la Minière,
mouvants de Châteaufort. Paris, 2 décembre
1518.

2 décembre.

> *Original. Arch. nat., Chambre des Comptes de
> Paris, P. 2, nᵒ 718.*

16836. Déclaration de foi et hommage de Jean Bernard, sʳ de Saintry, pour la haute justice
de Saintry, mouvante du Châtelet de Paris.
Paris, 3 décembre 1518.

3 décembre.

> *Original. Arch. nat., Chambre des Comptes de
> Paris, P. 2, nᵒ 719.*

16837. Déclaration de foi et hommage de Jeanne de
Châtenet, veuve de Jean Moreau, pour la seigneurie du Feuillet, mouvante d'Amboise, et
pour la seigneurie de Retigny (auj. Artigny),
mouvante de Montrichart. Paris, 6 décembre
1518.

6 décembre.

> *Original. Arch. nat., Chambre des Comptes de
> Paris, P. 16, nᵒ 5993.*

16838. Déclaration de l'hommage lige de David Falcon,
écuyer, archer de la garde écossaise, pour la
seigneurie de Bazoches (bailliage de Caen,
vicomté de Falaise). Paris, 6 décembre 1518.

6 décembre.

> *Expéd. orig. Arch. nat., P. 273², cote 5961.*

16839. Déclaration de l'hommage lige de Thomas de
Wilhancon, écuyer, archer de la garde écossaise, pour le fief du Mesnil-Hermier, mouvant de la baronnie de Bazoches, la seigneurie du Tremblay, mouvante du château
de Falaise, et la sergenterie de Thury, office
fieffé mouvant du duché de Normandie, le

6 décembre.

tout sis au bailliage de Caen. Paris, 6 dé- 1518.
cembre 1518.

Expéd. orig. Arch. nat., P. 273², cote 5962.

16840. Provisions de l'office de conseiller lai au Par- 7 décembre.
lement de Bourgogne, pour Josse Char-
pentier, licencié ès lois, en remplacement de
François Medulla, nommé conseiller au Sénat
de Milan. Bois de Vincennes, 7 décembre
1518.

*Réception le 14 janvier suivant. Enreg. au Parl.
de Dijon. Arch. de la Côte-d'Or, Parl., reg. I,
fol. 163 v°.*

16841. Déclaration de l'hommage de François de Fors, 10 décembre.
écuyer, pour le fief de Saint-Martin, près
Étrépagny (bailliage, vicomté et châtellenie
de Gisors). Paris, 10 décembre 1518.

Expéd. orig. Arch. nat., P. 274¹, cote 6264.

16842. Déclaration de l'hommage de Georges Picart, 10 décembre.
pour la seigneurie de Radeval, provenant de
la succession de feu Antoine, son frère, et
le fief du Vivier-d'Andely, provenant de la
succession de feu Jean, son père. Paris,
10 décembre 1518.

Expéd. orig. Arch. nat., P. 274², cote 6304.

16843. Déclaration de foi et hommage de Guillaume Le 10 décembre.
Routier, écuyer, pour la capitainerie hérédi-
tale du château de Renneville, mouvant de
Coutances. Paris, 10 décembre 1518.

*Original. Arch. nat., Chambre des Comptes,
P. 268³, n° 3291.*

16844. Déclaration de foi et hommage de Jean Quin, 10 décembre.
écuyer, s' de Carrois, l'un des vingt-quatre
archers de la garde écossaise du roi, pour la
seigneurie de Carrois, mouvante de Melun.
Paris, 10 décembre 1518.

*Original. Arch. nat., Chambre des Comptes de
Paris, P. 9, n° 2944.*

16845. Déclaration de l'hommage rendu par Jean Le 11 décembre.
Gruyer, prêtre, au nom d'Ogier Le Gruyer,
son père, pour les seigneuries de Fontaines

et de Lignol et pour une rente de 7 livres
10 sous tournois sur la recette de Bar-sur-
Aube, le tout mouvant du château dudit Bar,
au bailliage de Chaumont. Paris, 11 décembre
1518.

1518.

> *Expéd. orig. Arch. nat., P. 163², cote 1042.*

16846. Commission à Antoine Bohier, secrétaire et valet
de chambre du roi, pour tenir le compte et
faire le payement de la somme de 600,000 écus
d'or soleil assignée à Henri VIII, roi d'Angleterre, pour la remise par lui faite au roi des
villes de Tournai, Saint-Amand, Mortagne,
et des pays de Tournésis. Paris, 12 décembre
1518.

12 décembre.

> *Copie du XVI° siècle, Bibl. nat., ms. fr. 10382.*
> *Arch. nat., 6° compte d'Antoine Bohier, KK. 349.*
> *(Mention.)*

16847. Déclaration de l'hommage de Jacques de Ché-
saux, écuyer, pour partie des seigneuries de
Pisseloup et Chaumondel-sur-Amance (bailliage de Chaumont, châtellenie de Coiffy).
Paris, 13 décembre 1518.

13 décembre.

> *Expéd. orig. Arch. nat., P. 164¹, cote 1259.*

16848. Déclaration de l'hommage lige de Michel de
L'Isle, écuyer, pour la sergenterie héréditaire
d'Isigny (bailliage de Caen, châtellenie de
Bayeux). Paris, 15 décembre 1518.

15 décembre.

> *Expéd. orig. Arch. nat., P. 273², cote 5870.*

16849. Déclaration de foi et hommage de François de
Chenevelles, écuyer, sʳ de Grosmesnil et de
Bouelle, pour la seigneurie de Grosmesnil,
mouvante de Rouen, et le fief de Bouelle,
mouvant de Neufchâtel. Paris, 18 décembre
1518.

18 décembre.

> *Original. Arch. nat., Chambre des Comptes,*
> P. 265², n° 1537.

16850. Déclaration de foi et hommage de Michel Nol-
lant, écuyer, pour le fief de Lassy, mouvant
de Pont-Audemer. Paris, 18 décembre 1518.

18 décembre.

> *Original. Arch. nat., Chambre des Comptes,*
> P. 265², n° 1534.

16851. Mandement à Jean Sapin, receveur général de
Languedoïl et Guyenne, de payer à Jacques
Parent, lieutenant du capitaine de la Bastille
Saint-Antoine à Paris, la somme de 47 livres
12 sous 6 deniers tournois, montant de l'en-
tretien pendant cent vingt-huit jours, du 24 fé-
vrier au 2 juillet 1518, d'un nommé Jacques
Spec, détenu pour être confronté avec M. de
Mailly. Paris, 19 décembre 1518.

> *Arch. nat., 2ᵉ compte de Jean Sapin, KK. 289,*
> fol. 461. *(Mention.)*

1518.
19 décembre.

16852. Commission à Nicolas de La Fons, pour exercer
l'office d'élu sur le fait des finances en l'élection de Saint-Quentin. Paris, 20 décembre
1518.

> *Original. Arch. municip. de Saint-Quentin,*
> liasse 4.

20 décembre.

16853. Mandement à Jean Sapin, receveur général de
Languedoïl et Guyenne, de payer à Baudouin de Champaigne, seigneur de Bazoges,
la somme de 300 écus d'or soleil, pour dépenses faites lors d'une mission secrète en
Allemagne. Paris, 20 décembre 1518.

> *Arch. nat., 2ᵉ compte de Jean Sapin, KK. 289,*
> fol. 461 v°. *(Mention.)*

20 décembre.

16854. Déclaration de foi et hommage de Pierre de
Villeblanche, écuyer, sᵉ du Plessis-Barbe,
pour la seigneurie de Maudoux, mouvante de
Tours. Paris, 21 décembre 1518.

> *Original. Arch. nat., Chambre des Comptes de*
> *Paris, P. 13, n° 4392.*

21 décembre.

16855. Mandement à la Chambre des Comptes de
Paris de rétablir dans les comptes du receveur général de Normandie 500 livres tournois, déboursées par le sᵉ d'Aubigny, capitaine
de la garde écossaise pour le service du roi,
pendant qu'il était assiégé à Brescia en 1513,
et 1,250 livres avancées à Jean Du Plessis, dit
Courcal, sur 5,000 livres tournois que le roi
lui avait données. Paris, 22 décembre 1518.

> *Original. Bibl. nat., ms. Clairambault 225,*
> n° 479.

22 décembre.

v.

54

16856. Don à Alexandre de Trivulce, chambellan du
roi, pour ses services à Louis XII et à François Iᵉʳ dans la conquête et la défense du duché
de Milan, de la charge de capitaine de trente
lances, charge que remplissait feu Jean-
Jacques de Trivulce, maréchal de France.
Paris, 22 décembre 1518.

> *Copie collat. Bibl. nat., Pièces orig., Trivulce,*
> vol. 2885, p. 50.

1518.
22 décembre.

16857. Lettres portant remise de droits seigneuriaux,
dus au roi par François Guérin, écuyer, pour
la terre de Chapton. 22 décembre 1518.

> *Enreg. à la Chambre des Comptes de Paris,* anc.
> mém. 2 A, fol. 248. *Arch. nat.,* PP. 119, p. 35.
> (*Mention.*)
> *Bibl. nat.,* ms. fr. 21405, p. 277. (*Mention.*)
> *Bibl. nat.,* ms. Clairambault 782, p. 270. (*Men-*
> *tion.*)

22 décembre.

16858. Déclaration de foi et hommage de Pierre Bou-
zens, écuyer, pour la sergenterie du Romois,
mouvante de Pont-Audemer. Paris, 22 décembre 1518.

> *Original. Arch. nat., Chambre des Comptes,*
> P. 264³, n° 983.

22 décembre.

16859. Déclaration de l'hommage de Jean Poisson,
écuyer, pour la seigneurie de Montamy et
autres sises en la vicomté de Vire, au bailliage de Caen, à lui échues par suite du
décès de François, son père. Paris, 22 décembre 1518.

> *Expéd. orig. Arch. nat.,* P. 273³, cote 5956.

22 décembre.

16860. Don d'une somme de 30 écus d'or soleil, payable
sur la recette générale de Languedoïl et
Guyenne, à Antoine de Louvain, page du
roi, afin de l'aider à s'équiper pour servir dans
les ordonnances. Paris, 23 décembre 1518.

> *Arch. ndt., 2ᵉ compte de Jean Sapin,* KK. 289,
> fol. 462. (*Mention.*)

23 décembre.

16861. Déclaration de foi et hommage de Jean du
Moustier, prêtre, curé de Gatteville et de
Montreuil, comme procureur de Raoul Le

23 décembre.

Bourgeois, écuyer, s^r de Grouchy, pour ladite seigneurie, mouvante de Valognes. Paris, 23 décembre 1518.

1518.

> *Original. Arch. nat., Chambre des Comptes, P. 268^a, n° 3189.*

16862. Mandement à Jean Sapin, receveur général de Languedoïl et Guyenne, de rembourser à Jean Desmoulins, greffier au Grand conseil, la somme de 30 livres 10 sous tournois, qu'il avait payée à un messager envoyé de Blois à Saint-Jean-de-Luz et à Hendaye, auprès des commissaires chargés d'examiner les contestations survenues entre le procureur du roi et les habitants dudit Hendaye, d'une part, et ceux de Fontarabie, d'autre part, touchant la frontière franco-espagnole. Paris, 24 décembre 1518.

24 décembre.

> *Arch. nat., 2e compte de Jean Sapin, KK. 289, fol. 443 v°. (Mention.)*

16863. Don d'une somme de 4,000 livres tournois à Robert de La Marck, seigneur de Fleuranges [1], précédemment chargé d'une mission secrète en Allemagne. Paris, 27 décembre 1518.

27 décembre.

> *Arch. nat., 2e compte de Jean Sapin, receveur général de Languedoïl et Guyenne, KK. 289, fol. 386. (Mention.)*

16864. Mandement à Jean Sapin, receveur général de Languedoïl et Guyenne, de rembourser à Jacques de Saint-Aubin, prévôt général de la connétablie de France, la somme de 450 livres tournois, qu'il avait déboursée, du 1er janvier au 30 octobre 1518, en marchant contre « plusieurs grosses bendes de vaccabons, volleurs, pilleurs, larrons, adventuriers mal vivans sur le povre peuple », en divers points du royaume. Paris, 27 décembre 1518.

27 décembre.

> *Arch. nat., 2e compte de Jean Sapin, KK. 289, fol. 462 v°. (Mention.)*

---

[1] *Fleuranges*. Cette forme ne paraît usitée que depuis le XVIIe siècle. Il serait préférable d'écrire *Florange*, ancienne seigneurie qui est aujourd'hui une commune d'Alsace-Lorraine, du canton de Thionville.

16865. Mandement à Jean Sapin, receveur général de Languedoïl et Guyenne, de rembourser à Philippe de Popo, huissier de chambre, la somme de 100 livres tournois, qu'il avait déboursée en se rendant à Château-Thierry pour marcher contre les mauvais garçons et vagabonds. Paris, 27 décembre 1518.

1518.
27 décembre.

> *Arch. nat., 2ᵉ compte de Jean Sapin, KK. 289, fol. 463. (Mention.)*

16866. Lettres accordant délai d'un an au duc de Lorraine pour rendre hommage et bailler aveu pour la seigneurie de Gondrecourt, au bailliage de Chaumont, mouvant du comté de Champagne. Paris, 28 décembre 1518.

28 décembre.

> *Copie du xviᵉ siècle d'après un vidimus du prévôt de Chaumont, en date du 11 février 1519 n. s. Ancien Trésor des Chartes de Lorraine, cartulaire Gondrecourt. Arch. de Meurthe-et-Moselle, B. 364, fol. 150. 1 page.*

16867. Lettres de réception du serment de fidélité de Leobin Le Fillastre, abbé de Notre-Dame-du-Vœu à Cherbourg, pour le temporel de ladite abbaye. Paris, 28 décembre 1518.

28 décembre.

> *Original. Arch. nat., Chambre des Comptes, P. 268², nº 3190.*

16868. Commission à Raoul Hurault et au maréchal de Châtillon de se transporter à Tournai, Saint-Amand et Mortagne, et de remettre aux députés du roi d'Angleterre les 50,000 livres promises à ce prince pour la reddition de la ville de Tournai. Paris, 30 décembre 1518.

30 décembre.

> *Copie du xviᵉ siècle. Bibl. nat., ms. fr. 10382.*

16869. Don à Thomas Williamson de 70 écus d'or. 30 décembre 1518.

30 décembre.

> *Imp. F. Michel, Les Écossais en France et les Français en Écosse, in-8°, t. II, p. 244. (Mention.)*

16870. Déclaration de foi et hommage de Guillaume Du Buisson, écuyer, comme procureur de Nicole Du Buisson, prêtre, pour le quart du fief

30 décembre.

d'Iquelon, mouvant de Pont-Audemer. Paris, 30 décembre 1518.

> Original. Arch. nat., Chambre des Comptes, P. 264², n° 1120.

16871. Déclaration de foi et hommage de Jacques du Livet, écuyer, pour le tiers du fief de haubert nommé le fief du Torpt, pour le huitième du fief du Livet et pour portion du fief de la Mare-Hébert, mouvants de Pont-Audemer, et pour le quart du fief de Beuzeville, mouvant de Montfort. Paris, 30 décembre 1518.

> Original. Arch. nat., Chambre des Comptes, P. 264², n° 1123.

16872. Don à René, bâtard de Savoie, comte de Villars et de Tende, gouverneur de Provence, et à Artus Gouffier, seigneur de Boisy, gouverneur de Dauphiné, d'une somme de 64,475 livres tournois, en récompense de leurs services. Paris, 31 décembre 1518.

> Arch. nat., 2° compte de Jean Sapin, receveur général de Languedoïl et Guyenne, KK. 289, fol. 375 v°. (Mention.)

16873. Don à Louis de Brézé, grand sénéchal de Normandie, d'une somme de 10,000 livres tournois en récompense de ses services. Paris, 31 décembre 1518.

> Arch. nat., 2° compte de Jean Sapin, receveur général de Languedoïl et Guyenne, KK. 289, fol. 386 v°. (Mention.)

16874. Mandement à Jean Sapin, receveur général de Languedoïl et Guyenne, de payer à Julien Couldray, horloger à Blois, la somme de 200 écus d'or soleil, « pour son payement de deux dagues excellantes garnies dedans les pommeaux de deux orloges toutes dorées », et destinées à l'usage du roi. Paris, 31 décembre 1518.

> Arch. nat., 2° compte de Jean Sapin, KK. 289, fol. 444. (Mention.)

16875. Mandement à Jean Sapin, receveur général de Languedoïl et Guyenne, de rembourser à

1518.

30 décembre.

31 décembre.

31 décembre.

31 décembre.

31 décembre.

Claude Petit, à Lancelot de Guigues et à Antoine de Brosses, archers de la garde, la somme de 270 livres tournois, montant des dépenses faites par eux en la compagnie de M. de Châteaumorant, envoyé en Rouergue pour prêter main-forte à l'exécution d'un arrêt donné au Parlement de Toulouse au profit du roi, touchant le commun de la paix audit pays de Rouergue. Paris, 31 décembre 1518.

1518.

> *Arch. nat., 2ᵉ compte de Jean Sapin, KK. 289, fol. 463 vᵒ. (Mention.)*

16876. Déclaration de foi et hommage de Thierry Fouet, dit Dorne, sʳ de Raiz, pour les seigneuries de « Borneaux et de Corsandon », mouvantes de Saint-Pierre-le-Moutier. Paris, 31 décembre 1518.

31 décembre.

> *Original. Arch. nat., Chambre des Comptes de Paris, P. 14, nᵒ 4940.*

16877. Déclaration de l'hommage de Jean Patrix, écuyer, pour le fief d'Estry et le fief Potier, huitièmes de fiefs sis en la vicomté de Vire. Paris, 31 décembre 1518.

31 décembre.

> *Expéd. orig. Arch. nat., P. 273², cote 5843.*

16878. Lettres d'amortissement, en faveur du chapitre de Beauvais, du fief de Camin, dans la vicomté de Gisors. Paris, décembre 1518.

Décembre.

> *Copie collat. du XVIIIᵉ siècle. Arch. nat., K. 189, nᵒ 43.*

16879. Lettres de naturalité pour Jacques Scrop, natif d'Aix-la-Chapelle, marié à Paris et y habitant. Vincennes, décembre 1518.

Décembre.

> *Enreg. à la Chambre des Comptes de Paris, le 17 mars 1549 n. s.*
> *Enreg. au Châtelet de Paris, le 5 avril 1519 n. s. Arch. nat., Bannières, Y. 8, fol. 80 vᵒ. 2 pages.*

16880. Lettres de noblesse pour N. de Rouvray, seigneur du Bois-Rouvray. 1518.

1518.

> *Enreg. à la Chambre des Comptes de Paris. Bibl. de l'Arsenal, ms. 4939, fol. 52. (Mention.)*

1519. — Pâques, le 24 avril.

1519.

16881. Lettres de réception du serment de fidélité de frère Guy de Montmirail, abbé de Notre-Dame de Montebourg, diocèse de Coutances, pour le temporel de ladite abbaye. Paris, 1ᵉʳ janvier 1518.

1ᵉʳ janvier.

Original, Arch. nat., P. 268², n° 3228.

16882. Lettres de réception du serment de fidélité prêté devant le chancelier de France par frère Guy de Montmirail pour le temporel de l'abbaye de Saint-Magloire de Paris. Paris, 1ᵉʳ janvier 1518.

1ᵉʳ janvier.

Expéd. orig. Arch. nat., P. 725¹, cote 234.

16883. Déclaration de foi et hommage de Louis de Roncherolles, chevalier, pour la seigneurie de la Motte, mouvante de Rouen. Paris, 1ᵉʳ janvier 1518.

1ᵉʳ janvier.

Original. Arch. nat., Chambre des Comptes, P. 264², n° 1157.

16884. Lettres accordant délai d'un an à Louis de Roncherolles, chevalier, pour bailler aveu et dénombrement du fief de la Motte au bailliage de Rouen, de la seigneurie de la Ferté en Ponthieu au bailliage d'Amiens, et de la seigneurie de Châtillon-sur-Marne au bailliage de Vitry. Paris, 1ᵉʳ janvier 1518.

1ᵉʳ janvier.

Original. Arch. nat., Chambre des Comptes, P. 264², n° 981.

16885. Déclaration de l'hommage d'Antoine de Maulain, écuyer, pour la seigneurie dite de Valengy, sise à Maulain, acquise par échange de Jean du Moustier; la seigneurie de Senqueux, jadis possédée par feu Thibaut de Gévigny, oncle dudit Antoine, et les seigneuries de feu Jean de Vézelise, le tout mouvant des châteaux de Montigny et Nogent-le-Roi (bailliage de Chaumont). Paris, 3 janvier 1518.

3 janvier.

Expéd. orig. Arch. nat., P. 163², cote 1144.

16886. Déclaration de l'hommage de Jean d'Orges, écuyer, pour les trois quarts de la seigneurie de Louvières (bailliage de Chaumont, châtellenie de Nogent-le-Roi). Paris, 3 janvier 1518.

Expéd. orig. Arch. nat., P. 163², cote 1146.

1519.
3 janvier.

16887. Déclaration de l'hommage de Georges de Saint-Belin, écuyer, pour les fiefs suivants, sis au bailliage de Chaumont : la seigneurie de Thivet, le quart de celles d'Is-en-Bassigny et de Louvières (châtellenie de Nogent-le-Roi), le tiers de celle d'Épinant, avec le gagnage dit Torteret (châtellenie de Montigny-le-Roi), les manoirs de Blézy et de Neuilly-sur-Suize, les seigneuries de Mirbel et de la Genevroye, la portion de la seigneurie d'Autreville comprise dans la prévôté de Chaumont, et une rente de 100 sous tournois sur la recette ordinaire de Chaumont et de 50 bichets d'avoine sur les tierces de Jonchery (châtellenie de Chaumont). Paris, 3 janvier 1518.

Expéd. orig. Arch. nat., P. 163², cote 1145.

3 janvier.

16888. Lettres de réception du serment de fidélité prêté devant le chancelier de France par frère Thomas Chambon pour le temporel de l'abbaye de Saint-Victor-en-Caux. Paris, 3 janvier 1518.

Expéd. orig. Arch. nat., P. 267¹, cote 2358.

3 janvier.

16889. Déclaration de foi et hommage de Claude Guyot, notaire et secrétaire du roi, pour la seigneurie de Canteleu, dite le fief de Pressigny, mouvante de Rouen. Paris, 3 janvier 1518.

Original. Arch. nat., Chambre des Comptes de Paris, P. 265¹, n° 1209.

3 janvier.

16890. Don à Jacques de Vendôme, chevalier, s' de Bonneval, des droits seigneuriaux dus au roi pour la terre de Heuzecourt. Paris, 4 janvier 1518.

Enreg. à la Chambre des Comptes de Paris, anc. mém. 2 A, fol. 254. Arch. nat., PP. 119, p. 36. (Mention.)
Bibl. nat., ms. fr. 21405, p. 277. (Mention.)
Bibl. nat., ms. Clairambault 782, p. 270. (Mention.)

4 janvier.

16891. Déclaration de l'hommage rendu par Jacques de
Chaulieu, au nom de Jacques de Chaulieu,
son père, pour la seigneurie de Sapmesle
(bailliage d'Évreux, vicomté d'Orbec). Paris,
4 janvier 1518.

1519.
4 janvier.

Expéd. orig. Arch. nat., P. 270¹, cote 4029.

16892. Déclaration de l'hommage de Guillaume Tresc,
écuyer, pour la seigneurie de la Halboudière
(bailliage d'Évreux, vicomté d'Orbec). Paris,
4 janvier 1518.

4 janvier.

Expéd. orig. Arch. nat., P. 270¹, cote 4185.

16893. Déclaration de l'hommage d'Eustache du Rouil,
écuyer, seigneur dudit lieu, pour le quart de
fief des Retailles (bailliage d'Évreux, vicomté
d'Orbec). Paris, 4 janvier 1518.

4 janvier.

Expéd. orig. Arch. nat., P. 270¹, cote 4186.

16894. Déclaration de l'hommage de Pierre Ler (*alias*
Lair), écuyer, seigneur du Quesnoy, pour les
huitièmes de fiefs de Mailloc et de Telle (vicomté de Bayeux). Paris, 6 janvier 1518.

6 janvier.

Expéd. orig. Arch. nat., P. 273², cote 5959.

16895. Déclaration de l'hommage de Jean Briçonnet,
président en la Chambre des Comptes de
Paris, pour la seigneurie d'Aulnoy (bailliage
de Meaux, châtellenie de Provins). Paris,
8 janvier 1518.

8 janvier.

Expéd. orig. Arch. nat., P. 164¹, cote 1685.

16896. Déclaration de l'hommage de Jean, fils de feu
Jean de Vieux-Pont, pour la demi-baronnie
de Vieux-Pont (bailliage de Caen, vicomté de
Falaise). Paris, 8 janvier 1518.

8 janvier.

Expéd. orig. Arch. nat., P. 273², cote 5960.

16897. Déclaration de foi et hommage de Louis Du Bosc,
écuyer, pour un demi-fief noble nommé le
fief de Beaumoncel et le fief de la Cour-de-
Bourneville, mouvant de Pont-Audemer.
Paris, 8 janvier 1518.

8 janvier.

*Original. Arch. nat., Chambre des Comptes de
Paris, P. 264², n° 1169.*

v.

55

16898. Déclaration de foi et hommage de Louis Du Bosc, écuyer, pour la moitié du fief noble du Mesnil-sous-Saint-Georges, mouvant de la vicomté de Rouen. Paris, 8 janvier 1518.

1519
8 janvier.

Original. Arch. nat., Chambre des Comptes de Paris, P. 265, n° 1188.

16899. Déclaration de foi et hommage de Louis d'Estouteville, abbé de Savigny, pour la baronnie de Roncheville, mouvante de la vicomté d'Auge. Paris, 9 janvier 1518.

9 janvier.

Original. Arch. nat., Chambre des Comptes de Paris, P. 264², n° 1088.

16900. Déclaration de foi et hommage d'Alof de L'Hôpital, s' de Choisy-aux-Loges, panetier du duc de Bourbon, connétable de France, pour la seigneurie de Choisy ou Soisy-aux-Loges (auj. Bellegarde), mouvante de Lorris-en-Gâtinais, et pour la seigneurie des Rues, mouvante de Vitry[-aux-Loges]. Paris, 9 janvier 1518.

9 janvier.

Original. Arch. nat., Chambre des Comptes de Paris, P. 16, n° 5980.

16901. Déclaration de foi et hommage d'Alof de L'Hôpital, s' de Choisy-aux-Loges, panetier du duc de Bourbon, pour le droit de prendre du bois dans la forêt du Loge (partie de la forêt d'Orléans) pour brûler dans ses maisons de Montboiserant et des Brosses. Paris, 9 janvier 1518.

9 janvier.

Original. Arch. nat., Chambre des Comptes de Paris, P. 10, n° 3434.

16902. Déclaration de foi et hommage d'Alof de L'Hôpital, s' de Choisy-aux-Loges, panetier du duc de Bourbon, pour le droit de prendre chaque semaine trois charretées de bois vert en la forêt d'Orléans. Paris, 9 janvier 1518.

9 janvier.

Original. Arch. nat., Chambre des Comptes de Paris, P. 10, n° 3433.

16903. Déclaration de foi et hommage de Charles Hauchemar, sergent fieffé et hérédital de Sainte-

9 janvier.

Marie-du-Mont, pour ladite sergenterie, mouvante de Carentan. Paris, 9 janvier 1518.

> Original. Arch. nat., Chambre des Comptes de Paris, P. 268², n° 3192.

1519.

16904. Lettres de réception du serment de fidélité de Henri Du Val, prêtre, curé de Normanville, comme procureur de Guillemette Duquesne, abbesse de Saint-Léger de Préaux, de l'ordre de Saint-Benoît. Paris, 9 janvier 1518.

9 janvier.

> Original. Arch. nat., Chambre des Comptes de Paris, P. 264³, n° 1151.

16905. Déclaration de foi et hommage de Henri Du Val, curé de Normanville, comme procureur de Louis Duquesne, sʳ de Brotonne, pour ladite seigneurie, mouvante de Pont-Audemer. Paris, 9 janvier 1518.

9 janvier.

> Original. Arch. nat., Chambre des Comptes de Paris, P. 264³, n° 1122.

16906. Mandement aux généraux des finances de faire payer par Morelet du Museau, trésorier des guerres, 600 livres tournois à Pierre-Marie d'Aseret, seigneur de Saraval, commissaire ordinaire des guerres, pour avoir passé les montres des gens de guerre des ordonnances l'année précédente. Paris, 10 janvier 1518.

10 janvier.

> Original. Bibl. nat., ms. fr. 25726, n° 128.

16907. Déclaration de l'hommage de Jean Picard, chevalier, seigneur de Radeval, pour le quart de fief noble du Mesnil-des-Planches, sis à Andely et aux environs, et mouvant du Château-Gaillard (bailliage de Gisors). Paris, 10 janvier 1518.

10 janvier.

> Expéd. orig. Arch. nat., P. 274¹, cote 6267.

16908. Déclaration de foi et hommage de Charles d'Esneval, écuyer, sʳ de Campigny, pour le lieu de Campigny, mouvant de Pont-Audemer, et pour le fief de Montlandry, mouvant de la vicomté de Rouen, à cause de Marguerite de Mont-

11 janvier.

landry, damoiselle, sa femme. Paris, 11 janvier 1518.

1519.

> *Original. Arch. nat., Chambre des Comptes de Paris, P. 264², n° 1121.*

16909. Déclaration de foi et hommage de Jacques Malartie pour la sergenterie de Préaux, mouvante de Pont-Audemer. Paris, 11 janvier 1518.

11 janvier.

> *Original. Arch. nat., Chambre des Comptes de Paris, P. 264², n° 1168.*

16910. Lettres portant obligation, en vertu du traité de vente par Henri VIII à François Ier de la ville de Tournai, conclu le 4 octobre 1518, de payer les 600,000 écus à la couronne, prix de cette vente : à Tournai, le jour où la ville sera livrée, 50,000 écus; le 1er mai suivant, à Calais, 25,000 francs; et, de six mois en six mois, 25,000 francs, en ce lieu de Calais, jusqu'au complet payement. Paris, 12 janvier 1518.

12 janvier.

> *Original. Londres, British Museum, Add. Charters, 13332.*

16911. Lettres portant remise à Claude de Lorraine des droits féodaux dus au roi pour le rachat des seigneuries de Rumigny, Aubenton, Martigny, Any et Watphal[1]. 12 janvier 1518.

12 janvier.

> *Anc. arch. de la Chambre des Comptes de Joinville, pièce coté 1244. Arch. nat., KK. 906, fol. 237. (Mention.)*

16912. Déclaration de foi et hommage de Jean Bissot, pour le quart de fief de haubert nommé le fief de Tanney, sis en la paroisse de Saint-Martin-le-Vieux et mouvant de la châtellenie de Pont-Audemer. Paris, 12 janvier 1518.

12 janvier.

> *Original. Arch. nat., Chambre des Comptes de Paris, P. 264², n° 1150.*

16913. Déclaration de foi et hommage de Robert Lair, prêtre, comme procureur de François de

12 janvier.

---

[1] Château détruit, dont l'emplacement se trouve dans la commune de Saint-Marcel (Ardennes, arrondissement de Mézières, canton de Renwez).

Thiéville, écuyer, s' de « Gyebert », homme
d'armes de la garnison de Cherbourg, pour la
seigneurie du Breuil, mouvante de Valognes.
Paris, 12 janvier 1518.

> Original. Arch. nat., Chambre des Comptes de
> Paris, P. 268², n° 3215.

1519.

16914. Déclaration de foi et hommage de Robert Lair,
prêtre, comme procureur de Guillaume Lair,
s' du Buisson, son frère, pour ladite seigneurie, mouvante de Carentan. Paris, 12 janvier
1518.

> Original. Arch. nat., Chambre des Comptes de
> Paris, P. 268², n° 3216.

12 janvier.

16915. Déclaration de l'hommage rendu par Robert
Lair, prêtre, au nom de Guillaume de Thiéville, écuyer, seigneur d'Hardinvast, archer
de la garnison de Cherbourg, pour la seigneurie de « la Selle » (bailliage de Caen, vicomté
de Falaise). Paris, 12 janvier 1518.

> Expéd. orig. Arch. nat., P. 273², cote 5921.

12 janvier.

16916. Déclaration de foi et hommage de Michel Cadot,
comme procureur de Michel Admée, procu-
reur du roi au bailliage de Cotentin, s' de
Mary, pour la seigneurie de Fontaines, mouvante de Carentan. Paris, 13 janvier 1518.

> Original. Arch. nat., Chambre des Comptes de
> Paris, P. 268², n° 3268.

13 janvier.

16917. Déclaration de foi et hommage de Michel
Cadot, écuyer, s' de Gerville, pour ladite seigneurie, mouvante de Carentan. Paris, 13 janvier 1518.

> Original. Arch. nat., Chambre des Comptes de
> Paris, P. 268², n° 3194.

13 janvier.

16918. Déclaration de foi et hommage de Michel
Cadot, comme procureur de Léonard Le
Roux, écuyer, s' de Clais, paroisse d'Orval,
pour ladite seigneurie, mouvante de Coutances. Paris, 13 janvier 1518.

> Original. Arch. nat., Chambre des Comptes de
> Paris, P. 268², n° 3193.

13 janvier.

16919. Lettres autorisant Charles Ier, roi d'Espagne, à
établir en France des postes et chevaucheurs
pour se faire porter ses lettres et paquets de
Flandre en Espagne. Paris, 14 janvier 1518.

> Original scellé, Bibl. nat., Mélanges de Colbert,
> vol. 363, n° 297.

1519.
14 janvier.

16920. Don à Louis de Chandio, chevalier, seigneur
dudit lieu, capitaine de la porte, du revenu
de la terre et seigneurie de Saint-Georges en
Dauphiné. Paris, 14 janvier 1518.

> Original signé. Bibl. nat., Titres scellés de Clai-
> rambault, vol. 116, p. 9061, n° 26.

14 janvier.

16921. Déclaration de l'hommage rendu par Jean Aubert, écuyer, au nom de Regnaut Bateste,
pour la seigneurie de Quilly (bailliage de
Caen, vicomté et châtellenie de Falaise. Paris,
14 janvier 1518.

> Expéd. orig. Arch. nat., P. 273², cote 5958.

14 janvier.

16922. Lettres ordonnant l'entérinement de celles de
Louis XII établissant à Abbeville douze francs
marchés, mais réduisant ce nombre à six par
an. Paris, 15 janvier 1518.

> Imp. Aug. Thierry, Monuments de l'Histoire du
> Tiers État, in-4°, t. IV, p. 338. (D'après les ar-
> chives d'Abbeville.)

15 janvier.

16923. Déclaration de l'hommage de Raulin Du Croq
pour partie de la seigneurie de « Peré » (bailliage
et vicomté d'Évreux), fief de haubert, à lui
échue par suite du décès de Jeanne de Fleu-
rigny, dame du Lau. Paris, 15 janvier 1518.

> Expéd. orig. Arch. nat., P. 270¹, cote 4112.

15 janvier.

16924. Déclaration de l'hommage d'Olivier Souquet,
écuyer, pour la seigneurie de Château-Gontier-
sur-Orne (bailliage de Caen, vicomté de Falaise), Paris, 15 janvier 1518.

> Expéd. orig. Arch. nat., P. 273², cote 5957.

15 janvier.

16925. Déclaration de foi et hommage de Guillaume
Ferrant, s[r] des Mares, pour ladite seigneurie

15 janvier.

mouvante de Saint-Sauveur-Lendelin. Paris, 15 janvier 1518.

Original. Arch. nat., Chambre des Comptes de Paris, P. 268³, n° 3404.

1519.

16926. Déclaration de foi et hommage de Jean de Livet, écuyer, pour le fief de la Poterie-Mathieu, mouvant de Montfort-sur-Risle. Paris, 17 janvier 1518.

17 janvier.

Original. Arch. nat., Chambre des Comptes de Paris, P. 264², n° 1042.

16927. Déclaration de l'hommage de Louis de Piliers pour le fief du Bois-de-la-Bruyère (bailliage et vicomté d'Évreux, châtellenie de Nonancourt). Paris, 17 janvier 1518.

17 janvier.

Expéd. orig. Arch. nat., P. 270¹, coté 4179.

16928. Déclaration de l'hommage de Marc de La Baume, comte de Montrevel, pour l'usufruit de la baronnie de Châteauvillain (châtellenie de Chaumont-en-Bassigny) et les seigneuries de Nully et Gouvignon (châtellenie de Bar-sur-Aube). Paris, 18 janvier 1518.

18 janvier.

Expéd. orig. Arch. nat., P. 163², cote 1040.

16929. Déclaration de foi et hommage de Jean Brinon, président du Parlement de Rouen, pour la seigneurie d'Auteuil, mouvante de Montfort-l'Amaury. Paris, 18 janvier 1518.

18 janvier.

Original. Arch. nat., Chambre des Comptes de Paris, P. 7, n° 2345.

16930. Déclaration de l'hommage rendu par Guillaume de Lonlay, écuyer, seigneur du Mesnil-Broult, au nom de Philippe d'Harcourt, chevalier, âgé d'environ soixante ans, pour le huitième de la baronnie de Lougé et la seigneurie y incorporée de Saint-Ouen-sur-Maire (bailliage de Caen, vicomté et châtellenie de Falaise). Paris, 18 janvier 1518.

18 janvier.

Expéd. orig. Arch. nat., P. 273², coté 5941.

16931. Déclaration de l'hommage rendu par Guillaume de Lonlay, écuyer, seigneur du Mesnil-Broult, au nom de Jean Le Verrier, écuyer, seigneur

18 janvier.

de Crèvecœur, âgé d'environ soixante ans, pour la seigneurie du Repas (bailliage de Caen, vicomté et châtellenie de Falaise). Paris, 18 janvier 1518.

1519.

Expéd. orig. Arch. nat., P. 273², cote 5955.

16932. Déclaration de foi et hommage de Jean Le Marguetel, pour la seigneurie de Montfort, mouvante de Coutances. Paris, 18 janvier 1518.

18 janvier.

Original. Arch. nat., Chambre des Comptes de Paris, P. 268², n° 3213.

16933. Déclaration de l'hommage de Macé de Rayville pour la sergenterie fieffée héréditaire de Montaigu (bailliage de Caen, vicomté et châtellenie de Falaise). Paris, 18 janvier 1518.

18 janvier.

Expéd. orig. Arch. nat., P. 273², cote 5938.

16934. Déclaration de foi et hommage de Pierre de Recuchon, écuyer, pour le quart du fief du Quesnay (paroisse de Bos-Normand), mouvant de Pont-Audemer. Paris, 18 janvier 1518

18 janvier.

Original. Arch. nat., Chambre des Comptes de Paris, P. 264², n° 1135.

16935. Lettres portant don de la haute justice des seigneuries d'Arconate et d'Inveruno dans le Milanais aux seigneurs desdits lieux. Paris, 19 janvier 1518.

19 janvier.

Enreg. au Sénat de Milan, le 18 juillet 1519. Milan. Archivio di stato, Registri del antico Senato, fol. 1628.

16936. Déclaration de l'hommage de Warri de Guermange, seigneur de Biencourt, pour sa part des seigneuries d'Épiez, Thusey et Sauvoy (bailliage de Chaumont, châtellenie de Vaucouleurs). Paris, 21 janvier 1518.

21 janvier.

Expéd. orig. Arch. nat., P. 164², cote 1258.

16937. Déclaration de foi et hommage de François Labbé, écuyer, sergent fieffé et hérédital de la sergenterie de la Haye-du-Puits, pour ladite

19 janvier.

sergenterie, mouvante de Carentan. Paris, 19 janvier 1518.

> Original. Arch. nat., Chambre des Comptes de Paris, P. 268², n° 3191.

1519.

16938. Déclaration de foi et hommage de François de Rochechouart, chevalier, sʳ de Champdenier, comme procureur de Ferry sʳ d'Aumont, pour la seigneurie de Vannecrocq, mouvante de Pont-Audemer. Paris, 21 janvier 1518.

21 janvier.

> Original. Arch. nat., Chambre des Comptes de Paris, P. 264², n° 1138.

16939. Déclaration de l'hommage de Guillaume Goret, écuyer, pour le quart de fief noble à basse justice des Penétraux (bailliage et vicomté d'Évreux, paroisse de Saint-Germain-des-Angles). Paris, 21 janvier 1518.

21 janvier.

> Expéd. orig. Arch. nat., P. 270¹, cote 4182.

16940. Lettres de relief de surannation pour la vérification à la Chambre des Comptes de Paris des lettres de réception de l'hommage d'Aubert de Saint-Germain pour Annebecq, Billon, Quétiéville et Vaux, en date du 8 octobre 1517 (n° 16497). Paris, 21 janvier 1518.

21 janvier

> Expéd. orig. Arch. nat., P. 273², cote 5949.

16941. Déclaration de l'hommage de Pierre Piédefer, écuyer, pour la seigneurie d'Avrolles (bailliage et châtellenie de Chaumont), près Saint-Florentin, à lui échue par suite du décès de Pierre Piédefer, son père. Paris, 23 janvier 1518.

23 janvier.

> Expéd. orig. Arch. nat., P. 163¹, cote 957.

16942. Déclaration de l'hommage de Guy de Bus, chevalier, pour le quart de fief de haubert sis à Haricourt (bailliage de Gisors, châtellenie de Vernon). Paris, 23 janvier 1518.

23 janvier.

> Expéd. orig. Arch. nat., P. 274¹, cote 6269.

16943. Mandement de payer 1,000 livres tournois au sʳ de Précy, grand maître des Eaux et forêts,

24 janvier.

pour partie de ses gages montant à 4,000 livres. Paris, 24 janvier 1518.

1519.

> Original. Arch. nat., Pièces originales, vol. 2374, Précy, p. 7.

16944. Déclaration de foi et hommage de Michel Lucas, écuyer, s^r de Clais, pour ladite seigneurie, mouvante de Carentan. Paris, 24 janvier 1518.

24 janvier.

> Original. Arch. nat., Chambre des Comptes de Paris, P. 268², n° 3207.

16945. Déclaration de foi et hommage de « Karis » Le Verseur, s^r de Vareville, pour la sergenterie héréditale de Lithaire et de Lessay, mouvante de Saint-Sauveur-Lendelin. Paris, 24 janvier 1518.

24 janvier.

> Original. Arch. nat., Chambre des Comptes de Paris, P. 268², n° 3217.

16946. Déclaration de foi et hommage de Pierre Simon, écuyer, s^r de « Plainmarest et de Grosparmy », pour la seigneurie de « Grosparmy », mouvante de Carentan. Paris, 24 janvier 1518.

24 janvier.

> Original. Arch. nat., Chambre des Comptes de Paris, P. 268², n° 3208.

16947. Déclaration de foi et hommage de Jean Michel, prêtre, comme procureur de Pierre Michel pour la seigneurie de Villy, paroisse de Saint-Lô-d'Ourville, mouvante de Valognes. Paris, 25 janvier 1518.

25 janvier.

> Original. Arch. nat., Chambre des Comptes de Paris, P. 268², n° 3188.

16948. Lettres de réception du serment de fidélité de dom Guillaume Pavye, prêtre, prieur du couvent de Notre-Dame de Beaulieu (diocèse de Rouen), pour le temporel dudit prieuré. Paris, 25 janvier 1518.

25 janvier.

> Original. Arch. nat., Chambre des Comptes de Paris, P. 264², n° 1040.

16949. Lettres de réception du serment de fidélité de Guillaume Troussey, abbé de Saint-Sauveur-

25 janvier.

le-Vicomte, diocèse de Coutances, pour le
temporel de ladite abbaye. Paris, 25 janvier
1518.

> Original. Arch. nat., Chambre des Comptes de
> Paris, P. 268², n° 3210.

1519.

16950. Mandement aux généraux des finances de faire
payer par Jean Lalemant, receveur général de
Languedoc, à Antoine Bohier, secrétaire et valet de chambre du roi, commis au payement
de la dette d'Angleterre, 600 livres tournois
pour le complet payement des 2,000 livres
tournois dont il a été appointé pour le rachat
de la ville de Tournai. Paris, 27 janvier 1518.

> Original. Bibl. nat., ms. fr. 25720, n° 130.

27 janvier.

16951. Déclaration de foi et hommage de Thomas Jérôme, écuyer, comme procureur de Jacques
de Poulley, écuyer, sʳ de Saint-Jores en la vicomté de Saint-Sauveur-Lendelin, pour un
demi-fief situé audit lieu de Saint-Jores, mouvant du duché de Normandie. Paris, 27 janvier 1518.

> Original. Arch. nat., Chambre des Comptes de
> Paris, P. 265², n° 1716.

27 janvier.

16952. Déclaration de foi et hommage de Jacques, bâtard de Vendôme, chevalier, sʳ de Bonneval,
bailli de Vermandois, conseiller et chambellan ordinaire du roi, pour la seigneurie de
Heuzecourt, mouvante de Doullens. Paris,
27 janvier 1518.

> Original. Arch. nat., Chambre des Comptes de
> Paris, P. 15, n° 5560.

27 janvier.

16953. Lettres acceptant la déclaration de Charles,
archiduc d'Autriche, roi de Castille, pour
être compris dans le traité d'alliance conclu
entre le roi de France et le roi d'Angleterre,
à Londres, le 2 octobre 1518 (n° 882). Paris,
28 janvier 1518.

> Original scellé. Bibl. nat., Mélanges de Colbert,
> vol. 362, n° 298. (La première partie de l'acte
> manque.)
> Copie du xvɪ siècle. Arch. départ. du Nord,
> Documents diplomatiques.

28 janvier.

16954. Déclaration de foi et hommage de Jean Guedo, écuyer, pour le huitième du fief de Beaumont en la paroisse dudit lieu, et le huitième du fief du Mesnil-Godefroy en la paroisse de la Rue-Saint-Pierre, mouvants de Cailly. Paris, 28 janvier 1518.

> Original. Arch. nat., Chambre des Comptes de Paris, P. 264², n° 989.

1519.
28 janvier.

16955. Déclaration de l'hommage de Jean de Ricarville, écuyer, échanson de la reine, pour le fief du Bois-aux-Corneilles (bailliage d'Évreux, vicomté de Beaumont-le-Roger). Paris, 28 janvier 1518.

> Expéd. orig. Arch. nat., P. 270¹, cote 4183.

28 janvier.

16956. Déclaration de foi et hommage de Michel de Ricarville, écuyer, pour le fief de Durescu en la paroisse de Picauville, mouvant de Valognes. Paris, 28 janvier 1518.

> Original. Arch. nat., Chambre des Comptes de Paris, P. 268², n° 3211.

28 janvier.

16957. Déclaration de foi et hommage de Louis Ruzé, lieutenant civil de la prévôté de Paris, pour la seigneurie de l'Épine, mouvante de Melun. Paris, 28 janvier 1518.

> Original. Arch. nat., Chambre des Comptes de Paris, P. 9, n° 2935.

28 janvier.

16958. Lettres portant pouvoirs à Jean d'Albret, comte de Dreux et de Rethel, gouverneur de Champagne et sr d'Orval, à Guillaume Gouffier, sr de Bonnivet, amiral de France, et à Charles Guillart, président au Parlement de Paris, pour traiter avec les électeurs de l'empire sur le fait de l'élection du roi des Romains, promettre certaines sommes au nom du roi, etc. Paris, 29 janvier 1518.

> Copie du xvɪᵉ siècle. Bibl. nat., ms. fr. 5756, fol. 43.

29 janvier.

16959. Déclaration de foi et hommage de Robert Arragon, écuyer, pour la moitié de la franche

29 janvier.

sergenterie de Touques, mouvante de la vicomté d'Auge. Paris, 29 janvier 1518.

> *Original. Arch. nat., Chambre des Comptes de Paris, P. 264², n° 1115.*

16960. Déclaration de l'hommage de Jacques de Montenay, écuyer, seigneur de Bérengeville-la-Rivière, pour la seigneurie de Beaudemont (bailliage, vicomté et châtellenie de Gisors). Paris, 29 janvier 1518.

> *Expéd. orig. Arch. nat., P. 274¹, cote 6272.*

16961. Déclaration de foi et hommage de Robert de Villy, comme procureur de Jean de Cormeilles, pour le quart du fief de Gouy, mouvant de Cailly. Paris, 31 janvier 1518.

> *Original. Arch. nat., Chambre des Comptes de Paris, P. 264², n° 941.*

16962. Déclaration de l'hommage rendu par Antoine Le Faitis, prêtre, au nom des abbesse et couvent de Saint-Paul-lès-Beauvais, pour la seigneurie de Sainte-Beuve-aux-Champs (bailliage de Caux, châtellenie de Neufchâtel). Paris, 31 janvier 1518.

> *Expéd. orig. Arch. nat., P. 267¹, cote 2350.*

16963. Lettres de relief de surannation pour la vérification à la Chambre des Comptes de Paris des lettres de réception de l'hommage de Jean Larcher, pour le fief Malherbe et la sergenterie de Bernay, en date du 3 octobre 1517 (n° 16486). Paris, 31 janvier 1518.

> *Expéd. orig. Arch. nat., P. 273¹, cote 5729.*

16964. Lettres portant que les présidents, conseillers et autres officiers du Parlement de Normandie jouiront des mêmes privilèges, franchises et exemptions que les officiers du Parlement de Paris. Paris, janvier 1518.

> *Enreg. au Parl. de Rouen, le 3 mars 1519 n. s. Copies du XVII° siècle. Arch. nat., U. 754, fol. 19, et U. 757 (2° partie), p. 79. 2 pages.*

16965. Confirmation des privilèges des religieux de la

Marginal dates: 1519. — 29 janvier. — 31 janvier. — 31 janvier. — 31 janvier. — Janvier. — Janvier.

Trinité du prieuré de Fontainebleau. Paris, 1519.
janvier 1518.

> *Copie collationnée du XVIIIe siècle. Arch. nat.,*
> *K. 190, n° 140.*

16966. Lettres de légitimation de Philippe de Grancey, Janvier.
écuyer, fils naturel de Miles de Grancey et
de Claudine... [1] Paris, janvier 1518.

> *Enreg. à la Chambre des Comptes de Dijon, le*
> *21 janvier suivant. Arch. de la Côte-d'Or, B. 72,*
> *fol. 37 v°.*

16967. Déclaration de foi et hommage de Nicolas Ha- 2 février.
mel, écuyer, comme procureur de Guillaume
Poisson, écuyer, pour la seigneurie du Buisson, mouvante de Pont-Audemer. Paris, 2 février 1518.

> *Original. Arch. nat., Chambre des Comptes de*
> *Paris, P. 264², n° 1149.*

16968. Déclaration de foi et hommage de Pierre de 3 février.
Conigham, chevalier, s' de Cangé, l'un des
cent gentilshommes de l'hôtel, pour la seigneurie de Saint-Lubin, mouvante d'Amboise.
Paris, 3 février 1518.

> *Original. Arch. nat., Chambre des Comptes de*
> *Paris, P. 12, n° 3898.*

16969. Déclaration de foi et hommage de Christophe 5 février.
de Saint-Pierre, écuyer, s' de Lachy, comme
procureur de Richard de Saint-Pierre, son
père, pour le fief des Authieux[-sur-Corbon],
mouvant en plein fief de haubert de la vicomté
d'Auge. Paris, 5 février 1518.

> *Original. Arch. nat., Chambre des Comptes de*
> *Paris, P. 264², n° 1147.*

16970. Déclaration de l'hommage rendu par Christophe 5 février.
de Saint-Pierre, écuyer, au nom de Guil-
laume du Bellet, écuyer, pour la seigneurie
de la Ménardière (bailliage de Caen, vicomté
de Vire). Paris, 5 février 1518.

> *Expéd. orig. Arch. nat., P. 273², cote 5942.*

---

[1] Nom en blanc.

16971. Lettres de réception du serment de fidélité de Robert Questel, prieur de Notre-Dame de Royal-Pré, pour le fief-ferme d'Angoville (commune de Cricqueville-en-Auge), faisant partie de son temporel et mouvant de Rouen. Paris, 5 février 1518.

1519.
5 février.

> *Original. Arch. nat., Chambre des Comptes de Paris, P. 264², n° 1141.*

16972. Déclaration de foi et hommage de Jean de Brie, s' de Sablonnières, pour la terre de Courquetaine, mouvante de Brie-Comte-Robert. Paris, 6 février 1518.

6 février.

> *Original. Arch. nat., Chambre des Comptes de Paris, P. 2, n° 675.*

16973. Lettres ordonnant l'enregistrement de celles du 5 juin 1517 (n° 688), pour le payement aux Dominicains de la rue Saint-Jacques de 1,000 livres par an, jusqu'au parfait payement d'une somme de 4,000 livres qui leur avait été léguée par Humbert, dauphin de Viennois. 7 février 1518.

7 février.

> *Arch. nat., S'. 4237, Invent. du chartrier des Dominicains, p. 41. (Mention.)*

16974. Déclaration de foi et hommage de Guillaume de Hérouval, écuyer, pour le quart du fief de Crèvecœur, mouvant de Touque. Paris, 7 février 1518.

7 février.

> *Original. Arch. nat., Chambre des Comptes de Paris, P. 264², n° 1111.*

16975. Déclaration de foi et hommage de Thibaut de La Loge, dit du Boulay, comme procureur de Philippine d'Estouteville, sa mère, pour le fief du Boulay, mouvant de Pont-Audemer. Paris, 7 février 1518.

7 février.

> *Original. Arch. nat., Chambre des Comptes de Paris, P. 264², n° 990.*

16976. Déclaration de l'hommage rendu par Guillaume de Lonlay, écuyer, seigneur du Mesnil-Broult, au nom de Guillaume de La Motte, écuyer, âgé d'environ soixante-dix ans, pour la seigneurie de Lonlay-le-Tesson (bailliage de Caen,

7 février.

vicomté et châtellenie de Falaise). Paris, 7 février 1518.

> Expéd. orig. Arch. nat., P. 273², cote 5926.

1519.

16977. Déclaration de foi et hommage de Jean Tollemer,
écuyer, pour le quart de fief de la Montagne,
en la paroisse de Branville, mouvant de la
vicomté d'Auge. Paris, 7 février 1518.

> Original. Arch. nat., Chambre des Comptes de
> Paris, P. 264², n° 1117.

7 février.

16978. Confirmation du don fait par Charles V au
trésorier de la Sainte-Chapelle du Palais à
Paris, de la chapelle de Saint-Denis de Gra-
venchon au diocèse de Rouen, en échange de
la chapelle de Saint-Martin du bois de Vincennes. Paris, 8 février 1518.

> Enreg. au Parl. de Paris, avec une confirmation
> royale de décembre 1544, le 8 juillet 1546. Arch.
> nat., X¹ᵃ 8615, fol. 278. 2 pages.

8 février.

16979. Mandement aux généraux des finances de faire
payer par Jean Lalemant, le jeune, receveur
général de Languedoc, à Henri Bohier
15,000 livres tournois, pour le rembourser
de pareille somme qu'il a prêtée au roi. Paris,
8 février 1518.

> Original. Bibl. nat., ms. fr. 25720, n° 132.

8 février.

16980. Déclaration de foi et hommage de Nicolas de
Bonnebosc, écuyer, pour la seigneurie de
Bonnebosc, mouvante de la vicomté d'Auge.
Paris, 8 février 1518.

> Original. Arch. nat., Chambre des Comptes de
> Paris, P. 264², n° 1113.

8 février.

16981. Déclaration de foi et hommage d'Hélie Vippart,
prêtre, pour la seigneurie du Plessis-Maugart
et le quart de fief de haubert dit le fief de
Trihan, mouvants de la vicomté d'Auge et
de la châtellenie de Touque. Paris, 8 février
1518.

> Original. Arch. nat., Chambre des Comptes de
> Paris, P. 264², n° 1091.

8 février.

16982. Provisions pour Guillaume Allard, licencié ès

9 février.

lois, de l'office de conseiller au Châtelet de
Paris, vacant par la résignation de Jean
Miete. Paris, 9 février 1518.

1519.

> Copie du xvie siècle. Bibl. nat., ms. fr. 4786,
> fol. 66.

16983. Mandement ordonnant à Henri Bohier, général
des finances en Provence, de donner décharge à Jean de La Barre, bailli de Rouen,
de 1,150 écus soleil, soit 2,300 livres tournois, qu'il devait pour l'acquisition de la seigneurie de Marignane. Paris, 10 février 1518.

10 février.

> Original. Bibl. nat., ms. fr. 26266, n° 263.

16984. Lettres par lesquelles François Ier s'engage à
défendre le pape Léon X contre les Turcs,
et fixe le chiffre des troupes qu'il mettra à sa
disposition. Paris, 11 février 1518.

11 février.

> Original. Arch. nat., Suppl. du Trésor des
> Chartes, J. 937, n° 23.
> Copie. Bibl. nat., Journal du secrétaire du chan-
> celier Du Prat.
> IMP. E. Charrière, Négociations de la France
> dans le Levant. Paris, 1848, in-4°, t. I, p. 78.

16985. Don à Jean Daguerre, chevalier, s^r de Vienne,
et à Marc de La Baume, chevalier, s^r de Châ-
teauvilain, des droits seigneuriaux par eux dus
pour les terres et seigneuries de Ville-sur-
Tourbe, Massignes et Élise. 11 février 1518.

11 février.

> Enreg. à la Chambre des Comptes de Paris, anc.
> mém. 2 A, fol. 258. Arch. nat., PP. 119, p. 37.
> (Mention.)
> Bibl. nat., ms. fr. 21405, p. 278. (Mention.)
> Bibl. nat., ms. Clairambault 782, p. 270. (Men-
> tion.)

16986. Mandement à la Chambre des Comptes d'allouer au compte de Sébastien de Mareau,
maître de la chambre aux deniers, une
somme de 7,818 livres 3 sous 8 deniers
tournois déboursés à l'occasion de la venue
d'ambassadeurs du roi d'Angleterre, qui sé-
journèrent à la cour du 12 décembre 1518
au 15 janvier suivant. Paris, 12 février 1518.

12 février.

> Arch. nat., Comptes de l'hôtel, KK. 94, fol. 84
> v°, 85. (Mention.)

16987. Mandement aux généraux des finances de faire payer par Jean Lalemant, trésorier et receveur général de Languedoc, Lyonnais, Forez et Beaujolais, à Bastien de Mareau, maître de la chambre aux deniers du roi, 1,538 livres 5 sous 1 denier tournois faisant partie de 6,154 livres 13 sous 4 deniers tournois, complétant les 13,154 livres 13 sous 4 deniers tournois, montant de la passe de la chambre aux deniers pendant l'année dernière, et dont ledit Mareau a été déjà appointé. Paris, 12 février 1518.

1519.
12 février.

> *Original. Bibl. nat.*, Nouv. acquisitions franç., ms. 1483, n° 43.

16988. Lettres de réception du serment de fidélité de Guillaume [Petit], évêque de Troyes, confesseur du roi, pour le temporel de son évêché. Paris, 12 février 1518.

12 février.

> *Expéd. orig. Arch. nat.*, P. 166², cote 2600.

16989. Lettres de réception du serment de fidélité prêté devant le chancelier de France par Christophe Emard, prêtre, au nom de Germaine Ruffault, prieure de Saint-Saëns, pour le temporel dudit prieuré. Paris, 12 février 1518.

12 février.

> *Expéd. orig. Arch. nat.*, P. 267¹, cote 2349.

16990. Concession à Anne de France, duchesse de Bourbonnais et d'Auvergne, du revenu des greniers à sel de Moulins, Montluçon, Bourbon-Lancy, Creil, Clermont-en-Beauvaisis, Cosne, Gien et Saint-Pierre-le-Moutier, et des chambres à sel en dépendant, pour l'année commençant au 1ᵉʳ octobre 1518. Paris, 13 février 1518 [1].

13 février.

> *Vidimus du 12 mars 1519 n. s., sous le sceau aux contrats de la prévôté de Bourbon-Lancy. Arch. nat., Titres de Bourbon*, P. 1361², cote 960. (*Quatre expéditions.*)

---

[1] Anne de France avait obtenu la même concession pour l'année précédente, par lettres dont on ne possède plus que la vérification par les généraux des finances, en date du 12 mars 1518 n. s. (*Arch. nat.*, même cote.)

16991. Lettres de don à François Dales, premier médecin du roi, des restes des compositions
passées avec les notaires établis et à établir
par Adam Fumée, s' des Roches, maître des
requêtes de l'hôtel, dans les bailliages de Touraine et de Saint-Pierre-le-Moutier, et dans
les sénéchaussées de Lyon, de Guyenne, de
Poitou et de Saintonge. 13 février 1518.

1519.
13 février.

> Mentionnées dans les lettres de transport de ce don
> à la veuve et aux enfants de François Dales. Bibl.
> nat., ms. fr. (du XVIᵉ siècle) 5086, fol. 40 vᵒ.

16992. Déclaration de foi et hommage de Jean Bertrand, prêtre, comme procureur de Jean
Geroesme, écuyer, pour le fief de Tourlaville,
dit le fief Aubert-Hermite, mouvant de Valognes. Paris, 13 février 1518.

13 février.

> Original. Arch. nat., Chambre des Comptes de
> Paris, P. 268², nᵒ 3224.

16993. Déclaration de foi et hommage de Jean de La
Luthumière, écuyer, pour ladite baronnie de
la Luthumière, les fiefs de Mons en la paroisse d'Yvetot, et de la Haye-d'Ectot, mouvants de Valognes et de Carentan. Paris, 13 février 1518.

13 février.

> Original. Arch. nat., Chambre des Comptes de
> Paris, P. 268², nᵒ 3225.

16994. Déclaration de foi et hommage de Richard Du
Boys, chevalier, s' de Vérigné comme procureur de Jean Du Boys, chevalier, seigneur et
châtelain de Pirou, pour ladite seigneurie,
mouvante de Coutances. Paris, 14 février 1518.

14 février.

> Original. Arch. nat., Chambre des Comptes de
> Paris, P. 268², nᵒ 3229.

16995. Don des droits seigneuriaux de la terre de
« Noissey » à Nicolas de Moy, chevalier, baron
de Chin. 15 février 1518.

15 février.

> Enreg. à la Chambre des Comptes de Paris, anc.
> mém. 2 A, fol. 256. Arch. nat., PP. 119, p. 37.
> (Mention.)
> Bibl. nat., ms. fr. 21405, p. 278. (Mention.)
> Bibl. nat., ms. Clairambault 782, p. 270. (Men-
> tion.)

57.

16996. Confirmation en faveur de Frédéric et Thorin
de Fiesque du don fait par Louis XII à leur
père, Philippin de Fiesque. Paris, 16 février
1518.

> *Enreg. au Sénat de Milan, le 18 septembre
> 1520. Milan, Arch. di Stato, Registri del antico
> Senato, fol. 1774.*

1519.
16 février.

16997. Déclaration de l'hommage de Jean de Morant,
écuyer, pour les seigneuries de Thiboutot et
de Maniquerville (bailliage de Caux, vicomté
de Montivilliers). Paris, 16 février 1518.

> *Expéd. orig. Arch. nat., P. 267¹, cote 2357.*

16 février.

16998. Déclaration de l'hommage de Guillaume Manniel
pour le fief de Puché, quart de la baronnie
de Cailly (bailliage et vicomté de Gisors,
châtellenie de Lyons). Paris, 16 février 1518.

> *Expéd. orig. Arch. nat., P. 274¹, cote 6263.*

16 février.

16999. Mandement aux généraux des finances de faire
payer à Jules de San Severino, chevalier,
10,000 livres tournois pour le rembourser
de pareille somme qu'il a prêtée au roi. Paris,
17 février 1518.

> *Original. Bibl. nat., ms. fr. 25720, n° 133.*

17 février.

17000. Déclaration de l'hommage lige rendu par
Jean de Joisel, au nom de Pierre de Beauvau, pour la seigneurie de Rorthey[1] et ses
dépendances (bailliage de Chaumont, châtellenies de Monteclaire et de Vaucouleurs).
Paris, 17 février 1518.

> *Expéd. orig. Arch. nat., P. 164¹, cote 1389.*

17 février.

17001. Déclaration de l'hommage de Jacques Abraham,
écuyer, pour le quart de fief d'« Iverville »
(bailliage de Caux, vicomté de Neufchâtel,
châtellenie de Mortemer). Paris, 17 février
1518.

> *Expéd. orig. Arch. nat., P. 267¹, cote 2356.*

17 février.

[1] Vosges, arrondissement de Neufchâteau, canton de Coussey, commune de Sionne.

17002. Déclaration de foi et hommage d'Olivier de Limoges, écuyer, pour le quart d'un fief de haubert situé en la paroisse de Saint-Étienne-lès-Rouvray, mouvant de Rouen. Paris, 17 février 1518.

Original. Arch. nat., Chambre des Comptes de Paris, P. 264², n° 1039.

1519.
17 février.

17003. Déclaration de l'hommage de Jacques de Salenove, écuyer, pour la terre et mairie de Fontaines (bailliage et vicomté d'Évreux). Paris, 17 février 1518.

Expéd. orig. Arch. nat., P. 270¹, cote 4101.

17 février.

17004. Mandement aux trésoriers de France de rembourser à Jacques Charmolue, changeur du trésor, la somme de 140 livres 2 sous 3 deniers tournois qui lui est due pour la balance de son compte. Paris, 18 février 1518.

Copie du xvɪᵉ siècle. Bibl. nat., ms. fr. 4525, fol. 116ᵘ.

18 février.

17005. Lettres de réception du serment de fidélité de Jean Le Duc, religieux de l'ordre de Citeaux, comme procureur de Jean [Mauret], abbé de Beaubec au diocèse de Rouen, pour le temporel de ladite abbaye. Paris, 18 février 1518.

Original. Arch. nat., Chambre des Comptes de Paris, P. 264², n° 1082.

18 février.

17006. Déclaration de l'hommage d'Adrien du Mesniel, écuyer, pour le fief des Isles, sis à « Semermesnil » (bailliage de Caux, vicomté de Neufchâtel, châtellenie de Mortemer). Paris, 18 février 1518.

Expéd. orig. Arch. nat., P. 267¹, cote 2341.

18 février.

17007. Déclaration portant que, par ses lettres patentes du 24 mai précédent (n° 16726), le roi n'a pas entendu attribuer aux généraux de la justice des aides de Normandie la connaissance des deniers communs octroyés aux villes du pays, des deniers provenant de la traite foraine, ni des impôts qui se lèvent par les

20 février.

municipalités pour les entrées des rois et
reines. Paris, 20 février 1518.

> *Enreg. au Parl. de Rouen, le 1ᵉʳ mars 1519 n. s.
> Copie du xvɪɪᵉ siècle. Arch. nat., U.757, 2ᵉ partie,
> p. 75. 2 pages.*

1519.

17008. Lettres de réception du serment de fidélité de
Félix de Brie, conseiller du roi, abbé com-
mendataire de Saint-Évroul au diocèse de
Lisieux, pour le temporel de ladite abbaye.
Paris, 25 février 1518.

> *Original. Arch. nat., Chambre des Comptes de
> Paris, P. 264², n° 1116.*

25 février.

17009. Déclaration de l'hommage de Pierre de Lieurey,
écuyer, pour le manoir et la sergenterie de
la Madeleine (bailliage et vicomté d'Évreux),
lui appartenant à cause de Jacqueline Du
Buisson, sa femme. Paris, 25 février 1518.

> *Expéd. orig. Arch. nat., P. 270¹, cote 3993.*

25 février.

17010. Déclaration de l'hommage de Claude de Venois,
écuyer, pour la seigneurie de Limeux (bailliage d'Évreux, vicomté de Breteuil). Paris,
25 février 1518.

> *Expéd. orig. Arch. nat., P. 270¹, cote 4019.*

25 février.

17011. Déclaration de l'hommage de Jacques de Percy,
pour la seigneurie de Formigny (bailliage de
Caen, vicomté de Bayeux), jadis possédée
par « ung surnommé d'Aigneaulx ». Paris,
25 février 1518.

> *Expéd. orig. Arch. nat., P. 273², cote 5939.*

25 février.

17012. Déclaration de l'hommage d'Antoine de Percy,
écuyer, pour un huitième de fief de chevalier
sis à Englesqueville (bailliage de Caen, vicomté de Bayeux). Paris, 25 février 1518.

> *Expéd. orig. Arch. nat., P. 273², cote 5940.*

25 février.

17013. Déclaration de l'hommage rendu par Jean Le
Blicq, au nom de Nicolas de Gisancourt,
pour un quart de fief de la seigneurie de
Maurepas (bailliage de Gisors, châtellenie de
Lyons). Paris, 25 février 1518.

> *Expéd. orig. Arch. nat., P. 274¹, cote 6271.*

25 février.

17014. Provisions pour Aymar Nicolaï de l'office de
premier président de la Chambre des
Comptes, résigné en sa faveur par Jean Ni-
colaï, son père, auparavant conseiller au
Parlement de Toulouse et au Grand conseil.
Paris, 26 février 1518.

1519.
26 février.

> *Reçu à la Chambre des Comptes, le 14 mars sui-
> vant, anc. mém. 2 A, fol. 263. Arch. nat., PP. 119,
> p. 38. (Mention.)*
> *Bibl. nat., ms. fr. 21405, p. 278. (Mention.)*
> *Imp. A. de Boislisle, Chambre des Comptes.
> Pièces justificatives pour l'histoire des premiers pré-
> sidents, in-4°, 1873, p. 9.*

17015. Déclaration de foi et hommage de Marin Leblanc, receveur de Louviers, comme procureur de Louis de Bigars, chevalier, pour
la seigneurie de la Londe, mouvante de Pont-
Authou, pour les seigneuries de Tourville[-la-
Campagne] et la Salle-du-Bois, mouvantes
de Pont-de-l'Arche, et pour le fief de Livet,
mouvant de Rouen. Paris, 26 février 1518.

26 février.

> *Original. Arch. nat., Chambre des Comptes de
> Paris, P. 264², n° 1094.*

17016. Mandement aux généraux des finances d'allouer aux comptes de Jean Lallemant le jeune,
receveur général de Languedoc, 4,000 livres
tournois pour le rembourser de pareille
somme qu'il a prêtée au roi. Paris, 27 février
1518.

27 février.

> *Original. Bibl. nat., ms. fr. 25720, n° 135.*

17017. Mandement aux généraux des finances de faire
payer par Guillaume Quinète, receveur et
payeur des gages des officiers de la Cour des
Aides à Paris, 2,000 livres tournois à Lambert Meigret, commis à tenir le compte et faire
le payement de l'extraordinaire des guerres.
Paris, 27 février 1518.

27 février.

> *Original. Bibl. nat., ms. fr. 25720, n° 136.*

17018. Déclaration de l'hommage rendu par Raoul
Héron, au nom de Nicolas de Hay, son frère
utérin, pour la seigneurie de Grainville-la-

28 février.

Louet (auj. Grainville-Ymauville), bailliage
de Caux, vicomté de Montivilliers, et la sergenterie héréditaire de Montivilliers. Paris,
28 février 1518.

Expéd. orig. Arch. nat., P. 267¹, cote 2351.

17019. Lettres par lesquelles le roi, conformément à
une convention passée à Vincennes le 6 décembre 1518, cède à perpétuité à Laurent
de Médicis, duc d'Urbin, en échange des
200,000 écus qu'il lui avait promis lors de
son mariage avec Madeleine de Boulogne, le
comté de Lavaur, et, au cas où le revenu
annuel en serait inférieur à 10,000 livres
tournois, assigne la somme nécessaire pour
compléter ce revenu sur les jugeries de Villelongue et d'Albigeois et la claverie de Terre-
basse et Verdun. Paris, février 1518.

Enreg. au Grand conseil, le 14 avril 1519 n. s.[1].
Original signé et scellé. Arch. nat., J. 1126,
n° 11.
Vidimus du prévôt de Paris, en date du 23 mars
1519 n. s. Arch. nat., J. 1126, n° 11 bis.

17020. Lettres d'érection en duché, tenu du roi à foi et
hommage lige, en faveur de Laurent de Médicis, duc d'Urbin, de Madeleine de Boulogne,
sa femme, et de leurs descendants, du comté
de Lavaur et de la rente de 10,000 livres
tournois y attachée, avec autorisation d'établir
dans ledit duché une sénéchaussée ressortissant directement au Parlement de Toulouse. Paris, février 1518.

Original. Arch. nat., J. 1126, n° 12.

17021. Lettres d'érection d'une Université à Issoire en
Auvergne. Paris, février 1518.

Présentées au Parl., le 16 mai 1519. Arch. nat.,
X¹ᵃ 4864, fol. 43. (Mention.)

17022. Confirmation de la donation entre vifs faite
par Gaspard de San Severino à Jules de San

1519.

Février.

Février.

Février.

Février.

---

[1] Les registres du Grand conseil présentent une lacune de 1514 à
1525.

Severino, des terres et seigneuries de Calva-
tone et Spineda (entre Crémone et Mantoue).
Paris, février 1518.

1519.

> *Enreg. au Sénat de Milan, le 1ᵉʳ octobre 1519.
> Copie du xvɪᵉ siècle. Milan, Arch. di Stato,
> Diplomi et dispacci sovrani, carton 35.*

17023. Lettres de noblesse pour Alonse de Civille
(Séville?), habitant Rouen [1]. Paris, février
1518.

Février.

> *Enreg. à la Chambre des Comptes de Paris en
> 1521. Bibl. de l'Arsenal, ms. 4939, fol. 51. (Men-
> tion.)*

17024. Mandement à Antoine Bohier de payer 200 livres tournois à Jean de Pommereu, maître
de l'artillerie du roi dans le duché de Milan,
pour un voyage qu'il a fait à Tournai avec le
maréchal de Châtillon. Paris, 1ᵉʳ mars 1518.

1ᵉʳ mars.

> *Bibl. nat., ms. fr. 10382. (Mention.)*

17025. Déclaration de l'hommage de Guillaume de
Moullart, écuyer, pour la seigneurie de Chapton en Brie (bailliage et châtellenie de Sézanne). Paris, 1ᵉʳ mars 1518.

1ᵉʳ mars.

> *Expéd. orig. Arch. nat., P. 165², cote 1968.*

17026. Mandement à Antoine Bohier de payer aux
députés du roi d'Angleterre, lors de la reddition de la ville de Tournai, 50,000 livres
tournois à déduire des 600,000 écus d'or
soleil promis à ce prince, payables en deux
termes par an, de 25,000 livres chacun. Paris, 2 mars 1518.

2 mars.

> *Manuscrit du xvɪᵉ siècle. Bibl. nat., ms. fr. 10382.
> (Mention.)*

17027. Mandement à Antoine Bohier de payer 3,000 livres à Gaspard de Coligny, chevalier, sʳ de
Châtillon, maréchal de France, pour les dépenses qu'il a dû faire pendant trois mois

2 mars

---

[1] Un arrêt du Grand conseil, en date du 30 août 1546 (*Arch. nat.*,
Vᵇ 1053), mentionne des lettres patentes accordées le 20 janvier 1546
n. s. pour «Alonce de Civille, vicomte de Rouen».

v.

58

qu'il a passés à Péronne, pour lever la garnison de Tournai. Paris, 2 mars 1518.

1519.

Manuscrit du xvie siècle. Bibl. nat., ms. fr. 10382.
(Mention.)

17028. Lettres de réception du serment de fidélité de
Nicole Ler (*alias* Lair), religieux de l'ordre de
Saint-Augustin, prieur du couvent de Saint-
Lô à Rouen, pour le temporel dudit prieuré.
Paris, 2 mars 1518.

2 mars.

*Original. Arch. nat., Chambre des Comptes de
Paris, P. 264², n° 1095.*

17029. Mandement aux généraux des finances de faire
payer par Jean de Poncher, trésorier des
guerres, 400 livres tournois à Antoine de
Thouzelle, commissaire ordinaire des guerres,
pour avoir fait les montres et revues des
gens de guerre pendant une année, à raison
de 100 livres tournois par quartier. Paris,
3 mars 1518.

3 mars.

Original. Bibl. nat., ms. fr. 25720, n° 137.

17030. Lettres portant pouvoirs à Jean d'Albret, comte
de Dreux, gouverneur de Champagne, et
s^r d'Orval, à Guillaume Gouffier, s^r de Bonnivet, amiral de France, et à Charles Guillart,
président au Parlement de Paris, pour s'en-
gager au nom du roi et traiter avec les électeurs de l'Empire. Paris, 4 mars 1518.

4 mars.

*Copie du xvie siècle. Bibl. nat., ms. fr. 5756,
fol. 42.*

17031. Mandement à Antoine Bohier de payer 200 livres tournois à Laurent Dumesnil, s^r de la
Mothe-de-Vacons, commissaire ordinaire des
guerres, pour le rembourser des frais d'un
voyage qu'il a fait à Tournai avec le maréchal
de Châtillon. Paris, 4 mars 1518.

4 mars.

Bibl. nat., ms. fr. 10382. (Mention.)

17032. Mandement à Antoine Bohier de payer à
Charles Luillier 100 livres tournois, pour
plusieurs mémoires et actes qu'il a dressés

4 mars.

à l'occasion de la reddition de Tournai. Paris, 4 mars 1518.

1519.

> Bibl. nat., ms. fr. 10382. (Mention.)

17033. Lettres d'assignation à Antoine Bohier, commis au payement des pensions d'Angleterre, des sommes suivantes : 1° 950 livres tournois pour ses gages du terme de novembre 1518; 2° 4,084 livres 9 sous 7 deniers tournois, pour achat d'écus d'or soleil destinés audit payement. Paris, 4 mars 1518.

4 mars.

> Arch. nat., 4ᵉ compte d'Antoine Bohier, KK. 349. (Mention.)

17034. Mandement à Antoine Bohier de payer à Thibaut Mynier, commis du secrétaire général de la guerre, 200 livres pour son salaire d'avoir fait la montre des gens d'armes en garnison en Picardie. Paris, 5 mars 1518.

5 mars.

> Bibl. nat., ms. fr. 10382. (Mention.)

17035. Mandement à Antoine Bohier de payer à Thibaut Mynier, commis du secrétaire général de la guerre, 100 livres pour avoir dressé les rôles des gens d'armes en garnison en Picardie. Paris, 5 mars 1518.

5 mars.

> Bibl. nat., ms. fr. 10382. (Mention.)

17036. Déclaration de l'hommage de Jacques Fortin, écuyer, pour la seigneurie de Coulibœuf, fief de chevalier mouvant du château de Falaise, au bailliage de Caen. Paris, 7 mars 1518.

7 mars.

> Expéd. orig. Arch. nat., P. 273², cote 5911.

17037. Déclaration de foi et hommage de Christophe de La Rue, comme procureur de Guillemette Guedon, veuve de Thomas de La Rue, sa mère, pour le fief de Chopillard, en la paroisse de la Haye-Aubrée, et pour la vavasserie du Valcoquin, en la paroisse de Honguemare, mouvants de Pont-Audemer. Paris, 7 mars 1518.

7 mars.

> Original. Arch. nat., Chambre des Comptes de Paris, P. 264², n° 1085.

17038. Déclaration de foi et hommage de Martin de Glatigny, comme procureur de Jacques du Mesnil, s^r de l'Épinay, pour le fief de Bonne-ville-sur-Touques, mouvant de la vicomté d'Auge. Paris, 8 mars 1518.

> Original. Arch. nat., Chambre des Comptes de Paris, P. 264², n° 1087.

1519.
8 mars.

17039. Déclaration de l'hommage d'Antoine Payen, écuyer, pour les huitièmes de fief de la Payen-nière et de Doult (vicomté de Montivilliers), et de Sonville (vicomté de Caudebec), au bailliage de Caux. Paris, 9 mars 1518.

> Expéd. orig. Arch. nat., P. 267¹, cote 2355.

9 mars.

17040. Provisions en faveur de Christophe Perot, s^r de Pescoux, de l'office de sénéchal du Maine, résigné à son profit par René d'Anjou, baron de Mézières. Paris, 10 mars 1518.

> Réception au Parl. de Paris, le 20 novembre 1531. Arch. nat., X¹ᵃ 4891, Plaidoiries, fol. 10. (Mention.)

10 mars.

17041. Déclaration de foi et hommage de Charles de Rieux, prêtre, comme procureur de l'abbesse de Notre-Dame-du-Footel, dit le Bois-aux-Dames-lez-Malnoue (aliàs abbaye de Malnoue), pour le fief dit la Main-ferme, mouvant de Torcy. Paris, 10 mars 1518.

> Original. Arch. nat., Chambre des Comptes de Paris, P. 2, n° 676.

10 mars.

17042. Lettres contenant le bail fait par le roi du droit de haute justice en la paroisse de Limours à Jean de Poncher, trésorier des guerres. 11 mars 1518.

> Enreg. à la Chambre des Comptes de Paris, anc. mém. 2 B, fol. 9. Arch. nat., PP. 119, p. 3. (Mention.)
> Bibl. nat., ms. fr. 21405, p. 280. (Mention.)
> Bibl. nat., ms. Clairambault 782, p. 271. (Mention.)

11 mars.

17043. Déclaration de foi et hommage de Jean Gilles, prêtre, comme procureur de Guillaume Ga-rin, prêtre, chanoine de Lisieux, pour la sei-

11 mars.

gnéurie du Châtel en la paroisse de la Hou
blonnière, mouvante en plein fief de haubert
de Touques, pour la seigneurie de Houetteville, mouvante d'Évreux, et pour les fiefs
du Breuil-Poignard et du Mesnil, mouvants de
la vicomté de Conches. Paris, 11 mars 1518.

1519.

> Original. Arch. nat., Chambre des Comptes de
> Paris, P. 264², n° 1148.

17044. Déclaration de l'hommage, rendu par procureur, de Catherine Portefaix, veuve de Robert
de Magneville, pour la seigneurie de Géfosse
(bailliage de Caen, vicomté de Bayeux). Paris,
14 mars 1518.

14 mars.

> Expéd. orig. Arch. nat., P. 273², cote 5954.

17045. Déclaration de l'hommage rendu par Christophe
Esnault, prêtre, au nom de Jacques Bisson,
âgé de soixante-cinq ans environ, pour un
membre de fief noble à cour et usage, sis à
Ouilly-le-Tesson (bailliage de Caen, châtellenie de Falaise). Paris, 15 mars 1518.

15 mars.

> Expéd. orig. Arch. nat., P. 273², cote 5930.

17046. Déclaration de foi et hommage de Jean Le
Brun, chevalier, gentilhomme de l'hôtel du
roi, pour les sergenteries fieffées de « Cou-
rouye », mouvantes de Coutances et de Carentan. Paris, 15 mars 1518.

15 mars.

> Original. Arch. nat., Chambre des Comptes de
> Paris, P. 268², n° 3219.

17047. Déclaration de foi et hommage de Christophe
de Maillot, sr de Canivet, comme procureur de Marguerite Desplanches, sa mère,
pour la seigneurie de Vipoignant, mouvante
de Pont-Audemer. Paris, 17 mars 1518.

17 mars.

> Original. Arch. nat., Chambre des Comptes de
> Paris, P. 264², n° 1086.

17048. Déclaration de l'hommage de Christophe de
Maillot, écuyer, pour la seigneurie de Canivet
(bailliage de Caen, vicomté de Falaise), fief
de haubert. Paris, 17 mars 1518.

17 mars.

> Expéd. orig. Arch. nat., P. 273², cote 5924.

17049. Déclaration de l'hommage de Léonard Desbraz, pour la seigneurie du Noyer [1] (bailliage d'Évreux, vicomté d'Orbec, paroisse de Saint-Évroult-de-Montfort et environs) et celle de Fourches (bailliage de Caen, vicomté et châtellenie de Falaise). Paris, 19 mars 1518.

Expéd. orig. Arch. nat., P. 270¹, cote 4097.

1519.
19 mars.

17050. Déclaration de l'hommage de Nicolas Le Sec, écuyer, pour les seigneuries de la Barre et Saint-Jacques (bailliage d'Évreux, vicomté de Beaumont-le-Roger). Paris, 19 mars 1518.

Expéd. orig. Arch. nat., P. 270¹, cote 4135.

19 mars.

17051. Déclaration de l'hommage de Guillaume Fortin, écuyer, pour la seigneurie d'Ussy, fief de chevalier, mouvant du château de Falaise au bailliage de Caen. Paris, 19 mars 1518.

Expéd. orig. Arch. nat., P. 273², cote 5914.

19 mars.

17052. Déclaration de foi et hommage de Jean de Poncher, pour le tabellionage et haute justice de la seigneurie et paroisse de Limours, mouvante de Montlhéry. Paris, 21 mars 1518.

Original. Arch. nat., Chambre des Comptes de Paris, P. 2, n° 677.

21 mars.

17053. Lettres de réception du serment de fidélité d'Étienne de Poncher, archevêque de Sens, pour le temporel dudit archevêché. Saint-Germain-en-Laye, 23 mars 1518.

Expéd. orig. Arch. nat., P. 725¹, cote 235.

23 mars.

17054. Déclaration de l'hommage de Méry d'Espoy, pour la seigneurie de Romilly (bailliage d'Évreux, vicomté de Conches). Saint-Germain-en-Laye, 24 mars 1518.

Expéd. orig. Arch. nat., P. 270¹, cote 4012.

24 mars.

17055. Déclaration de l'hommage de Frales de Coulibeuf, pour le temporel de son abbaye de

24 mars.

[1] Sans doute le Noyer-Ménard, Orne, arrondissement d'Argentan, canton de Gacé, commune de la Trinité-des-Laitiers.

Saint-André-en-Gouffern. Carrières, 24 mars 1518.

Expéd. orig. Arch. nat., P. 273², cote 5908.

17056. Ratification par François Iᵉʳ du traité de mariage entre Renée de France, fille de Louis XII, et Joachim, marquis de Brandebourg. Saint-Germain-en-Laye, 26 mars 1519[1].

> *Deux expéditions originales, Arch. nat., J. 246, n° 124, et J. 934, n° 11. (Voir aussi le n° 10.) Copie du XVIᵉ siècle. Bibl. nat., ms. fr. 3897, fol. 72.*
> IMP. Riedel, *Codex Brandenburgensis*, cap. III. (Avec la date du 7 avril 1519, qui est celle de la ratification par le marquis de Brandebourg.)

17057. Lettres de provisions en faveur de Robert Lotin, jadis avocat en Parlement, de l'office de conseiller en la Cour des Aides à Paris, vacant par la résignation de Pierre Hennequin, qui avait succédé à Gilles Authouis, mort sans être entré en possession de cet office. La Roche-Guyon, 27 mars 1518.

> *Extrait d'un registre de la Cour des Aides. Bibl. nat., Pièces orig., Hennequin, vol. 1507, p. 9.*

17058. Lettres permettant à Mathieu Bosquet et à Jean de Clausa, conseillers au Parlement de Toulouse, de faire écrire les procès par leurs clercs. Saint-Germain-en-Laye, 28 mars 1518.

> *Enreg. au Parl. de Toulouse. Arch. de la Haute-Garonne, Édits, reg. 3ᵉ, fol. 38. 1/2 page.*

17059. Don à Guillaume de Bourrassol, greffier civil au Parlement de Toulouse, de tous les émoluments dudit greffe échus depuis le jour de sa nomination jusqu'à celui de sa réception. Saint-Germain-en-Laye, 28 mars 1518.

> *Original. Bibl. nat., Pièces orig., Borrassol, vol. 421, p. 12.*

1519.

26 mars.

27 mars.

28 mars.

28 mars.

---

[1] C'est par erreur que cet acte figure, sous le n° 1028 du *Catalogue*, avec la date du 20 mai 1519. Les deux expéditions portent, l'une et l'autre, la date du 26 mars 1519. Le millésime a été inscrit d'après le style usité en Allemagne, sans doute. En tout cas, ce ne peut être 1520 n. s., puisque le 26 mars de cette année, François Iᵉʳ était à Châtellerault, et non à Saint-Germain-en-Laye.

17060. Commission au gouverneur de Mouzon, pour contraindre Robert de La Marck, seigneur de Sedan, à rendre hommage pour les seigneuries qu'il tient en fief du roi. Carrières, 29 mars 1518.

Copie du xvie siècle. Bibl. nat., coll. Dupuy, vol. 435, fol. 25.
Mention dans un mémoire manuscrit du xviie siècle sur la mouvance de Sedan. Arch. nat., K. 1155, n° 6, p. 5.

1519.
29 mars.

17061. Commission au gouverneur de Mouzon, pour « faire réparer la nouveauté et entreprise faite par le sieur de Sedan », qui avait fait passer deux bateaux par la Chiers jusqu'à Ivoy (Carignan), au lieu de leur faire remonter la Meuse jusqu'audit Mouzon, où le roi prélevait certains droits. 29 mars 1518.

Mention dans un mémoire manuscrit du xviie siècle sur la mouvance de Sedan. Arch. nat., K. 1155, n° 6, p. 4.

29 mars.

17062. Déclaration de l'hommage de Nicole Vauquelin, écuyer, pour le fief de Sassy, huitième de fief de haubert, mouvant nûment de la châtellenie de Falaise, au bailliage de Caen. Carrières, 30 mars 1518.

Expéd. orig. Arch. nat., P. 273², cote 5943.

30 mars.

17063. Lettres portant cession à Giraut de Maugiron de la seigneurie de Beauvoir-de-Marc, moyennant une somme de 8,000 livres tournois. Paris, mars 1518.

Arch. de l'Isère, B. 3049, fol. 892. 6 pages.

Mars.

17064. Commission à Jean d'Albret, comte de Dreux, gouverneur de Champagne et s^r d'Orval, à Guillaume Gouffier, s^r de Bonnivet, amiral de France, et à Charles Guillart, président au Parlement de Paris, pour aller trouver les électeurs de l'Empire et négocier avec eux l'élection de François Ier comme roi des Romains. Saint-Germain-en-Laye, 1er avril 1518.

Copie du xvie siècle. Bibl. nat., ms. fr. 5756, fol. 35.

1er avril.

17065. Commission au gouverneur de Mouzon pour opérer des saisies sur Robert de La Marck, duc de Bouillon, en réparation des dégâts commis par ledit Robert dans les terres situées entre la Chiers et les bois de Bouillon, qu'il possédait par indivis avec le roi. 1er avril 1518.

> Mention dans un mémoire manuscrit du xviie siècle sur la mouvance de Sedan. Arch. nat., K. 1155, n° 6, p. 6.

1519.
1er avril.

17066. Lettres de naturalité accordées à Gratien Pyvenuz, docteur en médecine, natif de Calahora au royaume de Castille, résidant à Mâcon. Saint-Germain-en-Laye, 1er avril 1518.

> Enreg. à la Chambre des Comptes de Dijon, le 17 mars 1520 n. s. Arch. de la Côte-d'Or, B. 72, fol. 43.

1er avril.

17067. Confirmation du don fait à Jean Roero des revenus de la ville de Bra. Saint-Germain-en-Laye, 2 avril 1518.

> Original. Turin, Arch. di Stato, Alba, mazzo 2, n° 22.

2 avril.

17068. Provisions d'une compagnie de cent hommes d'armes en faveur d'Artus Gouffier, sr de Boisy. Saint-Germain-en-Laye, 3 avril 1518.

> Copie du xviiie siècle. Bibl. nat., ms. fr. 2960, fol. 78.

3 avril.

17069. Confirmation des lettres de Louis XI relatives aux francs-fiefs de Normandie. 3 avril 1518.

> Original. Arch. de la ville de Rouen. (Invent. ms. n° 5, aux Arch. nat., F. 89127.)

3 avril.

17070. Mandement à Jean Sapin, receveur général de Languedoïl et Guyenne, de payer à Jean Le Comte, huissier à la Chambre des Comptes, la somme de 35 livres tournois pour dépenses, écritures et voyages divers, lors de la transaction passée entre le roi et l'archevêque de Tours, touchant la forêt de Chinon. Saint-Germain-en-Laye, 4 avril 1518.

> Arch. nat., 2e compte de Jean Sapin, KK. 289, fol. 449 v°. (Mention.)

4 avril.

v.

59

17071. Déclaration de l'hommage de Bertrand de Sa-
moy, écuyer, pour la seigneurie de la Meslière,
paroisse de Magny, huitième de fief mouvant
de la baronnie de la Ferté-Macé, au bailliage
de Caen. Carrières, 4 avril 1518.

    Expéd. orig. Arch. nat., P. 273², cote 5912.

1519.
4 avril.

17072. Déclaration de foi et hommage de Charles de La
Rivière, écuyer, pour les fiefs de Heudreville
et du Val, mouvants de la vicomté d'Auge.
Carrières, 6 avril 1518.

    *Original. Arch. nat., Chambre des Comptes de
Paris, P. 264², n° 1993.*

6 avril.

17073. Déclaration de l'hommage rendu par Vincent
Gratepain, au nom de Jeanne Girard, dame
de Bligny, pour la seigneurie de Couvignon
(bailliage de Chaumont, châtellenie de Bar-
sur-Aube), récemment acquise par elle.
Carrières, 7 avril 1518.

    Expéd. orig. Arch. nat., P. 163², cote 1041.

7 avril.

17074. Mandement aux trésoriers de France de faire
payer par Gilbert Filleul, receveur et payeur
des gages des officiers du Grand conseil,
500 livres tournois à Pierre Antoine, conseiller
ordinaire audit conseil, pour avoir exercé
ledit office pendant six mois d'hiver, « oultre
les six mois d'été qu'il est tenu y résider ».
Saint-Germain-en-Laye, 8 avril 1518.

    Original. Bibl. nat., ms. fr. 25720, n° 138.

8 avril.

17075. Déclaration de foi et hommage de Gilles de
Chaumont, écuyer, pour ce qu'il possède
dans la seigneurie de Chaumont en Vexin,
mouvante de Chaumont. Carrières, 12 avril
1518.

    *Original. Arch. nat., Chambre des Comptes de
Paris, P. 5, n° 1577.*

12 avril.

17076. Déclaration de foi et hommage de Gilles de
Chaumont, écuyer, pour la seigneurie de
Bardonville, mouvante de Montfort, et le

12 avril.

franc-fief de Breteuil, mouvant du duché de Normandie. Carrières, 12 avril 1518.

Original. Arch. nat., Chambre des Comptes de Paris, P. 264², n° 1075.

17077. Déclaration de foi et hommage de Pierre Dauvet, conseiller et maître ordinaire des requêtes de l'hôtel, pour deux fiefs sis en la forêt de Roissy, lui appartenant à cause de Marguerite Petit, sa femme, et mouvants de la Queue-en-Brie. Carrières, 13 avril 1518.

Original. Arch. nat., Chambre des Comptes de Paris, P. 2, n° 678.
Autre expédition. Arch. du château de M. Pereire à Armainvilliers (Seine-et-Marne).

17078. Déclaration de foi et hommage de Pierre Dauvet, pour la terre de Croissy, mouvante du Châtelet de Paris, et les fiefs d'Éron, des Bordes et Collégien, mouvants de Torcy-en-Brie. Carrières, 13 avril 1518.

Original. Arch. nat., Chambre des Comptes de Paris, P. 2, n° 680.

17079. Déclaration de l'hommage rendu par Germain Mélissant, au nom de Jean du Buisson, empêché par « son ancien aage », pour le fief de Méautis (bailliage de Caen, vicomtés de Caen et de Bayeux). Carrières, 13 avril 1518.

Expéd. orig. Arch. nat., P. 273², cote 5898.

17080. Déclaration de l'hommage rendu par Jean Panier, prêtre, au nom de Jeanne Pellerin, prieure de l'abbaye cistercienne de Villers-Canivet, excusée « pour consideracion de son ancien aage et decrepité et de la maladie dont elle est detenue », pour la seigneurie de Villers et Lessard (bailliage de Caen, vicomté de Falaise). Carrières, 15 avril 1518.

Expéd. orig. Arch. nat., P. 273², cote 5922.

17081. Déclaration de l'hommage de Nicolas de Cicon, écuyer, pour la seigneurie et haute justice de Rançonnières (bailliage de Chaumont, châ-

1519.

13 avril.

13 avril.

13 avril.

15 avril.

20 avril.

tellenie de Montigny-le-Roi). Carrières, 20 avril 1518.

1519.

Expéd. orig. Arch. nat., P. 163², cote 1147.

17082. Déclaration de l'hommage rendu par Robert du Breuil, chevalier, au nom de Jean du Breuil, écuyer, pour un quart de fief sis à Curcy-la-Malfillâtre (bailliage et vicomté de Caen, châtellenie d'Evrecy). Carrières, 20 avril 1518.

20 avril.

Expéd. orig. Arch. nat., P. 273², cote 5936.

17083. Déclaration de foi et hommage de Michel de Ballan, s' de Maulévrier, pour la seigneurie de la Réaudière, mouvante de Tours, appartenant à sa femme Louise Bayard, veuve de Jean Bourdin, notaire et secrétaire du roi. Paris, 21 avril 1518.

21 avril.

Original. Arch. nat., Chambre des Comptes de Paris, P. 13, n° 4390.

17084. Déclaration de l'hommage d'Étienne Miette, écuyer, pour la seigneurie de Savigny (bailliage de Meaux, châtellenie de Provins). Paris, 23 avril 1518.

23 avril.

Expéd. orig. Arch. nat., P. 164², cote 1686.

17085. Lettres portant confirmation des privilèges et exemptions des habitants de Bar-sur-Seine. Saint-Germain-en-Laye, avril 1518.

Avril.

Imp. Rouget, Recherches historiques sur la ville et comté de Bar-sur-Seine, in-4°, 1772, p. 206.

17086. Déclaration de foi et hommage de Gilles de Pontbriant, trésorier de Saint-Martin de Tours, pour les seigneuries de Châteauneuf et de Damemarie, mouvantes de la couronne. Paris, 28 avril 1519.

28 avril.

Original. Arch. nat., Chambre des Comptes de Paris, P. 16, n° 5995.

17087. Lettres de réception du serment de fidélité de Jacques [d'Albret], évêque de Nevers, pour le temporel dudit évêché. Saint-Germain-en-Laye, 29 avril 1519.

29 avril.

Expéd. orig. Arch. nat., P. 725¹, cote 236.

17088. Commission donnée au sr d'Échannay, chevalier, chambellan du roi, à Hugues Fournier, premier président du Parlement de Bourgogne, Nicole Bouesseau, sr de Barjon, Bénigne Bouesseau, conseiller maître en la Chambre des Comptes, Bénigne Serre, receveur général des finances en Bourgogne, et Nicolas Noblet, auditeur à la Chambre des Comptes, pour l'aliénation du domaine du roi en Bourgogne. Saint-Germain-en-Laye, 1er mai 1519.

> *Enreg. à la Chambre des Comptes de Dijon. Arch. de la Côte-d'Or,* B. 72, fol. 35 v°.

1519.
1er mai.

17089. Mandement aux cours de Rouen d'enregistrer l'ordonnance portant aliénation des domaine, aides, gabelles et impositions du royaume jusqu'à concurrence de 268,000 livres tournois. Saint-Germain-en-Laye, 1er mai 1519.

> *Vidimus du garde du sceau de la vicomté de Rouen. Bibl. nat., Pièces orig., Hotot, vol.* 1220, p. 21.

1er mai.

17090. Lettres touchant la chapelle de Sainte-Audeberte du château d'Arques. Saint-Germain-en-Laye, 1er mai 1519.

> *Copie du XVI{e} siècle. Bibl. nat., Nouv. acquisitions lat., ms.* 2292, n° 15.

1er mai.

17091. Provisions pour le sr de Baillon de l'office de vicomte et receveur ordinaire de Caudebec, en remplacement de Michel de Baillon, son père. Saint-Germain-en-Laye, 3 mai 1519.

> *Enreg. à la Chambre des Comptes de Paris,* anc. mém. 2 A, fol. 324 v°. *Arch. nat.,* PP. 119, p. 44. (*Mention.*)
> *Bibl. nat., ms. fr.* 21405, p. 279. (*Mention.*)
> *Bibl. nat., ms. Clairambault* 782, p. 270. (*Mention sous la date du* 31 mai.)

3 mai.

17092. Déclaration de l'hommage rendu par Simon Hanequin, écuyer, au nom de Marie Brayer, sa belle-sœur, veuve de Claude du Val-d'Any, pour le fief de Saint-Aubin, mouvant du comté d'Évreux. Carrières, 5 mai 1519.

> *Expéd. orig. Arch. nat.,* P. 270{1}, cote 4180.

5 mai.

17093. Déclaration de foi et hommage de Jean Borel,

6 mai.

écuyer, s^r de Boutemont, archer de la garde française du roi, comme procureur d'Élie Dumont, pour les seigneuries de Surville et de Glanville, mouvantes de la vicomté d'Auge. Carrières, 6 mai 1519.

Original. Arch. nat., Chambre des Comptes de Paris, P. 265², n° 1518.

1519.

17094. Déclaration de l'hommage de Nicolas de Mathan, écuyer, pour le fief-ferme de Semilly et la seigneurie de Saint-Martin de Villers-Bocage (bailliage de Caen, vicomté de Bayeux). Carrières, 6 mai 1519.

Expéd. orig. Arch. nat., P. 273², cote 5935.

6 mai.

17095. Déclaration de l'hommage rendu par Nicolas de Mathan, écuyer, au nom de Jeanne de Coulanges, sa mère, veuve de Gilles de Mathan, chevalier, pour la seigneurie de Saint-Ouen-le-Brisoult (bailliage de Caen, vicomté de Falaise). Carrières, 6 mai 1519.

Expéd. orig. Arch. nat., P. 273², cote 5937.

6 mai.

17096. Provisions d'un office de conseiller lai au Parlement de Paris en faveur de Martin Fumée, sans préjudice du don à survivance qui lui a été fait, le 8 août 1518, de l'office de maître des requêtes de l'hôtel, exercé par Adam Fumée, s^r des Roches, son père. 10 mai 1519.

Arrêt du conseil du Parl. de Paris, du 2 septembre 1534. Arch. nat., X¹ᵃ 1537, fol. 454 v°. (Mention.)

10 mai.

17097. Déclaration de foi et hommage de Philippe Du Pré, écuyer, s^r de Baubigny, comme procureur de Jean Le François, s^r de Grouchy, pour ladite seigneurie, mouvante de Carentan. Carrières, 11 mai 1519.

Original. Arch. nat., Chambre des Comptes de Paris, P. 268², n° 3226.

11 mai.

17098. Déclaration de l'hommage rendu par Philippe Du Pré, écuyer, au nom de Jacques Paynel, écuyer, pour les seigneuries d'Ecajeul (bailliage de Caen, vicomté de Falaise) et Bricque-

11 mai.

ville-la-Blouette (bailliage de Cotentin, vicomté de Coutances). Carrières, 11 mai
1519.

> Expéd. orig. Arch. nat., P. 272², cote 5518.

17099. Lettres portant pouvoir à Richard, archevêque
de Trèves, électeur du Saint-Empire, d'accepter au nom de François Ier la dignité impériale, au cas que les électeurs réunissent
leurs suffrages sur sa personne. Saint-Germain-en-Laye, 12 mai 1519.

> Original. Arch. nat., J. 995⁵, n° 20.

17100. Lettres déchargeant Joachim, marquis de Brandebourg, électeur du Saint-Empire, de sa
promesse de donner son suffrage à François Ier pour la dignité impériale, en cas que
l'élection de sa personne souffre des difficultés insurmontables. Saint-Germain-en-
Laye, 12 mai 1519.

> Lettres de même teneur et de même date pour
> Albert, archevêque et électeur de Mayence.
> Originaux. Arch. nat., J. 995⁵, n°ˢ 22 et 23.

17101. Déclaration de l'hommage rendu par Jean Cou-
rault, au nom de Simon Boullenc, écuyer,
conseiller au Parlement de Rouen, pour les
fiefs nobles de Brettemare et de Glisolles
(bailliage et vicomté d'Évreux). Carrières,
17 mai 1519.

> Expéd. orig. Arch. nat., P. 270¹, cote 4165.

17102. Lettres de surannation pour l'enregistrement
de la confirmation des privilèges de la ville
de Saint-Jean-d'Angély, donnée en mars 1515
n. s. (n° 197). Carrières, 18 mai 1519.

> Copie du XVII° siècle. Bibl. de la Rochelle,
> ms. 557, fol. 52 v°.
> Copie du XVII° siècle. Bibl. nat., Armoires de
> Baluze, t. XXVI, fol. 367 v°.

17103. Quittance donnée par François Ier à Charles, roi
d'Espagne, du reste de ce qui lui était dû
pour une année, en exécution du traité de

1519.

12 mai.

12 mai.

17 mai.

18 mai.

22 mai.

Noyon. Saint-Germain-en-Laye, 22 mai   1519.
1519.

> *Original scellé. Bibl. nat.,* Mélanges de Colbert, *vol. 363, n° 299.*

17104. Lettres de réception du serment de fidélité prêté   22 mai.
devant le chancelier de France, par Robert
Le Gardeur, prieur de Pierrepont, au nom de
Jean Houel, pour le temporel de l'abbaye de
Notre-Dame-du-Val, au diocèse de Bayeux.
Carrières, 22 mai 1519.

> *Expéd. orig. Arch. nat.,* P. 273², *cote 585g.*

17105. Provisions de l'office de vicomte et receveur   24 mai.
ordinaire de Falaise pour Antoine Picart,
fils de Jean Picart, sʳ de Radeval, en vertu
de la résignation faite par ce dernier en faveur
du premier. Saint-Germain-en-Laye, 24 mai
1519.

> *Enreg. à la Chambre des Comptes de Paris,* anc.
> mém. 2 C, fol. 210. *Arch. nat.,* PP. 119, p. 32.
> *(Mention.)*
> *Bibl. nat.,* ms. fr. 21405, p. 280. *(Mention.)*
> *Bibl. nat.,* ms. Clairambault 782, p. 276.
> *(Mention.)*

17106. Don à Antoine Bohier, secrétaire et valet de   25 mai.
chambre ordinaire du roi, commis au paye-
ment des pensions du roi d'Angleterre, de
la somme de 800 livres tournois pour son
salaire et ses frais à Tournai. Saint-Germain-
en-Laye, 25 mai 1519.

> *Bibl. nat.,* ms. fr. 10382. *(Mention.)*

17107. Déclaration de l'hommage rendu par Raoulin de   25 mai.
Montigny, au nom de Jean de Sillans, pour
la seigneurie de Vierville (bailliage de Caen,
vicomté de Bayeux), quart de fief de chevalier
à cour et usage. Carrières, 25 mai 1519.

> *Expéd. orig. Arch. nat.,* P. 273², *cote 5902.*

17108. Mandement à Guillaume Sireau, juge ordinaire   29 mai.
de Touraine, et à Charles Quinart, conseiller
au Grand conseil, de se rendre au château
de Chinon et d'y dresser, en présence de
Raoul Hurault, sʳ de Cheverny, de Nicolas

de Neufville, de l'abbé de Saint-Denis et de
la veuve du sʳ de Boisy, grand maître de
France, l'inventaire des deniers et de la
vaisselle d'or et d'argent que ledit sʳ de Boisy
avait mis en sûreté « en quelque tour ou
chambre secrète dudit château ». Saint-Germain-en-Laye, 29 mai 1519.

> *Copie du xviiᵉ siècle. Bibl. de Rouen*, fonds
> Martainville, Y, 102.
> *Imp. Archives historiques du Poitou.* Poitiers,
> in-8°, t. XX, 1890, p. 312.

17109. Déclaration de foi et hommage de Robert de
Vaubergier, chevalier, comme procureur du
comte de Laval, pour la baronnie d'Acquigny
et Crèvecœur, mouvante du duché de Normandie. Carrières, 31 mai 1519.   31 mai.

> *Original. Arch. nat., Chambre des Comptes de
> Paris*, P. 264², n° 1046.

17110. Édit de création de neuf nouveaux offices au
Parlement de Normandie, l'un de président
et les huit autres de conseillers, tous lais,
pour former une chambre criminelle. Saint-
Germain-en-Laye, mai 1519.   Mai.

> *Enreg. au Parl. de Rouen, le 31 mai 1519.
> Copies du xviiᵉ siècle. Arch. nat.*, U. 754, fol. 17,
> et U. 757, 2ᵉ partie, p. 77. 2 pages.

17111. Mandement au Sénat de Milan, lui interdisant
de pourvoir aux offices vacants dans le Milanais, avant que le nombre des officiers ait
été réduit à ce qu'il était sous Louis XII.
Saint-Germain-en-Laye, mai 1519.   Mai.

> *Copie du xviiiᵉ siècle. Milan, Bibl. Trivulziana*,
> cad. 1130.

17112. Édit portant création d'élus, greffiers, receveurs et procureurs dans chacun des vingt-
trois diocèses du Languedoc, les diocèses
de Rieux, Conserans et Comminges étant
comptés ensemble pour un seul. Mai 1519.   Mai.

> *Copie du xviᵉ siècle des lettres par lesquelles ledit
> édit fut depuis (la date n'est pas indiquée) révoqué.
> Bibl. nat.*, ms. fr. 5503, fol. 84.

17113. Don de la seigneurie de Binasco, dans le Mi-   Mai.

lanais, à Jean-Jacques Trivulce. Saint-Germain-en-Laye, mai 1519.

> *Copie du XVIe siècle. Milan, Bibl. Trivulziana, cad. 225a.*

1519.

17114. Lettres relevant et dégageant Louis, comte palatin du Rhin, duc de Bavière, de la promesse qu'il avait faite à François Ier de lui donner sa voix, lors de la prochaine élection d'un roi des Romains. Carrières, mai 1519.

> *Minute. Arch. nat., Suppl. du Trésor des Chartes, J. 952, n° 22.*

Mai.

17115. Lettres portant engagement, de la part du roi, de nommer Joachim, marquis de Brandebourg, son lieutenant en Allemagne, dans le cas où il serait élu roi des Romains. [Vers mai 1519.]

> *Minute non datée. Arch. nat., J. 952, n° 55.*
> *Copie du XVIe siècle non datée. Bibl. nat., ms. fr. 3897, fol. 126.*

Mai.

17116. Lettres défendant aux officiers de justice du duché de Milan d'expédier aucun procès en l'absence des sénateurs, et aux deux receveurs des entrées d'accepter un compromis, sans leur assentiment. Saint-Germain-en-Laye, 7 juin 1519.

> *Copie du XVIe siècle. Milan, Arch. di Stato, Registri Panigarola, O, fol. 194.*
> *Autre copie. Bibl. Trivulziana, cad. 1130.*

7 juin.

17117. Ordonnance relative à la traite des blés dans le Milanais. Saint-Germain-en-Laye, 7 juin 1519.

> *Copie du XVIe siècle. Milan, Arch. di Stato, Registri Panigarola, O, fol. 318 v°.*
> *Placard imprimé, id., Gride.*

7 juin.

17118. Mandement à Jean Sapin, receveur général des finances, de rembourser sa part, soit 15,000 livres tournois, des 60,000 livres tournois prêtées naguère au roi par Jacques de Beaune, seigneur de Semblançay, et distribuées aux quatre receveurs généraux, pour être em-

8 juin.

ployées en leur office. Saint-Germain-en-Laye, 8 juin 1519.

Original. Bibl. nat., Pièces orig., vol. 248, Beaune, pièce 69.

1519.

17119. Commission à Louis de Richebourg, seigneur de Gravon, de faire les montres, vues et revues des mortes-payes du duché de Normandie, en remplacement et sur la résignation de Charles de Clercy. Saint-Germain-en-Laye, 11 juin 1519.

11 juin.

Copie collat. Bibl. nat., Pièces orig., Richebourg, vol. 2478, p. 5.

17120. Provisions en faveur de Sance Hébrard, licencié en droit, de l'un des quatre offices de conseillers clercs au Parlement de Toulouse, nouvellement créés. Saint-Germain-en-Laye, 12 juin 1519.

12 juin.

Vidimus du sénéchal de Toulouse (31 août 1519). Bibl. nat., Pièces orig., Hébrard, vol. 1501, p. 2.

17121. Provisions en faveur de Jean Roberti de l'un des quatre offices de conseillers lais, nouvellement créés avec quatre de conseillers clercs et un de président au Parlement de Toulouse. Saint-Germain-en-Laye, 12 juin 1519.

12 juin.

Vidimus du sénéchal de Toulouse (2 août 1520). Bibl. nat., Pièces orig., vol. 2499 (doss. 56156), Robert, p. 23.

17122. Mandement au Parlement de Toulouse et à la Chambre des Comptes de Paris de procéder à la vérification des lettres données au mois de février 1519 n. s. (n° 17019), en faveur de Laurent de Médicis, duc d'Urbin, nonobstant le décès dudit Laurent et de sa femme, et de laisser à Catherine de Médicis, leur fille, la jouissance du contenu desdites lettres. Saint-Germain-en-Laye, 12 juin 1519.

12 juin.

Original scellé. Arch. nat., J. 1126, n° 11.

17123. Déclaration de foi et hommage de Guillaume Alabat, comme procureur des chanoines et chapitre de la Sainte-Chapelle du palais de

13 juin.

Bourges, pour la seigneurie de Courpalay, mouvante de Lorris. Carrières, 13 juin 1519.

1519.

> *Original. Arch. nat., Chambre des Comptes de Paris,* P. 10, n° 3439.

17124. Déclaration de l'hommage de François de Bretagne, pour le comté de Vertus, au bailliage de Vitry, mouvant du comté de Champagne. Carrières, 14 juin 1519.

14 juin.

> *Expéd. orig. Arch. nat.,* P. 166¹, cote 2352.

17125. Déclaration de l'hommage de François de Bordeaux, pour la baronnie de Coulonces (bailliage de Caen, vicomté de Vire). Carrières, 14 juin 1519.

14 juin.

> *Expéd. orig. Arch. nat.,* P. 273², cote 5879.

17126. Provisions en faveur d'Hélias Reynier, juge de Villelongue, d'un des offices de conseillers clercs au Parlement de Toulouse, en exécution de l'ordonnance royale qui a créé, en cette cour, neuf offices nouveaux : un de président, quatre de conseillers clercs, quatre de conseillers lais. Saint-Germain-en-Laye, 21 juin 1519.

21 juin.

> *Vidimus du sénéchal de Toulouse (18 décembre 1520). Bibl. nat., Pièces orig.,* vol. 2470 (doss. 55573), Reynier, p. 2.

17127. Provisions en faveur de Claude de Taneria, de l'un des quatre offices de conseillers lais, nouvellement créés au Parlement de Toulouse, en même temps que quatre offices de conseillers clercs et un office de président. Saint-Germain-en-Laye, 21 juin 1519.

21 juin.

> *Vidimus du sénéchal de Toulouse (18 décembre 1520). Bibl. nat., Pièces orig.,* vol. 2793, Taneria, p. 2.

17128. Provisions en faveur de Pantaléon Joubert de l'un des quatre offices de conseillers clercs, nouvellement créés au Parlement de Toulouse. Saint-Germain-en-Laye, 21 juin 1519.

21 juin.

> *Vidimus du sénéchal de Toulouse. Bibl. nat., Pièces orig.,* Joubert, vol. 1588 (doss. 36528), pièce 3.

17129. Provisions en faveur de Jean Nicot de l'office de contrôleur des deniers communs, dons et octrois de la ville de Nîmes. Saint-Germain-en-Laye, 21 juin 1519.

1519.
21 juin.

> *Vidimus donné à Nîmes le 25 novembre 1532.*
> *Arch. de la ville de Nîmes, MM. 2.*

17130. Déclaration de l'hommage rendu par Jean de Clinchamp, au nom de Jean de Clinchamp, son père, pour les seigneuries des Mezerests et de la Chapelle-Eugerbold, au bailliage de Caen. Carrières, 22 juin 1519.

22 juin.

> *Expéd. orig. Arch. nat., P. 273², cote 5889.*

17131. Déclaration de l'hommage de Jean de Clinchamp le jeune, pour la seigneurie du Theil, au bailliage de Caen. Carrières, 22 juin 1519.

22 juin.

> *Expéd. orig. Arch. nat., P. 273², cote 5890.*

17132. Lettres accordant un délai de deux ans pour rendre l'hommage dû au roi pour les fiefs de Venoix et de Montenay (bailliage et vicomté de Caen), à Bertrand Ménard, seigneur desdits fiefs à cause de Françoise Bureau, sa femme, en considération de ce qu'il est retenu au service du roi, en la compagnie du bailli de Caen, « és parties et marches des Allemaignes ». Carrières, 25 juin 1519.

25 juin.

> *Expéd. orig. Arch. nat., P. 273², cote 5885.*

17133. Déclaration de l'hommage rendu par Antoine de Bernault, écuyer, seigneur de Fougerette, au nom de Charles de Bernault, écuyer, âgé d'environ soixante-dix ans, de Lise de Saint-Seine, sa femme, âgée d'environ cinquante ans, et de Bonne, sœur de ladite Lise, veuve de feu Louis de Bernault, écuyer, âgée d'environ soixante ans, pour les seigneuries de Charmoilles (bailliage de Chaumont, châtellenies de Nogent et Montigny-le-Roi), de Saint-Bris (bailliage d'Auxerre), et de Saint-Seine-sur-Vingeanne (bailliage de Dijon). Paris, 27 juin 1519.

27 juin.

> *Expédition originale, destinée à la Chambre des*

Comptes de Paris, et, à ce titre, visant plus spé-
cialement la seigneurie de Charmoilles. Arch. nat.,
P. 163², cote 1150.

1519.

17134. Déclaration de l'hommage de Bertrand d'Orges,
écuyer, pour les seigneuries de Récourt, Avrecourt, Forfillières et Bonnecourt (bailliage de
Chaumont, châtellenie de Montigny-le-Roi).
Paris, 27 juin 1519.

27 juin.

Expéd. orig. Arch. nat., P. 163², cote 1151.

17135. Déclaration de l'hommage rendu par Jean de La
Masure, au nom de François de Fourmentin,
pour le quart de fief de Longueil (bailliage
de Caux, vicomté de Montivilliers). Paris,
27 juin 1519.

27 juin.

Expéd. orig. Arch. nat., P. 267¹, cote 2342.

17136. Déclaration de l'hommage de Jean de la Masure,
écuyer, pour un fief appelé le Chêne (bailliage
d'Évreux, vicomté d'Orbec), lui appartenant
à cause de Marguerite Auvray, sa femme.
Paris, 27 juin 1519.

27 juin.

Expéd. orig. Arch. nat., P. 270¹, cote 4009.

17137. Déclaration de l'hommage rendu par Guillaume
Brosset, licencié ès lois, au nom de Jacques
Rivault, écuyer, empêché par la rupture d'un
bras, pour le pont et le fief au Français (bailliage et vicomté de Caen). Paris, 27 juin
1519.

27 juin.

Expéd. orig. Arch. nat., P. 273², cote 5888.

17138. Déclaration de l'hommage de Jacques de Hous-
say, prêtre, pour le fief de Dingry, quart de
fief de chevalier sis à Cormolain (bailliage
de Caen, vicomté de Bayeux). Paris, 27 juin
1519.

27 juin.

Expéd. orig. Arch. nat., P. 273², cote 5891.

17139. Ordonnance sur la chasse dans le Milanais.
Saint-Germain-en-Laye, juin 1519.

Juin.

Copies du xvie siècle. Milan, Archivio di stato,
Registri Panigarola L, fol. 11, et O, fol. 309.
Autre copie. Idem, Gride.
Autre copie. Idem, Archivio civico, Lettere du-
cali (1503-1523), fol. 216 v°.

17140. Déclaration de foi et hommage de Gabriel de
Cosant, conseiller et chambellan du duc de
Bourbon, pour les terres de « Cosant, Frage-
rolles, Mery » et Magny-l'Essart (auj. Magny-
les-Hameaux), mouvantes de la vicomté de Paris. Carrières, 1ᵉʳ juillet 1519.

> *Original. Arch. nat., Chambre des Comptes de
> Paris, P. 2, n° 690.*

1519.
1ᵉʳ juillet.

17141. Déclaration de foi et hommage de Gabriel de
Bougy, fils aîné de Christophe de Bougy, pour
les seigneuries d'Ascoux, de « Roncheux et de
Genainville », les droits de censive de Vrigny,
et d'une censive de 24 sous parisis assise à
Yèvre-le-Châtel, le tout mouvant dudit Yèvre,
et pour la seigneurie de Gaubertin, mouvante de Boiscommun. Carrières, 2 juillet
1519.

> *Original. Arch. nat., Chambre des Comptes de
> Paris, P. 10, n° 3440.*

2 juillet.

17142. Don à François de Crussol, écuyer, sʳ de Beaudisné, et à Émery de Bazillac, des biens confisqués sur Jacques de Montjardin. 4 juillet
1519.

> *Enreg. à la Chambre des Comptes de Paris, anc.
> mém. 2 A, fol. 333 v°. Arch. nat., PP. 119, p. 45.
> (Mention.)*
> *Bibl. nat., ms. fr. 21405, p. 279. (Mention.)*
> *Bibl. nat., ms. Clairambault 782, p. 270.
> (Mention.)*

4 juillet.

17143. Provisions en faveur de Raymond de Merlanes
de l'office de conseiller lai au Parlement de
Toulouse, naguère exercé par Jean Séguier,
promu président. Saint-Germain-en-Laye,
8 juillet 1519.

> *Vidimus du sénéchal de Toulouse (7 janvier
> 1520 n. s.). Bibl. nat., Pièces orig., vol. 1935
> (doss. 44508), Merlanes, p. 2.*

8 juillet.

17144. Provisions en faveur de Tristan du Soultre, docteur ès droits, d'un des quatre offices de
conseillers clercs nouvellement créés au Par-

8 juillet.

lement de Toulouse. Saint-Germain-en-Laye,
8 juillet 1519.

*Vidimus du sénéchal de Toulouse, 8 février 1520
n. s. Bibl. nat., Pièces orig., Soultre, vol. 2721, p. 2.*

1519.

17145. Déclaration de l'hommage rendu par Étienne
Heudes, écuyer, au nom de Robert Fauquet,
pour la seigneurie de Roullours (bailliage de
Caen, vicomté de Vire). Carrières, 8 juillet
1519.

Expéd. orig. Arch. nat., P. 273², cote 5884.

8 juillet.

17146. Provisions en faveur de Barthélemy Robin,
conseiller et avocat général au Parlement de
Toulouse, de l'office de troisième président
à la même cour, vacant par la démission
d'Accurse Maynier. Saint-Germain-en-Laye,
14 juillet 1519.

*Vidimus du sénéchal de Toulouse, du 5 août 1519.
Bibl. nat., Pièces orig., Robin (doss. 56206),
vol. 2503, p. 15.*

14 juillet.

17147. Provisions en faveur de Jean Deygua de l'office d'avocat général au Parlement de Toulouse, vacant par la promotion de Barthélemy
Robin à la présidence. Saint-Germain-en-Laye,
14 juillet 1519.

*Vidimus du sénéchal de Toulouse, du 10 novembre
1519. Bibl. nat., Pièces orig., vol. 987, Deigun,
p. 2.*

14 juillet.

17148. Lettres autorisant les habitants de Moulins-Engilbert à mettre un impôt sur le vin vendu
en détail dans leur ville, pour employer les
deniers qui en proviendront à la réédification de leurs murailles qui avaient été
brûlées avec une grande quantité de leurs
maisons, dix ans auparavant. [Saint-Germain-
en-Laye], 14 juillet 1519.

*Imp. Le comte de Soultrait, Inventaire des titres
de Nevers de l'abbé de Marolles. Nevers, 1873,
in-4°, col. 425. (Mention.)*

14 juillet.

17149. Déclaration de l'hommage de Jean Soucquet,
pour les fiefs suivants, sis en la vicomté de
Falaise, au bailliage de Caen : 1° la seigneurie

18 juillet.

de Saint-Ouen-le-Brisoult, fief de haubert sis audit lieu et à la Pallu, et comprenant dans sa mouvance un demi-fief tenu par Jeanne de Coulonges, veuve de Gilles de Mathan, chevalier; 2° le fief de la Fresnaye-au-Sauvage, sis audit lieu, avec extensions sur les paroisses de Saint-Malo et des Authieux, et comprenant dans sa mouvance les quarts de fief de Bonessay et de Saint-Malo. Carrières, 18 juillet 1519.

> *Expéd. orig. Arch. nat.*, P. 273², cote 5880.

17150. Mandement aux trésoriers de France de faire payer par Jacques Charmolue, changeur du trésor, à Catherine de Médicis, fille du feu duc d'Urbin, 12,000 livres tournois que lui a données le roi. Saint-Germain-en-Laye, 21 juillet 1521.

> *Copie du xvi° siècle. Turin, Archivio di stato,* Corte Estere, Francia.

21 juillet.

17151. Mandement aux trésoriers de France de faire payer par Jacques Charmolue, changeur du trésor, à Gérard Bartolini, trésorier du feu duc d'Urbin, 6,602 livres 18 sous 4 deniers tournois, reliquat de la pension annuelle de 10,000 livres tournois assignée au duc, jusqu'à sa mort. [Saint-Germain-en-Laye, 21 juillet] 1519.

> *Original. Florence, Archivio di stato,* Strozziani Uguccioni.

21 juillet.

17152. Lettres de réception du serment de fidélité prêté devant le chancelier de France par Guy de Villers, abbé de Saint-Germer-de-Fly, au diocèse de Beauvais et bailliage d'Amiens, pour le temporel de ladite abbaye. Carrières, 21 juillet 1519.

> *Expéd. orig. Arch. nat.*, P. 725¹, cote 237.

21 juillet.

17153. Déclaration de l'hommage rendu par Gilles Le Roy, écuyer, seigneur du Plessis, au nom de Guyon Le Roy, chevalier, seigneur du Chillou, vice-amiral de France, son père, pour la seigneurie de l'Orcher (bailliage de Caux,

25 juillet.

v.

61

vicomté de Montivilliers). Paris, 25 juillet 1519.

Expéd. orig. Arch. nat., P. 267¹, cote 2340.

1519.

17154. Déclaration de foi et hommage de François du Monceau, chevalier, sʳ de Saint-Cyr, pour la haute justice qu'il a en la paroisse de Saint-Cyr[-la-Rivière], mouvante du château d'Étampes. Paris, 27 juillet 1519.

27 juillet.

Original. Arch. nat., Chambre des Comptes de Paris, P. 8, n° 2460.

17155. Déclaration de foi et hommage de François du Monceau, chevalier, sʳ de Saint-Cyr, pour la haute, moyenne et basse justice de « Fontenets », dix livres parisis de menus cens, etc., le tout mouvant d'Etampes. Paris, 27 juillet 1519.

27 juillet.

Original. Arch. nat., Chambre des Comptes de Paris, P. 8, n° 2461.

17156. Provisions pour François de Launay, de la charge de gouverneur de Chauny, au lieu de Jacques de Dinteville, sʳ des Chenêts, et de Girard de Vienne, sʳ de Ruffey. 5 août 1519.

5 août.

Enreg. à la Chambre des Comptes de Paris, anc. mém. 2 A, fol. 360. Arch. nat., PP. 119, p. 51. (Mention.)
Bibl. nat., ms. fr. 21405, p. 279. (Mention.)
Bibl. nat., ms. Clairambault 782, p. 270. (Mention.)

17157. Provisions de l'office de maître des œuvres du comté de Blois en faveur de Jacques Sourdeau, sur la résignation faite à son profit par Simonet Guichart. 8 août 1519.

8 août.

Présentées à la Chambre des Comptes de Blois, le 1ᵉʳ décembre 1519. Arch. nat., KK. 902, fol. 74 v°. (Mention.)

17158. Déclaration de l'hommage rendu par Jean de Lurie, au nom de Louis Vautier, écuyer, pour la seigneurie de Semilly (bailliage de Caen, vicomté de Bayeux). Paris, 9 août 1519.

9 août.

Expéd. orig. Arch. nat., P. 272², cote 5475.

17159. Commission à Roger Barme, président au Par-

10 août.

1519.

lement de Paris, pour aller présider les Grands
jours qui se tiendront à Poitiers du 12 septembre au 10 novembre prochains. Corbeil,
10 août 1519.

> *Copie du xviiie siècle. Bibl. nat., coll. du Parle-
> ment, ms. 320, fol. 96. (Cf. les n°s 1071 et 1077.)*

17160. Commission à Jean Calveau (*alias* Calluau),
évêque de Senlis, maître des requêtes de
l'hôtel, pour aller siéger aux Grands jours qui
se tiendront à Poitiers, du 12 septembre au
10 novembre. Corbeil, 10 août 1519.

> *Copie du xviiie siècle. Bibl. nat., coll. du Par-
> lement, ms. 320, fol. 96 v°.*

10 août.

17161. Déclaration de l'hommage rendu par Jean d'Y-
vemesnil, prêtre, au nom de Robert, son
père, pour partie du fief de haubert de
Tournai (bailliage de Caux, vicomté de Caudebec). Paris, 10 août 1519.

> *Expéd. orig. Arch. nat., P. 267¹, cote 2337.*

10 août.

17162. Déclaration de l'hommage lige rendu par Robert
Baqueler, au nom de Raoul Belain, écuyer,
pour le cinquième de fief de Canouville, sis
à Allouville, Louvetot et environs (bailliage de
Caux, vicomté de Caudebec). Paris, 10 août
1519.

> *Expéd. orig. Arch. nat., P. 267¹, cote 2338.*

10 août.

17163. Déclaration de foi et hommage de Jacques de
Dicy, s^r de Montgermont, pour ladite seigneurie et le cours de la rivière d'Écolle, depuis le pont de Dannemois jusqu'à la rivière
de Seine, mouvants de Melun. Paris, 12 août
1519.

> *Original. Arch. nat., Chambre des Comptes de
> Paris, P. 9, n° 2951.*

12 août.

17164. Lettres commettant les gouverneurs de l'Hôtel-
Dieu de Paris pour tenir la comptabilité et
ordonnancer les dépenses de la construction
de l'hôpital de la Charité. Corbeil, 13 août
1519.

> *Original. Arch. de l'Assistance publique à Paris,
> Hôtel-Dieu, liasse 74, cote 2.*

13 août.

61.

Copie. Idem, Comptes, tome XXXIV, p. 6.

Imp. Coll. de documents pour servir à l'histoire des hôpitaux de Paris, publ. par l'adm. de l'Assistance publique, Paris, Imp. nat., 1883, in-4°, t. III, p. 163. (Cf. n° 1080 du Catalogue.)

17165. Mandement enjoignant aux généraux des finances de faire délivrer par le trésorier de l'extraordinaire des guerres une somme de 10,000 livres tournois aux gouverneurs de l'Hôtel-Dieu de Paris, chargés d'ordonnancer les dépenses de la construction de l'hôpital de la Charité. Corbeil, 13 août 1519.

13 août.

> *Vidimus du Prévôt de Paris, du 27 août 1519.* Arch. de l'Assistance publique à Paris, liasse 74, cote 1.
>
> *Copie. Idem*, Comptes, t. XXXIV, p. 4.
> *Imp. Coll. de documents pour servir à l'histoire des hôpitaux de Paris*, publ. par l'administration de l'Assistance publique, Paris, Imp. nat., 1883, in-4°, t. III, p. 162.

17166. Déclaration de foi et hommage de Philippe d'Almendoz, sergent fieffé de l'accroissement de Magny, pour ladite sergenterie, mouvante de Senlis. Paris, 13 août 1519.

13 août.

> *Original.* Arch. nat., *Chambre des Comptes de Paris*, P. 5, n° 1583.

17167. Lettres de réception du serment de fidélité du cardinal Louis de Bourbon, évêque du Mans et de Laon, pour le temporel de l'évêché du Mans. Saint-Mathurin-de-Larchant, 21 août 1519.

21 août.

> *Original.* Arch. nat., *Chambre des Comptes de Paris*, P. 348°, n° 1407[25].

17168. Lettres de réception du serment de fidélité renouvelé par Louis cardinal de Bourbon, pour le temporel de l'évêché de Laon retenu par lui, avec l'agrément du pape, malgré sa nomination à l'évêché du Mans. Saint-Mathurin-de-Larchant, 21 août 1519.

21 août.

> *Expéd. orig.* Arch. nat., P. 725[1], cote 238.

17169. Lettres de réception du serment de fidélité de Louis cardinal de Bourbon, évêque de Laon

21 août.

et du Mans, pour le temporel de l'abbaye bénédictine de Saint-Valery (bailliage d'Amiens).
Saint-Mathurin-de-Larchant, 21 août 1519.

Expéd. orig. Arch. nat., P. 725¹, cote 239.

1519.

17170. Mandement au gouverneur et à la seigneurie
de Gênes de mettre Baptiste Scaglia en possession des biens que lui a légués son frère
Édouard, et que s'était appropriés leur autre
frère, nommé Philippe. Malesherbes, 22 août
151[9].

*Original. Gênes, Arch. di stato, Lettere dei Prin-
cipi, mazzo 4, Francia.*

22 août.

17171. Déclaration de foi et hommage d'Eustache du
Ruil, écuyer, comme procureur de Guillaume
de Hautemer, écuyer, sʳ de Fervacques, pour
le demi-fief de haubert nommé « Banc Drou-
lin » dans les paroisses de Beautot, la Houssaye
et Varnéville, mouvant de la vicomté de Rouen.
Paris, 22 août 1519.

*Original. Arch. nat., Chambre des Comptes de
Paris, P. 264², n° 1142.*

22 août.

17172. Mandement au Parlement et aux autres juges de
la ville de Toulouse d'assister les juges ecclésiastiques en ce qui touche la réformation des
religieux conventuels. Paris, 30 août 1519.

*Copie du XVIIᵉ siècle. Bibl. nat., ms. fr. 3911,
fol. 64.*

30 août.

17173. Déclaration de foi et hommage de Claude de
Rieux, comte d'Harcourt, pour le comté
d'Harcourt, mouvant du duché de Normandie. Blois, 30 août 1519.

*Original. Arch. nat., Chambre des Comptes de
Paris, P. 264², n° 1079.*

30 août.

17174. Provisions de l'office de conseiller au Parlement
de Bourgogne pour André Brocard, docteur
ès droits, en remplacement d'Edme Julien,
décédé. Blois, 1ᵉʳ septembre 1519.

*Reçu le 14 novembre suivant. Enreg. au Parl. de
Dijon. Arch. de la Côte-d'Or, Parlement, reg. I,
fol. 173.*

1ᵉʳ septembre.

17175. Déclaration de foi et hommage de Jean Le Bri-

1ᵉʳ septembre.

dier, écuyer, pour la seigneurie de la Ber-
chetière, mouvante de Combreux, et pour
certaines rentes assises en ladite paroisse et
mouvantes de Vitry-aux-Loges. Orléans (*sic*),
1ᵉʳ septembre 1519.

1519.

> *Original. Arch. nat., Chambre des Comptes de
> Paris*, P. 10, n° 3442.

17176. Déclaration de foi et hommage d'Antoine de La
Marche, écuyer, au nom de Marguerite de
Hamel, sa femme, pour la seigneurie du
Plessis dans la paroisse de Vitry-aux-Loges,
mouvante dudit Vitry. Orléans (*sic*), 1ᵉʳ sep-
tembre 1519.

1ᵉʳ septembre.

> *Original. Arch. nat., Chambre des Comptes de
> Paris*, P. 10, n° 3441.

17177. Déclaration portant qu'Anne de France, duchesse de Bourbonnais et d'Auvergne, doit
continuer de jouir des revenus des greniers
à sel à elle concédés, nonobstant les octrois
obtenus par les habitants d'Orléans et les
chapitres cathédraux d'Orléans, de Troyes et
de Senlis. Blois, 5 septembre 1519.

5 septembre.

> *Original. Arch. nat., Titres de Bourbon*, P.1370¹,
> cote 1872.

17178. Confirmation des lettres de la reine Claude
(Amboise, 16 mai 1519), accordant à Georges
Le Boucher la survivance d'un office de maître
des comptes à Blois, exercé par Mathurin
Viart. Blois, 7 septembre 1519.

7 septembre.

> *Présentée à la Chambre des Comptes de Blois, le
> 28 août 1522. Arch. nat., Journal de la Chambre
> des Comptes de Blois*, KK. 902, fol. 85 v°. (*Men-
> tion.*)

17179. Provisions en faveur de Jean de Dinteville de
l'office de bailli de Troyes, en survivance de
Gaucher de Dinteville, son père, titulaire
actuel. Blois, 10 décembre (*corr.* septembre)
1519.

10 septembre.

> *Reçu au Parl. de Paris, le 2 janvier 1520 n. s.
> Arch. nat.*, X¹ᵃ 4865, Plaidoiries, fol. 121. (*Men-
> tion.*)

17180. Déclaration de l'hommage rendu par Nicolas Gougeat, écuyer, au nom de Jacques de Blandins, seigneur de Renesson, pour tous les fiefs tenus par ce dernier du roi à cause du château de Vaucouleurs, au bailliage de Chaumont. Blois, 10 septembre 1519.

1519.
10 septembre.

Expéd. orig. Arch. nat., P. 164', cote 1260.

17181. Mandement à la Chambre des Comptes de passer en compte l'excédent de 3,750 écus d'or soleil dépensé par Antoine Bohier, commis au payement des dettes et pensions du roi d'Angleterre et de la rançon de la ville de Tournai. Blois, 12 septembre 1519.

12 septembre.

Copie du XVIᵉ siècle. Bibl. nat., ms. fr. 10382.

17182. Lettres portant assignation à Antoine Bohier, commis au payement des pensions d'Angleterre, des sommes suivantes : 1ᵒ 1,425 livres tournois pour ses gages du terme de mai 1519; 2ᵒ 6,733 livres 1 sou 3 deniers, pour achat d'écus d'or soleil destinés audit payement. Blois, 15 septembre 1519.

15 septembre.

Arch. nat., KK. 349, 6ᵉ compte d'Antoine Bohier. (Mention.)

17183. Mandement aux généraux des finances de faire payer par Jean Grossier, commis à tenir le compte des deniers du jubilé et de la croisade, 4,000 livres tournois à . . . . . (le nom est effacé). Blois, 23 septembre 1519.

23 septembre.

Original. Bibl. nat., ms. fr. 25720, nᵒ 143.

17184. Lettres de réception du serment de fidélité de Bernard Divitius, cardinal Bibbiena, légat du pape en France et évêque de Coutances, pour le temporel dudit évêché. Blois, 23 septembre 1519.

23 septembre.

Original. Arch. nat., Chambre des Comptes de Paris, P. 268⁸, nᵒ 3399.

17185. Pouvoirs des commissaires du roi aux États de

26 septembre.

Languedoc, convoqués à Montpellier pour le 22 novembre. Blois, 26 septembre 1519.

1519.

> *Copie. Arch. départ. de l'Hérault, États de Languedoc, C. Recueil des lettres et actes des commissaires du roi aux États, 1519. 10 pages.*

17186. Lettres fixant la quote-part des tailles du comté de Rodez pour l'année 1520 à 18,736 livres 10 sous 10 deniers tournois, et les frais de recouvrement à 854 livres tournois. Blois, 26 septembre 1519.

26 septembre.

> *Vidimus de François de Théligny, sénéchal de Rouergue. Bibl. nat., ms. fr. 25720, n° 145.*

17187. Mandement de payer à Jean de Bouvant 1,000 livres tournois dont il lui a été fait don, pour ses services à Louis XII et à François Iᵉʳ. Blois, 26 septembre 1519.

26 septembre.

> *Original. Bibl. nat., Pièces originales, Bouvant, vol. 482, p. 3.*

17188. Confirmation du don du comté de Poviglio fait par Louis XII au marquis Frédéric de Mantoue. Blois, septembre 1519.

Septembre.

> *Enreg. au Sénat de Milan, le 3 septembre 1520. Milan, Arch. di stato, Registri del antico Senato, fol. 1749.*

17189. Don en faveur de Guillaume Gouffier, sʳ de Bonnivet, amiral de France et gouverneur de Dauphiné, des 4,000 ducats dus annuellement au roi dauphin par les communautés briançonnaises. Blois, 12 octobre 1519.

12 octobre.

> *Arch. de l'Isère, B. 3049, fol. 886. 4 pages 1/2.*

17190. Lettres ordonnant de faire payer par les gens de mainmorte en Normandie les droits d'amortissement de tous les biens par eux acquis. Amboise, 16 octobre 1519.

16 octobre.

> *Copie. Arch. de l'hospice de Saint-Lô (Manche), A. 3. (Invent. ms. aux Arch. nat.)*

17191. Déclaration de foi et hommage d'Étienne Piel, écuyer, sʳ des Forges, pour un demi-fief de haubert nommé le fief de Granville et pour

19 octobre.

le huitième de fief de Ramberge, mouvants du duché de Normandie. Paris, 19 octobre 1519.

> *Original. Arch. nat., Chambre des Comptes de Paris, P. 266², n° 2254.*

17192. Lettres portant quittance et décharge à François de Vargas, trésorier de Castille, de la somme de 50,000 écus d'or soleil, qu'il a payée pour le roi catholique, en exécution du traité de Noyon. Amboise, 21 octobre 1519.

> *Original scellé. Bibl. nat., Mélanges de Colbert, vol. 364, n° 300.*

21 octobre.

17193. Mandement aux généraux des finances de faire payer par Jean de Poncher, trésorier des guerres, à Jean des Timbres et Alexandre Bonblé, hommes d'armes, et à Jean Auguier et Blanchet de Rubergues, archers de la compagnie du sʳ de Pont-de-Remy, leur solde des deux derniers quartiers de 1517, bien qu'ils aient été portés comme absents aux montres. Amboise, 25 octobre 1519.

> *Original. Bibl. nat., ms. fr. 25720, n° 146.*

25 octobre

17194. Provisions en faveur de Louis d'Étampes, sʳ de Valençay, sur la présentation de la reine, de l'office de bailli et gouverneur de Blois. 26 octobre 1519.

> *Reçu au Parl. de Paris, le 22 mars 1520 n. s. Arch. nat., X¹ᵃ 4865, Plaidoiries, fol. 428 v°. (Mention.)*

26 octobre.

17195. Provisions en faveur de Claude Robertet de l'office de notaire et secrétaire ordinaire du roi, en considération des services de Florimond Robertet, son père, en remplacement et sur la résignation de Louis Robertet. Amboise, 29 octobre 1519.

> *Copie collationnée. Bibl. nat., Pièces originales, Robertet, vol. 2501, p. 16.*

29 octobre.

17196. Provisions de l'office d'huissier au Parlement de Bourgogne pour Guillemin Bézard, en

1ᵉʳ novembre.

remplacement de Jean Bézard, son père. 1519.
Blois, 1ᵉʳ novembre 1519.

Enreg. au Parl. de Dijon. Arch. de la Côte-d'Or,
Parlement, reg. I, fol. 174.

17197. Commission à François de Moulins, grand 2 novembre.
aumônier du roi, abbé de Saint-Mesmin,
près Orléans, de faire procéder à la réformation des Hôtels-Dieu, hôpitaux et maladreries du royaume. 2 novembre 1519.

Mentionnée dans d'autres lettres, sans date, rela-
tives à ladite réformation. Bibl. nat., ms. fr. (du
XVIᵉ siècle) 5086, fol. 75 vᵒ.

17198. Confirmation des lettres patentes du 12 no- 8 novembre.
vembre 1516 (nᵒ 16248), portant don pour
trois ans aux habitants d'Asti du droit de
« dace » et prorogation de cet octroi pour cinq
ans. Amboise, 8 novembre 1519.

Original. Asti, Archives, Re di Francia, nᵒ 5.
(Communiqué par M. de Saint-Pierre.)
Vérifié à la Chambre des Comptes de Blois, le
9 décembre suivant. Arch. nat., KK. 902, fol. 75.
(Mention.)

17199. Don à Nicolas de Neufville, chevalier, sᵣ de 9 novembre.
Villeroy, audiencier de la chancellerie de
France, de 600 livres parisis à prendre chaque
année, en sus de ses gages, sur le produit de
ladite chancellerie. Blois, 9 novembre 1519.

Copie du XVIᵉ siècle. Bibl. nat., ms. lat. 5981,
fol. 3.

17200. Provisions pour Thomas de Foix, sᵣ de Lescun, 29 novembre.
conseiller et chambellan du roi, de l'office de
garde du sceau de la chancellerie royale au
Parlement de Rouen, vacant par la mort d'Antoine Bohier. Blois, 29 novembre 1519.

Enreg. au Parlement de Rouen, le 5 janvier
1520 n. s.
Copie du XVIᵉ siècle, avec l'attache des trésoriers de
France, du 11 décembre 1519. Bibl. nat., ms. lat.
5981, fol. 151 vᵒ.

17201. Lettres autorisant les habitants de Loches à 1ᵉʳ décembre.
prélever sur leurs deniers la somme de 1,000

livres pour la construction d'un hôtel de
ville. Blois, 1er décembre 1519.

> Imp. *Mémoires de la société archéologique de Tou-*
> *raine*, année 1865, p. 85. (*Mention.*)

17202. Déclaration de foi et hommage de Jean Rogre,
écuyer, sr de Bromeilles, pour trente et une
parts sur trente-six de ladite seigneurie, la
moitié du fief du Buisson, une rente de 60 livres tournois assise sur la prairie de Nemours, etc., le tout mouvant de Château-
Landon. Blois, 1er décembre 1519.

> *Original. Arch. nat., Chambre des Comptes de*
> *Paris*, P. 10, n° 3173.

17203. Déclaration de l'hommage de Guillaume de
Grandpré, écuyer, pour la maison de Hauzy,
la seigneurie de Melzicourt, la baronnie de
Saint-Jean-sur-Tourbe, les finages de Laval,
Wargemoulin, Somme - Tourbe et Maffré-
court, et divers biens sis à Valmy (bailliage
de Vitry, châtellenie de Sainte-Menehould).
Blois, 2 décembre 1519.

> *Exped. orig. Arch. nat.,* P. 162², cote 247.

17204. Lettres portant assignation à Antoine Bohier,
commis au payement des pensions d'Angleterre, des sommes suivantes : 1° 1,425 livres
tournois pour ses gages du terme de novembre
1519; 2° 6,479 livres 13 sous 11 deniers
pour achat d'écus d'or soleil destinés audit
payement. Blois, 4 décembre 1519.

> *Arch. nat.,* KK. 349, 7e *compte d'Antoine Bo-*
> *hier.* (*Mention.*)

17205. Commission à Jean Brinon, premier président
du Parlement de Rouen, de faire une enquête
sur les propos tenus par Artus Fillon, docteur en théologie, à l'assemblée des États de
Normandie, le 15 octobre précédent. Blois,
5 décembre 1519.

> *Original de l'information faite par ledit Brinon.*
> *Arch. nat.,* J. 963, n° 13. (*Mention.*)

17206. Mandement à Jean Sapin, receveur général de
Languedoïl et Guyenne, de payer à Isaac

1519.

1er décembre.

2 décembre.

4 décembre.

5 décembre.

7 décembre.

Marron, élu de Loches, et à François du
Lyon, la somme de 381 livres 13 sous 6 deniers tournois pour vacations diverses. Blois,
7 décembre 1519.

Arch. nat., 2ᵉ compte de Jean Sapin, KK. 289,
fol. 485 vᵒ. (*Mention.*)

1519.

17207. Lettres autorisant les habitants de Loches à
prélever, chaque année, pendant sept ans,
sur les revenus de la justice dudit lieu, la
somme de 300 livres. 9 décembre 1519.

*Vérifiées à la Chambre des Comptes de Paris, le
19 décembre 1520.*
*Imp. Mémoires de la société archéologique de
Touraine,* année 1865, p. 86. (*Mention.*)

9 décembre.

17208. Lettres accordant un nouveau délai d'un an
au duc de Lorraine pour rendre l'hommage
dû au roi pour la seigneurie de Gondrecourt,
au bailliage de Chaumont, mouvant du comté
de Champagne. Blois, 14 décembre 1519.

*Copie du xviᵉ siècle. Ancien Trésor des chartes
de Lorraine, cartulaire de Gondrecourt. Archives de
Meurthe-et-Moselle,* B. 364, fol. 57. 1 page 1/3.

14 décembre.

17209. Commission donnée à Pierre Du Pré, prévôt de
Melun, et à Jean de Prouhet (*aliàs* Poncher),
sénéchal de Limousin, pour faire la recherche des droits de francs-fiefs dus au roi dans
les sénéchaussées de Limousin et de la Marche. Chambord, 14 décembre 1519.

*Copie du xviᵉ siècle. Arch. départ. des Basses-
Pyrénées,* E. 670.
Copie du xviiiᵉ siècle. Bibl. nat., coll. Doat,
vol. 246, fol. 225.

14 décembre.

17210. Lettres de souffrance accordées à Guillaume de
Croy, marquis d'Arscot, chambellan ordinaire
du roi catholique, pour faire dans six mois
les foi et hommage du comté de Beaufort et
des châtellenies de Soulaines et Larzicourt.
17 décembre 1519.

Enreg. à la Chambre des Comptes de Paris, anc.
mém. 2 B, fol. 8. *Arch. nat.,* PP. 119, p. 2.
(*Mention.*)
Bibl. nat., ms. fr. 21405, p. 280. (*Mention.*)

17 décembre.

17211. Lettres subrogeant César Trivulce, évêque de Côme, à l'évêque de Plaisance comme sénateur clerc de Milan, pendant l'absence de ce dernier. Blois, 20 décembre 1519.

1519.
20 décembre.

Enreg. au Sénat de Milan, le 30 janvier 1520 n. s. Milan, Arch. di stato, Registri del antico Senato, fol. 1666.

17212. Lettres de réception du serment de fidélité prêté par André Desmoulins, au nom de Simon [des Roches], abbé du Loroux et prieur de la Ferté-Macé, pour le temporel dudit prieuré, membre dépendant de l'abbaye de Saint-Julien de Tours. Les Roches-Saint-Quentin, 21 décembre 1519.

21 décembre.

Expéd. orig. Arch. nat., P. 273², cote 5872.

17213. Mandement à Pierre Bouyn, conseiller et procureur du roi au Grand conseil, à Jean de La Loëre l'aîné, à Jean Chauvet, élu en Forez, et à Guy Formigeau, vicomte de Montivilliers, de répartir et lever sur le haut pays de Rouergue 16,577 livres 1 sou 4 deniers tournois, pour sa quote-part des 2,400,000 imposées sur tout le royaume, et 782 livres pour les frais de recouvrement. Blois, 26 décembre 1519.

26 décembre.

Copie du XVIᵉ siècle. Arch. départ. de l'Aveyron, C. 1013, fol. 1 vᵒ.

17214. Lettres de sauvegarde accordées à Catherine de Médicis, fille de feu le duc d'Urbin et de Madeleine de Boulogne... [1] 1519.

1519.

Original. Florence, Archivio di stato, Soldani.

1520. — Pâques, le 8 avril.

1520.
1ᵉʳ janvier.

17215. Lettres enjoignant au Parlement de Bordeaux de ne plus s'occuper des procès du roi de Navarre, relatifs aux seigneuries de Larche, Lisle, Badefol, Nontron et autres, procès

[1] Sans indication de lieu, de mois ni de jour.

évoqués désormais devant le roi et son Grand
conseil. Châtellerault, 1ᵉʳ janvier 1519.

> *Original. Arch. départ. des Basses-Pyrénées,*
> *E. 670.*
> *Mentionnées dans un arrêt du Grand conseil, en*
> *date du 9 octobre 1536. Arch. nat., V⁶ 1051.*

1520.

17216. Provisions pour Jean de Torcy de l'office de
bailli des Montagnes d'Auvergne. 9 janvier
1519.

> *Enreg. à la Chambre des Comptes de Paris,* anc.
> mém. 2 B, fol. 46 v°. Arch. nat., PP. 119, p. 6.
> (Mention.)
> *Bibl. nat.,* ms. fr. 21405, p. 280. (Mention.)

9 janvier.

17217. Provisions pour Jean de Humières de la charge
de gouverneur de Péronne, Montdidier et
Roye. 10 janvier 1519.

> *Enreg. à la Chambre des Comptes de Paris,* anc.
> mém. 2 B, fol. 16 v°. Arch. nat., PP. 119, p. 3.
> (Mention.)
> *Bibl. nat.,* ms. fr. 21405, p. 280. (Mention.)

10 janvier.

17218. Commission adressée à Pierre Dupuy, sʳ de
Vatan, gouverneur et bailli de Berry, le chargeant de prendre en main et d'administrer
les revenus de l'archevêché de Bourges, pendant la vacance résultant du décès du cardinal Bohier, jusqu'à l'élection de son succes-
seur. Melle, 16 janvier 1519.

> *Arch. départ. du Cher, chapitre cathédral de Saint-*
> *Étienne de Bourges,* Droits de régale, I. 213.

16 janvier.

17219. Lettres de relief de surannation pour la vérification à la Chambre des Comptes de Paris
des lettres de réception de l'hommage rendu le
29 juillet 1517 (n° 16436) par Jean Le Sueur.
Paris (*sic*), 23 janvier 1519.

> *Expéd. orig. Arch. nat.,* P. 267¹, cote 2332.

23 janvier.

17220. Confirmation de la fondation faite à Essai par
le duc d'Alençon et Marguerite d'Angoulême,
sa femme, d'un couvent de Pénitentes de
l'ordre de Saint-Augustin. Poitiers, janvier
1519.

> *Imp. Gallia christiana,* in-fol., tome XI, *Instr.,*
> col. 174.

Janvier.

17221. Provisions en faveur d'Olivier de Lescoët, prévôt de Nantes, de l'office de procureur général au Sénat de Milan, vacant par la nomination de Jean Burdelot au Grand conseil. Cognac, janvier 1519.

1520.
Janvier.

> Enreg. au Sénat de Milan. Milan, Arch. di Stato, Registri del antico Senato, fol. 1711 v°.

17222. Don à François de Crussol, chevalier, s' de Beaudisné, et à Louis Mitte, chevalier, s' de Chevrières, des biens de Julien Ménart, échus au roi par droit d'aubaine. 8 février 1519.

8 février.

> Enreg. à la Chambre des Comptes de Paris, anc. mém. 2 B, fol. 18 v°. Arch. nat., PP. 119, p. 4. (Mention.)
> Bibl. nat., ms. fr. 21405, p. 280. (Mention.)
> Bibl. nat., ms. Clairambault 782, p. 271. (Mention.)

17223. Mandement pour faire lever par Jean Sapin, receveur général des finances, la somme de 4,277 livres. Saint-Jean-d'Angély, 14 février 1519.

14 février.

> Original. Bibl. nat., Titres scellés de Clairambault, vol. 92, pièce n° 90.

17224. Lettres de rétablissement au compte de l'ordinaire de Saint-Dizier de 30 livres par an, sous le nom de Jean d'Amboise, s' de Bussy, capitaine et gouverneur de la place et château de Saint-Dizier, pour ses gages des années 1499 à 1503. 14 février 1519.

14 février.

> Enreg. à la Chambre des Comptes de Paris, anc. mém. 2 B, fol. 46 v°. Arch. nat., PP. 119, p. 7. (Mention.)
> Bibl. nat., ms. fr. 21405, p. 280. (Mention.)

17225. Déclaration de l'hommage de Saladin d'Anglure, pour la seigneurie de Bourlemont [1] (bailliage de Chaumont, châtellenie de Monteclaire). Saint-Jean-d'Angély, 17 février 1519.

17 février.

> Expéd. orig. Arch. nat., P. 164¹, cote 1326.

17226. Concession à Anne de France, duchesse de

17 février.

---

[1] Vosges, arrondissement de Neufchâteau, canton de Coussey, commune de Frebécourt.

Bourbonnais et d'Auvergne, du revenu des greniers à sel de Moulins, Montluçon, Bourbon-Lancy, Creil, Clermont-en-Beauvaisis, Cosne, Gien et Saint-Pierre-le-Moutier, et des chambres à sel en dépendant, pour l'année commençant au 1er octobre 1519. Cognac, 17 février 1519.

1520.

> *Original. Arch. nat., Titres de Bourbon, P. 1361², cote 960.*
> *Vidimus du 15 mars 1520 n. s., sous le sceau aux contrats de la prévôté de Saint-Pierre-le-Moutier. Deux expéditions, ibid.*

17227. Lettres touchant les commissaires enquêteurs en Languedoc. Cognac, 21 février 1519.

21 février.

> *Enreg. au Parl. de Toulouse. Arch. de la Haute-Garonne, Édits, reg. 3, fol. 66 v°.*
> *Bibl. nat., ms. fr. 4402, fol. 42 v°, n° 43. (Mention.)*

17228. Mandement aux trésoriers et généraux des finances de faire payer ses gages de conseiller clerc au Parlement de Toulouse, à Jean de Bazillac, évêque élu de Carcassonne, qui se les était vu refuser depuis trois ans, à cause de ses fréquentes absences de ladite cour, pour un procès engagé par lui contre le roi et le conseil, touchant les droits qu'il prétendait avoir à cet évêché. Cognac, 22 février 1519.

22 février.

> *Original. Bibl. nat., Pièces orig., vol. 209, Bazillac, p. 40.*

17229. Lettres portant que Guillaume Fortier jouira des gages de 6 sous parisis par jour et 10 livres parisis par an pour droit de manteau, à dater du jour de son institution en l'office de secrétaire du roi. Blois, 23 février 1519 [1].

23 février.

> *Arch. nat., 2e compte de Jean Sapin, receveur général de Languedoïl et Guyenne, KK. 289, fol. 545. (Mention.)*

---

[1] Cette date est évidemment rapportée d'une manière inexacte, le roi ne s'étant pas trouvé à Blois le 23 février 1520 n. s. De plus le 2e compte de Jean Sapin est antérieur.

17230. Don à Artus de Moreuil, chevalier, s^r de Fres-
nay, capitaine de Thérouanne, de quatre ar-
pents de bois en la forêt de Desvres, pour y
prendre son chauffage chaque année, tant
qu'il exercera cette charge. 24 février 1519.

> Enreg. à la Chambre des Comptes de Paris, anc.
> mém. 2 B, fol. 107. Arch. nat., PP. 119, p. 16.
> (Mention.)
> Bibl. nat., ms. fr. 21405, p. 281. (Mention.)
> Bibl. nat., ms. Clairambault 782, p. 272.
> (Mention.)

1520.
24 février.

17231. Mandement aux généraux des finances de faire
payer leurs gages aux président et huit conseillers créés nouvellement au Parlement de
Toulouse. Cognac, 26 février 1519.

> Enreg. au Parl. de Toulouse. Arch. de la Haute-
> Garonne, Édits, reg. 3, fol. 72 v°.
> Bibl. nat., ms. fr. 4402, fol. 43, n° 49. (Men-
> tion.)

26 février.

17232. Lettres de surannation pour l'enregistrement
de la confirmation des privilèges de la ville
de Saint-Jean-d'Angély, donnée en mars 1515
n. s. (n° 197). Saint-Jean-d'Angély, février
1519.

> Enreg. à la Cour des Aides, le 16 novembre 1520.
> Copies du XVIIe siècle. Bibl. de la Rochelle,
> ms. 545, fol. 52; ms. 557, fol. 11 et 50.

Février

17233. Don à François de Noceto, écuyer du roi, de
la ville de Pontremoli. Saint-Jean-d'Angély,
février 1519.

> Enreg. au Sénat de Milan. Milan, Arch. di Stato,
> Registri del antico Senato, fol. 172.

Février.

17234. Don à Nicolas de Neufville, s^r de Villeroy, secrétaire des finances et audiencier de la chancellerie de France, de la maison où pend
pour enseigne le Coq, sise rue d'Artois à Paris.
Cognac, février 1519.

> Enreg. à la Chambre des Comptes de Paris, anc.
> mém. 2 D, fol. 354 v°. Arch. nat., PP. 119, p. 55.
> (Mention.)
> Bibl. nat., ms. fr. 21405, p. 302. (Mention.)
> Bibl. nat., ms. Clairambault 782, p. 284.
> (Mention.)

Février.

v.

17235. Lettres de confirmation et de prorogation de l'octroi sur le sel, accordé aux maire, échevins et habitants de Beaune, pour l'entretien des fortifications de la ville. Cognac, 6 mars 1519.

> *Original. Arch. municip. de Beaune*, Fortifications, n° 92.

1520.
6 mars.

17236. Déclaration de l'hommage de Jean de Bautot, écuyer, archer de la garde, pour le quart de fief de Bois-Hibou (bailliage de Caen, vicomté de Falaise). Cognac, 8 mars 1519.

> *Expéd. orig. Arch. nat.*, P. 273², cote 5865.

8 mars.

17237. Provisions de l'office de maître des Eaux et forêts de Normandie et de Picardie, accordées à Louis de Rouville, grand veneur de France. Cognac, 9 mars 1519.

> *Copie du XVIIIe siècle. Arch. nat.*, K. 1377, n° 6. (Papiers de Fontanieu.)

9 mars.

17238. Lettres de grâce en faveur de Raphaël Tornielli, sénateur de Milan, accusé de concussion. Cognac, 9 mars 1518.

> *Enreg. au Sénat de Milan, le 1er juin suivant. Milan, Arch. di Stato*, Registri del antico Senato, fol. 1727.

9 mars.

17239. Déclaration de foi et hommage de Guillaume Aparré, archer de la garde du corps du roi, pour le huitième du fief de haubert, dit le fief de Sainte-Marie, mouvant de Touques. Cognac, 9 mars 1519.

> *Original. Arch. nat.*, *Chambre des Comptes de Paris*, P. 264², n° 1140.

9 mars.

17240. Provisions pour François Charbonnier, notaire et secrétaire du roi, de l'office de vicomte et receveur ordinaire d'Arques, en remplacement d'Aignan Cailly. 12 mars 1519.

> *Enreg. à la Chambre des Comptes de Paris*, anc. mém. 2 B, fol. 46 v°. *Arch. nat.*, PP. 119, p. 6. (*Mention.*)
> *Bibl. nat.*, ms. fr. 21465, p. 280. (*Mention.*)
> *Bibl. nat.*, ms. Clairambault 782, p. 271. (*Mention.*)

12 mars.

17241. Provisions pour Jean Le Veneur, évêque et comte de Lisieux, de l'office de garde du sceau de la chancellerie royale au Parlement de Rouen, vacant par la résignation du s^r de Lescun, maréchal de France. Angoulême, 15 mars 1519.

1520.
15 mars.

> Copie du xvie siècle, avec les attaches des trésoriers de France (26 juillet 1520) et des généraux des finances (27 juillet 1520). Bibl. nat., ms. lat. 5981, fol. 1 v°.

17242. Mandement au sénéchal de Quercy de faire une information sur la requête adressée au roi par les habitants de Moissac, lui demandant l'autorisation de lever certaines aides pour reconstruire le pont du Tarn. Angoulême, 18 mars 1519.

18 mars.

> Copie du xviiie siècle. Bibl. nat., coll. Doat, vol. 127, fol. 285.

17243. Confirmation des privilèges de la Chartreuse de Pavie. Cognac, mars 1519.

Mars.

> Original. Milan, Arch. di Stato, Diplomi et dispacci sovrani, carton 35.

17244. Articles de la confédération conclue entre François Ier et Jean, duc de Clèves et de Juliers. Amboise, 2 avril 1519.

2 avril.

> Copie du xvie siècle. Bibl. nat., coll. Dupuy, vol. 468, fol. 41.

17245. Lettres ordonnant la mainlevée de la saisie du péage de Bapaume, faite par les officiers du roi pour quelques amendes qu'ils prétendaient leur appartenir, données à la requête du prévôt d'Utrecht, ambassadeur de Charles-Quint. Blois, 14 avril 1520.

14 avril.

> Original. Arch. départ. du Nord, Trésor des chartes, carton 603, n° 17048.
> Copie. Arch. de l'État à Gand (Belgique), coll. van Steenberghe, F, fol. 90 v°.

17246. Mandement aux généraux des finances de faire payer par Jean Lalemant, receveur général de Languedoc, à Bastien de Marcau, maître de la chambre aux deniers du roi, 250 livres

15 avril.

63.

tournois sur les 1,000 livres à lui ordonnées
pour payer la dépense de bouche, paneterie,
échansonnerie, fruiterie, etc., d'un banquet
donné par le roi, le 21 février précédent, au
château de Cognac. Blois, 15 avril 1520.

> *Original. Bibl. nat., ms. fr. 26616, n° 62.*

1520.

17247. Mandement au Sénat de Milan d'entériner la
donation de Pontremoli faite à Francisco de
Noceto, au mois de février précédent (n° 17233).
Blois, 16 avril 1520.

> *Enreg. au Sénat de Milan. Milan, Arch. di Stato,*
> Registri del antico Senato, fol. 1721.

16 avril.

17248. Mandement aux généraux des finances de faire
rembourser par Guillaume Prudhomme,
receveur général de Normandie, à Thomas
Bohier, sʳ de Chenonceaux, général des finances, 7,500 livres tournois qu'il avait prêtées au roi. Blois, 17 avril 1520.

> *Original. Bibl. nat., Nouv. acquisitions franç.,*
> ms. 1483, n° 44.

17 avril.

17249. Mandement à Sébastien de Mareau, maître de
la chambre aux deniers, de payer 2,471 livres 19 sous 1 denier tournois aux fournisseurs de l'hôtel, pour un banquet donné à
Cognac aux cardinaux, ambassadeurs, princes
du sang, etc., le 19 février 1520 n. s., jour
de l'entrée du roi dans cette ville. Blois,
17 avril 1520.

> *Arch. nat., Comptes de l'hôtel, KK. 94, fol. 111.*
> (*Mention.*)

17 avril.

17250. Déclaration de l'hommage d'Étienne de Belle-
mare, écuyer, pour la seigneurie de Courbé-
pine (bailliage d'Évreux, vicomté d'Orbec).
Paris, 26 avril 1520.

> *Expéd. orig. Arch. nat., P. 270¹, cote 4154.*

26 avril.

17251. Déclaration de l'hommage de Pierre de Hazin,
écuyer, au nom de Louise de Hangest, veuve
de Jacques de Grandpré, seigneur de Hans,
pour le comté de Dampierre-en-Atenois, la

26 avril.

baronnie d'Arzillières, la Vallée-d'Huiron (bailliage et châtellenie de Vitry) et les seigneuries de Hauteville, Blaise-sous-Hauteville, et Landricourt (même bailliage, châtellenie de Saint-Dizier). Paris, 26 avril 1520.

Expéd. orig. Arch. nat., P. 161, cote 248.

1520.

17252. Déclaration de foi et hommage d'André Huart, comme procureur de Jacqueline Garin, veuve de Pierre Duthessoy, écuyer, pour la seigneurie « du Chastel » en la paroisse de la Houblonnière, mouvante en fief de haubert de Touques, pour le fief de haubert de Houetteville, mouvant de la vicomté d'Évreux, et pour les fiefs du Mesnil-au-Vicomte et du Breuil-Poignard, mouvants de Conches. Paris, 26 avril 1520.

Original. Arch. nat., Chambre des Comptes de Paris, P. 265², n° 1712.

26 avril.

17253. Lettres de don en faveur de Raoul Hurault, sʳ de Cheverny, conseiller et général des finances, de 1,000 livres de rente sur les biens confisqués d'Aymar Geoffroy dans le Maine et en Normandie. Blois, avril 1520.

Enreg. à la Chambre des Comptes de Paris, anc. mém. 2 B, fol. 80. Arch. nat., PP. 119, p. 13. (Mention.)
Bibl. nat., ms. fr. 21405, p. 281. (Mention.)
Bibl. nat., ms. Clairambault 782, p. 271. (Mention.)

Avril.

17254. Lettres de noblesse pour Roger du Val, seigneur de Valot (*alias* Vatot). Avril 1520.

Enreg. à la Chambre des Comptes de Paris, en janvier 1523 n. s. Bibl. de l'Arsenal, ms. 4939, fol. 53 v°. (Mention [1].)

Avril.

17255. Lettres de relief de surannation accordées à Guillemette de Grimonville, veuve de Jean de Magneville, pour la vérification des lettres de réception de l'hommage rendu par ce dernier pour Carantilly et la Varengière, le

5 mai.

[1] Le même manuscrit, fol. 95 v°, mentionne de nouveau ces lettres à la date de 1534.

14 février 1515 n. s. (n° 15765). Paris, 5 mai 1520.

1520.

Expéd. orig. Arch. nat., P. 268², cote 3095.

17256. Déclaration de foi et hommage et prestation du serment de fidélité de Jacques de Lacourbe, religieux de l'ordre de Saint-Benoît, prieur de Saint-Arnoult-sur-Touque, dépendant du prieuré et couvent de N.-D. de Longpont, au diocèse de Paris, pour les fiefs de Saint-Arnoult et de Bonneville-sur-Touque, mouvants de la vicomté d'Auge. Paris, 6 mai 1520.

6 mai.

Original. Arch. nat., Chambre des Comptes de Paris, P. 264², n° 1109.

17257. Déclaration de l'hommage rendu par Andry de Cantel, boursier et procureur du collège de Lisieux, à Paris, au nom des autres boursiers dudit collège, pour la seigneurie de Grèges (bailliage de Caux, vicomté d'Arques). Paris, 8 mai 1520.

8 mai.

Expéd. orig. Arch. nat., P. 267¹, cote 2327.

17258. Déclaration de l'hommage d'André de Saint-Gilles, écuyer, pour le fief de Méhédiot, quart de fief de chevalier sis à Curcy-la-Malfilâtre, avec extensions sur Hamars, Ouffières, Bonnemaison et le Mesnil-au-Grain (bailliage et vicomté de Caen). Paris, 8 mai 1520.

8 mai.

Expéd. orig. Arch. nat., P. 273², cote 5863.

17259. Nouveau mandement au Sénat de Milan d'entériner la donation de la ville de Pontremoli faite à Francisco de Noceto (n°ˢ 17233 et 17247). Paris, 9 mai 1520.

9 mai.

Enreg. au Sénat de Milan, le 31 mai 1520. Milan. Arch. di Stato, Registri del antico Senato, fol. 1723 v°.

17260. Provisions de l'office de bailli de Meaux, pour Jacques Vignon, licencié en lois, en remplacement de Jacques Allegrain, pourvu d'un office de conseiller lai au Parlement de Paris. Beauvais (sic), 13 mai 1520.

13 mai.

Reçu au Parl. le 12 juillet 1520. Arch. nat., X¹ᵃ 4866, Plaidoiries, fol. 341. (Mention.)

17261. Déclaration de foi et hommage de Merry Thibergeau, sʳ de la Motte-l'Aulnay, etc., pour la seigneurie de Maudoux, mouvante de Tours. Paris, 13 mai 1520.

> *Original. Arch. nat., Chambre des Comptes de Paris,* P. 13, nº 4393.

1520.
13 mai.

17262. Lettres portant que l'abbaye de Saint-André-aux-Bois sera déchargée de la taille. Paris, mai 1520.

> Imp. Claude Sallé, *Abrégé des choses plus remarquables de l'abbaye de Saint-André-aux-Bois.* Paris, 1634, in-8°, p. 118.

Mai.

17263. Provisions pour Raoul Lescuyer de l'office de vicomte et receveur ordinaire d'Auge. Ardres, 7 juin 1520.

> *Reçu à la Chambre des Comptes de Paris, le 15 octobre 1523,* anc. mém. 2 C, fol. 252. Arch. nat., PP. 119, p. 37. (*Mention.*)
> Bibl. nat., ms. fr. 21405, p. 289. (*Mention.*)
> Bibl. nat., ms. Clairambault 782, p. 276. (*Mention.*)

7 juin.

17264. Provisions en faveur de Pierre Pradas de l'office de conservateur de l'équivalent au siège de Béziers, vacant par la résignation faite à son profit par Denis Chesneau. Ardres, 9 juin 1520.

> *Copie collat. du* xvıᵉ *siècle.* Bibl. nat., ms. fr. 25720, nº 153.

9 juin.

17265. Provisions de l'office d'huissier au Parlement de Bourgogne pour Pierre Favotte, en remplacement de Guy Du Boys, décédé. Ardres, 9 juin 1520.

> *Réception le 13 juin 1521.* Enreg. au Parl. de Dijon. Arch. de la Côte-d'Or, Parl., reg. I, fol. 186 vº.

9 juin.

17266. Concession faite aux maire, échevins et habitants d'Auxonne, du droit de banvin pour six ans. Ardres, 13 juin 1520.

> *Vidimus du* xvıᵉ *siècle.* Arch. de la Côte-d'Or, B. 11603.

13 juin.

17267. Provisions de l'office de bailli des Montagnes d'Auvergne en faveur de Gabriel de Nozières,

14 juin.

sur la résignation de Jean de Torcy. 14 juin
1520.

> *Reçu au Parl. de Paris, le 6 août 1520. Arch.*
> *nat., X¹ᵃ 4866, Plaidoiries, fol. 422 v°. (Mention.)*

1520.

17268. Lettres de relief de surannation des provisions
de contrôleur des deniers communs, dons
et octrois de la ville de Nîmes, accordées à
Jean Nicot, le 21 juin 1519 (n° 17129). Ardres, 18 juin 1520.

> *Vidimus donné à Nîmes, le 25 novembre 1532.*
> *Arch. de la ville de Nîmes, MM. 2.*

18 juin.

17269. Déclaration de l'hommage de Robert de Joyeuse,
écuyer, pour le comté de Grandpré et la seigneurie de Verpel (bailliage de Vitry, châtellenie de Sainte-Menehould). Ardres,
24 juin 1520.

> *Expéd. orig. Arch. nat., P. 162², cote 703.*

24 juin.

17270. Provisions en faveur de Claude de Savoie,
comte de Tende et de Villars, chevalier de
l'ordre, etc., des offices de grand sénéchal et
gouverneur de Provence et d'amiral des mers
du Levant. 3 juillet 1520.

> *Bibl. nat., ms. fr. 20874, fol. 451. (Mention.)*

3 juillet.

17271. Don à Jean de Ravenel, écuyer, sʳ de La Rivière,
des droits seigneuriaux dus pour la terre de
« Lage-Plaisant ». 4 juillet 1520.

> *Enreg. à la Chambre des Comptes de Paris, anc.*
> *mém. 2 B, fol. 73 v°. Arch. nat., PP. 119, p. 11.*
> *(Mention.)*
> *Bibl. nat., ms. fr. 21405, p. 281. (Mention.)*
> *Bibl. nat., ms. Clairambault 782, p. 271.*
> *(Mention.*

4 juillet.

17272. Déclaration de foi et hommage de Jean de Mar-
bury, chevalier, sʳ de Morvilliers, baron de
Coulanges, de Courson et de Mercy, pour
les seigneuries de Coulanges-les-Vineuses, de
Courson et du Val-de-Mercy, mouvantes
d'Auxerre. Paris, 10 juillet 1520.

> *Original. Arch. nat., Chambre des Comptes de*
> *Paris, P. 14, n° 5119.*

10 juillet.

17273. Déclaration de foi et hommage de Guillaume Courtin, secrétaire du roi, pour une rente de 200 livres tournois assise sur la terre de Verneuil, mouvante de Senlis. Paris, 11 juillet 1520.

1520.
11 juillet.

Original. Arch. nat., Chambre des Comptes de Paris, P. 5, n° 1585.

17274. Lettres de réception du serment de fidélité prêté entre les mains d'Antoine Du Prat, chancelier de France et du duché de Milan, par Pierre-François de Noceto, écuyer, à l'occasion de l'investiture à lui donnée par le roi de la ville de Pontremoli en Milanais, et de ses dépendances. Carrières, 17 juillet 1520.

17 juillet.

Duplicata scellé. Arch. nat., J. 1026, n° 30.

17275. Mandement de payer sur les finances de Languedoc 14,580 livres 10 sous tournois à Henri Bohier, général des finances, pour remboursement de pareille somme, prêtée par lui au roi, et employée aux finances extraordinaires des guerres. Saint-Germain-en-Laye, 17 juillet 1520.

17 juillet.

Original. Bibl. nat., Pièces orig., vol. 384, Bohier (doss. 8395), p. 80.

17276. Ordonnance sur la chasse dans le Milanais. Saint-Germain-en-Laye, 19 juillet 1520.

19 juillet.

Original. Milan. Arch. di Stato, Gride.

17277. Commission à M. d'Orval, gouverneur de Champagne, et au lieutenant général du bailli de Vitry, pour prononcer, avec un des maîtres des requêtes de l'hôtel, sur le différend relatif à Passavant survenu entre les officiers royaux de Chaumont et les officiers de Lorraine, et pour informer sur une autre contestation existant entre les avocat et procureur du roi à Chaumont et les officiers lorrains de Gondrecourt, en défendant auxdits officiers de Chaumont de rien entreprendre sur les États

20 juillet.

v.

64

du duc de Lorraine durant six mois. Saint-
Germain-en-Laye, 20 juillet 1520[1].

> *Original. Ancien Trésor des chartes de Lorraine,
> Layette Passavant, n° 32. Arch. de Meurthe-et-Mo-
> selle, B. 850, n° 32.*

17278. Lettre de don de l'office de garde et chancelier
des foires de Champagne et de Brie à Jean
Jacquinot, en remplacement de Jean Perro-
tin, décédé. 26 juillet 1520.

26 juillet.

> *Reçu au Parl. de Paris, le 20 décembre 1520.
> Arch. nat., X^{1a} 4867, Plaidoiries, fol. 127. (Men-
> tion.)*

17279. Lettres de naturalité obtenues par Étienne Pariset, prêtre, natif du comté de Bourgogne et
résidant à Mâcon. Saint-Germain-en-Laye,
juillet 1520.

Juillet.

> *Enreg. à la Chambre des Comptes de Dijon, le
> 1ᵉʳ juin 1524. Arch. de la Côte-d'Or, B. 72,
> fol. 87 v°.*

17280. Mandement aux gens des comptes de laisser
tenir le comté de Dreux au sʳ d'Albret, nonobstant les mots « sieurs d'Albret », insérés
dans les lettres de don dudit comté fait par
Charles VI à Charles sʳ d'Albret, connétable de
France. Saint-Germain-en-Laye, juillet 1520.

Juillet.

> *Copie du XVIᵉ siècle. Bibl. nat., ms. fr. 4792,
> fol. 152.*

17281. Lettres de réception du serment de fidélité
d'Antoine de La Barre, protonotaire du Saint-
Siège apostolique et abbé de la Sainte-Trinité
au Mont-de-Sainte-Catherine-lès-Rouen, pour
le temporel de ladite abbaye. Rouen, 12 août
1520.

12 août.

> *Original. Arch. nat., Chambre des Comptes de
> Paris, P. 264², n° 1035.*

17282. Déclaration de l'hommage fait entre les mains
du roi par le duc de Calabre, Lorraine et
Bar, pour les châtellenies de Bar-le-Duc,

14 août.

---

[1] La partie du parchemin contenant l'indication du mois a été dé-
truite; on y supplée au moyen des lettres du 20 décembre 1521 (voir
ci-après).

Louppy-le-Château, Kœur, Souilly, Lamarche, Châtillon-sur-Saône et Conflans en Bassigny, mouvantes de la couronne. Saint-Germain-en-Laye, 14 août 1520.

Expéd. orig. Arch. nat., P. 166², cote 2499.

1520.

17283. Déclaration de l'hommage fait entre les mains du roi par Antoine, duc de Lorraine, pour la seigneurie de Gondrecourt, mouvante de la couronne. Saint-Germain-en-Laye, 14 août 1520.

14 août.

> *Vérification à la Chambre des Comptes de Paris, le 18 août 1520.*
> *Copie du xvi° siècle. Ancien Trésor des chartes de Lorraine, cartulaire de Gondrecourt. Arch. de Meurthe-et-Moselle, B. 364, fol. 4 v°. 1/2 page.*

17284. Déclaration de l'hommage fait entre les mains du roi par le duc de Lorraine, comte de Blamont, pour une rente annuelle de 300 livres tournois que les comtes de Blamont prenaient sur la recette de Provins, dépendant de la recette ordinaire de Meaux. Saint-Germain-en-Laye, 14 août 1520.

14 août.

> *Expéd. orig. Arch. nat., P. 170², cote 103.*

17285. Lettres permettant au comte de Nevers de nommer aux offices royaux de ses pays et seigneuries. Saint-Germain-en-Laye, 14 août 1520.

14 août.

> *Imp.* Le comte de Soultrait, *Inventaire des titres de Nevers de l'abbé de Marolles.* Nevers, 1873, in-4°, col. 28. (*Mention.*)

17286. Mandement à Jean Chauvet, élu au pays de Forez, et à Guillaume Cottereau, receveur des tailles en Limousin, de répartir et lever 51,890 livres 13 sous 6 deniers tournois sur les haut et bas Rouergue et sur le comté de Rodez, pour leur quote-part des 2,400,000 livres imposées sur tout le royaume, avec 300 livres pour les frais des commissaires. Saint-Germain-en-Laye, 15 août 1520.

15 août.

> *Copie du xvi° siècle. Arch. départ. de l'Aveyron, C. 1014, fol. 1 v°.*

17287. Pouvoirs des commissaires du roi aux États de
Languedoc, convoqués au Pont-Saint-Esprit
pour le 10 novembre. Saint-Germain-en-
Laye, 15 août 1520.

> *Copie. Arch. départ. de l'Hérault, États de Lan-*
> *guedoc, C. Commissions pour la tenue des États,*
> *t. I, fol. 199. 8 pages.*
> *Autre copie. Idem, Recueils des lettres et actes*
> *des commissaires du roi aux États, 1520. 9 pages.*

1520.
15 août.

17288. Lettres déchargeant l'Hôtel-Dieu de Paris de
tous droits de nouveaux acquêts. 15 août
1520.

> *Imp. Inventaire sommaire des archives de l'Assis-*
> *tance publique de Paris. Paris, 1882, in-4°, t. I,*
> *n° 4777. (Mention.)*

15 août.

17289. Lettres portant que Claude de Lorraine, comte
de Guise, a fait au roi les foi et hommage
auxquels il était tenu pour le comté de Guise
et les baronnies, terres et seigneuries de
Nouvion, Hirson, Aubenton, Martigny, Rumigny, etc. Saint-Germain-en-Laye, 20 août
1520.

> *Original double et copie de 1522. Arch. du châ-*
> *teau de Chantilly, K. 34, n° 2¹ˢ.*

20 août.

17290. Déclaration de l'hommage fait entre les mains
du roi par Claude de Lorraine, comte de
Guise, pour le comté d'Aumale, la vicomté
d'Elbeuf, la sergenterie de Pont-de-l'Arche et
les seigneuries de la Saussaye, Cléon, Grosley,
Thiron, Routot et Quatremares. Saint-Germain-en-Laye, 20 août 1520.

> *Expéd. orig. Arch. nat., P. 267¹, cote 2325.*

20 août.

17291. Déclaration de l'hommage rendu par Claude du
Treillis, dit Rocher, écuyer, archer de la
garde, au nom de François de Cicon, chevalier, pour la seigneurie de Richecourt [1]
(bailliage de Chaumont, châtellenie de Coiffy).
Carrières, 22 août 1520.

> *Expéd. orig. Arch. nat., P. 164¹, cote 1262.*

22 août.

---

[1] Haute-Saône, arrondissement de Vesoul, canton de Jussey, commune d'Aisey.

17292. Provisions de l'office de troisième président de la Chambre des Comptes, en faveur de Gilles Berthelot. Saint-Germain-en-Laye, 23 août 1520.

> Enreg. à la Chambre des Comptes de Paris, anc. mém. BB, fol. 99. Arch. nat., P. 2304, p. 523. 2 pages.

1520.
23 août.

17293. Déclaration de foi et hommage de Guillaume La Vielle, s' de Montigny, grènetier du grenier à sel de Rouen, pour les seigneuries d'Écaquelon et du Bois-Héroult, en la châtellenie de Montfort-sur-Risle, mouvante de Pont-Audemer. Paris, 24 août 1520.

> Original. Arch. nat., Chambre des Comptes de Paris, P. 265², n° 1473.

24 août.

17294. Lettres de réception du serment de fidélité de Michel Bichot, prêtre, prieur de Saint-Pierre du Ham, membre dépendant de l'abbaye de Saint-Pierre-en-Vallée de Chartres, pour les fiefs dépendants dudit prieuré et situés dans les paroisses du Ham et de Gouberville, mouvantes de Valognes. Paris, 29 août 1520.

> Original. Arch. nat., Chambre des Comptes de Paris, P. 268², n° 3403.

29 août.

17295. Déclaration de foi et hommage de Louis de Vendôme, prince de Chabanais, vidame de Chartres, pour les seigneuries d'Egly, Boissy-sous-Saint-Yon et Cheptainville, mouvantes de Montlhéry, et pour les justices haute, moyenne et basse de Mauchamps et de Saint-Sulpice, mouvantes d'Étampes, et les seigneuries de Nogent-les-Vierges, Villers-Saint-Paul et Mortefontaine, mouvantes de Senlis et Creil, et pour la seigneurie de Montceaux (la Brosse-Montceaux) en Gâtinais, mouvante de Moret. Paris, 31 août 1520.

> Original. Arch. nat., Chambre des Comptes de Paris, P. 16, n° 5998.

31 août.

17296. Déclaration de l'hommage rendu par Eustache Chauvet, procureur à la Chambre des Comptes de Paris, au nom de Jacques Re-

31 août.

gnault, écuyer, pour la seigneurie de Dam-   1520.
blainville (bailliage de Caen, vicomté de Falaise), quart de fief de haubert. Paris, 31 août
1520.

> *Expéd. orig. Arch. nat.*, P. 273², cote 6009.

17297. Lettres accordant à Antoine d'Ancienville,   31 août.
écuyer tranchant du roi, bailli de Sézanne,
la jouissance des gages dudit office, bien qu'il
fût compris anciennement dans celui de bailli
de Méaux. 31 août 1520.

> *Enreg. à la Chambre des Comptes de Paris*, anc.
> mém. 2 B, fol. 88. *Arch. nat.*, PP. 119, p. 14.
> (*Mention.*)
> *Bibl. nat.*, ms. fr. 21405, p. 281. (*Mention.*)

17298. Déclaration de l'hommage de Pierre Dauvet,   3 septembre.
maître des requêtes de l'hôtel, pour les sei-
gneuries des Marets, de Maréchère, Corberon et Orvilliers (bailliage de Meaux, châtellenie de Provins). Paris, 3 septembre
1520.

> *Expéd. orig. Arch. nat.*, P. 165¹, cote 1700.

17299. Confirmation du don fait à Guillaume, baron   4 septembre.
de Montmorency, chevalier de l'ordre, con-
seiller et chambellan du roi, des biens de
feu Andrieu Poulayne, échus au roi par droit
d'aubaine. Saint-Germain-en-Laye, 4 septembre 1520.

> *Enreg. à la Chambre des Comptes de Paris*, anc.
> mém. 2 C, fol. 80. *Arch. nat.*, PP. 119, p. 12.
> (*Mention.*)
> *Bibl. nat.*, ms. fr. 21405, p. 285. (*Mention.*)
> *Bibl. nat.*, ms. Clairambault 782, p. 274.
> (*Mention.*)

17300. Déclaration de l'hommage rendu par Jean Co-   4 septembre.
lombat, au nom de Philibert d'Igny, pour les
seigneuries de Rizaucourt et Blumerey, mouvantes de la tour de Bar-sur-Aube, au bailliage de Chaumont. Paris, 4 septembre 1520.

> *Expéd. orig. Arch. nat.*, P. 163², cote 1043.

17301. Lettres ordonnant au sr de Menetou, qui avait   6 septembre.
traîné par tout le camp de Sedan les armes

du s^r de Baucher, de comparaître devant le
connétable et de faire en sa présence des
excuses au s^r de Baucher. Saint-Germain-en-
Laye, 6 septembre 1520.

> Original. Bibl. nat., ms. fr. 16811.

17302. Mandement de payer, sur les finances de Languedoc, 4,725 livres tournois à Henri Bohier, général des finances, pour remboursement de pareille somme prêtée par lui au
roi, et remise entre les mains de Jean Sapin,
receveur général des finances, pour employer
en son office. Saint-Germain-en-Laye, 7 septembre 1520.

7 septembre.

> Original. Bibl. nat., Pièces orig., vol. 381,
> Bohier (doss. 8395), p. 81.

17303. Lettres ordonnant le remboursement à Arnaud
Morin, sommelier d'échansonnerie du roi,
d'une somme de 243 livres 12 sous 8 deniers
par lui payée du commandement du roi,
pour faire mener de Blois à Cognac et à Angoulême, certaine quantité de fûts de vin de
Beaune. Saint-Germain-en-Laye, 8 septembre
1520.

8 septembre.

> Arch. nat., Comptes de l'hôtel, KK. 94,
> fol. 119 v°. (Mention.)

17304. Mandement à la Chambre des Comptes d'allouer aux comptes de Sébastien de Mareau,
maître de la chambre aux deniers, la somme
de 30,434 livres 10 sous 5 deniers tournois
déboursés pour l'hôtel du roi, à l'occasion
de la réception du roi et de la reine d'Angleterre à Ardres et à Boulogne, au mois de juin
précédent. Saint-Germain-en-Laye, 8 septembre 1520.

8 septembre.

> Arch. nat., Comptes de l'hôtel, KK. 94,
> fol. 127 v°. (Mention.)

17305. Déclaration de l'hommage d'Adrien Tiercelin,
chevalier, seigneur de Brosse, sénéchal de
Ponthieu, capitaine de Bayeux, gentilhomme
ordinaire de la chambre, pour la seigneurie
de Flipou, mouvante du Château-Gaillard, au

9 septembre.

bailliage de Gisors, et celle de Douville, mouvante du château de Rouen. Paris, 9 septembre 1520.

Expéd. orig. Arch. nat., P. 274[1], cote 6278.

1520.

17306. Lettres de terrier pour l'abbaye de Saint-Michel de Tonnerre, adressées aux baillis de Sens, Auxerre, Bar-sur-Seine et Troyes. Paris, 13 septembre 1520.

Copies collat. du xvie siècle. Bibl. comm. de Tonnerre (Yonne), ms. C. 5, C; C. 5, G; C. 5, H; C. 5, I; C. 5, L; C. 5, M, initio. 3 pages 1/2.

13 septembre.

17307. Déclaration de l'hommage d'Amé de Sarrebruck, chevalier, comte de Braine et de Roucy, héritier sous bénéfice d'inventaire de feu Marie d'Amboise, sa mère, pour la seigneurie de Ricey (bailliage et châtellenie de Bar-sur-Seine). Paris, 13 septembre 1520.

Expéd. orig. Arch. nat., P. 166[1], cote 2262.

13 septembre.

17308. Déclaration de foi et hommage de Jean d'Orléans, conseiller du roi, archevêque de Toulouse et abbé du Bec, pour le temporel de ladite abbaye. Saint-Germain-en-Laye, 16 septembre 1520.

Original. Arch. nat., Chambre des Comptes de Paris, P. 264[2], n° 1127.

16 septembre.

17309. Lettres autorisant les habitants de Nemours à employer à l'achèvement de leur église le tiers des impôts sur eux levés pour l'entretien de ladite ville. Paris, 17 septembre 1520.

Copie informe. Arch. de l'hospice civil de Nemours, H. 4.

17 septembre.

17310. Déclaration de l'hommage rendu par Étienne Noël et Julien Perrignon, tant en leur nom qu'en celui de Françoise et Marguerite Le Servant, leurs femmes, pour la seigneurie et haute justice de Souligny-lès-Montaigu, au bailliage de Troyes, mouvant du comté de Champagne. Paris, 18 septembre 1520.

Expéd. orig. Arch. nat., P. 166[1], cote 2353.

18 septembre.

17311. Déclaration de l'hommage de Claude de Saint-

19 septembre.

Julien pour les seigneuries d'Avrecourt, Récourt et Forfillières[1], et les dîmes de Bonnecourt (bailliage de Chaumont, châtellenie de Montigny-le-Roi). Paris, 19 septembre 1520.

Expéd. orig. Arch. nat., P. 163², cote 1136.

1520.

17312. Déclaration de l'hommage de Louis de Moterue, écuyer, seigneur de Rufin, et de Louis de Pontbryant, écuyer, seigneur des Bordes, près la Celle, pour le fief-lige d'Acy et le fief de Betz (bailliage et châtellenie de Meaux), à eux appartenants à cause de leurs femmes, filles de feu Philippe de Pompéry, valet de chambre du roi, qui les avait acquis d'Antoine de Sorbiers, écuyer. Carrières, 28 septembre 1520.

28 septembre.

Expéd. orig. Arch. nat., P. 164², cote 1480.

17313. Lettres ordonnant la réouverture de la Monnaie de Grenoble. Paris, 1er octobre 1520.

1er octobre.

Copie du temps. Bibl. nat., ms. Moreau 736 (Portefeuille Fontette 2), fol. 13.

17314. Don en survivance à Claude de Savoie de l'office de gouverneur et grand sénéchal de Provence, tenu par son père René, bâtard de Savoie, comte de Villars et de Tende. Paris, 1er octobre 1520.

1er octobre.

Copie du xviie siècle. Bibl. nat., ms. Clairambault 962, fol. 105.

17315. Lettres portant autorisation à René, bâtard de Savoie, comte de Tende, grand sénéchal de Provence, de nommer aux offices du comté de Provence. 1er octobre 1520.

1er octobre.

Mention dans un arrêt du Grand conseil, en date du 17 décembre 1532. Arch. nat., V⁵ 1049.

17316. Déclaration de foi et hommage de Jean Gosselin, écuyer, élu de Valognes et valet de chambre ordinaire du roi, pour le fief de Martigny, mouvant de Mortain. Paris, 4 octobre 1520.

4 octobre.

Original. Arch. nat., Chambre des Comptes de Paris, P. 268², n° 3247.

[1] Commune d'Avrecourt.

v.

65

17317. Provisions de l'office de bailli et capitaine de
Saint-Pierre-le-Moutier, pour François de
Beaufort, écuyer, sur la résignation et en survivance de Jean d'Esbreulle, chevalier. Paris,
8 octobre 1520.

1520.
8 octobre.

> Reçu au Parl. de Paris, le 18 avril 1521. Arch.
> nat., X¹ᵃ 4868, Plaidoiries, fol. 58. (Mention.)

17318. Don à Poton Raffin, sᵣ de Puicalvary, sénéchal
d'Agénais et capitaine de Cherbourg, conseiller et gentilhomme de la chambre du roi,
de tout le revenu de la ville et prévôté de
Cherbourg, sa vie durant. 8 octobre 1520.

8 octobre.

> Enreg. à la Chambre des Comptes de Paris, anc.
> mém. 2 B, fol. 228. Arch. nat., PP. 119, p. 25.
> (Mention.)
> Bibl. nat., ms. fr. 21405, p. 282. (Mention.)
> Bibl. nat., ms. Clairambault 782, p. 272.
> (Mention.)

17319. Lettres accordant délai d'un an à Guillaume du
Rouil, écuyer, curateur de Guillaume de La
Pallu, écuyer, seigneur de la Varenne, pour
rendre l'hommage dû au roi pour le fief de
« Doublendon » (bailliage de Caen, vicomté de
Falaise). Paris, 8 octobre 1520.

8 octobre.

> Expéd. orig. Arch. nat., P. 273², cote 5852.

17320. Don à Jeannet d'Arbouville, chevalier, sᵣ de
Buno, capitaine du château de Crémone, de
la terre et seigneurie d'Yèvre-le-Châtel. 10 octobre 1520.

10 octobre.

> Enreg. à la Chambre des Comptes de Paris, anc.
> mém. 2 B, fol. 111. Arch. nat., PP. 119, p. 17.
> (Mention.)
> Bibl. nat., ms. fr. 21405, p. 281. (Mention.)
> Bibl. nat., ms. Clairambault 782, p. 272.
> (Mention.)

17321. Mandement au bailli de Vermandois, ordonnant mainlevée de la saisie opérée sur les
biens de la confrérie des Joies de Noyon, à
fin de payement des droits d'amortissement.
Fontainebleau, 15 octobre 1520.

15 octobre.

> Copie. Arch. départ. de l'Oise, G. 1596. (Invent.
> sommaire, p. 240, col. 2.)

17322. Ordonnance réglant la forme des élections
municipales à Amiens. Milly-en-Gâtinais,
23 octobre 1520.

> Arch. de l'hôtel de ville d'Amiens, registre aux
> chartes coté E, fol. 245.
> IMP. Aug. Thierry, Monuments de l'hist. du Tiers-
> état, in-4°, t. II, 1853, p. 565.

1520.
23 octobre.

17323. Déclaration de foi et hommage de Jean d'Auxais,
écuyer, s' de Méautis, pour ladite seigneurie,
mouvante de Carentan en fief de haubert.
Paris, 26 octobre 1520.

> Original. Arch. nat., Chambre des Comptes de
> Paris, P. 268², n° 3392.

26 octobre.

17324. Don à Jean Barthélemy, notaire et secrétaire du
roi, de 187 livres 10 sous tournois à prendre
sur les produits de la chancellerie, en récompense de plusieurs voyages qu'il a faits pour
le service du roi. Blois, 29 octobre 1520.

> Bibl. nat., ms. lat. 5981, fol. 54 v°. (Mention.)

29 octobre.

17325. Lettres de noblesse pour Jean Gavin, seigneur
de La Roque. Octobre 1520.

> Enreg. à la Chambre des Comptes de Paris, en
> novembre 1520. Bibl. de l'Arsenal, ms. 4939,
> fol. 53. (Mention.)

Octobre.

17326. Déclaration de foi et hommage d'Antoine Aymer,
s' d'Apremont et de Launay, pour la seigneurie de Launay appelée aussi l'Île-Barbe
(à Limeray) et 8 arpents de bois appelés les
Noues-Bonnefille, mouvants d'Amboise. Amboise, 9 novembre 1520.

> Original. Arch. nat., Chambre des Comptes de
> Paris, P. 12, n° 3902.

9 novembre.

17327. Provisions pour Antoine Bohier, s' de Saint-
Ciergues, général des finances, de l'office de
bailli de Cotentin. 16 novembre 1520.

> Enreg. à la Chambre des Comptes de Paris, anc.
> mém. 2 B, fol. 198 v°. Arch. nat., PP. 119, p. 23.
> (Mention.)
> Bibl. nat., ms. fr. 21405, p. 282. (Mention.)

16 novembre.

17328. Lettres adressées au Parlement de Bordeaux,
l'informant que Henri II, roi de Navarre, a fait

20 novembre.

au roi hommage pour le comté de Périgord et la vicomté de Limoges. Amboise, 20 novembre 1520.

Copie du XVIIe siècle. Arch. départ. des Basses-Pyrénées, E. 670.

17329. Lettres de création d'une élection en la ville de Châtellerault, avec droit de présentation aux offices accordé à Charles, duc de Bourbon et de Châtellerault, connétable de France. Novembre 1520.

Arch. nat., inventaire ms. des titres de Châtellerault, T. 1051⁶⁷⁻⁶⁸, cote 795. (Mention.)

17330. Concession à Anne de France, duchesse de Bourbonnais et d'Auvergne, du revenu des greniers à sel de Moulins, Montluçon, Bourbon-Lancy, Creil, Clermont-en-Beauvaisis, Cosne, Gien et Saint-Pierre-le-Moutier, et des chambres à sel en dépendant, pour l'année commençant au 1er octobre 1520. Blois, 4 décembre 1520.

Vidimus du 17 juin 1521, sous le sceau aux contrats de la prévôté de Saint-Pierre-le-Moutier. Cinq expéditions. Arch. nat., Titres de Bourbon, P. 1361², cote 960.

17331. Provisions pour Martin Subleau de l'office de premier huissier du Grand conseil et de la chancellerie royale, vacant par la résignation que Jacques Féret en a faite en faveur dudit Subleau. Blois, 4 décembre 1520.

Copie du XVIe siècle. Bibl. nat., ms. lat. 5981, fol. 26 v°.

17332. Don à Martin Subleau, premier huissier du Grand conseil et de la chancellerie de France, de la pension annuelle de 60 livres parisis dont jouissaient ses prédécesseurs, à prendre sur les produits de la chancellerie. Blois, 4 décembre 1520.

Enreg. à la Chambre des Comptes, le 24 janvier 1521 n. s.
Copie du XVIe siècle. Bibl. nat., ms. lat. 5981, fol. 27 v°.

1520.

Novembre.

4 décembre.

4 décembre.

4 décembre.

17333. Mandement aux généraux des finances de faire payer à Guillaume Prudhomme, receveur général de Normandie, 5,400 livres tournois, qu'il emploiera pour la construction du Havre-de-Grâce, dont il a commission d'exercer la gestion financière. Blois, 7 décembre 1520.

1520.
7 décembre.

> *Original. Bibl. nat., Pièces orig., vol. 2392, Prudhomme, p. 11.*

17334. Lettres de réception du serment de fidélité de Martin de Beaune, archevêque de Tours, pour le temporel dudit archevêché. Blois, 24 décembre 1520.

24 décembre.

> *Expéd. orig. Arch. nat., P. 725¹, cote 240.*

17335. Pouvoirs des commissaires du roi aux États de Languedoc, convoqués au Pont-Saint-Esprit, pour le 4 février. Blois, 27 décembre 1520.

27 décembre.

> *Copie. Arch. départ. de l'Hérault, États de Languedoc, C. Commissions pour la tenue des États, t. I, fol. 205. 5 pages.*
> *Autre copie. Idem, Recueils des lettres et actes des commissaires du roi aux États, 1520. 6 pages.*

17336. Lettres adressées au duc de Bourbon et d'Auvergne, connétable de France et lieutenant général du roi en Languedoc, à l'archevêque d'Aix, à Henri Bohier, sᵣ de la Chapelle, général des finances, à Jean Lalemant le jeune, receveur général, et à Jean Cueillette, receveur des finances en ces pays, portant à 39,888 livres tournois d'augmentation la part du Languedoc dans la crue de 400,000 livres tournois mise sur tout le royaume. Blois, 27 décembre 1520.

27 décembre.

> *Original. Bibl. nat., ms. fr. 22405, n° 37.*

17337. Mandement de payer, sur les finances de Languedoc, 250 écus d'or soleil, à Henri Bohier, sᵣ de la Chapelle, général des finances, pour remboursement de pareille somme prêtée par lui au roi et remise entre les mains de Jean Sapin, receveur général des finances,

27 décembre.

pour employer en son office. Blois, 27 dé-   1520.
cembre 1520.

> *Original. Bibl. nat., Pièces orig.*, vol. 381,
> Bohier (doss. 8395), p. 82.

17338. Confirmation des privilèges accordés par les   Décembre.
rois de France et les ducs de Guyenne à
Charles de Caumont, seigneur dudit lieu et
de Castelnaud-de-Berbiguières, et à ses prédécesseurs. Blois, décembre 1520.

> *Copie collat. du XVIII° siècle. Arch. nat.*, K. 176,
> n° 107.

17339. Confirmation des privilèges de l'abbaye de   Décembre.
Notre-Dame de la Grasse, au diocèse de Carcassonne. Blois, décembre 1520.

> *Copie du XVIII° siècle. Bibl. nat.*, coll. de Doat,
> vol. 68, fol. 344.

1521. — Pâques, le 31 mars.

    1521.

17340. Lettres de provisions de l'office de contrôleur   2 janvier.
des deniers communs de Nevers pour Jean
L'Éperon. Romorantin, 2 janvier 1520.

> *Imp.* Le comte de Soultrait, *Inventaire des titres
> de Nevers de l'abbé de Marolles.* Nevers, 1873,
> in-4°, col. 28. (*Mention.*)

17341. Provisions pour Hervé Daneau (ou Daveau), de   18 janvier.
l'office de vicomte et receveur ordinaire de
Bayeux. Romorantin, 18 janvier 1520.

> *Enreg. à la Chambre des Comptes*, anc. mém.
> 2 C, fol. 281. *Arch. nat.*, PP. 119, p. 42. (*Men-
> tion.*)
> *Bibl. nat.*, ms. Clairambault 782, p. 277.
> (*Mention.*)
> *Bibl. nat.*, ms. fr. 21405, p. 290. (*Mention.*)

17342. Mandement au bailli de Cotentin pour l'exé-   19 janvier.
cution de l'ordonnance du 16 octobre 1519
(n° 17190), touchant le payement des droits
d'amortissement. 19 janvier 1520.

> *Copie. Arch. de l'hospice de Saint-Lô (Manche)*,
> A. 3. (Invent. ms. aux *Arch. nat.*)

17343. Déclaration portant que Marguerite de Foix a   29 janvier.

prêté au roi, recevant comme comte de Tou- 1521.
louse, l'hommage qu'elle [lui devait pour sa
terre de Lunel. 29 janvier 1520.

*Arch. de l'Isère. Inv. ms. de la Chambre des
Comptes de Grenoble,* Titres du Vivarais.

17344. Lettres accordant à Amé de Saarbruck, comte   3 février.
de Braine et de Roucy, souffrance et délai
de six mois pour faire son hommage au roi
des terres de Montmirail et la Ferté-Gaucher.
Romorantin, 3 février 1520.

Enreg. à la Chambre des Comptes de Paris, anc.
mém. 2 B, fol. 305. *Arch. nat.,* PP, 119, p. 33.
(*Mention.*)
Bibl. nat., ms. Clairambault 782, p. 272.
(*Mention.*)
Bibl. nat., ms. fr. 21405, p. 288. (*Mention.*)

17345. Don à Claude de Lorraine, duc de Guise, du   8 février.
revenu des greniers à sel de Mayenne, la
Ferté-Bernard, Guise et Joinville, pendant
l'année commençant au 1er octobre 1520.
8 février 1520 [1].

*Anc. arch. de la Chambre des Comptes de Join-
ville,* pièce cotée 1424. *Arch. nat.,* KK. 906,
fol. 407, et KK. 908, fol. 55. (*Mentions* [2].)

17346. Mandement aux généraux des finances de faire   9 février.
payer par Morelet du Museau, trésorier des
guerres, 7,500 livres tournois à Jean Sapin,
receveur général. Romorantin, 9 février
1520.

Original. Bibl. nat., ms. fr. 25720, n° 165.

17347. Mandement à M. d'Orval, gouverneur de   10 février.
Champagne, et au lieutenant général du bailli
de Vitry d'enjoindre aux officiers royaux de
Chaumont de tenir de nouveau en surséance,
pendant six mois, les contestations survenues

[1] Le 6 février, d'après KK. 908.
[2] Le registre KK. 906 mentionne (fol. 264) des «lettres du roy
Françoys pour le faict desdicts greniers de Joinville et Guyse, du xxv° feb-
vrier mil v° xxix».

entre eux et les officiers lorrains. Romorantin[1], 10 février 1520.

> *Original. Ancien Trésor des chartes de Lorraine,
> layette Passavant, n° 30, Arch. de Meurthe-et-Mo-
> selle, B. 850, n° 30.*

1521.

17348. Mandement aux généraux des finances de faire
payer par Jean Lalemant, receveur général
des finances de Languedoc, Lyonnais et
Beaujolais, 3,000 écus d'or soleil à Jacques
de Beaune, sʳ de Semblançay, gouverneur et
bailli de Touraine, pour le rembourser de
pareille somme qu'il a remise à Lambert
Meigret, commis à tenir le compte de l'extraordinaire des guerres, pour donner à Robert de La Marck, sʳ de Sedan, à valoir sur
les 10,000 écus d'or que le roi lui a promis.
Romorantin, 13 février 1520.

13 février.

> *Original. Bibl. nat., ms. Clairambault 963,
> fol. 415.*

17349. Lettres de chevalerie octroyées à Hans de
Breda, brabançon. Romorantin, 14 février
1520.

14 février.

> *Imp. C.-A. Serrure, Histoire de la souveraineté
> de S'Heerenberg. La Haye et Paris, 1860, in-4°,
> 2° partie, p. xvii, pièces justificatives. (D'après
> l'original appartenant au comte Robert de Breda.)*

17350. Déclaration de foi et hommage rendu à Louise
de Savoie par Philibert Babou, sʳ de la Bourdaisière, trésorier de France, pour le fief
Rallu et une partie du pâturage appelé les
Aulnais, mouvant d'Amboise. Saint-Germain-
en-Laye, 18 février 1520.

18 février.

> *Original. Arch. nat., Chambre des Comptes de
> Paris, P. 12, n° 3904.*

17351. Provisions pour Philibert Le Tirant de l'office
de vicomte et receveur d'Orbec, en remplacement de feu Pierre Le Grieu. Romorantin,
22 février 1520.

22 février.

> *Reçu à la Chambre des Comptes, le 5 avril 1525,*

---

[1] La partie du parchemin contenant l'indication du lieu a été dé-
truite. On y supplée au moyen des lettres du 22 juillet 1521 voir ci-
après.

anc. mém. 2 D, fol. 87. *Arch. nat.*, PP. 119,
p. 17. (*Mention.*)
Bibl. nat., ms. fr. 21405, p. 293. (*Mention.*)

1521.

17352. Lettres de prorogation, en faveur des habitants de Châlons, de l'octroi de 10 sous 6 deniers tournois à prendre sur chaque minot de sel vendu au grenier de leur ville. Romorantin, 24 février 1520.

24 février.

Arch. de la ville de Châlons (Marne), CC. Octrois.

17353. Mandement au Parlement de Paris de déléguer des commissaires pour faire assembler les États du duché de Langres et du comté de Montsaujon, afin de publier les coutumes de ces pays, déjà rédigées dans une assemblée antérieure convoquée par le roi Louis XII. Romorantin, 27 février [1520].

27 février.

Copie du XVI*e siècle. Bibl. nat.*, ms. fr. 5086, fol. 123 v°. 2 pages.

17354. Mandement à Nicolas de Neufville, audiencier de la chancellerie de France, de payer à Mathurin Baudu, chauffe-cire de ladite chancellerie, 14 livres 13 sous tournois qu'il avait avancés pour réparer la chaîne du sceau. Romorantin, 4 mars 1520.

4 mars.

Bibl. nat., ms. lat. 5981, fol. 76 v°. (*Mention.*)

17355. Lettres portant prorogation pour huit ans de l'octroi de 2 sous parisis sur chaque minot de sel vendu au grenier à sel de Bar-sur-Aube, accordé aux habitants pour la réparation des fortifications de la ville. Romorantin, 8 mars 1520.

8 mars.

Original. Arch. municip. de Bar-sur-Aube, CC. 2.

17356. Déclaration de l'hommage rendu par Pierre du Châtelet, écuyer, tant en son nom qu'en celui de Valentin, Jean et Grégoire, ses frères mineurs, pour la maison forte de Deuilly [1], au bailliage de Chaumont, la seigneurie de Changy et la moitié de la maison forte de

20 mars.

[1] Vosges, arrondissement de Neufchâteau, canton de Lamarche, commune de Sérécourt.

v. ⟨U⟩ 66

Saint-Julien, au bailliage de Vitry. Romo- 1521.
rantin, 20 mars 1520.

Expéd. orig. Arch. nat., P. 166², cote 2516.

17357. Commission donnée à Louis de La Trémoïlle, 2 avril.
gouverneur de Bourgogne, à M. de la Tré-
moïlle-Jonvelle, lieutenant général, à l'évêque
d'Auxerre, au sʳ d'Échannay, chevalier, chambellan, à Raoul Hurault, général des finances,
à Hugues Fournier, premier président du Parlement, au sʳ de Ruffey, chevalier, chambellan, et à Bénigne Serre, receveur général des
finances de Bourgogne, pour assister à l'assemblée des États du comté d'Auxonne et y
solliciter les deniers nécessaires à l'entretien
des gens de pied. Dijon, 2 avril 1521.

Original. Arch. de la Côte-d'Or, États, C. 7484.

17358. Déclaration de l'hommage de Louis de Rouville, 4 avril.
chevalier, grand veneur de France, pour la
seigneurie de Saint-Jouin (bailliage de Caux,
vicomté de Montivilliers). Donzy, 4 avril
1521.

Expéd. orig. Arch. nat., P. 267¹, cote 2319.

17359. Lettres de commission données à l'huissier du 4 avril.
Trésor pour faire rentrer toutes les sommes
restées dues aux rôles des recettes des régales
du royaume. Paris (sic), 4 avril 1521.

Arch. départ. du Cher, chapitre cathédral de Saint-
Étienne de Bourges, Droits de régale, liasse 213.

17360. Lettres portant révocation de celles du 10 jan- 12 avril.
vier précédent, qui prescrivaient l'impôt d'un
denier sur le sel pour les fortifications de la
ville de Beaune. Dijon, 12 avril 1521.

Rapportées dans l'arrêt d'enregistrement par la
Chambre des Comptes de Dijon, du 14 juin 1522.
Arch. de la Côte-d'Or, États de Bourgogne,
C. 5297 ter.

17361. Lettres renouvelant le don accordé précédem- 14 avril.
ment à Marie d'Albret, comtesse de Nevers,
des revenus, profits et émoluments des gre-

niers à sel de Nivernais et du comté d'Eu. 14 avril 1521.

Arch. départ. de la Nièvre, B. *Chambre des Comptes de Nevers* (n° 51 de l'invent. de M. Eysenbach).

17362. Mandement aux élus du Lyonnais de faire lever et conduire à Lyon deux cents chevaux rouliers, quarante charrettes et deux cents pionniers, pour le transport de l'artillerie dans le Milanais. Dijon, 19 avril 1521.

Copié du xvi° *siècle. Bibl. nat.*, ms. fr. 2702, fol. 61 v°.

17363. Confirmation des lettres des rois Philippe VI et Charles V, en date de 1329 et 1366, accordant au seigneur d'Anglure et à ses héritiers le droit de prendre en la forêt de Traconne des chênes pour employer en ses maison, ponts et moulins d'Anglure, et du bois mort pour son chauffage. Dijon, 23 avril 1521.

Arch. départ. de la Marne, E. 160.

17364. Mandement aux généraux des finances de faire payer par Jean Lalemant, trésorier et receveur général de Languedoc, Lyonnais, Forez et Beaujolais, à Lambert Meigret, commis à tenir le compte et faire le payement de l'extraordinaire des guerres, 8,887 livres tournois pour employer au fait de sa commission, Troyes, 27 avril 1521.

Original. Bibl. nat., Nouv. acquisitions franç., ms. 1483, n° 45.

17365. Don à Abel Le Vasseur, écuyer, homme d'armes des ordonnances du roi commandés par le s' de Fleuranges, des biens de Guillaume Cherdebœuf, aussi homme d'armes. Dijon, avril 1521.

Enreg. à la Chambre des Comptes de Paris, anc. mém. 2 C, fol. 11 v°. *Arch. nat.*, PP. 119, p. 3. (*Mention.*)
Bibl. nat., ms. fr. 21405, p. 284. (*Mention.*)
Bibl. nat., ms. Clairambault 782, p. 275. (*Mention.*)

1521.

19 avril.

23 avril.

27 avril.

Avril.

17366. Lettres de noblesse pour Olivier Baudouin, seigneur de la Mothe en Normandie. Avril 1521.

> *Enreg. à la Chambre des Comptes de Paris en mai 1522. Bibl. de l'Arsenal, ms. 4939, fol. 54. (Mention [1].)*

1521.
Avril.

17367. Lettres portant autorisation à Philippe de Gueldres, duchesse de Lorraine, et à François, son fils, de prendre possession des seigneuries de Lambesc et d'Orgon, à condition de rendre avant un an l'hommage dû au roi pour ces seigneuries. Bar-sur-Seine, 5 mai 1521.

> *Ancien Trésor des chartes de Lorraine, layette Traités IV, n° 55. Mention de Dufourny. Bibl. nat., ms. fr. 4885, p. 10872 [2].*

5 mai.

17368. Déclaration de foi et hommage de Jean Bourieu, comme procureur de Gatien Blondelet, écuyer, s^r de Taillé, pour ladite seigneurie, mouvante de Tours. Mussy, 7 mai 1521.

> *Original. Arch. nat., Chambre des Comptes de Paris, P. 13, n° 4394.*

7 mai.

17369. Lettres d'amortissement en faveur de l'Hôtel-Dieu de Ham. 14 mai 1521.

> *Original. Arch. hospitalières de Ham (Somme), § I, n° 1. (Invent ms. aux Arch. nat.)*

14 mai.

17370. Provisions de l'office de conservateur des privilèges des foires de Lyon pour Néry Mazy, sur la résignation de Guyon de Saint-Moris. 21 mai 1521.

> *Reçu au Parl. de Paris, le 3 juin 1521. Arch. nat., X^1a 4868, Plaidoiries, fol. 239. (Mention.)*

21 mai.

17371. Mandement aux généraux des finances d'allouer aux comptes de Guillaume Prudhomme, receveur général de Normandie, 4,000 livres tournois pour le rembourser de

23 mai.

---

[1] Au fol. 97 du même manuscrit, cet anoblissement est daté de 1534.

[2] Cette pièce est en déficit dans le ms. Lorraine 252 de la Bibl. nat., qui représente une partie de l'ancienne layette Traités IV.

pareille somme qu'il a prêtée au roi. Dijon, 23 mai 1521.

> *Original. Bibl. nat.*, ms. fr. 25720, n° 170.

1521.

17372. Lettres permettant aux officiers de la Chambre des Comptes de Dijon de prendre, chaque année, au grenier à sel de Dijon la quantité de sel nécessaire à leur maison, sans payer d'autre droit que celui du marchand. Dijon, 29 mai 1521.

> *Copie collat. Arch. de la Côte-d'Or*, B. 1.

29 mai.

17373. Lettres de prorogation des octrois accordés à la ville de Saint-Jean-de-Losne. Dijon, 31 mai 1521.

> *Original. Arch. municip. de Saint-Jean-de-Losne*, CC. 14, n° 1.

31 mai.

17374. Lettres de légitimation en faveur de Souveraine, bâtarde d'Angoulême, sœur naturelle du roi, fille de Charles d'Orléans, comte d'Angoulême, et de Jeanne Conte. Dijon, mai 1521.

> *Impr. Le P. Anselme, Hist. généal. de la maison de France*, in-fol., t. I, p. 211. (*Mention.*)
> Dom Morin, *Histoire du Gastinais*, 1630, p. 99. (*Mention.*)

Mai.

17375. Lettres de légitimation accordées à Jean de Cléret, homme d'armes de la garnison du château de Talant-lès-Dijon, fils naturel d'Henri de Cléret et de Jeanne de Govain, et à Marguerite, sa femme, fille naturelle de feu Philippe de Fontette et d'Anne de Nozigant. Dijon, mai 1521.

> *Enreg. à la Chambre des Comptes de Dijon, le 28 août 1521. Arch. de la Côte-d'Or*, B. 72, fol. 54.

Mai.

17376. Provisions en faveur de Louis Mitte, chevalier, sr de Chevrières, de l'office de bailli de Mâcon et sénéchal de Lyon, vacant par la mort de Pierre de Tardes. 3 juin 1521.

> *Reçu à la Chambre des Comptes de Paris, le 9 septembre 1522, anc. mém. 2 C, fol. 50 v°. Arch. nat.*, PP. 119, p. 7. (*Mention.*)
> *Bibl. nat.*, ms. fr. 21405, p. 282. (*Mention.*)
> *Bibl. nat.*, ms. Clairambault 782, p. 273. (*Mention.*)

3 juin.

17377. Mandement de payer à Conrad Régnier, chantre et chapelain ordinaire de la chapelle du roi, 100 livres tournois outre ses gages, pour partie de sa pension de 200 livres tournois. Dijon, 4 juin 1521.

> *Original. Bibl. nat., Pièces orig., Régnier, vol. 2454, pièce 12 (doss. 55163).*

1521.
4 juin.

17378. Lettres portant convocation des trois États du comté d'Auxonne pour le 18 juin, à l'effet de voter la somme de 6,000 livres demandée pour l'entretien de l'armée. Dijon, 6 juin 1521.

> *Original. Arch. de la Côte-d'Or, États, C. 7484.*

6 juin.

17379. Provisions de l'office de clerc et auditeur en la Chambre des Comptes de Dijon, pour Pierre Milet, en remplacement et sur la résignation d'Étienne Milet, son père. Dijon, 6 juin 1521.

> *Enreg. à la Chambre des Comptes de Dijon, le 23 juin suivant. Arch. de la Côte-d'Or, B. 18, fol. 35.*

6 juin.

17380. Provisions de l'office de bailli d'Orléans pour Jacques Groslot, sur la résignation de Lancelot du Lac, s^r de Chamerolles. Dijon 6 juin 1521.

> *Présentées au Parl. de Paris, le 10e décembre 1521. Arch. nat., X^{1a} 4869, Plaidoiries, fol. 85. (Mention.)*
> *Reçu le 1er juillet 1522. Id., X^{1a} 4870, fol. 245 v°. (Mention.)*
> *Reçu à la Chambre des Comptes, le 30 avril 1527, anc. mém. 2 D, fol. 251 v°. Arch. nat., PP. 119, p. 42. (Mention.)*
> *Bibl. nat., ms. fr. 21405, p. 299. (Mention, sous la date du 7 juin.)*
> *Bibl. nat., ms. Clairambault 782, p. 283. (Mention, sous la date du 7 juin.)*

6 juin.

17381. Mandement au prévôt de Paris de faire procéder à la confection du terrier de l'Hay, seigneurie appartenant à Jean Hurault, maître des requêtes de l'hôtel. Paris (*sic*), 6 juin 1521.

> *Copie du 20 juin suivant. Arch. nat., R** 1183, fol. 11.*

6 juin.

17382. Mandement aux généraux des finances de faire
payer par Guillaume Prudhomme, receveur
général de Normandie, 1,000 livres tournois
à Antoine Bohier, commis au payement de
la dette et des pensions d'Angleterre, pour
les remettre au marquis de Dorset. La Mar-
gelle, 11 juin 1521.

1521.
11 juin.

Original. Bibl. nat., ms. fr. 25720, n° 171.

17383. Déclaration de foi et hommage de Jacques de
Guerlay, chevalier, s^r de la Rivière, comme
procureur de Christine Blosset, veuve de
Perrot des Ulmes, pour sa part de la seigneurie de la Chapelle-la-Reine, mouvante de
la couronne. Argilly, 29 juin 1521.

29 juin.

*Original. Arch. nat., Chambre des Comptes de
Paris, P. 16, n° 5999.*

17384. Lettres de naturalité obtenues par Perrenelle
Desmolins, native de Gray au comté de
Bourgogne, mariée à Antoine Chappet, pro-
cureur du roi aux bailliages d'Autun et de
Montcenis. Dijon, juin 1521.

Juin.

*Enreg. à la Chambre des Comptes de Dijon, le
19 août suivant. Arch. de la Côte-d'Or, B. 72,
fol. 52 v°.*

17385. Lettres de naturalité obtenues par Guillemin
de la Rasse, natif de Savoie, établi à Seurre.
Dijon, juin 1521.

Juin.

*Enreg. à la Chambre des Comptes de Dijon. Arch.
de la Côte-d'Or, B. 72, fol. 49.*

17386. Lettres de légitimation obtenues par Pierre de
la Rasse, fils naturel de Guillaume de la
Rasse et de Claudine... [1] Dijon, juin 1521.

Juin.

*Enreg. à la Chambre des Comptes de Dijon. Arch.
de la Côte-d'Or, B. 72, fol. 50.*

17387. Lettres de légitimation accordées à Pierre de
Rossillon, fils naturel de Gérard de Rossillon,

Juin.

[1] Le nom est en blanc.

s^r de Rossillon et de Clomot. Dijon, juin
1521.

> *Enreg. à la Chambre des Comptes de Dijon, le
> 10 juin 1522. Arch. de la Côte-d'Or, B. 72,
> fol. 44 v°.*

17388. Don de la seigneurie de Beauvoir-de-Marc en
faveur d'Antoine de Maugiron, frère et héritier de Pierre de Maugiron, en son vivant,
écuyer de l'écurie du roi. Argilly, 2 juillet
1521.

> *Enreg. au Parl. de Grenoble, le 9 août 1521.
> Arch. de l'Isère, B. 3049, fol. 956. 8 pages 1/2.*

17389. Provisions de l'office de conseiller lai au Parlement de Bourgogne pour André Brocard,
docteur ès droits, en remplacement de Thomas Bouesseau, décédé. Argilly, 4 juillet
1521.

> *Réception le 16 juillet suivant. Enreg. au Parl.
> de Dijon. Arch. de la Côte-d'Or, Parl., reg. I,
> fol. 189.*

17390. Lettres de relief de surannation pour la vérification à la Chambre des Comptes de Paris
des lettres de réception de l'hommage de
Robert de Villy, pour le fief Blouet à Cintheaux, en date du 13 août 1517 (n° 16451).
Paris (*sic*), 4 juillet 1521.

> *Expéd. orig. Arch. nat., P. 273², cote 5855.*

17391. Commission à Pierre Filhol (*aliàs* Filleul), archevêque d'Aix, pour ajourner devant lui toutes
les personnes qui ont eu le maniement des
deux décimes accordées au roi par le pape,
en 1516 et 1518, et leur faire rendre compte
de leur gestion. Argilly, 7 juillet 1521.

> *Copies du XVIe siècle. Bibl. nat., ms. fr. 24206,
> fol. 23; ms. 24207, fol. 7.
> Bibl. nat., ms. fr. 25721, n° 465. (Mention.)*

17392. Lettres portant que les gages de Martin Subleau, huissier du Grand conseil, lui seront
comptés à partir du 2 août 1520, date de la
mort de Girard Servin, son prédécesseur,
quoique ledit Subleau n'ait été institué que

1521.

2 juillet.

4 juillet.

4 juillet.

7 juillet.

7 juillet.

le 14 décembre 1520. Argilly, 7 juillet   1521.
1521.

Bibl. nat., ms. lat. 5981, fol. 55. (Mention.)

17393. Déclaration portant que les greffes des bail-   8 juillet.
liages et des sénéchaussées ne seront plus
donnés à ferme, mais seront érigés en office.
Argilly, 8 juillet 1521.

> *Enreg. au Parl. de Grenoble, le 30 juillet 1521.*
> *Original. Arch. de l'Isère, B. 3186.*

17394. Don de la seigneurie de Saint-Laurent-du-Pont   13 juillet.
en Dauphiné, en faveur de nobles François
et Louis de Tardes. Dijon, 13 juillet 1521.

> *Enreg. au Parl. de Grenoble, le 9 août 1521.*
> *Arch. de l'Isère, B. 3049, fol. 946. 13 pages 1/2.*

17395. Mandement de payer 75 écus d'or à Jacques   16 juillet.
Moyron, pour avoir porté, avec trois chevaux
de poste, de Lyon à Milan, 11,500 écus
destinés à payer en partie le dernier quartier
de 1519 et le premier de 1520 aux troupes
d'Italie. Dijon, 16 juillet 1521.

> *Original. Bibl. nat., Pièces orig., vol. 2326,*
> Poncher, p. 53.

17396. Mandement aux généraux des finances de faire   16 juillet.
payer par le receveur et payeur des gages
des officiers de la Cour des Aides de Paris, à
Robert Lotin, conseiller en ladite cour, les
gages, droits et pensions appartenant à son
office de conseiller, depuis la mort de Gilles
Authouis, son prédécesseur, c'est-à-dire depuis le 11 février 1519 n. s., jusqu'au jour
de l'institution dudit Lotin, que le roi lui a
donnés en récompense de ses services. Dijon,
16 juillet 1521.

> *Original. Bibl. nat., Nouv. acquisitions franç.,*
> ms. 1483, n° 46.

17397. Lettres de réception du serment de fidélité de   16 juillet.
Jean d'Orléans-Longueville, évêque d'Or-
léans, pour le temporel dudit évêché. Dijon,
16 juillet 1521.

> *Expéd. orig. Arch. nat., P. 725¹, cote 239.*

17398. Lettres de réception du serment de fidélité de
Jean d'Orléans, archevêque de Toulouse,
évêque d'Orléans, abbé commendataire du
Bec-Hellouin, pour ladite abbaye du Bec.
Dijon, 16 juillet 1521.

> Original. Arch. nat., Chambre des Comptes de
> Paris, P. 265², n° 1516.

1521.
16 juillet.

17399. Commission et pouvoirs adressés à Antoine Du
Prat, Jean de Selve, Jacques de Chabannes
sʳ de la Palice, et Robert Gédoin, pour négocier à Calais un traité avec les ambassadeurs
du roi d'Angleterre. Dijon, 18 juillet 1521.

> Copie du xvıᵉ siècle. Bibl. nat., ms. fr. 2967,
> fol. 122.
> Imp. Comte H. de Chabannes, Preuves pour
> servir à l'histoire de la maison de Chabannes. Dijon,
> 1892, in-4°, p. 507.

18 juillet.

17400. Lettres de sauf-conduit pour les députés de
l'Empereur qui se rendent à Calais, afin de
traiter de la paix avec les ambassadeurs de
François Iᵉʳ, sous la médiation du cardinal
d'York, légat du pape. [Vers le 18 juillet 1521.]

> Copie du temps. Bibl. nat., ms. fr. 2967, fol. 120.

Vers le 18 juillet.

17401. Ordonnance prescrivant aux baillis du duché
de Bourgogne et des comtés adjacents d'obéir
aux gens des comptes de Dijon, en toutes
choses raisonnables et touchant le domaine
et les finances. Dijon, 19 juillet 1521.

> Enreg. au Parl. de Dijon, le 14 août 1521.
> Arch. de la Côte-d'Or, Parl., reg. I, fol. 196.

19 juillet.

17402. Provisions de l'office de conseiller lai au Parlement de Bourgogne pour Jacques Godran,
licencié ès droits, en remplacement de Guillaume Chambellan, décédé. Dijon, 21 juillet
1521.

> Reçu le 26 juillet suivant. Enreg. au Parl. de
> Dijon. Arch. de la Côte-d'Or, Parl., reg. I, fol. 192.

21 juillet.

17403. Nouveau mandement à M. d'Orval, gouverneur
de Champagne, et au lieutenant général du
bailli de Vitry, d'enjoindre aux officiers royaux
de Chaumont de tenir en surséance pendant

22 juillet.

six mois les contestations survenues entre eux et les officiers lorrains. Dijon, 22 juillet 1521.

Original. Ancien Trésor des chartes de Lorraine, layette Passavant, n° 31. Arch. de Meurthe-et-Moselle, B. 850, n° 31.

17404. Lettres touchant la vente de certaines portions du domaine royal en Languedoc. Dijon, 29 juillet 1521.

29 juillet.

Enreg. au Parl. de Toulouse. Arch. de la Haute-Garonne, Édits, reg. 3, fol. 87.
Bibl. nat., ms. fr. 4402, fol. 44 v°, n° 59. (Mention.)

17405. Mandement de donner quittance d'amendes montant à la somme de 10,500 livres tournois à Jacques d'Anglars, seigneur de Croix, à Antoine de Senneterre, à Jean de Rochebaron, seigneur de la Tour-Daniel, à Pierre de Rochebriant, etc. L'une de ces amendes devait servir à réédifier la Tournelle du Palais à Bordeaux. Commarin, 30 juillet 1521.

30 juillet.

Imp. Catalogue de lettres... de M. Georges Leyste, vente du 8 décembre 1888, par Eug. Chavaray, n° 197. (Mention.)

17406. Mandement à Raoul Hurault, général des finances de Bourgogne, de faire payer au vice-chancelier de Milan, second président au Parlement de Bourgogne, ses gages de président depuis l'époque où il a été envoyé à Milan. 31 juillet 1521.

31 juillet.

Manuscrit du XVI° siècle. Bibl. nat., ms. fr. 5086, fol. 115. (Mention.)

17407. Provisions de l'office de clerc ordinaire des comptes en faveur de Jean de Harlus. Dijon, juillet 1521.

Juillet.

Enreg. à la Chambre des Comptes de Paris, le 21 janvier suivant, anc. mém. BB, fol. 293. Arch. nat., P. 2304, p. 673. 2 pages.

17408. Lettres de légitimation obtenues par Claude de Noireaul, fils naturel de Guillaume de Noireaul, chanoine prébendé de la chapelle royale de Vergy, et de Jeanne, femme de

Juillet.

67.

Guillaume Iraudot, ce dernier depuis long-   1521.
temps absent. Dijon, juillet 1521.

> *Enreg. à la Chambre des Comptes de Dijon, le*
> *16 décembre 1521. Arch. de la Côte-d'Or, B. 72,*
> *fol. 65 v°.*

17409. Lettres de naturalité accordées à Antoine de   Juillet.
Montjouan, seigneur dudit lieu, natif de
Bresse. Argilly, juillet 1521.

> *Enreg. à la Chambre des Comptes de Dijon, le*
> *23 juillet 1521. Arch. de la Côte-d'Or, B. 72,*
> *fol. 50.*

17410. Lettres portant instructions au vicomte de Tal-   6 août.
lard et à François Dupré, seigneur de Cha-
magnieu, touchant le fait des emprunts à faire
sur les prélats du Dauphiné. Autun, 6 août
1521.

> *Arch. de l'Isère, B. 2980, fol. 263. (Mention.)*

17411. Pouvoirs des commissaires du roi aux États de   11 août.
Languedoc, convoqués à Albi pour le 31 août
1521. Autun, 11 août 1521.

> *Copie. Arch. départ. de l'Hérault, États de Lan-*
> *guedoc, C. Commissions pour la tenue des États,*
> *t. 1, fol. 208. 8 pages.*
> *Autre copie. Idem, Procès-verbaux des États,*
> *1521. 11 pages.*

17412. Commission du roi à ses procureurs aux États   11 août.
de Languedoc, relative au renouvellement
pour trois années du bail de l'équivalent.
Autun, 11 août 1521.

> *Copie. Arch. départ. de l'Hérault, États de Lan-*
> *guedoc, C. Recueils des lettres et actes des commis-*
> *saires du roi aux États, 1521. 3 pages.*

17413. Mandement aux généraux des finances d'al-   11 août.
louer aux comptes de Jean Testu, receveur
général en Languedoc, 1,000 écus d'or
soleil pour le rembourser de pareille somme
qu'il a prêtée au roi. Autun, 11 août 1521.

> *Original. Bibl. nat., ms. fr. 25720, n° 178.*

17414. Mandement aux généraux des finances d'al-   20 août.
louer aux comptes de Jean Testu, receveur
général en Languedoc, Lyonnais, Forez et

Beaujolais, la somme de 4,000 livres tour- 1521.
nois qu'il a payée à Frédéric Frégose, archevêque de Salerne, à qui le roi en a fait don.
Autun, 20 août 1521.

Original. Bibl. nat., ms. fr. 20601, n° 27.

17415. Provisions de l'office de lieutenant général du   23 août.
bailli de Dijon pour Pierre Prévôt, licencié
ès lois, en remplacement de Jean de Moreau,
nommé conseiller au Parlement de Bourgogne. Lucenay[-l'Évêque], 23 août 1521.

*Enreg. au Parl. de Dijon, le 14 janvier 1522.
Arch. de la Côte-d'Or, Parl., reg. I, fol. 200.*

17416. Provisions de l'office de conseiller maître à la   30 août.
Chambre des Comptes de Dijon, pour Guil-
laume Le Grand, en remplacement de Jacques
de Thésut, décédé. Troyes, 30 août 1521.

*Enreg. à la Chambre des Comptes de Dijon, le
5 septembre suivant. Arch. de la Côte-d'Or, B. 18,
fol. 47.*

17417. Provisions en faveur de Jean de La Place de   9 septembre.
l'office de contrôleur des deniers communs
de la ville de Grenoble. 9 septembre 1521.

*Mention dans un arrêt du Grand conseil, en date
du 17 mars 1530 n. s. Arch. nat., V⁵ 1047.*

17418. Lettres portant cession de la terre et seigneurie   11 septembre.
de Castelvieil, près Albi, à Albin Du Puy,
seigneur de Villelouet, conseiller et premier
médecin du roi, moyennant la somme de
2,000 livres tournois. 11 septembre 1521.
Avec la quittance de ladite somme donnée
par Lambert Meigret, commis au payement
de l'extraordinaire.

*Enreg. à la Chambre des Comptes de Paris, anc.
mém. 2 C, fol. 86 v° et 88. Arch. nat., PP. 119,
p. 13. (Mention.)
Bibl. nat., ms. fr. 21405, p. 286. (Mention.)*

17419. Ratification par François Ier du traité conclu   16 septembre.
à Calais entre ses ambassadeurs et ceux de
Charles-Quint. Troyes, 16 septembre 1521.

*Minute non datée. Bibl. nat., ms. fr. 2967,
fol. 124.
Original scellé. Bibl. nat., Mélanges de Colbert,
vol. 364, n° 301.*

17420. Lettres de sauf-conduit donné par François Ier   1521.
aux ambassadeurs de Charles-Quint et au légat   16 septembre
du pape, venus à Calais pour la conclusion
du traité entre François Ier et Charles-Quint.
Troyes, 16 septembre 1521.

> *Original scellé. Bibl. nat.*, Mélanges de Colbert,
> vol. 364, n° 302.

17421. Provisions de l'office de juge ordinaire de la   18 septembre.
vicomté de Narbonne en faveur de Raymond
Arnault, au lieu de Pierre de Casenove, décédé. 18 septembre 1521.

> *Mention dans un arrêt du Grand conseil, en date
> du 9 août 1536, Arch. nat., V^e 1051.*

17422. Mandement aux généraux des finances de faire   19 septembre.
payer par Guillaume Prudhomme, receveur
général de Normandie, 97,712 livres tournois à Lambert Meigret, commis à tenir le
compte et faire le payement de l'extraordinaire des guerres, pour employer au fait de sa
commission. Reims, 19 septembre 1521.

> *Original. Bibl. nat., ms. fr. 25720, n° 180.*

17423. Don à Étienne des Réaux, chevalier, conseiller   Septembre.
et maître d'hôtel ordinaire du roi, des biens
confisqués de Jean de Bruillart et de Jean
Pousset, dit Janin. Troyes, septembre 1521.

> *Enreg. à la Chambre des Comptes de Paris, anc.
> mém. 2 C, fol. 75 v°. Arch. nat., PP. 119, p. 12.
> (Mention.)
>   Bibl. nat., ms. fr. 21405, p. 285. (Mention.)
>   Bibl. nat., ms. Clairambault 782, p. 274.
> (Mention.)*

17424. Provisions pour Philibert Babou, conseiller et   8 octobre.
secrétaire du roi, de l'office de contrôleur
des finances et trésorier de France. Château-
Porcien, 8 octobre 1521.

> *Enreg. à la Chambre des Comptes de Paris, anc.
> mém. 2 B, fol. 288. Arch. nat., PP. 119, p. 29.
> (Mention.)
>   Bibl. nat., ms. fr. 21405, p. 282. (Mention.)
>   Bibl. nat., ms. Clairambault 782, p. 272.
> (Mention.)*

17425. Provisions en faveur de Simon Raynier, doc-   18 octobre.

teur ès droits, de l'office de conseiller lai au
Parlement de Toulouse, vacant par la promotion de Georges d'Olmyères en l'office de
quatrième président en la même cour, Elin-
court, 18 octobre 1521.

1521.

> *Vidimus du sénéchal de Toulouse, du 7 mars
> 1522 n. s., Bibl. nat., Pièces orig., vol. 2470
> (doss. 55573), Raynier, p. 3.*

17426. Lettres permettant à Jacques de Genouillac,
dit Galyot, maître de l'artillerie, conseiller et
chambellan du roi, de prélever le droit de
port au havre de la « Connillière » en la principauté de Châtelaillon. Pont-Faverger, octobre 1521.

Octobre.

> *Enreg. à la Chambre des Comptes de Paris, anc.
> mém. 2 C, fol. 13. Arch. nat., PP. 119, p. 3.
> (Mention.)*
> *Bibl. nat., ms. fr. 21405, p. 281. (Mention.)*
> *Bibl. nat., ms. Clairambault 782, p. 273.
> (Mention.)*

17427. Lettres de don du droit de chauffage en la forêt
de Traconne, à Jean de Torcy, chevalier, sr du
Deffend et de Vincy, lieutenant de la compagnie du maréchal de la Palice. Au camp
de Marquette, octobre 1521.

Octobre.

> *Enreg. à la Chambre des Comptes de Paris, anc.
> mém. 2 C, fol. 55 v°. Arch. nat., PP. 119, p. 8.
> (Mention.)*
> *Bibl. nat., ms. fr. 21405, p. 285. (Mention.)*
> *Bibl. nat., ms. Clairambault 782, p. 274.
> (Mention.)*

17428. Lettre de sauvegarde pour Alphonse, duc de
Ferrare et ses sujets. Amiens, 15 novembre
1521.

15 novembre.

> *Original. Modène, Arch. di Stato, Archivio
> ducale secreto, stato.*

17429. Mandement au juge du Maine de donner ordre
aux notaires, greffiers et tabellions de fournir
au sr Ronsart, chanoine et archidiacre de Laval en l'église du Mans, les copies et extraits
de titres dont il a besoin dans son procès
au Parlement de Paris, contre Jean Alligret,

26 novembre.

prétendant droit audit archidiaconé. Paris, 26 novembre 1521.

1521.

> Original. Arch. nat., Suppl. du Trésor des Chartes, J. 905^b, n° 11.

17430. Mandement aux gens du conseil et chancellerie de Bretagne et aux gens des comptes de mettre François de Bretagne, comte de Vertus, baron d'Avaugour, en possession des seigneuries pour lesquelles il a prêté serment de fidélité. Compiègne, 27 novembre 1521.

27 novembre.

> Enreg. à la Chambre des Comptes de Bretagne. Arch. de la Loire-Inférieure, B. Mandements royaux, II, fol. 227.

17431. Lettres annulant la rente annuelle de 20 setiers de blé méteil, consentie le 11 avril 1507 pour quatre-vingt-un ans et au prix de 32 sous, par Jean Marest, laboureur à Saint-Laurent-au-Bois, à frère Jacques Moictier, religieux de Saint-Vincent de Senlis et prieur de Saint-Laurent-au-Bois. Paris, 28 novembre 1521.

28 novembre.

> Copie du XVIe siècle. Bibl. nat., collect. de Picardie, vol. 308, n° 43.

17432. Mandement aux généraux des finances de faire payer par Jean Sapin, receveur général des finances, à Claude de Lorraine, comte de Guise et d'Aumale, le produit des greniers à sel de Mayenne et de la Ferté-Bernard, pendant une année commençant le 1er octobre 1521 et finissant le 30 septembre 1522. Compiègne, 29 novembre 1521.

29 novembre.

> Original. Bibl. nat., collect. Clairambault, ms. 1114, n° 83.

17433. Lettres concédant à la duchesse de Vendôme la jouissance, sous la main du roi, des comtés de Charolais et de Porcien, avec le revenu des greniers à sel y situés, et de divers fiefs du royaume appartenant au prince d'Orange, au seigneur du Rœulx et à d'autres vassaux de l'Empereur, en dédommagement

5 décembre.

des biens saisis sur elle par ledit Empereur.
5 décembre 1521.

> *Arch. nat., invent. des Titres de la Fère,*
> KK. 909, fol. 156 v°. (*Mention.*)

17434. Déclaration de l'hommage de Guillaume de
Grandpré, seigneur de Hans, pour le comté
de Dampierre-en-Astenois, la baronnie d'Arzillières, la seigneurie de la Vallée-d'Huiron
(bailliage et seigneurie de Vitry) et celles de
Hauteville, Blaise-sous-Hauteville et Landricourt (même bailliage, châtellenie de Saint-
Dizier). Paris, 15 décembre 1521.

15 décembre.

> *Expéd. orig. Arch. nat.,* P. 163[1], cote 823 *bis.*

17435. Commission à M. d'Orval, gouverneur de
Champagne, et au lieutenant général du
bailli de Vitry, pour informer sur la plainte
formée par plusieurs sujets lorrains de la seigneurie de Gondrecourt au sujet des droits
de francs-fiefs et nouveaux acquêts, que le
lieutenant général du bailli de Chaumont
voulait les contraindre à payer. Paris, 20 décembre 1521.

20 décembre.

> *Original. Ancien Trésor des chartes de Lorraine,*
> *layette Gondrecourt 11,* n° 67. *Arch. de Meurthe-et-*
> *Moselle,* B. 726, n° 67.
> *Copie. Ancien Trésor des chartes de Lorraine,*
> *layette Chaumont,* n° 42. *Arch. de Meurthe-et-Mo-*
> *selle,* B. 618, n° 42.

17436. Lettres conférant à Jean Cottereau, seigneur
de Maintenon, intendant des finances, pour
le dédommager des pertes essuyées dans la
guerre contre Charles-Quint, le droit de
mettre aux enchères les coupes de bois de la
forêt d'Aiguillon dans l'Agénais. Paris, 27 décembre 1521.

27 décembre.

> Imp. *Catalogue de livres, etc.* Vente du 10 avril
> 1885, par A. Voisin, n° 168. (*Mention.*)

17437. Lettres portant autorisation pour un an à Oudart Hennequin, contrôleur général des
finances en la charge d'Outre-Seine, de
vendre les marchandises par lui achetées,
avant d'être pourvu dudit office, en vue du

28 décembre.

commerce qu'il exerçait alors. Paris, 28 décembre 1521.

Enreg. au Châtelet de Paris, Livre rouge. Arch. nat., Y. 6ᵃ, fol. 88 v°. 1 page.

17438. Lettres de légitimation accordées à Madeleine Magnin, femme de Philibert Bedel, bourgeois de Mâcon, fille naturelle de Barthélemy Magnin et de Dominique des Bordes, du diocèse de Tarbes. Paris, décembre 1521.

Enreg. à la Chambre des Comptes de Dijon, le 11 mars 1522 n. s. Arch. de la Côte-d'Or, B. 72, fol. 68 v°.

1522. — Pâques, le 20 avril.

17439. Lettres données à la requête des maire, échevins et habitants de Beaune, prorogeant pour huit ans l'octroi sur le sel. Paris, 2 janvier 1521.

Original. Arch. municip. de Beaune (Côte-d'Or), fortifications, n° 95.

17440. Mandement contenant permission aux maire, échevins et habitants de Beaune, de percevoir la somme de 350 livres sur le receveur des amendes, pour l'employer à leurs fortifications. Paris, 2 janvier 1521.

Original. Arch. municip. de Beaune, fortifications, n° 129.

17441. Lettres ordonnant le payement d'une somme de 400 livres tournois à Guillaume Bochetel, secrétaire du roi, qui depuis plus d'un an a été chargé de l'expédition et de la fourniture du parchemin et du papier des lettres patentes, royaux et missives, et notamment de celles relatives au voyage du roi de Navarre. Saint-Germain-en-Laye, [7 janvier-7 février ou 2-4 mars] 1521.

Imp. Catalogue de la collect. de M. de Courcelles, 1834, p. 61. Vente par Leblanc, libraire. (Mention.)

17442. Lettres ordonnant le payement de sommes dues à l'occasion du voyage fait par le roi à

1521.

Décembre.

1522.

2 janvier

2 janvier.

7 janvier-
7 février.

7 janvier-
7 février.

Ardres pour son entrevue avec le roi d'An-   1522.
gleterre. Saint-Germain-en-Laye, [7 janvier-
7 février ou 2-4 mars] 1521.

> Imp. Catalogue des livres et documents de M. de
> Courcelles. Vente le 21 mai 1834, par Fournel-
> Leblanc, libraire, p. 61-62. (Mention.)

17443. Lettres ordonnant la levée pendant six ans d'une   10 janvier.
crue d'un denier par salignon de sel vendu
dans les greniers de la généralité de Bourgogne, pour achever les fortifications de la
ville de Beaune. Saint-Germain-en-Laye,
10 janvier 1521.

> Vidimus du XVI⁰ siècle. Arch. de la Côte-d'Or,
> B. 11855, et C. 5380.

17444. Lettres de réception du serment de fidélité de   16 janvier.
frère Gilles Gaudin, religieux profès de l'ordre
de Cîteaux, pour le temporel de son abbaye d'Aulnay, au diocèse de Bayeux. Rouen,
16 janvier 1521.

> Expéd. orig. Arch. nat., P. 273², cote 5856.

17445. Lettres de réception par Louise de Savoie des   19 janvier.
foi et hommage de Philibert Babou, sʳ de la
Bourdaisière, trésorier de France, pour le
revenu de la seigneurie de Thuisseau, mouvante d'Amboise, que le roi lui a donné. Paris, 19 janvier 1521.

> Original. Arch. nat., Chambre des Comptes de
> Paris, P. 12, n° 3906.

17446. Lettres accordant délai de bailler aveu et dé-   29 janvier.
nombrement pour la cinquième partie des
terres de la Roche-Guyon, Trye-la-Ville et Trye-
Château, et la sixième des terres d'Auneau et
Rochefort, en faveur de Jeanne d'Estouteville,
veuve de Jacques des Barres, jusqu'à ce que
les autres héritiers du défunt, Guy d'Estouteville, Bertin et Charles de Silly aient baillé
leur aveu et dénombrement. Saint-Germain-
en-Laye, 29 janvier 1521.

> Original. Arch. nat., Chambre des Comptes de
> Paris, P. 716, n° 240.

68.

17447. Mandement à l'audiencier de la chancellerie de
France de payer à Jean Barthélemy, notaire
et secrétaire du roi, 162 livres parisis pour un
voyage qu'il a fait de Paris à Clermont-Fer-
rand, et pour les dépenses de la chancellerie
pendant les Grands jours qui y furent tenus
en septembre et octobre 1520. Saint-Germain-en-Laye, 31 janvier 1521.

Bibl. nat., ms. lat. 5981, fol. 141 v°. (*Mention.*)

1522.
31 janvier.

17448. Lettres portant ratification des aliénations du
domaine royal, faites par les commissaires
à ce députés en Dauphiné et en Provence.
Saint-Germain-en-Laye, 3 février 1521.

Copie du xvi° siècle. Bibl. nat., collect. Dupuy,
vol. 466, fol. 32.

3 février.

17449. Mandement aux généraux des finances de faire
payer par Guillaume Prudhomme, receveur
des finances de Normandie, 8,214 livres
tournois à Lambert Meigret, commis à tenir
le compte et faire le payement de l'extraordinaire des guerres, pour employer au fait de sa
commission. Saint-Germain-en-Laye, 10 février 1521.

Original. Bibl. nat., ms. fr. 25720, n° 184.

10 février.

17450. Lettres au Parlement de Grenoble, au sénéchal
de Lyon et au bailli de Mâcon, leur notifiant
le don fait au cardinal de Bourbon, évêque duc
de Laon, des revenus de l'abbaye d'Ainay,
dont l'abbé s'était rangé au parti de Charles-
Quint, en dédommagement de l'abbaye de
Saint-Amand, au diocèse de Tournai, appartenant audit cardinal, et dont l'Empereur
s'était emparé. 13 février 1521.

Copies du xvi° siècle. Bibl. nat., ms. fr. 5086,
fol. 79 et 85 v°. 2 pages. (Sans date.)
*Arch. de l'Isère. Invent. des titres de la Chambre
des Comptes*, Lyonnais. (*Mention.*)

13 février.

17451. Déclaration de l'hommage lige de Jean Certeau,
prêtre, pour les écoles de grammaire de la
châtellenie de Provins, à lui appartenant en

13 février.

sa qualité de chantre de Saint-Quiriace. Paris, 1522.
13 février 1521.

> *Expéd. orig. Arch. nat., P. 165¹, cote 1695.*

17452. Lettres portant don de 2,800 livres tournois 15 février.
au collège de Montaigu à Paris. Paris, 15 février 1521.

> *Original. Bibl. nat., ms. fr. 25720, n° 189.*

17453. Lettres portant assignation à Antoine Bohier, 16 février.
commis au payement des pensions d'Angleterre, des sommes suivantes : 1° 1,425 livres
tournois pour ses gages du terme de mai
1520; 2° 1,125 livres 5 sous pour achat d'écus
d'or soleil destinés audit payement. Paris,
16 février 1521.

> *Arch. nat., 8ᵉ compte d'Antoine Bohier, KK. 349.*
> *(Mention.)*

17454. Lettres portant assignation à Antoine Bohier, 16 février.
commis au payement des pensions d'Angleterre, des sommes suivantes : 1° 1,425 livres
pour ses gages de novembre 1520; 2° 978 livres 14 sous 5 deniers pour achat d'écus d'or
soleil destinés audit payement. Paris, 16 février 1521.

> *Arch. nat., 9ᵉ compte d'Antoine Bohier, KK. 349.*
> *(Mention.)*

17455. Lettres portant assignation à Antoine Bohier, 16 février.
commis au payement des pensions d'Angleterre, des sommes suivantes : 1° 1,425 livres
tournois pour ses gages du terme de mai
1521; 2° 943 livres 15 sous 11 deniers tournois pour achat d'écus d'or soleil destinés
audit payement. Paris, 16 février 1521.

> *Arch. nat., 10ᵉ compte d'Antoine Bohier,*
> *KK. 349. (Mention.)*

17456. Commission à Pierre Bataille, général de la 17 février.
justice des Aides, et à Guy Farineau, vicomte
de Montivilliers, pour la répartition et levée
sur les pays d'Armagnac et Fézensac, d'une
somme de 3,980 livres 13 sous, leur quotepart dans une crue de taille de 600,000 livres

imposée au royaume, pour subvenir aux frais de la guerre. Paris, 17 février 1521.

1522.

Original. Arch. nat., K. 2379, n° 6.

17457. Pouvoirs des commissaires du roi aux États de Languedoc convoqués à Montpellier, pour le 25 mars. Paris, 17 février 1521.

17 février.

Copie. Arch. départ. de l'Hérault, États de Languedoc, C. Recueils des lettres et actes des commissaires du roi aux États. 1521. 6 pages.

17458. Déclaration de l'hommage de Charles de Moy, chevalier, seigneur de la Mailleraye, pour la seigneurie de Corneuil (bailliage d'Evreux, châtellenie de Breteuil). Paris, 17 février 1521.

17 février.

Exped. orig. Arch. nat., P. 270¹, coté 4158.

17459. Déclaration de foi et hommage de Charles de Moy, pour la seigneurie de la Mailleraye, mouvante de Pont-Audemer. Paris, 17 février 1521.

17 février.

Original. Arch. nat., Chambre des Comptes de Paris, P. 264¹, n° 1026.

17460. Déclaration de l'hommage lige rendu par Julien de Malmédy, au nom de René de Beauvau, chevalier, pour la seigneurie de Rorthey (bailliage de Chaumont, châtellenies de Monteclaire et de Vaucouleurs). Paris, 18 février 1521.

18 février.

Original. Arch. du château de Bourlémont.
Exped. orig. Arch. nat., P. 464¹, coté 1392.
Impr. Documents rares ou inédits de l'histoire des Vosges, t. VII, p. 219.

17461. Mandement aux trésoriers de France de rembourser à Jacques de Beaune, sr de Semblançay, les 1,574,342 livres 10 sous 5 deniers tournois que celui-ci avait empruntés pour le compte du roi. Saint-Germain-en-Laye, 28 février 1521.

28 février.

Copie du XVIᵉ siècle. Bibl. nat., ms. fr. 2940, fol. 86.

17462. Lettres de neutralité en faveur d'Antoine, duc
de Lorraine et de Bar. Paris, 7 mars 1521.

> *Copie du temps. Bibl. nat., collect. de Lorraine,*
> *vol. 232, fol. 12.*

1522.
7 mars.

17463. Lettres accordant à la ville de Bayonne le don
de la moitié des deniers provenant de la
grande coutume. Paris, 7 mars 1521.

> *Original. Arch. de la ville de Bayonne, AA. 15.*

7 mars.

17464. Lettres autorisant les maire et échevins de
Bayonne à recevoir eux-mêmes les deniers de
la coutume. Paris, 7 mars 1521.

> *Original. Arch. de la ville de Bayonne, AA. 17.*

7 mars.

17465. Mandement aux généraux des finances de faire
payer par Aimon Brethé, receveur et payeur
de l'écurie du roi, à Louis Denzein, orfèvre,
968 livres 8 sous 9 deniers tournois, pour
le rembourser de la perte qu'il a éprouvée
sur les hocquetons des capitaines et archers
écossais et français de la garde, commandés
par le s' d'Aubigny et Gabriel de La Châtre.
Paris, 8 mars 1521.

> *Original. Bibl. nat., ms. fr. 25720, n° 193.*

8 mars.

17466. Lettres commettant Pierre de Bidoux, seigneur
de Lartigue, capitaine de la grande nef
d'Écosse, à la charge de conduire les navires
que le roi prendra à sa solde et à son service
au duché de Bretagne. Il les fera visiter,
équiper et ravitailler, et on lui devra obéissance comme aux amiraux de France et de
Bretagne. Fontainebleau, 14 mars 1521.

> *Imp. Copie du xvi' siècle. Catalogue de livres,*
> *pièces historiques, etc., vendus le 31 mars 1884,*
> *par A. Voisin, à Paris, n° 201. (Mention.)*

14 mars.

17467. Commission à la Chambre des Comptes pour
échanger avec Pierre de Ligny, s' de Huleux,
commissaire ordinaire de l'artillerie, le droit
de justice de Latilly et « la Mothe-Buigneux »
contre cent sous de surcens dont ledit de

21 mars.

Ligny a droit sur une maison et 210 livres une fois payées. Troyes, 21 mars 1521.

Enreg. à la Chambre des Comptes de Paris, anc. mém. 2 C, fol. 145. *Arch. nat.*, PP. 119, p. 20. (*Mention.*)
Bibl. nat., ms. fr. 21405, p. 287. (*Mention.*)
Bibl. nat., ms. Clairambault 782, p. 275. (*Mention.*)

17468. Provisions de la charge de capitaine des gens de pied soudoyés et entretenus par les villes de Troyes, Châlons, Reims et Langres, en faveur de Jacques d'Amboise, sʳ de Bussy. Langres, 28 mars 1521.

Vidimus du xviᵉ siècle. Arch. municip. de Châlons, série AA.

17469. Provisions pour Emond Le Clerc de l'office de receveur ordinaire de Saint-Dizier en Perthois. 29 mars 1521.

Enreg. à la Chambre des Comptes de Paris, anc. mém. 2 B, fol. 305 v°. *Arch. nat.*, PP. 119, p. 34. (*Mention.*)
Bibl. nat., ms. fr. 21405, p. 283. (*Mention.*)

17470. Provisions de l'office de bailli du Chalonnais et maître des foires de Chalon, pour Philibert de Lugny, seigneur de Montchot, en remplacement et sur la résignation de Jean de Lugny, son père. Beaune, 2 avril 1521.

Enreg. le 10 juillet 1522 au Parl. de Dijon. Arch. de la Côte-d'Or, Parl., reg. I, fol. 206 v°.

17471. Lettres réduisant à 30 livres tournois les gages de Guillaume Bienaimé, contrôleur des deniers communs de Troyes, octroyées à la requête des maire, échevins et habitants de ladite ville. Lyon, 18 avril 1521.

Opposition dudit Bienaimé reçue au Parl., le 23 juin 1522. Arch. nat., Xᴵᵃ 4870, Plaidoiries, fol. 215 v°. (*Mention.*)

17472. Lettres de légitimation pour Philibert Pintet, fils naturel de François Pintet, prêtre, et de Jeanne Desrues. Lyon, avril 1521.

Enreg. à la Chambre des Comptes de Dijon, le 13 novembre 1527. Arch. de la Côte-d'Or, B. 72, fol. 113.

(marges droites)
1522.
28 mars.
29 mars.
2 avril.
18 avril.
Avril.

17473. Ordonnance portant que les arrêts du Parlement de Normandie pourront désormais être rendus par dix juges seulement, y compris le président, tant en la grande chambre et chambre des enquêtes qu'en la tournelle, nonobstant tout usage et style contraire. Lyon, 29 avril 1522.

> *Enreg. au Parl. de Normandie.*
> *Copie du XVIIᵉ siècle., Arch. nat., U. 757* (2ᵉ partie), p. 200. 2 pages.

1522.
29 avril.

17474. Mandement aux trésoriers de France d'accorder un délai jusqu'à la Saint-Michel 1524, pour exiger 2,000 livres tournois sur les deniers de leur ferme, de Jean Le Caron et Jean Saussay, fermiers pour trois années, expirant à cette date de la Saint-Michel, du domaine forain du duché de Normandie, en considération des pertes que leur a fait subir l'ordonnance interdisant l'exportation des denrées et marchandises. Lyon, 29 avril 1522.

> *Original. Bibl. nat., Pièces orig., Caron, vol. 601* (doss. 14078), p. 12.

29 avril.

17475. Mandement au sénéchal des Lannes, l'invitant à se faire rendre compte, par les receveurs ordinaires de la sénéchaussée, des deniers provenant des saisies effectuées sur les biens non amortis des ecclésiastiques et gens de mainmorte, en exécution des lettres précédemment données sur le fait des amortissements. Lyon, 30 avril 1522.

> *Copie du XVIᵉ siècle. Arch. départ. des Basses-Pyrénées, G. 89.*

30 avril.

17476. Déclaration de foi et hommage de Louis des Barres, dit le Barrois, sʳ des Barres, maître d'hôtel ordinaire du roi, pour les seigneuries de la Roche-Guyon, Trye-Château, Trye-la-Ville et Fresnes-l'Éguillon, mouvantes du château de Chaumont. Lyon, 4 mai 1522.

> *Original. Arch. nat., Chambre des Comptes de Paris, P. 5, n° 1587.*

4 mai.

17477. Déclaration de foi et hommage de Louis des

4 mai.

v.

Barres, dit le Barrois, s^r des Barres, maître d'hôtel ordinaire du roi, pour sa part des seigneuries d'Auneau et Aunay, mouvantes de Chartres, et pour la seigneurie de Rochefort, mouvante de Montfort-l'Amaury. Lyon, 4 mai 1522.

Original. Arch. nat., Chambre des Comptes de Paris, P. 16, n° 6003.

1522.

17478. Lettres de provisions de la capitainerie du château de Monteclaire-sur-Andelot, au pays de Champagne, en faveur du s^r d'Orval, gouverneur et lieutenant général de Champagne et de Brie, sur la résignation de Jacques d'Amboise, bailli de Chaumont en Bassigny. Lyon, 8 mai 1522.

Imp. Le comte de Soultrait, Invent. des titres de Nevers de l'abbé de Marolles. Nevers, 1873, in-4°, col. 430. (Mention.)

8 mai.

17479. Mandement d'assignation au Grand conseil des privilégiés de la ville de Dijon, pour refus de contribuer au subside de 50,000 livres octroyé par les États de Bourgogne, pour la solde des gens de pied et l'abolition du subside sur le vin. Lyon, 14 mai 1522.

Original. Arch. municip. de Dijon, Trésor des chartes, L.

14 mai.

17480. Lettres ordonnant à tous les particuliers, habitants du comté de Nevers, de faire leur provision de sel pour un an et d'en payer le prix dans un mois après la publication desdites lettres. Lyon, 15 mai 1522.

Arch. départ. de la Nièvre, B. Chambre des Comptes de Nevers (n° 53 de l'invent. de M. Eysenbach).

15 mai.

17481. Mandement à François de Rochechouart, gouverneur de la Rochelle, de convoquer le ban et l'arrière-ban et d'en faire la montre, afin qu'il soit prêt à partir lorsque le s^r de Saint-André en donnera l'ordre. Lyon, 26 mai 1522.

Analyse. Bibl. nat., Cabinet des titres, dossier bleu 15110 (Rochechouart), fol. 54 v°.

26 mai.

17482. Mandement aux commissaires sur le fait des aliénations du domaine dans le bailliage d'Orléans, de racheter au prix de 6,000 livres tournois à Alabre de Soulle, prévôt des maréchaux, la terre de Châteaurenard, à lui vendue, sous faculté de rachat, par Louis XII, et don de cette terre, sous même faculté, au maréchal de Châtillon, bailleur des 6,000 livres ; moyennant quoi, le maréchal donnera quittance de 10,000 livres que le roi lui doit de prêt, et que la situation rend difficile de lui rembourser. Lyon, 30 mai 1522.

1522.
30 mai.

Original. Londres, British Museum, add. Charters, 12469.

17483. Lettres de marque et représailles en faveur de René d'Arpajon, seigneur dudit lieu, à l'encontre de la ville de Florence, pour la somme de 10,671 livres 8 sous 6 deniers tournois à lui due par Côme Cussol, Laurent d'Aspinellis, et les héritiers de feu Laurent de Médicis. 1er juin 1522.

1er juin

Mention dans un arrêt du Grand conseil, en date du 29 octobre 1534. Arch. nat., V⁰ 1050.

17484. Déclaration de foi et hommage de Nicolas de Neufville, chevalier, sr de Villeroy, secrétaire des finances, audiencier de la chancellerie de France, pour la sixième partie de la baronnie de la Chapelle-la-Reine en Gâtinais, mouvante de la couronne. Lyon, 3 juin 1522.

3 juin.

Original. Arch. nat., Chambre des Comptes de Paris, P. 9, n° 2962.

17485. Lettres de sauf-conduit et permission de trafiquer en France, accordées à quatre-vingt-dix Florentins nommés dans l'acte. Lyon, 8 juin 1522.

8 juin.

Copie collat. du bailli de Mâcon, du 15 juin 1528. Florence, Archivio di Stato, Lettere esterne alla Signoria (1517-1522), fol. 250.

17486. Provisions de l'office de bailli de Rouen en faveur de Jean d'Estouteville. 10 juin 1522.

10 juin.

69.

Avec lettres de relief d'adresse et de surannation, du 21 décembre 1528.

1522.

> *Enreg. à la Chambre des Comptes de Paris, le
> 23 février 1529 n. s. Arch. nat., PP. 136, p. 343.
> (Mention.)*

17487. Lettres de sauf-conduit pour tous les Gênois
trafiquant en France. Crémieu, 11 juin 1522.

11 juin.

> *Vidimus du 18 juillet 1522. Gênes, Arch. di
> Stato,* Materie politiche, mazzo 15.

17488. Mandement à François de Rochechouart, seigneur de Chandenier, d'accorder aux habitants de la Rochelle mainlevée des deniers
qu'il avait eu ordre de saisir, à la condition
qu'ils seront employés pour les fortifications
de la ville. Lyon, 13 juin 1522.

13 juin.

> *Analyse. Bibl. nat.,* Cabinet des titres, dossier
> bleu 15110 (Rochechouart), fol. 54.

17489. Lettres portant commission pour emprunter
les reliques et joyaux d'église à intérêt sur les
domaines du roi. Lyon, 14 juin 1522.

14 juin.

> *Imp.* Tarbé, *Trésors des églises de Reims.* Assy,
> 1843, in-4°, p. 293.

17490. Mandement aux élus du Lyonnais, les chargeant
de rechercher dans l'élection ceux qui à un
titre quelconque se dispensaient de payer la
taille et de les imposer comme ils auraient
dû l'être. Lyon, 16 juin 1522 [1].

16 juin.

> *Copie du xvie siècle. Bibl. nat.,* ms. fr. 2702,
> fol. 65.

17491. Lettres de troisième jussion au Parlement de
Toulouse, pour la réception de Bertrand
Rességuier, pourvu d'un office de conseiller
en cette cour, à laquelle on s'opposait sous
prétexte qu'il n'avait pas déclaré avoir obtenu
cette charge pour faciliter son mariage avec

17 juin.

---

[1] On lit en marge : « Ces presentes lettres n'ont esté exequutées, com-
bien qu'il feust mandé. »

la fille de Pierre Trémolet, médecin du roi. Lyon, 17 juin 1522. **1522.**

Enreg. au Parl. de Toulouse. Arch. de la Haute-Garonne, Édits, 3ᵉ reg., fol. 131 vᵉ.
Bibl. nat., ms. fr. 4402, fol. 48, n° 79. (Mention.)

17492. Mandement de payer leurs gages à Antoine de Thélis, écuyer, sʳ de l'Espinasse, prévôt des maréchaux en Languedoc, Lyonnais, Forez et Beaujolais, et à ses deux lieutenants et ses dix archers. Lyon, 17 juin 1522. **17 juin.**

Original. Bibl. nat., Pièces orig., vol. 2817, Thélis, pièce 9.

17493. Lettres de survivance en faveur de Jean Fléard de l'office d'auditeur en la Chambre des Comptes de Grenoble, actuellement exercé par son père Aymar Fléard, avec faculté d'entrer dès à présent dans ladite Chambre des Comptes, d'y avoir siège, d'y opiner, en la présence ou en l'absence de son père. Lyon, 18 juin 1522. **18 juin.**

Copie. Arch. de l'Isère, B. 3293. 7 pages.

17494. Provisions en faveur d'Ambroise de Fleurance (*aliàs* Florence), docteur ès droits, d'un office de conseiller lai au Parlement de Paris, du nombre des vingt nouvellement créés. [Lyon, 20 juin 1522.] **20 juin.**

Mention dans les lettres qui suivent. Bibl. nat., ms. fr. 5086, fol. 32.
Arrêt de réception au Parl., le 4 février 1523 n. s. Arch. nat., X¹ᵃ 1525, fol. 78.

17495. Lettres accordant à Ambroise de Fleurance, pourvu le même jour d'un office de conseiller lai au Parlement de Paris, délai pour prêter serment et exercer sa charge jusqu'à ce qu'il ait accompli une mission que le roi lui a confiée. [Lyon, 20 juin 1522.] **20 juin.**

Copie du xvıᵉ siècle. Bibl. nat., ms. fr. 5086, fol. 32. 1 page.

17496. Provisions pour René Gentil, sénateur au Sénat de Milan, d'un office de conseiller au Par- **22 juin.**

lement de Provence, en remplacement de
N. Guérin, décédé. 22 juin [1522].

1522.

> *Mention dans des lettres de délai accordées audit Gentil pour exercer son office. Manuscrit du XVIe siècle. Bibl. nat., ms. fr. 5086, fol. 54.*

17497. Provisions pour Louis de Saint-Gelais de l'office de garde du sceau royal en la chancellerie de Bordeaux, vacant par la mort de son père, Alexandre de Saint-Gelais, s^r de Lansac, conseiller et chambellan du roi. Lyon, 23 juin 1522.

23 juin.

> *Copie du XVIe siècle, avec l'attache des trésoriers de France, du 9 septembre 1522.*
> *Bibl. nat., ms. lat. 5981, fol. 100.*

17498. Lettres de dispense accordées à Louis de Saint-Gelais, pour exercer l'office de garde du sceau royal en la chancellerie de Bordeaux, quoiqu'il n'ait pas encore l'âge requis, soit quatorze ans. Lyon, 23 juin 1522.

23 juin.

> *Copie du XVIe siècle. Bibl. nat., ms. lat. 5981, fol. 102 v°.*

17499. Mandement aux gens des comptes de faire payer à Oudet d'Oinville, homme d'armes, et à Antoine d'Ambert, archer de la compagnie du s^r de Bonnivet, amiral de France, leur solde du second quartier de l'année 1521, malgré leur absence des montres et revues de cette période, l'amiral les ayant chargés d'un autre service pendant ce temps. Lyon, 23 juin 1522.

23 juin.

> *Original. Bibl. nat., Titres scellés de Clairambault, vol. 131, p. 78.*

17500. Lettres d'amortissement des biens et revenus possédés par les gens d'église du diocèse de Tours, moyennant la somme de 10,400 livres tournois. Lyon, juin 1522.

Juin.

> *Copie du XVIe siècle. Bibl. nat., ms. fr. 23028, fol. 36.*

17501. Lettres portant exemption des droits de francs-

Juin.

fiefs et nouveaux acquêts en faveur du clergé
d'Auvergne. Lyon, juin 1522.

> *Vidimus du 6 juillet 1531, donné par J. Du Puy,
> bailli de Montferrand. Arch. du Puy-de-Dôme,
> Évêché, premier supplément, liasse 22 (cote pro-
> visoire).*

17502. Lettres portant cession en faveur de René de
Cossé, chevalier, sr de Brissac, grand fauconnier et premier panetier de France, de
deux pièces de bois taillis du domaine d'Anjou, sises dans la paroisse de Faye près
Thouarcé, en échange de 75 livres de rente
dont il avait droit sur la prévôté de Saumur.
Lyon, juin 1522.

> *Enreg. à la Chambre des Comptes de Paris, anc.
> mém. 2 C, fol. 232 v°. Arch. nat., PP. 119, p. 34.
> (Mention.)*
> *Bibl. nat., ms. fr. 21405, p. 289. (Mention.)*
> *Bibl. nat., ms. Clairambault 782, p. 276.
> (Mention.)*

17503. Lettres de légitimation obtenues par Philiberte
de Toulongeon, femme de Philibert de Cha-
pone, du lieu d'Uchizy, au bailliage de Mâcon,
fille naturelle de feu Jean de Toulongeon,
abbé de Tournus et de Jeanne Faletain.
Lyon, juin 1522.

> *Enreg. à la Chambre des Comptes de Dijon, le
> 21 mai 1524. Arch. de la Côte-d'Or, B. 72,
> fol. 97 v°.*

17504. Mandement pour l'exécution des lettres patentes ordonnant le payement des droits de
francs-fiefs et nouveaux acquêts dans les
comtés d'Armagnac et de Rouergue, que le
roi et la reine de Navarre prétendent leur
appartenir, sans préjudice de leur droit.
Lyon, 3 juillet 1522.

> *Copie du xviie siècle. Bibl. nat., collect. Doat,
> vol. 233-234, fol. 118.*

17505. Lettres de sauvegarde en faveur de plusieurs
Florentins. Saint-Jean en Dauphiné, 3 juillet
1522.

> *Copie collat. du 8 juillet 1522. Florence, Arch.
> di Stato, Lettere alla Signoria (1517-1522),
> fol. 251.*

1522.

Juin.

Juin.

3 juillet.

3 juillet.

17506. Traité de neutralité pour trois ans entre François Ier et Marguerite, archiduchesse d'Autriche, pour le duché et comté de Bourgogne. 15 juillet 1522. — 1522. 15 juillet.

> Arch. nat., Invent. des titres de la Fère, KK. 909, fol. 97 v°. (Mention.)

17507. Lettres confirmant celles du 14 juin précédent (n° 17489) et engageant le domaine du roi au payement de l'intérêt des emprunts de reliques et joyaux d'église. Saint-Jean en Dauphiné, 20 juillet 1522. — 20 juillet.

> Imp. Tarbé, Trésors des églises de Reims. Assy, 1843, in-4°, p. 293-298.

17508. Mandement aux généraux des finances de faire payer par Guillaume Prudhomme, receveur général de Normandie, à Morelet du Museau et à Jean de Poncher, trésoriers des guerres, 17,765 livres tournois pour employer au fait de leur office. Lyon, 20 juillet 1522. — 20 juillet.

> Original. Bibl. nat., ms. fr. 25720, n° 203.

17509. Mandement au sénéchal de Rouergue de faire commandement à tous les gens d'église et autres gens de mainmorte du diocèse de Rodez de faire par écrit, par-devant l'évêque de Rodez, la déclaration de tous les biens qu'ils possèdent. Lyon, 21 juillet 1522. — 21 juillet.

> Original et copie du xvi° siècle. Arch. départ. de l'Aveyron, G. 389.

17510. Lettres adressées à l'évêque de Rodez, lui ordonnant d'imposer et répartir la somme de 18,371 livres 12 sous 6 deniers tournois, montant du droit d'amortissement des biens du clergé et autres gens de mainmorte de son diocèse, et d'en faire faire la levée. Lyon, 22 juillet 1522. — 22 juillet.

> Copie du xvi° siècle. Arch. départ. de l'Aveyron, Registre du fonds de la Chambre ecclésiastique du diocèse de Rodez.

17511. Pouvoirs des commissaires du roi aux États de — 24 juillet.

Languedoc, convoqués au Puy pour le 3 août.   1522.
Roanne, 24 juillet 1522.

> *Copie. Arch. départ. de l'Hérault, États de Languedoc, C. Recueils des lettres et actes des commissaires du roi aux États, 1522. 10 pages.*
> *Autre copie. Idem, Commissions pour la tenue des États, t. I, fol. 214. 11 pages.*

17512. Lettres d'amortissement de tous les biens des   Juillet.
églises, abbayes, prieurés, cures, hôpitaux,
maladreries et fabriques dans les diocèses de
Sens, Chartres, Orléans et Meaux, moyennant
une somme de 63,000 livres tournois. Lyon,
juillet 1522.

> *Original. Arch. départ. de l'Yonne, G. 143.*
> *Enreg. le 3 septembre suivant. Arch. départ. d'Eure-et-Loir, G. 2957.*

17513. Lettres d'amortissement des biens et bénéfices   Juillet.
du clergé du diocèse de Rodez, moyennant
le payement au roi d'une somme de 18,371 livres 12 sous 6 deniers tournois. Lyon, juillet
1522.

> *Original et copie du XVIe siècle. Arch. départ. de l'Aveyron, G. 389.*

17514. Lettres d'amortissement des biens et revenus   Juillet.
de la Sainte-Chapelle de Dunois. Lyon,
juillet 1522.

> *Enreg. le 3 septembre suivant.*
> *Original. Arch. départ. d'Eure-et-Loir, G. 3387.*

17515. Lettres portant délai d'un an accordé à Jean   2 août.
d'Épinay, écuyer, pour faire hommage des
terres de la Rocheguyon, Auneau, Rochefort, Trye-la-Ville, Trye-Château, Fresnes-
l'Éguillon, leurs appartenances et dépendances. 2 août 1522.

> *Enreg. à la Chambre des Comptes de Paris, anc. mém. 2 C, fol. 7. Arch. nat., PP. 119, p. 2. (Mention.)*
> *Bibl. nat., ms. fr. 21405, p. 283. (Mention.)*
> *Bibl. nat., ms. Clairambault 782, p. 273. (Mention.)*

17516. Lettres portant mainlevée des biens saisis sur   5 août.
l'ordre de Saint-Jean-de-Jérusalem, par suite

de non-payement des droits d'amortissement. 1522.
Blois, 5 août 1522.

*Vidimus du sénéchal de Toulouse. Arch. de la
Haute-Garonne, H, fonds de Malte.*

17517. Lettres portant mainlevée des biens saisis sur 7 août.
le clergé du diocèse de Meaux, par les commissaires députés en la ville de Paris sur le
fait des amortissements des biens ecclésiastiques. Blois, 7 août 1522.

*Copie collat. du XVIII° siècle. Arch. nat., K. 192,
n° 24.*

17518. Mandement aux généraux des finances de faire 10 août.
payer à Jacques Ragueneau, receveur du
produit des amortissements dans tout le
royaume, par Guillaume Prudhomme, receveur du duché de Normandie, commis à
lever les deniers de la transaction faite avec
le roi par le clergé de la province de Rouen,
la somme de 100,000 livres tournois. Blois,
10 août 1522.

*Original. Était en vente chez M. Eug. Charavay,
en mars 1891.*
*IMP. Catalogue des Chartes du cabinet de M. de
Magny, vente des 18-22 mars 1867, par Jacques
Charavay aîné, n° 1264. (Mention.)*

17519. Lettres portant permission à Gérard de Vienne, 12 août.
chevalier, seigneur de Ruffey, d'entrer et
opiner comme conseiller, à la Chambre des
Comptes de Dijon. Blois, 12 août 1522.

*Enreg. à la Chambre des Comptes de Dijon, le
29 novembre 1522. Arch. de la Côte-d'Or, B. 18,
fol. 55.*

17520. Confirmation de la nomination, par la reine 13 août.
Claude, à l'office de clerc en la Chambre des
Comptes de Blois, de Macé Marchand, au
lieu de Mathurin Viart, décédé. Blois,
13 août 1522.

*Mention dans le journal de la Chambre des
Comptes de Blois. Arch. nat., KK. 902, fol. 85.*

17521. Déclaration de foi et hommage de Pierre Chan- 13 août.
teau, pour le fief de la Bonninière, dit le

Petit-Bois, mouvant d'Amboise. Blois, 13 août 1522.

> *Original. Arch. nat., Chambre des Comptes de Paris,* P. 12, n° 3908.

17522. Provisions de l'office de capitaine châtelain de Montréal en Auxois, pour Jeannet de Damas, seigneur de Ragny et de Crux, en remplacement et sur la résignation du s' de Chamerolles. Artenay-en-Beauce, 16 août 1522.

16 août.

> *Vidimus du xvi° siècle. Arch. de la Côte-d'Or,* B. 1266.

17523. Lettres mandant à la ville de Tours de prêter main-forte à Gabriel de La Châtre, s' de Nançay, capitaine de la garde du roi, commis à la poursuite des pillards. Paris, 30 août 1522.

30 août.

> *Arch. de la ville de Tours,* BB. 25. (Invent. ms. aux *Arch. nat.,* F. 89080.)

17524. Lettres commettant Odet de Selve, Thibaut Baillet, A. Nicolaï et Louis Picot, pour vendre à la ville de Paris les revenus des étaux et bans de la boucherie de Beauvais, de la ferme du pied fourché, de la foire Saint-Laurent, et de la ferme du vin vendu en gros, jusqu'à concurrence de 25,000 livres de revenu, pour en appliquer le produit aux armées de Picardie, Guyenne, Languedoc, Bourgogne et Champagne. Paris, 1er septembre 1522.

1er septembre.

> *Imp. Registres des délibérations du Bureau de la ville de Paris. Paris,* gr. in-8°, t. I, 1883, p. 273. (*Mention.*)

17525. Déclaration de foi et hommage d'Artus de Magneville, pour la seigneurie de la Haye-du-Puits, mouvante du duché de Normandie, pour la seigneurie de la Varengière, mouvante de Valognes, et pour la seigneurie de Carantilly, mouvante de Mortain. Paris, 2 septembre 1522.

2 septembre.

> *Original. Arch. nat., Chambre des Comptes de Paris,* P. 268³, n° 3391.

17526. Lettres rétablissant Jean de Rambures, échanson ordinaire du roi, dans la jouissance du don à lui fait par le roi des revenus du comté de Guines. 2 septembre 1522.

1522.
2 septembre.

> *Enreg. à la Chambre des Comptes de Paris*, anc. mém. 2 C, fol. 122. *Arch. nat.*, PP. 119, p. 17. (*Mention.*)
> *Bibl. nat.*, ms. fr. 21405, p. 286. (*Mention.*)

17527. Mandement aux trésoriers de France de faire payer par Guillaume Prudhomme, receveur général de Normandie, à Jean Prévost, commis au payement de l'extraordinaire des guerres, 8,194 livres 5 sous tournois pour employer au fait de sa commission. Saint-Germain-en-Laye, 7 septembre 1522.

7 septembre.

> *Original. Bibl. nat.*, ms. fr. 25720, n° 209.

17528. Confirmation de Raoul Hurault, chevalier, seigneur de Cheverny, général des finances dans les généralités d'Outre-Seine, Picardie et Bourgogne, en l'office de général des finances de cette dernière province, par suite de la résignation qu'il a faite des deux autres en faveur de Morelet du Museau. Saint-Germain-en-Laye, 25 septembre 1522.

25 septembre.

> *Enreg. à la Chambre des Comptes de Dijon. Arch. de la Côte-d'Or*, B. 18, fol. 64.

17529. Lettres portant amortissement de tous les biens de l'Hôtel-Dieu de Paris. Paris, septembre 1522.

Septembre.

> *Original. Arch. de l'Assistance publique de Paris*, fonds de l'Hôtel-Dieu, layette 172, liasse 905, pièce cotée X.
> *Imp. Invent. sommaire des archives de l'Assistance publique de Paris.* Paris, 1882, in-4°, t. I, n° 4767. (*Mention.*)

17530. Provisions en faveur de Thierry Dorne de l'office de secrétaire des finances. Saint-Germain-en-Laye, septembre 1522.

Septembre.

> *Enreg. à la Chambre des Comptes de Paris*, anc. mém. 2 C, fol. 49. *Arch. nat.*, PP. 119, p. 7. (*Mention.*)

Bibl. nat., ms. fr. 21405, p. 284. (*Mention.*)
Bibl. nat., ms. Clairambault 782, p. 273.
(*Mention.*)

1522.

17531. Lettres portant remise à François de Lorraine
des droits féodaux dus au roi, comme comte
de Provence, pour le rachat des seigneuries
de Lambesc, Orgon et Eygalières, données
audit François par sa mère Philippe de Gueldres, duchesse de Lorraine. Saint-Germain-
en-Laye, 1er octobre 1522.

1er octobre.

> *Ancien Trésor des chartes de Lorraine, layette
> Traités IV, n° 66. Mention de Dufourny. Bibl. nat.,
> ms. fr. 4885, p. 10876* [1].

17532. Lettres d'amortissement général des biens
ecclésiastiques du diocèse de Paris. Saint-
Germain-en-Laye, 4 octobre 1522.

4 octobre.

> IMP. Bacquet, *Œuvres.* Paris, 1664, 4ᵉ partie,
> p. 74.

17533. Provisions pour Émond d'Aigreville de la
charge de capitaine de cinquante lances des
ordonnances, faisant partie de la compagnie
de cent lances de feu le maréchal de Châtillon, son oncle, décédé le 4 août précédent.
4 octobre 1522.

4 octobre.

> *Mention dans un mandement pour le payement des
> gages de ces cinquante lances. Manuscrit du xviᵉ siè-
> cle. Bibl. nat., ms. fr. 5086, fol. 81.*

17534. Déclaration de l'hommage de Claude de Saint-
Julien, chevalier, pour la part des seigneuries
d'Avrecourt, Récourt et Forfillières (bailliage
de Chaumont, châtellenie de Montigny-le-
Roi), lui appartenant à cause de Jeanne de
Lentages, sa femme. Saint-Germain-en-Laye,
15 octobre 1522.

15 octobre.

> *Expéd. orig. Arch. nat.*, P. 163², cote 1152.

17535. Lettres portant notification des foi et hommages
faits par Antoine Bohier, bailli de Cotentin,
en son nom et au nom de sa femme Anne de

16 octobre.

---

[1] Cette pièce est en déficit dans le ms. Lorraine 252 de la Bibl.
nat., qui représente une partie de l'ancienne layette Traités IV.

Poncher, fille de Louis de Poncher, pour
raison d'une rente de 600 livres sur le Trésor.
Saint-Germain-en-Laye, 16 octobre 1522.

> *Original. Arch. nat., Chambre des Comptes de
> Paris, P. 2, n° 743.*
> *Arch. du château de Chantilly, invent. des titres
> de Montmorency (XVI° siècle), fol. 34 v°. (Mention.)*

1522.

17536. Déclaration de foi et hommage d'Antoine
Bohier, bailli de Cotentin, s' de la Tour-
Bohier, secrétaire et valet de chambre ordinaire du roi, en son nom et comme procureur d'Anne de Poncher, sa femme, pour
les seigneuries de Brie-Comte-Robert, la
Ferté-Alais, Tournan et Torcy, mouvantes de
la couronne. Saint-Germain-en-Laye, 16 octobre 1522.

16 octobre.

> *Original. Arch. nat., Chambre des Comptes de
> Paris, P. 16, n° 6005.*

17537. Lettres remettant entre les mains de François
de La Trémoïlle, prince de Talmont, l'administration et gouvernement des biens de
sa mère Louise de Coëtivy et des siens.
Saint-Germain-en-Laye, 22 octobre 1522.

22 octobre.

> *Original. Chartrier de Thouars, archives de M. le
> duc de La Trémoïlle.*
> *Imp. Inventaire de François de La Trémoïlle, etc.,
> publié par Louis de La Trémoïlle. Nantes, 1887,
> in-4°, p. IV.*

17538. Provisions en faveur de Pierre Marchant,
prêtre, clerc de la chapelle de la Reine, de
la maîtrise et administration de la maladrerie
Saint-Lazare d'Étampes. Saint-Germain-en-
Laye, 23 octobre 1522.

23 octobre.

> *Original. Arch. nat., R⁴ 940, pièce n° 2.*

17539. Commission donnée au s' de La Rochepot,
maréchal de France, de se transporter dans
les bailliages et sénéchaussées du royaume,
où il sera averti que se trouvent des bandes
d'aventuriers, gens de guerre, pillards, vagabonds, etc., pour en faire une punition

27 octobre.

— 559 —

rigoureuse et exemplaire. Bois de Vincennes, 1522.
27 octobre 1522.

*Original. Arch. du château de Chantilly, AD,
carton 1.*

17540. Déclaration portant qu'en attendant la décision   28 octobre.
du roi au sujet de la contestation survenue
entre le roi de Navarre et le sénéchal de
Rouergue, touchant la conduite de l'arrière-
ban de Rodez, il sera conduit par le lieutenant général du roi en Guyenne. 28 octobre
1522.

*Bibl. nat., collect. Doat, vol. I, fol. 199. (Men-
tion.)*

17541. Mandement de payer 1,390 livres 12 sous   31 octobre.
tournois à Gabriel de La Châtre, s⋅ de Nançay,
capitaine de la garde française, pour un voyage
fait par lui, avec quarante-neuf archers, en
Touraine, Loudunais, Anjou et Maine, pour
saisir des aventuriers qui se disaient sous les
ordres du s⋅ de Lucé, et avaient tenté un
coup de main sur Angers; le capitaine Ma-
lerbe, l'un d'eux, a été pris par le s⋅ de
Nançay et amené de Tours à Paris, où il est
enfermé à la Conciergerie. Saint-Germain-en-
Laye, 31 octobre 1522.

*Original. Bibl. nat., Pièces originales, Châtre,
vol. 711, p. 137.*

17542. Confirmation des constitutions des chanoines   Octobre.
réguliers de l'église des Saint-Gervais et Pro-
tais de Séez, ordre de Saint-Augustin. Saint-
Germain-en-Laye, octobre 1522.

*Copie du xvi⋅ siècle. Bibl. d'Alençon, ms. 101.
(Cf. Catalogue des manuscrits de Rouen, t. II,
p. 518.)*

17543. Lettres de noblesse pour Pierre Le Roy, de   Octobre.
Bacqueville. Octobre 1522.

*Enreg. à la Chambre des Comptes de Paris, le
12 juin 1523.
Bibl. de l'Arsenal, ms. 4939, fol. 59. (Mention.)
Imp. Dictionnaire des ennoblissemens. Paris,
1788, in-8°, t. I, p. 121. (Mention.)*

17544. Lettres de noblesse pour Pierre Saldaigne, natif   1522.
        d'Espagne, habitant Rouen. Octobre 1522.   Octobre.

> *Enreg. à la Chambre des Comptes de Paris, le 21 décembre suivant.*
> *Bibl. de l'Arsenal, ms. 4939, fol. 54 v°. (Mention [1].)*
> *Imp. Dictionnaire des ennoblissemens. Paris, 1788, 2 vol. in-8°, t. I, p. 124. (Mention.)*

17545. Lettres de noblesse pour Jean Maillet, seigneur   Octobre.
        d'Ouville. Saint-Germain-en-Laye, octobre 1522.

> *Enreg. à la Chambre des Comptes de Paris, le 3 août 1524.*
> *Bibl. de l'Arsenal, ms. 4939, fol. 55. (Mention [2].)*
> *Imp. Dictionnaire des ennoblissemens. Paris, 1788, 2 vol. in-8°, t. I, p. 98. (Mention.)*

17546. Lettres de noblesse pour Denis Alexandre, de   Octobre.
        Montivilliers. Octobre 1522.

> *Enreg. à la Chambre des Comptes de Paris, le 21 septembre 1523.*
> *Bibl. de l'Arsenal, ms. 4939, fol. 55 v°. (Mention [3].)*
> *Imp. Dictionnaire des ennoblissemens. Paris, 1788, 2 vol. in-8°, t. I, p. 32. (Mention.)*

17547. Lettres de noblesse pour Jean Aubert, seigneur   Octobre.
        de Virville. Octobre 1522.

> *Enreg. à la Chambre des Comptes de Paris, le 12 juillet 1523.*
> *Bibl. de l'Arsenal, ms. 4939, fol. 61. (Mention [4].)*
> *Imp. Dictionnaire des ennoblissemens. Paris, 1788, 2 vol. in-8°, t. I, p. 36. (Mention.)*

17548. Lettres de noblesse pour Jacques de La Fosse,   Octobre.
        Normand, seigneur de Neuville. Octobre 1522.

> *Enreg. à la Chambre des Comptes de Paris, le 12 décembre 1522.*

---

[1] Le même manuscrit mentionne (fol. 81) des lettres de noblesse données en faveur de Pierre Saldaigne de Normandie, en l'année 1534.

[2] Le même manuscrit, fol. 85, mentionne de nouveau ces lettres à la date de 1534.

[3] Même observation (fol. 85 v°).

[4] Même observation (fol. 91).

Bibl. de l'Arsenal, ms. 4939, fol. 57. (*Mention* [1].)

Imp. Dictionnaire des- ennoblissemens. Paris, 1788, 2 vol. in-8°, t. I, p. 72. (*Mention.*)

17549. Lettres de noblesse pour Richard Le Large, de Cricqueville. Octobre 1522.

> *Enreg. à la Chambre des Comptes de Paris, le 24 juillet 1523.*
> *Bibl. de l'Arsenal, ms.* 4939, fol. 56 v°. (*Mention* [2].)
> *Imp. Dictionnaire des ennoblissemens.* Paris, 1788, 2 vol. in-8°, t. I, p. 93. (*Mention.*)

17550. Lettres de noblesse pour Pierre Sauvage, du Quesne (élection de Lisieux). Octobre 1522.

> *Enreg. à la Chambre des Comptes de Paris, en juin 1523.*
> *Bibl. de l'Arsenal, ms.* 4939, fol. 60. (*Mention.*)

17551. Lettres accordant aux religieuses de l'abbaye d'Yerres, au diocèse de Paris, mainlevée de leurs biens non amortis et délai de vingt ans pour en fournir le dénombrement et déclaration. Saint-Germain-en-Laye, 5 novembre 1522.

> *Copie collat. du XVIII° siècle. Arch. nat.,* K. 180, n° 120.

17552. Provisions en faveur d'Henri Bohier, chevalier, sr de la Chapelle, conseiller et maître d'hôtel ordinaire du roi, de l'office de sénéchal de Lyon et bailli de Mâcon, vacant par la promotion de Louis Mitte, sr de Chevrières, en qualité de capitaine des gardes du corps du roi. Saint-Germain-en-Laye, 16 novembre 1522.

> *Enreg. à la Chambre des Comptes de Paris,* anc. mém. 2 C, fol. 54 v°. *Arch. nat.,* PP, 119, p. 8. (*Mention.*)
> *Bibl. nat., ms.* fr. 21405, p. 284. (*Mention.*)
> *Bibl. nat., ms.* Clairambault 782, p. 273. (*Mention.*)

17553. Lettres de réception du serment de fidélité du cardinal de Lorraine, évêque de Thérouanne,

---

[1] Le même manuscrit, fol. 91 v°, mentionne de nouveau ces lettres à la date de 1534.
[2] Même observation (fol. 101 v°).

1522.

Octobre.

Octobre.

5 novembre.

16 novembre.

22 novembre.

pour le temporel dudit évêché. Saint-Germain-en-Laye, 22 novembre 1522.

> *Expéd. orig. Arch. nat.*, P. 725¹, cote 241.

1522.

17554. Lettres accordant une pension de 600 livres
par an sur l'émolument du sceau à Jacques
Hurault, fils de Raoul, s‍ʳ de Cheverny, audiencier de la chancellerie de France. 23 novembre 1522.

23 novembre.

> *Enreg. à la Chambre des Comptes de Paris*, anc.
> mém. 2 C, fol. 100 vᵒ. *Arch. nat.*, PP. 119, p. 14.
> (*Mention.*)
> *Bibl. nat.*, ms. fr. 21405, p. 286. (*Mention.*)
> *Bibl. nat.*, ms. Clairambault 782, p. 274.
> (*Mention.*)

17555. Déclaration de foi et hommage de Jean Go-
billes, écuyer, pour la moitié de la franche
sergenterie de Touque, mouvante de la vicomté d'Auge. Paris, 29 novembre 1522.

29 novembre.

> *Original. Arch. nat., Chambre des Comptes de
> Paris*, P. 265², n° 1525.

17556. Lettres accordant à Gaspard de Coligny la principauté d'Orange, à cause de la forfaiture
du seigneur de Chalon, qui en était proprié-
taire. Paris, novembre 1522.

Novembre.

> *Imp. Catalogue des livres et documents de M. de
> Courcelles.* Vente du 21 mai 1834, par Fournel-
> Leblanc, libraire, p. 62. (*Mention.*)
> (Cf. n° 1696 du *Catalogue des actes de Fran-
> çois Iᵉʳ.*)

17557. Lettres d'amortissement des biens et revenus
possédés par les gens d'église du diocèse d'Angers, moyennant une somme de 21,874 livres
12 sous 6 deniers tournois. Saint-Germain-
en-Laye, novembre 1522.

Novembre.

> *Copie du xvɪᵉ siècle. Bibl. nat.*, ms. fr. 23028,
> fol. 13.

17558. Lettres portant concession au chapelain de la
chapelle des Chasseurs de Saint-Laurent d'Aubigny de droits d'usage dans la forêt de
Loches, à la charge pour lui de dire une
messe les jours de Saint-Pierre, Saint-Eus-

Novembre.

tache et Saint-Hubert. Saint-Germain-en-Laye, novembre 1522.

> *Copie collat. du xviiiᵉ siècle. Arch. nat., K. 186, nº 194.*

1522.

17559. Lettres de naturalité données en faveur de Pierre Lallemant, natif de Champ près Neuville [1], au duché de Luxembourg, diocèse de Verdun, marié et établi en France. Paris, novembre 1522.

> *Enreg. à la Chancellerie de France. Arch. nat., Trésor des Chartes, JJ. 236, nº 5, fol. 3 vº.*

Novembre.

17560. Lettres de noblesse pour Pierre Langlois, de Gournay. Novembre 1522.

> *Enreg. à la Chambre des Comptes de Paris, le 24 juillet 1523.*
> *Bibl. de l'Arsenal, ms. 4939, fol. 60 vº. (Mention [2].)*
> *Imp. Dictionnaire des ennoblissemens. Paris, 1788, 2 vol. in-8º, t. I, p. 88. (Mention.)*

Novembre.

17561. Déclaration de foi et hommage de Guillaume Gauffinet, pour le fief de Feucherolles, mouvant de Poissy. Paris, 8 décembre 1522.

> *Original. Arch. nat., Chambre des Comptes de Paris, P. 2, nº 744.*

8 décembre.

17562. Déclaration de foi et hommage de Marie de Vères, veuve de Louis de Brichanteau, sr de la Mothe-de-Gurcy, pour les seigneuries de la Mothe-de-Nangis, Beauvoir, Vienne, etc., mouvantes de Melun; pour le fief dit de Tancarville à Grisy, mouvant de Brie-Comte-Robert; pour la seigneurie d'Arcy, mouvante de Tournan, et pour les deux étangs de Montrenault, mouvants de Sens. Paris, 10 décembre 1522.

> *Original. Arch. nat., Chambre des Comptes de Paris, P. 16, nº 6006.*

10 décembre.

17563. Mandement au Parlement et à la Chambre des

15 décembre.

---

[1] Aujourd'hui les deux localités réunies forment la commune de Champneuville, canton de Charny, arrondissement de Verdun, Meuse.
[2] Le même manuscrit, fol. 101, mentionne de nouveau ces lettres à la date de 1534.

71.

Comptes de Dijon d'entériner les lettres patentes d'août 1521 (n° 1404), concédant aux habitants de Beaune le privilège de francsfiefs. Paris, 15 décembre 1522.

Original. Arch. municip. de Beaune (Côte-d'Or).

1522.

17564. Déclaration de foi et hommage de Madeleine de Saulsay, pour les fiefs de Presles et Villepatour, mouvants de Tournan en Brie. Paris, 16 décembre 1522.

Original. Arch. nat., Chambre des Comptes de Paris, P. 2, n° 745.

16 décembre.

17565. Pouvoirs des commissaires du roi aux États de Languedoc, convoqués à Nîmes pour le 7 février 1523 n. s. Paris, 18 décembre 1522.

Copie. Arch. départ. de l'Hérault, États de Languedoc, C. Recueils des lettres et actes des commissaires du roi aux États, 1522. 8 pages.

18 décembre.

17566. Mandement pour la vérification et l'entérinement des lettres de confirmation de privilèges, accordées aux habitants de Montcuq. Paris, 20 décembre 1522.

Copie du xvi° siècle. Bibl. nat., coll. Duchesne, vol. 96, fol. 50.

20 décembre.

17567. Déclaration de foi et hommage de Jacques d'Auberville, écuyer, sr de Caux, pour la seigneurie d'Auberville, mouvante de la vicomté d'Auge; pour la seigneurie de Canteleu, mouvante de Rouen; pour les fiefs de Caux et de Verbosc, mouvants de Caudebec, et pour les fiefs d'Auquemesnil et de « Pressigny », mouvants d'Arques. Paris, 21 décembre 1522.

Original. Arch. nat., Chambre des Comptes de Paris, P. 265², n° 1522.

21 décembre.

17568. Mandement aux élus du Lyonnais, leur faisant savoir que la part de l'élection est de 2,362 livres 5 sous 10 deniers tournois dans la nouvelle augmentation de taille qui venait d'être mise sur tout le royaume. Paris, 22 décembre 1522.

Copie du xvi° siècle. Bibl. nat., ms. fr. 2702, fol. 77.

22 décembre.

17569. Provisions de l'office de bailli de Sens pour François Le Clerc, chevalier, seigneur de la Forêt-Guerry, sur la résignation de Michel de Poisieux, s^r de Saint-Valery. Paris, 22 décembre 1522.

> *Reçu au Parl. de Paris, le 3 août 1523. Arch. nat., X^{1a} 4872, Plaidoiries, fol. 450. (Mention.)*

1522.
22 décembre.

17570. Lettres permettant à Jean Granchier, demeurant à Évreux, d'exercer la charge de changeur des monnaies dans les bailliages de Rouen, Évreux, Gisors et Chartres. Paris, 22 décembre 1521.

> *Copie du XVIe siècle. Bibl. nat., ms. fr. 5086, fol. 71 v°. 1 page 1/2.*

22 décembre.

17571. Déclaration de foi et hommage de Jacques Asselin, marchand d'Orléans, pour le tiers des champarts de Belleville en la paroisse de Saint-Péravy-la-Colombe, mouvant d'Orléans. Saint-Germain-en-Laye, 22 décembre 1522.

> *Original. Arch. nat., Chambre des Comptes de Paris, P. 10, n° 3449.*

22 décembre.

17572. Déclaration de foi et hommage de François de Crux, écuyer, en son nom et au nom de son frère puîné, Jean de Crux, pour les seigneuries de Coulange-sur-Yonne, Festigny et la Tour-Laurent, mouvantes d'Auxerre. Paris, 23 décembre 1522.

> *Original. Arch. nat., Chambre des Comptes de Paris, P. 14, n° 5123.*

23 décembre.

17573. Lettres demandant à la ville de Tours 1,800 livres tournois, pour la solde et entretien de cent archers qu'elle n'a pas encore fournis. Paris, 30 décembre 1522.

> *Arch. de la ville de Tours, BB. 26. (Invent. ms. aux Arch. nat., F. 89080.)*

30 décembre.

17574. Déclaration de foi et hommage de Valentine Luillier, veuve de Bertrand L'Orfèvre, maître des comptes et s^r d'Ermenonville, comme tutrice de son fils, pour ladite seigneurie, mouvante de Senlis, et quelques francs-fiefs

30 décembre.

mouvants du duché de Valois. Paris, 3o dé- 1522.
cembre 1522.

> *Original. Arch. nat., Chambre des Comptes de Paris, P. 16, n° 6007.*

17575. Mandement à l'archevêque d'Arles de répartir   31 décembre.
sur le clergé de son diocèse la somme de
3,170 livres tournois, pour sa quote-part d'un
subside de 1,200,000 livres imposé sur le
clergé du royaume et destiné à l'entretien
d'une armée de 3o,0oo hommes mise sur
pied contre l'Empereur et le roi d'Angleterre.
[Paris], 31 décembre [1522].

> *Mention dans un mandement au sénéchal de Beaucaire pour le payement de cette cotisation. Manuscrit du XVIe siècle. Bibl. nat., ms. fr. 5086, fol. 77 v°.*

17576. Don à Jean Brinon, premier président du Par-   Décembre.
lement de Rouen, des biens de Guillaume
Le Doux, procureur de Poissy, bâtard non
légitimé, sur la succession duquel a été
exercé le droit d'aubaine. Paris, [décembre]
1522.

> *Imp. Revue des autographes, publiée par Eug. Charavay fils, février 1889, n° 81. (Mention.)*

1523. — Pâques, le 5 avril.

1523.

17577. Mandement aux généraux des finances de faire   1er janvier.
payer par Guillaume Prudhomme, receveur
général de Normandie, à Lambert Meigret,
commis au payement des pensions des Suisses,
200,000 livres pour employer à sa commission. Paris, 1er janvier 1522.

> *Original. Bibl. nat., ms. fr. 25720, n° 215.*

17578. Déclaration de l'hommage d'Adrien, seigneur   2 janvier.
de Bréauté, pour la seigneurie de Menneval
(bailliage d'Évreux, vicomté d'Orbec), fief
de haubert. Paris, 2 janvier 1522.

> *Expéd. orig. Arch. nat., P. 270¹, cote 4155.*

17579. Déclaration de l'hommage de Philippe d'Ando-   4 janvier.
neca, chevalier, pour la seigneurie de Lagery,

mouvante de la tour de Châtillon-sur-Marne (bailliage de Vitry) et à lui appartenante à cause de Girame de la Briçoigne, sa femme. Paris, 4 janvier 1522.

1523.

> *Expéd. orig. Arch. nat., P. 162¹, cote 499.*

17580. Lettres de réception du serment de fidélité de Gabriel Le Boulanger, prieur de Saint-Martin d'Écajeul, dit de Sainte-Barbe-en-Auge, pour le temporel dudit prieuré. Paris, 4 janvier 1522.

4 janvier.

> *Original. Arch. nat., Chambre des Comptes de Paris, P. 265², n° 1521.*

17581. Déclaration de l'hommage de Jean Le Boulanger, écuyer, pour le fief et la justice de Jacqueville[1], mouvants du château de Grés, au duché de Nemours, et le fief de Montigny, mouvant du vieux château de Meaux. Paris, 6 janvier 1522.

6 janvier.

> *Expéd. orig. Arch. nat., P. 162², cote 2517.*

17582. Lettres accordant à Charlotte de Longwy, dame de Sombernon, délai d'un an pour faire les foi et hommage d'une rente annuelle de 200 livres sur la recette du bailliage de Dijon, qu'elle a acquise de feu Jean de Longwy, sr de Givry, sénéchal hérédital de Bourgogne. Paris, 7 janvier 1522.

7 janvier.

> *Copie collationnée du 31 août 1523. Arch. nat., T. 1501 (olim F⁷ 4399), dossier concernant les familles de Beaufremont et de Vergy.*

17583. Commission au bailli de Vitry-le-François pour faire dresser le terrier de la seigneurie de Sainte-Livière, à la requête de Claude de Clefmont, seigneur de Sainte-Livière, Curel, Narcy, Maizières et Ognes. Paris, 7 janvier 1522.

7 janvier.

> *Arch. départ. de la Marne, D. 43.*

17584. Déclaration de l'hommage de Jean de Saint-Manvieu, écuyer, pour les seigneuries de

7 janvier.

---

[1] Seine-et-Marne, arrondissement de Fontainebleau, canton de la Chapelle-la-Reine, commune d'Amponville.

Saint-Jean-du-Corail (bailliage et vicomté de
Mortain) et du Reculey (bailliage de Caen,
vicomté de Vire). Paris, 7 janvier 1522.

Expéd. orig. Arch. nat., P. 273², cote 5849.

1523.

17585. Mandement à la Chambre des Comptes de Paris d'approuver l'article du neuvième compte
d'Antoine Bohier, commis au payement des
pensions d'Angleterre, portant que ledit Bohier s'était remboursé sur sa recette des 978 livres 14 sous 5 deniers tournois qu'il avait
dépensés pour achat d'écus d'or soleil destinés
audit payement. Paris, 9 janvier 1522.

*Copie collationnée du 23 janvier 1523 n. s.
Arch. nat., KK. 349, sub fine.*

9 janvier.

17586. Lettres portant bail à Louis de Rabodanges de
deux étangs, près des portes de Meulan,
moyennant 50 livres parisis de cens. 9 janvier 1522.

*Enreg. à la Chambre des Comptes de Paris, anc.
mém. 2 D, fol. 93. Arch. nat., PP. 119, p. 19.
(Mention.)*
Bibl. nat., ms. fr. 21405, p. 293. (Mention.)

9 janvier.

17587. Provisions de l'office de second avocat général
au Parlement de Dijon pour Jean Sayve,
docteur ès droits, en remplacement de Jean
de Loisie. Paris, 10 janvier 1522.

*Enreg. au Parl. de Dijon, le 26 janvier suivant.
Arch. de la Côte-d'Or, Parl., reg. I, fol. 210 v°.*

10 janvier.

17588. Don à Jacques bâtard de Vendôme, chevalier,
bailli de Vermandois, et à Jeanne de Ru-
bempré, sa femme, du parc et de la maison
de Villers-Cotterets et de 1,250 livres tournois sur les greniers à sel du duché de Valois. Paris, 12 janvier 1522.

*Enreg. à la Chambre des Comptes de Paris, anc.
mém. 2 C, fol. 126 v°. Arch. nat., PP. 119, p. 18.
(Mention.)*
Bibl., nat. ms. fr. 21405, p. 287. (Mention.)
*Bibl. nat., ms. Clairambault 782, p. 275.
(Mention.)*
*Imp. Le P. Anselme, Hist. généal., in-fol.,
t. 1, p. 378. (Mention.)*

12 janvier.

17589. Lettres adressées à l'évêque de Vannes et au clergé de son diocèse, leur demandant d'accorder au roi de répartir et faire lever la somme de 11,338 livres tournois, leur quotepart de l'aide nécessaire pour les réparations, fortifications et l'avitaillement des ports de Bretagne, menacés par les Anglais. Paris, 14 janvier 1522.

1523.
14 janvier.

> *Original. Arch. nat., suppl. du Trésor des Chartes,* J. 939, n° 6.

17590. Déclaration de l'hommage de Jean de La Feuillade, écuyer, seigneur de Villers-Saint-Pol, pour la seigneurie de Chapton (bailliage et châtellenie de Sézanne), à lui échue par suite du décès de Nicole Du Four, dame dudit Chapton. Paris, 15 janvier 1522.

15 janvier.

> *Expéd. orig. Arch. nat.,* P. 165ᵉ, cote 1972.

17591. Déclaration de foi et hommage de Ferry de Wicardel, chevalier, sʳ de La Barre, pour les fiefs de la Grange-des-Noyers et des Murs-Neufs, en la paroisse de Saint-Martin de Chmapigny, mouvants d'Étampes. Paris, 15 janvier 1522.

15 janvier.

> *Original. Arch. nat., Chambre des Comptes de Paris,* P. 8, n° 2463.

17592. Mandement aux trésoriers de France de laisser Louis de Saint-Gelais jouir de l'office et des gages de garde du sceau de la chancellerie du Parlement de Bordeaux, dont il a été pourvu le 23 juin précédent (n° 17497), bien qu'il ne soit pas encore en âge de l'exercer et qu'il soit encore sous la tutelle de Jacquette de Lansac, sa mère. Paris, 16 janvier 1522.

16 janvier.

> *Copie du XVIᵉ siècle, avec l'attache des généraux des finances, du 24 juin 1523. Bibl. nat.,* ms. lat. 5981, fol. 103 v°.

17593. Déclaration de foi et hommage de Gilles Carbonnel, pour les seigneuries de Chasseguey, la Bazoge et le Mesnillard, mouvantes de Mortain. Paris, 16 janvier 1522.

16 janvier.

> *Original. Arch. nat., Chambre des Comptes de Paris,* P. 268ᵃ, n° 3423.

v.

72

17594. Déclaration de l'hommage de Jacques Le Grand,   1523.
        écuyer, pour la seigneurie de Contremoulins   17 janvier.
        (bailliage de Caux, vicomté de Montivilliers).
        Paris, 17 janvier 1522.

> *Exped. orig. Arch. nat., P. 267¹, cote 2313.*

17595. Lettres portant délai de faire foi et hommage,   17 janvier.
        accordées à Jacques Fournier, écuyer, s^r du
        Petit-Mont, comme procureur de son fils
        Charles Fournier, pour la terre de Marcq,
        mouvante de Montfort-l'Amaury, jusqu'à ce
        que ledit Charles Fournier ait atteint l'âge
        requis. Paris, 17 janvier 1522.

> *Original. Arch. nat., Chambre des Comptes de
> Paris, P. 716, n° 241.*

17596. Lettres de réception du serment de fidélité   19 janvier.
        prêté devant le chancelier de France par Ni-
        cole Angot, prieur commendataire de Saint-
        Étienne, près Arques, pour le huitième de
        fief de Gruchet (bailliage de Caux, vicomté
        d'Arques), dépendant dudit prieuré. Paris,
        19 janvier 1522.

> *Exped. orig. Arch. nat., P. 267¹, cote 2314.*

17597. Provisions pour Nicolas Brigallier de l'office   20 janvier.
        de messager de la Chambre des Comptes.
        20 janvier 1522.

> *Enreg. à la Chambre des Comptes, anc. mém.
> 2 C, fol. 74. Arch. nat., PP. 119, p. 11. (Men-
> tion.)*
> *Bibl. nat., ms. fr. 21405, p. 285. (Mention.)*

17598. Déclaration de foi et hommage de Charles Jos-   21 janvier.
        sier pour le fief de Longperrier, mouvant de
        Brie-Comte-Robert. Paris, 21 janvier 1522.

> *Original. Arch. nat., Chambre des Comptes de
> Paris, P. 2, n° 733.*

17599. Mandement à la Chambre des Comptes pour   24 janvier.
        l'entérinement du don de la terre de Langeais,
        fait à Jean de Diesbach, maître d'hôtel ordi-
        naire du roi et capitaine des Ligues suisses.
        24 janvier 1522.

> *Enreg. à la Chambre des Comptes de Paris, anc.*

mém. 2 C, fol. 118. *Arch. nat.*, PP. 119, p. 17.
(*Mention.*)

Bibl. nat., ms. fr. 21405, p. 286. (*Mention.*)

17600. Déclaration de foi et hommage de Claude de
Longwy, évêque de Mâcon, trésorier de
l'église Saint-Martin de Tours, pour les seigneuries de Châteauneuf et de Dannemarie
appartenant à ladite trésorerie et mouvantes
de la couronne. Paris, 26 janvier 1522.

26 janvier.

> *Original. Arch. nat., Chambre des Comptes de
> Paris*, P. 16, n° 6001.

17601. Provisions en faveur d'Oudard Du Biez, chevalier, de l'office de sénéchal de Boulonnais
en remplacement d'Antoine de La Fayette,
destitué par le roi. Paris, 31 janvier 1522.

31 janvier.

> *Présentées au Parl. de Paris, le 27 avril 1523.
> Arch. nat.*, X¹ᵃ 4872, *Plaidoiries, fol. 79 v°.* (*Men-
> tion.*)
>
> *Opposition dudit La Fayette.*
>
> *Réception de Du Biez, le 5 mai suivant. Idem,
> fol. 129 v°.*

17602. Lettres de légitimation accordées à François de
Dinteville, écuyer, fils naturel de feu Erard
de Dinteville, chevalier, et de Françoise
Martin. Paris, janvier 1522.

Janvier.

> *Enreg. à la Chancellerie de France. Arch. nat.,
> Trésor des Chartes,* JJ. 236, n° 20, fol. 15 v°.
> 1 page.

17603. Lettres de légitimation accordées à Louis, fils
naturel de Louis de Montberon et de Marie
Moreau, du diocèse de Saintes. Paris, janvier
1522.

Janvier.

> *Enreg. à la Chancellerie de France. Arch. nat.,
> Trésor des Chartes,* JJ. 236, n° 4, fol. 3. 1 page.

17604. Lettres accordant à Ambroise de Fleurance
(*aliàs* Florence), pourvu le 20 juin précédent
(n° 17494) d'un office de conseiller lai au
Parlement de Paris, un nouveau délai pour
prêter le serment requis, le roi l'ayant chargé
d'une ambassade à Venise, et portant qu'il

Janvier.

sera payé de ses gages, nonobstant son ab- 1523.
sence. [. . . janvier 1522.]

> *Copie du xvie siècle. Bibl. nat., ms. fr. 5086,*
> *fol. 25. 1 page 1/2.*
> *Arrêt d'enreg. au Parl. de Paris, le 4 février 1523*
> *n. s. Arch. nat., X^{1a} 1525, fol. 77 v°.*

17605. Lettres de naturalité en faveur de Pierre de   Janvier.
Mélusin, natif du pays de Liège, établi en
France depuis cinquante ans et demeurant à
Solomiac, en la sénéchaussée de Toulouse.
Paris, janvier 1522.

> *Enreg. à la Chancellerie de France. Arch. nat.,*
> *Trésor des Chartes, JJ. 236, n° 22; fol 16 v°.*
> *1 page.*

17606. Lettres de créance pour faire faire bail par la   3 février.
Chambre des Comptes à Claude de La Croix,
baron de Plancy, maître ordinaire des comptes,
d'un droit d'usage en la forêt de Traconne.
3 février 1522.

> *Enreg. à la Chambre des Comptes de Paris, anc.*
> *mém. 2 C, fol. 241. Arch. nat., PP. 119, p. 36.*
> *(Mention.)*
> *Bibl. nat., ms. fr. 21405, p. 289. (Mention.)*

17607 Traité conclu entre François Ier et les deux Li-   5 février.
gues des Grisons. « Datum Curiæ apud Rhe-
tos. » (Coire), 5 février 1523 [1].

> *Original. Arch. nat., suppl. du Trésor des Chartes,*
> *J. 935, n° 9.*

17608. Lettres confirmant aux officiers du Parlement   5 février.
et de la Chambre des Comptes de Grenoble
leur droit de franc-salé. Paris, 5 février 1522.

> *Arch. de l'Isère, B. 2908, fol. 2. 3 pages 1/2.*

17609. Déclaration de l'hommage rendu par Louis de   8 février.
Clermont, chevalier, maître d'hôtel du roi,
au nom de Pierre de Beaufremont, chevalier,
pour la seigneurie d'Aillefol (aujourd'hui Géraudot), au bailliage de Troyes, mouvante
du comté de Champagne, et appartenant
audit Pierre par suite d'un échange conclu

---

[1] Neuvième année du règne de François Ier. Cette date n'est point par
conséquent d'après le style de Pâques.

avec Claude de Ray, chevalier, et Catherine   1523.
de Courcelles, sa femme. Saint-Germain-en-
Laye, 8 février 1522.

> *Expéd. orig. Arch. nat., P. 166¹, cote 2354.*

17610. Création d'un troisième office d'élu en l'élec-   9 février.
tion de Touraine et provisions de cet office
en faveur de François Becdelièvre. Saint-
Germain-en-Laye, 9 février 1522.

> *Enreg. à la Chambre des Comptes de Paris, anc.*
> *mém. 2 C, fol. 125.*
> *Copie du XVIII° siècle. Bibl. nat., ms. fr. 23879,*
> *fol. 27 v°.*
> *Bibl. nat., ms. Clairambault 782, p. 275.*
> *(Mention.)*
> *Bibl. nat., ms. fr. 21405, p. 286. (Mention.)*

17611. Provisions pour Olivier Aguesseau d'un office   9 février.
d'élu sur le fait des aides et tailles en Sain-
tonge et au gouvernement de la Rochelle.
Saint-Germain-en-Laye, 9 février 1522.

> *Enreg. à la Chambre des Comptes de Paris, anc.*
> *mém. 2 C, fol. 125 v°. Arch. nat., PP. 119, p. 17.*
> *(Mention.)*
> *Bibl. nat., ms. fr. 21405, p. 286. (Mention.)*
> *Bibl. nat., ms. Clairambault 782, p. 275.*
> *(Mention.)*

17612. Lettres concernant le logement des chapelains   26 février.
et clercs des trésoriers et des chanoines de la
Sainte-Chapelle du palais à Paris. Saint-Germain-en-Laye, 26 février 1522.

> *Imp. S.-J. Morand, Hist. de la Sainte-Chapelle.*
> *Paris, Prault, in-4°, 1790, Preuves, p. 102.*

17613. Provisions pour Jean Picard, chevalier, sʳ de   26 février.
Radeval, maître d'hôtel ordinaire du roi, de
l'office de bailli et capitaine de Gisors. 26 février 1522.

> *Enreg. à la Chambre des Comptes de Paris, anc.*
> *mém. 2 C, fol. 134 v°. Arch. nat., PP. 119, p. 18.*
> *(Mention.)*
> *Bibl. nat., ms. fr. 21405, p. 287. (Mention.)*

17614. Lettres de légitimation accordées à Robert et   Février.
Périne de Champeaux, enfants naturels de

Robert de Champeaux, de Catherine Buière et de Marie Fouquet. Paris, février 1522.

> *Enreg. à la Chancellerie de France. Arch. nat., Trésor des Chartes, JJ. 236, n° 48, fol. 39 v°. 1 page.*

1523.

17615. Lettres de noblesse pour Guillaume Filleul, greffier de l'élection de Lisieux. Février 1522.

> *Enreg. à la Chambre des Comptes de Paris, le 4 juin 1523. Bibl. de l'Arsenal, ms. 4939, fol. 58 v°. (Mention [1].)*
>
> IMP. *Dict. des ennoblissemens.* Paris, 1788, 2 vol. in-8°, t. I, p. 69. *(Mention.)*

Février.

17616. Lettres de noblesse pour Henri Filleul, seigneur de Saint-Martin-de-la-Lieue. Février 1522.

> *Enreg. à la Chambre des Comptes de Paris, en juin 1523. Bibl. de l'Arsenal, ms. 4939, fol. 58. (Mention [2].)*

Février.

17617. Lettres de noblesse pour Jean Le François, de Bernay. Février 1522.

> *Enreg. à la Chambre des Comptes de Paris, en avril 1523. Bibl. de l'Arsenal, ms. 4939, fol. 56. (Mention [3].)*

Février.

17618. Lettres de noblesse pour Jean Le Valois, seigneur de Putot, au bailliage de Caen. Février 1522.

> *Enreg. à la Chambre des Comptes de Paris, en avril 1523. Bibl. de l'Arsenal, ms. 4939, fol. 57 v°. (Mention [4].)*

Février.

17619. Lettres permettant aux habitants de Languedoc de racheter de leurs deniers les terres, seigneuries, justices et juridictions du domaine, aliénées par le roi et son prédécesseur, moyennant la promesse qu'elles ne seront plus désormais, sous aucun prétexte, séparées de la couronne... 4 mars 1522.

> *Copie du XVI° siècle. Bibl. nat., ms. fr. 5086, fol. 183. 3 pages.*

4 mars.

---

[1] Le même manuscrit mentionne de nouveau ces lettres à la date de 1534 (fol. 89 v°).
[2] Même observation (fol. 103).
[3] Même observation (fol. 80).
[4] Même observation (fol. 107 v°).

17620. Lettres de souffrance accordées à François
d'Harcourt, écuyer, vicomte de Caen, baron
de Beaufort et de Beuvron, de donner le
dénombrement de ces deux terres. 4 mars
1522.

1523.
4 mars.

> Enreg. à la Chambre des Comptes de Paris, anc.
> mém. 2 C, fol. 83. Arch. nat., PP. 119, p. 13.
> (Mention.)
> Bibl. nat., ms. fr. 21405, p. 286. (Mention.)
> Bibl. nat., ms. Clairambault 782, p. 274.
> (Mention.)

17621. Déclaration de l'hommage de Jacques d'Amboise
pour les seigneuries de Bussy-le-Château
(bailliage de Vitry, châtellenie de Sainte-
Menehould), Vavray, Maurupt, Pargny (châtellenie de Vitry), le Parc à Lachy (bailliage
et châtellenie de Sézanne), Sexfontaines, Gillancourt, Annéville, la Mancine (bailliage et
châtellenie de Chaumont), Rouvres, Lignol,
Colombé-la-Fosse et le péage de Bar-sur-Aube
(même bailliage, châtellenie de Bar-sur-Aube).
Saint-Germain-en-Laye, 11 mars 1522.

11 mars.

> Expéd. orig. Arch. nat., P. 162², cote 2518.

17622. Lettres de jussion à la Chambre des Comptes
pour la vérification de la cession des terres
d'Airaines, Argueil et Rouvroy faites à Oudart
Du Biez, chevalier, capitaine de la ville et
du château de Hesdin. 13 mars 1522.

13 mars.

> Enreg. à la Chambre des Comptes de Paris, anc.
> mém. 2 C, fol. 130 v°. Arch. nat., PP. 119, p. 18.
> (Mention.)
> Bibl. nat., ms. fr. 21405, p. 287. (Mention.)

17623. Provisions pour Jean d'Angerville, écuyer, de
l'office de vicomte et receveur ordinaire de
Coutances. 19 mars 1522.

19 mars.

> Enreg. à la Chambre des Comptes de Paris, anc.
> mém. 2 C, fol. 105. Arch. nat., PP. 119, p. 15.
> (Mention.)
> Bibl. nat., ms. fr. 21405, p. 286. (Mention.)

17624. Mandement pour l'observation des lettres de

21 mars.

neutralité accordées au duc de Lorraine.
Saint-Germain-en-Laye, 21 mars 1522.

1523.

*Vidimus du 28 août 1523, sous le sceau de la
prévôté de Vitry. Bibl. nat., collection de Lorraine,
vol. 232, fol. 14.*

17625. Provisions pour Charles Le Coq, de l'office de
président des généraux des monnaies. 26 mars
1523.

26 mars.

*Enreg. à la Chambre des Comptes de Paris, anc.
mém. 2 C, fol. 137. Arch. nat., PP. 119, p. 19.
(Mention.)*
Bibl. nat., ms. fr. 21405, p. 287. (Mention.)

17626. Commission donnée à Louis de La Trémoïlle,
gouverneur de Bourgogne, au sʳ de Jonvelle,
son lieutenant général, au sʳ de Ruffey, chambellan, à Hugues Fournier, premier président
du Parlement, à Raoul Hurault, général des
finances, et à Bénigne Serre, receveur général
des finances, pour assister à l'assemblée des
gens des trois États du comté d'Auxonne et
leur demander une somme de 16,000 livres,
tant pour la solde de l'armée que pour la fortification des villes. Saint-Germain-en-Laye,
29 mars 1522.

29 mars.

Original. Arch. de la Côte-d'Or, États, C. 7484.

17627. Lettres ordonnant à la ville de Tours de fournir
deux cents archers, ou la somme nécessaire
à leur solde et entretien. Paris, mars 1522.

Mars.

*Arch. de la ville de Tours, BB. 25. (Invent. ms.
aux Arch. nat., F. 89080.)*

17628. Lettres de légitimation obtenues par Bertrand
Brunet, prêtre, fils naturel de maître Phi-
libert Brunet, prêtre, et de Marie Forgeu.
Saint-Germain-en-Laye, mars 1522.

Mars.

*Enreg. à la Chambre des Comptes de Dijon, le
16 février 1523. Arch. de la Côte-d'Or, B. 72,
fol. 84.*

17629. Déclaration de foi et hommage de Tristan de
Hingant, dit Furet, pour la seigneurie de
Cernay-la-Ville, mouvante de Neauphle au

17 avril.

comté de Montfort-l'Amaury. Saint-Germain-
en-Laye, 17 avril 1523.   1523.

*Original. Arch. nat., Chambre des Comptes de
Paris, P. 7, n° 2348.*

17630. Déclaration de foi et hommage d'Étienne Le   17 avril.
Belley, prêtre, religieux de l'ordre de Saint-
Augustin, abbé de Notre-Dame de Montmorel,
au diocèse d'Avranches, pour le temporel de
ladite abbaye. Saint-Germain-en-Laye, 17 avril
1523.

*Original. Arch. nat., Chambre des Comptes de
Paris, P. 268², n° 3394.*

17631. Mandement aux généraux des finances de tenir   20 avril.
Jean Malleville et Jean Maignan, fermiers du
quatrième des vins de la ville et banlieue de
Bernay, quittes et déchargés de 350 livres
tournois sur ce qu'ils doivent de la ferme de
1521, dont le roi leur a fait remise après enquête de l'élu de Bernay, du général de Normandie et du Grand conseil. Saint-Germain-
en-Laye, 20 avril 1523.

*Original. Bibl. nat., Nouv. acquisitions franç.,
ms. 1483, n° 47.*

17632. Mandement aux généraux des finances de faire   21 avril.
payer par Jean Boudet, commis à recevoir
le douaire de la reine Marie, à Jean Carré,
commis au payement des gages des officiers
de l'hôtel du roi, 13,000 livres tournois
pour employer au fait de son office durant
la présente année. Saint-Germain-en-Laye,
21 avril 1523.

Original. Bibl. nat., ms. fr. 25720, n° 229.

17633. Déclaration de foi et hommage d'Hugues Gon-   24 avril.
neau, sᵣ de Millerieux et la Borde, pour la sergenterie de Millerieux, mouvante d'Amboise.
Saint-Germain-en-Laye, 24 avril 1523.

*Original. Arch. nat., Chambre des Comptes de
Paris, P. 12, n° 3913.*

17634. Provisions de l'office de bailli de la Montagne   26 avril.
(Châtillonnais) pour Jean de Cusance, écuyer,
seigneur de Darcey, en remplacement de

v.   73

M. de Lamet, démissionnaire. Saint-Germain-   1523.
en-Laye, 26 avril 1523.

> *Enreg. au Parl. de Dijon, le 20 mai suivant.*
> *Arch. de la Côte-d'Or, Parl., reg. I, fol. 214 v°.*

17635. Provisions en faveur de Jean de Saulx, sei-   29 avril.
gneur d'Orrain, de l'office de gruyer général
des Eaux et forêts du duché de Bourgogne,
en remplacement de feu Jean de Tavanes.
Saint-Germain-en-Laye, 29 avril 1523.

> *Imp.* Dom Plancher, *Histoire générale de Bour-*
> *gogne.* Dijon, 1741, in-fol., t. II, Preuves,
> p. CCLXXXIV.

17636. Lettres de mainlevée de la terre de Droiselles,   29 avril.
données au profit de Dreux Raguier, écuyer,
sᵣ de Thionville, maître des Eaux et forêts de
Champagne et de Brie, et de Martine Hennequin, sa femme. 29 avril 1523.

> *Enreg. à la Chambre des Comptes de Paris,* anc.
> mém. 2 C, fol. 116. *Arch. nat.,* PP. 119, p. 16.
> (*Mention.*)
> *Bibl. nat.,* ms. fr. 21405, p. 286. (*Mention.*)

17637. Déclaration de foi et hommage de Charles d'Es-   1ᵉʳ mai.
pinay, chevalier, pour la seigneurie d'Ussé-
sur-Indre, mouvante de Chinon. Vanves,
1ᵉʳ mai 1523.

> *Original. Arch. nat., Chambre des Comptes de*
> *Paris,* P. 13, n° 4395.

17638. Déclaration de foi et hommage de Charles d'Es-   1ᵉʳ mai.
pinay, chevalier, pour la seigneurie de Saint-
Michel-sur-Loire, mouvante de Chinon.
Vanves, 1ᵉʳ mai 1523.

> *Original. Arch. nat., Chambre des Comptes de*
> *Paris,* P. 13, n° 4396.

17639. Déclaration de foi et hommage de Charles d'Es-   1ᵉʳ mai.
pinay, chevalier, pour la seigneurie de Bodé,
mouvante d'Amboise. Vanves, 1ᵉʳ mai 1523.

> *Original. Arch. nat., Chambre des Comptes de*
> *Paris,* P. 12, n° 3914.

17640. Lettres portant que les audiences seront tenues   6 mai.
les lundi, mardi et vendredi au bailliage de
Paris; et les mercredi, jeudi et samedi au

Châtelet. Saint-Germain-en-Laye, 6 mai 1523.   1523.

Présentées au Parl., les 15, 18 et 19 mai suivant.
Arch. nat., X¹ᵃ 4872, Plaidoiries, fol. 173 v°.
(Mentions et prescription d'enquête.)

17641. Provisions de l'office de greffier civil et criminel   8 mai.
au Parlement de Dijon pour Bénigne Serre,
receveur général des finances de Bourgogne,
secrétaire de la chancellerie du duché en
remplacement de Jean Prévot, trésorier de
l'extraordinaire des guerres. Saint-Germain-
en-Laye, 8 mai 1523.

Enreg. au Parl. de Dijon, le 26 mai suivant.
Arch. de la Côte-d'Or, Parl., reg. I, fol. 215 v°.

17642. Déclaration de l'hommage de François d'An-   14 mai.
glure, chevalier, pour la baronnie de Bour-
sault (bailliage de Vitry, châtellenie de Châtillon-sur-Marne). Saint-Germain-en-Laye,
14 mai 1523.

Expéd. orig. Arch. nat., P. 162¹, cote 502.

17643. Mandement à la Chambre des Comptes de   15 mai.
Paris, aux trésoriers de France et aux généraux des finances, de faire payer par le changeur du Trésor 6 sous parisis par jour de
gages et 10 livres par an pour droit de manteau à Jean Duval, notaire et secrétaire du
roi. Saint-Germain-en-Laye, 15 mai 1523.

Bibl. nat., ms. fr. 15628, n° 338. (Mention.)

17644. Lettres de réception du serment de fidélité,   17 mai.
prêté par-devant le chancelier, de dom Ri-
chard Martin, bachelier en théologie, abbé de
l'abbaye cistercienne de Notre-Dame de l'Es-
trée. Paris, 17 mai 1523.

Expéd. orig. Arch. nat., P. 270¹, cote 4145.

17645. Lettres de réception du serment de fidélité   24 mai.
d'Antoine Lascaris de Tende, évêque comte
de Beauvais, pour le temporel dudit évêché,
à lui conféré par le pape, sur la présentation

73.

royale, conformément au Concordat. Blois, 24 mai 1523.

1523.

> *Expéd. orig. Arch. nat., P. 725[1], cotes 243 et 244.*

17646. Déclaration de foi et hommage de Marie Farineau, veuve de Pierre de Regnart, comme tutrice des enfants dudit défunt, pour la seigneurie du Pin (paroisse de Pontlevoy) et la moitié de la seigneurie des Bordes (même paroisse), mouvantes d'Amboise. Blois, 26 mai 1523.

26 mai.

> *Original. Arch. nat., Chambre des Comptes de Paris, P. 12, n° 3915.*

17647. Déclaration de foi et hommage de Pierre Servain, fils de feu Pierre Servain, tant en son nom que comme procureur de ses cohéritiers, pour la dîme des blés et vins appelée des Vaux, située en la paroisse de Cour-Cheverny, mouvante d'Amboise. Blois, 27 mai 1523.

27 mai.

> *Original. Arch. nat., Chambre des Comptes de Paris, P. 12, n° 3916.*

17648. Lettres de commission à Jean d'Ancézune, sr de Codolet, bailli de Gévaudan, et à Jean Molien, juge dudit bailliage, d'imposer et faire lever sur le clergé du diocèse du Puy la somme de 8,035 livres tournois et sur celui du diocèse de Mende 9,750 livres tournois, « pour ayder à fournir à la deffance du royaume ». Blois, 31 mai 1523.

31 mai.

> *Copie du XVI° siècle, insérée dans le procès-verbal desdits commissaires, Arch. nat., suppl. du Trésor des chartes, J. 939, n° 7.*

17649. Déclaration de foi et hommage de François de Mons, chevalier, sr d'Anzan et du Feuillet, l'un des cent gentilshommes de l'hôtel, pour la seigneurie du Feuillet, mouvante d'Amboise. Saint-Dié[-sur-Loire], 5 juin 1523.

5 juin.

> *Original. Arch. nat., Chambre des Comptes de Paris, P. 12, n° 3917.*

17650. Lettres de réception du serment de fidélité de Charles de Ligny, religieux bénédictin, abbé de Saint-Symphorien près Beauvais (bailliage de Senlis), pour le temporel de ladite abbaye. Saint-Germain-en-Laye, 14 juin 1523.

1523.
14 juin.

Expéd. orig. Arch. nat., P. 725¹, cote 245.

17651. Déclaration de l'hommage de Jacques Daniel, avocat au Parlement de Paris, pour les fiefs de Bois-d'Ennemets et de la Heaumière (bailliage et vicomté de Gisors), à lui échus par suite du décès de Michel Daniel et d'Isabelle Daguenet, ses aïeux, et de Jacques Daniel, conseiller au Parlement de Paris, son père. Paris, 17 juin 1523.

17 juin.

Expéd. orig. Arch. nat., P. 274¹, cote 6285.

17652. Mandement au bailli de Chalon de faire saisir les revenus du temporel des gens d'église et du clergé du diocèse de Chalon, pour les contraindre à payer la somme de 9,502 livres tournois, montant de leur quote-part des 1,200,000 livres que le roi « fait requérir par forme d'aide » à tout le clergé de France, pour la défense de son royaume. Paris, 18 juin 1523.

18 juin.

Copie collat. du XVI⁰ siècle. Arch. nat., M. 8, n° 22.

17653. Lettres adressées au sénéchal de Rouergue, à Anne Du Prat, receveur des aides dans la Haute-Auvergne, et à René Leconte, receveur des aides à Château-Thierry, leur notifiant que l'aide pour l'année prochaine a été portée à 2,400,000 livres tournois, et qu'il sera levé par anticipation 612,609 livres le 1ᵉʳ août 1523, 843,775 livres le 10 septembre, 664,953 livres le 1ᵉʳ décembre, et 291,729 livres le 1ᵉʳ mars suivant. Le Rouergue et le comté de Rodez ont été taxés à 51,890 livres tournois. Paris, 18 juin 1523.

18 juin.

Vidimus de François Le Vavasseur, sénéchal de Rouergue, donné à Villefranche le 23 novembre 1523. Bibl. nat., ms. fr. 26119, fol. 783.

17654. Déclaration de l'hommage de Robert de Gaillardbois, écuyer, curé de Saint-Denis-le-Ferment, pour le demi-fief de haubert de Marcouville (bailliage et vicomté d'Évreux, châtellenie d'Andely). Paris, 18 juin 1523.

1523.
18 juin.

Expéd. orig. Arch. nat., P. 274², cote 6282.

17655. Lettres de sauf-conduit accordées à Méry et François d'Elbène, marchands florentins, demeurant à Milan, pour trafiquer aux foires de Lyon et en tout autre lieu du royaume. Paris, 20 juin 1523.

20 juin.

Copie du XVI⁰ siècle. Bibl. nat., ms. fr. 5086, fol. 106. 2 pages.

17656. Provisions en faveur de Pierre Hotman, avocat en Parlement, de l'office de lieutenant général de la juridiction des Eaux et forêts à la Table de marbre du Palais, en remplacement de Jean Morin, qui l'a résigné purement et simplement. Saint-Germain-en-Laye, 23 juin 1523.

23 juin.

Enreg. aux Eaux et forêts, le 4 août 1523. Arch. nat., Z¹ᵉ 318, fol. 184. 2 pages.

17657. Lettres de légitimation accordées à Claudine Bouesseau, fille naturelle de feu noble homme Charles Bouesseau, prêtre, et de Huguette, veuve de Thomas Jacquelin et femme de Perrenet Camus, notaire au duché de Bourgogne. Paris, 23 juin 1523.

23 juin.

Enreg. à la Chambre des Comptes de Dijon, le 23 juillet 1528. Arch. de la Côte-d'Or, B. 72, fol. 115 v°.

17658. Provisions en faveur de François Du Pont de l'office de procureur du roi au siège de Fontenay-le-Comte, dans la sénéchaussée de Poitou. 24 juin 1523.

24 juin.

Mention dans un arrêt du Grand conseil, en date du 2 mars 1527 n. s., donné entre ledit Du Pont et Jacques Danyau (voir ci-dessus au 18 décembre 1516) et portant adjudication à ce dernier dudit office. Arch. nat., Vᵇ 1046.

17659. Pouvoirs des commissaires du roi aux États de

25 juin.

Languedoc, convoqués au Pont-Saint-Esprit
pour le 20 juillet. Saint-Germain-en-Laye,
25 juin 1523.

1523.

> Copie. Arch. départ. de l'Hérault, États de Lan-
> guedoc, C. Recueils des lettres et actes des commis-
> saires du roi aux États, 1523. 6 pages.

17660. Déclaration de foi et hommage de Pierre Forget, secrétaire de Louise de Savoie et receveur des aides et tailles de la sénéchaussée
des Lannes, comme procureur de Jeanne
de Dézest, sa mère, pour les seigneuries des
eaux, pêcheries et îlots, sis au-dessous du
prieuré de Moncé, et des prés de Linière,
appelés les Prés-longs, mouvants d'Amboise.
Saint-Germain-en-Laye, 25 juin 1523.

25 juin.

> Original. Arch. nat., Chambre des Comptes de
> Paris, P. 12, n° 3920.

17661. Déclaration de foi et hommage de François
Moysant, secrétaire de la reine, pour 3 arpents et demi de terre situés à la Varenne,
près Amboise, et mouvants dudit lieu d'Amboise. Saint-Germain-en-Laye, 25 juin 1523.

25 juin.

> Original. Arch. nat., Chambre des Comptes de
> Paris, P. 12, n° 3921.

17662. Déclaration de foi et hommage de Claude de
Bombelles, sᵣ de Lavau, secrétaire du roi,
pour la seigneurie de Lavau, mouvante d'Amboise. Saint-Germain-en-Laye, 25 juin 1523.

25 juin.

> Original. Arch. nat., Chambre des Comptes de
> Paris, P. 12, n° 3922.

17663. Déclaration de foi et hommage de Jean Barril-
lon, comme procureur de François d'Assy,
sᵣ d'Ervau, pour la seigneurie d'Ervau, située dans la paroisse de Saint-Martin-le-Beau
et mouvante d'Amboise. Saint-Germain-en-
Laye, 26 juin 1523.

26 juin.

> Original. Arch. nat., Chambre des Comptes de
> Paris, P. 12, n° 3923.

17664. Provisions en faveur de Louis de Brézé, chevalier de l'ordre, grand sénéchal de Normandie, de la charge de lieutenant général du

30 juin.

roi en Normandie, pendant l'absence du duc
d'Alençon, gouverneur de la province, qui
accompagne le roi en Italie. Saint-Germain-
en-Laye, 30 juin 1523.

> Copie authentique signée Le Lieur (17 décembre
> 1524). Bibl. nat., ms. Clairambault 959, p. 123.

17665. Lettres portant union à la vicomté de Tours
de la châtellenie des ponts de Tours, des fiefs
de Maudoux et des grand et petit Charentais,
en faveur de Jacques de Beaune, s' de Semblançay, conseiller et chambellan ordinaire
du roi, gouverneur et bailli de Touraine, et de
Guillaume de Beaune, son fils, s' de la Carte,
général des finances. Saint-Germain, juin
1523.

> Enreg. à la Chambre des Comptes de Paris, anc.
> mém. 2 C, fol. 208. Arch. nat., PP. 119, p. 32.
> (Mention.)
> Bibl. nat., ms. fr. 21405, p. 288. (Mention.)
> Bibl. nat., ms. Clairambault 782, p. 276.
> (Mention.)

17666. Lettres d'anoblissement en faveur de Pierre
Fresnel, marchand de Caen, âgé de soixante-
sept ans pour lui et sa postérité, moyennant
un don au roi de 600 livres tournois. Saint-
Germain-en-Laye, juin 1523.

> Pièce vendue 31 francs à l'hôtel Drouot à Paris,
> en décembre 1888. (Voir le journal Le Temps, du
> 18 décembre 1888.)
> Enreg. à la Chambre des Comptes de Paris, le
> 13 juillet 1523.
> Bibl. de l'Arsenal, ms. 4929, fol. 70.[1] (Men-
> tion.)
> Impr. Dict. des ennoblissemens. Paris, 1788, in-8°,
> t. I, p. 75. (Mention.)

17667. Lettres de noblesse pour Guillaume Labbé,
normand, seigneur de la Rozière (alias Ro-
dière). Saint-Germain-en-Laye, juin 1523.

> Enreg. à la Chambre des Comptes de Paris, le

[1] Le même manuscrit mentionne des lettres de noblesse de l'an 1534
pour Pierre Fresnel, normand (fol. 98 v°).

26 juillet 1523. Bibl. de l'Arsenal, ms. 4939, fol. 69. (Mention [1].)
IMP. Dict. des ennoblissemens. Paris, 1788, 2 vol. in-8°, t. I, p. 87. (Mention.)

1523.

17668. Lettres de noblesse pour Guillaume Survie, de Douville. Juin 1523.

Juin.

Enreg. à la Chambre des Comptes de Paris, en juillet 1523. Bibl. de l'Arsenal, ms. 4939, fol. 68. (Mention.)
IMP. Dict. des ennoblissemens. Paris, 1788, 2 vol. in-8°, t. I, p. 129. (Mention.)

17669. Lettres de noblesse pour Guillaume Le Chevalier, seigneur de Carvillier. Juin 1523.

Juin.

Enreg. à la Chambre des Comptes de Paris, en juillet 1523. Bibl. de l'Arsenal, ms. 4939, fol. 61 v°. (Mention.)

17670. Lettres de légitimation accordées à Pierre Bryois, fils naturel de Pierre Bryois, prêtre, demeurant à Dijon. Saint-Germain-en-Laye, juin 1523.

Juin.

Enreg. à la Chambre des Comptes, le 4 août 1523. Arch. de la Côte-d'Or, B. 72, fol. 83 v°.

17671. Confirmation du don de la seigneurie de Vernot, fait en faveur de Jean de Gand, fils de Thibaut de Gand. Saint-Germain-en-Laye, 2 juillet 1523.

2 juillet.

Copie collat. du XVI° siècle. Arch. de la Côte-d'Or, B. 1331.

17672. Déclaration de foi et hommage de René Sauvaige, pour lui et comme curateur de François Sauvaige, son frère mineur, étudiant à l'Université d'Orléans, pour les fiefs des Granges, de la Chevalerie et des Vieilles-Cartes, mouvants d'Amboise. Saint-Germain-en-Laye, 2 juillet 1523.

2 juillet.

Original. Arch. nat., Chambre des Comptes de Paris, P. 12, n° 3924.

17673. Déclaration de foi et hommage de Guillaume d'Argy, écuyer, sommelier ordinaire de

2 juillet.

---

[1] Le même manuscrit mentionne de nouveau ces lettres à la date de 1534, fol. 109.

V.

74

l'échansonnerie de bouche du roi, comme
procureur de Mathurine de Sangou, veuve
de Jean Louan, écuyer, s' de la Cour-de-
Mesnes, pour 4 arpents de terre situés en
la paroisse de Cangé, et 6 arpents situés à la
Varenne et mouvants d'Amboise. Saint-Germain-en-Laye, 2 juillet 1523.

1523.

> *Original. Arch. nat., Chambre des Comptes de
> Paris, P. 12, n° 3925.*

17674. Provisions pour Jean Le Mazier de l'office de
vicomte et receveur ordinaire de Gisors.
2 juillet 1523.

2 juillet.

> *Enreg. à la Chambre des Comptes de Paris, anc.
> mém. 2 C, fol. 194 v°. Arch. nat., PP. 119, p. 29.
> (Mention.)*
> *Bibl. nat., ms. fr. 21406, p. 288. (Mention.)*

17675. Déclaration portant que les emprunts faits par
le roi au comté d'Auxonne ne porteront aucun préjudice aux privilèges du pays. Saint-
Germain-en-Laye, 4 juillet 1523.

4 juillet.

> *Original. Arch. de la Côte-d'Or, États, C. 7482.*

17676. Lettres portant souffrance de faire foi et hommage, accordées à René de Batarnay, enfant
d'honneur du roi et du dauphin, pour les
seigneuries de Montrésor, de la Roche (paroisse de la Chapelle-Saint-Hippolyte) et le
fief de Bourriasse (paroisses de Genillé et du
Liège), mouvants de Loches, jusqu'à ce qu'il
soit en âge. Saint-Germain-en-Laye, 5 juillet
1523.

5 juillet.

> *Original. Arch. nat., Chambre des Comptes de
> Paris, P. 716, n° 243.*

17677. Déclaration de foi et hommage de Louis Thibault, dit Bresseau, écuyer, gentilhomme de
la vénerie du roi et maître des Eaux et forêts
d'Amboise et Montrichart, pour la seigneurie
de la Perrée en la paroisse de Saint-Ouen-du-
Bois, mouvante d'Amboise. Saint-Germain-
en-Laye, 6 juillet 1523.

6 juillet.

> *Original. Arch. nat., Chambre des Comptes de
> Paris, P. 12, n° 3926.*

17678. Lettres de neutralité octroyées à Antoine, duc de Lorraine et de Bar, en faveur des marchands des villes impériales se rendant dans ses duchés. Saint-Germain-en-Laye, 9 juillet 1523.

> *Original scellé. Ancien Trésor des chartes de Lorraine, lay. Neutralités, n° 1. Bibl. nat., coll. de Lorraine, vol. 232, fol. 1.*
> *Vidimus du prévôt de Vitry, en date du 24 juillet 1523. Ibid., lay. Traités V, n° 4. Bibl. nat., coll. de Lorraine, vol. 253, fol. 4.*

1523.
9 juillet.

17679. Mandement à Morelet du Museau, général des finances en Picardie, de faire payer par Jean de La Forge, receveur général en Picardie à Jacques de Beaune, sʳ de Samblançay, la somme de 3,852 livres tournois qu'il avait prêtée au roi deux mois auparavant. Saint-Germain-en-Laye, 11 juillet 1523.

> *Copie du xvıᵉ siècle. Bibl. nat., ms. fr. 2940, fol. 96.*

11 juillet.

17680. Provisions de l'office de contrôleur du domaine de la ville, prévôté et vicomté de Paris, nouvellement créé, en faveur de Léon du Torchon, valet de chambre du roi. 12 juillet 1523.

> *Reçu à la Chambre des Comptes de Paris, le 16 février 1530 n. s., vu les lettres de surannation, anc. mém. FF, fol. 239. Arch. nat., K. 1377, papiers de Fontanieu. (Mention.)*

12 juillet.

17681. Mandement aux généraux des finances de faire payer par Jean Sapin à Jacques de Beaune, sʳ de Samblançay, 19,300 livres formant le cinquième des 96,500 livres tournois qu'il a avancées au roi pour le fait de ses guerres. Saint-Germain-en-Laye, 13 juillet 1523.

> *Copie du xvıᵉ siècle. Bibl. nat., ms. fr. 2940, fol. 94 v°.*

13 juillet.

17682. Don à Alof de L'Hôpital, sʳ de Choisy, échanson de la duchesse d'Angoulême, d'une somme de 3,000 livres sur les ventes de coupes de bois dans la forêt d'Orléans, au lieu dit les

14 juillet.

Allouats. Saint-Germain-en-Laye, 14 juillet   1523.
1523.

Arch. nat., Comptes de l'épargne (1528), KK. 96, fol. 635. (Mention.)

17683. Déclaration de foi et hommage de Philibert   14 juillet.
Babou, trésorier de France, s' de la Bourdai-
sière, pour les seigneuries du Cloux (auj. du
Clos), de Lucé et de la Ménaudière, mouvantes de la baronnie d'Amboise, dont le roi
a donné le revenu à Louise de Savoie. Saint-
Germain-en-Laye, 14 juillet 1523.

> Original. Arch. nat., Chambre des Comptes de
> Paris, P. 12, n° 3929.

17684. Déclaration de foi et hommage de Philibert   14 juillet.
Babou, trésorier de France, s' de la Bour-
daisière et de Thuisseau, pour les seigneuries
de Thuisseau, de la voirie de Montlouis, du
Petit-Mauny, du Tailleau (ou la Taille), du
Tertre (le Tertre-Husseau), de la Villière, de
Coustard et de Bodé, mouvantes d'Amboise.
Saint-Germain-en-Laye, 14 juillet 1523.

> Original. Arch. nat., Chambre des Comptes de
> Paris, P. 12, n° 3928.

17685. Déclaration de foi et hommage de René, bâtard   18 juillet.
de Savoie, grand maître de France, comte de
Villars et de Tende, pour les seigneuries de
Pressigny et de Ferrières-Larçon, mouvantes
de Chinon. Saint-Germain-en-Laye, 18 juillet
1523.

> Original. Arch. nat., Chambre des Comptes de
> Paris, P. 13, n° 4397 et 4398. (Double expédition.)

17686. Mandement aux trésoriers de France de faire   23 juillet.
payer par Jacques Charmolue, changeur du
Trésor, au duc de Vendôme, lieutenant général en Picardie, la somme de 3,000 livres
tournois sur les 7,000 livres que le roi lui
a données l'an dernier, pour les services par
lui rendus à la défense de la Picardie. Saint-
Germain-en-Laye, 23 juillet 1523.

> Copie du XVIᵉ siècle. Bibl. nat., ms. fr. 2940,
> fol. 97 v°.

17687. Mandement à Philibert Tissart (*aliàs* Thizart),
général des finances de Bretagne, de faire
recouvrer par Gillette du Guiny, gouvernante
de Mademoiselle d'Acigné, le montant du
revenu des terres d'Auray et de Quibéron
pendant la présente année. Paris, 28 juillet
1523.

> *Copie du temps. Arch. nat., R¹ 212.*

1523.
23 juillet.

17688. Provisions pour Thibaut Le Goux de l'office de
contrôleur des aides et tailles en l'élection de
Langres. Paris, 25 juillet 1523.

> *Reçu à la Chambre des Comptes de Paris, le
> 23 février 1527 n. s., anc. mém. 2 D, fol. 197 v°.
> Arch. nat., PP. 119, p. 34. (Mention.)
> Bibl. nat., ms. fr. 21405, p. 297. (Mention.)
> Bibl. nat., ms. Clairambault 782, p. 282.
> (Mention.)*

25 juillet.

17689. Déclaration de foi et hommage de Louis de La
Gruthuse, s^r d'Offémont, pour la seigneurie
d'Offémont, mouvante de Compiègne. Paris,
27 juillet 1523.

> *Original. Arch. nat., Chambre des Comptes de
> Paris, P. 5, n° 1591.*

27 juil'et.

17690. Lettres d'exécutoire données à René Clautet,
commis à tenir le compte et faire le payement
des constructions du château de Chambord,
pour être payé par les receveurs ordinaires
du domaine des sommes qui lui ont été assignées sur leurs recettes. Saint-Germain-en-
Laye, ... [1] juillet 1523.

> *Copie du XVIe siècle. Bibl. nat., ms. fr. 5086,
> fol. 111 v°. 1 page 1/2.*

Juillet.

17691. Lettres par lesquelles le roi promet au clergé
du diocèse de Mirepoix de ne lui réclamer
les sommes auxquelles il a été imposé qu'en
cas de nécessité absolue pour la défense du
royaume. Saint-Germain-en-Laye, juillet
1523.

> *Copie du XVIIe siècle. Bibl. nat., mss. de la coll.
> Doat, vol. 82, fol. 417.*

Juillet.

[1] Le quantième en blanc.

17692. Lettres de noblesse pour Robert Hurel, aîné, de
Sainte-Mère-Église dans l'élection de Coutances. Saint-Germain-en-Laye, juillet 1523.

> Enreg. à la Chambre des Comptes de Paris, le
> 15 juillet 1523.
> Bibl. de l'Arsenal, ms. 4939, fol. 69 v°. (Men-
> tion[1].)
> Imp. Dict. des ennoblissemens. Paris, 1788,
> in-8°, t. I, p. 85. (Mention.)

1523.
Juillet.

17693. Lettres de noblesse pour Jacques Le Biguetier
(aliàs Béglier et Benguetier). Juillet 1523.

> Enreg. à la Chambre des Comptes de Paris, en
> 1523. Bibl. de l'Arsenal, ms. 4989, fol. 68 v°.
> (Mention[2].)

Juillet.

17694. Provisions en faveur de Louis Sauldin de l'office de greffier de la forêt de Bière. 4 août
1523.

> Mention dans un arrêt du Grand conseil, en date
> du 19 novembre 1534. Arch. nat., V° 1050.

4 août.

17695. Déclaration de foi et hommage d'Étienne Geu-
fronneau, licencié ès lois, garde de la prévôté de Montargis, pour la moitié du fief du
Clos-le-Roi, mouvant de Lorris. Montargis,
8 août 1523.

> Original. Arch. nat., Chambre des Comptes de
> Paris, P. 10, n° 3450.

8 août.

17696. Déclaration relative aux prérogatives des habitants du duché de Milan. Lyon, 22 août
1523.

> Copie du xvi° siècle. Bibl. nat., mss. de la coll.
> Dupuy, vol. 452, fol. 223.

22 août.

17697. Déclaration de foi et hommage de Jean Le Paige,
marchand brodeur, demeurant à Tours, et
s' de la Drageonnière, pour ladite seigneurie,
mouvante d'Amboise. Blois, 24 août 1523.

> Original. Arch. nat., Chambre des Comptes de
> Paris, P. 12, n° 3933.

24 août.

---

[1] Le même manuscrit mentionne (fol. 80) des lettres de noblesse de
l'an 1534, pour Robert Hurel, normand.
[2] Le même manuscrit, fol. 102, mentionne de nouveau ces lettres
à la date de 1534.

17698. Lettres de prorogation pendant six ans de l'oc-   1523.
troi sur les portages, obtenues par les maire,   2 septembre.
échevins et habitants de Beaune. Blois, 2 septembre 1523.

> *Original. Arch. municip. de Beaune (Côte-d'Or),*
> *Patrim, n° 29.*

17699. Lettres de la régente en faveur de Pierre Mar-   3 septembre.
chant. 3 septembre 1523.

> *Présentées au Grand conseil, le 18 décembre*
> *1529, dans un procès entre ledit Pierre Marchant et*
> *Pierre Aubert, dit Balaguy. Arch. nat., V⁵ 1047.*
> *(Mention.)*

17700. Lettres permettant à Henri II, roi de Navarre,   4 septembre.
de demander à ses sujets d'Albret, Périgord
et Limousin une aide suffisante pour réparer
les dégâts et dommages causés dans ses terres
de Béarn et autres par la dernière invasion
du roi catholique, et assurer à l'avenir la
défense de ces pays. Blois, 4 [septembre[1]]
1523.

> *Original. Arch. départ. des Basses-Pyrénées,*
> *E. 113.*

17701. Commission à Jean Brinon, président du Par-   6 septembre.
lement de Rouen, et à Guillaume Luillier,
maître des requêtes de l'hôtel, de se transporter à Tarare et d'y interroger Antoine de
Chabannes, évêque du Puy, Jean de Poitiers,
sʳ de Saint-Vallier, et Aimar de Prie, sʳ de Prie
et de Toussy. Lyon, 6 septembre 1523.

> *Original. Bibl. nat., ms. fr. 5109, fol. 5.*
> *Imp. G. Guiffrey, Procès de Jean de Poitiers,*
> *sʳ de Saint-Vallier. Paris, in-8°, p. 18.*
> *Fr. Duchesne, Hist. des chanceliers et gardes*
> *des sceaux de France. Paris, 1680, in-fol., p. 566.*
> *(Mention.)*

17702. Commission à Jean de Selve, Jean Salat, Fran-   11 septembre.
çois de Loynes et Jean Papillon de faire le
procès du connétable et de ses complices,

---

[1] La pièce étant en fort mauvais état, le nom du mois a disparu.
On pourrait aussi bien lire *octobre* ou *décembre*.

Antoine de Chabannes, Jean de Poitiers et   1523.
Aimar de Prie. Lyon, 11 septembre 1523.

Original. Bibl. nat., ms. fr. 5109, fol. 129.
Imp. G. Guiffrey, Procès de Jean de Poitiers, etc.
Paris, in-8°, p. 22.

17703. Commission pour saisir les fiefs possédés en   12 septembre.
       Dauphiné par Jean de Poitiers, seigneur de
       Saint-Vallier, complice du connétable de
       Bourbon. Lyon, 12 septembre 1523.

Transcription en tête du procès-verbal de saisie.
Arch. nat., K. 1158, n° 24, fol. 2 v°. 3 pages 1/2.

17704. Lettres de réception par la régente du serment   13 septembre.
       de fidélité de frère Pierre de Cluys, grand
       prieur de France de l'ordre de Saint-Jean de
       Jérusalem, pour le temporel du grand prieuré.
       Blois, 13 septembre 1523.

Expéd., orig. Arch. nat., P. 725¹, cote 246.

17705. Commission à Pierre de La Guiche, bailli de   14 septembre.
       Mâcon, pour saisir sur le connétable de
       Bourbon les pays de Beaujolais et de Dombes.
       Lyon, 14 septembre 1523.

Copie du temps. Arch. nat., Titres de Bourbons,
P. 1389³, cote 390.

17706. Déclaration de foi et hommage de Thibaut An-   15 septembre.
       cheron pour la seigneurie de Durdant (pa-
       roisse de Saint-Denis-Hors), mouvante d'Am-
       boise. Blois, 15 septembre 1523.

Original. Arch. nat., Chambre des Comptes de
Paris, P. 12, n° 3935.

17707. Déclaration de foi et hommage de François   17 septembre.
       Tissart, écuyer, s° de la Ville-Tissart, pour la
       métairie de la Bardouillère, mouvante d'Am-
       boise. Blois, 17 septembre 1523.

Original. Arch. nat., Chambre des Comptes de
Paris, P. 12, n° 3936.

17708. Déclaration de foi et hommage de François   17 septembre.
       Tissart, écuyer, s° de la Ville-Tissart et de la
       Guépière, pour le fief de la Penerie (*aliàs* le

Clos-Michau), mouvant d'Amboise. Blois, 1523.
17 septembre 1523.

Original. Arch. nat., Chambre des Comptes de
Paris, P. 12, n° 3937.

17709. Lettres accordant à Geoffroy Tory, libraire, de-   24 septembre.
meurant à Paris, le privilège d'imprimer un
livre d'heures à vignettes. Avignon, 24 septembre 1523.

Imp. Aug. Bernard, Geoffroy Tory, peintre et
graveur, premier imprimeur du roi. Paris, 1857,
in-8°, p. 217. (D'après le texte imprimé en tête
des Heures de 1524-1525.)

17710. Lettres accordant délai d'un an à Henri II, roi   27 septembre.
de Navarre, pour rendre hommage au roi des
terres et seigneuries relevant de la couronne
de France, dont il avait hérité d'Alain, sire
d'Albret, son grand-père paternel. Lyon,
27 septembre 1523.

Original. Arch. départ. des Basses-Pyrénées,
E. 113.
Copie du xvii° siècle. Bibl. nat., mss. de la coll.
Doat, vol. 233, fol. 231.

17711. Lettres de Louise de Savoie, régente, portant   27 septembre.
que les conseillers clercs du Grand conseil
seront exempts de l'aide de 1,200,000 livres
imposée sur les bénéfices du clergé de France.
Blois, 27 septembre 1523.

Vidimus du bailli de Blois, 30 septembre 1523,
inséré dans un autre vidimus de Raymond de Cosnac,
lieutenant du gouverneur de Limousin, donné à
Brives, le 14 octobre 1523. Bibl. nat., ms. fr.
26119, fol. 771.

17712. Lettres de relief de surannation accordées à   1er octobre.
Jean d'Orléans, archevêque de Toulouse et
évêque d'Orléans, abbé commendataire du
Bec-Hellouin, pour le serment de fidélité dû
à cause de ladite abbaye. Blois, 1er octobre
1523.

Original. Arch. nat., Chambre des Comptes de
Paris, P. 265², n° 1517.

17713. Lettres ordonnant la poursuite et l'arrestation   7 octobre.

IMPRIMERIE NATIONALE.

de Barthélemy Doria, coupable d'assassinat 1523.
sur la personne de Lucien de Grimaldi, seigneur de Monaco. Lyon, 7 octobre 1523.

> *Original. Turin. Archivio di stato*, Monaco,
> mazzo 9, n° 47.
> *Autre expéd. originale.* Arch. secrètes du Palais
> de Monaco, A. 24, n° 3, dossier 1.
> *Imp.* Caix de Pierlas, *Documents inédits sur les
> Grimaldi de Monaco.* Turin, 1884, p. 133.
> G. Saige, *Documents historiques relatifs à la prin-
> cipauté de Monaco.* Imp. de Monaco, in-4°, t. II,
> 1890, p. 190.

17714. Lettres de Louise de Savoie, régente, infor- 8 octobre.
mant les prélats et trésoriers de France que
le roi, avant de quitter Paris, a exempté l'Université de cette ville de l'aide de 1,200,000
livres qu'il avait requise du clergé. Blois, 8 octobre 1523.

> *Vidimus de Gabriel, baron d'Allègre, garde de la
> Prévôté de Paris, du 16 octobre 1523.* Bibl. nat.,
> ms. fr. 26119, fol. 773.

17715. Lettres maintenant en l'exercice de leurs états 23 octobre.
les officiers des vicomtés, terres et seigneuries
de Carlat et de Murat, saisies et confisquées
sur Charles de Bourbon, connétable de France,
et ordonnant au bailli des Montagnes d'Auvergne de leur faire prêter serment de fidélité
au roi. Lyon, 23 octobre 1523.

> *Copie du XVI° siècle, Bibl. nat.,* ms. fr. 5089,
> fol. 118, 1 page.

17716. Provisions en faveur d'Antoine de Kaerqui- 2 novembre.
finen de l'office de clerc et payeur des œuvres
du roi, vacant par la mort de Vincent Gelée.
Lyon, 2 novembre 1523.

> *Enreg. à la Chambre des Comptes de Paris,* anc.
> mém. 2 C, fol. 253. Arch. nat., PP. 119, p. 38.
> *(Mention.)*
> Bibl. nat., ms. fr. 21405, p. 289. *(Mention.)*
> Bibl. nat., ms. Clairambault 782, p. 276.
> *(Mention.)*

17717. Lettres autorisant les habitants de Beauvais 3 novembre.
à affecter aux fortifications de leur ville l'aide

par eux octroyée au roi pour le payement des
gens de guerre. Lyon, 3 novembre 1523.

1523.

*Présentées au Conseil de ville de Beauvais, le
22 novembre 1523. Arch. communales de Beauvais
(Oise), BB. 13, fol. 154 v°. 1 page.*

17718. Mandement aux trésoriers de France de faire
rembourser par Guillaume Prudhomme,
receveur général en Normandie, à Jacques
de Beaune, s^r de Semblançay, la somme de
37,500 livres tournois formant le quart de
150,000 livres qu'il avait prêtées au roi.
Lyon, 3 novembre 1523.

3 novembre.

*Copie du XVIe siècle. Bibl. nat., ms. fr. 2940,
fol. 93 v°.*

17719. Mandement aux trésoriers de France de faire
rembourser par Jean Sapin, receveur des
aides payables le 15 mars 1524, à Jacques
de Beaune, s^r de Semblançay, la somme de
37,500 livres tournois formant le quart des
150,000 livres qu'il avait prêtées au roi.
Lyon, 3 novembre 1523.

3 novembre.

*Copie du XVIe siècle. Bibl. nat., ms. fr. 2940,
fol. 93.*

17720. Mandement aux trésoriers de France de faire
rembourser par Jean Testu, receveur général
en Languedoc, Lyonnais, Forez et Beaujolais,
à Jacques de Beaune, s^r de Semblançay, la
somme de 37,500 livres tournois formant le
quart des 150,000 livres qu'il avait prêtées
au roi. Lyon, 3 novembre 1523.

3 novembre.

*Copie du XVIe siècle. Bibl. nat., ms. fr. 2940,
fol. 92 v°.*

17721. Mandement aux trésoriers de France de faire
rembourser par Jean Ruzé, receveur des
finances en la charge d'Outre-Seine, à Jacques de Beaune, s^r de Semblançay, la somme
de 37,500 livres tournois formant le quart
des 150,000 livres tournois qu'il avait prêtées
au roi. Lyon, 3 novembre 1523.

3 novembre.

*Copie du XVIe siècle. Bibl. nat., ms. fr. 2940,
fol. 91 v°.*

17722. Mandement aux généraux des finances de faire
payer par Jean Testu, receveur général en
Languedoc, à Jean Prévost, commissaire de
l'extraordinaire des guerres, 21,000 livres
tournois pour employer en sa commission.
Lyon, 8 novembre 1523.

> *Original. Bibl. nat.*, ms. fr. 25720, n° 239.

1523.
8 novembre.

17723. Mandement aux généraux des finances de faire
payer par Jean Grolier, trésorier des guerres,
à Jean Prévost, commissaire de l'extraordinaire des guerres, 50,000 livres tournois pour
employer en sa commission. Lyon, 13 novembre 1523.

> *Original. Bibl. nat.*, ms. fr. 25720, n° 240.

13 novembre.

17724. Provisions de l'office de conservateur, juge et
gardien des privilèges des foires de Lyon
pour Claude Mazy, en survivance de son père
Néry Mazy. Lyon, 14 novembre 1523.

> *Reçu au Parl. de Paris, le 5 avril 1524. Arch.
> nat.*, X¹ᵃ 4874, *Plaidoiries, non paginé.* (*Mention,
> à la date.*)

14 novembre.

17725. Mandement à Anne Du Prat, receveur des
aides et tailles en Auvergne, et à René Leconte, receveur des aides à Château-Thierry,
de répartir et lever la somme de 51,890 livres 13 sous 6 deniers tournois sur le Haut
et Bas Rouergue et le comté de Rodez, pour
leur part de l'impôt de 2,400,000 livres
établi sur tout le royaume, avec 300 livres
pour les frais des commissaires. Blois, 23 novembre 1523.

> *Copie du xvıᵉ siècle. Arch. départ. de l'Aveyron*,
> C. 1216, fol. 1.

23 novembre.

17726. Lettres portant octroi de privilèges aux habitants du pays de Dombes. Novembre 1523.

> *Mention dans un arrêt du Grand conseil, en date
> du 25 mai 1546. Arch. nat.*, V⁵ 1052.

Novembre.

17727. Lettres de création d'une chambre à sel à Mortagne, près Bellême. Blois, 3 décembre 1523.

> *Bibl. nat.*, ms. Clairambault 782, p. 277.
> (*Mention.*)

3 décembre.

17728. Lettres d'exemption pour les bénéficiers des pays de Foix, Bigorre, Tursan, Gabardan et Nébousan de la taxe que le roi a demandée sous forme d'aide au clergé du royaume. Blois, 4 décembre 1523.

> Copie du xvi° siècle. Arch. départ. des Basses-Pyrénées, E. 453.
> Bibl. nat., mss. de la collection Doat, vol. 1er, fol. 14 v°. (Mention.)

1523.
4 décembre.

17729. Lettres de don et remise en faveur de Guyon Le Roy, sr de Chillou, vice-amiral de France, des droits de rachat, quints, lods et ventes dus au roi à cause de l'acquisition par lui faite de la terre et seigneurie de la Touche-d'Avrigny dans le Châtelleraudais. Blois, 8 décembre 1523.

> Imp. Mémoires de la Société des antiquaires de l'Ouest, 2° série, t. IX, ann. 1886. Poitiers, in-8°, 1887, p. 245.

8 décembre.

17730. Lettres portant que les clavaires des trois sénéchaussées de Languedoc rendront compte de leurs recettes devant la Chambre des Comptes de Montpellier. Blois, 11 décembre 1523.

> Arch. départ. de l'Hérault, B. 445. (Mention.)

11 décembre.

17731. Lettres en faveur d'Hélène de Chambes, veuve de Philippe de Commynes, sr d'Argenton, lui accordant mainlevée pour les terres et seigneuries provenant de feu leur fille, de son vivant épouse de René de Bretagne, seigneur de Penthièvre, saisies avec les autres biens du sr de Penthièvre, complice du connétable de Bourbon. Blois, 12 décembre 1523.

> Copies collat. du xvi° siècle et sentence du sénéchal de Poitou, entérinant lesdites lettres, le 4 janvier 1525 n. s. Arch. nat., J. 948, nos 23 et 24[13].

12 décembre.

17732. Confirmation du privilège accordé aux présidents, conseillers et tous autres officiers du Parlement de Normandie, et à leurs veuves, de prendre au grenier de Rouen le sel nécessaire à la dépense de leur maison, sans payer

15 décembre.

aucun droit de gabelle. Blois, 15 décembre 1523.   **1523.**

Enreg. au Parl. de Rouen.
Copie du XVIIᵉ siècle. Arch. nat., U. 757,
2ᵉ partie, p. 160. 2 pages 1/2.

17733. Déclaration de l'hommage d'Antoine de Cugnac   17 décembre.
jeune, chevalier, baron d'Imonville-la-Grande,
pour la seigneurie de Vatimesnil, dans le
Vexin normand, mouvante de Gisors. Blois,
17 décembre 1523.

Expéd. orig. Arch. nat., P. 274¹, cote 6283.

17734. Lettres de réception du serment de fidélité de   17 décembre.
Gilbert de La Fayette, abbé de Saint-Josse-
sur-Mer (bailliage d'Amiens), pour le temporel de ladite abbaye. Blois, 17 décembre
1523.

Expéd. orig. Arch. nat., P. 725¹, cote 247.

17735. Déclaration de foi et hommage de Guillemin   19 décembre,
Cotin, laboureur à Vallières[-les-Grandes], pour
la métairie de la Thomasserie, mouvante
d'Amboise. Blois, 19 décembre 1523.

Original. Arch. nat., Chambre des Comptes de
Paris, P. 12, n° 3938.

17736. Lettres de renvoi du procès des sᵣˢ de Saint-Val-   20 décembre.
lier, de Prie, d'Escars, Pierre Popillon, Hector
d'Angeray, dit Saint-Bonnet, Bertrand Simon,
dit Brion, Antoine d'Esguières, Gilbert Guy,
dit Baudemenche, devant le Parlement de
Paris. Blois, 20 décembre 1523.

Original. Bibl. nat., ms. fr. 5109, fol. 256.
Imp. G. Guiffrey, Procès de Jean de Poitiers,
sʳ de Saint-Vallier. Paris, in-8°, p. 120.

17737. Provisions en faveur de Gilles Acarie de l'of-   27 décembre.
fice de bailli de Chartres, en survivance de
Jacques Acarie, son père. Blois, 27 décembre
1523.

Reçu au Parl. de Paris, sous certaines condi-
tions, le 18 janvier 1524 n. s. Arch. nat., X¹ᵃ 4873,
fol. 241 v°. (Mention.)

17738. Lettres contenant un acte d'échange entre le   31 décembre.
roi et François Green de Saint-Marsault, che-

valier, seigneur dudit lieu et de Millançay, Villefranche et Villebrosse, chambellan du roi, sénéchal de Périgord, qui obtient les terres et seigneuries de Pendrix en Angoumois, de Parcoul en Saintonge et 400 livres tournois de rente sur le domaine et revenu de la sénéchaussée et recette de Périgord, en retour de quoi il cède au roi, sur le désir qui lui en a été exprimé, toutes ses terres situées en Sologne. Blois, 31 décembre 1523. — 1523.

> *Copie collat. du 18 février 1599, donnée aux Arch. de la Dordogne, en 1890, par M. de Saint-Pierre, archiviste adjoint. (Cf. n° 1958 du Catalogue.)*

17739. Don à François de Silly, bailli et capitaine de Caen, de 10,000 livres tournois en récompense des services qu'il a rendus au roi. 31 décembre 1523. — 31 décembre.

> *Bibl. nat., ms. Clairambault 1215, fol. 65. (Mention.)*

1524. — Pâques, le 27 mars.

1524.

17740. Lettres exemptant des travaux aux fortifications de Bordeaux les sujets du roi de Navarre, compris dans la sénéchaussée de Guyenne, sous la promesse faite par ce prince de les employer aux fortifications des villes et places de ses domaines situées sur les frontières du royaume. Blois, 4 janvier 1523. — 4 janvier.

> *Original. Arch. départ. des Basses-Pyrénées, E. 133.*

17741. Déclaration de foi et hommage de Claude de Regnard, écuyer, s^r de Bois-Roger, pour ledit fief, mouvant d'Amboise. Blois, 4 janvier 1523. — 4 janvier.

> *Original. Arch. nat., Chambre des Comptes de Paris, P. 12, n° 3909.*

17742. Don à Simon de Bury, contrôleur du grenier — 7 janvier.

à sel de Senlis, valet de chambre du s^r de
Montmorency, des biens de feu Isabelle Po-
chet, femme de Jean Dorigny, échus au roi
par droit d'aubaine. 7 janvier 1523.

1524.

> *Enreg. à la Chambre des Comptes de Paris*, anc.
> mém. 2 C, fol. 281 v°. *Arch. nat.*, PP. 119, p. 43.
> (*Mention.*)
> *Bibl. nat.*, ms. fr. 21405, p. 290. (*Mention.*)
> *Bibl. nat.*, ms. Clairambault 782, p. 277.
> (*Mention.*)

17743. Provisions de l'office de contrôleur des deniers
communs des villes de Condom, Montréal
et Mézin en faveur de Guillaume Barré.
8 janvier 1523.

8 janvier.

> *Mention dans un arrêt du Grand conseil, en date
> du 13 septembre 1530. Arch. nat.*, V⁵ 1047.

17744. Provisions sur la présentation de Louise de
Savoie, de l'office de sergent royal au ressort
de Château-du-Loir, en faveur de Léger Luday, en remplacement et sur la résignation de
Philippe Luday, son père. Blois, 11 janvier
1523.

11 janvier.

> *Enreg. aux Assises royales du Mans. Arch. nat.*,
> Z¹ 1305 (non folioté).

17745. Provisions de l'office de clerc auditeur en la
Chambre des Comptes en faveur de Claude
de Villemort, au lieu et place de Charles
d'Albiac, démissionnaire. Blois, 14 janvier
1523.

14 janvier.

> *Enreg. à la Chambre des Comptes de Paris*, anc.
> mém. DD, fol. 13. *Arch. nat.*, P. 2364, p. 1017.

17746. Provisions de l'office de conseiller au Parlement
de Dijon, pour Lazare de Montholon, avocat
du roi au bailliage de Chalon, en remplacement de Jean Leblond, décédé. Blois,
21 janvier 1523.

21 janvier.

> *Reçu le 24 janvier 1524 n. s. Enreg. au Parl.
> de Dijon. Arch. de la Côte-d'Or, Parl.*, reg. I,
> fol. 225, et II, fol. 1.

17747. Lettres de confirmation des statuts des maîtres

Janvier.

taillandiers pourpointiers de Blois. Blois, janvier 1523. — 1524.

> *Enreg. à la Prévôté de Blois. Arch. départ. de Loir-et-Cher, registre de la Prévôté, fol. 20.*
> *Imp. A. Bourgeois, Les métiers de Blois, in-8°, 1892.*

17748. Lettres permettant à Sauvage du Tret, écuyer, archer de la garde du corps, d'achever les fortifications de sa maison « des Closes[1] » au comté de Beaufort, bailliage de Chaumont. Blois, janvier 1523. — Janvier.

> *Enreg. à la Chancellerie de France. Arch. nat., Trésor des Chartes, JJ. 237, n° 192, fol. 32 v°.*

17749. Lettres d'affranchissement de la servitude de mainmorte accordées à maître Jean Guenyot, licencié ès lois, châtelain de Vieux-Château, originaire de Courcelles-Fremoy. Blois, janvier 1523. — Janvier.

> *Enreg. à la Chambre des Comptes de Dijon, le 28 février suivant. Arch. de la Côte-d'Or, B. 72, fol. 85.*

17750. Déclaration de foi et hommage de Jean Raist, le jeune, écuyer, comme procureur de Catherine des Roches, veuve d'Adam de Rillé, pour la seigneurie de la Touche (commune de Chédigny), mouvante d'Amboise. Blois, 4 février 1523. — 4 février.

> *Original. Arch. nat., Chambre des Comptes de Paris, P. 12, n° 3910.*

17751. Déclaration de foi et hommage de Jean Binet, contrôleur général des finances en Guyenne et trésorier du duc d'Alençon, pour la seigeurie de Launay (paroisse de Limeray), mouvante d'Amboise. Blois, 5 février 1523. — 5 février.

> *Original. Arch. nat., Chambre des Comptes de Paris, P. 12, n° 3912.*

17752. Lettres de don à François Bourcier, gouverneur de Triboulet, de la somme de 100 livres tournois pour une année de ses gages (1er jan- — 6 février.

---

[1] Doit être Éclance, canton de Soulaines, Aube.

v.

vier-31 décembre 1524) et pour entretenir — 1524.
de linge blanc et payer le logis dudit Triboulet. 6 février 1523.

> Arch. nat., Comptes de la maison du roi, KK. 98,
> fol. 185 v°. (Mention.)
> IMP. Jal, Dictionnaire critique de biographie et
> d'histoire, 1867, in-8°, p. 599. (Mention.)

17753. Lettres de relief de surannation pour la vérifi- — 13 février.
cation à la Chambre des Comptes de Paris
des lettres de réception de l'hommage de
Pierre Dauvet, pour les Marets, Maréchére,
Corberon et Orvilliers, en date du 3 septembre 1520 (n° 17298). Paris, 13 février
1523.

> Original. Arch. nat., P. 165¹, cote 1701.

17754. Déclaration de foi et hommage de Grignardin — 19 février.
de Landrefay, chambellan du roi, bailli et
capitaine de Meaux, comme procureur d'Antoine de Canjon, sʳ d'Orgerus, homme d'armes
des ordonnances du roi sous le commandement du duc de Lorraine, pour la seigneurie
d'Orgerus, mouvante de Montfort-l'Amaury.
Nantouillet, 19 février 1523.

> Original. Arch. nat., Chambre des Comptes de
> Paris, P. 7, n° 2347.

17755. Lettres accordant à Guy Chabot et à Renée de — 27 février.
Belleville, héritiers du feu cardinal de Luxem-
bourg, évêque du Mans, délai jusqu'à leur
majorité pour rendre l'hommage dû au roi
pour la seigneurie de Villemaheu[1], mouvante
de la châtellenie de Soulaines, au comté de
Beaufort, en Champagne (bailliage de Chaumont). Cléry, 27 février 1523.

> Exped. orig. Arch. nat., P. 164¹, cote 1328.

17756. Lettres de surséance et délai de deux ans ac- — 27 février.
cordées à Jacques Babou, doyen de Saint-
Martin de Tours, pour faire au roi ses foi et
hommage à cause de la baronne de Ligueil

---

[1] Aube, arrondissement de Bar-sur-Aube, canton et commune de
Soulaines.

et autres fiefs appartenant audit doyenné. 1524.
27 février 1523.

*Enreg. à la Chambre des Comptes de Paris, anc.
mém. 2 C, fol. 283, Arch. nat., PP. 119, p. 43.
(Mention.)
Bibl. nat., ms. fr. 21405, p. 290. (Mention.)*

17757. Confirmation de l'établissement de deux foires Février.
annuelles à Laon, l'une se tenant à la Saint-
Thomas après Noël et l'autre le lendemain
de la fête du Saint-Sacrement, et durant chacune quatre jours. Paris, février 1523.

*Copie du XVIII siècle. Bibl. nat., mss. de la
coll. de Picardie, vol. 247, fol. 169.*

17758. Lettres confirmant l'amortissement des biens de Février.
l'Hôtel-Dieu de Reims, situés dans le ressort
du bailliage de Vermandois. Blois, février
1523.

*Original. Arch. hospitalières de Reims, fonds de
l'Hôtel-Dieu, A. 1.*

17759. Lettres confirmant l'amortissement des biens Février.
de l'Hôtel-Dieu de Reims, situés dans le
ressort du bailliage de Vitry. Blois, février
1523.

*Original. Arch. hospitalières de Reims, fonds de
l'Hôtel-Dieu, A. 1.*

17760. Lettres de légitimation en faveur d'Antoine Février,
Dubois, fils naturel de Jean Dubois et de
Françoise Charron, du bailliage de Vivarais.
Blois, février 1523.

*Enreg. à la Chancellerie de France, Arch. nat.,
Trésor des Chartes, JJ. 237, n° 124, fol. 19.
1 page.*

17761. Lettres de réception du serment de fidélité de 1er mars.
frère Claude de Poitiers, pour le temporel
de l'abbaye de Saint-Vandrille. Angerville,
1er mars 1523.

Expéd. orig. Arch. nat., P. 267¹, cote 2307.

17762. Provisions de l'office de conseiller laï au Parle- 5 mars.
ment de Dijon, pour Chrétien Macheco.
Paris, 5 mars 1523.

*Enreg. au Parl. de Dijon, le 18 mars suivant.
Arch. de la Côte-d'Or, Parl., reg. I, fol. 226 v°.*

17763. Déclaration de foi et hommage de Nicolas de
Campion, prêtre, pour le quart du fief de
haubert dit « Tuyssun » (Tizon), mouvant
de Pont-de-l'Arche. Paris, 5 mars 1523.

> Original. Arch. nat., Chambre des Comptes de
> Paris, P. 265¹, n° 1191.

17764. Lettres nommant commissaires du roi Charles
Guillart, président au Parlement de Paris,
Jean Sallat, Jean Badonvillier, Pierre Michon,
Guillaume Tertereau, Lambert Meigret et
Thomas Rapouel, pour examiner les comptes
de Jacques de Beaune, s' de Semblançay.
Paris, 11 mars 1523.

> Imp. Paulin Paris, Louise de Savoie et Sem-
> blançay, Revue historique, t. XVIII, janvier-avril
> 1882, p. 29.
> Paulin Paris, Études sur François Iᵉʳ. Paris,
> Techener, in-8°, 1885, t. I, p. 219.

17765. Provisions pour Jean Maciot de l'office de trésorier des salpêtres en l'Île-de-France. 11 mars
1523.

> Enreg. à la Chambre des Comptes de Paris, anc.
> mém. 2 C, fol. 288. Arch. nat., PP. 119, p. 44.
> (Mention.)
> Bibl. nat., ms. fr. 21405, p. 290. (Mention.)

17766. Provisions de l'office de conseiller lai au Parlement de Dijon, pour Pierre Belrient. Paris,
14 mars 1523.

> Enreg. au Parl. de Dijon, le 11 avril suivant.
> Arch. de la Côte-d'Or, Parl., reg. I, fol. 231.

17767. Mandement aux sénéchaux de Toulouse, Quercy
et Agénais de prêter main-forte aux prieurs
et commandeurs de l'ordre de Saint-Jean-de-
Jérusalem dans leurs ressorts, pour les aider
à recouvrer de leurs fermiers et autres les
deniers que chacun d'eux doit payer pour sa
quote-part des 100,000 livres promises au
roi, à raison de l'amortissement des biens des
six grands prieurés de l'ordre. Paris, 15 mars
1523.

1524.
5 mars.

11 mars.

11 mars.

14 mars.

15 mars.

Même mandement aux sénéchaux de Beaucaire, Carcassonne et Rouergue.

1524.

> *Original scellé. Arch. de la Haute-Garonne, H, fonds de Malte.*

17768. Provisions de l'office de conseiller au Parlement de Dijon, pour Étienne Julien, licencié ès lois, seigneur de Verrey. Paris, 15 mars 1523.

15 mars.

> *Enreg. au Parl. de Dijon, le 11 avril 1524. Arch. de la Côte-d'Or, Parl., reg. II, fol. 177 v°.*

17769. Déclaration de l'hommage de Guillaume Hay, écuyer, pour la seigneurie de Grainville-l'Alouette [1] (bailliage de Caux, vicomté de Montivilliers). Paris, 16 mars 1523.

16 mars.

> *Expéd. orig. Arch. nat., P. 267¹, cote 2309.*

17770. Déclaration de l'hommage d'Antoine de Louvain, pour la seigneurie de Rognac-en-Tardenois [2], mouvante de la tour de Châtillon-sur-Marne, au bailliage de Vitry. Paris, 17 mars 1523.

17 mars.

> *Expéd. orig. Arch. nat., P. 162¹, cote 501.*

17771. Déclaration de foi et hommage de Julien Gardain, licencié ès lois, comme procureur de François, sʳ du Chastel, vicomte de Pommerit et baron de Marcé, et de sa femme Claude du Chastellier, pour ladite baronnie de Marcé, mouvante d'Avranches. Blois, 25 mars 1523.

25 mars.

> *Original. Arch. nat., Chambre des Comptes de Paris, P. 268³, n° 3373.*

17772. Don à Charles Du Solier, sʳ de Morette, conseiller et l'un des gentilshommes ordinaires de la chambre du roi, du revenu de la terre et seigneurie de Châtillon-sur-Indre. Blois, 28 mars 1524.

28 mars.

> *Enreg. à la Chambre des Comptes de Paris, anc.*

---

[1] Aujourd'hui Grainville-Ymauville, canton de Goderville, arrondissement du Havre.

[2] Aisne, arrondissement de Château-Thierry, canton de Fère-en-Tardenois, commune de Coulonges.

mém. 2 D, fol. 19. *Arch. nat.,* PP. 119, p. 4.   1524.
(*Mention.*)
Bibl. nat., ms. fr. 21495, p. 290. (*Mention.*)

17773. Déclaration de foi et hommage de François   4 avril.
Tissart, sr de la Ville-Tissart, écuyer pour le
fief de Maulaville, situé au bout des ponts
d'Amboise et mouvant dudit lieu. Blois,
4 avril 1524.

> *Original. Arch. nat., Chambre des Comptes de
> Paris,* P. 12, n° 3940.

17774. Pouvoirs des commissaires du roi aux États de   5 avril.
Languedoc, convoqués à Pézénas pour le
1er juin. Blois, 5 avril 1524.

> *Copie. Arch. départ. de l'Hérault, États de Lan-
> guedoc,* C. *Recueil des lettres et actes des commis-
> saires du roi aux États,* 1524. 4 pages.
> *Copie. Idem, Commissions pour la tenue des États,*
> t. I, fol. 220. 8 pages.

17775. Lettres portant convocation des consuls d'Alais   5 avril.
pour les États de Languedoc, qui se tiendront
à Pézénas le 1er juin prochain. Blois, 5 avril
1524.

> *Original. Arch. municipales d'Alais* (Gard),
> liasse 3, n° 26.

17776. Mandement aux généraux des finances de tenir   6 avril.
quitte et déchargé Antoine Laisné, fermier
du quatrième des « menus boires » de la ville
et des faubourgs de Vire, de 300 livres tournois sur sa ferme de l'année 1521 dont le roi
lui a fait remise, après enquête du lieutenant de l'élection de Vire, du général de Normandie et des gens du Grand conseil. Blois,
6 avril 1524.

> *Original. Bibl. nat., Nouv. acquisitions franç.,*
> ms. 1483, n° 48.

17777. Déclaration de foi et hommage de Mathurin   9 avril.
Gallemant, sommelier d'échansonnerie de la
reine, pour 6 arpents de terre appelés le
Souchay, en la paroisse de Limeray, et mouvants d'Amboise. Blois, 9 avril 1524.

> *Original. Arch. nat., Chambre des Comptes de
> Paris,* P. 12, n° 3941.

17778. Provisions en faveur de Philippe Laidet de
l'office de lieutenant criminel au siège de
Poitiers, vacant par la résignation qu'en a
faite Amaury Pidoux. 19 avril 1524.

*Mention dans un arrêt du Grand conseil, en date
du 27 mars 1533 n. s. Arch. nat., V* 1049.*

1524.
19 avril.

17779. Lettres en faveur de Jean Maillet, au sujet
d'un procès porté en appel du bailliage de
Levroux à l'audience royale du Perron de
Blois. Blois, ...[1] avril 1524.

*Original mutilé du côté droit, servant de feuille
de garde à un petit registre. Arch. nat., Q¹ 462¹.*

Avril.

17780. Lettres autorisant les habitants de Beauvais à
s'approvisionner de blé dans un rayon de
cinq lieues autour de leur ville, à la condition d'employer ce blé exclusivement à leur
consommation, et de ne pas le revendre.
Amboise, 1ᵉʳ mai 1524.

*Présentées au Conseil de ville de Beauvais, le
8 mai 1524. Arch. communales de Beauvais (Oise),
BB. 13, fol. 166. 1 page.*

1ᵉʳ mai.

17781. Lettres de réception du serment de fidélité
prêté devant le chancelier de France par Nicolas de Saint-Germain, religieux augustin,
pour le temporel de son prieuré du Plessis-
Grimoult. Blois, 4 mai 1524.

Expéd. orig. Arch. nat., P. 273¹, cote 6006.

4 mai.

17782. Commission à plusieurs présidents et conseillers des Parlements de province, pour revoir
et juger à nouveau avec le Parlement de
Paris le procès du connétable de Bourbon.
Blois, 17 mai 1524.

*Copie du XVIIIᵉ siècle. Bibl. nat., ms. fr. 3876,
fol. 276.*

17 mai.

17783. Lettres de surannation pour l'enregistrement
des lettres de naturalité accordées en juillet
1520 (n° 17279) à Étienne Pariset, prêtre.
31 mai 1524.

*Enreg. à la Chambre des Comptes de Dijon, le
1ᵉʳ juin 1524. Arch. de la Côte-d'Or, B. 72, fol. 88.*

31 mai.

[1] Le quantième a disparu.

17784. Lettres de réception par Louise de Savoie des foi et hommage de Philibert Babou, chevalier, trésorier de France, pour la seigneurie de Jallanges et la prévôté de Vilmereau, mouvantes d'Amboise, dont le roi a donné le revenu à sa mère. Plessis-lès-Tours, 3 juin 1524.

> *Original. Arch. nat., Chambre des Comptes de Paris, P. 12, n° 3942.*

1524.
3 juin.

17785. Déclaration de foi et hommage de Catherine Briçonnet, veuve de Thomas Bohier, chevalier, baron de Saint-Ciergues et de Chenonceaux, pour la seigneurie de Chenonceaux, mouvante d'Amboise. Tours, 6 juin 1524.

> *Original. Arch. nat., Chambre des Comptes de Paris, P. 12, n° 3943. —*

6 juin.

17786. Déclaration de foi et hommage de Catherine Briçonnet, veuve de Thomas Bohier, sr de Saint-Ciergues et de Chenonceaux, pour le fief de « Mesdre », au faubourg Saint-Denis d'Amboise, mouvant du château d'Amboise. Tours, 6 juin 1524.

> *Original. Arch. nat., Chambre des Comptes de Paris, P. 12, n° 3944.*

6 juin.

17787. Déclaration de foi et hommage de Catherine Briçonnet, veuve de Thomas Bohier, pour la seigneurie de Thoré (paroisse de Civray-sur-Cher) et le moulin de la Rochette (paroisse de Francueil), mouvants d'Amboise. Tours, 6 juin 1524.

> *Original. Arch. nat., Chambre des Comptes de Paris, P. 12, n° 3945.*

6 juin.

17788. Lettres de sauf-conduit pour l'envoyé de l'église de Saint-Salvi d'Albi, qui va solliciter en cour de Rome la bulle de sécularisation de ladite église. Plessis-lès-Tours, 7 juin 1524.

> *Copie du XVIIIe siècle. Bibl. nat., mss. de la coll. Doat, vol. 113, fol. 260 v°.*

7 juin.

17789. Déclaration touchant les lettres de création des offices d'huissiers au Grand conseil, faite par

8 juin.

Louis XII, et la charte des privilèges desdits huissiers. Le Plessis[-lès-Tours], 8 juin 1524.

Présentée au Parl. de Paris; les huissiers des requêtes du Palais et de l'Hôtel et les sergents à cheval du Châtelet s'opposent à leur enregistrement, le 20 décembre 1524. Arch. nat., X[1a] 4875, fol. 196. (Mention.)

1524.

17790. Provisions en faveur de Jean Poussart, seigneur de Fors, de l'office de bailli de Berry, vacant par le décès du s[r] de Biron. Véretz, 15 juin 1524.

Reçu au Parl. de Paris, le 5 juillet 1524. Arch. nat., X[1a] 4874, à la date. (Mention.)

15 juin.

17791. Mandement au receveur ordinaire de Chartres de payer la somme de 330 livres tournois à Antoine de Souvré, s[r] de Courtanvaux, mari de Françoise Berziau, sœur et héritière de feu Jean Berziau, bailli et capitaine de Chartres. 15 juin 1524.

Enreg. à la Chambre des Comptes de Paris, anc. mém. 2 D, fol. 22. Arch. nat., PP. 119, p. 5. (Mention.)
Bibl. nat., ms. fr. 21405, p. 291. (Mention.)
Impr. Le P. Anselme, Hist. généal., 3e édit., t. VII, p. 399 B. (Mention.)

15 juin.

17792. Lettres de committimus en faveur des doyen et chapitre de Notre-Dame de Chartres. Paris (sic), 16 juin 1524.

Original. Arch. départ. d'Eure-et-Loir, G. 715.

16 juin.

17793. Lettres accordant au clergé du diocèse de Bayonne un délai de cinq ans pour payer les sommes auxquelles il avait été taxé en raison des amortissements. Amboise, 18 juin 1524.

Original. Arch. départ. des Basses-Pyrénées, G. 2.

18 juin.

17794. Lettres portant que les habitants du comté de Foix seront exempts, comme par le passé, de payer les droits de foraine pour les marchandises par eux achetées ou vendues dans le royaume et qui ne seront pas transpor-

24 juin.

v.

tées hors des frontières. Amboise, 24 juin
1524.

> *Original. Arch. départ. des Basses-Pyrénées,*
> *E. 453.*

1524.

17795. Lettres portant exemption du logement des
gens de guerre, à la requête de Henri II, roi
de Navarre, en faveur des habitants de ses
comté de Périgord et vicomté de Limoges.
Amboise, 24 juin 1524.

24 juin.

> *Copie du xvi° siècle. Arch. départ. des Basses-*
> *Pyrénées, E. 670.*

17796. Provisions de l'office de lieutenant général du
bailli de Rouen en faveur de Robert Langlois, licencié ès lois, au lieu de Louis d'Ars,
décédé. Amboise, 26 juin 1524.

26 juin.

> *Vidimus de la vicomté de Rouen, du ....[1] jan-*
> *vier 1526 n. s. Arch. nat., K. 1200, doss. Rouen.*

17797. Déclaration de foi et hommage de Henri Bohier,
chevalier, sénéchal de Lyon, s' de la Chapelle, de la Chenaye, etc., pour le fief d'Her-
vault (*aliàs* Coulaines) et 3 arpents de prés,
le tout en la paroisse de Saint-Martin-le-Beau,
mouvant d'Amboise. Amboise, 27 juin 1524.

27 juin.

> *Original. Arch. nat., Chambre des Comptes de*
> *Paris, P. 12, n° 3946.*

17798. Provisions pour Gabriel Chicot de l'office de
général maître des Monnaies, en remplacement de Simon Caille. Amboise, 30 juin
1524.

30 juin.

> *Enreg. à la Chambre des Comptes de Paris, anc.*
> *mém. 2 D, fol. 29 v°. Arch. nat., PP. 119, p. 6.*
> *(Mention.)*
> *Bibl. nat., ms. fr. 21405, p. 303. (Mention.)*
> *Bibl. nat., ms. Clairambault 782, p. 278.*
> *(Mention.)*

17799. Lettres de légitimation accordées à Jeanne,
fille naturelle de Pierre Girault et de Mar-

Juin.

---

[1] Le parchemin est mutilé.

guerite Rouillier, non mariés. Le Plessis-lès-Tours, juin 1524.

1524.

Enreg. à la Chancellerie de France. Arch. nat., Trésor des Chartes, JJ. 237, n° 3, fol. 1. 1 page.

17800. Lettres de légitimation accordées à Robert d'Estampes, fils naturel de feu Gilles d'Estampes, écuyer, sr d'Audrieu, non marié, et d'une veuve nommée Jeanne Philippe. Tours, juin 1524.

Juin.

Enreg. à la Chancellerie de France. Arch. nat., Trésor des Chartes, JJ. 237, n° 30, fol. 8 v°. 1 page.

17801. Don à Jacques d'Argouges, chevalier, de la terre de Gavray au bailliage de Cotentin. Amboise, juin 1524.

Juin.

Enreg. à la Chambre des Comptes de Paris, anc. mém. 2 E, fol. 6 v°. Arch. nat., PP. 119, p. 2. (Mention.)
Bibl. nat., ms. fr. 21405, p. 304. (Mention.)
Bibl. nat., ms. Clairambault 782, p. 286. (Mention.)

17802. Provisions pour Guillaume Prudhomme de l'office de général des finances en Normandie, vacant par le décès de Thomas Bohier, aux mêmes gages de 2,940 livres tournois et pension de 2,400 livres tournois. Amboise, 1er juillet 1524.

1er juillet.

Copie collat. du XVIe siècle. Bibl. nat., Pièces orig., vol. 2392, Prudhomme, p. 22.

17803. Provisions en faveur de Gaillard Spifame de l'office de receveur général des finances de Normandie. Amboise, 1er juillet 1524.

1er juillet.

Copie collat. du XVIe siècle. Bibl. nat., Pièces orig., vol. 2724, Spifame, p. 11.

17804. Don à Prégente de Coligny, veuve de Pierre d'Aigreville, à Louis d'Aigreville et à Louise Poussart, veuve d'Emond d'Aigreville, des droits seigneuriaux des terres des Barres et de Brannay. 4 juillet 1524.

4 juillet.

Enreg. à la Chambre des Comptes, anc. mém.

2 D, fol. 21 v°. *Arch. nat.*, PP. 119, p. 4. (*Mention.*)
Bibl. nat., ms. fr. 21405, p. 291. (*Mention.*)
Bibl. nat., ms. Clairambault 782, p. 278. (*Mention.*)

17805. Lettres de réception du serment de fidélité du cardinal de Lorraine, pour le temporel de l'abbaye de Fécamp. Romorantin, 13 juillet 1524.   13 juillet.

Expéd. orig. Arch. nat., P. 267¹, cote 2304.

17806. Provisions de l'office de lieutenant général en Dauphiné, vacant par la mort de Pierre Terrail, seigneur de Bayard, en faveur de Noël du Fay, seigneur de Peyraud. 14 juillet 1524.   14 juillet.

Arch. de l'Isère. Invent. de la Chambre des Comptes de Grenoble, Generalia, t. I, fol. 404 v°. (*Mention.*)

17807. Prorogation pour six ans de l'exemption de tailles et subsides précédemment accordée (n° 1449) aux habitants de Mézières. Romorantin, 16 juillet 1524.   16 juillet.

Vérifiée par les généraux des finances, le 24 août 1525, et par les élus de Rethelois, le 19 septembre 1526.
Original. Arch. comm. de Mézières (Ardennes), AA. 5.

17808. Provisions pour Nicolas Hannetel de l'office de receveur ordinaire de la prévôté de Sainte-Menehould, au lieu de Denis Cochon. Romorantin, 17 juillet 1524.   17 juillet.

Enreg. à la Chambre des Comptes, anc. mém. 2 D, fol. 30 v°: *Arch. nat.*, PP. 119, p. 6. (*Mention.*)
Bibl. nat., ms. fr. 21405, p. 291. (*Mention.*)
Bibl. nat., ms. Clairambault 782, p. 278. (*Mention.*)

17809. Provisions en faveur de Louis de Brézé, comte de Maulévrier, grand sénéchal de Normandie, de la charge de lieutenant général au duché   18 juillet.

et gouvernement de Normandie. Amboise, 1524.
18 juillet 1524.

Copie collat. du 17 décembre 1524. Bibl. nat.,
Pièces orig., Brézé, vol. 509, p. 105.

17810. Lettres portant suppression d'un office sup- 24 juillet.
plémentaire de contrôleur des deniers de
l'Hôtel de Ville de Bourges, créé par le roi,
comme faisant double emploi avec l'office
de contrôleur à la nomination de la ville.
Bourges, 24 juillet 1524.

Copie du xvi° siècle. Arch. municip. de Bourges,
CC.

17811. Lettres contenant l'état, pour l'année commen- 24 juillet.
çant à la Chandeleur 1524 n. s., des pen-
sions que Morelet du Museau, le jeune, doit
payer tant aux communautés qu'à des particuliers de Suisse. Bourges, 24 juillet 1524.

Original (cahier de 52 feuillets). Bibl. de l'In-
stitut de France, ms. Godefroy 94, fol. 113.

17812. Lettres de don à la veuve et aux enfants de Juillet.
Pierre Feutra, dit de Porta, procureur du
roi en la sénéchaussée de Rouergue, condamné par sentence de commissaires royaux
à être décapité et à la confiscation de ses
biens, des deux tiers desdits biens. Blois,
juillet 1524.

Enreg. à la Chancellerie de France. Arch. nat.,
Trésor des Chartes, JJ. 237, n° 38, fol. 9 v°.
1 page.

17813. Lettres de mainlevée des biens saisis de feu Juillet.
Louis de Bouliers, seigneur de Cental, De-
mont et Roquespârvière (Centallo, Demonte
et Roccasparvera), accordées à la requête de
sa veuve Marthe Trivulce, fille du feu maréchal Jean-Jacques Trivulce. Blois, juillet
1524.

Enreg. à la Chancellerie de France. Arch. nat.,
Trésor des Chartes, JJ. 237, n° 52, fol. 11 v°.
3 pages.

17814. Lettres de naturalité en faveur de Georges de Juillet.
Martigny, fils naturel de feu Guillaume de

Martigny et de Jeanne Odineau, non mariés, du bailliage de Dijon. Blois, juillet 1524.

1524.

Enreg. à la Chancellerie de France. Arch. nat., Trésor des Chartes, JJ. 237, n° 51, fol. 11 v°.
Enreg. à la Chambre des Comptes de Dijon, le 23 août suivant. Arch. de la Côte-d'Or, B. 72, fol. 90, et B. 11198.

17815. Cession à Jean Dautrec, dit de Lézignan, des biens confisqués de son frère Bernard Dautrec, dit le chevalier de Lézignan, condamné à mort pour meurtre par arrêt du Parlement de Bordeaux. Lesdits biens ayant été donnés d'abord à Antoine Raffin, sr de Puycalvary, chambellan du roi, gentilhomme de sa chambre, sénéchal d'Agénais et capitaine de Cherbourg, celui-ci avait renoncé à les poursuivre et les avait abandonnés moyennant composition audit Jean Dautrec. Romorantin, juillet 1524.

Juillet.

Enreg. à la Chancellerie de France. Arch. nat., Trésor des Chartes, JJ. 237, n° 53, fol. 12 v°. 2 pages.

17816. Lettres portant que François Le Clerc, sr de La Forêt, bailli et capitaine de Sens, en remplacement de Michel de Poisieu, sr de Sainte-Mesme, sera payé des gages et droits dudit office, à partir du jour de ses provisions. 6 août 1524.

6 août.

Enreg. à la Chambre des Comptes de Paris, anc. mém. 2 D, fol. 34. Arch. nat., PP. 119, p. 7. (Mention.)
Bibl. nat., ms. fr. 21465, p. 291. (Mention.)
Bibl. nat., ms. Clairambault 782, p. 278. (Mention.)

17817. Lettres de décharge pour Jean Grolier, trésorier des guerres, de la somme de 405 livres tournois par lui délivrée, sur l'ordre du maréchal de Montmorency, à Jean de Torcy, lieutenant de la compagnie du duc de Vendôme, pour le payement de vivres et munitions naguère achetés pour la fortification et l'approvisionnement du château de Bohain; où, par ordre dudit maréchal, ledit de Torcy s'en-

7 août.

ferma avec des gens d'armes de pied et de cheval, pour s'opposer à un coup de main projeté par les Hennuyers, Anglais et autres ennemis contre ce château. Lyon, 7 août 1524.

> *Original. Bibl. nat.*, Titres scellés de Clairambault, vol. 202, p. 76.

1524.

17818. Confirmation de l'augmentation de 1,200 livres tournois de gages annuels donnée par Louis XII à chacun des trésoriers de France, Florimond Robertet, Louis de Poncher, Pierre Legendre et Jean Cottereau. Tours, 7 août 1524.

7 août.

> *Copie du XVIᵉ siècle. Bibl. nat.*, ms. fr. 4526, fol. 15 vᵒ.

17819. Lettres autorisant le syndic de l'église cathédrale de Montauban à envoyer solliciter en cour de Rome les bulles de sécularisation de ladite église, malgré les ordonnances du roi à ce contraires, à la condition que le syndic ne fera parvenir à Rome que l'argent nécessaire pour l'expédition des bulles en question. Lyon, 9 août 1524.

9 août.

> *Copie du XVIIIᵉ siècle. Bibl. nat.*, mss. de la coll. Doat, vol. 90, fol. 172. (La bulle, en date du 1ᵉʳ des calendes de mai 1525, est au fol. 174.)

17820. Déclaration de l'hommage de Hesse, comte de Linange, seigneur d'Apremont, pour la baronnie de Saint-Jean-sur-Tourbe, la maison de Hauzy, les moulins de Sainte-Menehould, le passage de la Croix (bailliage de Vitry, châtellenie de Sainte-Menehould), le comté de Dampierre-en-Astenois, la baronnie d'Arzillières, la ville d'Huiron (même bailliage, châtellenie de Vitry), et les seigneuries de Landricourt, Hauteville et Blaise-sous-Hauteville (même bailliage, châtellenie de Saint-Dizier). Lyon, 9 août 1524.

9 août.

> *Expéd. orig. Arch. nat.*, P. 162², cote 704.

17821. Lettres de naturalité accordées à Michel Baliquin, natif de Savoie, établi depuis trente

Août.

ans à Villefranche en Beaujolais. Lyon, août
1524.   1524.

> *Enreg. à la Chancellerie de France. Arch. nat.,*
> *Trésor des Chartes, JJ. 237, n° 89, fol 14. 1 page.*

17822. Provisions en faveur de Michel-Antoine, mar-   5 septembre.
quis de Saluces, de l'office de lieutenant gé-
néral du roi en Milanais. Caderousse, 5 septembre 1524.

> *Original. Turin, Arch. di stato, Marchisato di*
> *Saluzzo, 9ᵉ catégorie, mazzo 1, n° 27.*
> *Arch. de l'Isère, Chambre des Comptes de Gre-*
> *noble, fonds de Saluces, inventaire. (Mention.)*

17823. Pouvoirs des commissaires du roi aux États de   22 septembre.
Languedoc, convoqués à Montpellier pour le
10 octobre. Avignon, 22 septembre 1524.

> *Copie. Arch. départ. de l'Hérault, États de Lan-*
> *guedoc, C. Recueils des lettres et actes des commis-*
> *saires du roi aux États, 1524. 8 pages.*

17824. Mandement aux commissaires du roi près les   22 septembre.
États de Languedoc, relatif au renouvellement
du bail de l'équivalent. Avignon, 22 septembre 1524.

> *Copie. Arch. départ. de l'Hérault, États du Lan-*
> *guedoc, C. Recueils des lettres et actes des commis-*
> *saires du roi aux États, 1524. 1 page.*

17825. Mandement à Gaillard Spifame, receveur gé-   22 septembre.
néral des finances de la généralité de Nor-
mandie, commis aux comptes et payements
de la construction du port et Havre-de-Grâce,
de payer 100 livres tournois par mois à Guyon
Le Roy, sʳ du Chillou, vice-amiral de Normandie, commis à faire les devis et marchés
dudit Havre, et 40 livres tournois à Jean de
La Chapelle, contrôleur des travaux, pour
cette année de leurs gages, comme auparavant. Avignon, 22 septembre 1524.

> *Original. Bibl. nat., Pièces orig., vol. 2583,*
> *Roy (doss. 57454), p. 7.*

17826. Mandement au trésorier de l'épargne de payer   29 septembre.
à Michel de Vabres, conseiller au Parlement
de Toulouse, 484 livres 5 sous tournois pour

parfaire 707 livres tournois, dont 606 montant de ses frais de voyages, du 1ᵉʳ avril dernier au 4 octobre, pour s'enquérir des abus et délits commis par les maîtres particuliers et autres officiers des Monnaies du royaume, et pour en avertir le Conseil. Avignon, 29 septembre 1524.

> *Original. Bibl. nat., Pièces originales, Vabres, vol. 2905, p. 12.*

1524.

17827. Lettres de naturalité données en faveur du sʳ du Sollier. Caderousse, septembre 1524 [1].

> *Enreg. à la Chancellerie de France. Arch. nat., Trésor des Chartes, JJ. 237, nᵒˢ 85, fol. 13.*

Septembre.

17828. Lettres d'affranchissement en faveur de François de La Plaine, maître ès arts, dont le père et la mère, demeurant à Néris-en-Bourbonnais, étaient de condition serve. Avignon, septembre 1524.

> *Enreg. à la Chancellerie de France. Arch. nat., Trésor des Chartes, JJ. 237, nᵒ 90, fol. 14. 1 page.*

Septembre.

17829. Lettres de naturalité accordées à Richard Huchard, archer de la garde écossaise, sous le commandement du sʳ d'Aubigny, venu d'Écosse en France pour s'y fixer définitivement. Avignon, septembre 1524.

> *Enreg. à la Chancellerie de France. Arch. nat., Trésor des Chartes, JJ. 237, nᵒ 94, fol. 14 vᵒ. 1 page.*

Septembre.

17830. Lettres de légitimation accordées à Jean de Bordes, fils naturel de maître Jean de Bordes, prêtre, et de Jeanne de Bordieux, de la sénéchaussée d'Agénais. Avignon, septembre 1524.

> *Enreg. à la Chancellerie de France. Arch. nat., Trésor des Chartes, JJ. 237, nᵒ 96, fol. 15. 1 page.*

Septembre.

17831. Lettres de légitimation en faveur de Pierre Fournet, fils naturel de feu Étienne Fournet, clerc, et de Jeanne d'Onzeau, dite Nègre; du

Septembre.

---

[1] La première moitié de cet acte manque, par suite de la lacération de plusieurs feuillets du registre JJ. 237.

diocèse de Limoges. Avignon, septembre 1524.

Enreg. à la Chancellerie de France. Arch. nat., Trésor des Chartes, JJ. 237, n° 188, fol. 31. 1 page.

1524.

17832. Lettres de naturalité accordées à Étiennette Duguetry, veuve de Jean Cocqueborne (Cockborn), archer de la garde du corps, native d'Écosse, demeurant «au lieu de Portail», près Montargis. Avignon, septembre 1524.

Enreg. à la Chancellerie de France. Arch. nat., Trésor des Chartes, JJ. 237, n° 194, fol. 32 v°. 1 page.

Septembre.

17833. Lettres de naturalité accordées à André Duguetry, archer de la garde du corps, sous le commandement du sʳ d'Aubigny, natif d'Écosse. Avignon, septembre 1524.

Enreg. à la Chancellerie de France. Arch. nat., Trésor des Chartes, JJ. 237, n° 195, fol. 33. 1 page 1/2.

Septembre.

17834. Lettres d'abolition accordées à Antoine de Drugeat, gentilhomme de l'hôtel, et à Gabriel de Drugeat, son frère et lieutenant, qui chargés, l'an 1522, de conduire de Fontarabie en Provence et delà les monts une compagnie de sept cents hommes de pied qu'ils commandaient, n'avaient pu empêcher ceux-ci de prendre d'assaut et de livrer au pillage et au meurtre la ville de Pradelles en Languedoc, pour punir les habitants d'avoir refusé de les recevoir dans leurs murs. Avignon, septembre 1524.

Enreg. à la Chancellerie de France. Arch. nat., Trésor des Chartes, JJ. 237, n° 211, fol. 36 v°. 2 pages.

Septembre.

17835. Provisions de l'office de juge du Maine pour François Lasnier, en remplacement de feu Pierre Cohardy, sur la présentation de la duchesse d'Angoulême. Aix-en-Provence, 4 octobre 1524.

Reçu au Parl. de Paris, le 24 novembre 1524. Arch. nat., X¹ᵃ 4875, fol. 37 v°. (Mention.)

4 octobre.

17836. Provisions en faveur de Claude Gouffier, s' de Boisy, gentilhomme de la chambre du roi, de l'office de bailli de Vermandois, vacant par la mort de Jacques, bâtard de Vendôme. Tallart, 10 octobre 1524.

1524.
10 octobre.

> *Enreg. à la Chambre des Comptes de Paris, le 23 janvier 1527 n. s., anc. mém. 2 D, fol. 184. Arch. nat., PP. 119, p. 33. (Mention.)*
> *Bibl. nat., ms. fr. 21405, p. 297. (Mention.)*
> *Bibl. nat., ms. Clairambault 782, p. 281. (Mention.)*

17837. Provisions données par Louise de Savoie, régente, à Philippe Le Charpentier, son fourrier ordinaire, de l'office de concierge du château de Villers-Cotterets et de garde de la forêt de Rets. Saint-Just-sur-Lyon, 17 octobre 1524.

17 octobre.

> *Enreg. aux Eaux et forêts, le 21 juin 1525. Arch. nat., Z¹ᵉ 319, fol. 3. 2 pages 1/2.*

17838. Provisions de l'office de maître des requêtes de l'hôtel en faveur de Jacques Babou, docteur ès droits, au lieu de Jean Sallat, décédé. 17 octobre 1524.

17 octobre.

> *Reg. du Conseil du Parl. de Paris, du 24 janvier 1531 n. s. Arch. nat., X¹ᵃ 1530, fol. 3 v°, et X¹ᵃ 1534, fol. 86 v°. (Mention.)*
> *Imp. Blanchard, Les généalogies des maistres des requestes, etc. Paris, in-4°, p. 262. (Mention.)*

17839. Don à Étienne Duron de la chapelle de Saint-Thomas-de-Cantorbery en l'autel de la Trinité de l'église Saint-Sauveur de Blois, vacant par la résignation de Jean Dubois. Saint-Just-sur-Lyon, 20 octobre 1524.

20 octobre.

> *Bibl. nat., ms. fr. 5779 ⁽¹⁾, fol. 4. (Mention.)*

17840. Don à Philippe Des Grès du bénéfice clérical de la chapelle du bois de Vincennes, vacant par la résignation de Blaise Paige. Saint-Just-sur-Lyon, 20 octobre 1524.

20 octobre.

> *Bibl. nat., ms. fr. 5779, fol. 4 v°. (Mention.)*

⁽¹⁾ Ce manuscrit est le registre des expéditions faites par Florimond Robertet, secrétaire des finances, du commandement de la régente. Il a été publié par M. G. Robertet, Paris, 1888, in-8°.

17841. Lettres de Louise de Savoie, régente, portant
provisions de l'office de recéveur des boîtes
des Monnaies et payeur des gages des maîtres,
généraux et autres officiers des Monnaies, en
faveur de Pierre Le Bossu, en remplacement
de François Rat, décédé. Saint-Just-sur-Lyon,
22 octobre 1524.

1524.
22 octobre.

> *Enreg. à la Cour des Monnaies. Arch. nat., Z¹ᵇ 61,*
> *fol. 114 v°. 1 page 1/3. — Id., Z¹ᵇ 62, fol. 211 v°.*
> *1 page.*
> *Reçu à la Chambre des Comptes de Paris, en*
> *janvier suivant, anc. mém. 2 D, fol. 56 v°, Arch.*
> *nat., PP. 119, p. 11. (Mention.)*
> *Bibl. nat., ms. fr. 21405, p. 292. (Mention.)*
> *Bibl. nat., ms. Clairambault 782, p. 278.*
> *(Mention.)*
> *Bibl. nat., ms. fr. 5779 (reg. de Florimond*
> *Robertet), fol. 1. (Mention sous la date de Tour-*
> *non, le 15 octobre.)*

17842. Présentation de Jérôme de Champverne à la
cure de Saint-Thomas-la-Chaussée de Croisset,
au diocèse de Rouen, vacante par la mort de
Guillaume Tuvache, ladite présentation appartenant au roi comme garde-noble des enfants mineurs du feu sʳ de Melmont. Saint-
Just-sur-Lyon, 23 octobre 1524.

23 octobre.

> *Bibl. nat., ms. fr. 5779, fol. 6. (Mention.)*

17843. Mandement au receveur ordinaire de Verneuil
de remettre aux frères Mineurs du couvent
de « Champvierge » 4 muids de froment que
leur a donnés Louise de Savoie, en vertu de
ses pouvoirs de régente. Lyon, 25 octobre
1524.

25 octobre.

> *Bibl. nat., ms. fr. 5779, fol. 1. (Mention.)*

17844. Provisions pour Louis Fumée de l'office de
secrétaire à gages, vacant par la résignation
de Jean Du Pré. Lyon, 26 octobre 1524.

26 octobre

> *Bibl. nat., ms. fr. 5779, fol. 1. (Mention.)*

17845. Lettres réduisant de 10,000 à 6,000 livres l'emprunt que le roi avait demandé aux habitants
de Toulouse. Lyon, 26 octobre 1524.

26 octobre.

> *Bibl. nat., ms. fr. 5779, fol. 1 v°. (Mention.)*

17846. Provisions pour Louis Fumée de l'office d'un
des quatre notaires au Parlement de Paris,
vacant par la résignation de Jean Du Pré.
Lyon, 27 octobre 1524.

> Bibl. nat., ms. fr. 5779, fol. 1 v°. (Mention.)

1524.
27 octobre.

17847. Lettres affranchissant de tous droits trois cents
queues de vin, cinquante de Bourgogne et
deux cent cinquante de Champagne, pour
l'approvisionnement des places du duc de
Lorraine. Lyon, 27 octobre 1524.

> Bibl. nat., ms. fr. 5779, fol. 2. (Mention.)

27 octobre.

17848. Don à Charles Canche, maréchal des logis de
la duchesse de Bourbon, sa vie durant, du
profit et émolument du greffe et sceau de
Montluçon. Saint-Just-sur-Lyon, 27 octobre
1524.

> Bibl. nat., ms. fr. 5779, fol. 4. (Mention.)

27 octobre.

17849. Lettres affranchissant de tous droits vingt queues
de vin que Nicole Mengin, secrétaire du duc
de Lorraine, doit mener en Lorraine pour le
service de sa maison. Saint-Just-sur-Lyon,
28 octobre 1524.

> Bibl. nat., ms. fr. 5779, fol. 2. (Mention.)

28 octobre.

17850. Permission à Blanche de Langeac, abbesse de
Blesle en Auvergne, d'envoyer à Rome pour
obtenir la signature de la résignation qu'elle
veut faire de son abbaye au profit d'Anne de
Langeac, sa nièce. Saint-Just-sur-Lyon, 28 octobre 1524.

> Bibl. nat., ms. fr. 5779, fol. 2 v°. (Mention.)

28 octobre.

17851. Permission à frères Pierre Rouillart et Antoine
Pidoux d'aller ou d'envoyer à Rome, pour
obtenir les provisions et expéditions nécessaires des abbayes d'Airvault et d'Aigues-
vives, suivant l'accord fait entre eux. Saint-
Just-sur Lyon, 28 octobre 1524.

> Bibl. nat., ms. fr. 5779, fol. 5. (Mention.)

28 octobre.

17852. Don à Hubert Baulot de la prébende de l'église
Saint-Quiriace de Provins, vacante par suite

28 octobre.

de la permutation faite par Jean Bauquemare   1524.
d'une des portions de la chapelle de Saint-Denis
dans ladite église avec ledit Baulot. Saint-
Just-sur-Lyon, 28 octobre 1524.

> *Bibl. nat.*, ms. fr. 5779, fol. 5. (*Mention.*)

17853. Mandement à Philibert Tissart, général des   28 octobre.
finances de Bretagne, de faire exempter jus-
qu'à concurrence de 200 livres tournois par
an, par les fermiers de la ferme du poisson
au comté de Nantes, les poissons approvision-
nant l'hôtel de la régente. Saint-Just-sur-Lyon,
28 octobre 1524.

> *Bibl. nat.*, ms. fr. 5779, fol. 5. (*Mention.*)

17854. Mandement à Pierre Potier, receveur des exploits   29 octobre.
et amendes du Parlement de Toulouse, de
payer 637 livres 10 sous tournois à Antoine
Durand, conseiller de ladite cour, pour les
183 journées qu'il a vaqué avec son clerc,
Huguet Petit, en vertu d'une commission
royale, à faire une enquête sur les agisse-
ments du juge-mage de Nîmes et autres personnes, accusés d'avoir pillé les biens de feu
Jean de Lagut, et à procéder contre les coupables. Saint-Just-sur-Lyon, 29 octobre 1524.

> *Bibl. nat.*, ms. fr. 5779, fol. 2 v°. (*Mention.*)

17855. Permission aux abbés et monastères de Ju-   29 octobre.
mièges et de Valmont, naguère réformés,
d'envoyer à Rome, malgré la défense royale,
solliciter les bulles nécessaires pour être unis
et incorporés à la congrégation de Chézal-
Benoît, avec modération des censures rigoureuses inscrites dans la bulle principale de
cette congrégation, et pour y faire agréger le
monastère de Saint-Pierre de Lyon, exception
faite pour la triennalité des abbesses qui
pourront être suspendues en chapitre général de la congrégation. Saint-Just-sur-Lyon,
29 octobre 1524.

> *Bibl. nat.*, ms. fr. 5779, fol. 3. (*Mention.*)

17856. Don au seigneur et à la dame de Linières de   29 octobre.

l'aubaine de Jacques de Sournay, l'aîné, et de 1524.
Jacques de Sournay, le jeune, prêtres, Jacques de Sournay, l'aîné, natif de Dombes,
décédé avant d'avoir obtenu des lettres de
naturalité et congé de tester, laissant pour
héritier Jacques de Sournay, le jeune, son
fils bâtard, pareillement décédé. Saint-Just-
sur-Lyon, 29 octobre 1524.

> Bibl. nat., ms. fr. 5779, fol. 4 v°. (Mention.)

17857. Provisions pour Georges du Vercle de l'office de   30 octobre.
valet de chambre et secrétaire du dauphin,
vacant par le décès de Trignac. Saint-Just-
sur-Lyon, 30 octobre 1524.

> Bibl. nat., ms. fr. 5779, fol. 3 v°. (Mention.)

17858. Provisions pour James de Lauzon de l'office   30 octobre.
d'avocat du roi en la sénéchaussée de Poitou,
vacant par la résignation de Pierre Laurens.
Saint-Just-sur-Lyon, 30 octobre 1524.

> Bibl. nat., ms. fr. 5779, fol. 3 v°. (Mention.)

17859. Lettres de naturalité accordées à Henri Fla-   31 octobre.
ment, prêtre, originaire de Replonges en
Bresse, pour qu'il puisse posséder certaines
chapelle et commissions de messes, fondées
en l'église Saint-Vincent de Mâcon. Saint-Just-
sur-Lyon, 31 octobre 1524.

> Bibl. nat., ms. fr. 5779, fol. 4. (Mention.)

17860. Permission à frère Antoine d'Angerant d'aller   31 octobre.
solliciter à Rome les bulles dont il a besoin
pour entrer en jouissance de l'abbaye d'Issoire, dont il vient d'être pourvu. Saint-Just-
sur-Lyon, 31 octobre 1524.

> Bibl. nat., ms. fr. 5779, fol. 4 v°. (Mention.)

17861. Don à Guigues Guiffrey, seigneur de Boutières,   Octobre.
prévôt de l'hôtel, des biens confisqués sur
Honorat Puget, sr de Pras, décapité pour
crime de haute trahison. Aix-en-Provence,
octobre 1524.

> Confirmation par la régente en août 1525, enreg.
> à la Chancellerie de France. Arch. nat., Trésor des
> Chartes, JJ. 237, n° 297, fol. 58. (Mention.)

17862. Lettres de collation à Jean Hennequin de l'Hôtel-Dieu-le-Comte à Troyes, vacant par la mort de N. de Villemaur. Saint-Just-sur-Lyon, 1er novembre 1524.

Bibl. nat., ms. fr. 5779, fol. 7 v°. (Mention.)

1524.
1er novembre.

17863. Permission à Guy Bouchart, dit d'Aubeterre, d'envoyer à Rome pour obtenir les bulles de provisions de l'abbaye séculière et collégiale de Saint-Sauveur d'Aubeterre, au diocèse de Périgueux. Saint-Just-sur-Lyon, 2 novembre 1524.

Bibl. nat., ms. fr. 5779, fol. 5 v°. (Mention.)

2 novembre.

17864. Don d'un subside annuel de 200 écus d'or pour cinq ans à la commune de Césanne en Briançonnais [1], pour lui permettre de faire reconstruire une centaine de maisons incendiées pendant le passage de l'armée du comte de Villars, grand maître de France. La Chartreuse près Pavie, 4 novembre 1524.

Enreg. au Parl. de Grenoble, le 26 mai 1525. Arch. de l'Isère, B. 3001, fol. 331. 9 pages.

4 novembre.

17865. Permission à Antoine de La Rochefoucauld, sr de Barbezieux, de faire transporter, en acquittant les droits de péage et de traite, jusqu'à 3,000 setiers de blé de ses seigneuries d'Auvergne dans les villes de Paris, Blois, Orléans et Tours. Saint-Just-sur-Lyon, 4 novembre 1524.

Bibl. nat., ms. fr. 5779, fol. 5 v°. (Mention.)

4 novembre.

17866. Don à Nicole de Lange d'un office nouvellement créé de conseiller en la chambre du Conseil de Dombes, érigée à Lyon. Saint-Just-sur-Lyon, 6 novembre 1524.

Bibl. nat., ms. fr. 5779, fol. 6. (Mention.)

6 novembre.

17867. Don à Antoine Audouin d'un office nouvellement créé de conseiller en la chambre du

6 novembre.

[1] Aujourd'hui Cesana Torinese, arrondissement de Suse, province de Turin, Italie.

Conseil de Dombes, érigée à Lyon. Saint-Just-sur-Lyon, 6 novembre 1524.

1524.

Bibl. nat., ms. fr. 5779, fol. 6. (Mention.)

17868. Permission à Gilles Cochon de résigner dans six mois ses offices d'huissier des généraux des aides et de sergent fieffé à Paris. Saint-Just-sur-Lyon, 6 novembre 1524.

6 novembre.

Bibl. nat., ms. fr. 5779, fol. 6 v°. (Mention.)

17869. Mandement au trésorier de l'épargne de permettre à Guillaume Barjot, trésorier de Beaujolais, de retenir sur les deniers de sa trésorerie 4,000 livres tournois, pour se rembourser de pareille somme qu'il a prêtée au roi. Saint-Just-sur-Lyon, 6 novembre 1524.

6 novembre.

Bibl. nat., ms. fr. 5779, fol. 6 v°. (Mention.)

17870. Permission aux commissaires députés par le Lyonnais pour le ravitaillement du camp de Provence, de ramener en Lyonnais 372 queues de vin restant de leurs fournitures, sans payer de droits. Saint-Just-sur-Lyon, 6 novembre 1524.

6 novembre.

Bibl. nat., ms. fr. 5779, fol. 12. (Mention.)

17871. Lettres de retenue de l'office de valet de chambre du dauphin, vacant par la mort de Robert Blandin, pour Jean Allot. Saint-Just-sur-Lyon, 7 novembre 1524.

7 novembre.

Bibl. nat., ms. fr. 5779, fol. 8 v°. (Mention.)

17872. Provisions pour Eustache Philippe de l'office de général des aides à Montpellier, vacant par la mort de N. de Petra. Saint-Just-sur-Lyon, 8 novembre 1524.

8 novembre.

Bibl. nat., ms. fr. 5779, fol. 7. (Mention.)

17873. Mandement au bailli de Montferrand de payer à Gabriel Ravail, fils de feu Claude Coiffier, 100 livres tournois par an sur la présentation des lettres portant un accord passé moyennant 1,200 livres tournois, payable en douze années, par feu Madame de Bourbon à ladite

8 novembre.

v.

79

Claude Coiffier. Saint-Just-sur-Lyon, 8 novembre 1524.

Bibl. nat., ms. fr. 5779, fol. 10. (Mention.)

1524.

17874. Lettres de collation à Jean de La Salle de la prébende de Notre-Dame de Villeneuve, vacante par la mort de Louis de La Roche. Saint-Just-sur-Lyon, 8 novembre 1524.

Bibl. nat., ms. fr. 5779, fol. 12 v°. (Mention.)

8 novembre.

17875. Mandement de la régente au receveur des exploits et amendes du Parlement de Toulouse, de payer 625 livres tournois à Barthélemy Robin, président audit Parlement, pour son voyage de Romorantin à Bourges et Moulins, pour faire le procès de certains prisonniers, avec Pierre Trailaigne comme greffier. Saint-Just-sur-Lyon, 9 novembre 1524.

Original. Bibl. nat., Pièces originales, Robin, vol. 2503, p. 20.
Bibl. nat., ms. fr. 5779, fol. 7 v°. (Mention.)

9 novembre.

17876. Mandement aux bailli des Montagnes d'Auvergne, juge et garde des sceaux, de laisser Jacques de Tournemire ériger des fourches patibulaires en sa seigneurie de « Val », où il a le droit de haute justice, basse et moyenne, si lesdites fourches n'ont pas été abattues par autorité de justice. Saint-Just-sur-Lyon, 9 novembre 1524.

Bibl. nat., ms. fr. 5779, fol. 7. (Mention.)

9 novembre.

17877. Mandement au trésorier de l'épargne de faire payer par le receveur des amendes et exploits du Parlement de Toulouse, à Tristan du Soultre, Élie Regnier, Sance Hébrart et Pantaléon Joubert, conseillers en ladite cour, 75 livres 12 sous 6 deniers tournois par an à chacun d'eux, pour que leurs gages de conseillers clercs soient égaux à ceux des conseillers lais. Saint-Just-sur-Lyon, 9 novembre 1524.

Bibl. nat., ms. fr. 5779, fol. 8. (Mention.)

9 novembre.

17878. Mandement au trésorier de l'épargne de faire

9 novembre.

payer par le receveur des amendes et exploits
du Parlement de Bordeaux, 625 livres tournois au président Jacques Minut, pour avoir
fait le procès de plusieurs prisonniers, et 80 livres 6 sous tournois à Antoine Sartin qui l'a
assisté comme greffier. Saint-Just-sur-Lyon,
9 novembre 1524.

> *Bibl. nat., ms. fr. 5779, fol. 8 v°. (Mention.)*

1524.

17879. Don à Guillaume Palmier de la chapelle de
Saint-Vincent en l'église Notre-Dame de Grenoble, vacante par la résignation d'Antoine
Palmier, nommé chapelain de la chapelle
Sainte-Anne fondée en la maison archiépisco-
pale de Vienne. Saint-Just-sur-Lyon, 9 novembre 1524.

> *Bibl. nat., ms. fr. 5779, fol. 9. (Mention.)*

9 novembre.

17880. Don à Jean Le Masson de la prébende de Saint-
Quentin, vacante par la promotion de Michel
Reusse à la cure de Saint-Pierre de Bernay.
Saint-Just-sur-Lyon, 9 novembre 1524.

> *Bibl. nat., ms. fr. 5779, fol. 9 v°. (Mention.)*

9 novembre.

17881. Lettres de sauf-conduit accordées, sur la requête
de M. du Lude, à Corneille de Frémicourt,
Louis de Saint-Vaast et Jacques de Fouan,
marchands, les autorisant à faire entrer par
Cambrai dans le royaume, en payant les droits
de traite, cent chariots chargés de marchandises venant de Flandre, et d'en faire sortir du
royaume un nombre égal. Saint-Just-sur-Lyon,
10 novembre 1524.

> *Bibl. nat., ms. fr. 5779, fol. 13. (Mention.)*

10 novembre.

17882. Mandement au trésorier général du duché de
Milan de payer à Charles III de Savoie la
pension annuelle de 10,000 écus que le roi
lui a donnée. Abbaye de Saint-Lanfranc, près
Pavie, 11 novembre 1524.

> *Original. Turin, Arch. di stato, Trattati, mazzo 6,
n° 8.*

11 novembre.

17883. Don au duc de Savoie de vingt hommes d'armes
et quarante archers des ordonnances à la

11 novembre.

française. Saint-Lanfranc, près Pavie, 11 no- 1524.
vembre 1524.

*Original. Turin, Arch. di stato, Negoziazione,
Francia, mazzo 1, n° 28.*

17884. Lettres de mainlevée de la saisie de la com- 11 novembre.
manderie de Bellecombe et des autres biens
et seigneuries des prieurs et commandeurs
de l'ordre de Saint-Jean-de-Jérusalem en
Dauphiné, Valentinois et Diois, suivant le
traité conclu par le roi avec les grands prieurs
de l'ordre. Saint-Just-sur-Lyon, 11 novembre
1524.

Bibl. nat., ms. fr. 5779, fol. 9. (Mention.)

17885. Présentation par Louise de Savoie de Guillaume 11 novembre.
Chevalier pour l'office de grènetier de Cler-
mont en Beauvaisis, vacant par la résignation
de Georges du Vercle. Saint-Just-sur-Lyon,
11 novembre 1524.

Bibl. nat., ms. fr. 5779, fol. 9 v°. (Mention.)

17886. Provisions pour Gabriel Simonet de l'office 11 novembre.
d'élu sur le fait des aides et tailles en l'élection de Château-Chinon, nouvellement créé.
Saint-Just-sur-Lyon, 11 novembre 1524.

Bibl. nat., ms. fr. 5779, fol. 10. (Mention.)

17887. Mandement à Charles Luillier de recevoir les 11 novembre.
deniers dus au roi sur les marchandises que
Eustache Le Doyen tirera de la Bretagne, en
vertu du sauf-conduit qui lui a été délivré,
à Guillaume Barthélemy, contrôleur des finances de Bretagne, de tenir le compte desdites marchandises, et au vice-chancelier de
Bretagne de contraindre ledit Le Doyen de
payer les droits qu'il doit. Saint-Just-sur-
Lyon, 11 novembre 1524.

Bibl. nat., ms. fr. 5779, fol. 10 v°. (Mention.)

17888. Mandement à la Chambre des Comptes de Bre- 11 novembre.
tagne de laisser le vicomte de la Mothe-au-
Groing, le vice-chancelier de Bretagne, Jean
Vaillant, conseiller au Grand conseil, Guillaume Barthélemy, le vice-amiral de Bretagne

et Charles Luillier, assister avec eux à l'examen des comptes de feu Jean de L'Espinay, trésorier de Bretagne, jusqu'à la clôture desdits comptes. Saint-Just-sur-Lyon, 11 novembre 1524.

Bibl. nat., ms. fr. 5779, fol. 11. (*Mention.*)

17889. Mandement aux commissaires ordonnés en la chambre du conseil des finances à Paris, de remettre au vicomte de la Mothe-au-Groing, au vice-chancelier de Bretagne et au vice-amiral dudit pays, les doubles collationnés aux originaux des comptes de Michel Menant, trésorier de la marine. Saint-Just-sur-Lyon, 11 novembre 1524.

Bibl. nat., ms. fr. 5779, fol. 11. (*Mention.*)

17890. Mandement aux vice-chancelier, gens du conseil et chancellerie de Bretagne, d'enregistrer la déclaration du roi sur les droits et prééminences de l'amirauté de Bretagne. Saint-Just-sur-Lyon, 11 novembre 1524.

Bibl. nat., ms. fr. 5779, fol. 11 v°. (*Mentions.*)

17891. Commission aux vice-chancelier de Bretagne, à Jean Vaillant, conseiller au Grand conseil, et à Guillaume Barthélemy, contrôleur des finances de Bretagne, de s'entendre avec les commissaires nommés précédemment par le roi, pour lui faire tenir de l'argent provenant des revenants-bons. Saint-Just-sur-Lyon, 11 novembre 1524.

Bibl. nat., ms. fr. 5779, fol. 11 v°. (*Mention.*)

17892. Provisions pour François Mahieu de la charge de payeur des mortes-payes de Normandie, vacante par la résignation que Mathurin Du Pont en a faite à son profit. Saint-Just-sur-Lyon, 11 novembre 1524.

Bibl. nat., ms. fr. 5779, fol. 12 v°. (*Mention.*)

17893. Mandement de la régente aux élus du Lyonnais, confirmant à Pierre Chollet, élu de ladite élection, l'autorité, les droits et les prérogatives attachés à sa charge, que s'efforçait de

1524.

11 novembre.

11 novembre.

11 novembre.

11 novembre.

12 novembre.

lui enlever Jean Guillaume, élu extraordinaire. Saint-Just-sur-Lyon, 12 novembre
1524.

> *Copie du XVIᵉ siècle. Bibl. nat., ms. fr. 2702,*
> *fol. 101.*

1524.

17894. Commission à François Tavel pour remplacer
feu François de Loynes dans l'enquête qu'il
devait faire, avec plusieurs autres commissaires, et l'examen des livres de plusieurs
comptables de la sénéchaussée de Toulouse
soupçonnés de malversations. Saint-Just-sur-
Lyon, 13 novembre 1524.

> *Bibl. nat., ms. fr. 5779, fol. 12 vº. (Mention.)*

13 novembre.

17895. Don à Jean de Hangest de la prébende de Saint-
Quentin en Vermandois, vacante par la permutation de la chapelle Sainte-Croix en l'église
paroissiale « du Dam », diocèse de Tournay,
avec François de Hangest. Saint-Just-sur-
Lyon, 14 novembre 1524.

> *Bibl. nat., ms. fr. 5779, fol. 61. (Mention.)*

14 novembre.

17896. Lettres ordonnant la saisie de la « secretainerie »
de Notre-Dame en l'abbaye de Savigny et en
confiant l'administration à frère François Ge-
nevois, de l'ordre de Saint-Benoît, qui devra
en rendre bon compte, jusqu'à un revenu
de 30 livres tournois par an. Saint-Just-sur-
Lyon, 15 novembre 1524.

> *Bibl. nat., ms. fr. 5779, fol. 13 vº. (Mention.)*

15 novembre.

17897. Don à Pierre de Matan de la sergenterie de
Mont-au-Bœuf dans les forêts et buissons du
roi de la vicomté de Bayeux, vacante par la
mort de Gilles Thoiny. Saint-Just-sur-Lyon,
15 novembre 1524.

> *Bibl. nat., ms. fr. 5779, fol. 14 vº. (Mention.)*

15 novembre.

17898. Lettres adressées aux justiciers et officiers du
royaume, y compris le Dauphiné et la Provence, leur ordonnant de faire observer les
lettres de sauvegarde accordées par le roi au
monastère de Notre-Dame des Célestins de

18 novembre.

Colombier[1], et aux sénéchal de Beaucaire et 1524.
bailli de Saint-Marcellin de procéder contre
ceux qui les ont violées, en y envoyant des
gens d'armes. Lyon, 18 novembre 1524.

> Bibl. nat., ms. fr. 5779, fol. 13 v°. (Mention.)

17899. Lettres de naturalité accordées à Jacques de 18 novembre.
Molario pour tenir la cure de Polliomay en
Lyonnais. Lyon, 18 novembre 1524.

> Bibl. nat., ms. fr. 5779, fol. 14. (Mention.)

17900. Lettres de naturalité, avec autorisation de tenir 18 novembre.
des bénéfices en France jusqu'à 500 écus
de revenu, pour Jean-Baptiste, des comtes
de Vintimille dans la Rivière de Gênes. Saint-
Just-sur-Lyon, 18 novembre 1524.

> Bibl. nat., ms. fr. 5779, fol. 16. (Mention.)

17901. Mandement aux trésoriers de France de faire 21 novembre.
payer 10,000 livres tournois pour frais de
guerre à Jean Carré, commis à tenir le compte
et à faire le payement de l'extraordinaire des
guerres. Au camp devant Pavie, 21 novembre
1524.

> Original. Bibl. nat., Pièces originales, Carré,
> vol. 603, pièce 6.

17902. Commission à François Mingault, conseiller 21 novembre.
ès requêtes et rapporteur en la chancellerie,
pour exercer la juridiction de la prévôté de
l'hôtel, en l'absence du lieutenant du prévôt.
Lyon, 21 novembre 1524.

> Bibl. nat., ms. fr. 5779, fol. 14. (Mention.)

17903. Don à Louis d'Acigné, aumônier du roi, de 22 novembre.
l'office de conseiller en la chancellerie de
Bretagne, vacant par la mort de Thomas
Régis. Saint-Just-sur-Lyon, 22 novembre
1524.

> Bibl. nat., ms. fr. 5779, fol. 15 v°. (Mention.)

17904. Mandement de laisser prendre des deniers de 23 novembre.
son office à Gaillard Spifame, conseiller et

---

[1] Colombier-le-Cardinal, canton de Serrières, arrondissement de
Tournon, Ardèche.

receveur général du duché de Normandie,
15,000 livres tournois pour construire ou
radouber les navires ci-après nommés, qui
sont au Havre-de-Grâce et au port de Honfleur : pour la grande nef *La Françoise*,
10,000 livres tournois; pour *La Princesse*,
2,000; pour *L'Hermine*, 1,500; pour *La Barbe*,
800; pour la grande nef *La Normande*, 400;
pour *la Petite Normande*, 300; toutes sommes
qui devront être ordonnancées par Bertrand
de Tilly, capitaine de Touque, et Antoine
de Conflans, premier huissier de salle, sous
le contrôle de Jean de La Chapelle. Au camp
devant Pavie, 23 novembre 1524.

> *Original. Bibl. nat.*, *Pièces orig.*, vol. 2845,
> Tilly, p. 23.

1524.

17905. Présentation à l'archevêque de Rouen de Chris-
tophe Brocart pour la cure de Saint-Jean de
Pierrefiques, la présentation appartenant au
roi comme garde-noble des enfants de feu
Jean Bailly, sr de Pierrefiques. Saint-Just-sur-
Lyon, 23 novembre 1524.

> *Bibl. nat.*, ms. fr. 5779, fol. 15. (*Mention.*)

23 novembre.

17906. Permission à Jean de Pierrefitte de transporter
d'Auvergne en France 3,000 setiers de blé.
Saint-Just-sur-Lyon, 23 novembre 1524.

> *Bibl. nat.*, ms. fr. 5779, fol. 15 v°. (*Mention.*)

23 novembre.

17907. Permission à Antoine de Semur, sr de L'Estang, de transporter du Mâconnais à Orléans
200 setiers de blé, pour les y vendre. Saint-
Just-sur-Lyon, 23 novembre 1524.

> *Bibl. nat.*, ms. fr. 5779, fol. 15 v°. (*Mention.*)

23 novembre.

17908. Lettres de provisions par la régente Louise,
duchesse d'Angoulême, de l'office de conseiller maître ordinaire en la Chambre des
comptes de Dijon pour Pierre Godran. Saint-
Just-sur-Lyon, 24 novembre 1524.

> *Enreg. à la Chambre des Comptes de Dijon, le
> 18 janvier 1525 n. s. Arch. de la Côte-d'Or, B. 18,
> fol. 76.*
> *Bibl. nat.*, ms. fr. 5779 (reg. de Florimond
> Robertet), fol. 16. (*Mention.*)

24 novembre.

17909. Don à Jean Gentil le jeune de l'office de greffier du bailliage de Dijon et ressort de Saulx-le-Duc, vacant par la résignation de Pierre Godran. Saint-Just-sur-Lyon, 24 novembre 1524.

1524.
24 novembre.

Bibl. nat., ms. fr. 5779, fol. 16 v°. (Mention.)

17910. Mandement au trésorier de l'épargne de payer à Claude Laurencin, receveur des tailles à Lyon, 1,650 livres tournois pour le remboursement de pareille somme qu'il a avancée pour les bateaux et bateliers qui ont descendu les lansquenets jusqu'à Avignon. Saint-Just-sur-Lyon, 24 novembre 1524.

24 novembre.

Bibl. nat., ms. fr. 5779, fol. 18 v°. (Mention.)

17911. Provisions pour Bonaventure Ramaille de l'office de greffier d'Auxonne, vacant par la résignation de Pierre Godran. Saint-Just-sur-Lyon, 24 novembre 1524.

24 novembre.

Bibl. nat., ms. fr. 5779, fol. 16 v°. (Mention.)

17912. Provisions pour Pierre de Mossay de l'office de greffier de Saint-Jean-de-Losne, vacant par la résignation de Pierre Godran. Saint-Just-sur-Lyon, 24 novembre 1524.

24 novembre.

Bibl. nat., ms. fr. 5779, fol. 16 v°. (Mention.)

17913. Provisions pour Michau Bryois de l'office de sergent royal au bailliage de Touraine, vacant par la résignation d'Yvonnet de Merdeaulx. Saint-Just-sur-Lyon, 24 novembre 1524.

24 novembre.

Bibl. nat., ms. fr. 5779, fol. 17. (Mention.)

17914. Mandement à la Chambre des Comptes d'allouer aux comptes du grènetier de Joinville de l'année 1522, 700 livres 19 sous 8 deniers tournois que M. de Guise a pris en plus de 1,420 livres tournois qui lui avaient été ordonnées. Saint-Just-sur-Lyon, 26 novembre 1524.

26 novembre.

Bibl. nat., ms. fr. 5779, fol. 17. (Mention.)

17915. Mandement au receveur des tailles et aides de Beaujolais de payer, sur les deux derniers

26 novembre.

termes de sa recette en 1525, aux éche- 1524.
vins et habitants de Villefranche et à d'autres
personnes énumérées dans un compte vérifié
par le sénéchal de Lyon, 5,901 livres 7 sous
6 deniers tournois, pour les rembourser de
pareille somme qu'ils ont fournie pour la
levée des lansquenets. Saint-Just-sur-Lyon,
26 novembre 1524.

Bibl. nat., ms. fr. 5779, fol. 17. (Mention.)

17916. Déclaration de la régente portant que François 26 novembre.
Mathieu, dernièrement pourvu de l'office d'élu
sur le fait des tailles et aides en l'élection de
Périgord, nouvellement créé par le roi, jouira
dudit office pendant le procès intenté contre
lui par les syndics du pays. Saint-Just-sur-
Lyon, 26 novembre 1524.

Bibl. nat., ms. fr. 5779, fol. 17 v°. (Mention.)

17917. Déclaration de la régente portant que Pierre 26 novembre.
de Bourgoing, Jean Seguin, Jacques Challap
et Etienne Lacoste, dernièrement pourvus
des offices de conseillers qui viennent d'être
créés en la sénéchaussée de Périgord, jouiront
desdits offices pendant le procès que leur ont
intenté au Grand conseil les syndics et le juge
mage. Saint-Just-sur-Lyon, 26 novembre
1524.

Bibl. nat., ms. fr. 5779, fol. 18. (Mention.)

17918. Permission aux Frères mineurs de Lons-le- 26 novembre.
Saunier de tirer des vignobles de Chalon-sur-
Saône vingt queues de vin pour la provision
de leur couvent, sans payer les droits. Saint-
Just-sur-Lyon, 26 novembre 1524.

Bibl. nat., ms. fr. 5779, fol. 18 v°. (Mention.)

17919. Lettres de mainlevée des biens meubles et im- 28 novembre.
meubles de feu Antoine de Thélis, en faveur
de Louis de Thélis, son fils, et de ses autres
enfants, et de Jeanne de Saint-Romain, sa
veuve. Saint-Just-sur-Lyon, 28 novembre
1524.

Bibl. nat., ms. fr. 5779, fol. 19. (Mention.)

17920. Permission à Léon Tissart de tenir bénéfices
en Bretagne jusqu'à 5,000 livres de revenu,
monnaie dudit duché. Saint-Just-sur-Lyon,
28 novembre 1524.

> Bibl. nat., ms. fr. 5779, fol. 21 v°. (*Mention.*)

1524.
28 novembre.

17921. Déclaration portant que le duc de Savoie pourra
recueillir tous les biens provenant de la succession de feu Madame de Nemours, situés
en France. Saint-Just-sur-Lyon, 28 novembre
1524.

> Bibl. nat., ms. fr. 5779, fol. 20. (*Mention.*)

28 novembre.

17922. Pouvoirs aux six prieurs des six prieurés de
l'ordre de Saint-Jean-de-Jérusalem, pour faire
rendre par Claude Féau, s^r d'Izernay, au receveur dudit ordre 2,000 écus qu'il en a reçus,
ainsi qu'il est porté par sa lettre d'obligation.
Saint-Just-sur-Lyon, 29 novembre 1524.

> Bibl. nat., ms. fr. 5779, fol. 19 v°. (*Mention.*)

29 novembre.

17923. Lettres de compulsoire aux maire, échevins et
habitants de la Rochelle de contraindre les
élus de Saintonge, la ville et gouvernement de
la Rochelle à mander les raisons qui leur ont
fait asseoir une taille sur lesdits habitants,
contrairement à leurs franchises et libertés,
confirmées par le roi, et s'ils refusent, de les
assigner devant la régente. Saint-Just-sur-
Lyon, 29 novembre 1524.

> Bibl. nat., ms. fr. 5779, fol. 20 v°. (*Mention.*)

29 novembre.

17924. Don à François Saumaire de l'office de receveur des restes des officiers comptables du
duché de Bourgogne, vacant par la mort de
Jacques Dumas. Saint-Just-sur-Lyon, 29 novembre 1524.

> Bibl. nat., ms. fr. 5779, fol. 21. (*Mention.*)

29 novembre.

17925. Provisions pour Roland Tanneguy de l'office de
lieutenant de Quimper-Corentin, vacant par
la mort d'Alain Kergadou. Saint-Just-sur-
Lyon, 29 novembre 1524.

> Bibl. nat., ms. fr. 5779, fol. 21 v°. (*Mention.*)

29 novembre.

80.

17926. Lettres ordonnant la saisie de la commanderie de Lanteuil, occupée par Raymond Rozier, étranger non naturalisé, et en confiant l'administration à Jean Le Groing, protonotaire du Saint-Siège. Saint-Just-sur-Lyon, 30 novembre 1524.

1524.
30 novembre.

> Bibl. nat., ms. fr. 5779, fol. 21. (Mention.)

17927. Permission à Jacques Feu, marchand de Brioude, de transporter 1,000 setiers de blé d'Auvergne en France. Saint-Just-sur-Lyon, 30 novembre 1524.

30 novembre.

> Bibl. nat., ms. fr. 5779, fol. 21 v°. (Mention.)

17928. Mandement justificatif à Jean Prevost, naguère trésorier de l'extraordinaire des guerres, pour 2,650 livres 8 sous qu'il a fournis aux commissaires députés pour aller demander aux gens d'église de Languedoil et Guyenne l'aide et subvention qui a été levée sur les gens d'église du royaume. Saint-Just-sur-Lyon, 30 novembre 1524.

30 novembre.

> Bibl. nat., ms. fr. 5779, fol. 22. (Mention.)

17929. Lettres de Louise de Savoie, régente, portant don à Catherine Martin et à ses enfants des biens de feu Louis Landussier, leur mari et père, marchand de Lyon, natif de Genève, échus au roi par droit d'aubaine, ledit Landussier étant mort sans s'être fait naturaliser. Saint-Just-sur-Lyon, novembre 1524.

Novembre.

> Enreg. à la Chancellerie de France. Arch. nat., Trésor des Chartes, JJ. 237, n° 125, fol. 19. 1 page.

17930. Lettres de légitimation en faveur d'Antoine de Bessons, prêtre, fils naturel de feu frère Jacques de Bessons, chanoine régulier de l'ordre de Saint-Augustin, de la sénéchaussée de Lyon. Saint-Just-sur-Lyon, novembre 1524.

Novembre.

> Enreg. à la Chancellerie de France. Arch. nat., Trésor des Chartes, JJ. 237, n° 142, fol. 24. 1 page.
> Bibl. nat., ms. fr. 5779, fol. 9 v°. (Mention.)

17931. Lettres de naturalité accordées à André Billon, natif de Cordon en Savoie, établi en France et demeurant à Saint-Pourçain. Saint-Just-sur-Lyon, novembre 1524.

> *Enreg. à la Chancellerie de France. Arch. nat., Trésor des Chartes, JJ. 237, n° 169, fol. 28 v°.* 1 page.

1524. Novembre.

17932. Lettres de naturalité accordées à Étienne de Fleury, qui, pris sur mer à l'âge de quatre ou cinq ans, avec d'autres enfants originaires de Turquie, par les chevaliers de Saint-Jean-de-Jérusalem, avait été confié par le feu roi à l'archevêque de Sens qui l'avait fait baptiser et élever. Saint-Just-sur-Lyon, novembre 1524.

> *Enreg. à la Chancellerie de France. Arch. nat., Trésor des Chartes, JJ. 237, n° 136, fol. 22 v°.* 2 pages.
> *Bibl. nat., ms. fr. 5779, fol. 16. (Mention.)*

Novembre.

17933. Lettres de naturalité avec congé de tester pour Catherine, Marthe et Adrienne Minut, nées à Milan pendant que Jacques Minut, leur père, y était. Saint-Just-sur-Lyon, novembre 1524.

> *Bibl. nat., ms. fr. 5779, fol. 19 v°. (Mention.)*

Novembre.

17934. Permission à M. de Marcilly de tirer de sa maison du « Vau de Thesu » en Mâconnais, cinq cents chevaux chargés de blé et de les conduire en Nivernais, dans une autre maison qui lui appartient. Saint-Just-sur-Lyon, 2 décembre 1524.

> *Bibl. nat., ms. fr. 5779, fol. 22. (Mention.)*

2 décembre.

17935. Lettres ordonnant la restitution par Guillaume Pasquier, prêtre, ancien serviteur de feu Jean Delagut, chanoine, de 200 livres qu'il avait reçues sur la somme de 400 écus à lui léguée par le défunt, dont le testament avait été cassé, parce que ledit Delagut, étant bâtard non légitimé, était incapable de tester. Saint-Just-sur-Lyon, 3 décembre 1524.

> *Copie du xvi° siècle. Arch. départ. du Gard, G. 1238, Cartulaire du chapitre de Villeneuve-lès-Avignon.*

3 décembre.

17936. Mandement au trésorier de l'épargne de faire tenir déchargés Guillaume Patrisdon, Antoine Ysoart et Jean Granet, consuls de Briançon, envers le trésorier et receveur général de Dauphiné, de la somme de 325 livres tournois qui leur a été donnée pour faire les provisions nécessaires à l'étape de l'armée de M. l'Amiral à son retour d'Italie. Saint-Just-sur-Lyon, 3 décembre 1524.

1524.
3 décembre.

Bibl. nat., ms. fr. 5779, fol. 22 bis. (Mention.)

17937. Provisions pour Jean de Branne de l'office de châtelain et receveur de Verdun-[sur-le-Doubs], Saunières et Bragny, vacant par la mort de Claude Clerc. Saint-Just-sur-Lyon, 3 décembre 1524.

3 décembre.

Bibl. nat., ms. fr. 5779, fol. 22 bis v°. (Mention.)

17938. Provisions pour Claude Limosin de l'office de substitut du procureur de Forez dans les châtellenies de Feurs et Cleppé, vacant par la mort de Michel Delacroix. Saint-Just-sur-Lyon, 3 décembre 1524.

3 décembre.

Bibl. nat., ms. fr. 5779, fol. 23. (Mention.)

17939. Déclaration portant que les officiers de la Monnaie de Lyon ne payeront aucunes tailles ni subsides d'aucune sorte pour les gens de pied qu'on lève en ladite ville, et jouiront des privilèges que leur ont concédés les prédécesseurs du roi. Saint-Just-sur-Lyon, 3 décembre 1524.

3 décembre.

Bibl. nat., ms. fr. 5779, fol. 37. (Mention.)

17940. Évocation au Grand conseil d'un procès engagé entre le procureur du roi près la Chambre souveraine de Dombes, à Lyon, et les fermiers du péage de Belleville. 3 décembre 1524.

3 décembre.

Mention dans un arrêt du Grand conseil, en date du 21 août 1531, portant renvoi dudit procès au Parl. de Paris. Arch. nat., V⁵ 1048.

17941. Permission à frère Philibert de Beaujeu, reli-

4 décembre.

gieux de l'ordre de Saint-Benoît, d'envoyer à
Rome obtenir l'expédition des bulles de l'hôpital et évêché de Bethléem en Nivernais.
Saint-Just-sur-Lyon, 4 décembre 1524.

Bibl. nat., ms. fr. 5779, fol. 24. (Mention.)

1524.

17942. Commission au sénéchal de Toulouse de faire
une enquête à propos de la demande présentée
par Jean de Bernoy à Messieurs du Grand
conseil, pour évoquer un procès pendant devant le Parlement de Toulouse entre ledit
Bernoy et Guillaume de Carmain, s' de
Benaix. Saint-Just-sur-Lyon, 5 décembre
1524.

Bibl. nat., ms. fr. 5779, fol. 23 v°. (Mention.)

5 décembre.

17943. Lettres portant défense au Parlement de Toulouse de connaître du procès pendant entre
Jean de Bernoy et Guillaume de Carmain,
jusqu'à ce que le Grand conseil ait statué.
Saint-Just-sur-Lyon, 5 décembre 1524.

Bibl. nat., ms. fr. 5779, fol. 23 v°. (Mention.)

5 décembre.

17944. Don à Jean Isambert de la chapelle de Saint-Laurent-sous-Clermont en Beauvaisis, vacante
par la permutation qu'en a faite Jacques de
Bourges avec la cure d'Aulage en Bray, diocèse
de Beauvais. Saint-Just-sur-Lyon, 5 décembre
1524.

Bibl. nat., ms. fr. 5779, fol. 26 v°. (Mention.)

5 décembre.

17945. Don à Jean Isambert de la prébende de Notre-Dame de Clermont en Beauvaisis, vacante par
la permutation de Jacques de Bourges avec
la cure d'Aulage en Bray. Saint-Just-sur-Lyon,
5 décembre 1524.

Bibl. nat., ms. fr. 5779, fol. 26 v°. (Mention.)

5 décembre.

17946. Don à Pierre de Bièvres de la prébende de
Saint-Martin d'Angers, vacante par la permutation qu'en a faite Pierre Ernault avec la
chapelle du Colombeau, fondée en l'église
paroissiale d'Angers. Saint-Just-sur-Lyon,
5 décembre 1524.

Bibl. nat., ms. fr. 5779, fol. 26 v°. (Mention.)

5 décembre.

17947. Lettres permettant à Madeleine de Gaïette, veuve de François de La Bosse, de demeurer en sa maison sous l'obéissance du roi, et mettant à néant sa relégation de deux ans dans une ville du royaume, avec surséance de six mois pour acquitter les 500 livres d'amende auxquelles elle a été condamnée. Saint-Just-sur-Lyon, 5 décembre 1524.

1524.
5 décembre.

Bibl. nat., ms. fr. 5779, fol. 28 v°. (Mention.)

17948. Mandement au trésorier de l'épargne de faire payer par le receveur des aides et tailles de Beaujolais, 3,500 livres tournois aux habitants de Belleville et villages voisins, pour les dédommager des pertes qu'ils ont éprouvées en logeant les lansquenets. Saint-Just-sur-Lyon, 5 décembre 1524.

5 décembre.

Bibl. nat., ms. fr. 5779, fol. 55 v°. (Mention.)

17949. Provisions pour Jean Foucot de l'office de crieur et audiencier des causes en la vicomté de Caen, vacant par la résignation que lui en a faite Pierre Foucot. Saint-Just-sur-Lyon, 6 décembre 1524.

6 décembre.

Bibl. nat., ms. fr. 5779, fol. 23 v°. (Mention.)

17950. Mandement pour l'élargissement de Guillaume Compaing, avec mainlevée de tous ses biens meubles et immeubles, à la condition qu'il fournira bonne caution et s'engagera à se rendre prisonnier quand il en sera requis. Saint-Just-sur-Lyon, 6 décembre 1524.

6 décembre.

Bibl. nat., ms. fr. 5779, fol. 24 v°. (Mention.)

17951. Mandement à Babou, trésorier de l'épargne, de faire payer par Pierre d'Apestigny, receveur général des parties casuelles à Jean Le Mercier, commis à visiter les Monnaies du royaume, 290 livres 1 sou tournois, suivant la taxe faite par Pierre Antoine, conseiller au Grand conseil. Saint-Just-sur-Lyon, 6 décembre 1524.

6 décembre.

Bibl. nat., ms. fr. 5779, fol. 24 v°. (Mention.)

17952. Lettres abandonnant aux Célestins d'Avignon
un revenu de 50 livres tournois provenant
d'une somme de 1,000 livres tournois qu'ils
ont reçue en legs de Jean de Lagut, prêtre, et
à propos de laquelle le procureur du roi leur
a intenté un procès au Grand conseil, prétendant que cette somme revenait au roi
parce que ledit de Lagut était bâtard et décédé
avant d'avoir obtenu des lettres de légitimation. Saint-Just-sur-Lyon, 6 décembre 1524.

> Bibl. nat., ms. fr. 5779, fol. 25. (Mention.)

1524.
6 décembre.

17953. Lettres abandonnant aux syndics et chapitre
de l'église Notre-Dame d'Avignon une somme
de 1,000 écus que leur a léguée Jean de Lagut
et dont le procureur du roi leur contestait
la possession, sous le prétexte que ledit de
Lagut était bâtard non légitimé. Saint-Just-
sur-Lyon, 6 décembre 1524.

> Bibl. nat., ms. fr. 5779, fol. 25 v°. (Mention.)

6 décembre.

17954. Mandement au juge de Compeyre d'ordonner
aux accusateurs d'Antoine Branginot de venir déclarer par-devant le Conseil les crimes
et délits qu'ils lui imputent. Saint-Just-sur-
Lyon, 6 décembre 1524.

> Bibl. nat., ms. fr. 5779, fol. 25 v°. (Mention.)

6 décembre.

17955. Don à Gilbert Moron, d'une vicairerie et commission de messes fondée en la chapelle
Sainte-Catherine du château de Servières,
vacante par la résignation que Jacques Perro-
tin en a faite au profit dudit Moron. Saint-
Just-sur-Lyon, 6 décembre 1524.

> Bibl. nat., ms. fr. 5779, fol. 26. (Mention.)

6 décembre.

17956. Lettres d'amortissement pour les religieux Minimes du couvent fondé au faubourg d'Amboise, de trois corps de maison assis audit
faubourg, que la régente a achetés de Nicolas
Barbier pour les donner auxdits religieux.
Saint-Just-sur-Lyon, 6 décembre 1524.

> Bibl. nat., ms. fr. 5779, fol. 26. (Mention.)

6 décembre.

IMPRIMERIE NATIONALE

17957. Don à Ravan Morel de l'office d'élu de Fa- 1524.
laise, vacant par la mort de Gilbert Pichart. 9 décembre.
Saint-Just-sur-Lyon, 9 décembre 1524.

Bibl. nat., ms. fr. 5779, fol. 27. (*Mention.*)

17958. Mandement au trésorier de l'épargne, Philibert 9 décembre.
Babou, de payer à Barbanson d'Artois, élu
de Clermont, ses gages dudit office depuis
la mort de son prédécesseur, Jean d'Argil-
lière, jusqu'au jour de son institution. Saint-
Just-sur-Lyon, 9 décembre 1524.

Bibl. nat., ms. fr. 5779, fol. 27. (*Mention.*)

17959. Lettres de naturalité accordées à Hugues 9 décembre.
Glanne, originaire du comté de Bourgogne,
pour tenir bénéfices en France jusqu'à 500 livres de revenu. Saint-Just-sur-Lyon, 9 décembre 1524.

Bibl. nat., ms. fr. 5779, fol. 27. (*Mention.*)

17960. Don à Pierre Caulier de la chapelle de la 9 décembre.
Madeleine, comportant l'administration des
ladres de Vassens, Audignicourt et le Mesnil, vacante par la résignation qu'en a faite
Jean Le Petit. Saint-Just-sur-Lyon, 9 décembre 1524.

Bibl. nat., ms. fr. 5779, fol. 28. (*Mention.*)

17961. Don à Antoine Manda, dit Pouchain, d'une 9 décembre.
place de religieux lai en l'abbaye de Savigny
en Lyonnais, de l'ordre de Saint-Benoît et de
fondation royale. Saint-Just-sur-Lyon, 9 décembre 1524.

Bibl. nat., ms. fr. 5779, fol. 29. (*Mention.*)

17962. Lettres de survivance pour Pierre Faure de 9 décembre.
la châtellenie de Saint-Symphorien-le-Châtel,
dont son père Jean Fauré est pourvu. Saint-
Just-sur-Lyon, 9 décembre 1524.

Bibl. nat., ms. fr. 5779, fol. 29. (*Mention.*)

17963. Provisions pour Jean Jacquier de l'office de con- 10 décembre.
trôleur du grenier à sel de Mèze en Langue-

doc, vacant par la mort de Pierre de Seret.   1524.
Saint-Just-sur-Lyon, 10 décembre 1524.

> *Bibl. nat., ms. fr. 5779, fol. 27 v°. (Mention.)*

17964. Don à Guillaume Du Maine de la chanoinie et   10 décembre.
prébende de Notre-Dame-la-Ronde de Rouen,
vacante par la permutation de Claude Ser-
visy avec la chapelle de Cambron (diocèse
d'Amiens), dans l'église paroissiale dudit lieu.
Saint-Just-sur-Lyon, 10 décembre 1524.

> *Bibl. nat., ms. fr. 5779, fol. 28. (Mention.)*

17965. Lettres de naturalité pour Guillaume Quynon,   10 décembre.
religieux de l'ordre de Saint-Jean de Jéru-
salem, avec congé de tenir bénéfices en France
jusqu'à la somme de 2,000 écus. Saint-Just-
sur-Lyon, 10 décembre 1524.

> *Bibl. nat., ms. fr. 5779, fol. 28. (Mention.)*

17966. Lettres de naturalité pour Jean Quynon, reli-   10 décembre.
gieux de l'ordre de Saint-Jean de Jérusalem,
pour tenir bénéfices en France jusqu'à
1,000 écus soleil. Saint-Just-sur-Lyon,
10 décembre 1524.

> *Bibl. nat., ms. fr. 5779, fol. 28 v°. (Mention.)*

17967. Lettres de mainlevée du temporel des prieurés   11 décembre.
de Rix et de Salles, en faveur d'Antoine Le
Gay et de Regnaut Du Puy, pourvus par l'abbé
de Cluny desdits prieurés, vacants par la mort
de Jacques de Larière, sur qui ils avaient été
saisis, parce qu'il s'était enfui avec Charles de
Bourbon. Saint-Just-sur-Lyon, 11 décembre
1524.

> *Bibl. nat., ms. fr. 5779, fol. 27 v°. (Mention.)*

17968. Provisions pour François de Durat, sr de Cha-   11 décembre.
zeaux, de l'office de prévôt des maréchaux
dans la Marche, le pays de Combrailles, à
Montaigut et environs, en remplacement de
Jean de Durat, sr des Portes. Saint-Just-sur-
Lyon, 11 décembre 1524.

> *Bibl. nat., ms. fr. 5779, fol. 32. (Mention.)*

17969. Déclaration de l'hommage de Jean Brinon, pre-   12 décembre.

mier président au Parlement de Normandie et président du conseil de Louise de Savoie, pour les seigneuries de Remy, Gournay et Moyenneville, au bailliage de Senlis. Saint-Just-sur-Lyon, 12 décembre 1524.

Copie collat. du 15 janvier 1534 n. s. Arch. nat., K. 1172, n° 2.

17970. Don à Jean de La Haye, s^r de Salles, du droit de franc usage en la forêt de Grosbois, pour son chauffage et la construction de sa maison de Salles en Bourbonnais, avec permission de mettre chaque année vingt porcs dans la paisson de ladite forêt. Saint-Just-sur-Lyon, 12 décembre 1524.

Bibl. nat., ms. fr. 5779, fol. 29 v°. (Mention.)

17971. Don à Jean de La Haye, s^r de « Pramière », du droit de franc usage pour sa maison de « Pramière », dans la forêt de « Morsanges », avec permission de mettre vingt porcs dans la paisson de ladite forêt. Saint-Just-sur-Lyon, 12 décembre 1524.

Bibl. nat., ms. fr. 5779, fol. 29 v°. (Mention.)

17972. Mandement au trésorier général de Languedoc d'allouer aux comptes du receveur des tailles en Lyonnais 4,000 livres tournois, que la régente lui a ordonné de rembourser à Antoine et Louis Bonvisi, marchands lucquois. Saint-Just-sur-Lyon, 12 décembre 1524.

Bibl. nat., ms. fr. 5779, fol. 31. (Mention.)

17973. Mandement à Jean Vigier, écuyer, s^r de Ruffiac, maître d'hôtel de la régente, de remettre à Pierre d'Apestigny, receveur général, tous les deniers qu'il aura perçus dans l'exercice de la commission que le roi lui a confiée de réformer les approvisionnements et munitions faits dans la sénéchaussée d'Agénais, et les deniers provenant de la création d'offices de notaires dans ladite sénéchaussée. Saint-Just-sur-Lyon, 12 décembre 1524.

Bibl. nat., ms. fr. 5779, fol. 31 v°. (Mention.)

1524.

12 décembre.

12 décembre.

12 décembre.

12 décembre.

17974. Don à Antoine Pertuis de la prébende de 1524. Saint-Étienne de Troyes, vacante par la mort 12 décembre. de François Séguin. Saint-Just-sur-Lyon, 12 décembre 1524.

Bibl. nat., ms. fr. 5779, fol. 41. (*Mention.*)

17975. Don à Jacques Glenart de la prébende de 12 décembre. Saint-Urbain de Troyes, vacante par la mort de François Séguin. Saint-Just-sur-Lyon, 12 décembre 1524.

Bibl. nat., ms. fr. 5779, fol. 41 v°. (*Mention.*)

17976. Lettres rétablissant les présidents, conseillers et 13 décembre. autres officiers du Parlement de Rouen dans le privilège qu'ils avaient autrefois de recevoir chaque année des grenetiers et contrôleurs la quantité de sel dont ils avaient besoin pour leur maison, sans payer de droits. Saint-Just-sur-Lyon, 13 décembre 1524.

Bibl. nat., ms. fr. 5779, fol. 30. (*Mention.*)

17977. Permission à Pierre Papot, marchand à Char- 13 décembre. lieu en Lyonnais, de transporter et de vendre à Orléans 400 muids de blé, mesure d'Or- léans. Saint-Just-sur-Lyon, 13 décembre 1524.

Bibl. nat., ms. fr. 5779, fol. 29 v°. (*Mention.*)

17978. Permission à Pierre Du Pois, dit de Nevers, 13 décembre. officier de la fourrière du roi, de transporter de Bourbonnais en Nivernais 30 muids de blé. Saint-Just-sur-Lyon, 13 décembre 1524.

Bibl. nat., ms. fr. 5779, fol. 30 v°. (*Mention.*)

17979. Don à Robert Gosselin, dit le grand Robert, 14 décembre. valet de chambre du roi, de l'office de portier de la première porte du château d'Arques, vacant par la mort de Regnaut Le Conte. Saint-Just-sur-Lyon, 14 décembre 1524.

Bibl. nat., ms. fr. 5779, fol. 45. (*Mention.*)

17980. Provisions pour Alain Mandart de l'office d'au- 14 décembre. diteur et maître des comptes en Bretagne, va- cant par la mort de Jean Drouillart. Saint-Just-sur-Lyon, 14 décembre 1524.

Bibl. nat., ms. fr. 5779, fol. 49. *Mention.*)

17981. Provisions pour Gilbert Giraudet de l'office de greffier du lieutenant du sénéchal de Bourbonnais à Souvigny, vacant par la mort de Jean Regnault. Saint-Just-sur-Lyon, 15 décembre 1524.

1524.
15 décembre.

Bibl. nat., ms. fr. 5779, fol. 36. (Mention.)

17982. Mandement de Louise de Savoie, régente, à la Chambre des Comptes de Dijon de laisser les maire, échevins et habitants de Beaune en possession de l'octroi qui leur a été accordé sur le sel. Saint-Just-sur-Lyon, 16 décembre 1524.

16 décembre.

Original. Arch. municip. de Beaune (Côte-d'Or), Fortifications, n° 97.
Bibl. nat., ms. fr. 5779, fol. 31. (Mention.)

17983. Lettres de souffrance aux religieuses du couvent de Saintes de payer 200 livres tournois qu'elles devaient encore pour leur part du subside levé sur le clergé, jusqu'au retour du roi. Saint-Just-sur-Lyon, 16 décembre 1524.

16 décembre.

Bibl. nat., ms. fr. 5779, fol. 32 v°. (Mention.)

17984. Mandement au trésorier de l'épargne de faire payer par Pierre Quetier, commis à la recette du droit de gabelle en Bourbonnais, à Victor Barguin 1,400 livres 4 deniers tournois, pour le rembourser de pareille somme due par feu Anne de France à feu François d'Orléans, son trésorier, et que ledit Barguin réclame tant à cause de sa femme, veuve dudit d'Orléans, que comme curateur de leurs enfants mineurs. Saint-Just-sur-Lyon, 16 décembre 1524.

16 décembre.

Bibl. nat., ms. fr. 5779, fol. 38. (Mention.)

17985. Permission à Louis de Bressieu d'envoyer à Rome pour obtenir les bulles de la cure de Notre-Dame-des-Marais à la Ferté-Bernard. Saint-Just-sur-Lyon, 17 décembre 1524.

17 décembre.

Bibl. nat., ms. fr. 5779, fol. 32. (Mention.)

17986. Lettres de sauf-conduit pour Dietrich de Lan-

17 décembre.

glisperg, avoyer de Fribourg, lui permettant de transporter en Suisse, sans acquitter de droits, cinquante poinçons de vin pour l'usage de sa maison. Saint-Just-sur-Lyon, 17 décembre 1524.

1524.

Bibl. nat., ms. fr. 5779, fol. 32 v°. (*Mention.*)

17987. Lettres de sauf-conduit pour Dietrich de Langlisperg et permission de transporter en Suisse, sans acquitter de droits, cinquante caques de harengs blancs et saurs. Saint-Just-sur-Lyon, 17 décembre 1524.

17 décembre.

Bibl. nat., ms. fr. 5779, fol. 32 v°. (*Mention.*)

17988. Lettres de sauf-conduit données à Jean Brinon, chancelier d'Alençon, pour transporter 30 muids de vin francs de droits en Angleterre, où il est envoyé comme ambassadeur. Saint-Just-sur-Lyon, 17 décembre 1524.

17 décembre.

Bibl. nat., ms. fr. 5779, fol. 33. (*Mention.*)

17989. Lettres de sauvegarde pour Bertrand Jullian, serviteur du prince d'Orange et originaire de France, en vertu desquelles il pourra résider en France comme il faisait avant d'être serviteur dudit prince. Saint-Just-sur-Lyon, 17 décembre 1524.

17 décembre.

Bibl. nat., ms. fr. 5779, fol. 33. (*Mention.*)

17990. Lettres de sauvegarde pour François Bonnefont, serviteur du prince d'Orange. Saint-Just-sur-Lyon, 17 décembre 1524.

17 décembre.

Bibl. nat., ms. fr. 5779, fol. 33. (*Mention.*)

17991. Ratification par François Ier de la paix conclue, le 12 décembre précédent, entre le comte de Carpi, son ambassadeur, en son nom, et les plénipotentiaires de la seigneurie de Venise, par l'entremise du Saint-Siège, et renouvellement des traités qui étaient en vigueur entre Venise et la France, avant la présente guerre. Au camp devant Pavie, 19 décembre 1524.

19 décembre.

Original. Arch. de Venise, Patti, série I, n° 810.

17992. Mandement justificatif à Pierre d'Apestigny, receveur général des finances extraordinaires, de 205 écus soleil qu'il a payés au sᵣ de Châteaumorant, pour les dépenses faites par celui-ci dans l'exercice d'une commission qu'il tenait du roi, pour aller demander le subside du clergé dans les diocèses d'Orléans, de Bourges et de Nevers. Saint-Just-sur-Lyon, 19 décembre 1524.

1524.
19 décembre.

Bibl. nat., ms. fr. 5779, fol. 33 vᵉ. (Mention.)

17993. Lettres de sauf-conduit données à Simon Sister, pour transporter d'Auvergne à Orléans et à Paris, 300 muids de blé, mesure de Moulins. Saint-Just-sur-Lyon, 19 décembre 1524.

19 décembre.

Bibl. nat., ms. fr. 5779, fol. 33 vᵉ. (Mention.)

17994. Don à Jean Fagot de l'office de sergent à cheval au Châtelet de Paris, vacant par la mort de Jean Boudart. Saint-Just-sur-Lyon, 20 décembre 1524.

20 décembre.

Bibl. nat., ms. fr. 5779, fol. 34. (Mention.)

17995. Prorogation pour six ans accordée aux maire, échevins et habitants de Saint-Quentin, de la permission qu'ils ont obtenue du roi de percevoir sur le vin vendu dans leur ville une imposition, dont le produit doit être affecté au payement de certaines rentes dues au roi et aux églises de Saint-Quentin et de Saint-Prix. Saint-Just-sur-Lyon, 20 décembre 1524.

20 décembre.

Bibl. nat., ms. fr. 5779, fol. 34. (Mention.)

17996. Lettres portant qu'on payera à Maximilien Sforza 10,271 livres 10 deniers obole tournois sur ce qui lui est dû de sa pension de l'année dernière et de celle-ci, à la condition que ledit Sforza donnera un reçu de pareille somme au trésorier de l'épargne, Philibert Babou, qui l'assignera de 5,972 livres 15 sous tournois sur le receveur de Forez et de 4,298 livres 5 sous tournois sur celui de

20 décembre.

Lyonnais, Saint-Just-sur-Lyon, 20 décembre 1524.

Bibl. nat., ms. fr. 5779, fol. 34 v°. (Mention.)

17997. Prorogation pendant dix ans, à partir de l'expiration du précédent octroi, de l'affranchissement de la taille accordé aux habitants de Moulins. Saint-Just-sur-Lyon, 20 décembre 1524.

Bibl. nat., ms. fr. 5779, fol. 35. (Mention.)

20 décembre

17998. Prorogation en faveur des habitants de Moulins de l'aide de 4 livres par muid de sel vendu à Moulins, Montluçon et Bourbon-Lancy, le produit de cette aide devant être consacré aux réparations dont ladite ville a besoin. Saint-Just-sur-Lyon, 20 décembre 1524.

Bibl. nat., ms. fr. 5779, fol. 35 v°. (Mention.)

20 décembre.

17999. Lettres de collation pour Jacques de Bourges de la chapelle de Saint-Côme et de Saint-Damien au château de Remy, vacante par la permutation de la prébende de Notre-Dame du château de Clermont en Beauvaisis avec Simon Billouet. Saint-Just-sur-Lyon, 20 décembre 1524.

Bibl. nat., ms. fr. 5779, fol. 36 v°. (Mention.)

20 décembre.

18000. Don à Simon Billouet de la prébende de Notre-Dame du château de Clermont en Beauvaisis, vacante par la permutation de la chapelle de Saint-Côme et de Saint-Damien au château de Remy, faite avec Jacques de Bourges. Saint-Just-sur-Lyon, 20 décembre 1524.

Bibl. nat., ms. fr. 5779, fol. 36 v°. (Mention.)

20 décembre.

18001. Provisions par Louise de Savoie, régente, de l'office d'huissier au Parlement de Dijon, pour Jean Grossy. Saint-Just-sur-Lyon, 21 décembre 1524.

Enreg. au Parl. de Dijon. Arch. de la Côte-d'Or, Parl., reg. II, fol. 3 v°.
Bibl. nat., ms. fr. 5779, fol. 36. (Mention.)

21 décembre.

18002. Provisions par la régente Louise de Savoie de l'office de clerc et auditeur en la Chambre

21 décembre.

des Comptes de Dijon, pour Jean Noblet en
survivance de Nicolas Noblet, son père. Saint-
Just-sur-Lyon, 21 décembre 1524.

> *Enreg. à la Chambre des Comptes de Dijon, le
> 26 janvier suivant. Arch. de la Côte-d'Or, B. 18,
> fol. 79.*
> *Bibl. nat., ms. fr. 5779, fol. 36. (Mention.)*

1524.

18003. Mandement au trésorier de l'épargne de payer
500 livres tournois aux frères Minimes [de
Lyon], pour le reliquat de leur pension
de cette année. Saint-Just-sur-Lyon, 21 décembre 1524.

> *Bibl. nat., ms. fr. 5779, fol. 35 v°. (Mention.)*

21 décembre.

18004. Provisions pour Jean Cochon de l'office d'élu
nouvellement créé à Auxerre. Saint-Just-sur-
Lyon, 22 décembre 1524.

> *Bibl. nat., ms. fr. 5779, fol. 38 v°. (Mention.)*

22 décembre.

18005. Déclaration portant que les chevaucheurs ordinaires de l'écurie tenant la poste du roi auront seuls des chevaux de poste et de courriers, et qu'ils ne recevront pas de gages, sice
n'est pour les traverses. Saint-Just-sur-Lyon,
23 décembre 1524.

> *Bibl. nat., ms. fr. 5779, fol. 38 v°. (Mention.)*

23 décembre.

18006. Don au duc d'Alençon des droits de gabelle des
greniers à sel d'Alençon et des chambres à
sel d'Argentan, Verneuil, Bellême, Château-
Gontier et la Flèche, et des chambres en dépendant, de création récente. Saint-Just-sur-
Lyon, 23 décembre 1524.

> *Bibl. nat., ms. fr. 5779, fol. 39. (Mention.)*

23 décembre.

18007. Don à Guillaume Poussot de la prébende de
Notre-Dame de Talant, près Dijon, diocèse
de Langres, vacante par la résignation d'Edme
Vadot. Saint-Just-sur-Lyon, 23 décembre
1524.

> *Bibl. nat., ms. fr. 5779, fol. 39. (Mention.)*

23 décembre.

18008. Lettres de création par la régente et provisions
en faveur de Philibert Boucher, licencié ès
lois, d'un nouvel office d'enquêteur près le

24 décembre.

bailliage et la prévôté d'Auxerre. Saint-Just-
sur-Lyon, 24 décembre 1524.

> Enreg. au Grand conseil, le 24 mai 1529. Arch.
> nat., V⁵ 1047. 1 page.
> Présentées au Parl. de Paris, le 15 janvier 1526
> n. s. Opposition à l'enregistrement. Arch. nat.,
> X¹ᵃ 4878, fol. 213. (Mention.)

18009. Don au comte de Guise du droit de gabelle   27 décembre.
des greniers à sel de Joinville, Guise, la
Ferté-Bernard et Mayne-la-Juhée (Mayenne),
et des amendes et confiscations qui y seront
prononcées durant cette année. Saint-Just-
sur-Lyon, 27 décembre 1524.

> Bibl. nat., ms. fr. 5779, fol. 39 v°. (Mention.)

18010. Provisions pour Étienne de Fleury de l'office   28 décembre.
d'élu qui vient d'être érigé en l'élection de Sens.
Saint-Just-sur-Lyon, 28 décembre 1524.

> Bibl. nat., ms. fr. 5779, fol. 39 v°. (Mention.)

18011. Mandement pour faire payer par le receveur   28 décembre.
général d'Apestigny à Étienne Du Lac, écuyer
de Mesdames de Navarre, 300 écus à compter sur leur pension, en attendant qu'il y soit
autrement pourvu. Lyon, 28 décembre 1524.

> Bibl. nat., ms. fr. 5779, fol. 38 v°. (Mention.)

18012. Lettres de prorogation de la commission don-   29 décembre.
née par le roi à Jean Payot, de recevoir les
deniers provenant des souffrances et charges
de quittances que Guillaume Trotereau doit
extraire de la Chambre des Comptes, jusqu'à
ce que ledit Trotereau ait terminé sa mission.
Saint-Just-sur-Lyon, 29 décembre 1524.

> Bibl. nat., ms. fr. 5779, fol. 39 v°. (Mention.)

18013. Don à François de La Vieuville, sʳ de Conte-   29 décembre.
ville, de l'office de capitaine de Noyon, va-
cant par la mort de Jean de La Vieuville, son
frère. Saint-Just-sur-Lyon, 29 décembre
1524.

> Bibl. nat., ms. fr. 5779, fol. 30. (Mention.)

18014. Mandement à Philibert Babou, trésorier de   29 décembre.

82.

l'épargne, de payer 322 livres 10 sous tournois à Guillaume de Commacre, secrétaire
du roi, pour deux voyages qu'il a faits de
Blois à Avignon et son retour en Bretagne.
Saint-Just-sur-Lyon, 29 décembre 1524.

> *Bibl. nat., ms. fr. 5779, fol. 42 v°. (Mention.)*

1524.

18015. Don à Jacques de Frémary, s^r de Vaulx, sommelier d'échansonnerie de bouche de Louise
de Savoie, de l'office de capitaine et châtelain
de Sury-le-Bois (Sury-le-Comtal) en Forez.
Saint-Just-sur-Lyon, 31 décembre 1524.

> *Bibl. nat., ms. fr. 5779, fol. 40. (Mention.)*

31 décembre.

18016. Lettres de naturalité accordées à Charles de La
Chambre, évêque de Mondovi, frère du s^r de
La Chambre, décidé à se fixer en France.
Abbaye de Saint-Lanfranc, près Pavie, dé-
cembre 1524.

> *Enreg. à la Chancellerie de France. Arch. nat.,
> Trésor des Chartes, JJ. 237, n° 193, fol. 32 v°.
> 1 page 1/2.*

Décembre.

18017. Lettres de naturalité accordées à Françoise de
La Chambre, dite de Seyssel, dame d'Aix en
Savoie, en considération des services rendus
au roi par le s^r de La Chambre, son frère, et
autres membres de sa famille. Saint-Lanfranc,
près Pavie, décembre 1524.

> *Original. Arch. de la Côte-d'Or, B. 11217.
> Enreg. à la Chancellerie de France. Arch. nat.,
> Trésor des Chartes, JJ. 244, n° 218, fol. 354 v°.
> 2 pages.*

Décembre.

18018. Lettres de don par la régente à Jean Brinon,
premier président du Parlement de Normandie, chancelier d'Alençon, des châtellenies, terres et seigneuries de Remy, Gournay et Moyenneville, appartenant à Louise
de Savoie, comme héritière de Suzanne de
Bourbon. Saint-Just-sur-Lyon, décembre
1524.

> *Copie du xvi° siècle. Arch. nat., K. 1172, n° 3.
> Bibl. nat., ms. fr. 5779, fol. 22 bis v°. (Men-
> tion.)*

Décembre.

18019. Lettres portant pouvoir à Jean Brinon, chancelier d'Alençon, de recouvrer par rachat ou autrement, au nom de Louise de Savoie, lesdites terres et châtellenies de Remy, Gournay et Moyenneville de Louis Courtin, auquel elles avaient été précédemment concédées. Saint-Just-sur-Lyon, décembre 1524.

Copie du xvie siècle. Arch. nat., K. 1172, n° 3. Bibl. nat., ms. fr. 5779, fol. 23. (Mention.)

1524.
Décembre.

18020. Création à Caumont en Agénais de trois foires par an, le 24 février, le 31 juillet et le 4 octobre, et d'un marché chaque semaine le lundi. Saint-Just-sur-Lyon, décembre 1524.

Bibl. nat., ms. fr. 5779, fol. 38. (Mention.)

Décembre.

18021. Lettres de naturalité accordées à Jean Girard, marchand, natif d'Avignon, établi et marié à Paris. Saint-Just-sur-Lyon, décembre 1524.

*Enreg. à la Chancellerie de France. Arch. nat., Trésor des Chartes, JJ. 237, n° 147, fol. 25. 1 page.
Bibl. nat., ms. fr. 5779, fol. 28 v°. (Mention.)*

Décembre.

18022. Lettres de naturalité accordées à Jean Vaumalle, tapissier ordinaire du roi, natif de Bruxelles en Brabant. Saint-Just-sur-Lyon, décembre 1524.

*Enreg. à la Chancellerie de France. Arch. nat., Trésor des Chartes, JJ. 237, n° 151, fol. 25 v°. 1 page.
Bibl. nat., ms. fr. 5779, fol. 30 v°. (Double mention.)*

Décembre.

18023. Lettres de naturalité accordées à François Primas, marchand établi à Lyon, natif de Fossano en Piémont. Saint-Just-sur-Lyon, décembre 1524.

*Enreg. à la Chancellerie de France. Arch. nat., Trésor des Chartes, JJ. 237, n° 160, fol. 28 v°. 1 page.
Bibl. nat., ms. fr. 5779, fol. 36 v°. (Mention.)*

Décembre.

1525. — Pâques, 16 avril.

18024. Déclaration de Louise de Savoie, régente, portant que Jacques Godran, pourvu récemment

1525.
1er janvier.

d'un office de maître des comptes de nouvelle
création, à Dijon ; jouira des mêmes honneurs
et prérogatives que les anciens conseillers
maîtres de la Chambre des Comptes, et qu'il
sera pourvu du premier office ancien qui
viendra à vaquer. Saint-Just-sur-Lyon, 1er janvier 1524.

> *Enreg. à la Chambre des Comptes de Dijon, le
> 18 janvier suivant. Arch. de la Côte-d'Or, B. 18,
> fol. 77 v°.*
> *Bibl. nat., ms. fr. 5779, fol. 43. (Mention.)*

1525.

18025. Lettres de sauf-conduit accordé à Alexandre
Thibault, marchand à Paray-le-Monial, pour
transporter de Bourbonnais, Charolais et
Roannais à Nevers et Orléans, 300 muids
de blé et autres grains. Saint-Just-sur-Lyon,
2 janvier 1524.

> *Bibl. nat., ms. fr. 5779, fol. 40. (Mention.)*

2 janvier.

18026. Lettres autorisant l'exécution des bulles conférant à Antoine d'Angerant l'abbaye d'Issoire.
Saint-Just-sur-Lyon, 2 janvier 1524.

> *Bibl. nat., ms. fr. 5779, fol. 40 v°. (Mention.)*

2 janvier.

18027. Lettres de mainlevée du temporel de l'abbaye
d'Issoire, en faveur d'Antoine d'Angerant,
abbé dudit lieu. Saint-Just-sur-Lyon, 2 janvier 1524.

> *Bibl. nat., ms. fr. 5779, fol. 40 v°. (Mention.)*

2 janvier.

18028. Lettres de surséance accordées à Antoine d'Angerant de prêter le serment de fidélité pour
le temporel de l'abbaye d'Issoire. Saint-Just-
sur-Lyon, 2 janvier 1524.

> *Bibl. nat., ms. fr. 5779, fol. 40 v°. (Mention.)*

2 janvier.

18029. Commission aux généraux de la justice des
aides de Montpellier et aux juge et viguier de
Narbonne de faire une information sur une
requête présentée par le fermier de l'équivalent du diocèse de Narbonne. Saint-Just-
sur-Lyon, 2 janvier 1524.

> *Bibl. nat., ms. fr. 5779, fol. 41. (Mention.)*

2 janvier.

18030. Don à Jacques Lamyre de la prébende de Saint-
Vulfran d'Abbeville, vacante par la mort de
Jean Triboulet. Saint-Just-sur-Lyon, 2 jan-
vier 1524.

Bibl. nat., ms. fr. 5779, fol. 41. (Mention.)

1525.
2 janvier.

18031. Provisions par Louise de Savoie, régente, pour
Guillemin Ferret de l'un des deux offices
d'huissier nouvellement créés au Parlement
de Dijon. Saint-Just-sur-Lyon, 3 janvier
1524.

*Reçu le 26 janvier suivant. Enreg. au Parlement.
de Dijon. Arch. de la Côte-d'Or, Parlement, reg. II,
fol. 2 v°.*
Bibl. nat., ms. fr. 5779, fol. 42. (Mention.)

3 janvier.

18032. Lettres d'élargissement pour Jeanne de Talaru,
veuve de Hugues de Villelame, condamnée
à l'emprisonnement par Jacques Minut et
Barthélemy Robin, et mainlevée de ses biens.
Saint-Just-sur-Lyon, 3 janvier 1524.

Bibl. nat., ms. fr. 5779, fol. 41 v°. (Mention.)

3 janvier.

18033. Lettres portant rabais et modération de 500 livres tournois accordées à Michel Delestre,
fermier du portage des vins déchargés à
Troyes, sur sa ferme de l'année précédente,
eu égard à la perte qu'il a éprouvée dans l'incendie de ladite ville. Saint-Just-sur-Lyon,
3 janvier 1524.

Bibl. nat., ms. fr. 5779, fol. 41 v°. (Mention.)

3 janvier.

18034. Présentation à l'archevêque de Rouen de Nicolas de Coquivillier pour la cure de Saint-
Lubin de Lindebeuf, vacante par la mort de
Thomas Massé, ladite présentation appartenant au roi comme garde-noble des enfants
mineurs du feu sr de Bacqueville et de Lindebeuf. Saint-Just-sur-Lyon, 4 janvier 1524.

Bibl. nat., ms. fr. 5779, fol. 43 v°. (Mention.)

4 janvier.

18035. Présentation à l'archevêque de Rouen de Guillaume Fontaines pour la cure de Saint-
Léonard de la Vaupalière, vacante par la mort
de Thomas Massé, ladite présentation appar-

4 janvier.

tenant au roi comme garde-noble des enfants
mineurs du feu s² de Bacqueville et de la Vaupalière. Saint-Just-sur-Lyon, 4 janvier 1524.

Bibl. nat., ms. fr. 5779, fol. 44. (*Mention.*)

1525.

18036. Mandement au trésorier de l'épargne de faire
payer par le receveur ordinaire de Châtellerault à Jacques de Frémary, sommelier de
bouche de la régente, 75 livres tournois sur
les droits de lods et ventes des acquisitions
faites par le s² de Puygarreau. Saint-Just-sur-
Lyon, 4 janvier 1524.

Bibl. nat., ms. fr. 5779, fol. 44. (*Mention.*)

4 janvier.

18037. Déclaration portant que Jacques Bohier, receveur et payeur des gages et droits de la Chambre
des Comptes, payera les menus frais de la
chambre du conseil érigée en ladite Chambre
des Comptes, et annulant la commission délivrée à cet effet à Jean Leconte. Saint-Just-
sur-Lyon, 4 janvier 1524.

Bibl. nat., ms. fr. 5779, fol. 44 v°. (*Mention.*)

4 janvier.

18038. Lettres de sauf-conduit à Michel Dannes, marchand navarrais, pour transporter de Bretagne
en Navarre pendant un an, à partir du 1ᵉʳ octobre prochain, telle quantité de « cancres
parez » que bon lui semblera. Saint-Just-sur-
Lyon, 5 janvier 1524.

Bibl. nat., ms. fr. 5779, fol. 42. (*Mention.*)

5 janvier.

18039. Lettres portant qu'Antoine de Vinols, élu de
Lyon, jouira du revenu annuel des seigneuries de la Baume et Florac appartenant
autrefois à Jean de Poitiers, jusqu'au parfait
remboursement de 6,225 livres tournois à
lui dues par ledit de Poitiers. Saint-Just-sur-
Lyon, 5 janvier 1524.

Bibl. nat., ms. fr. 5779, fol. 42 v°. (*Mention.*)

5 janvier.

18040. Provisions pour Guillaume Le Fort de l'office
de sergent royal en la forêt de Vitré, vacant
par la mort de Jean Le Fort, son père.
Saint-Just-sur-Lyon, 5 janvier 1524.

Bibl. nat., ms. fr. 5779, fol. 39. (*Mention.*)

5 janvier.

18041. Provisions pour Jean de Coussegrey de la prébende de la chapelle Saint-Georges du château de Bar-sur-Seine, par suite de la permutation que Jacques de La Ferté a faite avec
lui de la chapelle de Saint-Mathurin, fondée
en l'église paroissiale de Bar-sur-Seine. Saint-
Just-sur-Lyon, 6 janvier 1524.

> *Bibl. nat.*, ms. fr. 5779, fol. 43 v°. (*Mention.*)

1525.
6 janvier.

18042. Provisions pour Simon Prieur de la prébende
de Saint-Thomas du Louvre à Paris, par suite
de la permutation qu'il a faite avec Jacques
Turpin de la cure de Nanteuil, près Meaux.
Saint-Just-sur-Lyon, 7 janvier 1524.

> *Bibl. nat.*, ms. fr. 5779, fol. 44. (*Mention.*)

7 janvier.

18043. Provisions pour Geoffroy Du Puy de l'office de
conseiller lai au Parlement de Rouen, vacant
par la mort de Guillaume Maignart. Saint-
Just-sur-Lyon, 8 janvier 1524.

> *Bibl. nat.*, ms. fr. 5779, fol. 45. (*Mention.*)

8 janvier.

18044. Lettres autorisant les prévôt des marchands et
échevins de Paris à lever une aide de 8 sous
parisis par bœuf, 2 sous 8 deniers tournois
par vache, 16 deniers par porc, et 8 deniers
par mouton; ladite aide sera baillée à ferme
par Louis Séguier et Jean Prévost, conseillers
au Parlement de Paris, et perçue jusqu'au
complet remboursement des 10,000 livres
tournois que lesdits prévôt et échevins ont
prêtées au roi. Saint-Just-sur-Lyon, 9 janvier
1524.

> *Bibl. nat.*, ms. fr. 5779, fol. 44 v°. (*Mention.*)

9 janvier.

18045. Continuation pour dix ans aux religieux et prieur
du couvent des Célestins à Lyon de l'aumône
de 100 livres tournois, que le roi leur fait
annuellement et que leur paye le trésorier de
l'épargne, à la condition que chaque jour ils
célébreront une messe à l'intention du roi.
Saint-Just-sur-Lyon, 9 janvier 1524.

> *Bibl. nat.*, ms. fr. 5779, fol. 44 bis v°. (*Mention.*)

9 janvier.

18046. Provisions pour Jean Morin de l'office de con-

9 janvier

v.

83

seiller clerc au Parlement de Rouen, vacant
par la translation de Geoffroy Du Puy en
l'office de conseiller lai en ladite cour. Saint-
Just-sur-Lyon, 9 janvier 1524.

Bibl. nat., ms. fr. 5779, fol. 44 bis v°. (*Mention.*)

1525.

18047. Mandement au trésorier de l'épargne de faire
payer par le receveur ordinaire d'Autun à
Denis Poulliot (*aliàs* Poillot) 300 livres tournois par an. Saint-Just-sur-Lyon, 9 janvier
1524.

9 janvier.

Bibl. nat., ms. fr. 5779, fol. 45. (*Mention.*)

18048. Lettres portant convocation des consuls d'Alais
pour les États de Languedoc qui se tiendront
à Castres, le 15 février prochain. Saint-Lanfranc, près Pavie, 10 janvier 1524.

10 janvier.

Original. *Archives municipales d'Alais (Gard)*,
liasse 3, n° 26.

18049. Déclaration portant que le général de Languedoc, visiteur des gabelles dudit pays, mettra
aux enchères le sel qui se tire en remontant le Rhône et la Saône, ainsi qu'il est accordé à Pierre Renouard, fermier du tirage
du sel en ces rivières par un article de son
bail. Saint-Just-sur-Lyon, 10 janvier 1524.

10 janvier.

Bibl. nat., ms. fr. 5779, fol. 45 v°. (*Mention.*)

18050. Déclaration portant que la moitié des confiscations et amendes prononcées contre les délinquants au tirage du sel du Rhône et de la
Saône sera dévolue à Pierre Renouard, fermier dudit tirage, pour le dédommager de
ses frais, et des gages d'un prévôt des maréchaux, de quatre archers et d'un procureur
qu'il a dû employer pour poursuivre les
contrebandiers. Saint-Just-sur-Lyon, 10 janvier 1524.

10 janvier.

Bibl. nat., ms. fr. 5779, fol. 45 v°. (*Mention.*)

18051. Création d'un office de prévôt des maréchaux,
de quatre archers et d'un procureur pour
poursuivre les délinquants sur le fait du tirage

10 janvier.

du sel en remontant le Rhône et la Saône, depuis Peccais, la Vernette et Notre-Dame-de-la-Mer, jusqu'aux limites dudit tirage. Saint-Just-sur-Lyon, 10 janvier 1524.

Bibl. nat., ms. fr. 5779, fol. 46. (*Mention.*)

1525.

18052. Déclaration portant que Pierre Renouard pourra tirer 98 muids de sel sans payer de droits, soit 76 muids pour la récompense des deux années qu'il a été fermier dudit tirage, 2 muids pour les salaisons dudit tirage et 20 muids stipulés en sa faveur par le bail. Saint-Just-sur-Lyon, 10 janvier 1524.

Bibl. nat., ms. fr. 5779, fol. 48. (*Mention.*)

10 janvier.

18053. Lettres évoquant devant le Grand conseil le procès pendant devant les généraux des aides en Languedoc, entre Pierre Renouard, fermier du tirage du sel en remontant le Rhône et la Saône, et Achilles de Combes, Pierre Mayault et le grènetier du Pont-Saint-Esprit. Saint-Just-sur-Lyon, 10 janvier 1524.

Bibl. nat., ms. fr. 5779, fol. 47. (*Mention.*)

10 janvier.

18054. Lettres évoquant devant le Grand conseil le procès pendant devant les généraux de la justice des aides à Montpellier, entre Pierre Renouard et le procureur du Vivarais, au sujet de la réformation des mesures du sel qui se vend à Tournon. Saint-Just-sur-Lyon, 10 janvier 1524.

Bibl. nat., ms. fr. 5779, fol. 47 v°. (*Mention.*)

10 janvier.

18055. Commission au juge mage de la sénéchaussée de Beaucaire et de Nîmes de faire une enquête sur le dommage éprouvé par Pierre Renouard et qu'il estime se monter à 490 livres 10 deniers tournois, parce que le général des finances du Languedoc, visiteur des gabelles, n'aurait fait le taux du sel vendu à Tournon, pour la crue de 15 livres tournois par muid mise sur le sel, qu'à raison de 27 sous 3 deniers tournois par sommée, en évaluant le

10 janvier.

muid à onze sommées. Saint-Just-sur-Lyon, 1525.
10 janvier 1524.

> Bibl. nat., ms. fr. 5779, fol. 46 v° et 47 v°.
> (Mentions.)

18056. Déclaration portant que le visiteur des gabelles 10 janvier.
prendra connaissance et jugera les différends
mus à l'occasion du tirage du sel en remontant le Rhône et la Saône, à l'exclusion de
toutes autres personnes. Saint-Just-sur-Lyon,
10 janvier 1524.

> Bibl. nat., ms. fr. 5779, fol. 47. (Mention.)

18057. Commission attribuant à Ponçon Joubert, fer- 10 janvier.
mier du tirage du sel, la moitié des amendes
et confiscations qui proviendront dudit tirage,
pour le dédommager des frais qu'il doit faire
en Dauphiné pour les gages d'un prévôt des
maréchaux, quatre archers et un procureur.
Saint-Just-sur-Lyon, 10 janvier 1524.

> Bibl. nat., ms. fr. 5779, fol. 54. (Mention.)

18058. Présentation de Gilles Delaye à la cure de Saint- 11 janvier.
Pierre d'Écajeul, vacante par la mort de Phi-
lippe Jullien. Saint-Just-sur-Lyon, 11 janvier
1524.

> Bibl. nat., ms. fr. 5779, fol. 51. (Mention.)

18059. Présentation d'Henri Clutin à la chapelle Sainte- 11 janvier.
Marguerite du lieu d'Écajeul, vacante par la
mort de Philippe Jullien. Saint-Just-sur-Lyon,
11 janvier 1524.

> Bibl. nat., ms. fr. 5779, fol. 51. (Mention.)

18060. Don à Louis Acarie de l'office d'élu ordinaire 12 janvier.
d'Orléans nouvellement créé, en plus des
trois élus existants. Saint-Just-sur-Lyon,
12 janvier 1524.

> Bibl. nat., ms. fr. 5779, fol. 49. (Mention.)

18061. Lettres de surséance accordées aux religieuses 12 janvier.
et couvent de « la Vue », près Maringues, de
payer les 155 livres 17 sous tournois qui con-
stituent leur part de l'aide demandée par le

roi aux gens d'église. Saint-Just-sur-Lyon, 12 janvier 1524.

  Bibl. nat., ms. fr. 5779, fol. 48 v°. (*Mention.*)

1525.

18062. Don à Jean Rivière, notaire et secrétaire du roi, de l'office de greffier du Grand conseil, vacant par la résignation de Jean Bourdel faite à son profit. Saint-Just-sur-Lyon, 13 janvier 1524.

  Bibl. nat., ms. fr. 5779, fol. 49. (*Mention.*)

13 janvier.

18063. Don à Jean Laumônier de l'administration de la maladrerie de Sainte-Madeleine de « Basse » (Besse), vacante par la mort de Jean Du Moustier. Saint-Just-sur-Lyon, 13 janvier 1524.

  Bibl. nat., ms. fr. 5779, fol. 55. (*Mention.*)

13 janvier.

18064. Don à M. de Vendôme des revenu, profit et émolument du grenier à sel de Vendôme, et des amendes et confiscations, pendant une année commencée le 1er octobre passé. Saint-Just-sur-Lyon, 15 janvier 1524.

  Bibl. nat., ms. fr. 5779, fol. 49 v°. (*Mention.*)

15 janvier.

18065. Don à la duchesse douairière de Vendôme du revenu des greniers à sel de Charolles, de Paray-le-Monial et Mont-Saint-Vincent, pendant une année commencée le 1er octobre dernier. Saint-Just-sur-Lyon, 15 janvier 1524.

  Bibl. nat., ms. fr. 5779, fol. 50. (*Mention.*)

15 janvier.

18066. Don au cardinal de Bourbon, évêque du Mans, de tous les revenus dudit évêché échus depuis la mort de son prédécesseur, le cardinal de Luxembourg, jusqu'au jour de sa réception. Saint-Just-sur-Lyon, 15 janvier 1524.

  Bibl. nat., ms. fr. 5779, fol. 50. (*Mention.*)

15 janvier.

18067. Lettres portant remise au cardinal de Bourbon des 1,200 livres tournois, somme à laquelle s'élève sa quote-part du subside demandé par le roi aux gens d'église du royaume. Saint-Just-sur-Lyon, 15 janvier 1524.

  Bibl. nat., ms. fr. 5779, fol. 50. (*Mention.*)

15 janvier.

18068. Commission à Antoine de Fromant pour exercer la capitainerie d'Ahun au pays de la Marche, en remplacement de François de Tausannes, partisan de Charles de Bourbon. Saint-Just-sur-Lyon, 15 janvier 1524.

1525.
15 janvier.

Bibl. nat., ms. fr. 5779, fol. 54 v°. (Mention.)

18069. Permission à Jean Deymier d'exercer l'office de conseiller clerc au Parlement de Toulouse, malgré son mariage, jusqu'à ce qu'il soit pourvu d'un office de conseiller lai. Saint-Just-sur-Lyon, 15 janvier 1524.

15 janvier.

Bibl. nat., ms. fr. 5779, fol. 50 v°. (Mention.)

18070. Lettres permettant à Jean Texier, marchand nivernais, de transporter et vendre à Nevers 30 muids de blé. Saint-Just-sur-Lyon, 15 janvier 1524.

15 janvier.

Bibl. nat., ms. fr. 5779, fol. 53. (Mention.)

18071. Mandement au trésorier de l'épargne de faire payer par le vicomte et receveur ordinaire d'Arques 200 écus à Madame de Nevers et à son fils, dont la régente leur fait don. Saint-Just-sur-Lyon, 17 janvier 1524.

17 janvier.

Bibl. nat., ms. fr. 5779, fol. 50 v°. (Mention.)

18072. Mandement à Philibert Babou, trésorier de l'épargne, de payer aux personnes énumérées dans un rôle de parchemin signé de Louise de Savoie, 568 livres 14 sous tournois distribués par ordre de ladite dame, en octobre et novembre derniers. Saint-Just-sur-Lyon, 18 janvier 1524.

18 janvier.

Bibl. nat., ms. fr. 5779, fol. 51. (Mention.)

18073. Continuation pour une nouvelle période de dix ans du don de 4,000 livres tournois accordé à M. de Précy, pour l'aider à supporter les dépenses qu'il a à faire comme grand maître enquêteur et général réformateur des eaux et forêts. Saint-Just-sur-Lyon, 18 janvier 1524.

18 janvier.

Bibl. nat., ms. fr. 5779, fol. 52. (Mention.)

18074. Provisions en faveur de Louis Le Roy, s' de ... 1525.
Chavigny, capitaine des archers de la garde 19 janvier.
française, de l'office de maître des eaux et
forêts au bailliage de Touraine, vacant par la
mort de Jacques Dupuis. Au camp devant
Pavie, 19 janvier 1524.

> *Enreg. aux eaux et forêts, le 19 décembre 1526.*
> *Arch. nat., Z¹ᵉ 319, fol. 159 v°. 3 pages.*
> (Voir ci-dessous, au 18 décembre 1526.)

18075. Provisions de l'office de conseiller clerc au Par- 19 janvier.
lement de Dijon pour André de Laval, licencié
ès lois, docteur en théologie, doyen de la
Sainte-Chapelle de Dijon, en remplacement
de Lazare de Montholon. Saint-Just-sur-Lyon,
19 janvier 1524.

> *Reçu le 26 janvier suivant. Enreg. au Parlement*
> *de Dijon. Arch. de la Côte-d'Or, Parlement, reg. II,*
> *fol. 2.*
> *Bibl. nat., ms. fr. 5779, fol. 52. (Mention.)*

18076. Don à Jean Baillet de la prébende de Saint- 19 janvier.
Quentin, vacante par le trépas de Jean Maçon.
Saint-Just-sur-Lyon, 19 janvier 1524.

> *Bibl. nat., ms. fr. 5779, fol. 53. (Mention.)*

18077. Lettres de sauf-conduit à Antoine de Croset, 20 janvier.
pour faire transporter d'Auvergne et de Forez
1,000 setiers de blé à Paris, Orléans, Blois
et Tours. Saint-Just-sur-Lyon, 20 janvier
1524.

> *Bibl. nat., ms. fr. 5779, fol. 52 v°. (Mention.)*

18078. Permission accordée à Marie de Rostaing d'in- 20 janvier.
troduire chaque année, sa vie durant, à
Lyon 200 balles d'épiceries et drogues qu'elle
pourra vendre comme le faisait feu son mari.
Saint-Just-sur-Lyon, 20 janvier 1524.

> *Bibl. nat., ms. fr. 5779, fol. 52 v°. (Mention.)*

18079. Exemption accordée par Louise de Savoie, 21 janvier.
régente, à la duchesse de Longueville, ayant
le bail de ses enfants, des droits de rachat dus
au roi par suite du décès de Claude d'Orléans,

duc de Longueville. Saint-Just-sur-Lyon,   1525.
21 janvier 1524.

> *Mention au journal de la Chambre des Comptes de Blois. Arch. nat., KK. 902, fol. 93 v°.*

18080. Lettres de la régente accordant aux enfants du   21 janvier.
feu duc de Longueville délai jusqu'à leur ma-
jorité pour rendre hommage des comté de
Dunois, vicomté de Châteaudun, et seigneuries de Château-Renault, Marchenoir, Fréteval
et Écoman. Saint-Just-sur-Lyon, 21 janvier
1524.

> *Présentées à la Chambre des Comptes de Blois, le 8 mars 1525 n. s. Arch. nat., KK. 902, fol. 93 v°. (Mention.)*

18081. Don à Pierre Vermont de la chantrerie de Saint-   23 janvier.
Quiriace de Provins, vacante par la résignation
de Jean Baille. Saint-Just-sur-Lyon, 23 janvier 1524.

> *Bibl. nat., ms. fr. 5779, fol. 53. (Mention.)*

18082. Lettres de la régente ordonnant la réception de   24 janvier.
François Tertereau en l'office de clerc audi-
teur à la Chambre des Comptes de Paris, sur
la résignation de Guillaume Tertereau, son
père. 24 janvier 1524.

> *Enreg. à la Chambre des Comptes de Paris, anc. mém. 2 D, fol. 52. Arch. nat., PP. 119, p. 10. (Mention.)*
> *Bibl. nat., ms. fr. 21405, p. 292. (Mention.)*

18083. Mandement de la régente à la Chambre des   25 janvier.
Comptes de Bourbonnais de faire payer par
les receveurs d'Hérisson, Montluçon et Murat
au couvent de l'Annonciade de Bourges, fondé
par feu Jeanne de France, la somme de
343 livres 5 sous tournois. Saint-Just-sur-
Lyon, 25 janvier 1524.

> *Copie collationnée du 10 novembre 1746. Arch. nat., K. 188, n° 140.*

18084. Mandement à Philibert Babou de faire payer   25 janvier.
par le trésorier, commis au payement des
gages du Grand conseil, à Madame de Givry
5,000 livres tournois sur les deniers prove-

nant de l'amende à laquelle a été condamné le s^r de Lucé. Saint-Just-sur-Lyon, 25 janvier 1524.

> *Bibl. nat.*, ms. fr. 5779, fol. 53 v°. (*Mention.*)

1525.

18085. Lettres de sauf-conduit à M. d'Alègre pour transporter de ses maisons d'Auvergne à Orléans, Blois et Paris, 2,000 setiers de blé. Saint-Just-sur-Lyon, 25 janvier 1524.

> *Bibl. nat.*, ms. fr. 5779, fol. 53 v°. (*Mention.*)

25 janvier.

18086. Lettres de sauf-conduit à Pierre et Antoine Benevant, marchands de Saint-Galmier en Forez, pour transporter de Forez en Nivernais 500 setiers de blé. Saint-Just-sur-Lyon, 27 janvier 1524.

> *Bibl. nat.*, ms. fr. 5779, fol. 54. (*Mention.*)

27 janvier.

18087. Déclaration portant que les 160 livres parisis payées à feu Artus Gouffier pour ses gages de gouverneur et bailli de Valois, les 80 livres de sa pension et les 60 livres parisis pour l'émolument du greffe, payées par le receveur ordinaire de Valois, pendant les années 1515, 1516 et 1517, que ledit Gouffier exerça cet office, ne pourront donner lieu à aucune contestation, bien qu'il n'ait pas obtenu de lettres de confirmation dudit office à l'avènement du roi. Saint-Just-sur-Lyon, 28 janvier 1524.

> *Bibl. nat.*, ms. fr. 5779, fol. 54. (*Mention.*)

28 janvier.

18088. Mandement au trésorier de l'épargne de rembourser au chancelier 16,000 livres tournois restant dues d'une somme de 20,000 livres qu'il avait prêtée au roi. Saint-Just-sur-Lyon, 28 janvier 1524.

> *Bibl. nat.*, ms. fr. 5779, fol. 54 v°. (*Mention.*)

28 janvier.

18089. Mandement au Grand conseil de juger le procès touchant l'évêché de Condom, évoqué et renvoyé par le chancelier devant ladite cour. Saint-Just-sur-Lyon, 29 janvier 1524.

> *Bibl. nat.*, ms. fr. 5779, fol. 55. (*Mention.*)

29 janvier.

v.

18090. Mandement au trésorier de l'épargne de faire payer par le vicomte et receveur ordinaire de Coutances, à Marin Fritot, sommelier d'échansonnerie de Louise de Savoie, 60 livres tournois à prendre sur le produit du droit de treizième du fief des Épaisses à Montsurvent en ladite vicomté. Saint-Just-sur-Lyon, 30 janvier 1524.

1525.
30 janvier.

Bibl. nat., ms. fr. 5779, fol. 57. (*Mention.*)

18091. Lettres subrogeant Jean de Longueil à Jean de Thumery dans le droit de haute justice de Challeau, vendu à ce dernier 100 livres tournois par les commissaires ordonnés sur le fait de l'engagement du domaine, à condition qu'il lui remboursera le prix d'achat et ses frais. Saint-Just-sur-Lyon, 31 janvier 1524.

31 janvier.

Bibl. nat., ms. fr. 5779, fol. 61 v°. (*Mention.*)

18092. Déclaration portant que la régente jouira du droit de garde des enfants du feu duc de Longueville, suivant la garde-noble que le roi lui en a donnée. Saint-Just-sur-Lyon, 31 janvier 1524.

31 janvier.

Bibl. nat., ms. fr. 5779, fol. 55. (*Mention.*)

18093. Mandement au trésorier de l'épargne de faire payer, par le receveur ordinaire de Mâcon et Chalon, à Madame de Longueville 500 livres tournois sur le revenu de la prévôté de Buxy et de Saint-Gengoux, qu'elle avait accoutumé de prendre par décharges, avant la dernière ordonnance sur le fait des finances. Saint-Just-sur-Lyon, 31 janvier 1524.

31 janvier.

Bibl. nat., ms. fr. 5779, fol. 58 v°. (*Mention.*)

18094. Don à Madame de Longueville de tous les droits de rachat, quint, requint, etc., dus au roi par suite de la mort du duc de Longueville, son fils, à cause de la principauté de Châtelaillon, de la vicomté de Melun, de la seigneurie de Blandy, en ladite vicomté, des vicomtés d'Abbeville et du Crotoy, des seigneuries de

31 janvier.

Noyelles, Noyellette, Hiermont et Conteville, relevant du comté de Ponthieu, de la baronnie de la Brosse, mouvante de Chartres, etc. Saint-Just-sur-Lyon, 31 janvier 1524.

Bibl. nat., ms. fr. 5779, fol. 66. (Mention.)

1525.

18095. Don à Madame de Longueville de tous les droits et devoirs seigneuriaux dus par suite du décès de Claude d'Orléans, duc de Longueville, son fils, à cause de la terre de Loigny, mouvante de l'évêché de Chartres, ledit évêché étant à présent en régale. Saint-Just-sur-Lyon, 31 janvier 1524.

31 janvier.

Bibl. nat., ms. fr. 5779, fol. 67. (Mention.)

18096. Lettres de la régente accordant aux enfants de feu Louis d'Orléans, duc de Longueville, délai jusqu'à leur majorité pour rendre hommage et bailler aveu de la seigneurie de Montenay, de la vicomté de Montreuil-sur-Mer et des seigneuries des Bruyères, Waben et Wailly, mouvantes dudit Montreuil. Saint-Just-sur-Lyon, 31 janvier 1524.

31 janvier.

Vérifiées à la Chambre des Comptes de Paris, le 10 avril 1525 n. s.
Copie du 14 avril suivant. Arch. nat., P. 724, n° 1.

18097. Lettres de la régente accordant aux enfants de feu Louis d'Orléans, duc de Longueville, délai jusqu'à leur majorité pour rendre hommage et bailler aveu de la seigneurie de Château-Chinon, mouvante de la tour de Saint-Pierre-le-Moutier. Saint-Just-sur-Lyon, 31 janvier 1524.

31 janvier.

Vérifiées à la Chambre des Comptes de Paris, le 10 avril 1525 n. s.
Copie du 14 avril suivant. Arch. nat., P. 724, n° 2.

18098. Lettres de la régente accordant aux enfants de feu Louis d'Orléans, duc de Longueville, délai jusqu'à leur majorité pour rendre hommage et bailler aveu des vicomté de Melun

31 janvier.

84.

et seigneurie de Blandy. Saint-Just-sur-Lyon,   1525.
3 1 janvier 1524.

Vérifiées à la Chambre des Comptes de Paris, le
10 avril 1525 n. s.
    Copie du 14 avril suivant. Arch. nat., P. 724,
    n° 3.

18099. Lettres de la régente accordant aux enfants de   31 janvier.
feu Louis d'Orléans, duc de Longueville, délai
jusqu'à leur majorité pour rendre hommage
et bailler aveu de la seigneurie de la Brosse,
au comté de Chartres. Saint-Just-sur-Lyon,
3 1 janvier 1524.

Vérifiées à la Chambre des Comptes de Paris, le
10 avril 1525 n. s.
    Copie du 14 avril suivant. Arch. nat., P. 724,
    n° 4.

18100. Lettres de la régente accordant aux enfants de   31 janvier.
feu Louis d'Orléans, duc de Longueville, délai
jusqu'à leur majorité pour rendre hommage
et bailler aveu de la seigneurie de Saint-Waast,
mouvante du château de Hesdin. Saint-Just-
sur-Lyon, 3 1 janvier 1524.

Vérifiées à la Chambre des Comptes de Paris, le
10 avril 1525 n. s.
    Copie du 14 avril suivant. Arch. nat., P. 724,
    n° 5.

18101. Lettres de la régente accordant aux enfants de   31 janvier.
feu Louis d'Orléans, duc de Longueville, délai
jusqu'à leur majorité pour rendre hommage
et bailler aveu des seigneuries de Parthenay,
Vouvant, Béceleuf, etc., en Poitou. Saint-
Just-sur-Lyon, 3 1 janvier 1524.

Vérifiées à la Chambre des Comptes de Paris, le
10 avril 1525 n. s.
    Copie du 14 avril suivant. Arch. nat., P. 724,
    n° 6.

18102. Lettres de la régente accordant aux enfants de   31 janvier.
feu Louis d'Orléans, duc de Longueville, délai
jusqu'à leur majorité pour rendre hommage
et bailler aveu de la moitié de la baronnie de
Hesdigneul et des seigneuries de Tingry et

d'Hucqueliers, au comté de Boulogne. Saint- 1525.
Just-sur-Lyon, 31 janvier 1524.

Vérifiées à la Chambre des Comptes de Paris, le
10 avril 1525 n. s.
Copie du 14 avril suivant. Arch. nat., P. 724,
n° 7.

18103. Lettres de la régente accordant aux enfants de   31 janvier.
feu Louis d'Orléans, duc de Longueville, délai
jusqu'à leur majorité pour rendre hommage
et bailler aveu de la principauté de Châtelaillon, au gouvernement de la Rochelle.
Saint-Just-sur-Lyon, 31 janvier 1524.

Vérifiées à la Chambre des Comptes de Paris, le
10 avril 1525 n. s.
Copie du 14 avril suivant. Arch. nat., P. 724,
n° 8.

18104. Lettres de la régente accordant aux enfants de   31 janvier.
feu Louis d'Orléans, duc de Longueville, délai
jusqu'à leur majorité pour rendre hommage
et bailler aveu des vicomtés d'Abbeville et du
Crotoy et des seigneuries de Noyelles, Hiermont, Conteville, etc., au comté de Ponthieu.
Saint-Just-sur-Lyon, 31 janvier 1524.

Vérifiées à la Chambre des Comptes de Paris, le
10 avril 1525 n. s.
Copie du 14 avril suivant. Arch. nat., P. 724,
n° 9.

18105. Lettres portant qu'au premier assaut donné à   Janvier.
Pavie, François Ier ayant pardonné « à tous
gens de guerre y estans, tous crimes et male-
fices par eulx commis et perpetrez » antérieurement, Pierre Quinault, natif de la
Charité, qui servait en la compagnie de Claude
d'Apremont et avait pris part audit assaut,
jouira de cette rémission pour un homicide
dont il s'était rendu coupable quatorze ans
auparavant. Au camp devant Pavie, janvier
1524.

Enreg. à la Chancellerie de France. Arch. nat.,
Trésor des Chartes, JJ. 237, n° 196, fol. 33.
1 page 1/2.

18106. Création d'une foire annuelle et d'un marché   Janvier.
hebdomadaire à Rochegonde, outre la foire

qui s'y tient à la Sainte-Catherine, en faveur
de Jacques de Lastic, seigneur dudit lieu.
Saint-Just-sur-Lyon, janvier 1524.

> *Bibl. nat.*, ms. fr. 5779, fol. 49 v°. (*Mention.*)

1525.

18107. Commission à Guyot de Montreux et à ...[1]
de La Mothe, capitaine d'Issoudun, pour administrer les seigneuries de Châtelus et de
Ranciat qui appartenaient à François de Tausannes, avant qu'il eût pris le parti de Charles
de Bourbon. Saint-Just-sur-Lyon, 2 février
1524.

> *Bibl. nat.*, ms. fr. 5779, fol. 56 v°. (*Mention.*)

2 février.

18108. Mandement aux gens des Comptes, trésoriers
de France et généraux des finances, de faire
payer par le changeur du trésor à Simon
Reste, notaire et secrétaire du roi, 6 sous
parisis par jour pour ses gages et 10 livres
parisis par an pour droit de manteaux. Saint-
Just-sur-Lyon, 2 février 1524.

> *Bibl. nat.*, ms. fr. 5779, fol. 56. (*Mention.*)

2 février.

18109. Don à Louis de La Rambaudière d'une place de
religieux lai en l'abbaye d'Ainay-lès-Lyon.
Saint-Just-sur-Lyon, 3 février 1524.

> *Bibl. nat.*, ms. fr. 5779, fol. 56. (*Mention.*)

3 février.

18110. Provisions pour Jean Le Danois de l'office d'élu
de Falaise, vacant par la résignation de Jean
Le Petit. Saint-Just-sur-Lyon, 4 février 1524.

> *Bibl. nat.*, ms. fr. 5779, fol. 57 v°. (*Mention.*)

4 février.

18111. Lettres de réception du serment de fidélité
prêté par Erard de Grossolles [de Flamarens],
évêque de Condom, pour le temporel dudit
évêché. Saint-Just-sur-Lyon, 5 février 1524.

> *Bibl. nat.*, ms. fr. 5779, fol. 56 v°. (*Mention.*)

5 février.

18112. Don à Pierre d'Aincourt, pauvre homme de
guerre, d'une place de religieux lai en l'abbaye
de Saint-Julien de Tours. Saint-Just-sur-Lyon,
5 février 1524.

> *Bibl. nat.*, ms. fr. 5779, fol. 56 v°. (*Mention.*)

5 février.

_____

[1] Prénom en blanc.

18113. Lettres accordant délai d'un an à Mesdames de   1525.
    Nevers et de Lautrec pour faire la foi et hom-   5 février.
    mage du comté de Rethel, à elles advenu par
    la mort du s^r d'Orval, leur père. Saint-Just-
    sur-Lyon, 5 février 1524.
      Bibl. nat., ms. fr. 5779, fol. 57. (Mention.)

18114. Don à Antoine Perthuis, chapelain ordinaire   5 février.
    de Louise de Savoie, de la cure de Saint-
    Pierre ou Saint-Léonard de Bacqueville, va-
    cante par la mort de Laurent Lenfant. Saint-
    Just-sur-Lyon, 5 février 1524.
      Bibl. nat., ms. fr. 5779, fol. 70. (Mention.)

18115. Permission à Guillaume Marillac d'exercer sous   6 février.
    la main du roi l'office de châtelain du comté
    de Montpensier. Saint-Just-sur-Lyon, 6 février
    1524.
      Bibl. nat., ms. fr. 5779, fol. 57 v°. (Mention.)

18116. Permission au duc de Lorraine de transporter   6 février.
    en franchise 200 pipes de vin. Saint-Just-
    sur-Lyon, 6 février 1524.
      Bibl. nat., ms. fr. 5779, fol. 57 v°. (Mention.)

18117. Don à Jean Villaine, chapelain de Louise de   7 février.
    Savoie, de la cure de Saint-Michel du Bré-
    vedent et de la chapelle de Saint-Gabriel
    annexée à ladite cure, vacantes par la mort
    de Thomas Lechien. Saint-Just-sur-Lyon,
    7 février 1524.
      Bibl. nat., ms. fr. 5779, fol. 70. (Mention.)

18118. Lettres confiant la garde des enfants mineurs   8 février.
    de feu Parisis Bellehaye, seigneur d'un quart
    de fief appelé Rouville et Hérouville en Nor-
    mandie, à Louise Marouze, sa veuve et leur
    mère. Saint-Just-sur-Lyon, 8 février 1524.
      Bibl. nat., ms. fr. 5779, fol. 58. (Mention.)

18119. Lettres permettant à Guillaume Veyrun, ori-   8 février.
    ginaire de Saint-Palais en Navarre, de tenir
    des bénéfices en France. Saint-Just-sur-Lyon,
    8 février 1524.
      Bibl. nat., ms. fr. 5779, fol. 58. (Mention.)

18120. Lettres de mainlevée des biens du sᵣ de Cental, saisis à la requête du procureur du roi. Saint-Just-sur-Lyon, 9 février 1524.

1525.
9 février.

Bibl. nat., ms. fr. 5779, fol. 58 v°. (*Mention.*)

18121. Commission à Charles Luillier pour recevoir les deniers revenant bons au roi en Bretagne, tant en vertu des commissions dépêchées au vice-chancelier et au vice-amiral de Bretagne, que par suite des sauf-conduits qu'on pourra délivrer pour transporter du vin, du sel et de la toile hors de Bretagne et d'Anjou, et rendre compte de ces deniers à Pierre d'Apestigny, receveur général des finances extraordinaires et parties casuelles. Saint-Just-sur-Lyon, 10 février 1524.

10 février.

Bibl. nat., ms. fr. 5779, fol. 59. (*Mention.*)

18122. Commission à Jean Briçonnet, vice-chancelier de Bretagne, à Jean Vaillant, conseiller au Grand conseil, à Pierre de Bidoux, sᵣ de Lartigue, vice-amiral de Bretagne, et à Guillaume Barthélemy, contrôleur des finances dudit pays, de faire rendre compte à l'héritier sous bénéfice d'inventaire de feu Jean de L'Espinay, trésorier général de Bretagne, et à toutes les personnes dont on trouvera des reconnaissances, et de remettre tous les deniers revenant bons à Charles Luillier, qui en rendra compte à Pierre d'Apestigny. Saint-Just-sur-Lyon, 10 février 1524.

10 février.

Bibl. nat., ms. fr. 5779, fol. 59 v°. (*Mention.*)

18123. Mandement à Jean Fabry, receveur ordinaire du Vivarais, de payer aux marchands de Privas qui ont avancé de l'argent au roi, les arrérages dus et les intérêts à échoir jusqu'à leur remboursement. Saint-Just-sur-Lyon, 11 février 1524.

11 février.

Bibl. nat., ms. fr. 5779, fol. 60. (*Mention.*)

18124. Don à M. de Fleuranges du revenu du grenier à sel et de la chambre à sel de Château-Thierry,

11 février.

pour les années 1524 et 1525. Saint-Just-sur-Lyon, 11 février 1524.   1525.

Bibl. nat., ms. fr. 5779, fol. 59 v°. (Mention.)

18125. Lettres prolongeant de six mois une autre sur-   12 février.
séance accordée à Robert et Guillaume Nazy,
marchands florentins, demeurant à Lyon,
et à leurs associés, pour payer les sommes
qu'ils ont empruntées à différentes personnes
et avancées au roi. Saint-Just-sur-Lyon, 12 février 1524.

Bibl. nat., ms. fr. 5779, fol. 60, (Mention.)

18126. Mandement à la Chambre des Comptes d'allouer   12 février.
aux comptes du trésorier Babou 44,000 livres
tournois qu'il a remises en plusieurs fois à
Guillaume Aude, commis, sous Jacques de
Beaune le jeune, au payement des gages des
officiers, argenterie et chambre aux deniers
du dauphin et de ses frères. Saint-Just-sur-
Lyon, 12 février 1524.

Bibl. nat., ms. fr. 5779, fol. 60 v°. (Mention.)

18127. Permission aux Frères prêcheurs de Marseille   12 février.
de faire descendre du Dauphiné par le Rhône,
l'Isère et la Durance, sans payer aucun droit,
un radeau de bois pour la réédification de
leur couvent. Saint-Just-sur-Lyon, 12 février
1524.

Bibl. nat., ms. fr. 5779, fol. 60 v°. (Mention.)

18128. Lettres de la régente accordant au duc d'Albany   13 février.
délai d'un an pour rendre l'hommage dû à
la suite de la mort d'Anne de Boulogne, sa
femme, pour les seigneuries d'Honnecourt
(prévôté de Saint-Quentin), Briost (prévôté
de Péronne), et Ressons-sur-Matz (prévôté de
Montdidier). Saint-Just-sur-Lyon, 13 février
1524.

*Vérifiées à la Chambre des Comptes de Paris, le
17 mai 1525.*
Copie de même date. Arch. nat., P. 724, n° 10.
Bibl. nat., ms. fr. 5779, fol. 61. (Mention.)

18129. Lettres portant remise au duc d'Albany des   13 février.
droits de rachat, quint, demi-quint, etc.,

v.   85

dus au roi pour les seigneuries de Honnecourt, Briost et Ressons-sur-le-Matz par suite
du décès d'Anne de Boulogne, sa femme.
Saint-Just-sur-Lyon, 13 février 1524.

> Bibl. nat., ms. fr. 5779, fol. 61. (Mention.)

1525.

18130. Provisions pour Lucas Viguier d'un des trois
offices d'huissiers au Parlement de Toulouse
nouvellement créés. Saint-Just-sur-Lyon,
14 février 1524.

> Bibl. nat., ms. fr. 5779, fol. 61 v°. (Mention.)

14 février.

18131. Don à Guillaume Garnier de l'office de greffier
fiscal, criminel et patrimonial du Parlement
de Bourgogne, vacant par la résignation qu'en
a faite Pierre Roux, au profit de l'impétrant.
Saint-Just-sur-Lyon, 14 février 1524.

> Bibl. nat., ms. fr. 5779, fol. 61 v°. (Mention.)

14 février.

18132. Don à Denis de Bosco de la prébende de Saint-
Nicolas de la Praye au diocèse d'Autun, vacante
par la résignation de Blanchet de Bordelles,
promu à la chapelle de Sainte-Croix en l'é-
glise paroissiale de Chalmoux audit diocèse.
Saint-Just-sur-Lyon, 15 février 1524.

> Bibl. nat., ms. fr. 5779, fol. 62. (Mention.)

15 février.

18133. Présentation de François Marendet à la cure
d'Amfreville-la-Campagne, diocèse de Lisieux, vacante par la mort de Charles de Saint-
Pierre. Saint-Just-sur-Lyon, 15 février 1524.

> Bibl. nat., ms. fr. 5779, fol. 62 v°. (Mention.)

15 février.

18134. Provisions pour Denis Regnault de l'office de
greffier des élus de Caen, vacant par la mort
de Germain Mélissant. Saint-Just-sur-Lyon,
16 février 1524.

> Bibl. nat., ms. fr. 5779, fol. 68 v°. (Mention.)

16 février.

18135. Provisions pour Pierre Du Val de l'office de
grènetier du grenier à sel de Caen, vacant
par la mort de Germain Mélissant. Saint-Just-
sur-Lyon, 16 février 1524.

> Bibl. nat., ms. fr. 5779, fol. 68 v°. (Mention.)

16 février.

18136. Don à Jean Sourdel de la chapelle de Saint-

17 février.

Maurice en l'église Saint-Étienne de Troyes, vacante par la résignation d'Hector Le Boucher. Saint-Just-sur-Lyon, 17 février 1524. — 1525.

Bibl. nat., ms. fr. 5779, fol. 62 v°. (Mention.)

18137. Provisions pour Guillaume Pérouse de l'office de greffier et secrétaire civil au Parlement de Dauphiné, vacant par la résignation de Guillaume Bachoud. Saint-Just-sur-Lyon, 17 février 1524. — 17 février.

Bibl. nat., ms. fr. 5779, fol. 63. (Mention.)

18138. Déclaration portant que Nicolas Simonnot, greffier du bailliage de Chaumont-en-Bassigny, jouira du profit et émolument du sceau, bien qu'il n'en ait pas été fait mention dans ses lettres d'office. Saint-Just-sur-Lyon, 17 février 1524. — 17 février.

Bibl. nat., ms. fr. 5779, fol. 64 v°. (Mention.)

18139. Provisions pour Georges Douet de l'office de grènetier de Mèze en Languedoc, vacant par la mort de Louis Foucques. Saint-Just-sur-Lyon, 18 février 1524. — 18 février.

Bibl. nat., ms. fr. 5779, fol. 62 v°. (Mention.)

18140. Don à Antoine de Conflans de la châtellenie de Clérieux, par commission, pour en jouir sous la main du roi, comme il faisait avant la saisie des terres du sr de Saint-Vallier. Saint-Just-sur-Lyon, 19 février 1524. — 19 février.

Bibl. nat., ms. fr. 5779, fol. 63. (Mention.)

18141. Don à François Gobé de l'office de capitaine de la grosse tour de Charenton, vacant par la mort du trésorier Legendre. Saint-Just-sur-Lyon, 19 février 1524. — 19 février.

Bibl. nat., ms. fr. 5779, fol 63 v°. (Mention.)

18142. Permission à Jean de « Liret », sr d'Aramon, de faire conduire par le Rhône et l'Isère jusqu'au lieu d'Aramon un radeau de bois, sans payer de droits. Saint-Just-sur-Lyon, 19 février 1524. — 19 février.

Bibl. nat., ms. fr. 5779, fol. 63 v°. (Mention.)

85.

18143. Provisions pour Raimond Phélipeaux de l'office d'élu qui vient d'être créé à Blois. Saint-Just-sur-Lyon, 20 février 1524.

> *Bibl. nat.; ms. fr. 5779, fol. 68. (Mention.)*

1525.
20 février.

18144. Lettres de provisions en faveur d'Arnaud de Casa, d'un office de conseiller clerc au Parlement de Toulouse, en remplacement de Georges de Marsan, décédé. Au camp devant Pavie, 21 février 1524.

> *Vidimus du sénéchal de Toulouse. Bibl. nat., Pièces orig., Casa, vol. 608, p. 2.*

21 février.

18145. Mandement à Charles Luillier, commis à recevoir les deniers revenant bons au roi en Bretagne, de remettre des deniers venant de sa commission 1,000 livres tournois à Pierre d'Apestigny. Saint-Just-sur-Lyon, 22 février 1524.

> *Bibl. nat., ms. fr. 5779, fol. 64. (Mention.)*

22 février.

18146. Lettres de mainlevée du temporel de l'évêché de Vannes en faveur du cardinal Laurent Pucci, titulaire dudit évêché. Saint-Just-sur-Lyon, 22 février 1524.

> *Bibl. nat., ms. fr. 5779, fol. 64 v°. (Mention.)*

22 février.

18147. Permission à Ponçon Joubert, fermier du tirage du sel en Dauphiné et Provence, de faire crier et bailler au rabais les transports du sel à Lyon, Vienne, Condrieu, Tain, Tournon, Valence, Romans, Montélimar et le Pont-Saint-Esprit. Saint-Just-sur-Lyon, 25 février 1524.

> *Bibl. nat., ms. fr. 5779, fol. 66. (Mention.)*

25 février.

18148. Provisions pour René Lecointe de l'office d'élu sur le fait des tailles et des aides nouvellement créé en l'élection de Château-Thierry. Saint-Just-sur-Lyon, 26 février 1524.

> *Bibl. nat., ms. fr. 5779, fol. 65. (Mention.)*

26 février.

18149. Provisions pour Jean Équiten d'un des deux offices d'huissiers nouvellement créés au Par-

26 février.

lement de Grenoble. Saint-Just-sur-Lyon, 26 février 1524.

1525.

> Bibl. nat., ms. fr. 5779, fol. 65 v°. (Mention.)

18150. Lettres de sauvegarde pour sœurs Marie de Carmeure, Jeanne Doure et Anne Du Bois, religieuses de Saint-Georges de Rennes, ordre de Saint-Benoît. Saint-Just-sur-Lyon, 27 février 1524.

27 février.

> Bibl. nat., ms. fr. 5779, fol. 65 v°. (Mention.)

18151. Don à Philibert Babou, chevalier, seigneur de Tuisseau et de la Bourdaisière, trésorier de France et de l'épargne, du droit de port et de passage, avec faculté d'avoir un bac sur la Loire, au bourg de Mont-Louis. Février 1524.

Février.

> Enreg. à la Chambre des Comptes, anc. mém. 2 D, fol. 96 v°. Arch. nat., PP. 119, p. 20. (Mention.)
> Bibl. nat., ms. fr. 21405, p. 293. (Mention.)
> Bibl. nat., ms. Clairambault 782, p. 279. (Mention.)

18152. Lettres de naturalité pour Jean Rubat, huissier de salle de Louise de Savoie, natif de Raconis en Piémont, avec congé de tester et remise de la finance. Saint-Just-sur-Lyon, février 1524.

Février.

> Bibl. nat., ms. fr. 5779, fol. 57. (Mention.)

18153. Lettres de la régente portant confirmation du don par elle fait, comme dame de Clermont en Beauvoisis, au mois de décembre précédent, à Jean Brinon, premier président au Parlement de Normandie, des seigneuries de Remy, Gournay et Moyenneville. Saint-Just-sur-Lyon, février 1524.

Février.

> Copie collationnée du 2 janvier 1534 n. s. Arch. nat., K. 1172, n° 3, fol. 5 v°.

18154. Lettres de légitimation en faveur de Julien Vallentin, fils naturel de feu Jean Vallentin, notaire de Vaugneray dans le Lyonnais, et de

Février.

Claude Brossin. Saint-Just-sur-Lyon, février 1524. — 1525.

> *Enreg. à la Chancellerie de France. Arch. nat., Trésor des Chartes, JJ. 237, n° 189, fol. 32 v°.*
> *1 page.*

18155. Lettres d'inféodation à Clément Mulat, juge de Valence, d'une petite île ou broteau, située dans le Rhône au-dessous de Lyon, à charge par ledit Mulat, ses hoirs et successeurs, de payer chaque année à la recette ordinaire de Lyon 2 sous tournois de cens portant lods et ventes et une somme de 30 livres tournois une fois payée. Saint-Just-sur-Lyon, février 1524. — Février.

> *Bibl. nat., ms. fr. 5779, fol. 64. (Mention.)*

18156. Lettres de sauvegarde accordées à l'abbesse et aux religieuses de Saint-Georges de Rennes, par la régente. Saint-Just-sur-Lyon, 1er mars 1524. — 1er mars.

> *Original. Arch. départ. d'Ille-et-Vilaine, 2 H. 2, n° 1.*

18157. Lettres de sauf-conduit accordées à Madame de Longueville pour faire transporter de ses terres de Noyers et d'Epoisses, en Bourgogne, 50 muids de blé à Paris et aux environs. Saint-Just-sur-Lyon, 1er mars 1524. — 1er mars.

> *Bibl. nat., ms. fr. 5779, fol. 67. (Mention.)*

18158. Mandement au trésorier de l'épargne de faire rembourser par le changeur du trésor, ou l'un des receveurs généraux, à Nicolas de Neufville, sr de Villeroy, 20,000 livres tournois qu'il avait prêtées au roi. Saint-Just-sur-Lyon, 7 mars 1524. — 7 mars.

> *Bibl. nat., ms. fr. 5779, fol. 67 v°. (Mention.)*

18159. Présentation à l'évêque de Bayeux de Jean Hélaine pour la cure de Saint-Pierre de Géfosse, vacante par la mort de Guy de Manneville, ladite présentation appartenant au roi comme garde des enfants mineurs de feu Jacques de — 7 mars.

Manneville, s^r de Géfosse. Saint-Just-sur-
Lyon, 7 mars 1524.

> *Bibl. nat., ms. fr. 5779, fol. 70 v°. (Mention.)*

1525.

18160. Provisions de l'office de gouverneur de Dauphiné, Valentinois et Diois, vacant par la mort
de l'amiral Bonnivet, en faveur de Charles Al-
lemand, seigneur de Laval et de Séchilienne,
lesdites provisions données par la régente
Louise de Savoie. Saint-Just-sur-Lyon, 8 mars
1524.

> *Copie du XVIIe siècle. Bibl. nat., ms. Clairam-
> bault 954, fol. 141.*
> *Arch. de l'Isère, Invent. ms. de la Chambre des
> Comptes de Grenoble, Generalia, I, fol. 405. (Men-
> tion.)*

8 mars.

18161. Don à Jean Vallette, valet de chambre du roi,
de l'office de grènetier du grenier à sel de
Bernay, vacant par la mort de Gabriel Es-
corchart. Saint-Just-sur-Lyon, 9 mars 1524.

> *Bibl. nat., ms. fr. 5779, fol. 68. (Mention.)*

9 mars.

18162. Mandement de la régente au prévôt de Paris,
pour la répression des pillards et vagabonds
dans sa prévôté. Saint-Just-sur-Lyon, 11 mars
1524.

> *Enreg. au Châtelet de Paris, Livre rouge. Arch.
> nat., Y. 6⁴, fol. 126. 1 page 1/2.*

11 mars.

18163. Mandement de la régente au prévôt de Paris de
convoquer le ban et l'arrière-ban de ladite
prévôté. Saint-Just-sur-Lyon, 11 mars 1524.

> *Enreg. au Châtelet de Paris, Livre rouge. Arch.
> nat., Y. 6⁴, fol. 125 v°. 1 page.*

11 mars.

18164. Don à Jean Reynard de l'office de juge des baronnies au siège de Montpellier, vacant par
la mort de Jean Salgues. Saint-Just-sur-Lyon,
12 mars 1524.

> *Bibl. nat., ms. fr. 5779, fol. 68. (Mention.)*

12 mars.

18165. Don à Mathieu d'Anquechin de la prébende de
Chartres, vacante en régale par la mort de
Jacques de Fromentières. Saint-Just-sur-Lyon,
13 mars 1524.

> *Bibl. nat., ms. fr. 5779, fol. 69 v°. (Mention.)*

13 mars.

18166. Don à André Le Roy de l'office de greffier des élus de Beauvais, vacant par la mort de Pierre Sarrazin. Saint-Just-sur-Lyon, 14 mars 1524.

1525.
14 mars.

> Bibl. nat., ms. fr. 5779, fol. 68 v°. (Mention.)

18167. Provisions de l'office de conseiller maître extraordinaire en la Chambre des Comptes de Dijon, pour Étienne de Frasans, licencié ès droits, en remplacement d'Edme Julien, nommé conseiller au Parlement. Paris (sic), 15 mars 1524.

15 mars.

> Enreg. à la Chambre des Comptes de Dijon, le 13 juin suivant. Arch. de la Côte-d'Or, B. 18, fol. 73.

18168. Provisions pour «Calmyne». de La Garde, licencié ès droits, de l'office nouvellement créé de lieutenant criminel et civil au siège de Tulle. Saint-Just-sur-Lyon, 15 mars 1524.

15 mars.

> Bibl. nat., ms. fr. 5779, fol. 69. (Mention.)

18169. Provisions pour Pierre de Loyac, licencié ès droits, de l'office nouvellement créé de lieutenant particulier au siège de Tulle. Saint-Just-sur-Lyon, 15 mars 1524.

15 mars.

> Bibl. nat., ms. fr. 5779, fol. 69. (Mention.)

18170. Provisions pour Jean Gregorii, licencié ès droits, de l'office d'avocat du roi nouvellement créé au siège de Tulle. Saint-Just-sur-Lyon, 15 mars 1524.

15 mars.

> Bibl. nat., ms. fr. 5779, fol. 69. (Mention.)

18171. Provisions pour Antoine de Saint-Salvadour de l'office de procureur du roi nouvellement créé au siège de Tulle. Saint-Just-sur-Lyon, 15 mars 1524.

15 mars.

> Bibl. nat., ms. fr. 5779, fol. 69 v°. (Mention.)

18172. Provisions pour Étienne de Saint-Salvadour de l'office d'enquêteur nouvellement créé au siège de Tulle. Saint-Just-sur-Lyon, 15 mars 1524.

15 mars.

> Bibl. nat., ms. fr. 5779, fol. 69 v°. (Mention.)

18173. Lettres de retenue pour Pierre d'Ages, sr de Saint-Magne, de l'office de maître d'hôtel du

15 mars.

roi, vacant par la mort du s^r de Roustin. Saint-Just-sur-Lyon, 15 mars 1524.

Bibl. nat., ms. fr. 5779, fol. 81 v°. (Mention.)

1525.

18174. Lettres de retenue pour Louis de Gastineau, s^r de Saint-Bonnet, de l'office de maître d'hôtel du roi, vacant par la mort du bâtard de Luppé. Saint-Just-sur-Lyon, 15 mars 1524.

15 mars.

Bibl. nat., ms. fr. 5779, fol. 81 v°. (Mention.)

18175. Mandement à Bénigne Serre, receveur général de Bourgogne, de payer à Girard de Vienne, s^r de Ruffey, 4,000 livres tournois pour le dédommager de sa pension qui ne lui a pas été payée en 1522 et 1523, et le rembourser des dépenses qu'il a faites pour le service du roi, particulièrement en envoyant des espions surveiller les mouvements des ennemis. Saint-Just-sur-Lyon, 18 mars 1524.

18 mars.

Bibl. nat., ms. fr. 5779, fol. 70 v°. (Mention.)

18176. Provisions pour Robert de La Martonnye, maître d'hôtel du roi, de l'office de capitaine de Dinan, vacant par la mort de Jean de Saint-Gelais, s^r de Maumont. Saint-Just-sur-Lyon, 20 mars 1524.

20 mars.

Bibl. nat., ms. fr. 5779, fol. 71 v°. (Mention.)

18177. Provisions pour Raimond Arnaud, docteur ès lois, de l'office de juge de Périgueux, vacant par la mort d'Antoine Bonarie. Saint-Just-sur-Lyon, 20 mars 1524.

20 mars.

Bibl. nat., ms. fr. 5779, fol. 93. (Mention.)

18178. Provisions pour Guillaume Raissac de l'office de viguier de Périgueux, vacant par la mort de Philippe de Doelan. Saint-Just-sur-Lyon, 20 mars 1524.

20 mars.

Bibl. nat., ms. fr. 5779, fol. 93. (Mention.)

18179. Don à Julien Moudain de l'office d'artilleur en la cité de Carcassonne, vacant par la mort de Nicolas Chappart. Saint-Just-sur-Lyon, 20 mars 1524.

20 mars.

Bibl. nat., ms. fr. 5779, fol. 93. (Mention.)

18180. Provisions pour Perrot d'Ouarty (*aliàs* de Warty) de l'office de capitaine d'Arques, vacant par la mort du bâtard de Vendôme. Saint-Just-sur-Lyon, 21 mars 1524.

Bibl. nat., ms. fr. 5779, fol. 71. (*Mention.*)

1525.
21 mars.

18181. Provisions pour Pierre de Clermont, chevalier, vicomte de Nébouzan, de la charge de capitaine de cinquante lances provenant de la compagnie de feu l'amiral Bonnivet. Saint-Just-sur-Lyon, 21 mars 1524.

Bibl. nat., ms. fr. 5779, fol. 71 v°. (*Mention.*)

21 mars.

18182. Provisions pour Charles de Mouy de la charge de capitaine de cinquante lances provenant de la compagnie du feu maréchal de Chabannes. Saint-Just-sur-Lyon, 21 mars 1524.

Bibl. nat., ms. fr. 5779, fol. 71 v°. (*Mention.*)

21 mars.

18183. Provisions pour Claude d'Étampes, chevalier, sr des Roches, de la charge de capitaine de cinquante lances provenant de la compagnie de feu M. de La Trémoïlle. Saint-Just-sur-Lyon, 21 mars 1524.

Bibl. nat., ms. fr. 5779, fol. 72. (*Mention.*)

21 mars.

18184. Provisions pour Antoine de Montpezat de la charge de capitaine de cinquante lances provenant de la compagnie du feu maréchal de Chabannes. Saint-Just-sur-Lyon, 21 mars 1524.

Bibl. nat., ms. fr. 5779, fol. 72. (*Mention.*)

21 mars.

18185. Provisions accordées par la régente à Lancelot de Bournel, chevalier, sr de Mardicoque, (Mardickhoucke), de l'office de garde du marteau de la forêt de Compiègne, en remplacement d'Henri de Bussy, décédé. Saint-Just-sur-Lyon, 22 mars 1524.

Enreg. aux Eaux et forêts, le 12 septembre 1525.
Arch. nat., Z¹ᵉ 319, fol. 28. 2 pages.
Bibl. nat., ms. fr. 5779, fol. 72 v°. (*Mention.*)

22 mars.

18186. Don à François de Grissan, homme d'armes de la compagnie de M. de Tournon, de l'office de capitaine et châtelain du Fay en Forez,

22 mars.

vacant par la mort de Jacques de Saint-Pol.
Saint-Just-sur-Lyon, 22 mars 1524.

Bibl. nat., ms. fr. 5779, fol. 72 v°. (Mention.)

1525.

18187. Permission à M. d'Embrun de transporter cinq
cents sommées de blé de Forez à Orléans et
Blois. Saint-Just-sur-Lyon, 23 mars 1524.

Bibl. nat., ms. fr. 5779, fol. 72. (Mention.)

23 mars.

18188. Mandement au receveur général de Bourgogne
de payer au s^r de La Guiche 2,000 francs
pour le dédommager de sa pension qui ne
lui a pas été payée en 1521 et 1523, et le
récompenser des services qu'il a rendus. Saint-
Just-sur-Lyon, 23 mars 1524.

Bibl. nat., ms. fr. 5779, fol. 73. (Mention.)

23 mars.

18189. Don à Jean de Breulles de la capitainerie de
Cusset, vacante par la mort du bâtard de
Clèves. Saint-Just-sur-Lyon, 24 mars 1524.

Bibl. nat., ms. fr. 5779, fol. 74 v°. (Mention.)

24 mars.

18190. Provisions pour Jacques Des Champs, s^r de
Vaulx, de l'un des huit offices de commissaires
des guerres, vacant par la mort d'Antoine
Dusel. Saint-Just-sur-Lyon, 25 mars 1524.

Bibl. nat., ms. fr. 5779, fol. 73 v°. (Mention.)

25 mars.

18191. Don à Pierre d'Anse de la commanderie de Saint-
Jacques-de-l'Épée d'Étampes, vacante par la
mort de Pierre d'Anse. Saint-Just-sur-Lyon,
25 mars 1524.

Bibl. nat., ms. fr. 5779, fol. 73 v°. (Mention.)

25 mars.

18192. Don à Hébert Mauduit de la prébende de Saint-
Sauveur-Lendelin en l'église de Coutances,
vacante par la nomination de Jean Briand à
la chapelle Saint-Vincent en l'église de Bayeux.
Saint-Just-sur-Lyon, 25 mars 1524.

Bibl. nat., ms. fr. 5779, fol. 73 v°. (Mention.)

25 mars.

18193. Don à Philippe Touillon de l'office nouvellement créé de greffier du bailliage de Mâcon.
Saint-Just-sur-Lyon, 25 mars 1524.

Bibl. nat., ms. fr. 5779, fol. 74. (Mention.)

25 mars.

86.

18194. Don à Louis de Rabodanges de l'office de
capitaine de la ville et château de Meulan,
vacant par la mort de Jacques d'O. Saint-
Just-sur-Lyon, 26 mars 1524.

1525.
26 mars.

> *Bibl. nat., ms. fr.* 5779, fol. 74 v°. (*Mention.*)

18195. Don à Lancelot Gosselin, valet de chambre et
tapissier du roi, de l'office de portier de la
première porte du château d'Arques, vacant
par la mort de Regnaut Le Conte. Saint-Just-
sur-Lyon, 26 mars 1524.

26 mars.

> *Bibl. nat., ms. fr.* 5779, fol. 75. (*Mention.*)

18196. Don à Jacques du Fou, maître d'hôtel ordinaire
du roi, et à Antoine de Montpezat, gentilhomme de sa chambre, et au survivant des
deux, de l'office de maître des eaux et forêts
du comté de Poitou. Saint-Just-sur-Lyon,
26 mars 1524.

26 mars.

> *Bibl. nat., ms. fr.* 5779, fol. 75. (*Mention.*)

18197. Lettres de la régente portant pouvoir exprès
de contraindre les receveurs des seigneuries
de Pont-Saint-Pierre, Radepont et du Bourg-
Baudouin, en Normandie, et de Vayres, Bel-
lébat, D'Huison et Villiers au bailliage d'É-
tampes, possédées par M. de Lautrec, en
vertu du don à lui fait, après avoir appartenu à la reine d'Aragon, puis à M. de Chiè-
vres. 27 mars 1524.

27 mars.

> *Présentées à la Chambre des Comptes de Blois, le
21 août 1525. Arch. nat., KK, 902, fol. 98.
(Mention.)*

18198. Don à Charles du Plessis, s' de Savonnières,
premier maître d'hôtel de Louise de Savoie,
de l'office de prévôt et garde du sceau de
la prévôté de Troyes, vacant par la mort
de Guillaume Bruyer. Saint-Just-sur-Lyon,
27 mars 1524.

27 mars.

> *Bibl. nat., ms. fr.* 5779, fol. 75 v°. (*Mention.*)

18199. Don à Christophe Brocard de la prébende de
Notre-Dame de Vernon, vacante par la mort

27 mars.

d'Antoine Torel. Saint-Just-sur-Lyon, 27 mars 1524.   1525.

Bibl. nat., ms. fr. 5779, fol. 77. (Mention.)

18200. Don à Thomas Du Val, pauvre homme de guerre, d'une place de religieux lai en l'abbaye de Saint-Benoît-sur-Loire. Saint-Just-sur-Lyon, 28 mars 1524.   28 mars.

Bibl. nat., ms. fr. 5779, fol. 74. (Mention.)

18201. Don à Louis de La Ribaudière, pauvre gentilhomme du pays du Maine, d'une place de religieux lai en l'abbaye de Notre-Dame-de-l'Ile[-Barbe] près Lyon. Saint-Just-sur-Lyon, 28 mars 1524.   28 mars.

Bibl. nat., ms. fr. 5779, fol. 74. (Mention.)

18202. Lettres de souffrance accordées pour un an à François de La Trémoïlle, prince de Talmont, pour faire les foi et hommage de ses terres et seigneuries (cf. n° 2133). Saint-Just-sur-Lyon, 28 mars 1524.   28 mars.

Bibl. nat., ms. fr. 5779, fol. 75 v°. (Mention.)

18203. Don à Perrot de Ruthie de l'office de capitaine de Tombelaine, vacant par la mort de Jehannot de Montalembert. Saint-Just-sur-Lyon, 28 mars 1524.   28 mars.

Bibl. nat., ms. fr. 5779, fol. 76. (Mention.)

18204. Lettres de retenue de Ludovic Le Groing, s' de Villebouche, en la charge de l'un des cent gentilshommes de la maison du roi, sous le commandement du grand sénéchal, au lieu de François de Benoist, dit Raigny. Saint-Just-sur-Lyon, 28 mars 1524.   28 mars.

Bibl. nat., ms. fr. 5779, fol. 76 v°. (Mention.)

18205. Lettres de retenue pour François de Rouvroy, dit de Saint-Simon, de la charge de l'un des cent gentilshommes de la maison du roi, sous le commandement du grand sénéchal à la place de feu Jean d'Autry. Saint-Just-sur-Lyon, 28 mars 1524.   28 mars.

Bibl. nat., ms. fr. 5779, fol. 77. (Mention.)

18206. Présentation à l'archevêque de Rouen de Guillaume Roger, pour la cure de la Sainte-Trinité
du Bois-Hulin, vacante par la mort d'Étienne
Tiercelin, ladite présentation appartenant au
roi comme garde-noble des enfants du feu
sʳ de Rouvray. Saint-Just-sur-Lyon, 28 mars
1524.

1525.
28 mars.

> Bibl. nat., ms. fr. 5779, fol. 78. (Mention.)

18207. Commission au sʳ de Guengat pour exercer
l'office de capitaine de Brest, vacant par la
mort de Guillaume Gouffier. Saint-Just-sur-
Lyon, 31 mars 1524.

31 mars.

> Bibl. nat., ms. fr. 5779, fol. 74. (Mention.)

18208. Lettres portant remise à Pierre de Bellefourière,
sʳ de Mailly, des droits de lods et ventes et
autres droits seigneuriaux qu'il doit au roi par
suite de l'acquisition de la terre et baronnie
de Mailly. Saint-Just-sur-Lyon, 31 mars 1524.

31 mars.

> Bibl. nat., ms. fr. 5779, fol. 76 vᵒ. (Mention.)

18209. Lettres de la régente portant don à François de
Paluet, chevalier, guidon de la compagnie du
feu sʳ de La Trémoïlle, et à Bernard de Poupas,
homme d'armes de la même compagnie, des
biens confisqués de Laurent de Rolet et d'un
nommé Robelet, meurtriers d'André Guyot,
de Chalon. Saint-Just-sur-Lyon, mars 1524.

Mars.

> Enreg. à la Chancellerie de France. Arch. nat.,
> Trésor des Chartes, JJ. 237, nᵒ 220, fol. 39.
> 1 page 1/2.

18210. Lettres de légitimation données par la régente
en faveur de Gaillard de Cayrolis, fils naturel de Gaillard de Cayrolis, prêtre, et de
Marguerite Doulcet, de la viguerie de Figeac.
Saint-Just-sur-Lyon, mars 1524.

Mars.

> Enreg. à la Chancellerie de France, Arch. nat.,
> Trésor des Chartes, JJ. 237, nᵒ 200, fol. 34 vᵒ.
> 1 page.

18211. Lettres de naturalité accordées à Dominique des
Avoirs, natif du château de « Nybron » (Nam-

Mars.

berod.[?]) en Savoie, établi dans le Berry: Saint-
Just-sur-Lyon, mars 1524.

Enreg. à la Chancellerie de France. Arch. nat.,
Trésor des Chartes, JJ. 237, n° 209, fol. 36.
1 page.

18212. Lettres de la régente accordant aux enfants
de feu Louis d'Orléans, duc de Longueville, délai jusqu'à leur majorité pour rendre
hommage et bailler aveu de la seigneurie de
Bray-sur-Seine, mouvante de la maison ar-
chiépiscopale de Sens, alors vacante. Saint-
Just-sur-Lyon, 1er avril 1524.

1er avril.

Vérifiées à la Chambre des Comptes de Paris, le
26 mai 1525.
Copie de même date. Arch. nat., P. 724, n° 11.

18213. Déclaration de foi et hommage de Pierre de
Bellefourière, chevalier, conseiller et maître
d'hôtel ordinaire du roi, pour la seigneurie de Mailly, mouvante de Péronne. Lyon,
1er avril 1524.

1er avril.

Original. Arch. nat., Chambre des Comptes de
Paris, P. 15, n° 5567.
Bibl. nat., ms. fr. 5779, fol. 76 v°. (Mention
avec la date du 31 mars.)

18214. Don à M. de Brienne de vingt lances de la compagnie de feu M. de La Trémoille, pour porter
sa compagnie à soixante lances. Saint-Just-sur-
Lyon, 1er avril 1524.

1er avril.

Bibl. nat., ms. fr. 5779, fol. 75 v°. (Mention.)

18215. Lettres de relèvement de montre pour les
deuxième et troisième quartiers de 1523, accordées à Jean de Boisse, Marquessac et Com-
marques, hommes d'armes de la compagnie
du feu sr de La Trémoille. Saint-Just-sur-
Lyon, 1er avril 1524.

1er avril.

Bibl. nat., ms. fr. 5779, fol. 76. (Mention.)

18216. Don à M. d'Humières de vingt-cinq lances de
feu M. de La Trémoille, pour porter sa compagnie à cinquante lances. Saint-Just-sur-
Lyon, 1er avril 1524.

1er avril.

Bibl. nat., ms. fr. 5779, fol. 77 v°. (Mention.

18217. Don à [Robert de La Marck], comte de Braine, de dix lances de la compagnie de feu M. de La Trémoïlle. Saint-Just-sur-Lyon, 1er avril 1524.

> Bibl. nat., ms. fr. 5779, fol. 77 v°. (Mention.)

1525.
1er avril.

18218. Don à Gabriel de Lignac de quarante lances de la compagnie du feu sr de Lescun, maréchal de France. Saint-Just-sur-Lyon, 1er avril 1524.

> Bibl. nat., ms. fr. 5779, fol. 78 v°. (Mention.)

1er avril.

18219. Don à Jean de Créquy de la charge de capitaine de quarante lances de la compagnie du feu sr de Pont-Remy. Saint-Just-sur-Lyon, 1er avril 1524.

> Bibl. nat., ms. fr. 5779, fol. 79. (Mention.)

1er avril.

18220. Don à Philippe de Créquy de la charge de capitaine de quarante lances de la compagnie du feu sr de Pont-Remy. Saint-Just-sur-Lyon, 1er avril 1524.

> Bibl. nat., ms. fr. 5779, fol. 79. (Mention.)

1er avril

18221. Lettres de naturalité portant autorisation de tenir des bénéfices en France jusqu'à 2,000 livres tournois, pour Jean Daneau, religieux de l'ordre de Cluny, natif de Valenciennes. Saint-Just-sur-Lyon, 1er avril 1524.

> Bibl. nat., ms. fr. 5779, fol. 79 v°. (Mention.)

1er avril.

18222. Mandement au receveur ordinaire de Chaumont en Bassigny de payer à Jean de Saulx, sr d'Orrain, capitaine du château de Toul en Lorraine, 400 livres tournois pour ses gages de l'année finie le 31 décembre dernier. Saint-Just-sur-Lyon, 2 avril 1524.

> Bibl. nat., ms. fr. 5779, fol. 76. (Mention.)

2 avril.

18223. Mandement au trésorier et receveur général de Bretagne de payer 200 livres à prendre sur les droits de rachat dus au roi par suite du décès de M. de Treal, sr de Chenillé, à Jacques de Bernouville et Étienne Fromont,

2 avril.

sommeliers de l'échansonnerie de Louise de
Savoie. Saint-Just-sur-Lyon, 2 avril 1524.

Bibl. nat., ms. fr. 5779, fol. 77 v°. (Mention.)

1525.

18224. Mandement au receveur général de Bourgogne
de payer à la duchesse douairière de Vendôme,
comtesse de Charolais, 4,630 livres tournois
levées sur les habitants de ce comté pour leur
quote-part de l'octroi du duché de Bourgogne,
bien qu'ils en eussent été exemptés, afin que
ladite dame leur en fasse restitution. Saint-
Just-sur-Lyon, 2 avril 1524.

Bibl. nat., ms. fr. 5779, fol. 78. (Mention.)

2 avril.

18225. Don à Marc-Antoine de Cusan de la charge de
capitaine des 100 chevau-légers formant autrefois les compagnies d'André Batrino et du
chevalier Buzy. Saint-Just-sur-Lyon, 2 avril
1524.

Bibl. nat., ms. fr. 5779, fol. 81 v°. (Mention.)

2 avril.

18226. Provisions données par la régente à Gabriel
de Lignac, chevalier, de l'office de bailli de
Chaumont-en-Bassigny, vacant par suite du
décès de Jacques d'Amboise, seigneur de
Bussy. Saint-Just-sur-Lyon, 4 avril 1524.

*Reçu au Parlement de Paris, le 9 mars 1528
n. s. Arch. nat., X¹ᵃ 4883, fol. 223. (Mention.)
Bibl. nat., ms. fr. 5779, fol. 106 v°. (Mention à
la date du 3 avril.)*

4 avril.

18227. Provisions pour Valentin Tardivon, docteur
ès droits, de l'office de conseiller au Parlement de Dauphiné, vacant par la résignation
de Bernard de Noceto. Saint-Just-sur-Lyon,
4 avril 1524.

Bibl. nat., ms. fr. 5779, fol. 79. (Mention.)

4 avril.

18228. Don aux religieux et couvent de l'observance à
Lectoure du droit de chauffage de mort-bois
et de bois mort, en la forêt du Ramier au
pays de Gaure. Saint-Just-sur-Lyon, 5 avril
1524.

Bibl. nat., ms. fr. 5779, fol. 78 v°. (Mention.)

5 avril.

18229. Mandement de payer à M. de Villeroy, secré-

5 avril.

v.

taire des finances, 1,623 livres 2 sous 6 deniers   1525.
tournois, dont 1,200 livres pour sa pension
et 423 livres 2 sous 6 deniers pour ses gages
ordinaires dudit office pendant l'année 1523.
Saint-Just-sur-Lyon, 5 avril 1524.

> *Bibl. nat.*, ms. fr. 5779, fol. 84. (*Mention.*)

18230. Provisions pour le comte de Montrevel de la   6 avril.
     charge de capitaine des quarante hommes
     d'armes de la compagnie de feu M. de Bussy.
     Saint-Just-sur-Lyon, 6 avril 1524.

> *Bibl. nat.*, ms. fr. 5779, fol. 78 v°. (*Mention.*)

18231. Don à Pierre de Cambray de la chanoinie et   8 avril.
     prébende de l'église de Noyon, tenue précé-
     demment par Jean de Nastan et vacante en
     régale. Saint-Just-sur-Lyon, 8 avril 1524.

> *Bibl. nat.*, ms. fr. 5779, fol. 80 v°. (*Mention.*)

18232. Don à « Fusée » de Cambray de la chanoinie et   8 avril.
     prébende de l'église de Noyon, tenue précé-
     demment par Jean de Baynast et vacante en
     régale. Saint-Just-sur-Lyon, 8 avril 1524.

> *Bibl. nat.*, ms. fr. 5779, fol. 80 v°. (*Mention.*)

18233. Lettres portant remise à l'archevêque de Tou-   8 avril.
     louse [Jean d'Orléans, cardinal de Longue-
     ville] des droits de lods et ventes, etc., dus
     au roi par suite de la vente de la seigneurie
     de « Fallavier ». Saint-Just-sur-Lyon, 8 avril
     1524.

> *Bibl. nat.*, ms. fr. 5779, fol. 79. (*Mention.*)

18234. Don à François de La Trémoïlle, prince de   8 avril.
     Talmont, de la capitainerie des place et châ-
     teau de Vergy en Bourgogne, vacante par la
     mort de son père, et des revenus de ladite
     place et seigneurie, sa vie durant. Saint-Just-
     sur-Lyon, 8 avril 1524.

> *Bibl. nat.*, ms. fr. 5779, fol. 80. (*Mention.*)

18235. Provisions pour Guigues Guiffrey, sr de Bou-   10 avril.
     tières, de l'office de prévôt de l'hôtel, vacant
     par la mort du bâtard de Luppé. Saint-Just-
     sur-Lyon, 10 avril 1524.

> *Bibl. nat.*, ms. fr. 5779, fol. 81. (*Mention.*)

18236. Mandement à la Chambre des Comptes de
Moulins de faire payer par Jean de Reboulh,
receveur et trésorier des terres de Montpensier, aux religieuses de Sainte-Claire d'Aigueperse 100 livres tournois pour leur pension
annuelle, qu'elles recevaient de la maison de
Bourbon, et 30 livres tournois pour leur
chauffage. Saint-Just-sur-Lyon, 11 avril 1524.

 Bibl. nat., ms. fr. 5779, fol. 79 v°. (Mention.)

1525.
11 avril.

18237. Don à Jean Thibault, prêtre, d'une prébende
à Dijon, vacante par suite de la résignation
faite par Thibaut Le Jay, aussi prêtre, en
échange de sa prébende de Langres. Saint-
Just-sur-Lyon, 11 avril 1524.

 Bibl. nat., ms. fr. 5779, fol. 80. (Mention.)

11 avril.

18238. Don à Jean Quintin de la prébende et canonicat
de l'église de Noyon, occupé précédemment
par Richard Duriez et vacant en régale. Saint-
Just-sur-Lyon, 11 avril 1524.

 Bibl. nat., ms. fr. 5779, fol. 80 v°. (Mention.)

11 avril.

18239. Don à Jean Baillet, prêtre, chapelain de Louise
de Savoie, de la prévôté de Saint-Albin de
Crépy-en-Valois, vacante par la permutation
qu'a faite avec lui Arnoul Monnart de la chapelle Sainte-Marie fondée en l'église paroissiale de Saint-Germain de Persan, diocèse de
Beauvais. Saint-Just-sur-Lyon, 11 avril 1524.

 Bibl. nat., ms. fr. 5779, fol. 87. (Mention.)

11 avril.

18240. Provisions pour Jean Moraille de l'office de
secrétaire du roi à gages, vacant par la mort
de François Congnart. Saint-Just-sur-Lyon,
14 avril 1524.

 Bibl. nat., ms. fr. 5779, fol. 83. (Mention.)

14 avril.

18241. Provisions pour Guillaume Barthélemy de l'office de conseiller laï au Parlement de Paris,
vacant par la mort de Jean Le Verrier. Saint-
Just-sur-Lyon, 15 avril 1524.

 Bibl. nat., ms. fr. 5779, fol. 81. (Mention.)

15 avril.

18242. Mandement à Philibert Babou, trésorier de

15 avril.

87.

l'épargne, de payer à la duchesse douairière 1525.
de Vendôme 1,600 livres tournois, pour sa
pension des deux dernières années, que le roi
lui a donnée pour la dédommager du droit
qu'elle prétendait avoir sur la vicomté de
Meaux. Saint-Just-sur-Lyon, 15 avril 1524.

> *Bibl. nat., ms. fr. 5779, fol. 81. (Mention.)*

18243. Lettres de légitimation en faveur de Suzanne   Avril.
Le Gendre, fille naturelle de Pierre Le Gendre,
prêtre, conseiller au Parlement de Paris, et
de Denise Delacroix, veuve de Martin Bau-
dichon. Saint-Just-sur-Lyon, avril 1524.

> *Enreg. à la Chancellerie de France. Arch. nat.,*
> *Trésor des Chartes, JJ. 237, n° 229, fol. 41.*
> *1 page.*

18244. Lettres de naturalité accordées à Anne Dupain,   Avril.
née en Angleterre, fille de Martin Dupain,
marchand français, et d'une mère anglaise.
Saint-Just-sur-Lyon, avril 1524.

> *Enreg. à la Chancellerie de France. Arch. nat.,*
> *Trésor des Chartes, JJ. 237, n° 235, fol. 42 v°.*
> *1 page.*

18245. Mandement au trésorier de l'épargne de payer   17 avril.
à Louis de Clermont, maître d'hôtel du roi,
1,500 livres tournois que lui a données Louise
de Savoie, à prendre sur les deniers provenant de ce qui reste dû par les héritiers de
feu Pierre Chappon, grenetier de Joigny,
pour le règlement de ses comptes. Lyon,
17 avril 1525.

> *Bibl. nat., ms. fr. 5779, fol. 82. (Mention.)*

18246. Don à M. de Châteaubriant de la charge de   17 avril.
capitaine de cinquante lances de la compagnie
du feu duc d'Alençon. Lyon, 17 avril 1525.

> *Bibl. nat., ms. fr. 5779, fol. 82. (Mention.)*

18247. Lettres de retenue de Michel de Lignery en la   17 avril.
charge de l'un des cent gentilshommes de la
maison du roi sous le grand sénéchal, en
remplacement de Mauregart. Lyon, 17 avril
1525.

> *Bibl. nat., ms. fr. 5779, fol. 84 v°. (Mention.)*

18248. Collation à Claude de Hangest de la trésorerie de Noyon, que tenait feu Jean de Beynast, ou du droit qu'y prétendaient Pierre Tempête et Dominique Le Cirier, ladite trésorerie vacante en régale. Lyon, 20 avril 1525.

1525.
20 avril.

> Bibl. nat., ms. fr. 5779, fol. 82 v°. (Mention.)

18249. Collation à Claude de Hangest de la prébende de Noyon, tenue précédemment par Philippe de Nozières comme ayant droit de Pierre Tempête. Lyon, 20 avril 1525.

20 avril.

> Bibl. nat., ms. fr. 5779, fol. 82 v°. (Mention.)

18250. Lettres d'exemption accordées par la régente à Louis de Tonnerre, évêque de Poitiers, des droits de rachat dus au roi, par suite du décès de Claude de Tonnerre, pour les baronnies et châtellenies de Saint-Aignan, au comté de Blois, et de Selles en Berry (Selles-sur-Cher). Lyon, 21 avril 1525.

21 avril.

> Mention au journal de la Chambre des Comptes de Blois. Arch. nat., KK. 902, fol. 95.
> Bibl. nat., ms. fr. 5779, fol. 83 v°. (Mention.)

18251. Don à l'évêque de Poitiers, Louis, comte de Tonnerre, des droits seigneuriaux dus au roi par suite de la mort de son père, de François et de Claude de Tonnerre, ses frères, pour la seigneurie de la Salle-lès-Cléry, mouvante d'Orléans, et la seigneurie de Saint-Mars-la-Pile (canton de Langeais), mouvante du duché de Touraine. Lyon, 21 avril 1525.

21 avril.

> Bibl. nat., ms. fr. 5779, fol. 83. (Mention.)

18252. Lettres accordant délai d'un an au comte de Tonnerre pour faire foi et hommage des seigneuries de Saint-Aignan, au comté de Blois, et de Selles en Berry. Lyon, 21 avril 1525.

21 avril.

> Bibl. nat., ms. fr. 5779, fol. 84. (Mention.)

18253. Lettres accordant délai d'un an au comte de Tonnerre pour faire foi et hommage à cause

21 avril.

des seigneuries de la Salle et de Saint-Mars-la-Pile. Lyon, 21 avril 1525.

> Bibl. nat., ms. fr. 5779, fol. 83 v°. (Mention.)

1525.

18254. Lettres accordant délai d'un an au comte de Tonnerre pour faire foi et hommage de la baronnie de Cruzy, mouvante du duché de Bourgogne. Lyon, 21 avril 1525.

> Bibl. nat., ms. fr. 5779, fol. 84. (Mention.)

21 avril.

18255. Lettres permettant à Jean Garré, marchand de Paris, de transporter de Paray-le-Monial à Paris, et non ailleurs, 300 muids de blé, mesure de Paris. Lyon, 23 avril 1525.

> Bibl. nat., ms. fr. 5779, fol. 85. (Mention.)

23 avril.

18256. Lettres de retenue de Louis de Nort, sr de la Sablière, en la charge de l'un des cent gentils-hommes de la maison du roi commandés par le vidame de Chartres, en remplacement de Georges Loubbes, sr de la Gastevine. Lyon, 24 avril 1525.

> Bibl. nat., ms. fr. 5779, fol. 85. (Mention.)

24 avril.

18257. Lettres remettant à Anne de Rohan, veuve de Pierre de Rohan, sr de Frontenay, la garde de ses enfants qui d'après la coutume de Normandie devait appartenir au roi, et lui laissant pendant la minorité desdits enfants la jouissance de la seigneurie de Gié en Carentan [1] et des autres biens du défunt. Lyon, 24 avril 1525.

> Bibl. nat., ms. fr. 5779, fol. 85 v°. (Mention.)

24 avril.

18258. Lettres de mainlevée en faveur d'Anne de Rohan de la terre de Gié en Carentan, saisie à la requête du procureur du roi. Lyon, 24 avril 1525.

> Bibl. nat., ms. fr. 5779, fol. 85 v°. (Mention.)

24 avril.

---

[1] Portion de la terre et seigneurie de Carentan (Manche), dite Gié en Carentan ou Carentan en la partie de Gié, pour la distinguer de la vicomté de Carentan qui appartenait au roi.

18259. Don et remise à Anne de Rohan des droits
seigneuriaux dus au roi par suite de la mort
de son mari pour la forêt d'Étampes, dépendante de la seigneurie de Frontenay et mouvante de Chizé, dépendant du duché d'Angoulême. Lyon, 24 avril 1525.

> *Bibl. nat.*, ms. fr. 5779, fol. 86. (*Mention.*)

1525.
24 avril.

18260. Don à Anne de Rohan des droits seigneuriaux
dus au roi par suite de la mort de son mari,
pour la seigneurie de Gié, mouvante de Carentan. Lyon, 24 avril 1525.

> *Bibl. nat.*, ms. fr. 5779, fol. 86. (*Mention.*)

24 avril.

18261. Don à Anne de Rohan des droits seigneuriaux
dus au roi par suite de la mort de son mari,
pour la baronnie de Frontenay, mouvante de
Saint-Jean-d'Angély. Lyon, 24 avril 1525.

> *Bibl. nat.*, ms. fr. 5779, fol. 86. (*Mention.*)

24 avril.

18262. Don à Anne de Rohan des droits seigneuriaux
dus au roi par suite de la mort de son mari,
pour les seigneuries de la Gacilly et de la
Boissière, mouvantes du duché de Bretagne
et de la seigneurie de Ploërmel. Lyon,
24 avril 1525.

> *Bibl. nat.*, ms. fr. 5779, fol. 86 v°. (*Mention.*)

24 avril.

18263. Don à Anne de Rohan des droits seigneuriaux
dus au roi par suite de la mort de son mari,
pour la seigneurie de Guerlesquin, mouvante
du duché de Bretagne. Lyon, 24 avril 1525.

> *Bibl. nat.*, ms. fr. 5779, fol. 86 v°. (*Mention.*)

24 avril.

18264. Provisions pour Charles Tiercelin, sr de la
Roche-du-Maine, de l'office de maître des
eaux et forêts de France, Champagne et Brie,
vacant par la mort de Michel de Poisieu, sr
de Sainte-Mesme. Lyon, 25 avril 1525.

> *Bibl. nat.*, ms. fr. 5779, fol. 88 v°. (*Mention.*)

25 avril.

18265. Don à François de La Trémoïlle, prince de
Talmont, des droits seigneuriaux dus au roi
par suite du trépas du sr de La Trémoïlle,

27 avril.

pour la seigneurie de Berrie, mouvante de
Loudun. Lyon, 27 avril 1525.

1525.

Bibl. nat., ms. fr. 5779, fol. 84 v°. (Mention.)

18266. Collation à Gentien Martin de la chapelle per-
pétuelle de Saint-Jacques, fondée en la chapelle Saint-Michel dans le clos du Palais,
vacante par la résignation que Jean de Ville-
cardet en a faite au profit dudit Martin. Lyon,
28 avril 1525.

28 avril.

Bibl. nat., ms. fr. 5779, fol. 85. (Mention.)

18267. Don à Pierre Grévrot, prêtre, de la chanoinie
et prébende de l'église Saint-Pierre-de-la-Cour,
diocèse du Mans, par suite de la permutation qu'il a faite de la cure de Notre-Dame
de Courgeon, diocèse de Séez, avec François
Marandet, prêtre. Lyon, 28 avril 1525.

28 avril.

Bibl. nat., ms. fr. 5779, fol. 87. (Mention.)

18268. Don à François Fromont de la prébende du Puy
[-Notre-Dame] en Anjou, diocèse de Poitiers,
vacante par la résignation qu'Olivier Chesneau en a faite à son profit. Lyon, 28 avril
1525.

28 avril.

Bibl. nat., ms. fr. 5779, fol. 90. (Mention.)

18269. Mandement à la Chambre des Comptes de
Moulins de faire payer par Jean Cadier, trésorier de Bourbonnais, à Aymar de Chantemerle, chevalier, gouverneur d'Auxerre,
2,000 livres tournois pour sa pension de
l'année dernière et les frais qu'il a faits au
service du roi. Lyon, 29 avril 1525.

29 avril.

Bibl. nat., ms. fr. 5779, fol. 87 v°. (Mention.)

18270. Mandement à la Chambre des Comptes de
Moulins de faire payer par le trésorier de
Forez à Aymar de Chantemerle 2,000 livres
tournois pour le rembourser de la pension
que lui faisait la maison de Bourbon. Lyon,
29 avril 1525.

29 avril.

Bibl. nat., ms. fr. 5779, fol. 87 v°. (Mention.)

18271. Lettres de retenue pour Florent Rosier, valet

30 avril.

de chambre de la feue reine, de l'office de
valet de chambre du dauphin. Lyon, 30 avril
1525.

> *Bibl. nat.*, ms. fr. 5779, fol. 88. (*Mention.*)

1525.

18272. Provisions pour Claude Sanguin de l'office de
bailli de l'artillerie au château du Louvre à
Paris, vacant par la résignation de Jean Morin. Lyon, 30 avril 1525.

> *Bibl. nat.*, ms. fr. 5779, fol. 88 v°. (*Mention.*)

30 avril.

18273. Don à Antoine de Lettes, dit de Montpezat, de
l'office de capitaine de Janville en Beauce,
vacant par la mort du bâtard de Luppé.
Lyon, 30 avril 1525.

> *Bibl. nat.*, ms. fr. 5779, fol. 96. (*Mention.*)

30 avril.

18274. Don à M. de Montpezat du revenu de la châtellenie de Janville en Beauce, et des greffes des
prévôté et bailliage dudit lieu, avenages de
Santilly et Ruan, etc., à partir du jour de la
mort du bâtard de Luppé. Lyon, 30 avril
1525.

> *Bibl. nat.*, ms. fr. 5779, fol. 95 v°. (*Mention.*)

30 avril.

18275. Lettres instituant à Nangis un second marché
le vendredi, outre celui qui existait déjà le
mercredi, et portant à quatre jours au lieu
d'un la durée de la foire de la Saint-Martin
d'été. Lyon, avril 1525.

> *Bibl. nat.*, ms. fr. 5779, fol. 88 v°. (*Mention.*)

Avril.

18276. Lettres de légitimation en faveur d'André et
Jacques Delbezet, habitants de Lagraulet au
diocèse de Toulouse, fils naturels de Jean
Delbezet, prêtre. Lyon, avril 1525.

> *Enreg. à la Chancellerie de France. Arch. nat.,*
> *Trésor des Chartes*, JJ. 237, n° 261, fol. 50 v°.
> 1 page.

Avril.

18277. Lettres de la régente portant autorisation à
Claude, comte de Tende, grand sénéchal et
gouverneur de Provence, de nommer aux
offices du comté de Provence. 1ᵉʳ mai 1525.

> *Mention dans un arrêt du Grand conseil, en date*
> *du 17 décembre 1532. Arch. nat.*, V⁵ 1049.

1ᵉʳ mai.

18278. Commission à Girard de Vienne, chevalier, capitaine de Beaune, de faire approvisionner ladite ville de tout ce qui sera nécessaire à 4,000 hommes de pied et 200 hommes d'armes, et de contraindre les habitants de Nivernais, Charolais, Autunais, prévôté d'Arnay, etc., à contribuer à cette dépense. Lyon, 1er mai 1525.

Bibl. nat., ms. fr. 5779, fol. 88. (*Mention.*)

1525.
1er mai.

18279. Don à Jean Grippel de la chanoinie et prébende de l'église collégiale de Saint-Étienne de Troyes, vacante par la permutation qu'en a faite avec lui Hugues Marmier, contre le prieuré commendataire de Saint-Hilaire de Troyes. Lyon 1er mai 1525.

Bibl. nat., ms. fr. 5779, fol. 89. (*Mention.*)

1er mai.

18280. Don à Robert Cenalis, évêque de Vence, de la trésorerie, prébende et chanoinie de la Sainte-Chapelle de Paris, vacante par la mort de Philippe Pot. Lyon, 1er mai 1525.

Bibl. nat., ms. fr. 5779, fol. 89 v°. (*Mention.*)

1er mai.

18281. Collation à Jean Du Mesnil de la maladrerie du Mans, vacante par la mort de Jean Lamoureux. Lyon, 1er mai 1525.

Bibl. nat., ms. fr. 5779, fol. 89 v°. (*Mention.*)

1er mai.

18282. Don à Robert de Billy le jeune de l'office de conseiller lai au Parlement de Rouen, vacant par la mort de Simon Boullée. Lyon, 1er mai 1525.

Bibl. nat., ms. fr. 5779, fol. 90. (*Mention.*)

1er mai.

18283. Dispense à Robert de Billy le jeune, pour exercer l'office de conseiller au Parlement de Rouen, bien que son père Robert de Billy, l'aîné, soit président en ladite cour. Lyon, 1er mai 1525.

Bibl. nat., ms. fr. 5779, fol. 91 v°. (*Mention.*)

1er mai.

18284. Don au comte de Chalant de la charge de capitaine de quarante lances, dont vingt de la compagnie du feu duc d'Alençon, dix du

1er mai.

feu s' de Sainte-Mesme et dix du feu s' de 1525.
Tournon. Lyon, 1er mai 1525.

> *Bibl. nat., ms. fr. 5779, fol. 90 v°. (Mention.)*

18285. Provisions pour Jean de Dormans de l'office   3 mai.
de conseiller lai au Parlement de Rouen,
vacant par la mort du s' Roulin. Lyon, 3 mai
1525.

> *Bibl. nat., ms. fr. 5779, fol. 89. (Mention.)*

18286. Mandement au trésorier de l'épargne de payer   3 mai.
1,311 livres 16 sous 4 deniers tournois au
cardinal de Bourbon, pour achever de lui
rembourser la vaisselle qu'il avait prêtée au
roi. Lyon, 3 mai 1525.

> *Bibl. nat., ms. fr. 5779, fol. 89 v°. (Mention.)*

18287. Don à Olivier Chamieu, prêtre, de la prébende   4 mai.
et chanoinie en l'église de Notre-Dame de
Loches, vacante par la mort de Roland Du
Moulin. Lyon, 4 mai 1525.

> *Bibl. nat., ms. fr. 5779, fol. 91. (Mention.)*

18288. Provisions pour François Palluat, sergent royal   5 mai.
de Lyon, de l'office de sergent des tailles et
aides dans l'élection de Lyonnais. Lyon, 5 mai
1525.

> *Copie du xvie siècle. Bibl. nat., ms. fr. 2702,
> fol. 166.*

18289. Provisions pour Jean de Lévis, vicomte de   6 mai.
Montségur, de l'office de sénéchal de Carcassonne, vacant par la résignation de son
père Jean de Lévis, maréchal de la foi. Lyon,
6 mai 1525.

> *Bibl. nat., ms. fr. 5779, fol. 91 v°. (Mention.)*

18290. Don à Thomas Du Val d'une place de religieux   6 mai.
lai en l'abbaye de Breteuil. Lyon, 6 mai
1525.

> *Bibl. nat., ms. fr. 5779, fol. 90. (Mention.)*

18291. Don à André Berthelon de l'office de servant   7 mai.
et garde de la garnison de la ville et tour

88.

d'Aigues-Mortes, vacant par la mort de Jean
Parparez. Lyon, 7 mai 1525.

> *Bibl. nat., ms. fr.* 5779, *fol.* 90 v°. (*Mention.*)

18292. Don à Archambaut de La Rivoire de l'office de
servant et garde de la garnison de la ville et
tour d'Aigues-Mortes, vacant par la mort de
Jacques Faure. Lyon, 7 mai 1525.

> *Bibl. nat., ms. fr.* 5779, *fol.* 91. (*Mention.*)

7 mai.

18293. Don à Guillaume Sestiere de l'office de servant
et garde de la garnison de la ville et tour
d'Aigues-Mortes, vacant par la mort de Pierre
Du Puy. Lyon, 7 mai 1525.

> *Bibl. nat., ms fr.* 5779, *fol.* 91. (*Mention.*)

7 mai.

18294. Provisions par la régente Louise, duchesse
d'Angoulême, de l'office de conseiller maître
ancien de la Chambre des Comptes de Dijon, pour Bénigne Jacqueron en survivance
d'Étienne Jacqueron, seigneur de la Motte-
d'Argilly, son père. Lyon, 8 mai 1525.

> *Enreg. à la Chambre des Comptes de Dijon, le
> 28 juin suivant. Arch. de la Côte-d'Or*, B. 18,
> *fol.* 82.
> *Bibl. nat., ms. fr.* 5779, *fol.* 92 v°. (*Mention.*)

8 mai.

18295. Provisions pour Jacques Pigache de l'office de
capitaine de Bruyères sous Laon, vacant par
la mort de Jean Davye. Lyon, 8 mai 1525.

> *Bibl. nat., ms. fr.* 5779, *fol.* 92. (*Mention.*)

8 mai.

18296. Don à Bertrand Ménard de la chapelle Saint-
Gabriel du château de Caen, vacant par la
mort de Denis Plotin. Lyon, 8 mai 1525.

> *Bibl. nat., ms. fr.* 5779, *fol.* 92 et 97 v°. (*Men-
> tions.*)

8 mai.

18297. Provisions pour Geoffroy Vallée de l'office de
receveur et payeur des gages des officiers
domestiques de l'hôtel du roi, vacant par la
résignation de Jean Carré. Lyon, 8 mai 1525.

> *Bibl. nat., ms. fr.* 5779, *fol.* 104 v°. (*Mention.*)

8 mai.

18298. Provisions pour Jean Turquan de l'office de
receveur et payeur des gages du prévôt de

8 mai.

l'hôtel, de ses lieutenants, greffier et archers, vacant par la résignation de Gaillard Spifame. Lyon, 8 mai 1525. — 1525.

> *Bibl. nat., ms. fr.* 5779, fol. 104 v°. (*Mention.*)

18299. Lettres commettant Jean de Besançon, par suite de la résignation de Gaillard Spifame, au payement de la construction de la Ville-Françoise et Havre-de-Grâce. Lyon, 8 mai 1525. — 8 mai.

> *Bibl. nat., ms. fr.* 5779, fol. 104 v°. (*Mention.*)

18300. Provisions pour le sʳ de Jonvelle de l'office de capitaine du château de Dijon, vacant par la mort du sʳ de La Trémoïlle, son frère. Lyon, 9 mai 1525. — 9 mai.

> *Bibl. nat., ms. fr.* 5779, fol. 92. (*Mention.*)

18301. Lettres de la régente nommant Michel-Antoine, marquis de Saluces, lieutenant général du roi en Dauphiné, avec pouvoir d'assembler les gens de guerre et de fortifier les places. Lyon, 9 mai 1525. — 9 mai.

> *Arch. de l'Isère, Invent. ms. de la Chambre des Comptes, Generalia, t.* I, fol. 405 v°. (*Mention.*)

18302. Lettres de mainlevée en faveur de l'évêque de « Veultere » (Julien Soderini, évêque de Volterra), du temporel de l'abbaye de Tornac et de la vicairerie de Draguignan. Lyon, 10 mai 1525. — 10 mai.

> *Bibl. nat., ms. fr.* 5779, fol. 91 v°. (*Mention.*)

18303. Mandement au trésorier de l'épargne de payer à Étienne Candel 1,000 écus, pour le rembourser de ses frais pendant le séjour de dix-neuf mois qu'il a fait en Savoie pour les affaires du roi. Lyon, 11 mai 1525. — 11 mai.

> *Bibl. nat., ms. fr.* 5779, fol. 92 v°. (*Mention.*)

18304. Don à François de La Forest, sʳ de Rians, de la charge de capitaine de quarante lances provenant de la compagnie du feu sʳ de Sainte-Mesme. Lyon, 11 mai 1525. — 11 mai.

> *Bibl. nat., ms. fr.* 5779, fol. 93 v°. (*Mention.*)

18305. Provisions pour Guillaume Prudhomme, conseiller du roi et général des finances, de l'office de trésorier de l'épargne, vacant par la démission de Philibert Babou. Lyon, 11 mai 1525.

> *Bibl. nat.*, ms. fr. 5779, fol. 94. (*Mention.*)

1525.
11 mai.

18306. Mandement à la Chambre des Comptes de Paris d'allouer aux comptes de 1523 de Guillaume Prudhomme, ancien receveur général des finances en Normandie, 300 livres tournois qu'il a payées à Jean Duval, secrétaire du roi. Lyon, 11 mai 1525.

> *Bibl. nat.*, ms. fr. 5779, fol. 101 v°. (*Mention.*)

11 mai.

18307. Mandement justificatif au receveur général de Normandie pour 5,013 livres 17 sous 10 deniers tournois qu'en 1523 il a remis à Jean Prévost, commis à l'extraordinaire des guerres, pour acquitter les dépenses ordonnées par M. de Brézé, grand sénéchal et lieutenant général du roi en Normandie. Lyon, 11 mai 1525.

> *Bibl. nat.*, ms. fr. 5779, fol. 101 v°. (*Mention.*)

11 mai.

18308. Mandement justificatif au receveur général de Normandie pour 600 livres tournois qu'il a payées à Thomas Postel et à Jean Le Sueur, conseillers au Parlement de Rouen, commissaires du roi pour les fiefs. Lyon, 11 mai 1525.

> *Bibl. nat.*, ms. fr. 5779, fol. 102. (*Mention.*)

11 mai.

18309. Mandement justificatif au receveur général de Normandie pour 2,627 livres 16 sous 3 deniers tournois qu'il a payés à plusieurs personnes pour le recouvrement des deniers de sa recette. Lyon, 11 mai 1525.

> *Bibl. nat.*, ms. fr. 5779, fol. 102. (*Mention.*)

11 mai.

18310. Mandement justificatif au receveur général de Normandie pour 3,192 livres tournois qu'il a payées à plusieurs personnes pour le recouvrement et port des deniers de sa recette en 1523. Lyon, 11 mai 1525.

> *Bibl. nat.*, ms. fr. 5779, fol. 102. (*Mention.*)

11 mai.

18311. Mandement justificatif au receveur général de
Normandie pour 4,145 livres 16 sous 4 deniers tournois, qu'il a payées à plusieurs personnes qui l'ont aidé dans le recouvrement des
deniers de sa recette. Lyon, 11 mai 1525.

1525.
11 mai.

> *Bibl. nat.*, ms. fr. 5779, fol. 102 v°. (*Mention.*)

18312. Mandement justificatif au receveur général de
Normandie pour 2,910 livres 3 sous 3 deniers
tournois, qu'il a payés à plusieurs personnes
pour le recouvrement et le transport des deniers de sa recette, et pour divers voyages et
messageries. Lyon, 11 mai 1525.

11 mai.

> *Bibl. nat.*, ms. fr. 5779, fol. 102 v°. (*Mention.*)

18313. Don à M. de Châteaubriant des droits seigneuriaux dus au roi par suite de la mort du sr de
Proisy, pour la seigneurie de « Rimefault »,
mouvante de Lannion, en Bretagne. Lyon,
15 mai 1525.

15 mai.

> *Bibl. nat.*, ms. fr. 5779, fol. 93 v°. (*Mention.*)

18314. Commission à Jeanne du Refuge, veuve de Jean
de Diesbach, pour lever et percevoir sous la
main du roi les revenus de la terre et seigneurie de Vodables en Auvergne, saisie à cause
de la rébellion du connétable de Bourbon, à
charge d'en rendre compte. Lyon, 15 mai
1525.

15 mai.

> *Bibl. nat.*, ms. fr. 5779, fol. 96. (*Mention.*)

18315. Don à M. de Négrepelisse de la charge de capitaine de cinquante lances fournies, provenant
de la compagnie du feu maréchal de Foix.
Lyon, 16 mai 1525.

16 mai.

> *Bibl. nat.*, ms. fr. 5779, fol. 94 v°. (*Mention.*)

18316. Mandement au trésorier de l'épargne de rembourser au sr du Lude 4,888 livres 18 sous
tournois qu'il avait prêtés au roi. Lyon,
16 mai 1525.

16 mai.

> *Bibl. nat.*, ms. fr. 5779, fol. 95. (*Mention.*)

18317. Lettres de relèvement de montre pour le dernier quartier de 1523 et le premier de 1524,

16 mai.

accordées à Charles de Villelune, à Melchior
Bouchart, hommes d'armes; et à Geoffroy
Des Molins, archer. Lyon, 16 mai 1525.

1525.

> *Bibl. nat., ms. fr.* 5779, fol. 95. (*Mention.*)

18318. Mandement au trésorier de l'épargne de payer
à M. d'Aubigny 1,500 écus soleil, que Louise
de Savoie lui a donnés pour l'aider à payer
sa rançon et les dépenses qu'il a faites pendant la dernière expédition d'Italie. Lyon,
16 mai 1525.

16 mai.

> *Bibl. nat., ms. fr.* 5779, fol. 97 v°. (*Mention.*)

18319. Mandement au trésorier de l'épargne de payer
à M. de Brion 6,000 livres tournois des deniers que lui versera le receveur ordinaire de
Poitou, et provenant des reliefs et autres droits
seigneuriaux échus au roi par la mort de
M. de La Trémoïlle, somme dont la régente
a fait don audit sʳ de Brion. Lyon, 16 mai
1525.

16 mai.

> *Bibl. nat., ms. fr.* 5779, fol. 99. (*Mention.*)

18320. Don à Philippe Condor, aumônier de Louise de
Savoie, de la chantrerie et prébende de Saint-
Nicolas de Montluçon, vacante par la mort de
Jean Paillart. Lyon, 17 mai 1525.

17 mai.

> *Bibl. nat., ms. fr.* 5779, fol. 97 v°. (*Mention.*)

18321. Don à Jeanne du Refuge, veuve de Jean de
Diesbach, et à ses héritiers, du revenu de la
terre de Vodables en Auvergne, déduction
faite des gages des officiers et autres charges
ordinaires de ladite seigneurie. Lyon, 18 mai
1525.

18 mai.

> *Bibl. nat., ms. fr.* 5779, fol. 96 v°. (*Mention.*)

18322. Mandement au trésorier de l'épargne de payer
à Gilles de Commacre ses gages de secrétaire
du roi, pour deux années échues le 12 février
dernier. Lyon, 18 mai 1525.

18 mai.

> *Bibl. nat., ms. fr.* 5779, fol. 97. (*Mention.*)

18323. Don à Perrot d'Ouarty (*aliàs* de Warty) des gages
de capitaine d'Arques, depuis la mort du

18 mai.

bâtard de Vendôme, son prédécesseur, jusqu'au jour de son institution audit office.
Lyon, 18 mai 1525.

> *Bibl. nat., ms. fr.* 5779, fol. 97. (*Mention.*)

1525.

18324. Pouvoirs donnés à Jean de Calvimont pour
exercer l'office de garde des sceaux de la chancellerie de Bordeaux, jusqu'à ce que Louis de
Saint-Gelais ait atteint sa majorité et puisse
l'exercer. Lyon, 18 mai 1525.

> *Bibl. nat., ms. fr.* 5779, fol. 98. (*Mention.*)

18 mai.

18325. Don à Barrois des Barres, sr des Barres, conseiller et maître d'hôtel ordinaire du roi, de
l'office de capitaine des ville et château de
Crozant en Combrailles, vacant par la mort
de Robert Du Mas, sr de L'Isle. Lyon, 18 mai
1525.

> *Bibl. nat., ms. fr.* 5779, fol. 98. (*Mention.*)

18 mai.

18326. Mandement au trésorier de l'épargne de payer
à Robert Baratte, commis au payement des
gages de la Cour des Aides de Rouen, 2,650
livres tournois pour employer au fait de sa
commission. Lyon, 18 mai 1525.

> *Bibl. nat., ms. fr.* 5779, fol. 98 v°. (*Mention.*)

18 mai.

18327. Don à Guillaume Du Beux d'une place de religieux lai en l'abbaye de Royaumont, au diocèse de Senlis. Lyon, 18 mai 1525.

> *Bibl. nat., ms. fr.* 5779, fol. 98 v°. (*Mention.*)

18 mai.

18328. Lettres maintenant Jean de Bogat, écuyer, seigneur de Trevran, dans la possession de la
terre et seigneurie de Trevran, paroisse de
Lanouée. Lyon, 20 mai 1525.

> *Vidimus du* xve *siècle. Arch. du château de
> Penhoët, près Josselin (Morbihan), propriété de
> M*me *la vicomtesse de Noday, née de Colbert.*

20 mai.

18329. Lettres de réception de foi et hommage par
Louise de Savoie, régente, d'Anne, comtesse
de Tende, de Villars et de Beaufort, etc., pour

20 mai.

IMPRIMERIE NATIONALE.

les seigneuries de Pressigny et de Ferrières, 1525.
mouvantes de Chinon. Lyon, 20 mai 1525.

Original. Arch. nat., Chambre des Comptes de Paris, P. 13, n° 4399.

18330. Provisions pour André Verjus, conseiller au
Parlement de Paris, de l'office de président
des enquêtes, vacant par la mort de Philippe
Pot. Saint-Just-sur-Lyon, 20 mai 1525. — 20 mai.

Bibl. nat., ms. fr. 5779, fol. 100. (Mention.)
Reçu au Parl., le 30 juin suivant. Arch. nat.,
X¹ᵃ 1528, fol. 573. (Mention.)

18331. Mandement au trésorier de l'épargne de rembourser au trésorier Cottereau 7,500 livres
tournois qu'il avait prêtées au roi en 1523.
Lyon, 20 mai 1525. — 20 mai.

Bibl. nat., ms. fr. 5779, fol. 100 v°. (Mention.)

18332. Don à Jacques Lebel, clerc du diocèse d'A-
miens, de la chanoinie et prébende du Puy-
Notre-Dame en Anjou, diocèse de Poitiers,
vacante par l'inhabilité de Guillaume Marche-
bruc. Lyon, 20 mai 1525. — 20 mai.

Bibl. nat., ms. fr. 5779, fol. 116 v°. (Mention.)

18333. Mandement au trésorier de Provence de rembourser à Balthazar de Jarente, président des
Comptes de Provence, 1,000 écus d'or qu'il
avait prêtés au roi. Lyon, 21 mai 1525. — 21 mai.

Bibl. nat., ms. fr. 5779, fol. 99 v°. (Mention.)

18334. Don au capitaine Imbaut de Rivoire de l'office de garde des salins de Peccais, vacant
par la mort de Philibert de Rivoire, son frère.
Saint-Just-sur-Lyon, 21 mai 1525. — 21 mai.

Bibl. nat., ms. fr. 5779, fol. 100. (Mention.)

18335. Lettres de retenue de Louis de Rivoire pour
l'une des charges des cent gentilshommes de
la maison du roi, de la compagnie du vidame
de Chartres, vacante par la mort de Philibert
de Rivoire. Saint-Just-sur-Lyon, 21 mai 1525. — 21 mai.

Bibl. nat., ms. fr. 5779, fol. 100. (Mention.)

18336. Mandement au bailli de Berry de faire payer à — 22 mai.

Pierre d'Apestigny, receveur général des fi-   1525.
nances extraordinaires et parties casuelles,
3,000 livres tournois par Jean Peny, commis
à la recette du revenu du temporel de l'archevêché de Bourges, sur ledit revenu admi-
nistré en régale. Lyon, 22 mai 1525.

    Bibl. nat., ms. fr. 5779, fol. 99 v°. (*Mention.*)

18337. Lettres de surséance accordées à François de   22 mai.
Montmorency, s' de la Rochepot, pour faire
ses foi et hommage à cause de ses seigneuries
mouvantes du roi. 22 mai 1525.

    Enreg. à la Chambre des Comptes, anc. mém.
2 D, fol. 73 v°. *Arch. nat.*, PP 119, p. 14. (*Mention.*)
    Bibl. nat., ms. fr. 21405, p. 292. (*Mention.*)

18338. Lettres de Louise de Savoie, régente, confir-   23 mai.
mant en faveur de Charles de Chabannes le
don de la baronnie de Mercœur fait à son
père Jacques, s' de la Palice, maréchal de
France, par François I". Lyon, 23 mai 1525.

    Bibl. nat., ms. fr. 5779, fol. 99. (*Mention.*)
    Analyse, Arch. du château de la Palice, sac 4,
cote 15, fol. 20.
    Impr. Le comte H. de Chabannes, *Preuves pour
servir à l'histoire de la maison de Chabannes*. Dijon,
1892, in-4°, p. 707. (*Mention.*)

18339. Présentation d'Henry Lesieur à la cure de   24 mai.
Sainte-Madeleine de Noyon, vacante en ré-
gale. Lyon, 24 mai 1525.

    Bibl. nat., ms. fr. 5779, fol. 103. (*Mention.*)

18340. Don à Charles de Hangest, évêque de Noyon,   24 mai.
des revenus du temporel dudit évêché échus
au roi pendant la vacance du siège. Lyon,
24 mai 1525.

    Bibl. nat., ms. fr. 5779, fol. 103. (*Mention.*)

18341. Don au s' de la Roche-du-Maine de la charge   25 mai.
de capitaine de quarante lances, dont trente
de la compagnie de feu M. le duc d'Alençon
et dix de celle de feu M. le Grand maître.
Lyon, 25 mai 1525.

    Bibl. nat., ms. fr. 5779, fol. 103. (*Mention.*)

89.

18342. Confirmation par la régente du don fait à André de Foix, chevalier de l'ordre, s^r d'Esparros, des droits et revenus du grenier à sel de Montfort-l'Amaury, amendes, exploits et confiscations, nominations à tous offices royaux, etc. 26 mai 1525.

1525.
26 mai.

> Enreg. à la Chambre des Comptes de Paris, anc. mém. 2 D, fol. 102. Arch. nat., PP. 119, p. 21. (Mention.)
> Bibl. nat., ms. fr. 21405, p. 293. (Mention.)
> Bibl. nat., ms. Clairambault 782, p. 279. (Mention.)

18343. Mandement au trésorier de l'épargne de faire payer par le trésorier général de Bretagne à François du Châtel 1,000 livres tournois, dont Louise de Savoie lui a fait don sur les droits de rachat échus au roi par suite de la mort du s^r de Juhel. Lyon, 26 mai 1525.

26 mai.

> Bibl. nat., ms. fr. 5779, fol. 100 v°. (Mention.)

18344. Mandement au trésorier de l'épargne de faire payer par le trésorier de Bretagne au s^r de Guengat 500 écus des deniers provenant des droits de rachat échus au roi par suite de la mort du s^r de Kerymarch, Lyon, 26 mai 1525.

26 mai.

> Bibl. nat., ms. fr. 5779, fol. 101. (Mention.)

18345. Don à Claude de Tende, comte de Villars, de la charge de capitaine de soixante lances de la compagnie de feu le grand maître de France, son père. Lyon, 26 mai 1525.

26 mai.

> Bibl. nat., ms. fr. 5779, fol. 102 v°. (Mention.)

18346. Provisions pour Mathieu Aubert de l'office de vicomte et receveur ordinaire d'Évreux, en remplacement d'Hugues Le Masle. 27 mai 1525.

27 mai.

> Enreg. à la Chambre des Comptes de Paris, anc. mém. 2 D, fol. 63 v°. Arch. nat., PP. 119, p. 12. (Mention.)
> Bibl. nat., ms. fr. 21405, p. 292. (Mention.)
> Bibl. nat., ms. Clairambault 782, p. 278. (Mention.)

18347. Mandement à la Chambre des Comptes de Moulins de faire payer par le trésorier de

28 mai.

Bourbonnais 100 sous tournois par quartier 1525.
à chacun des trente mortes-payes du château
de Chantelle. Lyon, 28 mai 1525.

Bibl. nat., ms. fr. 5779, fol. 101. (Mention.)

18348. Provisions pour Gaillard Spifame de l'office de 28 mai.
notaire et secrétaire du roi à bourse, vacant
par la résignation faite à son profit par Jean
Carré. Lyon, 28 mai 1525.

Bibl. nat., ms. fr. 5779, fol. 103 v°. (Mention.)

18349. Commission à Gaillard Spifame pour tenir le 28 mai.
compte et faire le payement des frais extraordinaires des guerres, tant deçà que delà
les monts, en remplacement de Jean Carré.
Lyon, 28 mai 1525.

Bibl. nat., ms. fr. 5779, fol. 103 v° et 104.
(Mentions.)

18350. Don à Louis de Bueil, sr de Courcillon, des 28 mai.
revenus du temporel de l'archevêché de
Bourges, depuis sa saisie jusqu'à la mort de
François de Bueil, archevêque élu de Bourges,
à charge par ledit Louis de Bueil de dédommager ses cohéritiers. Lyon, 28 mai 1525.

Bibl. nat., ms. fr. 5779, fol. 103 v°. (Mention.)

18351. Provisions pour Jean Carré de l'office de rece- 28 mai.
veur général de Normandie, aux gages de
1,500 livres tournois et 500 livres de pension,
vacant par la résignation de Gaillard Spifame.
Lyon, 28 mai 1525.

Bibl. nat., ms. fr. 5779, fol. 104. (Mention.)

18352. Provisions pour Jacques Minut, second prési- 28 mai.
dent au Parlement de Bordeaux, de l'office
de premier président du Parlement de Toulouse, vacant par la mort de Pierre de Saint-
André. Lyon, 28 mai 1525.

Bibl. nat., ms. fr. 5779, fol. 105. (Mention.)

18353. Provisions pour Pierre de Caresquances de l'of- 28 mai.
fice de peseur et garde des poids de Mont-
pellier, vacant par la résignation de Marcel
de Caresquances. Lyon, 28 mai 1525.

Bibl. nat., ms. fr. 5779, fol. 105 v°. (Mention.)

18354. Lettres de réception par la régente des foi et
hommage de M. de Vendôme pour les seigneuries qui lui sont advenues à cause de sa
femme, par suite de la mort du duc d'Alençon. Lyon, 28 mai 1525.

> *Bibl. nat., ms. fr. 5779, fol. 106. (Mention.)*

1525.
28 mai.

18355. Don à M. de Vendôme de tous les droits seigneuriaux qu'il doit au roi pour les seigneuries
qui lui sont advenues par suite de la mort du
duc d'Alençon. Lyon, 28 mai 1525.

> *Bibl. nat., ms. fr. 5779, fol. 106. (Mention.)*

28 mai.

18356. Don à Michel Baudry de l'écolâtrie et prébende
de Coutances, vacante par la mort de Pierre
de Châteaupers. Lyon, 29 mai 1525.

> *Bibl. nat., ms. fr. 5779, fol. 105 v°. (Mention.)*

29 mai.

18357. Mandement à Gaillard Spifame, trésorier de
l'extraordinaire des guerres, de rembourser
3,398 écus d'or soleil à Jean-Joachim de
Passano pour les dépenses qu'il a faites en
Angleterre. Lyon, 30 mai 1525.

> *Bibl. nat., ms. fr. 5779, fol. 119. (Mention.)*

30 mai.

18358. Mandement à Gaillard Spifame de payer 222 livres 15 sous tournois à Christophe Daresse,
huissier ordinaire de l'hôtel du roi, que la
régente lui a ordonnés en récompense des
frais par lui faits dans la conduite des ponts
de bateaux dressés en l'armée de Provence,
et autres commissions dont il a été chargé.
Lyon, 30 mai 1525.

> *Bibl. nat., ms. fr. 5779, fol. 126. (Mention.)*

30 mai.

18359. Lettres de la régente ordonnant examen de la
requête à elle présentée le 30 mai 1525,
par Jean de Motet et Barthélemy Lombart,
de Toulon, à l'effet d'obtenir l'exemption des
droits, montant annuellement à 200 livres
tournois, qu'ils doivent au roi pour les salines
par eux établies dans l'île des Ombres, autre-

31 mai.

ment dite le Bourg, appartenant à l'abbé de   1525.
Saint-Victor de Marseille. 31 mai 1525.

Mention dans un arrêt du Grand conseil, en date
du 31 mai 1531. Arch. nat., V³ 1048.

18360. Lettres permettant à Jean de Lugny, baron de   Mai.
Ruffey et bailli de Chalon-sur-Saône, de faire
construire trois moulins sur bateau, dans la
rivière de Douise, bras de la Saône, et de les
attacher au pont de ladite rivière, à charge
de payer au roi, à la recette ordinaire de
Chalon, 5 sous tournois par an. Lyon, mai
1525.

Bibl. nat., ms. fr. 5779, fol. 94. (Mention.)

18361. Lettres de commutation de peine accordées par   Mai.
la régente à Gaspard de Belle, dit Saint-
Didier, gentilhomme, condamné à mort par
arrêt du Grand conseil, pour avoir extorqué
de l'argent à certaines villes de Provence et
de Dauphiné, lorsqu'il fut chargé par la régente de conduire hors de ces pays des bandes
de gens de guerre italiens qui étaient venus
sans ordonnance du roi. Lyon, mai 1525.

Enreg. à la Chancellerie de France. Arch. nat.,
Trésor des Chartes, JJ. 237, n° 257 bis, fol. 49 v°.
1 page 1/2.

18362. Lettres de légitimation accordées à Gaston de   Mai.
La Barthe, fils naturel de Bernard de La
Barthe, prêtre de la sénéchaussée de Tou-
louse. Lyon, mai 1525.

Enreg. à la Chancellerie de France. Arch. nat.,
Trésor des Chartes, JJ. 237, n° 252, fol. 47. 1 page.

18363. Lettres de naturalité octroyées par la régente à   Mai.
Gaspard Sormano et à Jean-Baptiste Sormano,
son fils, natifs de Milan, qui après la défaite
de Pavie, sont venus résider en France pour
continuer à servir le roi et à suivre son parti.
Lyon, mai 1525.

Enreg. à la Chancellerie de France. Arch. nat.,
Trésor des Chartes, JJ. 237, n° 263, fol. 50 v°.
1 page.
Bibl. nat., ms. fr. 5779, fol. 105. (Mention.)

18364. Lettres de naturalité avec congé de tester et de
tenir bénéfices en France pour Blaise de Ti-
gnosis, originaire de Pavie. Lyon, mai 1525.

    Bibl. nat., ms. fr. 5779, fol. 105. (Mention.)

1525.
Mai.

18365. Lettres d'amortissement, en faveur du duc de
Longueville, de 100 livres tournois de rente
données au chapitre de l'église collégiale de
Montreuil-Bellay, pour une messe quotidienne
fondée en ladite église par feu Jeanne d'Harcourt. Lyon, mai 1525.

    Bibl. nat., ms. fr. 5779, fol. 109 v°. (Mention.)

Mai.

18366. Mandement à Gaillard Spifame, trésorier de
l'extraordinaire des guerres, de payer 140 livres tournois à Jacques Arnoul et 60 livres à
Jean de Montallant, pour leurs salaires d'avoir
assisté aux montres des gens de pied delà les
monts, l'année dernière. Lyon, 1er juin 1525.

    Bibl. nat., ms. fr. 5779, fol. 132 v°. (Mention.)

1er juin.

18367. Lettres accordant à Paul de Carretto délai d'un
an pour faire le serment de fidélité qu'il doit
au roi à cause de l'évêché de Cahors. Lyon,
2 juin 1525.

    Bibl. nat., ms. fr. 5779, fol. 105 v°. (Mention.)

2 juin.

18368. Don à Étienne Coudont, prêtre, de la prébende
et chanoinie de Verneuil, vacante par la résignation de Jacques Jamain. Lyon, 2 juin
1525.

    Bibl. nat., ms. fr. 5779, fol. 107. (Mention.)

2 juin.

18369. Don à Hector Letot de la chapelle Sainte-Croix
en l'église collégiale de Saint-Hildebert de
Gournay, vacante par la mort de Jacques
Thierry, dont la collation appartient au roi à
cause de la garde-noble de M. de Longueville.
Lyon, 2 juin 1525.

    Bibl. nat., ms. fr. 5779, fol. 109. (Mention.)

2 juin.

18370. Don à Antoine de La Rochechandry (*alias* Rochandry), sr de Vernon, de la seigneurie de
Perreux en Beaujolais, qui appartenait à

4 juin.

— 713 —

Charles de Bourbon, échue au roi par confiscation. Lyon, 4 juin 1525.
Bibl. nat., ms. fr. 5779, fol. 106 v°. (Mention.)

1525.

18371. Commission à Antoine de La Rochechandry pour administrer le revenu de ladite seigneurie de Perreux, pendant qu'elle sera sous la main du roi. Lyon, 4 juin 1525.
Bibl. nat., ms. fr. 5779, fol. 106 v°. (Mention.)

4 juin.

18372. Lettres de la régente donnant à Michel-Antoine, marquis de Saluces, précédemment nommé lieutenant général du roi en Dauphiné, les mêmes pouvoirs dont ont précédemment joui les lieutenants généraux du Dauphiné. Lyon, 4 juin 1525.
Arch. de l'Isère, Inv. ms. de la Chambre des Comptes, Generalia, t. I, fol. 455 v°. (Mention.)

4 juin.

18373. Don à Claude Du Cloux, de la prébende de Notre-Dame de Laval en Forez, vacante par la mort de Jean Macon. Lyon, 6 juin 1525.
Bibl. nat., ms. fr. 5779, fol. 107 v°. (Mention.)

6 juin.

18374. Présentation à l'archevêque de Rouen de Jean Lemaire, pour la prébende de Sainte-Marie d'Equinbose, vacante par la résignation de Florentin d'Allonville, ladite présentation appartenant au roi comme garde-noble des enfants de M. de Longueville. Lyon, 7 juin 1525.
Bibl. nat., ms. fr. 5779, fol. 107 v°. (Mention.)

7 juin.

18375. Don à Jean Du Fresne de l'office de receveur des fouages et impôts au diocèse de Dol, vacant par la résignation de Pierre de Callat, faite à son profit. Lyon, 7 juin 1525.
Bibl. nat., ms. fr. 5779, fol. 109 v°. (Mention.)

7 juin.

18376. Mandement au trésorier de Provence de payer à Constance de Carretto, veuve de [Galéas de Saint-Séverin], grand écuyer, 924 livres tournois des deniers provenant du revenu des terres de son mari situées en Provence. Lyon, 8 juin 1525.
Bibl. nat., ms. fr. 5779, fol. 107. (Mention.)

8 juin.

v.

90

18377. Don à Catherine Vipart, veuve de Richard
Nuée et à Thomas Nuée, prêtre, son frère,
de la garde-noble des enfants mineurs du défunt. Lyon, 8 juin 1525.

1525.
8 juin.

Bibl. nat., ms. fr. 5779, fol. 108 v°. (*Mention.*)

18378. Don par moitié à Marie d'Albret, comtesse de
Nevers, et au s' de Lautrec, du revenu des
greniers à sel de Nevers, Decize, Moulins-
les-Engilbert, Luzy, Saint-Sauge, Clamecy,
Dreux, Villemaur et Arcis-sur-Aube, à
compter du 1er octobre dernier, avec ce qui
est échu depuis le décès du s' d'Orval. Lyon,
9 juin 1525.

9 juin.

Bibl. nat., ms. fr. 5779, fol. 108 v°. (*Mention.*)

18379. Don par moitié à Marie d'Albret, comtesse de
Nevers, et au s' de Lautrec de la composition
du comté de Rethelois montant à 5,000 livres tournois, pour la présente année commencée le 1er octobre dernier, avec ce qui
est échu depuis la mort du s' d'Orval. Lyon,
9 juin 1525.

9 juin.

Bibl. nat., ms. fr. 5779, fol. 109. (*Mention.*)

18380. Don à Pierre Terrien, chapelain de Louise de
Savoie, de la prébende et chanoinie de l'église
collégiale de Montfaucon, vacante par la
mort d'Henri Jacob. Lyon, 10 juin 1525.

10 juin.

Bibl. nat., ms. fr. 5779, fol. 110. (*Mention.*)

18381. Mandement au changeur du Trésor de payer au
s' du Puy-du-Fou 300 livres tournois, que
Louise de Savoie lui a données sur les droits
seigneuriaux dus par suite de la mort du
s' de La Trémoïlle, en récompense de semblable somme qu'il doit à cause de la seigneurie de Montchamp. Lyon, 10 juin 1525.

10 juin.

Bibl. nat., ms. fr. 5779, fol. 110 v°. (*Mention.*)

18382. Mandement à Gaillard Spifame, trésorier de
l'extraordinaire des guerres, de payer 448 livres 6 deniers tournois à Jacques Colin,
pour le rembourser de ses dépenses dans un

10 juin.

voyage qu'il a fait en février dernier, de Roussillon à Lyon, auprès de Madame, à qui il était envoyé par le duc d'Albany, chef de l'armée levée pour le recouvrement de Naples. Lyon, 10 juin 1525.   1525.

Bibl. nat., ms. fr. 5779, fol. 105 v°. (Mention.)

18383. Lettres de retenue de Jean Palacio, Espagnol,   10 juin. en la charge de l'un des cent gentilshommes de l'hôtel, commandés par le grand sénéchal, en remplacement de Jacques Ronsart. Lyon, 10 juin 1525.

Bibl. nat., ms. fr. 5779, fol. 108. (Mention.)

18384. Provisions pour Jean Duval, le jeune, de l'of-   12 juin. fice de secrétaire du roi, vacant par la rési- gnation que Claude Brachet en a faite à son profit. Lyon, 12 juin 1525.

Bibl. nat., ms. fr. 5779, fol. 110. (Mention.)

18385. Mandement au changeur du trésor de payer   12 juin. 1,700 livres tournois sur les produits des lods et ventes en Poitou, au prince de Tal- mont, sᵉ de La Trémoille, pour le défrayer de ses dépenses pendant la dernière expédi- tion du Milanais. Lyon, 12 juin 1525.

Bibl. nat., ms. fr. 5779, fol. 112 v°. (Mention.)

18386. Mandement au trésorier de l'épargne de payer   12 juin. à Vincent Goisle, facteur et associé de Bé- nédict-Paul de Nagri, 1,000 écus soleil pour rembourser le comte Sinibaldo de « Flisco » de pareille somme par lui prêtée au roi à Gênes. Lyon, 12 juin 1525.

Bibl. nat., ms. fr. 5779, fol. 114. (Mention.)

18387. Lettres de placet de Louise de Savoie, régente,   14 juin. pour l'exécution des bulles du pape nommant Antoine Du Prat, chancelier de France, à l'archevêché de Sens, vacant par la mort d'Étienne de Poncher. Lyon, 14 juin 1525.

Original. Bibl. nat., ms. fr. 4658, n° 19.

18388. Provisions pour Guillaume Mathieu de l'office   14 juin. de greffier de l'élection de Montivilliers,

90.

vacant par la mort de Robert Deschamps.   1525.
Lyon, 14 juin 1525.

> *Bibl. nat.*, ms. fr. 5779, fol. 125. (*Mention.*)

18389. Provisions pour François Dey de l'office d'élu   16 juin.
à Laon, vacant par la mort de Gobert Doucet.
Lyon, 16 juin 1525.

> *Bibl. nat.*, ms. fr. 5779, fol. 110 v°. (*Mention.*)

18390. Mandement à Gaillard Spifame de rembourser   16 juin.
82,006 livres 10 sous 2 deniers tournois,
en deux payements égaux, à Théodore Trivulce qui les avait prêtés au roi. Lyon,
16 juin 1525.

> *Bibl. nat.*, ms. fr. 5779, fol. 119 v°. (*Mention.*)

18391. Lettres de la régente accordant à Catherine   19 juin.
d'Amboise délai d'un an pour rendre hom-
mage et bailler aveu de la châtellenie de
Vendeuvre, au bailliage de Troyes, à elle
échue par suite du décès de Georges d'Amboise. Lyon, 19 juin 1525.

> *Vérifiées à la Chambre des Comptes de Paris, le
> 5 septembre 1525.*
> *Copie de même date. Arch. nat.*, P. 724, n° 13.
> *Bibl. nat.*, ms. fr. 5779, fol. 118. (*Mention.*)

18392. Lettres de la régente accordant à Catherine   19 juin.
d'Amboise délai d'un an pour rendre hom-
mage et bailler aveu de la seigneurie de Vigny
(bailliage de Mantes, châtellenie de Meulan),
à elle échue par suite du décès de Georges
d'Amboise, son neveu. Lyon, 19 juin 1525.

> *Vérifiées à la Chambre des Comptes de Paris, le
> 5 septembre 1525.*
> *Copie de même date. Arch. nat.*, P. 724, n° 14.
> *Bibl. nat.*, ms. fr. 5779, fol. 117 v°. (*Mention.*)

18393. Lettres de la régente, portant don et remise à   19 juin.
Catherine d'Amboise des droits féodaux dus
au roi pour le rachat de la seigneurie de
Chaumont, à elle échue par suite du décès
de Georges d'Amboise. Lyon, 19 juin 1525.

> *Vérifiées à la Chambre des Comptes de Blois, le*

24 *juillet suivant. Arch. nat.*, KK. 902, fol. 97 v°.
(*Mention.*)
Bibl. nat., ms. fr. 5779, fol. 117 v°. (*Mention.*)

18394. Lettres de répit accordées par la régente à Catherine d'Amboise, pour rendre l'hommage qu'elle doit au roi à cause de la seigneurie de Chaumont. Lyon, 19 juin 1525.

19 juin.

Vérifiées à la Chambre des Comptes de Blois, le 24 juillet suivant. Arch. nat., KK. 902, fol. 97 v°. (*Mention.*)
Bibl. nat., ms. fr. 5779, fol. 118. (*Mention.*)

18395. Lettres portant remise à Catherine d'Amboise des droits seigneuriaux dus au roi par suite de la mort de Georges d'Amboise, pour la châtellenie de Vaudemont, mouvante du comté de Champagne. Lyon, 19 juin 1525.

19 juin.

Bibl. nat., ms. fr. 5779, fol. 117 v°. (*Mention.*)

18396. Don à Paul-Camille Trivulce de la baronnie de Saint-Sulpice en Languedoc, droits, revenus et juridiction, sa vie durant. Lyon, 19 juin 1525.

19 juin.

Bibl. nat., ms. fr. 5779, fol. 111. (*Mention.*)

18397. Don à René d'Anglure, chevalier, chambellan ordinaire du roi, vicomte d'Étoges, de la châtellenie de Pont-Sainte-Maxence, sa vie durant. Lyon, 19 juin 1525.

19 juin.

Bibl. nat., ms. fr. 5779, fol. 111 v°. (*Mention.*)

18398. Mandement à Bénigne Serre, receveur général de Bourgogne, de rembourser à Jules de Saint-Séverin 1,000 livres tournois que ledit receveur a reçues du revenu des terres et seigneuries d'Argilly, Pontailler et « Glenes », dont le roi a fait don audit s^r de Saint-Séverin, jusqu'à concurrence de 1,000 livres tournois par an. Lyon, 19 juin 1525.

19 juin.

Bibl. nat., ms. fr. 5779, fol. 111 v°. (*Mention.*)

18399. Lettres de mainlevée en faveur du cardinal Trivulce du temporel de l'abbaye Saint-Victor de Marseille. Lyon, 19 juin 1525.

19 juin.

Bibl. nat., ms. fr. 5779, fol. 112. (*Mention.*)

18400. Mandement à Guillaume Prudhomme, tré-   1525.
sorier de l'épargne, de payer, ainsi que le   19 juin.
porte un mandement adressé antérieurement
à Jean Prévost, ancien trésorier de l'extraordinaire des guerres, 16,082 livres 10 sous
7 deniers tournois au s' de Lautrec, comte
de Comminges, qui avait avancé cette somme
au roi en or, argent et vaisselle. Lyon, 19 juin
1525.

Bibl. nat., ms. fr. 5779, fol. 112. (*Mention.*)

18401. Mandement au trésorier de l'épargne de faire   19 juin.
payer par le changeur du trésor ou les rece-
veurs généraux qu'il voudra 12,000 livres
tournois au duc de Savoie, pour sa pension
de l'année courante commencée le 1ᵉʳ janvier.
Lyon, 19 juin 1525.

Bibl. nat., ms. fr. 5779, fol. 112 v°. (*Mention.*)

18402. Provisions pour René Brinon de l'office de   19 juin.
conseiller clerc au Parlement de Paris, va-
çant par la mort de Philippe Pot. Lyon,
19 juin 1525.

Bibl. nat., ms. fr. 5779, fol. 113. (*Mention.*)

18403. Lettres d'acquit aux receveurs comptables de   19 juin.
la maison de Bourbon pour 1,500 livres
tournois données à Jean Chanteau, maître
des comptes à Moulins, en remboursement
de pareille somme prêtée à feu Madame
de Bourbon. Lyon, 19 juin 1525.

Bibl. nat., ms. fr. 5779, fol. 113. (*Mention.*)

18404. Don à Jean d'Aultry, dit de Nevers, de l'office   19 juin.
de grènetier de Saint-Pierre-le-Moutier, va-
cant par la mort de Guyon Bourgoin. Lyon,
19 juin 1525.

Bibl. nat., ms. fr. 5779, fol. 113. (*Mention.*)

18405. Don à Noël Croset, trésorier de Forez, de   19 juin.
4,000 livres tournois pour le dédommager
de la pension qu'il recevait de la maison de
Bourbon. Lyon, 19 juin 1525.

Bibl. nat., ms. fr. 5779, fol. 113 v°. (*Mention.*)

18406. Lettres d'exemption de ban et arrière-ban accordées à Charles de Boulainvilliers, comte
de Roussillon, sa vie durant. Lyon, 19 juin
1525.

    Bibl. nat., ms. fr. 5779, fol. 113 v°. (Mention.)

1525.
19 juin.

18407. Mandement au trésorier de l'extraordinaire des
guerres de payer 1,274 livres 3 sous tournois
à Jean de Commacre, pour s'être occupé pendant onze mois du ravitaillement de l'armée
d'Italie commandée par M. de Bonnivet.
Lyon, 20 juin 1525.

    Bibl. nat., ms. fr. 5779, fol. 127 v°. (Mention.)

20 juin.

18408. Mandement au trésorier de l'extraordinaire de
payer à Octave Grimaldi 2,025 livres tournois qu'il a déboursées à Venise, par l'ordre
de M. de Montmorency, et remises à Renzo
de Cere, pour le payement de plusieurs
voyages qu'il a faits de Venise à Saint-Germain-en-Laye. Lyon, 20 juin 1525.

    Bibl. nat., ms. fr. 5779, fol. 127. (Mention.)

20 juin.

18409. Présentation de Guillaume Royer, clerc et
chantre ordinaire de la chapelle de Notre-
Dame, à la cure de Troismonts, diocèse de
Bayeux, vacante par la mort de Pierre Duvivier. Lyon, 20 juin 1525.

    Bibl. nat., ms. fr. 5779, fol. 118 v°. (Mention.)

20 juin.

18410. Don à Jean Moynardeau de l'abbaye et prébende de Saint-Spire de Corbeil, vacante par
la mort de Denis Morain. Lyon, 21 juin
1525.

    Bibl. nat., ms. fr. 5779, fol. 113 v°. (Mention.)

21 juin.

18411. Don à Jean Mornable de l'hôpital et Maison-
Dieu de Moret, vacant par la résignation de
Pierre Clérisseau. Lyon, 22 juin 1525.

    Bibl. nat., ms. fr. 5779, fol. 114. (Mention.)

22 juin.

18412. Mandement au trésorier de l'extraordinaire des
guerres de payer 2,582 livres 4 sous tournois à Octavien Grimaldi, savoir 1,282 livres
4 sous tournois qu'il a déboursés en achats de

23 juin.

vin, avoine et autres vivres pour les gens et
chevaux du roi qui étaient à Milan, au payement de la solde de quelques gens de pied
de Doria, et à entretenir des espions dans
les Ligues Grises, et les autres 1,400 livres
tournois montant de ses gages de général des
finances pendant quatre mois. Lyon, 23 juin
1525.

1525.

> Bibl. nat., ms. fr. 5779, fol. 126 v°. (Mention.)

18413. Présentation de Ferrand de Mervillier à la cure
de Saint-Léonard de « Cervelingue » (la Cer-
langue), diocèse de Rouen, vacante par la
mort de Guillaume Raimbert. Lyon, 24 juin
1525.

24 juin.

> Bibl. nat., ms. fr. 5779, fol. 114 v°. (Mention.)

18414. Commission à M. de Saint-Pol pour admi-
nistrer sous la main du roi le comté de
Clermont en Auvergne, les seigneuries de
Vodables, Roannais, Montaigut, Diou-les-
Combrailles et la Tour de Bussières-lès-
Montpensier. Lyon, 26 juin 1525.

26 juin.

> Bibl. nat., ms. fr. 5779, fol. 115 v°. (Mention.)

18415. Don à Henri de Lénoncourt, bailli de Vitry,
des droits de rachat dus au roi à la suite du
décès de Hugues de Brie, à cause de la seigneurie de Nanteuil, mouvante de Crépy-en-
Valois. Lyon, 26 juin 1525.

26 juin.

> Bibl. nat., ms. fr. 5779, fol. 117. (Mention.)

18416. Lettres de naturalité pour Jacqueline de Moria,
native de Savoie, avec permission de tenir le
prieuré d'Izieux en Lyonnais, vacant par la
résignation de Péronnette de Teney. Lyon,
26 juin 1525.

26 juin.

> Bibl. nat., ms. fr. 5779, fol. 116. (Mention.)

18417. Mandement au trésorier de l'épargne de payer
à Guillaume Le Sayne, trésorier et receveur
général de l'artillerie, 27,000 livres tournois
pour employer au fait de son office. Lyon,
27 juin 1525.

27 juin.

> Bibl. nat., ms. fr. 5779, fol. 115. (Mention.)

18418. Lettres permettant à Patrice Wismes[1], ambassadeur d'Écosse, de transporter en franchise deux cents tonneaux de vin en Écosse. Lyon, 27 juin 1525.

1525.
27 juin.

Bibl. nat., ms. fr. 5779, fol. 116 v°. (Mention.)

18419. Don à Jean d'Estouteville, s' de Villebon, bailli de Rouen, de la charge de capitaine de trente-deux lances des ordonnances au lieu de cent chevau-légers qu'il avait. Lyon, 27 juin 1525.

27 juin.

Bibl. nat., ms. fr. 5779, fol. 117. (Mention.)

18420. Pouvoirs donnés par la régente Louise de Savoie à Pierre d'Ouarty (*aliàs* de Warty), gouverneur de Clermont, pour traiter avec Marguerite d'Autriche, régente des Pays-Bas, d'une trève entre François Ier et Charles-Quint. Lyon, 28 juin 1525.

28 juin.

Original scellé. Bibl. nat., Mélanges de Colbert, ms. 364, n° 304.

18421. Lettres de Louise de Savoie, régente, accordant à François de La Trémoïlle, prince de Talmont, un délai de six mois pour payer les droits qu'il devait à la couronne à cause de la succession de son grand-père Louis II de La Trémoïlle. Lyon, 29 juin 1525.

29 juin.

Original. Archives de M. le duc de La Trémoïlle. Impr. Inventaire de François de La Trémoïlle, etc., publié par Louis de La Trémoïlle. Nantes, 1887, in-4°, p. VII.

18422. Don à Pierre de Haraucourt, s' de Paroy, lieutenant en la compagnie de M. de Guise, du droit d'aubaine de la seigneurie de « Brusley », au bailliage de Chaumont, échue au roi par la mort de feu Passepargrève. Lyon, 29 juin 1525.

29 juin.

Bibl. nat., ms. fr. 5779, fol. 120. (Mention.)

[1] Dans les instructions de cet ambassadeur, texte français de 1525, son nom est écrit Wymes. M. A. Teulet l'a appelé Patrick Hume (*Relations politiques de la France avec l'Écosse au* XVIe *siècle*, 5 vol. in-8°, t. I, 1862, p. 46), et M. Fr. Michel, Patrick Wemyss (*Les Écossais en France*, etc., 2 vol. in-8°, 1862, t. I, p. 386).

18423. Provisions par la régente, en faveur d'Adam Lormier, de l'office de commissaire et examinateur au Châtelet et bailliage de Paris, vacant par le décès de Michel Chartier, avec autorisation de conserver le greffe des bailliage et prévôté de Paris, dont il était antérieurement pourvu. Lyon, 3o juin 1525. — 1525. 3o juin.

Enreg. du Châtelet de Paris, le 29 juillet 1525. Arch. nat., Bannières, Y. 8, fol. 2r3. 1 page 1/2. Bibl. nat., ms. fr. 5779, fol. 122 v°. (Mention.)

18424. Permission à Adam Lormier de résigner dans six mois son office de notaire au Châtelet de Paris. Lyon, 3o juin 1525. — 3o juin.

Bibl. nat., ms. fr. 5779, fol. 122 v°. (Mention.)

18425. Don à Bertrand d'Ornesan, baron de Saint-Blancard, de l'office de châtelain, viguier, capitaine, juge et conservateur de la ville d'Aigues-Mortes et de la Tour Carbonnière, vacant par la résignation de Charles du Solier. Lyon, 3o juin 1525. — 3o juin.

Bibl. nat., ms. fr. 5779, fol. 118. (Mention.)

18426. Présentation d'Artus de Fresnoye à la cure de Saint-Gorgon, autrement dit Notre-Dame d'Entremont, vacante par la résignation de Pierre de Fontenay, promu à la chapelle Saint-Jean-Baptiste fondée en la basse chapelle de la maison épiscopale de l'évêque de Paris. Lyon, 3o juin 1525. — 3o juin.

Bibl. nat., ms. fr. 5779, fol. 119. (Mention.)

18427. Lettres de la régente restituant à Isabeau d'Aussy, veuve de Bernard Milhau, trésorier de Rodez et viguier de Najac, et à ses neuf enfants mineurs, les biens, meubles et immeubles de leur père, condamné à mort et à la confiscation par une commission nommée par le roi et présidée par Denis Poillot, maître des requêtes de l'hôtel. Lyon, juin 1525. — Juin.

Enreg. à la Chancellerie de France. Arch. nat.,

Trésor des Chartes, JJ. 237, n° 279, fol. 53 v°,
1 page.
Bibl. nat., ms. fr. 5779, fol. 107. (Mention.)

1525.

18428. Lettres de légitimation en faveur de Mathurin
Bohu, fils naturel de feu Étienne Bohu et
de Jeanne Roger, de la sénéchaussée de Saintonge. Lyon, juin 1525.

Juin.

Enreg. à la Chancellerie de France. Arch. nat.,
Trésor des Chartes, JJ. 237, n° 268, fol. 51 v°.
Bibl. nat., ms. fr. 5779, fol. 111. (Mention.)

18429. Mandement à Gaillard Spifame de payer
15,000 livres tournois à André Doria, capitaine des galères. Lyon, 1er juillet 1525.

1er juillet.

Bibl. nat., ms. fr. 5779, fol. 133. (Mention.)

18430. Don à Jean Pommereu de l'office de clerc, notaire et secrétaire du roi, vacant par la résignation de Gaillard Spifame, promu trésorier
de l'extraordinaire des guerres. Lyon, 4 juillet 1525.

4 juillet.

Bibl. nat., ms. fr. 5779, fol. 118 v°. (Mention.)

18431. Lettres de la régente portant abolition en faveur de René Petit, écuyer, natif de Poitou,
écuyer d'écurie du comte de Penthièvre, qui
avait suivi le connétable de Bourbon. Lyon,
4 juillet 1525.

4 juillet.

Bibl. nat., ms. fr. 5779, fol. 120 v°. (Mention.)
Impr. A. Barbier, La baronnie de la Touche-
d'Avrigny, dans les Mémoires de la Société des An-
tiquaires de l'Ouest, 2e série, t. IX, année 1886.
Poitiers, in-8°, 1887, p. 258-259.

18432. Lettres d'abolition pour Antoine et Pierre Ju-
zieu, frères, qui avaient suivi Charles de
Bourbon. Lyon, 4 juillet 1525.

4 juillet.

Bibl. nat., ms. fr. 5779, fol. 120 v°. (Mention.)

18433. Lettres autorisant M. de Lautrec à nommer qui
bon lui semblera aux offices royaux en son
comté de Rethélois et ses seigneuries d'Isles
en Champagne, Villemaur et Arcis-sur-Aube.
Lyon, 7 juillet 1525.

7 juillet.

Bibl. nat., ms. fr. 5779, fol. 121. (Mention.)

18434. Don à M. de Lautrec du revenu de la composition du comté de Rethélois se montant à
5,000 livres tournois, pour la présente année, et du revenu échu depuis la mort du
s^r d'Orval, comte de Rethélois, arrivée le
10 mai 1524. Lyon, 7 juillet 1525.

  Bibl. nat., ms. fr. 5779, fol. 121. (Mention.)

            1525.
            7 juillet.

18435. Don à M. de Lautrec du revenu des greniers à
sel de Villemaur et Arcis-sur-Aube pendant
la présente année, commencée le 1er octobre
dernier, et du revenu échu depuis la mort
de Françoise d'Albret, comtesse douairière
de Nevers, arrivée le 20 mars 1524. Lyon,
7 juillet 1525.

  Bibl. nat., ms. fr. 5779, fol. 121 v°. (Mention.)

            7 juillet.

18436. Lettres autorisant Marie d'Albret, comtesse de
Nevers et de Dreux, à nommer qui bon lui
semblera aux offices royaux de ses comtés de
Nevers et de Dreux. Lyon, 7 juillet 1525.

  Bibl. nat., ms. fr. 5779, fol. 121. (Mention.)

            7 juillet.

18437. Don à Madame de Nevers du revenu des greniers à sel de Nevers, Decize, Luzy, Mou-
lins-lès-Engilbert, Clamecy, Saint-Saulge et
Dreux, pour la présente année commencée
le 1er octobre dernier, et du revenu échu
depuis la mort du s^r d'Orval (10 mai 1524).
Lyon, 7 juillet 1525.

  Bibl. nat., ms. fr. 5779, fol. 121 v°. (Mention.)

            7 juillet.

18438. Lettres de la régente accordant délai d'un an
à Marie d'Albret, comtesse de Nevers, pour
rendre au roi les hommages qu'elle lui doit
pour le comté de Dreux. Lyon, 7 juillet
1525.

  Bibl. nat., ms. fr. 5779, fol. 122. (Mention.)
  *Imp. Le comte de Soultrait, Inventaire des
titres de Nevers de l'abbé de Marolles. Nevers,
1873, in-4°, col. 586. (Mention.)*

            7 juillet.

18439. Lettres accordant à Marie d'Albret, comtesse
de Nevers, délai d'un an pour faire les foi et

            7 juillet.

hommage de son comté de Nevers. Lyon, 7 juillet 1525.

> Bibl. nat., ms. fr. 5779, fol. 122. (*Mention.*)

18440. Provisions pour Menault Darraing de l'office de conseiller lai au Parlement de Bordeaux, vacant par la mort de Guillaume Delavau. Lyon, 8 juillet 1525.

8 juillet.

> Bibl. nat., ms. fr. 5779, fol. 122 v°. (*Mention.*)

18441. Lettres de Louise de Savoie, régente, prorogeant en faveur des habitants de Châlons l'octroi du quatrième sur le vin vendu au détail. Lyon, 10 juillet 1525.

10 juillet.

> Arch. de la ville de Châlons (Marne), CC. Octrois.

18442. Don à Claude de Lorraine, chevalier, comte de Guise et d'Aumale, lieutenant général en Champagne et Brie, de la terre et seigneurie de Saint-Dizier en Perthois. Lyon, 10 juillet 1525.

10 juillet.

> Enreg. à la Chambre des Comptes, anc. mém. 2 D, fol. 81. Arch. nat., PP. 119, p. 15. (*Mention.*)
> Bibl. nat., ms. fr. 21405, p. 292. (*Mention.*)
> Bibl. nat., ms. Clairambault 782, p. 279. (*Mention.*)

18443. Provisions pour Mathieu Gollefer de l'office d'assesseur et lieutenant particulier du sénéchal d'Auvergne, vacant par la mort de Jean Reynaud. Lyon, 10 juillet 1525.

10 juillet.

> Bibl. nat., ms. fr. 5779, fol. 123. (*Mention.*)

18444. Provisions pour Jean Lescuyer de l'office de conseiller clerc au Parlement de Paris, vacant par la mort de Philippe Pot. Lyon, 10 juillet 1525.

10 juillet.

> Bibl. nat., ms. fr. 5779, fol. 123 v°. (*Mention.*)
> Reçu au Parl., le 19 août 1525. Arch. nat., X¹ª 1528, Conseil, fol. 710. (*Mention.*)

18445. Provisions pour René Brinon de l'office de conseiller lai au Parlement de Paris, vacant

10 juillet.

par la mort de Guillaume Barthélemy. Lyon, 1525.
10 juillet 1525.

> *Bibl. nat., ms. fr. 5779, fol. 123 v°. (Mention.)*
> *Reçu au Parl., le 26 août 1525. Arch. nat.,*
> *X¹ᵃ 1528, Conseil, fol. 731. (Mention.)*

18446. Provisions pour François de Cambray de 10 juillet.
l'office de conseiller clerc au Parlement de
Paris, auquel il n'avait pas été pourvu depuis
la promotion de Guillaume Barthélemy en
l'office de conseiller lai. Lyon, 10 juillet
1525.

> *Bibl. nat., ms. fr. 5779, fol. 124 v°. (Mention.)*
> *Reçu au Parl., le 26 août 1525. Arch. nat.,*
> *X¹ᵃ 1528, Conseil, fol. 721. (Mention.)*

18447. Provisions pour Perrinet Parpaillia, docteur en 11 juillet.
droit civil et canonique, de l'office de con-
seiller au Grand conseil, vacant par la mort
du sʳ de La Martonnye. Lyon, 11 juillet 1525.

> *Bibl. nat., ms. fr. 5779, fol. 123. (Mention.)*

18448. Mandement au bailli de Senlis ou à son lieu- 12 juillet.
tenant à Compiègne, lui ordonnant de faire
taxer les gens d'église et les nobles pour les
réparations des remparts de Compiègne,
frontière du pays de Picardie. Paris (*sic*),
12 juillet 1525.

> *Original. Arch. commun. de Compiègne, CC. 1,*
> *n° 3.*

18449. Provisions pour M. de la Rochebeaucourt de 12 juillet.
la charge de capitaine de Saint-Jean-d'Angély,
vacante par la résignation de Jean du Plessis.
Lyon, 12 juillet 1525.

> *Bibl. nat., ms. fr. 5779, fol. 124. (Mention.)*

18450. Mandement au trésorier de l'épargne de payer 15 juillet.
à M. de Jarnac 1,000 livres tournois pour sa
pension de la présente année, commencée le
1ᵉʳ janvier dernier. Lyon, 15 juillet 1525.

> *Bibl. nat., ms. fr. 5779, fol. 124 v°. (Mention.)*

18451. Permission à Jean Le Danois d'exercer les deux 17 juillet.
offices d'élu à Falaise et de contrôleur du

grenier à sel de Honfleur, nonobstant leur
incompatibilité. Lyon, 17 juillet 1525.

> *Bibl. nat.*, ms. fr. 5779, fol. 125. (*Mention.*)

1525.

18452. Lettres portant remise à l'évêque de Mâcon de
la somme de 5,552 livres 16 sous tournois
qu'il a reçus du temporel de l'évêché d'Autun.
Lyon, 17 juillet 1525.

> *Bibl. nat.*, ms. fr. 5779, fol. 127 v°. (*Mention.*)

17 juillet.

18453. Provisions pour Claude Patarin de l'office de
premier président du Parlement de Dijon, vacant par la mort de Hugues Fournier. Lyon,
19 juillet 1525.

> *Bibl. nat.*, ms. fr. 5779, fol. 128 v°. (*Mention.*)

19 juillet.

18454. Don à Guillaume Royer, chapelain de Louise
de Savoie, de la cure de Notre-Dame de
Troismonts, vacante par la mort de Pierre
Duvivier. Lyon, 20 juillet 1525.

> *Bibl. nat.*, ms. fr. 5779, fol. 133. (*Mention.*)

20 juillet.

18455. Provisions pour Nicolas Panigarola de l'office
de conseiller lai au Parlement de Rouen, vacant par la mort de Robert Surault. Lyon,
22 juillet 1525.

> *Bibl. nat.*, ms. fr. 5779, fol. 128 v°. (*Mention.*)

22 juillet.

18456. Mandement à la Chambre des Comptes d'examiner les comptes de Jean Raguencau sur
le fait de la décime, de l'autoriser à se servir
de trois mandements du roi et de lui allouer
les deniers qu'il a payés en conséquence.
Lyon, 22 juillet 1525.

> *Bibl. nat.*, ms. fr. 5779, fol. 129 v°. (*Mention.*)

22 juillet.

18457. Lettres d'augmentation de 200 livres tournois
par an pour Claude Patarin, premier président du Parlement de Dijon, de façon à
porter ses gages et sa pension à 1,500 livres
tournois. Lyon, 22 juillet 1525.

> *Bibl. nat.*, ms. fr. 5779, fol. 132. (*Mention.*)

22 juillet.

18458. Provisions pour Perrot de Ruthie de l'office de
capitaine et garde de la place et château de

23 juillet.

Saint-Germain-en-Laye, vacant par la mort   1525.
du s^r de Rouville. Lyon, 23 juillet 1525.

Bibl. nat., ms. fr. 5779, fol. 130 v°. (Mention.)

18459. Don à Renzo de Cère, sa vie durant, des châ-   24 juillet.
teau, terre et seigneurie de Tarascon en Pro-
vence. Lyon, 24 juillet 1525.

Bibl. nat., ms. fr. 5779, fol. 128 v°. (Mention.)

18460. Provisions pour Jean de La Palu, s^r de Bressac,   25 juillet.
de l'office de capitaine et châtelain de la tour
de Guitalens, vacant par la mort de Jean de
Granat. Lyon, 25 juillet 1525.

Bibl. nat., ms. fr. 5779, fol. 131. (Mention.)

18461. Provisions pour Jean de La Palu, s^r de Bressac,   25 juillet.
de l'office de capitaine et châtelain de la
tour de Cabaretz (s. d. Cabanès), vacant par
la mort de Jean de Granat. Lyon, 25 juillet
1525.

Bibl. nat., ms. fr. 5779, fol. 131 v°. (Mention.)

18462. Lettres portant confirmation des privilèges des   27 juillet.
Augustins de Lyon. Lyon, 27 juillet 1525.

Original. Arch. du Rhône, fonds des Augustins.

18463. Provisions pour Jean Feu, docteur ès droits,   28 juillet.
de l'office de président au Parlement de
Rouen, vacant par la mort de Jacques Bourdel. Lyon, 28 juillet 1525.

Bibl. nat., ms. fr. 5779, fol. 130. (Mention.)

18464. Lettres de la régente portant remise à Henri   29 juillet.
de Lénoncourt, bailli de Vitry, des droits féo-
daux par lui dus pour sa seigneurie de Nan-
teuil-le-Haudouin. 29 juillet 1525.

*Enreg. à la Chambre des Comptes de Paris, anc.
mém. DD, fol. 80 v°. Arch. nat., PP. 119, p. 15.
(Mention d'inventaire.)
Bibl. nat., ms. Clairambault 782, p. 279.
(Mention.)
Bibl. nat., ms. fr. 21405, p. 292. (Mention.)
Imp. Le P. Anselme, Hist. généal., 3° édit.,
t. II, p. 58. (Mention.)*

18465. Don à Philippe Le Charpentier, fourrier de   29 juillet.
Louise de Savoie, de l'office de grènetier

des greniers de Villers-Cotterets et de la Ferté-
Milon, vacant par la mort de Jacques Racine.
Lyon, 29 juillet 1525.

Bibl. nat., ms. fr. 5779, fol. 130 v°. (Mention.)

1525.

18466. Commission à Artus Scolin, s' de Launay,
maître d'hôtel du roi, pour faire rendre
compte aux personnes chargées de mener
des vivres aux armées, des deniers qu'elles
ont reçus en Poitou, Saintonge, Guyenne,
Périgord, Toulouse, Quercy, Agénais, Limousin, Bazadais, Condomois, Armagnac,
et pour les contraindre à verser les reliquats
entre les mains du receveur général d'Apestigny. Lyon, 30 juillet 1525.

Bibl. nat., ms. fr. 5779, fol. 129. (Mention.)

30 juillet.

18467. Mandement au trésorier de l'épargne de faire
payer par le receveur général de Picardie, et
des deniers provenant des droits et devoirs
seigneuriaux des gouvernements de Roye et
de Péronne, 4,776 livres 13 sous 3 deniers
tournois au duc d'Albany. Lyon, 31 juillet
1525.

Bibl. nat., ms. fr. 5779, fol. 130. (Mention.)

31 juillet.

18468. Mandement au trésorier de l'épargne de faire
payer par le receveur des exploits et amendes
du Parlement de Toulouse à Raimond Sa-
batier, procureur du roi en ladite cour,
400 livres tournois de pension en sus de ses
gages, suivant ce qui se faisait pour son prédécesseur. Lyon, 31 juillet 1525.

Bibl. nat., ms. fr. 5779, fol. 130 v°. (Mention.)

31 juillet.

18469. Mandement au trésorier de l'épargne de payer
50,000 livres tournois à Gaillard Spifame,
trésorier de l'extraordinaire des guerres, pour
employer au fait de sa commission. Lyon,
31 juillet 1525.

Bibl. nat., ms. fr. 5779, fol. 132 v°. (Mention.)

31 juillet.

18470. Don à Jean Lievault de la prébende et chanoinie de Notre-Dame de Vitry, vacante par

31 juillet.

v.

92

la résignation de Morelet Le Masle. Lyon,
31 juillet 1525.

> *Bibl. nat.*, ms. fr. 5779, fol. 133 v°. (*Mention.*)

1525.

18471. Lettres de naturalité accordées à Jacques Ai-
gnelet, chevaucheur ordinaire de l'écurie du
roi, maître de la poste de Saint-Symphorien-
de-Lay, natif de Savoie. Lyon, juillet 1525.

> *Enreg. à la Chancellerie de France. Arch. nat.,
> Trésor des Chartes, JJ. 237, n° 289, fol. 56.
> 1 page.*

Juillet.

18472. Lettres de naturalité avec remise de la finance
pour Boniface, marquis de Montferrat, et ses
sœurs Marie et Marguerite, enfants de la
marquise de Montferrat. Lyon, juillet 1525.

> *Bibl. nat.*, ms. fr. 5779, fol. 131 v°. (*Mention.*)

Juillet.

18473. Lettres de naturalité pour Jean, Alexandre et
Zenobio de Girolami, frères, natifs de Florence. Lyon, juillet 1525.

> *Bibl. nat.*, ms. fr. 5779, fol. 124. (*Mention.*)

Juillet.

18474. Provisions pour Antoine Le Marchant de l'office de conseiller lai au Parlement de Rouen,
vacant par la mort de Simon Boullent. Lyon,
1er août 1525.

> *Bibl. nat.*, ms. fr. 5779, fol. 129. (*Mention.*)

1er août.

18475. Don à Guillaume Jouye, secrétaire de Louise
de Savoie, de la prébende de l'église de Noyon,
vacante en régale par la mort du sr Liegault.
Lyon, 2 août 1525.

> *Bibl. nat.*, ms. fr. 5779, fol. 132. (*Mention.*)

2 août.

18476. Mandement au trésorier de l'épargne de payer
à Charles de Gramont, évêque d'Aire,
2,500 livres tournois dont la régente lui a
fait don. Lyon, 2 août 1525.

> *Bibl. nat.*, ms. fr. 5779, fol. 131 v°. (*Mention.*)

2 août.

18477. Mandement de la régente aux sénéchaux de
Limousin, Périgord, Armagnac, Agénais,
Landes et Bazadois de contraindre les sujets

5 août.

du roi de Navarre à lui payer ce qu'ils lui doivent pour sa rançon. Lyon, 5 août 1525.

Copie du xvii° siècle. Bibl. nat., coll. Doat, vol. 233, fol. 255.

1525.

18478. Don à Jean Huron de l'office de sergent royal ordinaire au bailliage de Loches, vacant par la mort de Charles Bougrault. Lyon, 7 août 1525.

Bibl. nat., ms. fr. 5779, fol. 132 v°. (Mention.)

7 août.

18479. Lettres de la régente portant don en faveur de Camille de Orsini, comte de Monopollo, du revenu des terres de Lay et de Beauregard, en dédommagement de ses biens du royaume de Naples, confisqués à cause de sa fidélité à François I°°. 8 août 1525.

Arch. nat., Comptes de l'épargne, KK. 96, fol. 568. (Mention.)

8 août.

18480. Lettres de mainlevée du temporel de l'évêché de Toulon, en faveur du cardinal Augustin Trivulce. Lyon, 8 août 1525.

Bibl. nat., ms. fr. 5779, fol. 132 v°. (Mention.)

8 août.

18481. Lettres de réception par la régente du serment de fidélité de Jean de Hangest, évêque de Noyon, pour le temporel dudit évêché. Montélimar, 18 août 1525.

Expéd. orig. (duplicata). Arch. nat., P. 725¹, cote 194.
Bibl. nat., ms. fr. 5779, fol. 133 v°. (Mention.)

18 août.

18482. Lettres de placet accordées à Jean de Hangest, pour mettre à exécution les bulles apostoliques qui lui confèrent l'évêché de Noyon. Montélimar, 18 août 1525.

Bibl. nat., ms. fr. 5779, fol. 133 v°. (Mention.)

18 août.

18483. Lettres de la régente portant suppression des offices nouvellement créés aux sièges de la sénéchaussée de Quercy. Montélimar, 20 août 1525.

Publiées au siège de Cahors, le 17 mars suivant.

20 août.

Mention dans un arrêt du Grand conseil, en date
du 15 novembre 1530. Arch. nat., V⁵ 1047.
Enreg. au Grand conseil, le 24 novembre 1530.
Arch. nat., V⁵ 1047. 1/2 page.

18484. Don des droits seigneuriaux dus pour la principauté de Talmont et la seigneurie d'Olonne,
fait par la régente à François de La Trémoïlle, prince de Talmont. 21 août 1525.

    Enreg. à la Chambre des Comptes, anc. mém,
2 D, fol. 94 v°. Arch. nat., PP. 119, p. 19.
(Mention.)
    Bibl. nat., ms. fr. 21405, p. 293. (Mention.)
    Bibl. nat., ms. Clairambault 782, p. 279.
(Mention.)

21 août.

18485. Lettres de naturalité octroyées à Léon Bellon,
docteur ès droits, natif du Comtat-Venaissin,
ayant servi les rois Louis XII et François I⁰ʳ
en qualité de conseiller au Parlement de Bourgogne, pendant dix-sept ans, puis de sénateur
au Sénat de Milan, pendant quatorze ans.
Après la récente évacuation du Milanais, il
avait été pourvu d'un office de conseiller au
Parlement de Toulouse et comptait se fixer
dans cette ville avec sa femme et ses six enfants. Montélimar, août 1525.

    Enreg. à la Chancellerie de France. Arch. nat.,
Trésor des Chartes, JJ. 237, n° 316, fol. 63 v°.
1 page 1/2.

Août.

18486. Lettres de la régente portant don et remise des
biens confisqués de feu Arnaud de Sérem-
bat, condamné à mort par arrêt du Parlement de Toulouse, à Florette de Parazolles,
damoiselle, sa veuve, et à Françoise de Sé-
rembat, sa fille. Donzère, août 1525.

    Enreg. à la Chancellerie de France. Arch. nat.,
Trésor des Chartes, JJ. 237, n° 312, fol. 62.
1 page.

Août.

18487. Lettres de légitimation données par la régente
en faveur de Jean Baulart, fils naturel de
feu Jean Baulart, marchand, et de Jeanne
Legrand. Tournon, août 1525.

    Enreg. à la Chancellerie de France. Arch. nat.,
Trésor des Chartes, JJ. 237, n° 296, fol. 37 v°.

Août.

18488. Lettres de la régente ordonnant examen de la
requête présentée au roi, le 14 décembre
1523, par Pierre de La Morlière, receveur
des tailles en l'élection de Péronne, Montdidier et Roye, à l'effet d'obtenir décharge
de la somme de 4,000 livres tournois, à cause
des pertes que lui avait fait subir « la venue
des Anglois ». 2 septembre 1525.

1525.
2 septembre.

> *Mention dans une décision du Grand conseil, en
> date du 25 septembre 1529. Arch. nat., V⁵ 1047.*

18489. Mandement de la régente au sénéchal de
Rouergue, à Anne Du Prat, écuyer, s' de
Verrières, gouverneur de Clermont, et à
René Faure, notaire et secrétaire du roi, de
répartir et lever la somme de 57,256 livres
10 sous 7 deniers tournois sur les pays de
Rouergue haut et bas et le comté de Rodez,
pour leur quote-part de 2,661,000 livres imposées sur tout le royaume, plus la somme
de 300 livres pour les frais des commissaires.
Tournon, 10 septembre 1525.

10 septembre.

> *Copie du XVIᵉ siècle. Arch. départ. de l'Aveyron,
> C. 1218, fol. 1 v°.*

18490. Mandement au bailli de Chauny d'opérer le
nantissement, sur la seigneurie de Commen-
chon, des rentes qu'y possédait Madeleine
de Créquy, veuve de Clérambault Du Fay.
Paris (sic), 16 septembre 1525.

16 septembre.

> *Imp. Buridan, Le coutumier de Vermandois.
> Coutume de Chauny. Paris, 1728, t. II, 2ᵉ part.,
> p. 20.*

18491. Déclaration de foi et hommage d'Odet de Foix,
s' de Lautrec, d'Orval, etc., gouverneur de
Guyenne, pour la baronnie de Rozoy[-sur-
Serre], mouvante de Laon. Condrieu, 20 septembre 1525.

20 septembre.

> *Original. Arch. nat., Chambre des Comptes de
> Paris, P. 15, n° 5568.*

18492. Déclaration de l'hommage lige d'Odet, comte de
Foix, gouverneur de Guyenne, pour le comté
de Rethel et les châtellenies d'Isles, Chaource,

20 septembre.

Villemaur et Maraye[-en-Othe], mouvantes du
comté de Champagne et appartenant audit
Odet à cause de Charlotte d'Albret, sa femme.
Condrieu, 20 septembre 1525.

1525.

> *Expéd. orig. Arch. nat., P. 166¹, cote 2355.*

18493. Lettres de naturalité accordées par la régente
à Thomassin Gadagne, natif de Florence,
établi marchand à Lyon, depuis dix ans.
Tournon, septembre 1525.

Septembre.

> *Enreg. à la Chancellerie de France. Arch. nat.,
> Trésor des Chartes, JJ. 239, n° 17, fol. 4 v°.
> 1 page.*

18494. Lettres de naturalité accordées par la régente
à Mathieu Bello, chevaucheur d'écurie du
dauphin, natif de Sicile, marié à Valence en
Dauphiné. Tournon, septembre 1525.

Septembre.

> *Enreg. à la Chancellerie de France. Arch. nat.,
> Trésor des Chartes, JJ. 239, n° 9, fol. 2. 1 page.*

18495. Lettres de légitimation données par la régente
en faveur de Jean Ferrant, autrement de la
Coudre, fils naturel de Robert Ferrant, seigneur de Vaubergé, et de Jeanne Joye. Condrieu, septembre 1525.

Septembre.

> *Enreg. à la Chancellerie de France. Arch. nat.,
> Trésor des Chartes, JJ. 239, n° 10, fol. 3. 1 page.*

18496. Déclaration de foi et hommage de François de
Montmorency, chevalier, sʳ de la Rochepot,
pour la seigneurie d'Offémont, la forêt de
Laigle et la seigneurie de Saint-Crépin, mou-
vantes de Compiègne, pour les seigneuries de
Mello et de Maysel, mouvantes de Péronne,
et pour deux fiefs mouvants de Clermont en
Beauvaisis. Lyon, 1ᵉʳ octobre 1525.

1ᵉʳ octobre.

> *Original. Arch. nat., Chambre des Comptes de
> Paris, P, 16, n° 6011.*

18497. Déclaration de l'hommage rendu par Pierre
d'Anlézy, chevalier, au nom de Marie d'Albret,
comtesse de Nevers et Dreux, pour les seigneuries de Jaucourt, Jully et la Grève, au

2 octobre.

bailliage de Troyes, mouvant du comté de Champagne. Lyon, 2 octobre 1525.

Original. Arch. nat., Chambre des Comptes de Paris, P, 166¹, cote 2358.

18498. Mandement au trésorier de l'épargne de payer à Palamèdes Gontier, notaire et secrétaire du roi, ses gages à raison de 6 sous parisis par jour et ses droits de manteaux s'élevant à 10 livres par an. Lyon, 5 octobre 1525.

Arch. nat., Comptes de l'épargne, KK. 96, fol. 657 v°. (Mention.)

18499. Mandement de la régente au Grand conseil de donner avis sur la requête de Ponçon Joubert, fermier du tirage du sel en remontant les rivières du Rhône et de l'Isère, en Dauphiné et en Provence, tendante à obtenir rabais de ladite ferme. 5 octobre 1525.

Mention dans un arrêt du Grand conseil, en date du 13 décembre 1525, portant avis favorable à un rabais de 9,557 livres tournois pour l'année commençant le 1ᵉʳ octobre 1524 et le premier trimestre de l'année suivante. Arch. nat., V⁵ 1045.

18500. Don pour dix ans à Renzo de Cère, chevalier de l'ordre, des revenus de la terre, seigneurie et châtellenie de Pontoise. Lyon, 15 octobre 1525.

Enreg. à la Chambre des Comptes de Paris, avec la confirmation dudit don par le roi, anc. mém. 2 E, fol. 13. Arch. nat., PP. 119, p. 3. (Mention.)
Bibl. nat., ms. fr. 21405¹, p. 304. (Mention.)
Bibl. nat., ms. Clairambault 782, p. 286. (Mention.)

18501. Lettres de la régente invitant les prévôt des marchands et échevins de Paris à souscrire les obligations demandées par le roi d'Angleterre, avec promesse de garantie. Lyon, 24 octobre 1525.

Original. Arch. nat., K. 953, n° 26.

18502. Lettres de souffrance de faire les foi et hommage pour le comté de Joigny et la seigneurie de l'Isle-sous-Montréal (auj. l'Isle-sur-Serein), accordées à Charlotte de Chalon,

1525.

5 octobre.

5 octobre.

15 octobre.

24 octobre.

24 octobre.

comtesse de Joigny et dame de l'Isle-sous-Montréal, veuve de François d'Allègre, sʳ de Précy. 24 octobre 1525.

> *Enreg. à la Chambre des Comptes, anc. mém.* 2 D, fol. 98 v°. *Arch. nat.*, PP. 119, p. 20. (*Mention.*)
>
> *Bibl. nat.*, ms. fr. 21405, p. 293. (*Mention.*)
> *Bibl. nat.*, ms. Clairambault 782, p. 279. (*Mention.*)

18503. Provisions accordées par la régente à Jacques Drouart, de l'office de garde du marteau des forêts de Compiègne et de Cuise, vacant par la résignation de Lancelot de Bournel. Saint-Just-sur-Lyon, 4 novembre 1525.   4 novembre.

> *Enreg. aux Eaux et forêts, le 23 février suivant. Arch. nat.*, Z¹ᵉ 319, fol. 67 v°. 3 pages.

18504. Lettres de la régente exemptant des aides, comme noble, le sʳ [Ménagier], bien qu'il soit avocat.... [1]. Saint-Just-sur-Lyon, 8 novembre 1525.   8 novembre.

> *Original. Bibl. nat., Pièces orig.*, vol. 1968 (doss. 45147), Ménagier, p. 2.

18505. Lettres au Parlement de Paris, lui ordonnant de suspendre incontinent les procédures à tort commencées à l'encontre de Jacques Fabri, Pierre Caroli et Girard Ruffi, à l'instigation des théologiens de l'Université de Paris. Madrid, 12 novembre [1525].   12 novembre.

> *Imp. Histoire de l'église de Meaux*, par dom Duplessis, t. II, p. 282.

18506. Lettres de Louise de Savoie, régente, adressées aux commissaires ordonnés par le roi en sa chambre du conseil sur le fait des comptes, portant qu'un délai de huit mois pour rendre ses comptes est accordé à Jean Prévost, général des finances de Guyenne, naguère trésorier de l'extraordinaire des guerres, contre   23 novembre.

---

[1] Toute la partie supérieure est déchirée; il ne reste que les clauses finales, la date et les souscriptions.

lequel procédaient lesdits commissaires. Saint-
Just-sur-Lyon, 23 novembre 1525.

Copie du xvie siècle. Arch. nat., J. 958, Suppl.
du Trésor des Chartes, n° 18.

18507. Lettres du roi reconnaissant qu'il a reçu de
Claude Aligre, commis à la gestion des
finances envoyées de France en Espagne
pour ses besoins, 3,773 livres 11 sous 9 deniers tournois pour travailler à sa délivrance
et profiter des circonstances favorables à la
conclusion de la paix avec l'Empereur, et
810 livres tournois pour en disposer à son
plaisir. 25 novembre 1525.

25 novembre.

Original scellé du sceau secret, en l'absence du
grand. Bibl. nat., Pièces orig., vol. 1464, Haligre,
p. 2.

18508. Lettres de la régente confirmant les statuts et
ordonnances des gainiers et fabricants d'étuis
de la ville et de la baronnie de Thiers, en
Auvergne. Saint-Just-sur-Lyon, novembre
1525.

Novembre.

Enreg. à la Chancellerie de France. Arch. nat.,
Trésor des Chartes, JJ. 239, n° 52, fol. 13.

18509. Lettres de légitimation données par la régente
en faveur de Guillaume Le Vau, fils naturel
de Guillaume Le Vau, écuyer, seigneur en
partie de Montjeux en Nivernais. Saint-Just-
sur-Lyon, novembre 1525.

Novembre.

Enreg. à la Chancellerie de France. Arch. nat.,
Trésor des Chartes, JJ. 239, n° 56, fol. 14 v°.

18510. Lettres de naturalité accordées par la régente
à Pierre d'Avrillé, natif de Savoie, archer de
la garde du corps du roi sous le commandement du s^r de Chavigny, déjà au service du
temps du feu roi, et marié à une damoiselle
ayant terre et seigneurie au lieu de la Motte,
près Boiscommun, bailliage d'Orléans. Saint-
Just-sur-Lyon, novembre 1525.

Novembre.

Enreg. à la Chancellerie de France. Arch. nat.,
Trésor des Chartes, JJ. 239, n° 53, fol. 13 v°.
1 page.

v.

18511. Lettres de naturalité accordées par la régente à Mathis Canaye, marchand établi à Rouen, natif de Boulleduc (Bois-le-Duc) en Brabant. Saint-Just-sur-Lyon, novembre 1525 [1].

Enreg. à la Chancellerie de France. Arch. nat., Trésor des Chartes, JJ. 239, n° 48, fol. 12 v°. 1 page.

**1525.
Novembre.**

18512. Lettres de naturalité accordées par la régente à Jean de Girolami et à son neveu, natifs de Florence, établis à Lyon. Lyon, novembre 1525.

Enreg. à la Chancellerie de France. Arch. nat., Trésor des Chartes, JJ. 239, n° 37, fol. 10 v°.

Novembre.

18513. Lettres de naturalité accordées par la régente à Mathieu et Pierre Chandiou, marchands merciers, natifs de Genève, établis à Saint-Léonard de Corbigny en Nivernais. Saint-Just-sur-Lyon, novembre 1525.

Enreg. à la Chancellerie de France. Arch. nat., Trésor des Chartes, JJ. 239, n° 44, fol. 12. 1 page.

Novembre.

18514. Lettres de naturalité accordées par la régente à Jean de Ramelot, écuyer, natif du comté de Namur, seigneur de plusieurs fiefs et terres au bailliage d'Amiens et en Normandie. Saint-Just-sur-Lyon, novembre 1525.

Enreg. à la Chancellerie de France. Arch. nat., Trésor des Chartes, JJ. 239, n° 50, fol. 13. 1 page.

Novembre.

18515. Mandement de la régente au Parlement de Normandie, aux baillis de Caen, Rouen, Évreux, Caux, Gisors et autres juges royaux du ressort, de délivrer à Antoine Doria ou à ses mandataires les prisonniers coupables de crimes «qui ont merité et desserviz la mort ou autre grosse paine et punition corporelle», pour servir sur les galères que l'on fait équiper actuellement sur les côtes de

1er décembre.

[1] Un double de ces lettres, sous la date de Saint-Just-sur-Lyon, décembre 1525, est transcrit sur le même registre, n° 56 *bis*, fol. 14 v°.

Provence. Saint-Just-sur-Lyon, 1ᵉʳ décembre
1525.

> *Enreg. au Parl. de Normandie, le 10 janvier sui-*
> *vant.*
> *Copie du xvii* siècle. Arch. nat., U. 754,*
> *fol. 23. 3 pages.*

18516. Lettres de la régente portant ordre à Guillaume   1ᵉʳ décembre.
du Lys, capitaine du château de Champvoux,
de fournir différents engins de guerre pour
armer et équiper des navires servant à la défense des côtes. Saint-Just-sur-Lyon, 1ᵉʳ décembre 152[5].

> *Arch. départ. de la Nièvre, B. Chambre des*
> *Comptes de Nevers (n° 52 de l'invent. de M. Eysen-*
> *bach).*

18517. Lettres de la régente aux viguier et juge de   11 décembre.
Narbonne, leur enjoignant d'ordonner au
receveur particulier de la ville de ne prendre
aucuns gages, droits et profits pour la somme
de 3,000 livres dont elle a fait don aux
consuls par lettres patentes du 14 novembre
1525, sous forme de réduction sur les tailles
annuelles de la ville, pendant une période
de cinq ans. Saint-Just-sur-Lyon, 11 décembre 1525.

> *Copie du xvi* siècle. Arch. de la ville de Nar-*
> *bonne, AA. 105, fol. 99 v*.*

18518. Lettres contenant délai d'un an de bailler aveu   20 décembre.
et dénombrement accordé par la régente à
Claude de Lorraine, comte de Guise et d'Aumale, pour le comté d'Aumale, la vicomté
d'Elbeuf, la seigneurie de la Saussaye, la sergenterie d'Elbeuf dépendante de celle du
Pont-de-l'Arche, les seigneuries de Cléon,
Saint-Gilles, Grosley, etc. Saint-Just-sur-
Lyon, 20 décembre 1525.

> *Original. Arch. nat., Chambre des Comptes de*
> *Paris, P. 264², n° 1104.*

18519. Lettres de la régente, notifiant au duc de Fer-   23 décembre.
rare qu'il a été compris dans la ligue qu'elle
vient de conclure avec Henri VIII et l'invi-

tant à la ratifier. Saint-Just-sur-Lyon, 23 décembre 1525.

Originali Modène, Arch. di Stato, Archivio ducale secreto, Stato.

18520. Provisions accordées par la régente à Jacques Lelieur de l'office de maître des Eaux et forêts de France, Brie et Champagne, en remplacement de Charles Tiercelin, s' de la Roche-du-Maine, qui l'a résigné purement et simplement. Saint-Just-sur-Lyon, 26 décembre 1525.

Enreg. aux Eaux et forêts, le 3 février suivant. Arch. nat., Z¹ 319, fol. 62. 2 pages.*

18521. Lettres de réception de l'hommage rendu par François de Gouffy, au nom de Georges d'Amboise, archevêque de Rouen, pour les seigneuries de Bussy-le-Château (bailliage de Vitry, châtellenie de Sainte-Menehould), Vavray, Maurupt, Pargny (châtellenie de Vitry), Sexfontaines, Gillancourt, Annéville, la Mancine (bailliage et châtellenie de Chaumont), Rouvres, Lignol, Colombé-la-Fosse et le péage de Bar-sur-Aube (même bailliage, châtellenie de Bar-sur-Aube), échus audit archevêque par suite du décès de Jacques d'Amboise, chevalier, son frère. Saint-Just-sur-Lyon, 29 décembre 1525.

Exped. orig. Arch. nat., P. 166², cote 2520. Copie du XVIᵉ siècle. Arch. départ. de la Marne, série A, Terrier de Sainte-Menehould, fol. 86.

18522. Lettres octroyées par la régente aux habitants de Sens, touchant le sceau du tabellionage de ladite ville. Saint-Just-sur-Lyon, décembre 1525.

Présentées au Parl., le 20 avril 1529. Opposition des villes de Paris et de Villeneuve-le-Roi. Arch. nat., X¹ᵃ 4886, Plaidoiries, fol. 94 v°. (Mention.)

1526. — Pâques, le 1ᵉʳ avril.

18523. Provisions données par la régente en faveur de Bernard de Biart de l'office de sous-viguier

---

1525.

26 décembre.

29 décembre.

Décembre.

1526.

1ᵉʳ janvier.

de Limoux, en remplacement de feu Antoine
Amiel. Auberive, 1ᵉʳ janvier 1525.

1526.

Vidimus du sénéchal de Carcassonne. Bibl. nat.,
Pièces orig., vol. 335, Biard, p. 9.

18524. Provisions données par la régente à Pierre Ta-
bourot de l'office de clerc et auditeur en
la Chambre des Comptes de Dijon, en remplacement et sur la résignation de Pierre Ta-
bourot, son père. Roussillon, 7 janvier 1525.

7 janvier.

Enreg. à la Chambre des Comptes de Dijon, le
23 mars suivant. Arch. de la Côte-d'Or, B. 18,
fol. 96 vº.

18525. Mandement de la régente, portant qu'ayant dû
imposer une crue de taille de 600,000 livres
tournois, payable par quartiers, les pays d'Armagnac et Fézensac doivent pour leur quote-
part 3,980 livres 13 sous tournois, le premier payement devant avoir lieu le 1ᵉʳ avril
prochain. Roussillon, 8 janvier 1525.

8 janvier.

Original. Bibl. nat., Pièces originales, France,
vol. 1233, p. 58.

18526. Provisions en faveur d'Ambroise Lemoine,
greffier de l'élection de Paris, de l'office de
contrôleur général de l'artillerie, vacant par
la mort de Nicole Berziau. Roussillon en
Dauphiné, 8 janvier 1525.

8 janvier.

Bibl. nat., ms. fr. 5502, fol. 83. (Mention.)

18527. Mandement de la régente au trésorier de
l'épargne, lui ordonnant de payer la somme
de 171 livres 10 sous à Robert Talon et à
Noël Boucher, clercs, qui avaient écrit et fait
écrire sous Jean Gédoyn, secrétaire des
finances, les doubles du traité avec l'Angleterre et des commissions pour le ban, l'arrière-
ban et la marine. Roussillon, 8 janvier 1525.

8 janvier.

Bibl. nat., ms. Clairambault 1215, fol. 64 vº.
(Mention.)

18528. Lettres de la régente assignant à Isabelle d'Es-
tellan, ancienne demoiselle d'atour de feu la
reine Claude, en compensation du legs de
10,000 livres tournois à elle fait par ladite

10 janvier.

reine, les revenus du greffe et du tabellionage de Blois, lesquels pourront être rache-
tés d'elle ou de ses héritiers moyennant ladite
somme. Roussillon, 10 janvier 1525.

> *Vérifiées à la Chambre des Comptes de Blois, le
> 19 février 1526 n. s. Arch. nat., KK. 902,
> fol. 108 v°. (Mention.)*

1526.

18529. Provisions de l'office de notaire et secrétaire
du roi, accordées par la régente à Nicolas
Duval. Roussillon en Dauphiné, 11 janvier
1525.

> *Arch. nat., Comptes de l'épargne, KK. 96,
> fol. 658. (Mention.)*

11 janvier.

18530. Lettres de légitimation accordées par la régente
à Guillaume et Macé Billocque, étudiants à
l'Université de Poitiers, enfants naturels de
Pierre Gourjault, commandeur, chevalier de
l'ordre de Saint-Jean-de-Jérusalem. Saint-Just-
sur-Lyon, janvier 1525.

> *Enreg. à la Chancellerie de France. Arch. nat.,
> Trésor des Chartes, JJ. 243, n° 2, fol. 1. 1 page.*

Janvier.

18531. Lettres de la régente en faveur d'Odet de Foix,
s' de Lautrec, et de Charlotte d'Albret, sa
femme, annulant un arrêt du Parlement
obtenu contre eux par la ville d'Auxerre.
Saint-Just-sur-Lyon, janvier 1525.

> *Opposition de la ville et des officiers d'Auxerre à
> l'enregistrement, reçue au Parl. le 10 avril 1526.
> Arch. nat., X¹ᵃ 4879, fol. 14 v°. (Mention.)*

Janvier.

18532. Don de 200 livres fait par la régente à Jean
de Narbon, dit Rysbank, héraut d'Angleterre.
Janvier 1525.

> *Bibl. nat., ms. Clairambault 1215, fol. 64 v°.
> (Mention.)*

Janvier.

18533. Lettres de réception du serment de fidélité de
François de Fontenay, religieux de l'ordre
de Saint-Benoît, abbé de Saint-Pierre de Jumièges, pour le temporel de ladite abbaye.
Blois, 11 février 1525.

> *Original. Arch. nat., Chambre des Comptes,
> P. 264², n° 1101.*

11 février.

18534. Confirmation par la régente des lettres de la feue reine Claude, en date du 12 juillet 1524, données en faveur d'Étienne Le Roy, fermier du grand pont de Blois pendant l'année commençant à la Saint-Jean 1523, et portant rabais de ladite ferme. Blois, 14 février 1525.

> *Mention dans un arrêt du Grand conseil, en date du 8 juin 1526. Arch. nat., V* 1045.*

1526.
14 février.

18535. Mandement de la régente à Jean Sapin, receveur général des finances en la généralité de Languedoïl, de payer, sur la somme de 4,378 livres 5 sous qui lui a été ordonnée, 150 livres à Jean de Charpaignes allant à Paris pour la ratification des traités de paix avec l'Angleterre; 607 livres 10 sous à Georges Sturgeon et au s' de Langey, pour faire un voyage sur l'ordre de la régente; 300 livres 15 sous à Jean Coste, pour faire par mer un voyage le long des côtes d'Espagne, etc. Blois, 14 février 1525.

> *Bibl. nat., ms. Clairambault 1215, fol. 63.*
> *(Mention.)*

14 février.

18536. Déclaration de l'hommage lige de Charlotte de Chalon, veuve de François d'Allègre, seigneur de Préey, pour le comté de Joigny, la seigneurie de l'Isle-sous-Montréal (auj. l'Isle-sur-Serein), au bailliage de Troyes, et la seigneurie d'Esmery, mouvante du château de Chauny en Vermandois. Blois, 15 février 1525.

> *Expéd. orig. Arch. nat., P. 166², cote 2519.*

15 février.

18537. Provisions pour Jean de Dinteville, premier échanson du dauphin, de l'office de bailli de Troyes en remplacement de Gaucher de Dinteville, son père. Blois, 17 février 1525.

> *Enreg. à la Chambre des Comptes de Paris, anc. mém. 2 D, fol. 166 v°. Arch. nat., PP. 119, p. 30. (Mention.)*
> *Bibl. nat., ms. fr. 21405, p. 295. (Mention.)*
> *Bibl. nat., ms. Clairambault 782, p. 281. (Mention.)*

17 février.

18538. Mandement de la régente à Gaillard Spifame · · · · 1526.
de rembourser à Jean-Joachim de Passano, · 17 février.
ambassadeur du roi en Angleterre, la somme
de 11,495 livres 18 sous 6 deniers qui lui
était due pour ses dépenses. Blois, 17 février
1525.

> Bibl. nat., ms. Clairambault 1215, fol. 63 v°.
> (Mention.)

18539. Mandement de la régente au trésorier de · 17 février.
l'épargne de payer à Jean Hotman, orfèvre,
la somme de 1,500 livres pour 100 marcs
d'argent dont elle a fait don à l'ambassadeur
du roi d'Angleterre. Blois, 17 février 1525.

> Bibl. nat., ms. Clairambault 1215, fol. 64 v°.
> (Mention.)

18540. Déclaration de foi et hommage de Guyot du · 19 février.
Refuge, s^r de Dammarie et de Gallardon,
pour la châtellenie de Gallardon, mouvante
de Chartres. Amboise, 19 février 1525.

> Original. Arch. nat., Chambre des Comptes de
> Paris, P. 8, n° 2616.

18541. Mandement de la régente au trésorier de · 3 mars.
l'épargne de payer à Jean de Créquy, seigneur de Canaples, 6,000 livres en déduction
des 25,000 livres qui lui ont été promises,
à l'occasion de son mariage avec Marie d'As-
signy, femme de chambre de la feue reine.
Barbezieux, 3 mars 1525.

> Bibl. nat., ms. Clairambault 1215, fol. 65.
> (Mention.)

18542. Don fait par la régente d'une somme de · 3 mars.
2,050 livres à Nicolas Perrenot, conseiller de
l'empereur et ambassadeur de Madame Marguerite de Flandre, pour les bons services
qu'il a rendus au roi en Espagne. Barbezieux,
3 mars 1525.

> Bibl. nat., ms. Clairambault 1215, fol. 65.
> (Mention.)

18543. Lettres accordant aux Jacobins de Bayonne le · 19 mars.
droit de faire entrer en franchise dans cette
ville tout le vin dont ils pourront avoir besoin

pour la provision de leur couvent. Bayonne, 1526,
19 mars 1525.

> *Original. Arch. départ. des Basses-Pyrénées,*
> H. 73.

18544. Mandement de la régente à Jean Sapin de   21 mars.
payer, sur les 4,256 livres 7 sous 6 deniers
qui lui sont délivrés, 81 livres à Bertrand de
Viviers, pour ses voyages faits par mer avec
le s' de La Fayette; 75 livres à G. de Rogi,
pour un voyage de Saint-Just à Blois, etc.
Bayonne, 21 mars 1525.

> *Bibl. nat., ms. Clairambault 1215, fol. 63.*
> (*Mention.*)

18545. Lettres de mainlevée des terres de Chaource,   21 mars.
Villemaur et autres, situées au bailliage de
Troyes, en faveur d'Odet de Foix, comte de
Rethel et de Beaufort, s' de Lautrec et d'Or-
val. 21 mars 1525.

> *Enreg. à la Chambre des Comptes de Paris, anc.*
> mém. 2 D, fol. 128 v°. Arch. nat., PP. 119, p. 24.
> (*Mention.*)
> *Bibl. nat., ms. fr. 21405, p. 293. (Mention.)*

18546. Mandement au trésorier de l'épargne de payer   22 mars.
à Jean-Joachim de Passano, commis à faire
le payement des sommes dues au roi d'Angleterre, 141,000 livres tournois pour le
terme de mai, à raison de 134,086 livres
pour la pension du roi d'Angleterre, de la
reine Marie, du cardinal d'York, etc., et
6,914 livres tournois pour les frais de trans-
fert et de change. Dax, 22 mars 1525.

> *Bibl. nat., ms. fr. 5502, fol. 2 v°. (Mention.)*
> *Bibl. nat., ms. Clairambault 1215, fol. 63 v°.*
> (*Mention.*)

18547. Mandement au trésorier de l'épargne de payer   22 mars.
à Jean-Joachim de Passano 6,150 livres tour-
nois, pour aider les quatre gentilshommes
français, otages en Angleterre, à rentrer dans
leur pays. Dax, 22 mars 1525.

> *Bibl. nat., ms. fr. 5502, fol. 3. (Mention.)*
> *Bibl. nat., ms. Clairambault 1215, fol. 63 v°.*
> (*Mention.*)

v.

IMPRIMERIE NATIONALE.

18548. Provisions en faveur de Jacques de Genouilhac,   1525.
s^r d'Assier, dit Galyot, de l'office de grand   23 mars.
écuyer de France, vacant par la mort de Ga-
léas de Saint-Séverin. Dax, 23 mars 1525.

Bibl. nat., ms. fr. 5502, fol. 1 v°. (*Mention.*)

18549. Mandement au trésorier de l'épargne de payer   26 mars.
à Pierre Rousseau, commis à tenir le compte
et faire le payement de l'écurie, argenterie,
chambre aux deniers, gages d'officiers, etc.
du dauphin et du duc d'Orléans, 25,000 livres tournois pour employer au fait de sa
commission. « Gesmaulx »[1], 26 mars 1525.

Bibl. nat., ms. fr. 5502, fol. 7 v°. (*Mention.*)

18550. Mandement au trésorier de l'épargne de payer   29 mars.
à Jean de Selve 10,000 livres tournois, soit
la moitié des 20,000 livres que le roi lui
a données en récompense des services qu'il
lui a rendus, tant en Italie que dans les missions dont il a été chargé. Mont-de-Marsan,
29 mars 1525.

Bibl. nat., ms. fr. 5502, fol. 1 v°. (*Mention.*)
Bibl. nat., ms. Clairambault 1215, fol. 65.
(*Mention.*)

18551. Mandement au trésorier de l'épargne de payer   29 mars.
à François de Hautbourdin, capitaine de Dax,
600 livres tournois pour parfaire le payement
des 1,200 livres tournois de sa pension de
l'année dernière. Mont-de-Marsan, 29 mars
1525.

Bibl. nat., ms. fr. 5502, fol. 1 v°. (*Mention.*)

18552. Mandement au trésorier de l'épargne de payer   29 mars.
à Jean Carré, commis au payement des offi-
ciers domestiques du roi, 2,500 livres tournois pour payer au bailli de Paris ce qui lui
est dû encore sur ses gages de gentilhomme
de la chambre et de maître de la garde-robe,
pendant les années 1524 et 1525, et sur les

---

[1] *Sic.* Peut-être Hagetmau, auj. chef-lieu de canton de l'arrondissement de Saint-Sever, Landes.

gages des pages de la chambre. Mont-de-Mar- 1526.
san, 29 mars 1525.

Bibl. nat., ms. fr. 5502, fol. 2. (Mention.)

18553. Lettres de réception du serment de fidélité de 31 mars.
François de Tournon, archevêque de Bourges,
pour le temporel dudit archevêché. Mont-de-
Marsan, 31 mars 1525.

Expéd. orig. Arch. nat., P. 725¹, cote 248.

18554. Lettres de légitimation obtenues par maître Mars.
Grégoire de Rènes, chanoine de l'église cathédrale de Chalon, natif dudit lieu, fils de
maître Girard de Rènes, chanoine de Saint-
Vincent de Chalon, et d'une nommée Claudine. Bayonne, mars 1525.

Enreg. à la Chambre des Comptes de Dijon, le
16 juillet 1526. Arch. de la Côte-d'Or, B. 72,
fol. 100 v°.

18555. Lettres de don à Jean duc d'Albany de tout Mars.
le droit et action appartenant à Jean de Poitiers, sʳ de Saint-Vallier, sur la baronnie de la
Tour et autres biens et successions du feu
comte Bertrand III de Boulogne et de Louise
de La Trémoille, ses grand-père et aïeule,
soit par donations entre vifs ou conventions
matrimoniales contenues au contrat de mariage de feu Émard de Poitiers et de Jeanne
de Boulogne, père et mère dudit Jean de
Poitiers, confisqués et adjugés au roi. Dax,
mars 1525.

Original. Arch. nat., J. 1100, n° 11.
Visées dans des lettres de confirmation de mars
1528 n. s.
Enreg. à la Chancellerie de France. Arch. nat.,
Trésor des Chartes, JJ. 243, n° 408, fol. 119 v°.
Bibl. nat., ms. fr. 5502, fol. 100 v°. (Mention.)

18556. Provisions en faveur de M. le Grand maître 3 avril.
[Anne de Montmorency] de l'office de capi-
taine du château de Nantes, vacant par la mort
de M. de Bonnivet. Mont-de-Marsan, 3 avril
1526.

Bibl. nat., ms. fr. 5502, fol. 6 v°. (Mention.)

18557. Mandement de la régente à Jean Sapin de payer, 1526. sur les 1,271 livres qui lui sont délivrées : 3 avril. 246 livres au seigneur de la Mothe-au-Groing, pour son voyage de Châteauneuf-sur-Charente en Espagne vers le roi, 140 livres au s⁰ de Thorme, pour son voyage de Madrid jusqu'à Blois, etc. Mont-de-Marsan, 3 avril 1526.

Bibl. nat., ms. Clairambault 1215, fol. 63. (*Mention.*)

18558. Mandement au trésorier de l'épargne de payer 3 avril. à Gaillard Spifame, commis à tenir le compte et faire le payement de l'extraordinaire des guerres, 3,390 livres tournois pour la solde du s⁰ de Chandio, grand prévôt de France, celles de son lieutenant et des cent hommes d'armes et archers à cheval sous son commandement. Mont-de-Marsan, 3 avril 1526.

Bibl. nat., ms. fr. 5502, fol. 2 v⁰. (*Mention.*)

18559. Commission à Jean-Joachim de Passano, pour 5 avril. réclamer au cardinal d'York une obligation de 17,000 livres sterling, souscrite en 1520 audit cardinal et au trésorier d'Angleterre, Jean Héron, par le s⁰ de Semblançay, le feu général de Normandie, etc., en un engagement de leur compter 7,000 écus d'or par an pendant soixante-cinq ans, engagement accepté par Bernard Salviati et Pierre Gorso, marchands florentins, à la charge de payer comptant auxdits Semblançay et autres une somme de 70,000 écus d'or pour subvenir aux affaires du roi, sur laquelle lesdits marchands n'ont versé que 13,000 écus; et pour négocier au mieux en Angleterre ladite obligation, dont le cardinal d'York a demandé que le montant soit compris dans les sommes promises au roi d'Angleterre par le dernier traité. Bazas, 5 avril 1526.

Copie du xvi⁰ siècle. Bibl. nat., ms. fr. 10385.

18560. Don à Frédéric Frégose, archevêque de Sa- 5 avril. lerne, de 10,000 livres tournois en récompense des services que son frère Octavien

Frégose, gouverneur de Gênes, et lui ont 1526.
rendus au roi, et au lieu de semblable
somme que le roi lui avait ordonnée en janvier 1524 n. s., et qui ne lui a pas été
payée parce qu'il a été fait prisonnier par les
Espagnols, et de 500 livres tournois à Simon
Frégose, son frère, à compter sur sa pension.
Bazas, 5 avril 1526.

> *Bibl. nat.*, ms. fr. 5502, fol. 97, et ms. fr.
> 10385. (*Mentions.*)

18561. Provisions en faveur de Léger Bouillé de la pré- 5 avril.
bende de la Sainte-Chapelle de Dijon, vacante
par suite de la résignation de Jean Le Pelletier, promu à la cure d'Auxonne, et de la cha-
pellenie de Saint-Sébastien et Saint-Thibaut,
fondée en ladite chapelle. Roquefort, 5 avril
1526.

> *Bibl. nat.*, ms. fr. 5502, fol. 4 v°. (*Mention.*)

18562. Mandement à Jean-Joachim de Passano, com- 6 avril.
mis au recouvrement de certaines obliga-
tions remises au roi par le cardinal d'York,
en payement de 67,000 écus d'or soleil dus
au roi en Angleterre, de payer à Jean Brinon,
chevalier, premier président du Parlement
de Rouen et ambassadeur en Angleterre,
1,000 écus pour le dédommager des frais
qu'il a dû faire dans sa mission. Bazas, 6 avril
1526.

> *Bibl. nat.*, ms. fr. 5502, fol. 96. (*Mention.*)

18563. Mandement aux gens du Grand conseil, con- 9 avril.
seillers au Parlement et bailli d'Orléans, de
laisser Antoine Du Prat, chancelier de France,
archevêque de Sens, entrer en possession de
l'abbaye de Saint-Benoît-sur-Loire, dont il a
été nommé abbé par Louise de Savoie et
dont il a obtenu les bulles de provisions après
la mort d'Étienne de Poncher, précédent
abbé. Bordeaux, 9 avril 152[6].

> *Original. Bibl. nat.*, ms. fr. 4658, n° 34.

18564. Mandement de payer à Anne de Montmorency, 9 avril.

grand maître et maréchal de France, capitaine de Saint-Malo, 18,800 livres tournois,
dont 12,000 pour sa pension annuelle de
1524; 6,000 pour le reste de celle de 1525;
et 800 pour ses gages de capitaine de Saint-
Malo pour deux ans. Bordeaux, 9 avril 1526.

Original. Bibl. nat., Pièces orig., Montmorency,
vol. 2031, p. 60.

1526.

18565. Mandement au trésorier de l'épargne de payer
à Jacques Minart, trésorier et receveur général des finances de Madame Renée de
France, 6,000 livres tournois pour subvenir
aux frais du voyage de ladite dame de Blois
à la cour. Bordeaux, 10 avril 1526.

Bibl. nat., ms. fr. 5502, fol. 4 v°. (Mention.)

10 avril.

18566. Provisions en faveur de Louis Gorra, docteur en
droit, de l'office de conseiller au Grand conseil, vacant par la mort de Jean de La Martonnye. Bordeaux, 11 avril 1526.

Bibl. nat., ms. fr. 5502, fol. 4 v°. (Mention.)

11 avril.

18567. Provisions en faveur d'Antoine Du Bourg de
l'office de lieutenant civil en la prévôté et vicomté de Paris, vacant par la mort de Louis
Ruzé. Bordeaux, 12 avril 1526.

Bibl. nat., ms. fr. 5502, fol. 5 v°. (Mention.)

12 avril.

18568. Provisions en faveur de Claude Musset, licencié
en lois, de l'office de lieutenant général du
bailli et gouverneur de Blois, vacant par la
résignation de Denis Musset, son père, avec
la réserve qu'il reviendra au survivant des
deux et sera exercé par l'un en l'absence de
l'autre. Bordeaux, 12 avril 1526.

Bibl. nat., ms. fr. 5502, fol. 5. (Mention.)

12 avril.

18569. Provisions en faveur de Jacques Groslot, bailli
d'Orléans et maître des requêtes de la duchesse d'Alençon, de l'office de conseiller au
Grand conseil, vacant par la promotion d'Antoine Dubourg en l'office de lieutenant civil
de la prévôté de Paris, avec dispense de tenir

12 avril.

lesdits offices de bailli et de maître des re-   1526.
quêtes. Bordeaux, 12 avril 1526.

> *Bibl. nat., ms. fr. 5502, fol. 5 v°. (Mention.)*

18570. Mandement au trésorier de l'épargne de payer   12 avril.
à Jean Prévost, receveur et payeur des gages
des officiers du Grand conseil, 1,600 livres
tournois pour Nicolas de Ganay, Pierre de
Bussy, Antoine de Belvezer et Louis Doujac,
conseillers et avocat du roi au Grand conseil,
et 200 livres tournois pour Antoine Prime,
conducteur des chariots, papiers et tapisseries
du Grand conseil. Bordeaux, 12 avril 1526.

> *Bibl. nat., ms. fr. 5502, fol. 5. (Mention.)*

18571. Lettres de réception de l'hommage de François   12 avril.
de La Trémoïlle, prince de Talmont, fait au
roi pour la baronnie de Sully, au comté de
Blois. Bordeaux, 12 avril 1526.

> *Original. Arch. nat., Chambre des Comptes de*
> *Paris, P. 10, n° 3457.*
> *Duplicata présenté à la Chambre des Comptes de*
> *Blois, le 5 décembre 1528. Arch. nat., KK. 902,*
> *fol. 109 v°. (Mention.)*

18572. Déclaration de foi et hommage de François de   12 avril.
La Trémoïlle, prince de Talmont, héritier de
feu Louis de La Trémoïlle, pour la seigneurie
de Saint-Gondon, mouvante d'Orléans. Bordeaux, 12 avril 1526.

> *Original. Arch. nat., Chambre des Comptes de*
> *Paris, P. 10, n° 3459.*

18573. Déclaration de foi et hommage de François de   12 avril.
La Trémoïlle, pour la baronnie de l'Isle-Bou-
chart, mouvante de Tours. Bordeaux, 12 avril
1526.

> *Original. Arch. nat., Chambre des Comptes de*
> *Paris, P. 13, n° 4403.*

18574. Mandement au trésorier de l'épargne de payer   13 avril.
à Antoine Doria, capitaine de deux galères
« subtiles », que le roi a fait construire en Provence, 1,000 livres tournois pour lever
trois cents corsaires en Normandie et en

Champagne, et les conduire en Provence. 1526.
Bordeaux, 13 avril 1526.

Bibl. nat., ms. fr. 5502, fol. 5 v°. (Mention.)

18575. Mandement au trésorier de l'épargne de payer 13 avril.
à Jacques Ragueneau, commis à tenir le
compte et faire le payement des frais de la
marine de Provence, 12,500 livres tournois,
soit 10,100 livres tournois pour la solde
d'André Doria, de ses cinq galères et de son
brigantin, pendant le premier quartier de la
présente année; et 2,400 livres tournois pour
la solde du mois de mai prochain des quatre
galères neuves commandées par Maurice de
Jonas et Madelon d'Ornezan. Bordeaux,
13 avril 1526.

Bibl. nat., ms. fr. 5502, fol. 5 v°. (Mention.)

18576. Provisions en faveur de René Du Bellay de 14 avril.
l'office de conseiller au Parlement de Paris,
vacant par la mort de Nicole Brachet. Bordeaux, 14 avril 1526.

Bibl. nat., ms. fr. 5502, fol. 6. (Mention.)
Reçu au Parlement de Paris, le 14 août suivant.
Arch. nat., X¹ᵃ 1529, fol. 353. (Mention.)

18577. Provisions en faveur de Nicole Quelain de 14 avril.
l'office de conseiller clerc au Parlement de
Paris, vacant par la mort de [Jean] Doucet.
Bordeaux, 14 avril 1526.

Bibl. nat., ms. fr. 5502, fol. 6. (Mention.)

18578. Déclaration de foi et hommage de François de 14 avril.
Montmorency, sᵣ de la Rochepot, gentil-
homme de la chambre du roi, pour la seigneurie de Cramoisy, mouvante de Creil. Bordeaux, 14 avril 1526.

Original. Arch. nat., Chambre des Comptes de
Paris, P. 5, n° 1596.

18579. Provisions en faveur de François Laumônier 15 avril.
de la prébende de Saint-Quentin, vacante par
la mort de Jean Lemaire. Bordeaux, 15 avril
1526.

Bibl. nat., ms. fr. 5502, fol. 7. (Mention.)

18580. Lettres en forme de mandement aux officiers de Provence, tant de mer que de terre, leur ordonnant de rendre aux Génois et aux sujets de l'empereur toutes les marchandises qui pourront leur avoir été prises depuis la publication de la paix de Madrid, et de les laisser trafiquer à l'avenir, suivant le contenu dudit traité. Bordeaux, 16 avril 1526.

Bibl. nat., ms. fr. 5502, fol. 7. (*Mention.*)

1526.
16 avril.

18581. Mandement au trésorier de l'épargne de payer à Gaspard Sormano, la somme de 1,980 livres qui lui est due pour divers voyages faits à Rome, à Venise et à Ferrare. Bordeaux, 16 avril 1526.

Bibl. nat., ms. Clairambault 1215, fol. 64. (*Mention.*)

16 avril.

18582. Mandement à Charles, duc de Vendôme, gouverneur de Picardie, lui ordonnant de rendre à leurs possesseurs, en exécution du traité de Madrid, les biens qui avaient été confisqués pendant la guerre. Bordeaux, 17 avril 1526.

Expéd. authentique. Bibl. nat., Mélanges de Colbert, vol. 364, n° 307.

17 avril.

18583. Mandement au sieur de Sarcus, capitaine de Hesdin, de remettre cette place aux commissaires envoyés par Charles-Quint, en exécution du traité de Madrid. Bordeaux, 17 avril 1526.

Original scellé. Bibl. nat., Mélanges de Colbert, vol. 364, n° 306.

17 avril.

18584. Mandement au trésorier de l'épargne de payer à Jean d'Ancézune, seigneur de Codolet, visiteur des gabelles en Languedoc, 1,200 livres qui lui sont dues pour ses gages de deux ans. Bordeaux, 17 avril 1526.

Bibl. nat., ms. Clairambault 1215, fol. 65. (*Mention.*)

17 avril.

18585. Mandement au trésorier de l'épargne de payer à Guillaume Briçonnet et à Julien Bonacorsi, commis au payement des gages des deux cents gentilshommes de la maison du roi, 3,100 li-

17 avril.

v.

95

vres tournois en déduction de ce qui leur est
dû sur les années précédentes. Bordeaux,
17 avril 1526.

1526.

> *Bibl. nat., ms. fr. 5502, fol. 16 v°. (Mention.)*

18586. Provisions en faveur du s^r d'Alègre de l'office
de bailli de Caen, vacant par la résignation
qu'en a faite à son profit le grand sénéchal
de Normandie. Bordeaux, 17 avril 1526.

17 avril.

> *Bibl. nat., ms. fr. 5502, fol. 8. (Mention.)*

18587. Provisions en faveur du s^r d'Alègre de l'office
de capitaine de Granville, dont le roi a relevé
le titulaire (son nom est laissé en blanc). Bordeaux, 17 avril 1526.

17 avril.

> *Bibl. nat., ms. fr. 5502, fol. 8. (Mention.)*

18588. Provisions en faveur de Jean de La Barre,
comte d'Étampes, premier gentilhomme de
la chambre du roi, de l'office de prévôt de
Paris, vacant par la résignation pure et simple
du s^r d'Alègre. Bordeaux, 18 avril 1526.

18 avril.

> *Reçu au Parl. de Paris, sous certaines conditions,
> le 1er juin 1526. Arch. nat., X^1a 4879, fol. 207.
> (Mention.)*
> *Bibl. nat., ms. fr. 5502, fol. 7 v°. (Mention,
> sous la date du 17 avril.)*

18589. Provisions en faveur de l'amiral [Philippe Chabot, s^r de Brion], de l'office de capitaine de
la ville et du château de Brest, vacant par la
mort de M. de Bonnivet. Bordeaux, 18 avril
1526.

18 avril.

> *Bibl. nat., ms. fr. 5502, fol. 9. (Mention.)*

18590. Provisions en faveur de l'amiral de l'office de
capitaine de Dieppe, vacant par la mort de
M. de Bonnivet. Bordeaux, 18 avril 1526.

18 avril.

> *Bibl. nat., ms. fr. 5502, fol. 9. (Mention.)*

18591. Provisions en faveur de l'amiral [Philippe Cha-
bot] de l'office de capitaine de la ville et du
château de Concarneau, vacant par la mort
de M. de La Trémoille. Bordeaux, 18 avril
1526.

18 avril.

> *Bibl. nat., ms. fr. 5502, fol. 9. (Mention.)*

18592. Provisions en faveur de l'amiral de l'office de capitaine de la ville et du château de Honfleur, vacant par la mort de M. de Bonnivet. Bordeaux, 18 avril 1526.

1526.
18 avril.

> *Bibl. nat., ms. fr. 5502, fol. 9. (Mention.)*

18593. Lettres de retenue comme gentilhomme de l'hôtel du roi, sous le vidame de Chartres, en faveur de Nectaire de Saint-Nectaire (Senneterre), en remplacement de Louis de Beauvoir, dit le Loup, décédé. Bordeaux, 18 avril 1526.

18 avril.

> *Bibl. nat., ms. fr. 5502, fol. 7. (Mention.)*

18594. Mandement au trésorier de l'épargne de payer à Jacques Ragueneau, commis à tenir le compte et faire le payement des frais ordinaires et extraordinaires de la marine de guerre, 800 livres tournois à Maurice de Jonas, capitaine de deux galères, pour sa solde. Bordeaux, 18 avril 1526.

18 avril.

> *Bibl. nat., ms. fr. 5502, fol. 8 v°. (Mention.)*

18595. Commission à Pierre de Bidoux, sr de Lartigue, vice-amiral de Bretagne, de faire rechercher les droits de dixième et autres échus à l'amirauté de Guyenne depuis la mort de M. de La Trémoïlle. Bordeaux, 18 avril 1526.

18 avril.

> *Bibl. nat., ms. fr. 5502, fol. 9. (Mention.)*

18596. Provisions en faveur de Jean de Créquy, seigneur de Canaples, de l'office de bailli d'Amiens, vacant par le décès d'Antoine de Créquy, sr du Pont-de-Remy, son oncle. Bordeaux, 20 avril 1526.

20 avril.

> *Reçu au Parl. de Paris, le 4 juin 1526. Arch. nat., X¹ᵃ 4879, fol. 213. (Mention.)*
> *Bibl. nat., ms. fr. 5502, fol. 13. (Mention.)*

18597. Mandement au trésorier de l'épargne de payer à Louis de Clèves 1,640 livres tournois que le roi lui a données, sans préjudice de ses

20 avril.

autres dons et pensions, pour l'aider à ac-   1526.
quitter sa rançon. Bordeaux, 20 avril 1526.
> Bibl. nat., ms. fr. 5502, fol. 8. (*Mention.*)
> Bibl. nat., ms. Clairambault 1215, fol. 65.
> (*Mention.*)

18598. Mandement au trésorier de l'épargne de payer   21 avril.
à Louis de Lorraine, comte de Vaudémont,
1,000 livres tournois, et à Frédéric de Baugé,
chevalier de l'ordre, 500 livres tournois
comme acompte sur leurs pensions de l'année
dernière. Bordeaux, 21 avril 1526.
> Bibl. nat., ms. fr. 5502, fol. 10. (*Mention.*)

18599. Mandement au duc de Vendôme de faire pu-   28 avril.
blier le traité de Madrid. 28 avril 1526.
> Bibl. nat., ms. fr. 16902, fol. 1 v°. (*Mention.*)

18600. Mandement au trésorier de l'épargne de payer   30 avril.
à Morelet du Museau, le jeune, commis au
payement des pensions des ligues de Suisse,
7,000 livres tournois pour remettre 6,000 livres tournois à Barthélemy May, originaire
de Suisse, en dédommagement des marchandises qu'André Doria lui a capturées sur mer,
et 1,000 livres au sr de Grangis, ambassadeur
du roi en Suisse, pour son état. Cognac,
30 avril[1] 1526.
> Bibl. nat., ms. fr. 5502, fol. 10. (*Mention.*)

18601. Mandement à la Chambre des Comptes d'al-   30 avril.
louer aux comptes de Guillaume Prudhomme
200 écus soleil qu'il a remis au roi. Cognac,
30 avril 1526.
> Bibl. nat., ms. fr. 5502, fol. 9. (*Mention.*)

18602. Mandement au trésorier de l'épargne de payer   30 avril.
à Claude Aligre, commis sous Philibert Ba-
bou, le jeune, au payement des menus plaisirs du roi, 2,050 livres tournois pour le présent mois d'avril et le prochain mois de mai.
Cognac, 30 avril 1526.
> Bibl. nat., ms. fr. 5502, fol. 9 v°. (*Mention.*)

---

[1] Le texte porte « me avril », ce qui ne peut être qu'une erreur; il
faut corriger « 30 avril » ou « 3 mai ».

18603. Mandement au trésorier de l'épargne de laisser entre les mains du receveur Sapin 250 livres tournois, qu'il remettra à Denis Poillot, maître des requêtes, en payement de ses chevauchées. Cognac, 30 avril 1526.

1526.
30 avril.

Bibl. nat., ms. fr. 5502, fol. 9 v°. (Mention.)

18604. Lettres de réception de l'hommage rendu par Louis de Clermont, tant en son nom qu'en celui de Renée d'Amboise, sa femme, pour les seigneuries de Sexfontaines, Meures, Sarcicourt, Gillancourt, Bologne, Annéville, Vieville, Marault, Roôcourt, Riaucourt et autres, mouvantes de la châtellenie de Chaumont-en-Bassigny, à eux données par Catherine de Saint-Blin, dame de Blaise et de Vignory. Cognac, 30 avril 1526.

30 avril.

Expéd. orig. Arch. nat., P. 163¹, cote 959.

18605. Lettres de réception de l'hommage rendu par Louis de Clermont, chevalier, au nom de Catherine de Saint-Blin, veuve de Jean d'Amboise, seigneur de Bussy, tant pour elle que comme tutrice des enfants mineurs de feu Pierre de Beaufremont et de Charlotte d'Amboise, pour la seigneurie d'Aillefol (auj. Géraudot), au bailliage de Troyes, mouvante du comté de Champagne. Cognac, 30 avril 1526.

30 avril.

Expéd. orig. Arch. nat., P. 166¹, cote 2359.

18606. Lettres de confirmation avec vidimus des privilèges, franchises et libertés octroyés par les rois Louis XI et Charles VIII aux chanoines, consuls et habitants de Notre-Dame d'Uzeste, au diocèse de Bazas. Bordeaux, avril 1526.

Avril.

Enreg. à la Chancellerie de France. Arch. nat., Trésor des Chartes, JJ. 243, n° 85, fol. 16.

18607. Lettres de confirmation avec vidimus des privilèges et franchises octroyés par Philippe de Valois, en novembre 1328, aux chapitres et églises collégiales de Notre-Dame d'Uzeste et de Saint-Martin de Villandraut, au diocèse de Bazas. Bordeaux, avril 1526.

Avril.

Enreg. à la Chancellerie de France. Arch. nat., Trésor des Chartes, JJ. 243, n° 89, fol. 17.

18608. Lettres d'abolition en faveur de Louis de Billy, s' de Courville, capitaine et gouverneur de Guise, pour des excès de guerre commis au détriment de la ville de Ribemont. Bordeaux, avril 1526.

1526. Avril.

Enreg. à la Chancellerie de France. Arch. nat., Trésor des Chartes, JJ. 243, n° 90, fol. 17.

18609. Lettres de légitimation accordées à Jean d'Aydie, fils naturel de Raymond d'Aydie et de Catherine Garrabosch, de la sénéchaussée d'Agénais. Bordeaux, avril 1526.

Avril.

Enreg. à la Chancellerie de France. Arch. nat., Trésor des Chartes, JJ. 243, n° 157, fol. 35 v°. Bibl. nat., ms. fr. 5502, fol. 6 v° et 8 v°. (Deux mentions.)

18610. Lettres de légitimation en faveur de Pierre Bayet, fils naturel de Jean Bayet et de Pernelle Delange, de Périgord. Bordeaux, avril 1526.

Avril.

Enreg. à la Chancellerie de France. Arch. nat., Trésor des Chartes, JJ. 243, n° 144, fol. 32 v°.

18611. Lettres de légitimation accordées à François et Jean de Birasel, fils naturels de Jean de Birasel, prêtre, et de Jeanne Marinier. Bordeaux, avril 1526.

Avril.

Enreg. à la Chancellerie de France. Arch. nat., Trésor des Chartes, JJ. 243, n° 161, fol. 36 v°.

18612. Lettres de légitimation accordées à G. Delestre, chirurgien, fils naturel de Bernard Delestre, prêtre, chanoine de Saint-Pierre de Romieu en Agénais, et de Catherine de La Rocque. Bordeaux, avril 1526.

Avril.

Enreg. à la Chancellerie de France. Arch. nat., Trésor des Chartes, JJ. 243, n° 168, fol. 38 v°.

18613. Lettres de légitimation octroyées à François Descartes, fils naturel de feu Jean Descartes, écuyer, seigneur de la Haute-Métairie, et de Jeanne Poitevin, du bailliage de Blois. Bordeaux, avril 1526.

Avril.

Enreg. à la Chancellerie de France. Arch. nat., Trésor des Chartes, JJ. 239, n° 72, fol. 19. 1 page.

18614. Lettres de légitimation accordées à Antoine
Mosnier, fils naturel de Pierre de Berrodon,
prêtre, et d'Alexie Vallet, de Périgord. Bordeaux, avril 1526.

1526.
Avril.

Enreg. à la Chancellerie de France. Arch. nat.,
Trésor des Chartes, JJ. 243, n° 125, fol. 26 v°.

18615. Lettres de légitimation accordées à André de
Serrières, fils naturel d'Antoine de Serrières,
prêtre, et de Philippe Durand, veuve, de la
sénéchaussée de Toulouse. Bordeaux, avril
1526.

Avril.

Enreg. à la Chancellerie de France. Arch. nat.,
Trésor des Chartes, JJ. 243, n° 155, fol. 35.

18616. Lettres de légitimation accordées à Arnaud
Ysaulté, marié et père de famille, du diocèse
de Bazas, fils naturel de Guillaume Ysaulté et
de Bertrande Ducasse. Bordeaux, avril 1526.

Avril.

Enreg. à la Chancellerie de France. Arch. nat.,
Trésor des Chartes, JJ. 243, n° 160, fol. 36 v°.

18617. Lettres de naturalité accordées à Jean Salvi,
marchand, natif de la ville de Sienne, établi
à Bordeaux depuis dix ans. Bordeaux, avril
1526.

Avril.

Enreg. à la Chancellerie de France. Arch. nat.,
Trésor des Chartes, JJ. 243, n° 121, fol. 25 v°.

18618. Provisions de l'office de premier avocat général au Parlement de Bourgogne, pour Jean
Sayve, docteur ès droits, en remplacement
d'Elie Moisson, décédé. Cognac, avril 1526.

Avril.

Reçu le 26 mai suivant. Enreg. au Parl. de
Dijon. Arch. de la Côte-d'Or, Parl., reg. II,
fol. 15 v°.
Bibl. nat., ms. fr. 5502, fol. 8 v°. (Mention,
sous la date du 30 avril.)

18619. Déclaration de l'hommage d'Antoine de La Rochefoucauld, seigneur de Barbezieux, pour
la seigneurie de Vendeuvre, au bailliage de
Troyes, mouvante du comté de Champagne,
et échue audit Antoine par suite du décès de
Georges d'Amboise, seigneur de Chaumont.
Cognac, 1er mai 1526.

1er mai.

Expéd. orig. Arch. nat., P. 166¹, cote 2360.

18620. Commission à [Philippe Chabot], s^r de Brion, 1526. amiral de France, à l'évêque de Mâcon, à 2 mai. Claude Patarin, président au Parlement de Dijon, et à Raoul Hurault, général des finances de Bourgogne, pour demander aux États des comté d'Auxonne, terres d'Outre-Saône et ressort de Saint-Laurent, la ratification du traité de Madrid. Cognac, 2 mai 1526.

Copie du XVIIIe siècle, d'après une autre copie du 6 août 1588, collationnée à l'original, Arch. nat., K. 1149, n° 65.

18621. Provisions en faveur de Florimond Fortier de 2 mai. l'office de trésorier et receveur général de l'artillerie, vacant par la résignation de Guillaume Deseigne au profit dudit Fortier. Cognac, 2 mai 1526.

Bibl. nat., ms. fr. 5502, fol. 9 v°. (Mention.)

18622. Provisions en faveur de Chrétien Bouret de la 3 mai. prébende de Sainte-Madeleine du château à Rouvres, vacante par la mort d'Edme Roy. Cognac, 3 mai 1526.

Bibl. nat., ms. fr. 5502, fol. 10. (Mention.)

18623. Don à Antoine de Négrepelisse, chevalier, baron 3 mai. de Larnac, capitaine de cinquante hommes d'armes, et à Françoise d'Aster, sa femme, du bois de chauffage venant en la Garrigue claire, sise dans la sénéchaussée de Quercy, pour leur maison de Montricoux, et de l'herbage et glandage venant en ladite garrigue pour leur bétail, leur vie durant et au survivant des deux, avec dispense des droits. Cognac, 3 mai 1526.

Bibl. nat., ms. fr. 5502, fol. 10 v°. (Mention.)

18624. Commission au baron de Larnac de veiller à 3 mai. la garde et au bon entretien de la Garrigue claire, dans la sénéchaussée de Quercy, et de déléguer les personnes propres à ce service. Cognac, 3 mai 1526.

Bibl. nat., ms. fr. 5502, fol. 10 v°. (Mention.)

18625. Mandement au trésorier de l'épargne de payer 5 mai.

à Benoît Théocrène, précepteur du dauphin, et à Gaspard Sormano, 100 livres tournois par mois à chacun d'eux, soit 1,200 livres tournois par an à chacun pour leur pension. Cognac, 5 mai 1526.

> Bibl. nat., ms. fr. 5502, fol. 11. (Mention.)

1526.

18626. Mandement au trésorier de l'épargne de payer à Marc de La Baume, comte de Montrevel, chevalier de l'ordre, 1,000 livres tournois pour compléter le payement des 2,000 livres tournois de sa pension de l'année dernière. Cognac, 5 mai 1526.

> Bibl. nat., ms. fr. 5502, fol. 10 v°. (Mention.)

5 mai.

18627. Provisions en faveur de Louis de Brézé, chevalier de l'ordre, comte de Maulévrier, grand sénéchal de Normandie, de l'office de gouverneur et lieutenant général du roi en cette province, vacant par la mort du duc d'Alençon. Cognac, 6 mai 1526.

> Copie du XVIII° siècle. Bibl. nat., ms. Clairambault 959, p. 125.
> Enreg. le 7 juin 1526.
> Bibl. nat., ms. fr. 5502, fol. 11 v°. (Mention.)
> Bibl. nat., ms. fr. 20873, fol. 425. (Mention, sous la date du 25 juin 1526.)

6 mai.

18628. Provisions en faveur de Louis de Brézé, chevalier de l'ordre, comte de Maulévrier, grand sénéchal de Normandie, de l'office de premier chambellan du roi, vacant depuis la mort de M. de La Trémoïlle. Cognac, 6 mai 1526.

> Bibl. nat., ms. fr. 5502, fol. 11 v°. (Mention.)

6 mai.

18629. Provisions en faveur de François de Bourbon, comte de Saint-Pol, de l'office de gouverneur et lieutenant général du roi en Dauphiné, vacant par la mort de M. de Bonnivet. Cognac, 7 mai 1526.

> Copie du XVII° siècle. Bibl. nat., ms. Clairambault 954, fol. 153.
> Bibl. nat., ms. fr. 5502, fol. 12 v°. (Mention.)
> Arch. de l'Isère, Invent. de la Chambre des Comptes de Grenoble, Generalia, t. I, fol. 405 v°. (Mention.)

7 mai.

v.

96

18630. Don au comte de Saint-Pol, gouverneur de
Dauphiné, des 4,000 ducats de Briançon,
tant pour son état de gouverneur s'élevant à
6,000 livres par an, qu'en déduction de
2,000 livres tournois sur sa pension annuelle.
Cognac, 7 mai 1526.

> Bibl. nat., ms. fr. 5502, fol. 12 v°. (*Mention.*)

1526.
7 mai.

18631. Mandement au trésorier de l'épargne de faire
payer par le changeur du trésor à Jean Du
Plessis, dit Torcou, maître d'hôtel ordinaire
du roi, 224 livres tournois en récompense de
ses services. Cognac, 7 mai 1526.

> Bibl. nat., ms. fr. 5502, fol. 11. (*Mention.*)

7 mai.

18632. Mandement au trésorier de l'épargne de payer
à Anne de La Fayette, veuve de François de
Silly, bailli et capitaine de Caen, 7,000 livres
qui lui étaient encore dues sur les 10,000 livres dont le roi avait fait don à son mari. Cognac, 8 mai 1526.

> Bibl. nat., ms. Clairambault 1215, fol. 65.
> (*Mention.*)

8 mai.

18633. Don de 800 livres à Thomas Cheyne, ambassadeur du roi d'Angleterre. Cognac, [8 mai
1526].

> Bibl. nat., ms. Clairambault 1215, fol. 65.
> (*Mention.*)

8 mai.

18634. Mandement de la régente à Jean Sapin de
payer 600 livres à Gaspard Sormano, envoyé
de Bordeaux en Suisse; 1,200 livres à Jean
de Calvimont, pour son voyage en Espagne
comme ambassadeur, etc. Cognac, 9 mai
1526.

> Bibl. nat., ms. Clairambault 1215, fol. 63.
> (*Mention.*)

9 mai.

18635. Mandement au trésorier de l'épargne de rembourser au sr du Fou, maître d'hôtel du roi,
la somme de 12,000 livres tournois, qu'il
avait prêtée à François Ier, en janvier 1522 n. s.,
moyennant quoi le roi lui avait engagé cer-

10 mai.

taine partie de son domaine en Poitou. Co-gnac, 10 mai 1526.   1526.

> Bibl. nat., ms. fr. 5502, fol. 12. (Mention.)

18636. Provisions pour Charles Blanchet de l'office de notaire et secrétaire du conseil et chancellerie de Bretagne, vacant par la mort de Guillaume Allane. Cognac, 10 mai 1526.   10 mai.

> Bibl. nat., ms. fr. 5502, fol. 13 v°. (Mention.)

18637. Lettres confirmant à Gillette de Guiny, en récompense des services qu'elle avait rendus à la reine, la jouissance de tous les revenus des seigneuries d'Auray et de Quibéron, plus une rente annuelle de 400 livres pendant cinq années. Cognac, 11 mai 1526.   11 mai.

> Copie du temps. Arch. nat., R¹ 212.
> Vidimus du xvıᵉ siècle. Arch. du château de Penhoët, près Josselin (Morbihan), propriété de Mᵐᵉ la vicomtesse de Noday, née de Colbert.

18638. Provisions pour Guillaume Le Seure de l'office d'artilleur au château de Boulogne, vacant par la mort de Pierre Nicolin. Cognac, 11 mai 1526.   11 mai.

> Bibl. nat., ms. fr. 5502, fol. 14. (Mention.)

18639. Don à Jean Sapin d'une somme de 2,170 livres. Cognac, 12 mai 1526.   12 mai.

> Bibl. nat, ms. Clairambault 1215, fol. 63. (Mention.)

18640. Lettres de retenue pour le sʳ d'Alègre, bailli de Caen, de l'office de conseiller et chambellan ordinaire du roi. Cognac, 14 mai 1526.   14 mai.

> Bibl. nat., ms. fr. 5502, fol. 13 v°. (Mention.)

18641. Mandement au trésorier de l'épargne de payer à Jean Sanson et Brandelis de Saint-Marsaut, héritiers de François de Saint-Marsaut, 6,365 livres en déduction des 12,000 écus soleil que le roi avait pris à titre d'emprunt des deniers du défunt, et avait fait apporter   14 mai.

à Lyon pour le payement de sa rançon. Cognac, 14 mai 1526. 1526.

Bibl. nat., ms. Clairambault 1215, fol. 64. (Mention.)

18642. Mandement au trésorier de l'épargne de payer au sr Frédéric de Baugé 2,050 livres tournois, soit 1,000 écus d'or soleil à 41 sous la pièce, en déduction des 3,000 écus qu'il avait prêtés au feu sr de Saint-Marsaut. Cognac, 14 mai 1526. 14 mai.

Bibl. nat., ms. fr. 5502, fol. 13. (Mention.)

18643. Continuation en faveur de François de Belcier, premier président du Parlement de Bordeaux, de la pension de 600 livres tournois attachée audit office. Cognac, 14 mai 1526. 14 mai.

Bibl. nat., ms. fr. 5502, fol. 13 v°. (Mention.)

18644. Mandement au trésorier de l'épargne de payer à Pedro de Navarre, chevalier, 2,050 livres tournois, valant 1,000 écus d'or soleil à 41 sous la pièce, en récompense de ses loyaux services. Cognac, 14 mai 1526. 14 mai.

Bibl. nat., ms. fr. 5502, fol. 14. (Mention.)

18645. Mandement au trésorier de l'épargne de payer à Joachim de La Châtre, sr de la Maisonfort, 333 livres 6 sous 6 deniers tournois provenant des lods et ventes de la seigneurie de Malaquet (ou Malaguet), relevant du château de Poitiers, vendue par un nommé Sauvestre à René Berthelot. Cognac, 14 mai 1526. 14 mai.

Bibl. nat., ms. fr. 5502, fol. 15. (Mention.)

18646. Commission à Toussaint Prévot d'employer les revenus de l'abbaye de Saint-Victor de Marseille aux réparations de ladite abbaye, ainsi que le roi le lui a ordonné verbalement. Cognac, 15 mai 1526. 15 mai.

Bibl. nat., ms. fr. 5502, fol. 15. (Mention.)

18647. Mandement aux trésoriers généraux de France de permettre à Richard Pichon, marchand à Bordeaux, fermier de la traite des vins en 17 mai.

Saintonge et à la Rochelle, de bénéficier du
rabais fait par la régente, et de lui rembourser
500 livres tournois. Cognac, 17 mai 1526.

Bibl. nat., ms. fr. 5502, fol. 14 v°. (Mention.)

1526.

18648. Lettres de survivance du grenier à sel de Laon
pour Jean Laumônier, fils de Jean Laumônier,
trésorier de Madame de Vendôme. Cognac,
17 mai 1526.

Bibl. nat., ms. fr. 5502, fol. 14 v°. (Mention.)

17 mai.

18649. Lettres portant assignation à [Jean d'Estoute-
ville], s^r de Villebon, bailli de Rouen, de la
garenne de Clères, audit bailliage. Cognac,
17 mai 1526.

Bibl. nat., ms. fr. 5502, fol. 15. (Mention.)

17 mai.

18650. Mandement au receveur général d'Apestigny,
de payer 1,000 écus à Guyot de Maugiron,
écuyer de l'écurie, dont le roi lui a fait don.
Cognac, 17 mai 1526.

Bibl. nat., ms. fr. 5502, fol. 15. (Mention.)

17 mai.

18651. Provisions pour le s^r de La Rochepot de l'office
de bailli d'Auxois, vacant par la mort du
s^r de Jonvelle [Georges de La Tremoïlle]. Cognac, 17 mai 1526.

Bibl. nat., ms. fr. 5502, fol. 15 v°. (Mention.)

17 mai.

18652. Lettres de souffrance accordant au s^r de La Rochepot de ne prêter serment pour l'office de
bailli d'Auxois que dans un an, quoique ses
gages doivent courir du jour de sa nomination. Cognac, 17 mai 1526.

Bibl. nat., ms. fr. 5502, fol. 15 v°. (Mention.)

17 mai.

18653. Mandement à Guillaume Prudhomme, trésorier de l'épargne, de faire payer par Pierre
Potier, receveur des exploits et amendes du
Parlement de Toulouse, 3,000 livres tournois à Jean de Gramont, chevalier, lieutenant du s^r de Lautrec en Guyenne, en récompense de ses services. Cognac, 18 mai
1526.

*Original. Bibl. nat., ms. Clairambault 955,
fol. 75.*

18 mai.

18654. Mandement au trésorier de l'épargne de rembourser à Henri Bohier, s^r de la Chapelle, sénéchal de Lyon, 247 livres 10 sous tournois,
c'est-à-dire une demi-année de ses gages, Cognac, 19 mai 1526.

Bibl. nat., ms. fr. 5502, fol. 15 v°. (*Mention.*)

18655. Déclaration du roi portant à 365 livres tournois les gages ordinaires du sénéchal de Lyon.
Cognac, 19 mai 1526.

Bibl. nat., ms. fr. 5502, fol. 15 v°. (*Mention.*)

18656. Provisions en faveur de Michel d'Aubeterre,
s^r de Montchaude, valet tranchant du roi et
maître d'hôtel de Louise de Savoie, de l'office
de capitaine de Talmont-sur-Gironde, vacant
par la mort du s^r de Valzargues. Cognac,
19 mai 1526.

Bibl. nat., ms. fr. 5502, fol. 16. (*Mention.*)

18657. Mandement au trésorier de l'épargne de faire
payer par Jean Carré, commis au payement
des officiers de l'hôtel du roi, 1,800 livres
tournois au s^r de Châteaumorant, l'un des
gentilshommes de la chambre, pour le complément de ses gages. Cognac, 19 mai 1526.

Bibl. nat., ms. fr. 5502, fol. 16. (*Mention.*)

18658. Don à Jean Deleau du canonicat de la Sainte-
Chapelle du palais à Paris, avec maison et
jardin, vacant par la résignation faite à son
profit par Pierre Turquain. Cognac, 20 mai
1526.

Bibl. nat., ms. fr. 5502, fol. 16. (*Mention.*)

18659. Provisions en faveur de Claude Lesbart de
l'office de verdier de Valognes, vacant par la
mort de Guillaume Le Viau. Cognac, 21 mai
1526.

Bibl. nat., ms. fr. 5502, fol. 17. (*Mention.*)

18660. Mandement au sénéchal de Carcassonne et au
viguier juge de Narbonne d'ordonner aux personnes qui possèdent, autour de Narbonne,
des champs où il y a des carrières, de les

1526.
19 mai.

19 mai.

19 mai.

19 mai.

20 mai.

21 mai.

22 mai.

abandonner aux habitants de cette ville, moyennant rétribution, pour qu'ils puissent fortifier leur ville de tours et de murailles. Cognac, 22 mai 1526.

> *Copie du* xviiie *siècle. Bibl. nat., coll. Doat, vol. 54, fol. 359.*

1526.

18661. Provisions pour l'amiral de Brion [Philippe Chabot], de l'office de capitaine du château de Dijon, vacant par la mort de M. de Jonvelle. Cognac, 23 mai 1526.

> *Bibl. nat., ms. fr. 5502, fol. 16 v°. (Mention.)*

23 mai.

18662. Provisions en faveur d'Antoine de La Rochechandry de l'office de capitaine de Pont-Audemer, vacant par la mort de l'amiral de Bonnivet. Cognac, 24 mai 1526.

> *Bibl. nat., ms. fr. 5502, fol. 11. (Mention.)*

24 mai.

18663. Mandement à Pierre d'Apestigny, receveur général des finances extraordinaires et parties casuelles, de payer 200 écus d'or soleil à Béraude de Jaucourt, dame de Brézolles, en récompense des services qu'elle a rendus à la feue reine Claude. Cognac, 24 mai 1526.

> *Bibl. nat., ms. fr. 5502, fol. 16. (Mention.)*

24 mai.

18664. Lettres de réception par Louise de Savoie des foi et hommage de Philibert Babou, chevalier, s^r de la Bourdaisière, pour la seigneurie de Tuisseau, mouvante d'Amboise. Cognac, 25 mai 1526.

> *Original. Arch. nat., Chambre des Comptes de Paris, P. 12, n° 3955.*

25 mai.

18665. Don à Robert de La Martonnye, s^r de Bonnes, d'une pension de 600 livres tournois assise sur le grenier à sel de Libourne, en attendant que le roi l'ait pourvu d'un office de capitaine valant 600 livres, pour le dédommager de la capitainerie de Pont-de-l'Arche, que le roi lui a redemandée. Cognac, 25 mai 1526.

> *Bibl. nat., ms. fr. 5502, fol. 14. (Mention.)*

25 mai.

18666. Lettres de présentation de Jacques Le Portier

25 mai.

à la cure de Saint-Thomas de Montfiquet, 1526.
diocèse de Bayeux, vacante par la résignation
de Richard Porée, nommé à la chapelle per-
pétuelle de Saint-André en l'église cathédrale
de Bayeux. Cognac, 25 mai 1526.

Bibl. nat., ms. fr. 5502, fol. 16 v°. (Mention.)

18667. Don pour dix ans à Antoine de Carlucet du   25 mai.
revenu de la justice du bailliage de Mont-
Sainte-Marie en la sénéchaussée de Quercy,
appartenant au roi par pariage avec l'abbé
d'Aubazine. Cognac, 25 mai 1526.

Bibl. nat., ms. fr. 5502, fol. 18. (Mention.)

18668. Provisions de l'office de grand veneur, vacant   25 mai.
par la mort de Louis de Rouville, en faveur
du vidame de Chartres, Louis de Vendôme.
Cognac, 25 mai 1526.

Bibl. nat., ms. fr. 5502, fol. 19 v°. (Mention.)

18669. Mandement au trésorier de l'épargne de payer   26 mai.
aux trésoriers des guerres 472,095 livres tour-
nois, pour employer au fait de leur office.
Cognac, 26 mai 1526.

Bibl. nat., ms. fr. 5502, fol. 17. (Mention.)

18670. Déclaration de foi et hommage de Robert de La   26 mai.
Marck, s^r de Fleuranges, chevalier de l'ordre,
comme procureur de Guillemette de Sarrebruck, sa femme, et de Catherine et Philippe
de Sarrebruck, sœurs de sa femme, pour le
comté de Braine, mouvant d'Oulchy-le-Château. Cognac, 26 mai 1526.

*Original. Arch. nat., Chambre des Comptes de
Paris, P. 7, n° 2210.*

18671. Lettres de réception de l'hommage rendu par   26 mai.
Robert de La Marck, seigneur de Fleuranges,
au nom de Guillemette de Sarrebruck, sa
femme, et de Catherine et Philippe de Sarrebruck, ses belles-sœurs, pour le comté de
Roucy, mouvant de Châtillon-sur-Marne, au
bailliage de Vitry, et appartenant par indivis

auxdites Guillemette, Catherine et Philippe.
Cognac, 26 mai 1526.

Expéd. orig. Arch. nat., P. 161¹, cote 504.

1526.

18672. Mandement au trésorier de l'épargne de payer
à Jean d'Alsace, échanson du roi, 1,600 livres
tournois pour sa pension des années 1524 et
1525, soit 800 livres tournois par an. Angoulême, 30 mai 1526.

30 mai.

Bibl. nat., ms. fr. 5502, fol. 17 v°. (Mention.)

18673. Mandement au trésorier de l'épargne de payer
à Pierre Mangot, orfèvre du roi, la somme
de 1,261 livres 15 sous pour deux colliers
de l'ordre de Saint-Michel, destinés à remplacer celui que le roi a perdu à Pavie et
celui que le seigneur de Lautrec a été obligé
de vendre, lorsqu'il était lieutenant général
en Italie. Angoulême, 31 mai 1526.

31 mai.

*Bibl. nat., ms. Clairambault 1215, fol. 64 v°.
(Mention.)
Bibl. nat., ms. fr. 5502, fol. 19. (Mention.)*

18674. Lettres de légitimation accordées à Jean « Canaroqui », fils naturel d'Astorg « Canaroqui »,
prêtre, et d'une veuve nommée Antonie Be-
net, de la sénéchaussée d'Agénais. Cognac,
mai 1526.

Mai.

*Enreg. à la Chancellerie de France. Arch. nat.,
Trésor des Chartes, JJ. 239, n° 113, fol. 31 v°.
1 page.*

18675. Lettres de naturalité accordées à François Creuzeau, né en Espagne, fils naturel de feu Pierre
Creuzeau, de la Rochelle, né pendant un
voyage de son père, qui l'amena en France
à l'âge de trois ans et l'établit à Bordeaux.
Cognac, mai 1526.

Mai.

*Enreg. à la Chancellerie de France. Arch. nat.,
Trésor des Chartes, JJ. 239, n° 95, fol. 27. 1 page.*

18676. Lettres de légitimation accordées à Itier et Jean
de Malet, frères natifs du Mas-de-Malet, paroisse de Talizat, diocèse de Saint-Flour, fils

Mai.

v.

naturels de Jean de Malet, prêtre, et de Jeanne Delriu. [Cognac, mai 1526 [1].]

Enreg. à la Chancellerie de France. Arch. nat., Trésor des Chartes, JJ. 239, n° 114, fol. 31 v°. 1 page.

1526.

18677. Lettres de légitimation accordées à Martial Vigier, écuyer, fils naturel de feu Guillaume Vigier, écuyer, et de Louise Ayrel, de la sénéchaussée d'Angoulême. Cognac, mai 1526.

Enreg. à la Chancellerie de France. Arch. nat., Trésor des Chartes, JJ. 239, n° 112, fol. 31 v°. 1 page.

Mai.

18678. Déclaration du roi portant que les habitants d'Harfleur prendront le revenu du vin et des autres boissons vendus en ladite ville, des mains du receveur des aides de Montivilliers. Angoulême, 1er juin 1526.

Bibl. nat., ms. fr. 5502, fol. 18 v°. (Mention.)

1er juin.

18679. Mandement au trésorier de l'épargne de bailler à Florimond Fortier, trésorier et receveur général de l'artillerie, 9,000 livres tournois pour le payement de la solde des officiers de l'artillerie, pendant le premier quartier de la présente année. Angoulême, 3 juin 1526.

Bibl. nat., ms. fr. 5502, fol. 18. (Mention.)

3 juin.

18680. Provisions pour Jean de Launay de l'office de sergent à verge au Châtelet de Paris, vacant par la mort de Jean Cartel. Angoulême, 3 juin 1526.

Bibl. nat., ms. fr. 5502, fol. 18 v°. (Mention.)

3 juin.

18681. Lettres de retenue en faveur de Jacques Tibergeau de l'office de porteur en la cuisine de Madame Renée de France, vacant par la mort de Germain Barré. Angoulême, 4 juin 1526.

Bibl. nat., ms. fr. 5502, fol. 17 v°. (Mention.)

4 juin.

18682. Provisions pour Jean de Créquy, sr de Canaples, de l'office de bailli d'Amiens, en rem-

5 juin.

[1] Pièce incomplète par suite de la lacération d'un feuillet du registre.

placement de feu Antoine de Créquy, son
oncle. 5 juin 1526.

1526.

Enreg. à la Chambre des Comptes de Paris, anc.
mém. 2 D, fol. 138 v°. Arch. nat., PP. 119, p. 25.
(Mention.)
Bibl. nat., ms. fr. 21405, p. 294. (Mention.)
Bibl. nat., ms. Clairambault 782, p. 280.
(Mention.)

18683. Provisions pour Jean d'Estrées, s' de Wallieux,
capitaine de trente Albanais, de la capitainerie de cent cinquante-cinq Albanais en plus
des trente qu'il commandait déjà, vacante par
la mort d'Adrien de « Muzarq de Pyrothet ».
Angoulême, 8 juin 1526.

8 juin.

Bibl. nat., ms. fr. 5502, fol. 20 v°. (Mention.)

18684. Mandement à Jean Sapin de payer, sur les
3,237 livres 15 sous qui lui sont délivrés,
133 livres 5 sous à Philippe de Posques,
maître des postes à Boulogne, pour aller à
Londres; 1,230 livres au s' de Morette,
pour aller au-devant du roi d'Angleterre;
205 livres à Michel Chapelain, pour aller en
Angleterre porter des lettres à l'ambassadeur
Jean-Joachim de Passano, etc. Angoulême,
11 juin 1526.

11 juin.

Bibl. nat., ms. Clairambault 1215, fol. 63.
(Mention.)

8685. Don à Pierre de Bellefourière, chevalier, conseiller et maître d'hôtel ordinaire du roi, des
droits seigneuriaux de la baronnie de Mailly
qu'il a achetée, mouvante du roi à cause de
Péronne. 12 juin 1526.

12 juin.

Enreg. à la Chambre des Comptes de Paris, anc.
mém. 2 D, fol. 139. Arch. nat., PP, 119, p. 25.
(Mention.)
Bibl. nat., ms. fr. 21405, p. 294. (Mention.)
Bibl. nat., ms. Clairambault 782, p. 280.
(Mention.)

18686. Mandement à Jean Sapin de payer à Gabriel,
baron de « Loeth », 3,275 livres qui lui étaient
encore dues pour divers voyages faits par lui,
en 1521 et 1522, comme ambassadeur auprès

12 juin.

de la seigneurie de Venise et du duc de Fer-   1526.
rare. Angoulême, 12 juin 1526.

> Bibl. nat., ms. Clairambault 1215, fol. 63.
> (Mention.)

18687. Lettres de don d'une somme de 114 livres   15 juin.
10 sous à Christophe Le Cointe, huissier du
Grand conseil, pour s'être saisi, en exécution
de l'ordre qui lui en avait été donné, de Léonard Mortery, religieux de l'ordre des Jacobins. Angoulême, 15 juin 1526.

> Bibl. nat., ms. Clairambault 1215, fol. 64.
> (Mention.)

18688. Don d'une place de religieux lai en l'abbaye   15 juin.
de « Noaley » (Nouaillé) en Poitou à Jean Pac-
quault, originaire de Saintonge, pour le récompenser des services qu'il a rendus au sr de
Bonnivet, en ravitaillant Fontarabie. Angoulême, 15 juin 1526.

> Bibl. nat., ms. fr. 5502, fol. 20. (Mention.)

18689. Don d'une place de religieux lai en l'abbaye de   15 juin.
Jard en Poitou, en faveur de Jean Genereau
Poitevin, qui a perdu les deux bras au service
du roi. Angoulême, 15 juin 1526.

> Bibl. nat., ms. fr. 5502, fol. 20. (Mention.)

18690. Lettres en faveur du chapitre cathédral de Paris,   16 juin.
touchant les contestations survenues entre ledit
chapitre et l'évêque, au sujet des réparations
de l'église et des ornements sacrés. Angoulême, 16 juin 1526.

> Original. Anc. archives du chapitre cathédral de
> Paris, Privilèges, liasse 15, cote 524. Arch. nat.,
> L. 466, n° 28ª (anc. L. 515, n° 63).

18691. Mandement de payer des sommes dues pour   18 juin.
plusieurs voyages entrepris de Paris à Rome
devers le duc d'Albany, chef de l'armée de
Naples. 18 juin 1526.

> Imp. Catalogue des livres et documents de M. de
> Courcelles. Vente le 21 mai 1834, par Fournel-
> Leblanc, libraire, p. 63. (Mention.)

18692. Provisions pour Pierre Thierry de l'office de   20 juin.

receveur des tailles et équivalent du bas pays d'Auvergne, vacant par la résignation d'Aimé Du Prat. Angoulême, 20 juin 1526.

Bibl. nat., ms. fr. 5502, fol. 20. (Mention.)

1526.

18693. Lettres de ratification par François Iᵉʳ de la Sainte-Ligue conclue à Cognac, le 22 mai précédent (n° 2360). Angoulême, 21 juin 1526.

Original. Arch. de Venise, Patti, 1ʳᵉ série, n° 818. (Cf. le n° 2391 du Catalogue.)

21 juin.

18694. Lettres de ratification des bulles du 5 juin 1526, par lesquelles le pape demandait l'admission dans l'alliance, dite la Sainte-Ligue, conclue entre le roi de France, Venise et lui, de ses alliés : Florence, le duc de Milan, le marquis de Mantoue, le roi d'Angleterre, le roi d'Écosse, le roi de Navarre, le roi de Hongrie et de Bohème, le roi de Pologne, les ducs de Savoie et de Lorraine, et les Suisses des treize cantons de la ligue supérieure d'Allemagne. Angoulême, 21 juin 1526.

Original. Arch. de Venise, Patti, 1ʳᵉ série, n° 819.
Copie du XVIᵉ siècle. Arch. de Venise, Commemoriali 21, fol. 27. (Sous la date du 1ᵉʳ juin.)

21 juin.

18695. Lettres de ratification de deux articles secrets, relatifs au royaume de Naples, conclus à Cognac le 22 mai, en même temps que la Sainte-Ligue. Angoulême, 21 juin 1526.

Original. Arch. de Venise, Patti, 1ʳᵉ série, n° 820.

21 juin.

18696. Don de 300 livres à André Rosso, ambassadeur de Venise, en considération du traité dernièrement conclu avec le roi de France. Angoulême, 21 juin 1526.

Bibl. nat., ms. Clairambault 1215, fol. 65. (Mention.)

21 juin.

18697. Pouvoirs donnés à Charles, duc de Vendôme, à l'archevêque de Sens, à Odet de Foix, seigneur de Lautrec, à Anne de Montmorency,

22 juin.

grand maître de France, à l'archevêque de
Bourges, à maître Jean de Selve et à Florimond Robertet, pour conclure une paix ou
ligue universelle avec le pape Clément VII,
le roi d'Angleterre, la seigneurie de Venise et
tous autres souverains. Angoulême, 22 juin
1526.

> Original. Arch. de Venise, Patti, 1re série,
> n° 821.

1526.

18698. Don de 200 livres à Pierre Tremolet, médecin du roi, pour aller à Vitoria en Espagne,
auprès du dauphin de Viennois et du duc
d'Orléans, et rester à leur service pendant
leur séjour dans ce pays. Angoulême, 22 juin
1526.

> Bibl. nat., ms. Clairambault 1215, fol. 64.
> (Mention.)

22 juin.

18699. Don de 1,230 livres à Louis de Praet, bailli de
Bruges et ambassadeur de l'empereur, pour
les services qu'il a rendus à la régente et au
roi. Angoulême, 22 juin 1526.

> Bibl. nat., ms. Clairambault 1215, fol. 65.
> (Mention.)

22 juin.

18700. Don de 3,075 livres à Honorat Cajetano
d'Aragon, duc de Trajetto, envoyé par l'empereur, pour les services qu'il a rendus au roi
en Espagne. Angoulême, 22 juin 1526.

> Bibl. nat., ms. Clairambault 1215, fol. 65.
> (Mention.)

22 juin.

18701. Lettres contenant l'engagement des plénipotentiaires français, pontificaux et vénitiens, de
faire ratifier par leurs maîtres, avant le 5 juillet
suivant, le traité qu'ils ont conclu au nom de
ceux-ci. Angoulême, 24 juin 1526.

> Original. Arch. de Venise, Patti, 1re série,
> n° 822.

24 juin.

18702. Don de 2,050 livres à Capino Capinis, ambassadeur du pape, en reconnaissance de ses services pour la conclusion du traité qui a été

25 juin.

fait entre le pape, le roi et leurs alliés. An- 1526.
goulême, 25 juin 1526.

Bibl. nat., ms. Clairambault 1215, fol. 65.
(*Mention.*)

18703. Ordonnance complétant et modifiant celle de   28 juin.
la Ferté-sous-Jouarre, le 20 janvier 1515 n. s.
(nº 56), sur le fait des gens de guerre des
ordonnances du roi. Angoulême, 28 juin
1526.

Original. Arch. du château de Chantilly, ms. 759,
intitulé : *Ordonnances sur le fait de la gendarmerie*,
nº 6.
Copie du xvi⁰ siècle. Bibl. nat., ms. fr. 5295,
fol. 40.

18704. Provisions pour le duc d'Albany de l'office de   28 juin.
lieutenant général du roi et gouverneur en
Bourbonnais, Auvergne, la Marche et Combrailles, vacant par la mort du maréchal de
Chabannes. Angoulême, 28 juin 1526.

Bibl. nat., ms. fr. 5502, fol. 20 vº. (*Mention.*)

18705. Provisions en forme de commission pour le duc   28 juin.
d'Albany de l'office de capitaine du château
de Chantelle, vacant par la mort du maréchal
de Chabannes. Angoulême, 28 juin 1526.

Bibl. nat., ms. fr. 5502, fol. 21. (*Mention.*)

18706. Don à Adrien de Moyencourt de la maladrerie   28 juin.
de Vassé, vacante par la résignation de Jean
Laumônier. Angoulême, 28 juin 1526.

Bibl. nat., ms. fr. 5502, fol. 21 vº. (*Mention.*)

18707. Mandement à Jacques Ragueneau, notaire et   29 juin.
secrétaire du roi, commis à tenir le compte
et faire le payement des frais de la marine de
Provence, de payer à Maurice de Jonas
1,200 livres tournois pour son état et l'entretien de deux galères, pendant le mois de
mai, et 2,000 livres tournois à valoir sur
l'entretien à venir desdites galères, et à Madelon d'Ornezan 1,200 livres tournois pour
son état et l'entretien de deux galères, pen-

dant le mois de mai, et 1,200 livres tournois
d'avance. Angoulême, 29 juin 1526.

> Original. Bibl. nat., Nouv. acquisitions franç.,
> ms. 1483, n° 49.
> Bibl. nat., ms. fr. 5502, fol. 31 v°. (Mention.)

18708. Mandement au trésorier de l'épargne de payer
à Albert Pie de Savoie, comte de Carpi, ambassadeur à Rome, 6,150 livres en déduction de ce qui lui est dû pour sa pension et
son entretien. Angoulême, 29 juin 1526.

> Bibl. nat., ms. Clairambault 1215, fol. 64.
> (Mention.)

18709. Mandement à Guillaume Tertereau d'employer,
sur les 15,000 livres qui lui sont délivrées,
1,500 livres au payement des dépenses qui
seront faites pour le retour en Espagne du
vice-roi de Naples et des autres personnages
de la maison de l'empereur venus en ambassade. Angoulême, 29 juin 1526.

> Bibl. nat., ms. Clairambault 1215, fol. 64.
> (Mention.)

18710. Mandement au trésorier de l'épargne de payer
à Guillaume Ribier, trésorier de la vénerie et
fauconnerie, 3,400 livres tournois pour les
gages des capitaine, lieutenants et archers
des toiles de la vénerie. Angoulême, 29 juin
1526.

> Bibl. nat., ms. fr. 5502, fol. 20 v°. (Mention.)

18711. Lettres portant concession à Nicolas Foyal
(alias Féal), seigneur d'Herbault en Sologne,
et à ses successeurs, des droits d'usage du
bois mort et du mort-bois de la forêt de Boulogne, au comté de Blois. Angoulême, juin
1526.

> Présentées à la Chambre des Comptes de Blois, le
> 5 juillet 1526. Arch. nat., journal de la Chambre
> des Comptes de Blois, KK. 902, fol. 102. (Men-
> tion.)
> Présentées à la maîtrise des Eaux et forêts, le
> 3 mai 1542. Arch. nat., Z¹ᵉ 328, fol. 12. (Men-
> tion.)

18712. Lettres de sauvegarde en faveur des religieuses

1526.

29 juin.

29 juin.

29 juin.

Juin.

Juin.

et serviteurs du monastère de Prouille, au diocèse de Saint-Papoul. Angoulême, juin 1526.

*Copie authentique du XVIIe siècle. Bibl. nat.,
Pièces orig., Albret, vol. 26, p. 387.*

1526.

18713. Lettres de chevalerie octroyées à André Rioux
(Rosso), ambassadeur de la seigneurie de Venise, avec permission d'ajouter une fleur de
lis aux armes de sa famille. Angoulême, juin
1526.

*Original. Collection Carlo Morbio, à Milan, en
1873, aujourd'hui dispersée. Décrit dans Francia
ed Italia de Carlo Morbio. Milano, Ricordi, 1873,
in-4°, p. 148.
Copie dans la collection de M. le comte de Marsy,
à Compiègne.*

Juin.

18714. Permission accordée à Pierre Chevalier, greffier
de la Chambre des Comptes de Paris, de faire
fortifier sa maison d'Éprune [1] de donjon et
de plusieurs tours, pavillons, tourelles, ca-
nonnières, barbacanes, machicoulis, ponts,
fossés, etc. Angoulême, juin 1526.

Bibl. nat., ms. fr. 5502, fol. 19. (Mention.)

Juin.

18715. Lettres de naturalité et de légitimation données
en faveur de Georges « Borticq », écuyer, archer de la garde écossaise, fils naturel de David
« Borticq », porte-enseigne des archers de ladite garde, et de Madeleine Davidson. Angoulême, juin 1526.

*Enreg. à la Chancellerie de France. Arch. nat.,
Trésor des Chartes, JJ. 239, n° 128, fol. 33 v°.
1 page.
Bibl. nat., ms. fr. 5502, fol. 21 v°. (Mention.)*

Juin.

18716. Lettres de naturalité en faveur de Gaspard de
Mazin, écuyer, archer des ordonnances de la
compagnie du duc de Lorraine, natif du
bourg de Mazin (Masino), au diocèse d'Ivrée
en Piémont. Angoulême, juin 1526.

*Enreg. à la Chancellerie de France. Arch. nat.,
Trésor des Chartes, JJ. 239, n° 133, fol. 34 v°.
1 page.*

Juin.

[1] Éprune, commune de Réau, canton de Brie-Comte-Robert (Seine-
et-Marne).

18717. Lettres de légitimation accordées à Pierre Du
Chièvre, fils naturel d'Olivier Du Chièvre,
prêtre, religieux de l'ordre de Saint-Benoît, et
de Jeanne de La Terie, du duché d'Angoulême. Angoulême, juin 1526.

1526.
Juin.

*Enreg. à la Chancellerie de France. Arch. nat.,
Trésor des Chartes, JJ. 239, n° 135, fol. 35.
1 page.*

18718. Lettres de naturalité accordées à Sylvestre
Chiolle, marchand florentin, établi depuis
douze ans à Lyon. Angoulême, juin 1526.

Juin.

*Enreg. à la Chancellerie de France. Arch. nat.,
Trésor des Chartes, JJ. 239, n° 142, fol. 36 v°.
1 page.*

18719. Lettres de légitimation accordées à Balthazar
Perrot, prêtre du diocèse de Limoges, fils
naturel de feu Jean Perrot, prêtre, et de
Léonarde Delas. Angoulême, juin 1526.

Juin.

*Enreg. à la Chancellerie de France. Arch. nat.,
Trésor des Chartes, JJ. 239, n° 145, fol. 37.
1 page.*

18720. Lettres de légitimation en faveur de Dominique
et François de Manas, fils naturels de feu
Bérenger de Manas, prêtre, et de N. Godard,
du diocèse de Castres. Angoulême, juin 1526.

Juin.

*Enreg. à la Chancellerie de France. Arch. nat.,
Trésor des Chartes, JJ. 239, n° 146, fol. 37.
1 page.*

18721. Lettres de légitimation accordées à Catherine
de Reilhac, fille naturelle de Jean de Reilhac,
prêtre, et d'Anne de Lagemory, de la sénéchaussée de Poitou. Angoulême, juin 1526.

Juin.

*Enreg. à la Chancellerie de France. Arch. nat.,
Trésor des Chartes, JJ. 239, n° 147, fol. 37.
1 page.*

18722. Lettres de légitimation accordées à Paul de
Mazin, fils naturel de Gaspard de Mazin (Masino) et d'Agnès de Courbeserre. Angoulême,
juin 1526.

Juin.

*Enreg. à la Chancellerie de France. Arch. nat.,
Trésor des Chartes, JJ. 239, n° 148, fol. 37 v°.
1 page.*

18723. Lettres de légitimation accordées à Léonard de La Faurie, fils naturel de noble Guy de La Faurie, de la paroisse de Badefols, diocèse de Périgueux, et de Valérie Ducléseau. Angoulême, juin 1526.

> Enreg. à la Chancellerie de France, Arch. nat., Trésor des Chartes, JJ. 239, n° 149, fol. 37 v°. 1 page.

1526.
Juin.

18724. Lettres de légitimation accordées à Jean de Mosnac, fils naturel de feu François de Mosnac, écuyer, seigneur des Maillots en Angoumois, et de Marguerite Redon. Angoulême, juin 1526.

> Enreg. à la Chancellerie de France, Arch. nat., Trésor des Chartes, JJ. 239, n° 150, fol. 37 v°. 1 page.

Juin.

18725. Lettres de naturalité en faveur de Balthazar de Colan, écuyer, s^r de La Haye, natif d'Allemagne, homme d'armes de la compagnie des ordonnances du duc de Vendôme. Angoulême, juin 1526.

> Enreg. à la Chancellerie de France, Arch. nat., Trésor des Chartes, JJ. 239, n° 162, fol. 40 v°. 1 page.

Juin.

18726. Déclaration portant que Jules de Saint-Séverin, marquis de Valence (Valenza en Piémont), touchera du receveur général de Bourgogne, chaque année, la rente de 2,000 livres tournois que le roi lui a donnée et assise sur les terres et seigneuries d'Argilly, Pontailler et «Glennes» en Bourgogne. Angoulême, 1er juillet 1526.

> Bibl. nat., ms. fr. 5502, fol. 21 v°. (Mention.)

1er juillet.

18727. Mandement à Jean Sapin de payer, sur les 7,110 livres 7 sous 6 deniers qui lui sont délivrés, les sommes qui sont dues à Colin Caron, tenant la poste à Boulogne, et à divers autres pour des voyages faits en Angleterre. Châtellerault, 18 juillet 1526.

> Bibl. nat., ms. Clairambault 1215, fol. 63. (Mention.)

18 juillet.

98.

18728. Don de 800 livres à Honorat de Gays (Caix), gentilhomme de la maison du roi, pour un voyage qu'il a fait auprès du roi de Portugal. Châtellerault, 18 juillet 1526.

1526.
18 juillet.

> Bibl. nat., ms. Clairambault 1215, fol. 64. (Mention.)

18729. Don de 200 livres à Jean-François « Francapen » (Frangipani), ambassadeur turc auprès du roi de France. Châtellerault, 18 juillet 1526.

18 juillet.

> Bibl. nat., ms. Clairambault 1215, fol. 65. (Mention.)

18730. Provisions pour Pierre Troillat de l'office de juge du Maine, vacant par le décès de François Lasnier. Longueval, 22 juillet 1526.

22 juillet.

> Reçu au Parl. de Paris, le 7 août 1526. Arch. nat., X1a 4879, fol. 508 v°. (Mention.)

18731. Mandement à Jean Sapin de payer, sur les 2,569 livres 10 sous qui lui sont délivrés, 275 livres à Jean de Boncœur et à François Le Groin pour différents voyages faits par eux, 160 livres à Richard Venis pour aller en Angleterre porter des lettres aux ambassadeurs Jean-Joachim de Passano et le sr de Morette, etc. Amboise, 30 juillet 1526.

30 juillet.

> Bibl. nat., ms. Clairambault 1215, fol. 63. (Mention.)

18732. Mandement à Jean Sapin de payer, sur les 4,690 livres qui lui sont délivrées, 1,600 livres au seigneur de Burye et 102 livres 10 sous à Jean Hédouyn, pour un voyage d'Angoulême en Suisse et à Venise; 143 livres 10 sous à Girard de Montméliant, pour un voyage en Angleterre; 210 livres au seigneur de Langey, pour un voyage à Rome; 205 livres à Tassin de « Canes » pour un voyage à Venise, et 123 livres à Philippe Posques, pour un voyage en Angleterre. Amboise, 31 juillet 1526.

31 juillet.

> Bibl. nat., ms. Clairambault 1215, fol. 63. (Mention.)

18733. Lettres portant établissement d'un tir à l'arc et

Juillet.

à l'arbalète à Hennebont en Bretagne, et
affranchissant ceux qui remporteront le prix
de toutes tailles, aides, fouages et autres impositions, pendant l'année de leur royauté.
Angoulême, juillet 1526.

> *Enreg. à la Chancellerie de France. Arch. nat.,*
> *Trésor des Chartes, JJ. 239, n° 181, fol. 45 v°.*
> *1 page 1/2.*

1526.

18734. Lettres d'abolition en faveur de Philippe des
Escures, écuyer, au service des ducs de
Bourbon depuis l'âge de dix ans, qui avait
comme tel suivi le connétable de Bourbon et
combattu contre la France. Angoulême, juillet
1526.

> *Enreg. à la Chancellerie de France. Arch. nat.,*
> *Trésor des Chartes, JJ. 239, n° 180, fol. 45 v°.*
> *1 page.*

Juillet.

18735. Lettres de légitimation accordées à Jean Faye,
fils naturel de Jean Faye, bourgeois et marchand de Lyon, et de Macée Forcier. Amboise, juillet 1526.

> *Enreg. à la Chancellerie de France. Arch. nat.,*
> *Trésor des Chartes, JJ. 239, n° 179, fol. 45.*
> *1 page.*

Juillet.

18736. Don à Jean de Charpaignes, trésorier de Rodez,
de 690 écus et demi d'or soleil pour plusieurs voyages qu'il a faits en hâte de Lyon
en Angleterre, et de Paris à Rouen, Toulouse, Bordeaux, Orléans et Tours, à l'occasion du traité de paix conclu entre Henri VIII
et François Ier. Amboise, 1er août 1526.

> *Bibl. nat., ms. fr. 10385. (Mention.)*
> *Bibl. nat., ms. fr. 5502, fol. 96 v°. (Mention.)*

1er août.

18737. Provisions de l'office de conseiller lai au Parlement de Dijon pour Chrétien Macheco, en
remplacement de Guy de Salins, seigneur de
La Nocle, décédé. Amboise, 2 août 1526.

> *Reçu le 12 novembre 1526. Enreg. au Parl.*
> *de Dijon. Arch. de la Côte-d'Or, Parl., reg II,*
> *fol. 19.*

2 août.

18738. Mandement à Pierre Thizart, trésorier des

2 août.

guerres, de payer 3,012 livres tournois à trente-deux hommes d'armes et soixante-quatre archers de la compagnie du comte de Chalant, pour leur solde du premier quartier de la présente année. Amboise, 2 août 1526.

1526.

> Bibl. nat., ms. fr. 5502 fol. 22. (*Mention.*)

18739. Mandement au trésorier de l'épargne de payer au trésorier des guerres la somme de 3,012 livres tournois. Amboise, 2 août 1526.

2 août.

> Bibl. nat., ms. fr. 5502, fol. 22. (*Mention.*)

18740. Provisions, en faveur de Denis Brevedent, de l'office de conseiller clerc au Parlement de Rouen, vacant par la mort de Robert Surreau. Amboise, 4 août 1526.

4 août.

> Copie collationnée. Bibl. nat., Pièces orig., vol. 508, Brevedent, p. 4.

18741. Provisions de l'office de conseiller clerc au Parlement de Dijon pour Philippe Berbis, licencié ès lois. Amboise, 6 août 1526.
Permission au même de tenir cet office, jusqu'à ce qu'il soit pourvu d'un office de conseiller lai. (Même date.)

6 août.

> Reçu et enreg. au Parl. de Dijon, le 12 novembre suivant. Arch. de la Côte-d'Or, Parl., reg. I, fol. 198, 199 v°.

18742. Mandement au trésorier de l'épargne de payer à Pierre de Fauveau 120 livres pour sa pension de l'année dernière. Amboise, 6 août 1526.

6 août.

> Bibl. nat., ms. fr. 5502, fol. 22 v°. (*Mention.*)

18743. Provisions pour Denis Poillot de l'office de président au Parlement de Paris, vacant par la mort de Thibaut Baillet. Amboise, 8 août 1526.

8 août.

> Bibl. nat., ms. fr. 5502, fol. 22 v°. (*Mention.*)
> Réception dud. Poillot au Parl., le 12 octobre 1526. Arch. nat., X¹ᵃ 1529, fol. 444. (*Mention.*)

18744. Lettres portant continuation pour six ans, en

10 août.

faveur de la ville de Poitiers, de l'octroi du
dixième. Amboise, 10 août 1526.

Original. Arch. de la ville de Poitiers, G. 43.

1526.

18745. Commission à la Chambre des Comptes de Grenoble de faire une enquête touchant le profit
ou dommage que pouvait causer au domaine
la cession du bois de la Côte-Saint-André, faite
par le sr de Crussol à Guignes Guiffrey, seigneur de Boutières, prévôt de l'hôtel du roi.
Amboise, 10 août 1526.

Arch. de l'Isère, B. 2908, fol. 292. 2 pages.

10 août.

18746. Provisions pour Jacques de La Barde de l'office
de président de la chambre des enquêtes au
Parlement de Paris, vacant par la mort de
Thomas Pascal. Amboise, 14 août 1526.

Bibl. nat., ms. fr. 5502, fol. 23. (Mention.)
Reçu au Parl., le 18 janvier 1527 n. s. Arch.
nat., X¹ᵃ 1530, fol. 83. (Mention.)

14 août.

18747. Provisions pour Bertrand de Breperinguen de
l'office d'aumônier ordinaire du roi. Amboise, 15 août 1526.

Bibl. nat., ms. fr. 5502, fol. 23. (Mention.)

15 août.

18748. Lettres portant continuation pour dix ans, en
faveur des habitants de Poitiers, d'un octroi
de 100 livres par an, à prendre sur les bar-
rages et à employer aux réparations de la
ville. Amboise, 16 août 1526.

Bibl. nat., ms. fr. 5502, fol. 23. (Mention.)

16 août.

18749. Provisions pour Philippe Condor de la prébende
de Montluçon, vacante par la mort d'Arnoul
de Montmeslier. Amboise, 17 août 1526.

Bibl. nat., ms. fr. 5502, fol. 23 v°. (Mention.)

17 août.

18750. Déclaration portant que l'office de maître des
requêtes, occupé par Denis Poillot, avant sa
promotion en qualité de président au Parlement de Paris, et tenu maintenant par
Ambroise de Florence, restera en dehors du
nombre ancien et ordinaire, et ne pourra
préjudicier au don ci-devant fait par le roi
à Jacques Babou de l'office de maître des

17 août.

requêtes *ordinaire*, en remplacement de feu
Jean Salat. Amboise, 17 août 1526.

> *Bibl. nat.*, ms. fr. 5502, fol. 24 v°. (*Mention.*)

1526.

18751. Don de 246 livres à Jean-Jacques de Castion
(*aliàs* Castillon), chevalier, pour le récompenser de ses services et pour le voyage qu'il
va faire en Italie, où le roi l'envoie traiter des
affaires secrètes. Amboise, 18 août 1526.

> *Bibl. nat.*, ms. Clairambault 1215, fol. 64 v°.
> (*Mention.*)

18 août.

18752. Don à Octavien Grimaldi, président en la
Chambre des Comptes de Paris, des gages
de cet office depuis la mort d'Élie du Tillet,
son prédécesseur. Amboise, 18 août 1526.

> *Bibl. nat.*, ms. fr. 5502, fol. 23 v°. (*Mention.*)

18 août.

18753. Mandement à Pierre d'Apestigny de payer
100 écus d'or soleil à Antoinette de Bar,
femme de chambre de la feue reine, en déduction des 1,000 écus d'or soleil que la
reine lui avait promis pour son mariage avec
Jacques de Saint-Cirgues, panetier du dauphin. Amboise, 18 août 1526.

> *Bibl. nat.*, ms. fr. 5502, fol. 24. (*Mention.*)

18 août.

18754. Mandement au trésorier de l'épargne de payer
à Jean Duval, receveur des gages des officiers du Parlement de Paris, 29,038 livres
tournois dues pour une demi-année de leurs
gages, complétant les 32,980 livres 2 sous
tournois qui leur étaient dues, 3,923 livres 2 sous 6 deniers tournois devant revenir
au roi, par suite des vacances. Amboise,
18 août 1526.

> *Bibl. nat.*, ms. fr. 5502, fol. 25. (*Mention.*)

18 août.

18755. Permission à Jean Du Solier, originaire du Piémont, de posséder des bénéfices en France.
Amboise, 19 août 1526.

> *Bibl. nat.*, ms. fr. 5502, fol. 23 v°. (*Mention.*)

19 août.

18756. Mandement au sénéchal de Rouergue, à Anne
Du Prat, seigneur de Verrières, gouverneur
de Clermont, et à Jean Chauvet, élu en

20 août.

l'élection de Forez, de répartir et lever sur les pays de Rouergue, haut et bas, et le comté de Rodez la somme de 57,256 livres 10 sous 7 deniers tournois, pour leur part de l'imposition de 2,661,000 livres tournois établie sur tout le royaume, plus 300 livres pour les frais des commissaires. Amboise, 20 août 1526.

Copie du xvi⁰ siècle. Arch. départ. de l'Aveyron, C. 1219, fol. 1 v⁰.

18757. Mandement aux élus sur le fait des aides en l'élection de Troyes, de répartir et lever sur ladite élection 8,648 livres 7 sous tournois pour sa quote-part dans l'aide de 2,661,000 livres tournois imposée à tout le royaume. Amboise, 20 août 1526.

Bibl. nat., Nouv. acquisitions franç., ms. 3547, n° 83. (Mention.)

18758. Lettres de retenue de Jacques Mansel comme sommelier d'échansonnerie de Madame Renée de France, en remplacement de Pierre Marsent, dit Miral, décédé. Amboise, 20 août 1526.

Bibl. nat., ms. fr. 5502, fol. 24. (Mention.)

18759. Provisions pour Jean Sergent de l'office de vicomte et receveur ordinaire de Pont-de-l'Arche, en remplacement de Jacques Chalanges. 21 août 1526.

Enreg. à la Chambre des Comptes de Paris, anc. mém. 2 D, fol. 154. Arch. nat., PP. 119, p. 28. (Mention.)
Bibl. nat., ms. fr. 21405, p. 295. (Mention.)
Bibl. nat., ms. Clairambault 782, p. 280. (Mention.)

18760. Déclaration de foi et hommage de Raymond de Boutenay, écuyer, pour la seigneurie du Châtellier (paroisse de Saint-Denis-hors), mouvante d'Amboise. Amboise, 22 août 1526.

Original. Arch. nat., Chambre des Comptes de Paris, P. 12, n° 3956.

18761. Mandement au trésorier de l'épargne de payer

1526.

20 août.

20 août.

21 août.

22 août.

22 août.

V.

99

aux doyen, chantre et chanoines de Saint-
Jean du Plessis[-lès-Tours], 1,200 livres tournois qui leur sont dues, en vertu de leur
fondation, pour deux années. Amboise,
22 août 1526.

Bibl. nat., ms. fr. 5502, fol. 25. (Mention.)

18762. Mandement au trésorier de l'épargne de payer   23 août.
à Guy de Tours, trésorier des guerres en
Bretagne, 20,832 livres tournois pour la
solde des 1,200 hommes d'armes commandés
par MM. de Laval-Châteaubriant et de Rieux,
pendant le dernier quartier de l'année passée
et le premier de celle-ci. Amboise, 23 août
1526.

Bibl. nat., ms. fr. 5502, fol. 25 v°. (Mention.)

18763. Mandement au trésorier de l'épargne de payer   23 août.
à Antoine Lamet, maître d'hôtel du roi,
4,000 écus provenant de la composition faite
avec certains marchands de Languedoïl, en
récompense des services qu'il a rendus au
roi lors de son ambassade en Suisse. Amboise, 23 août 1526.

Bibl. nat., ms. fr. 5502, fol. 25 v°. (Mention.)

18764. Confirmation par le roi du don des lods et   23 août.
ventes fait par la feue reine à Julien Baugé,
son apothicaire, lesdits droits provenant de
la vente d'une maison faite à Jacques Le
Moine, lapidaire, par Jean Joslin. Amboise,
23 août 1526.

Bibl. nat., ms. fr. 5502, fol. 26. (Mention.)

18765. Pouvoirs des commissaires du roi aux États de   24 août.
Languedoc convoqués à Montpellier pour le
2 octobre prochain. Amboise, 24 août 1526.

Copie. Arch. dép. de l'Hérault, C. États de Languedoc, Recueils des lettres et actes des commissaires
du roi aux États, 1526. 12 pages.

18766. Mandement au trésorier de l'épargne de payer   28 août.
à Florimond Fortier, trésorier et receveur
général de l'artillerie, 9,000 livres tournois
pour le payement de la solde des officiers de

l'artillerie pendant le deuxième quartier de
la présente année. Bléré, 28 août 1526.

Bibl. nat., ms. fr. 5502, fol. 27 v°. (*Mention.*)

1526.

18767. Mandement au trésorier de l'épargne de payer
à Jacques Acarie, trésorier des officiers du
roi, la somme de 1,000 livres tournois pour
employer au fait de son office. Bléré, 28 août
1526.

Bibl. nat., ms. fr. 5502, fol. 28. (*Mention.*)

28 août.

18768. Mandement au trésorier de l'épargne de payer
à Antoine Boucart, l'un des gentilshommes de
l'hôtel du roi, 200 livres tournois dont le roi
lui a fait don. Bléré, 29 août 1526.

Bibl. nat., ms. fr. 5502, fol. 26. (*Mention.*)

29 août.

18769. Mandement à la Chambre des Comptes d'allouer aux comptes du trésorier de l'épargne
60 livres 13 sous 4 deniers tournois à Gaspard « Deu », du canton de Buderwald, écolier
de l'Université de Paris, dont le roi lui a fait
don. Bléré, 29 août 1526.

Bibl. nat., ms. fr. 5502, fol. 26 v°. (*Mention.*)

29 août.

18770. Mandement au trésorier de l'épargne de payer
à Guillaume Ribier, commis au payement de
la vénerie, 2,000 livres pour les veneurs du
roi. Bléré, 29 août 1526.

Bibl. nat., ms. fr. 5502, fol. 26 v°. (*Mention.*)

29 août.

18771. Mandement au trésorier de l'épargne de remettre à Jean Sapin 250 livres tournois, pour
les donner à Guillaume Luillier, conseiller
du roi et maître des requêtes de l'hôtel, pour
ses chevauchées de l'année dernière. Bléré,
29 août 1526.

Bibl. nat., ms. fr. 5502, fol. 27. (*Mention.*)

29 août.

18772. Mandement au trésorier de l'épargne de payer
à don Henri de Cardonne, fils du gouverneur de Catalogne, 400 livres tournois que
le roi lui a données, en attendant qu'il soit
statué sur son état et pension. Bléré, 29 août
1526.

Bibl. nat., ms. fr. 5502, fol. 27. (*Mention.*)

29 août.

18773. Mandement à la Chambre des Comptes de
passer au compte du trésorier de l'épargne
791 livres 13 sous 4 deniers tournois, que
celui-ci a payés à différents étudiants suisses
à l'Université de Paris, nommés en deux
rôles signés, l'un de Michel Boulle et l'autre
d'Achille de Rouville, notaires au Châtelet
de Paris. Bléré, 29 août 1526.

1526.
29 août.

Bibl. nat., ms. fr. 5502, fol. 27. (Mention.)

18774. Mandement au trésorier de l'épargne de payer à
Michel Jacob, trésorier et garde des salpêtres
en la généralité de Languedoc et Guyenne,
3,000 livres pour employer au fait de son
office. Chenonceaux, 31 août 1526.

31 août.

Bibl. nat., ms. fr. 5502, fol. 28 v°. (Mention.)

18775. Lettres de confirmation des statuts et ordonnances des maîtres gantiers, boursiers, ba-
guetiers et éguilletiers de la ville de Bordeaux. Amboise, août 1526.

Août.

*Enreg. à la Chancellerie de France. Arch. nat.,
Trésor des Chartes, JJ. 239, n° 202 bis, fol. 51.
1 page.*

18776. Lettres portant création en faveur de Robert
de Villiers, chevalier, seigneur dudit lieu et
d'Éclance, de deux foires par an et d'un
marché chaque semaine à Éclance, au bailliage de Troyes. Amboise, août 1526.

Août.

*Enreg. à la Chancellerie de France. Arch. nat.,
Trésor des Chartes, JJ. 239, n° 195 bis, fol. 49 v°.*

18777. Lettres portant création en faveur de Jacques
de Montenay, baron de Garancières au bailliage d'Évreux et de Gisors, de quatre foires
par an et d'un marché chaque semaine à
Grossœuvre en ladite baronnie. Amboise,
août 1526.

Août.

*Enreg. à la Chancellerie de France. Arch. nat.,
Trésor des Chartes, JJ. 239, n° 197, fol. 50.*

18778. Lettres de légitimation accordées à Guigue
d'Auton, prêtre, fils naturel de feu Louis

Août.

d'Auton, écuyer, et de Jeanne Barbier, du
bailliage de Touraine. Amboise, août 1526.

> Enreg. à la Chancellerie de France. Arch. nat.,
> Trésor des Chartes, JJ. 239, n° 211, fol. 52 v°.
> 1 page.

1526.

18779. Lettres de légitimation accordées à Pierre Durand, clerc, fils naturel de Jean Durand,
prêtre, et de Tiphaine, fille de Jacques
Guenin, demeurant à Dijon. Amboise, août
1526.

> Enreg. à la Chancellerie de France. Arch. nat.,
> Trésor des Chartes, JJ. 239, n° 212, fol. 52 v°.
> 1 page.
> Enreg. à la Chambre des Comptes de Dijon, le
> 17 décembre suivant. Arch. de la Côte-d'Or, B. 72,
> fol. 105 v°.

Août.

18780. Lettres de naturalité en faveur d'Augustin
Champaigne, natif de Vérone, joueur de
cornet de l'hôtel du roi. Amboise, août 1526.

> Enreg. à la Chancellerie de France. Arch. nat.,
> Trésor des Chartes, JJ. 243, n° 184, fol. 42.

Août.

18781. Lettres de naturalité en faveur de Pierre-Louis
de Gaures, écuyer, natif de Catalogne, archer de la compagnie des gens de guerre du
seigneur de Châteaubriant. Amboise, août
1526.

> Enreg. à la Chancellerie de France. Arch. nat.,
> Trésor des Chartes, JJ. 239, n° 193, fol. 49 v°.
> 1 page.

Août.

18782. Lettres de naturalité accordées à Jean Simon,
natif de Metz en Lorraine, établi depuis
vingt-sept ans et marié à Paris, grand bedeau
de la nation de Picardie à l'Université. Amboise, août 1526.

> Enreg. à la Chancellerie de France. Arch. nat.,
> Trésor des Chartes, JJ. 239, n° 198, fol. 50.
> 1 page.

Août.

18783. Lettres de naturalité, avec remise des droits,
octroyées à Ambroise de Florence et à ses
enfants. Amboise, août 1526.

> Bibl. nat., ms. fr. 5502, fol. 23. (Mention.)

Août.

18784. Lettres prorogeant pour six ans, en faveur de

3 septembre.

la ville de Nîmes, la permission de fournir le
grenier à sel de la ville, en vue de créer des
ressources pour la réparation et fortification
des murailles. Amboise, 3 septembre 1526.

> *Original. Arch. de la ville de Nîmes, JJ. 4,*
> *n° 2.*

1526.

18785. Lettres prorogeant pour six ans la levée du
droit de souquet, qui est l'apetissement de
la pinte de vin vendu en détail dans la ville
de Nîmes, avec affectation du produit aux
réparations des fortifications. Amboise, 3 septembre 1526.

> *Vidimus donné à Nîmes, le 5 août 1539. Arch.*
> *de la ville de Nîmes, MM. 3.*

3 septembre.

18786. Mandement au trésorier de l'épargne de payer
à Pierre d'Apestigny 3,200 livres tournois à
remettre au s' du Vigean, capitaine de Lusignan, en acompte sur les 5,000 livres tournois que le roi lui a données. Bléré, 3 septembre 1526.

> *Bibl. nat., ms. fr. 5502, fol. 27 v°. (Mention.)*

3 septembre.

18787. Lettres portant prorogation pour dix ans de la
continuation d'octrois accordée aux habitants
de Beauvais, par lettres du 28 février 1515
n. s. (n° 15790). Chenonceaux, 3 septembre
1526.

> *Vérifiées à l'élection de Beauvais, le 27 septembre*
> *1526, et au bailliage de Senlis, le 25 février 1527*
> ***n. s.***
> *Original. Arch. commun. de Beauvais, AA. 6.*

3 septembre.

18788. Mandement au trésorier de l'épargne de payer
à Jacques Nynart, trésorier de Madame Renée
de France, 15,000 livres tournois. Chenonceaux, 4 septembre 1526.

> *Bibl. nat., ms. fr. 5502, fol. 28. (Mention.)*

4 septembre.

18789. Mandement à Jacques Nynart de payer, sur les
15,000 livres susdites, 6,000 livres aux officiers, dames et demoiselles de Madame Renée
de France, pour un semestre de leurs gages.
Chenonceaux, 4 septembre 1526.

> *Bibl. nat., ms. fr. 5502, fol. 28. (Mention.)*

4 septembre.

18790. Lettres accordant pour dix ans à Geoffroy Tory, libraire, demeurant à Paris, le privilège d'imprimer le *Champ Fleury* et des *Heures* avec vignettes. Chenonceaux, 5 septembre 1526. — 1526. 5 septembre.

IMP. Aug. Bernard, *Geoffroy Tory, etc.*, in-8°, p. 218. (D'après le texte imprimé en tête des *Heures* in-8° de 1527 et du *Champ Fleury* de 1529.)

18791. Mandement au trésorier de l'épargne de payer à Gaillard Spifame, commis à tenir le compte de l'extraordinaire des guerres, 82,000 livres tournois valant 40,000 écus d'or soleil à raison de 41 sous tournois, pour les envoyer au pape et à la seigneurie de Venise, comme troisième payement de ce qui leur était dû à cause de la ligue conclue entre eux et le roi. Chenonceaux, 6 septembre 1526. — 6 septembre.

Bibl. nat., ms. fr. 5502, fol. 28 v°. (*Mention.*)

18792. Mandement au trésorier de l'épargne de payer à François Frotier, sr du Vigean, capitaine de Lusignan, la somme de 1,800 livres que le roi lui a données, soit 600 livres pour parfaire sa pension de 1,200 livres de l'année précédente, et 1,200 livres pour ses gages de la présente année. Chenonceaux, 6 septembre 1526. — 6 septembre.

Bibl. nat., ms. fr. 5502, fol. 29. (*Mention.*)

18793. Mandement à Jacques Ragueneau, commis à tenir le compte et faire le payement des frais ordinaires et extraordinaires de la marine de Provence, de rembourser à frère Bernardin des Baux 38,123 livres 15 sous 2 deniers tournois, qu'il a dépensés à armer son galion et ses deux galères, tant pour conduire à Rome les cardinaux de Bourbon et de Lorraine et le légat d'Avignon, que pour protéger la Provence. Amboise, 8 septembre 1526. — 8 septembre.

Bibl. nat., ms. fr. 5502, fol. 30 v°. (*Mention.*)

18794. Provisions en faveur de Jean de Garges de la — 8 septembre.

chanoinie et prébende de l'église de Senlis, tombée en régale par le décès de Thomas Villette. Amboise, 8 septembre 1526.

Bibl. nat., ms. fr. 5502, fol. 31. (*Mention.*)

18795. Mandement au trésorier de l'épargne de faire payer par Jean Grolier, trésorier des guerres, à Jean du Monceau, s' de Tignonville, prévôt des maréchaux, 1,400 livres tournois pour ses gages et ceux de vingt archers, pendant le dernier quartier de l'année dernière et le premier de la présente année. Amboise, 9 septembre 1526.

9 septembre.

Bibl. nat., ms. fr. 5502, fol. 31. (*Mention.*)

18796. Déclaration de foi et hommage de François d'Orglandes, écuyer, pour les seigneuries d'Auvers et de Prétot, mouvantes de Carentan et de Valognes. Amboise, 10 septembre 1526.

10 septembre.

Original. Arch. nat., Chambre des Comptes de Paris, P. 268², n° 3361.

18797. Mandement au trésorier de l'épargne de faire payer par Bénigne Serre, receveur général de Bourgogne, à «Bouzebac», prisonnier en Bourgogne, 281 livres 1 sou 8 deniers, savoir : 94 livres qui lui furent promises lorsqu'il fut fait prisonnier, et 177 livres 1 sou 8 deniers pour la dépense qu'il a faite au château d'Auxonne. Amboise, 10 septembre 1526.

10 septembre.

Bibl. nat., ms. fr. 5502, fol. 29. (*Mention.*)

18798. Mandement au receveur général, Pierre d'Apestigny, de payer 6,500 livres tournois à Guillaume Prudhomme, trésorier de l'épargne. Amboise, 10 septembre 1526.

10 septembre.

Bibl. nat., ms. fr. 5502, fol. 29. (*Mention.*)

18799. Mandement à Antoine Juge, commis à la recette générale de la maison de Bourbon, de payer 6,500 livres tournois à Pierre d'Apestigny. Amboise, 10 septembre 1526.

10 septembre.

Bibl. nat., ms. fr. 5502, fol. 29. (*Mention.*)

18800. Mandement au trésorier de l'épargne de payer

10 septembre.

à Robert Stuart, chevalier, s^r d'Aubigny, capitaine des archers écossais de la garde du
roi, 2,000 livres tournois complétant le payement des 4,000 livres tournois de son état
de l'année dernière. Amboise, 10 septembre
1526.

> Bibl. nat., ms. fr. 5502, fol. 29 v°. (Mention.)

1526.

18801. Provisions en faveur de François de Beaufort,
chevalier, s^r de Blet, de l'office de bailli de
Saint-Pierre-le-Moutier, vacant par la résignation de Jean des Breulles, son beau-père.
Amboise, 10 septembre 1526.

10 septembre.

> *Enreg. à la Chambre des Comptes de Paris*, anc.
> mém. 2 D, fol. 167. *Arch. nat.*, PP. 119, p. 30.
> (*Mention.*)
> *Bibl. nat.*, ms. fr. 5502, fol. 29 v°. (*Mention.*)
> *Bibl. nat.*, ms. fr. 21495, p. 296. (*Mention.*)
> *Bibl. nat.*, ms. Clairambault 782, p. 284. (*Men-
> tion.*)

18802. Mandement au trésorier de l'épargne de payer
au comte de Maulévrier, gouverneur et lieutenant général du roi en Normandie, 3,000 livres tournois complétant le payement des
6,000 livres tournois de sa pension de l'année
précédente. Amboise, 11 septembre 1526.

11 septembre.

> Bibl. nat., ms. fr. 5502, fol. 29 v°. (Mention.)

18803. Mandement à Jean Sapin de payer, sur les
3,334 livres 5 sous qui lui sont délivrés,
200 livres à Jacques Colin, envoyé vers le
duc de Savoie, 71 livres 10 sous à Julien
Malon, allant conduire le comte Palatin jusqu'aux limites du royaume, 120 livres à Gérard Ra, pour aller en Angleterre, 410 livres
à Vespasien Garvesin, pour conduire au marquis de Mantoue six chevaux dont le roi lui
a fait don. Amboise, 12 septembre 1526.

12 septembre.

> Bibl. nat., ms. Clairambault 1215, fol. 63 v°.
> (Mention.)

18804. Mandement au trésorier de l'épargne de payer
à Anne de Boisy, gouvernante du duc d'Angoulême et de Madeleine et Marguerite, ses
sœurs, 1,200 livres tournois pour sa pension

12 septembre.

de l'année écoulée. Amboise, 12 septembre 1526.
1526.

> Bibl. nat., ms. Clairambault 1215, fol. 64.
> (Mention.)
> Bibl. nat., ms. fr. 5502, fol. 30 v°. (Mention.)

18805. Lettres de présentation de Pierre de Thunes à la 12 septembre.
cure de Saint-Valery de Giberville, vacante par
le décès de Thibaut Arcent, le droit de présentation appartenant au roi en raison de la
garde-noble de M. de Longueville. Amboise,
12 septembre 1526.

> Bibl. nat., ms. fr. 5502, fol. 31 v°. (Mention.)

18806. Mandement au trésorier de l'épargne de payer à 12 septembre.
René Thizart, trésorier des guerres, 1,400 li-
vres tournois pour les gages de Jean Boynier,
dit d'Asti, prévôt des maréchaux de France,
et de vingt de ses archers « ordonnés sur le
fait de la pillerie », et commandés par Théodore Trivulce, pendant le dernier quartier
de l'année dernière et le premier de la présente année, à raison de 100 livres tournois
pour ledit Boynier, et 30 livres pour chaque
archer et par quartier. Amboise, 12 septembre 1526.

> Bibl. nat., ms. fr. 5502, fol. 30. (Mention.)

18807. Mandement à René Thizart de payer les 1,400 li- 12 septembre.
vres tournois en question audit Boynier. Am-
boise, 12 septembre 1526.

> Bibl. nat., ms. fr. 5502, fol. 30. (Mention.)

18808. Mandement au trésorier de l'épargne de faire 12 septembre.
payer par Bénigne Serre, trésorier et rece-
veur général de Bourgogne, 300 livres tournois à Denis Poillot, président au Parlement
de Paris, en compensation de la ville d'Autun dont le roi lui avait fait don. Amboise,
12 septembre 1526.

> Bibl. nat., ms. fr. 5502, fol. 30 v°. (Mention.)

18809. Mandement au trésorier de l'épargne de payer 12 septembre.
à François Bourcier, gouverneur de Triboulet,

40 livres tournois pour la présente année. Amboise, 12 septembre 1526.

1526.

Bibl. nat., ms. fr. 5502, fol. 30 v°. (Mention.)

18810. Lettres de mainlevée accordées au trésorier Babou des terres et seigneuries de « Breulle et Germigny en Luysant », pour en jouir suivant le don que le roi lui en a fait précédemment. Amboise, 12 septembre 1526.

12 septembre.

Bibl. nat., ms. fr. 5502, fol. 31. (Mention.)

18811. Commission royale au comte de Maulévrier, gouverneur de Normandie, au bailli de Rouen, à l'évêque de Lisieux, à François de Marcillac, premier président du Parlement de Rouen, à Claude Robertet, trésorier de France, et autres, de se rendre à Rouen, aux États convoqués pour le 21 octobre, afin d'obtenir 808,941 livres tournois, destinées à la reconstitution de l'armée et à la délivrance des enfants de France. Paris, 15 septembre 1526.

15 septembre.

Original. Bibl. nat., ms. fr. 10296, n° 3.

18812. Déclaration de foi et hommage de Léonard du Pontot, seigneur dudit lieu, bailli du comté de Nivernais, comme procureur de Marie d'Albret, comtesse de Nevers et de Dreux, pour le comté de Dreux, mouvant de la couronne. Chambord, 18 septembre 1526.

18 septembre.

Original. Arch. nat., Chambre des Comptes de Paris, P. 8, n° 2619.

18813. Déclaration de foi et hommage de Léonard du Pontot, bailli de Nivernais, au nom de Marie d'Albret, comtesse de Nevers et de Dreux, pour le comté de Nevers. Chambord, 18 septembre 1526.

18 septembre.

Original. Arch. nat., Chambre des Comptes de Paris, P. 2, n° 754.

18814. Déclaration de foi et hommage de Léonard du Pontot, chevalier, bailli de Nivernais, procureur de Marie d'Albret, pour 1,750 livres tournois de rente inféodées et qu'elle doit

18 septembre.

prendre sur la vicomté de Rouen, par suite
du transport fait à Louis XI par Jean de La
Brosse et Nicole de Bretagne, sa femme,
comte et comtesse de Penthièvre, de leurs
droits sur le duché de Bretagne. Chambord,
18 septembre 1526.

> *Original. Arch. nat., Chambre des Comptes de
> Paris, P. 264², n° 998.*

1526.

18815. Don de 1,025 livres à Jean-Baptiste « Sangue »,
chambrier du pape, venu de Rome à Angou-
lême porter des lettres de créance. Chambord, 24 septembre 1526.

> *Bibl. nat., ms. Clairambault 1215, fol. 65.*
> (*Mention.*)

24 septembre.

18816. Mandement au trésorier de l'épargne de payer
à Pierre Mangot, orfèvre du roi, la somme de
1,219 livres 10 sous 6 deniers pour deux colliers de l'ordre de Saint-Michel donnés, l'un
à Anne de Montmorency, qui avait laissé le
sien au comte Hugues de Pepoli en le faisant
chevalier, et l'autre au sénéchal d'Armagnac,
maître de l'artillerie. Chambord, 26 septembre 1526.

> *Bibl. nat., ms. Clairambault 1215, fol. 64 v°.*
> (*Mention.*)

26 septembre.

18817. Mandement au trésorier de l'épargne de payer
à Jean Hotman, orfèvre à Paris, la somme
de 1,320 livres pour 88 marcs de vaisselle
d'argent donnée par le roi à Jean « Thillery »
(John Taylor), ambassadeur du roi d'Angleterre. Chambord, 27 septembre 1526.

> *Bibl. nat., ms. Clairambault 1215, fol. 64 v°.*
> (*Mention.*)

27 septembre.

18818. Déclaration de l'hommage de Jean de Cusance,
écuyer, bailli de la Montagne, pour les seigneuries d'Auxon, Davrey, Vert, la Coudre, le
Moulin-du-Bois (châtellenie d'Ervy-le-Châtel)
et Bragelogne (châtellenie de Saint-Florentin),
mouvantes du comté de Champagne. « Reau-
dun », 28 septembre 1526.

> *Expéd. original. Arch. nat., P. 166¹, cote 2361.*

28 septembre.

18819. Confirmation du don fait par Louise de Savoie
à Jeanneton Boudet, en récompense de ses
services, de deux maisons et pièces de terre
sises à Amboise. Amboise, septembre 1526.

1526.
Septembre.

> *Enreg. à la Chancellerie de France. Arch. nat.,
> Trésor des Chartes, JJ. 243, n° 202, fol. 47 v°.*

18820. Confirmation de la donation faite par Louise
de Savoie, régente, à Jean Chapelain, son
conseiller et médecin ordinaire, de la maison
et hôtel de Bourbon, sis à Paris, au faubourg
de Notre-Dame-des-Champs, Amboise, septembre 1526.

Septembre.

> *Bibl. nat., ms. fr. 5502, fol. 52 v°. (Mention.)*

18821. Provisions pour Charles de Chauvigny, chevalier, seigneur de Murat, de la charge de direc-
teur des bâtiments de Chambord. Chambord,
1er octobre 1526.

1er octobre.

> *Imp. André Félibien, Mémoires pour servir à
> l'histoire des maisons royales. Paris, J. Baur, 1874,
> in-8°, p. 30. (Mention.)*

18822. Provisions pour Raymond Forget, secrétaire de
la reine de Navarre, de la charge de payeur
des bâtiments de Chambord. Chambord,
1er octobre 1526.

1er octobre.

> *Imp. André Félibien, Mémoires pour servir à
> l'histoire des maisons royales. Paris, J. Baur, 1874,
> in-8°, p. 30. (Mention.)*

18823. Mandement à Jean Sapin de payer, sur les
4,895 livres 5 sous qui lui sont délivrés,
410 livres à Jean Marie, serviteur du comte
Palatin; 1,200 livres à Laurent Tusquan, vicaire de Cahors, pour ce qui lui reste dû
d'un voyage à Rome; 1,200 livres à Pierre
Spina, banquier, pour les faire parvenir à
Jean de Calvimont, ambassadeur auprès de
l'empereur; 51 livres 5 sous à Nicole Picart,
allant à Paris faire délivrer à l'ambassadeur
d'Angleterre de la vaisselle d'argent dont le
roi lui a fait don, etc. Chambord, 1er octobre
1526.

1er octobre.

> *Bibl. nat., ms. Clairambault 1215, fol. 63 v°.
> (Mention.)*

18824. Lettres de prorogation, en faveur des habitants de Châlons, de l'octroi de 10 sous 6 deniers tournois à prendre sur chaque minot de sel vendu au grenier de leur ville. Beaugency, 8 octobre 1526.

> Arch. de la ville de Châlons (Marne), CC. Octrois.

1526.
8 octobre.

18825. Don de 41 livres à Gaspard Sturm, héraut de l'empire, venu d'Allemagne à Beaugency apporter des lettres des Électeurs. [Beaugency, 8-15 octobre 1526.]

> Bibl. nat., ms. Clairambault 1215, fol. 65. (Mention.)

8-15 octobre.

18826. Nouvelle prorogation pour huit ans des octrois concédés aux habitants d'Avallon par Louis XII, et prorogés une première fois par la régente, le 20 décembre 1515 (n° 16077). Beaugency, 14 octobre 1526.

> Original. Arch. communales d'Avallon (Yonne), CC. 33, n° 2.

14 octobre.

18827. Mandement à Guillaume Prudhomme, trésorier de l'épargne, de payer à Anne de Montmorency, grand maître et maréchal de France, une somme annuelle de 8,000 livres tournois, jusqu'à ce qu'il lui ait été donné une terre ou revenu équivalent, en compensation des 4,000 ducats briançonnais qui lui avaient été promis verbalement par le roi. Montpipeau, 20 octobre 1526.

> Arch. nat., Comptes de l'épargne, KK. 96, fol. 650. (Mention.)

20 octobre.

18828. Don à Jean Potier des lods et ventes qu'il doit au roi comme administrateur des biens du dauphin, pour l'acquisition de la maison du Sercle, à Blois. Montpipeau, 22 octobre 1526.

> Original. Bibl. nat., Pièces originales, Potier, vol. 2352, p. 11.

22 octobre.

18829. Don à Charles de Croy, frère de Philippe de Croy, marquis d'Arscot, du revenu des comtés

29 octobre.

et terres de Porcien, Montcornet, Bar-sur-   1526.
Aube et Airaines. 29 octobre 1526.

Enreg. à la Chambre des Comptes de Paris, anc.
mém. 2 D, fol. 161 v°. *Arch. nat.*, PP. 119, p. 29.
(*Mention.*)
    Bibl. nat., ms. fr. 21405, p. 295. (*Mention.*)
    Bibl. nat., ms. Clairambault 782, p. 280. (*Mention.*)

18830. Lettres de réception du serment de fidélité de   31 octobre.
Jean Le Grand, prêtre, religieux bénédictin,
abbé de Saint-Taurin, près Évreux, pour le
temporel de ladite abbaye. Nantouillet, 31 octobre 1526.

Exped. orig. Arch. nat., P. 270¹, cote 4140.

18831. Lettres de provisions en faveur de Jean Lar-   7 novembre.
cher, de l'office de sergent ordinaire de la
forêt de la Londe, au duché de Normandie,
vacant par la mort de Jean Hays. Villemomble,
7 novembre 1526.

Copie collationnée. Bibl. nat., Pièces orig., Larcher, vol. 1650 (doss. 38329), p. 10.

18832. Lettres de réception de l'hommage rendu par   8 novembre.
Pierre Boulet, au nom de Madeleine Chardon,
pour la seigneurie de Nanteuil[-la-Fosse]
(bailliage de Vitry, prévôté de Châtillon-sur-
Marne). Paris, 8 novembre 1526.

Exped. orig. Arch. nat., P. 162¹, cote 505.

18833. Lettres de réception de l'hommage d'Humbert   9 novembre.
de Doncourt, chevalier, pour la seigneurie de
Bize [1] (bailliage de Chaumont, châtellenie de
Coiffy). Paris, 9 novembre 1526.

Exped. orig. Arch. nat., P. 164¹, cote 1265.

18834. Don à Philippe Chabot, sr de Brion, amiral   12 novembre.
de France, gouverneur de Bourgogne, des
revenus à titre viager de la châtellenie de
Rouvres, près Dijon, tels qu'en jouissait le
comte Ludovic de Belgiojoso, avant sa tra-

[1] Haute-Marne, arrondissement de Langres, canton de Longeau,
commune de Piépape.

hison. Saint-Germain-en-Laye, 12 novembre 1526.

Copie collat. Arch. de la Côte-d'Or, B. 1302.
Copie du XVIᵉ siècle. Bibl. nat., ms. Moreau 796,
fol. 205 vᵒ.

18835. Mandement à Jean Sapin de payer, sur les 7,588 livres qui lui sont délivrées, 307 livres 10 sous à Jacques Colin, envoyé en Suisse et vers les sⁱˢ de Boisrigault et général Morelet, ambassadeurs dans ledit pays; 123 livres à Michel Chantonnet, pour un voyage en Angleterre; 2,050 livres au seigneur de Langey, pour traiter certaines affaires avec le pape, et 1,230 livres au même, pour un voyage à Rome; 1,200 livres au seigneur de Morette, pour un voyage en Angleterre; 615 livres à Laurent Tusquan, pour un voyage à Rome, et à Jean Caron, pour un voyage en Angleterre. Saint-Germain-en-Laye, 13 novembre 1526.

Bibl. nat., ms. Clairambault 1215, fol. 63 vᵒ.
(Mention.)

18836. Lettres adressées à la Chambre des Comptes de Paris, lui notifiant que le roi de Navarre a fait ce jour l'hommage qu'il devait au roi pour la seigneurie d'Albret et les autres terres dépendantes du duché de Guyenne, qui lui sont venues de la succession d'Alain, sire d'Albret, son aïeul. Saint-Germain-en-Laye, 18 novembre 1526.

Original. Arch. départ. des Basses-Pyrénées,
E. 113.
Copie du XVIIᵉ siècle. Bibl. nat., coll. Doat,
vol. 233, fol. 233 vᵒ.

18837. Don de 615 livres à Jean Wellysburn, écuyer d'écurie du roi d'Angleterre, pour plusieurs chiens qu'il a amenés au roi. Saint-Germain-en-Laye, 19 novembre 1526.

Bibl. nat., ms. Clairambault 1215, fol. 65.
(Mention.)

18838. Mandement au trésorier de l'épargne de payer 615 livres tournois à Jean Wellysburn, écuyer

1526.

13 novembre.

18 novembre.

19 novembre.

19 novembre.

d'écurie du roi d'Angleterre; 73 livres 16 sous
tournois à Henry Buleston et Matthew Mont,
aides palefreniers anglais; et 90 livres 4 sous
tournois à Richard Redehd, Henry Fayrman
et Antony Penington, valets de chiens. Saint-
Germain-en-Laye, 19 novembre 1526.

1526.

> *Bibl. nat.*, ms. fr. 5502, fol. 32. (*Mention.*)

18839. Déclaration de foi et hommage d'Antoine de
Ravenel, comme procureur de Jean de Brye,
sʳ de Sablonnières et de Boissy, pour la terre
de Coudun et la vicomté de Choisy[-au-Bac],
mouvantes de Compiègne. Saint-Germain-en-
Laye, 20 novembre 1526.

20 novembre.

> *Original. Arch. nat., Chambre des Comptes de
> Paris,* P. 5, n° 1597.

18840. Lettres accordant à Jean Brinon, premier président au Parlement de Normandie, mainlevée des seigneuries de Remy, Gournay et
Moyenneville, à lui données par la régente,
en février 1525 n. s. (n° 18153). Saint-Germain-en-Laye, 21 novembre 1526.

21 novembre.

> *Copie collat. du 5 janvier 1534 n. s., d'après un
> vidimus du lieutenant général du bailli de Senlis, en
> date du 29 novembre 1526. Arch. nat.,* K, 1172,
> n° 4.

18841. Lettres de retenue de l'office de contrôleur de
la dépense du dauphin, de ses frères et de
ses sœurs, en faveur de Mathurin de Ville-
mor. Saint-Germain-en-Laye, 21 novembre
1526.

21 novembre.

> *Bibl. nat.*, ms. fr. 5502, fol. 32. (*Mention.*)

18842. Mandement au trésorier de l'épargne de faire
payer par Jean de Parajan, trésorier et receveur général de Bretagne, 200 livres tournois à Macé de Carné, chevalier, maître
d'hôtel de la feue reine, dont le roi lui a
fait don. Saint-Germain-en-Laye, 21 novembre 1526.

21 novembre.

> *Bibl. nat.*, ms. fr. 5502, fol. 32. (*Mention.*)

18843. Don, sur la requête du duc de Lorraine, à Guillaume Baudet, son valet de chambre, de la

21 novembre.

V.

101

coupe de trente pieds d'arbre à prendre dans la forêt de Bettancourt au bailliage de Vitry. Saint-Germain-en-Laye, 21 novembre 1526.

Bibl. nat., ms. fr. 5502, fol. 32 v°. (Mention.)

1526.

18844. Mandement au trésorier de l'épargne de payer à Jean Prévost, receveur et payeur des gages des officiers du Grand conseil, 3,400 livres tournois pour six mois, échus le 30 septembre dernier, des gages de Jean de Langeac, Jean Vaillant, Jean de Montaulieu, Jean Godon, Jean Bellot et François Olivier, et ceux de Louis de Langeac, avocat, et dudit Prévost. Saint-Germain-en-Laye, 23 novembre 1526.

Bibl. nat., ms. fr. 5502, fol. 32 v°. (Mention.)

23 novembre.

18845. Lettres portant nomination de Jean de Selve, premier président du Parlement de Paris, Jacques Minut, premier président de Toulouse, Jean Ravyer, conseiller au Parlement de Dijon, Antoine Du Bourg, lieutenant civil, Jean Barjot et Pierre Sayve, maîtres et auditeurs des comptes à Dijon, en qualité de commissaires pour informer contre les officiers comptables coupables de malversations et les juger. Saint-Germain-en-Laye, 24 novembre 1526.

Bibl. nat., ms. fr. 5502, fol. 74. (Mention.)

24 novembre.

18846. Commission au chancelier de France, pour assister le plus souvent qu'il pourra aux travaux des commissaires chargés d'informer contre les officiers comptables coupables de malversations. Saint-Germain-en-Laye, 24 novembre 1526.

Bibl. nat., ms. fr. 5502, fol. 74 v° (cf. la pièce précédente, à la même date). (Mention.)

24 novembre.

18847. Provisions de l'office de second président au Parlement de Dijon pour Guy de Moreau, en remplacement de Guy Patarin, nommé premier président. Saint-Germain-en-Laye, 25 novembre 1526.

Reçu le 10 décembre suivant. Enreg. au Parl. de Dijon. Arch. de la Côte-d'Or, Parl., reg. II, fol. 20. Bibl. nat., ms. fr. 5502, fol. 32 v°. (Mention.)

25 novembre.

18848. Provisions en faveur de Jean Frémyot de l'office de conseiller lai au Parlement de Dijon, vacant par la promotion de Guy de Moreau au rang de second président en ladite cour. Saint-Germain-en-Laye, 25 novembre 1526.

1526.
25 novembre.

> Bibl. nat., ms. fr. 5502, fol. 36 v°. (Mention.)

18849. Provisions de l'office de clerc et auditeur en la Chambre des Comptes de Dijon, pour Edme Guyotat, enquêteur à Chalon, contrôleur du grenier à sel, en remplacement de Jean Frémyot, nommé conseiller au Parlement. Saint-Germain-en-Laye, 25 novembre 1526.

25 novembre.

> *Enreg. à la Chambre des Comptes de Dijon, le 8 août 1527, Arch. de la Côte-d'Or, B. 18, fol. 101 v°.*
> Bibl. nat., ms. fr. 5502, fol. 36 v°. (Mention.)

18850. Mandement au trésorier de l'épargne de payer comptant ou faire payer par ses mandements sur le changeur du trésor ou les receveurs généraux qu'il avisera, 141,000 livres tournois, à Messire Jean-Joachim de Passano, commis à tenir le compte et faire le payement de la dette du roi d'Angleterre et des pensions particulières dues aux seigneurs du pays. Saint-Germain-en-Laye, 25 novembre 1526.

25 novembre.

> Bibl. nat., ms. fr. 5502, fol. 33. (Mention.)
> Bibl. nat., ms. Clairambault 1215, fol. 63 v°. (Mention.)

18851. Confirmation des lettres de Louise de Savoie, régente, concédant aux Célestins de Lyon les trois quarts de la dime des blés et la dime du vin de Gleizé, près Villefranche. Saint-Germain-en-Laye, 26 novembre 1526.

26 novembre

> *Original. Arch. du Rhône, papiers de la famille Bourbon. (Nouvelle acquisition.)*

18852. Mandement au trésorier de l'épargne de payer au capitaine Louis d'Ars 1,500 livres tournois, pour compléter le payement de 3,000 livres tournois, montant de sa pension de l'année

26 novembre.

dernière. Saint-Germain-en-Laye, 26 novembre 1526.

1526.

Bibl. nat., ms. fr. 5502, fol. 33. (Mention.)

18853. Déclaration de l'hommage de Jean de Mailly, seigneur de Conty, pour les seigneuries de Reuil, l'Échelle, etc., au bailliage de Vitry, mouvantes du comté de Champagne, et appartenant audit Jean et à Louise et Madeleine, ses sœurs, par suite du décès de Ferry de Mailly, chevalier, leur père. Saint-Germain-en-Laye, 27 novembre 1526.

27 novembre.

Expéd. orig. Arch. nat., P. 166¹, cote 2372.

18854. Don à M. de Guise de tous les deniers dépassant les 1,500 livres tournois de rente dues à Madame d'Estouteville sur les aides et greniers à sel de Bar-sur-Aube, Mussy-l'Évêque (auj. Mussy-sur-Seine) et Saint-Dizier, depuis l'année 1520 jusqu'à la fin de celle-ci. Saint-Germain-en-Laye, 27 novembre 1526.

27 novembre.

Bibl. nat., ms. fr. 5502, fol. 33 v°. (Mention.)

18855. Don à M. de Guise du revenu des greniers à sel de Joinville, Guise, la Ferté-Bernard et Maine-la-Juhée (Mayenne), pendant le dernier quartier de la présente année et l'année prochaine. Saint-Germain-en-Laye, 27 novembre 1526.

27 novembre.

Bibl. nat., ms. fr. 5502, fol. 34. (Mention.)

18856. Mandement au trésorier de l'épargne de payer aux habitants d'Harfleur 820 livres tournois, montant des fermes et droits de quatrième des vins consommés cette année dans ladite ville et que le roi leur a donnés. Saint-Germain-en-Laye, 27 novembre 1526.

27 novembr.

Bibl. nat., ms. fr. 5502, fol. 33. (Mention.)

18857. Mandement justificatif, servant au trésorier de l'épargne de décharge pour 6,000 livres tournois qu'il a remises au roi. Saint-Germain-en-Laye, 27 novembre 1526.

27 novembre.

Bibl. nat., ms. fr. 5502, fol. 33 v°. (Mention.)

18858. Don de la baronnie de Laigle à Edmée de La Fayette, veuve de François de Silly, bailli de Caen. Novembre 1526.

> Enreg. à la Chambre des Comptes de Paris, anc. mém. 2 D, fol. 312 v°. Arch. nat., PP. 119, p. 49. (Mention d'inventaire.)
> Imp. Le P. Anselme, Hist. généal., 3ᵉ édit., t. VII, p. 60². (Mention.)

18859. Don au capitaine Bonneval de tous les biens, meubles et immeubles, de feu Antoine Rat, dit Villeneuve, bâtard, mort sans lettres de légitimation, échus au roi par droit d'aubaine. Saint-Germain-en-Laye, novembre 1526.

Novembre.

> Bibl. nat., ms. fr. 5502, fol. 34 v°. (Mention.)

18860. Lettres de légitimation accordées à Antoine de Baourdières, fils naturel de maître Simon de Baourdières, prêtre, et de feu Macée Auforre. Saint-Germain-en-Laye, novembre 1526.

Novembre.

> Enreg. à la Chancellerie de France. Arch. nat., Trésor des Chartes, JJ. 239, n° 227, fol. 55 v°. 1 page.

18861. Lettres de légitimation accordées à Louis de Florence, fils naturel de Guyon de Florence, écuyer, et de Huguette Buhet, du duché de Bourgogne. Saint-Germain-en-Laye, novembre 1526.

Novembre.

> Enreg. à la Chancellerie de France. Arch. nat., Trésor des Chartes, JJ. 243, n° 199, fol. 46 v°.

18862. Lettres de légitimation accordées, moyennant finances, à Mathurin Béhu, fils naturel de feu Étienne Béhu et de Jeanne Rogier. Saint-Germain-en-Laye, novembre 1526.

Novembre.

> Bibl. nat., ms. fr. 5502, fol. 34 v°. (Mention.)

18863. Lettres de naturalité accordées à Henri de Crécy, écuyer, à Nicolas de Crécy, aussi écuyer, et à sa fille, nés en Hainaut de parents français, étant fils de feu Jean de Crécy,

Novembre.

seigneur de Bléry, et d'Agathe de Lizat. Saint-
Germain-en-Laye, novembre 1526.

> Enreg. à la Chancellerie de France. Arch. nat.,
> Trésor des Chartes, JJ. 239, n° 228, fol. 55 v°.
> 1 page.

1526.

18864. Lettres de naturalité accordées à Girard Delahaye, natif du duché de Julliers en Allemagne, établi depuis longtemps à Paris.
Saint-Germain-en-Laye, novembre 1526.

> Enreg. à la Chancellerie de France. Arch. nat.,
> Trésor des Chartes, JJ. 239, n° 224, fol. 55.
> 1 page.

Novembre.

18865. Lettres de naturalité accordées à Jean Ramelot,
écuyer, natif du comté de Namur, demeu-
rant au bailliage d'Amiens. Saint-Germain-
en-Laye, novembre 1526.

> Enreg. à la Chancellerie de France. Arch. nat.,
> Trésor des Chartes, JJ. 239, n° 234, fol. 57.
> 1 page.

Novembre.

18866. Don à Stanislas de Lasoo, polonais, gentilhomme de la chambre du roi, de 200 livres
pour aller en Pologne où il est envoyé par
le roi. Saint-Germain-en-Laye, 1er décembre
1526.

> Bibl. nat., ms. Clairambault 1215, fol. 65.
> (Mention.)

1er décembre.

18867. Provisions en faveur de Bernard de Saulieu de
l'office d'élu sur le fait de la justice des aides
et tailles en l'élection de Périgueux, vacant
par le décès de Jacques Lambert, et permission de l'exercer conjointement avec celui de
baile en la sénéchaussée de Périgord. Saint-
Germain-en-Laye, 2 décembre 1526.

> Bibl. nat., ms. fr. 5502, fol. 62 v°. (Mention.)

2 décembre.

18868. Mandement à Jean Sapin de payer, sur les
2,125 livres qui lui sont délivrées : 410 livres
à Léonard de Rouville, pour un voyage au
camp devant Milan ; 615 livres au seigneur
de Villebon, pour aller au pays des Grisons
et de là à l'armée devant Milan, et à Antoine
Jugé, pour un voyage à Paris et à Rouen,

3 décembre.

fait dans le but d'emprunter pour le roi 40,000 écus soleil. Saint-Germain-en-Laye, 3 décembre 1526.

1526.

Bibl. nat., ms. Clairambault 1215, fol. 63 v°. (Mention.)

18869. Mandement à la Chambre des Comptes de Blois de faire payer 100 livres tournois à Lancelot Le Vasseur, rebec du roi, par le receveur de Blois, sur les deniers provenant des lods et ventes échus par suite du décès de Philippe Boulier, veuve de Jean Le Roux, à cause d'une maison située dans la grande rue de Blois, et de l'acquisition faite par Bertaud Mamys de ladite maison. Saint-Germain-en-Laye, 4 décembre 1526.

4 décembre.

Bibl. nat., ms. fr. 5502, fol. 34. (Mention.)

18870. Lettres affranchissant pendant dix ans les habitants de Guise, Nouvion et Hirson, des tailles et crues mises et à mettre pour le payement et conduite des gens de guerre, ou pour toute autre cause. Saint-Germain-en-Laye, 5 décembre 1526.

5 décembre.

Original. Arch. municipales de Guise (Aisne).

18871. Lettres de réception du serment de fidélité de François de Sarcus, abbé de Sainte-Berthe de Blangy (bailliage d'Amiens), au diocèse de Thérouanne, pour le temporel de ladite abbaye. Saint-Germain-en-Laye, 5 décembre 1526.

5 décembre.

Expéd. orig. Arch. nat., P. 725¹, coté 250.

18872. Mandement justificatif, servant au trésorier de l'épargne de décharge pour 1,025 livres tournois qu'il a remises au roi. Saint-Germain-en-Laye, 5 décembre 1526.

5 décembre.

Bibl. nat., ms. fr. 5502, fol. 35. (Mention.)

18873. Déclaration de foi et hommage de Philibert Tissart, chevalier, général des finances en Bretagne, pour les seigneuries d'Azay-le-Chétif (auj. Azay-sur-Indre) et du grand et petit Chédigny, qui appartenaient à feu Jean-François

6 décembre.

de Cardonne, chevalier, son beau-père. Saint-Germain-en-Laye, 6 décembre 1526.

> Original. Arch. nat., Chambre des Comptes de Paris, P. 13, n° 4405.

18874. Provisions en faveur de Michel-Antoine, marquis de Saluces, de la charge de capitaine de cent lances, Fontainebleau (sic), 7 décembre 1526.

> Original. Turin, Arch. di Stato, Marchesato di Saluzzo, 9° catégorie, mazzo 2, n° 3.
> Arch. de l'Isère, Chambre des Comptes de Grenoble, invent. des titres de Saluces. (Mention.)

18875. Commission donnée à Jean Sénéchal, avocat du roi au bailliage de Chartres, et à Michel Duisseau, licencié ès lois, pour la recherche et la levée des finances dues pour les francs-fiefs et les nouveaux acquêts dans le bailliage de Blois, Saint-Germain-en-Laye, 7 décembre 1526.

> Copie du xvi° siècle. Bibl. nat., coll. du Parlement, vol. 453, p. 81.

18876. Don à Antoine de Clermont, échanson ordinaire du roi et lieutenant des cent gentilshommes de son hôtel, de la moitié de la terre de Pisançon en Dauphiné, qui lui appartenait indivise avec le s' de Saint-Vallier. Saint-Germain-en-Laye, 7 décembre 1526.

> Copie du xviii° siècle. Bibl. nat., ms. fr. 22243, fol. 495.

18877. Mandement justificatif, servant au trésorier de l'épargne de décharge pour 1,055 livres tournois qu'il a remises au roi. Saint-Germain-en-Laye. 7 décembre 1526.

> Bibl. nat., ms. fr. 5502, fol. 34 v°. (Mention.)

18878. Mandement au trésorier de l'épargne de payer à Robert de La Martonnie, s' de Bonnes, maître d'hôtel ordinaire du roi, 1,000 livres tournois, tant pour ce qui lui reste dû sur ses gages des années 1521, 1522, 1524 et 1525, que pour l'aider à supporter les dépenses qu'il a faites à l'occasion des funérailles de la

1526.

7 décembre.

7 décembre.

7 décembre.

7 décembre.

7 décembre.

feue reine Claude. Saint-Germain-en-Laye, 7 décembre 1526.

Bibl. nat., ms. fr. 5502, fol. 34 v°. (*Mention.*)

1526.

18879. Provisions en faveur d'Antoine Pétremol de l'office de notaire et secrétaire de la Chambre des Comptes de Bretagne, vacant par la promotion de Gilles de Commacre comme second président en ladite cour. Saint-Germain-en-Laye, 9 décembre 1526.

Bibl. nat., ms. fr. 5502, fol. 35 v°. (*Mention.*)

9 décembre.

18880. Provisions en faveur de Pierre Parent de l'office de notaire et secrétaire du roi, vacant par la promotion de Marc de La Rue comme maître et auditeur en la Chambre des Comptes de Bretagne. Saint-Germain-en-Laye, 9 décembre 1526.

Bibl. nat., ms. fr. 5502, fol. 37. (*Mention.*)

9 décembre.

18881. Mandement au trésorier de l'épargne de faire payer par Jean Grolier, trésorier des guerres, 5,450 livres tournois à distribuer en Italie comme suit : 2,000 livres au marquis de Saluces, pour son état de lieutenant général, pendant le mois de novembre dernier et le présent mois de décembre; 600 livres à François de Saluces, pour le parfait des 1,200 livres de sa pension de cette année; 1,500 à Paul-Camille de Trivulce, soit la moitié de sa pension de cette année; 1,000 livres au comte Hugues de Pepoli, pour sa pension de cette année; 200 livres à Jean-Albert Merveille, soit la moitié de sa pension; 150 livres à Jean-Louis de Castillon, soit la moitié de sa pension de cette année. Saint-Germain-en-Laye, 9 décembre 1526.

Bibl. nat., ms. fr. 5502, fol. 46. (*Mention.*)

9 décembre.

18882. Don à Madame de Nevers du revenu des greniers à sel de Nevers, Decize, Luzy, Moulins-Engilbert, Clamecy, Saint-Saulge et Dreux, pendant le dernier quartier de la présente

10 décembre.

V.

année et l'année prochaine. Saint-Germain-en-Laye, 10 décembre 1526. 1526.

Bibl. nat., ms. fr. 5502, fol. 35. (Mention.)

18883. Mandement au trésorier de l'épargne de faire 10 décembre.
payer par le receveur d'Arques 100 écus so-
leil à Madame de Nevers, tutrice de son fils,
à qui le roi en a fait don. Saint-Germain-en-
Laye, 10 décembre 1526.

Bibl. nat., ms. fr. 5502, fol. 35. (Mention.)

18884. Don à M. de Longueville du revenu du grenier 10 décembre.
à sel de Montbard. Saint-Germain-en-Laye,
10 décembre 1526.

Bibl. nat., ms. fr. 5502, fol. 35 v°. (Mention.)

18885. Don à M. de Longueville du revenu du grenier 10 décembre.
à sel de Châteaudun. Saint-Germain-en-Laye,
10 décembre 1526.

Bibl. nat., ms. fr. 5502, fol. 35 v°. (Mention.)

18886. Mandement au trésorier de l'épargne de faire 10 décembre.
tenir quitte par les vicomtes et receveurs de
Montivilliers, Arques, Neufchâtel, Carentan
et Caudebec, [Jean d'Orléans-Longueville,
archevêque] de Toulouse, de la somme de
300 livres tournois qu'il doit cette année,
en raison de la garde-noble de MM. de Longueville. Saint-Germain-en-Laye, 10 décembre 1526.

Bibl. nat., ms. fr. 5502, fol. 35 v°. (Mention.)

18887. Mandement au trésorier de l'épargne de payer 11 décembre.
1,800 livres 3 sous 3 deniers tournois à
Pierre Safray, receveur de l'écurie, qui remettra cette somme due à Pierre Mangot,
orfèvre, en payement du reliquat de ses
fournitures pour la livrée des hoquetons des
archers français et écossais de la garde, pendant les années 1522, 1523 et 1524. Saint-
Germain-en-Laye, 11 décembre 1526.

Bibl. nat., ms. fr. 5502, fol. 42. (Mention.)

18888. Déclaration de foi et hommage de Claude d'An- 12 décembre.
nebaut, chevalier, sr de Saint-Pierre, baron

de la Hunaudaye, pour la terre du Hommet, mouvante du duché de Normandie. Paris, 12 décembre 1526.

> Original. Arch. nat., Chambre des Comptes de Paris, P. 268², n° 3269.

1526.

18889. Don à M. de Vendôme du revenu du grenier à sel de Château-Gontier. Saint-Germain-en-Laye, 15 décembre 1526.

15 décembre.

> Bibl. nat., ms. fr. 5502, fol. 37. (Mention.)

18890. Don à M. de Vendôme du revenu du grenier à sel de Vendôme. Saint-Germain-en-Laye, 15 décembre 1526.

15 décembre.

> Bibl. nat., ms. fr. 5502, fol. 37. (Mention.)

18891. Don à la duchesse douairière de Vendôme du revenu du grenier à sel établi à Marle. Saint-Germain-en-Laye, 15 décembre 1526.

15 décembre.

> Bibl. nat., ms. fr. 5502, fol. 37 v°. (Mention.)

18892. Lettres de relief de surannation et d'adresse au grand maître des eaux et forêts pour la réception de Louis Le Roy, s' de Chavigny, à l'office de maître des eaux et forêts du bailliage de Touraine, et l'enregistrement de ses provisions, en date du 19 janvier 1525 n. s. (n° 18074). Paris, 18 décembre 1526.

18 décembre.

> Enreg. aux Eaux et forêts, le lendemain 19 décembre. Arch. nat., Z¹⁰ 319, fol. 161. 3 pages.

18893. Prolongation du droit de banvin faite pour six ans aux maire, échevins et habitants d'Auxonne. Saint-Germain-en-Laye, 20 décembre 1526.

20 décembre.

> Vidimus. Arch. de la Côte-d'Or, B. 11603.

18894. Déclaration de foi et hommage de Gilles de Commacre, comme procureur de Jeanne Aude, veuve de Maurice Briand, pour la seigneurie du Breuil-des-Moulins, sise à l'Île-Auger en la paroisse de Chambourg, mouvante de Loches. Saint-Germain-en-Laye, 20 décembre 1526.

20 décembre.

> Original. Arch. nat., Chambre des Comptes de Paris, P. 13, n° 4406.

18895. Provisions de l'office de grand louvetier de
France, en faveur de Jean de La Boissière,
page de l'écurie du roi, en remplacement
de son père Jean de La Boissière, décédé.
Chailly (sic), 21 décembre 1526.

1526.
21 décembre.

> *Enreg. aux Eaux et forêts, le 25 avril 1528* [1].
> *Arch. nat.,* Z¹ᵉ 319, fol. 297. 2 pages.
> *Enreg. de nouveau aux Eaux et forêts, le 30 juin
> 1531. Arch. nat.,* Z¹ᵉ 321, fol. 103 v°.

18896. Lettres de réception du serment de fidélité de
Jean de La Motte, abbé de l'abbaye bénédictine de la Croix-Saint-Leufroy, au diocèse
d'Évreux, pour le temporel de ladite abbaye.
Saint-Germain-en-Laye, 21 décembre 1526.

21 décembre.

> *Expéd. orig. Arch. nat.,* P. 270², cote 4223.

18897. Déclaration de foi et hommage de Jean de
Bresnes, sʳ du Marchais et de Bontigny, pour
lesdites seigneuries, mouvantes de Nemours.
Saint-Germain-en-Laye, 22 décembre 1526.

22 décembre.

> *Original. Arch. nat., Chambre des Comptes de
> Paris,* P. 10, n° 3180.

18898. Provisions en faveur de Jean de Longueil de
l'office d'élu en l'élection, vicomté, ville et
cité de Paris, vacant par la mort de Michel
Alleaume. Saint-Germain-en-Laye, 22 décembre 1526.

22 décembre.

> *Bibl. nat.,* ms. fr. 5502, fol. 36. *(Mention.)*

18899. Mandement au trésorier de l'épargne de payer
à Gaillard Spifame, trésorier de l'extraordinaire des guerres, 20,541 livres destinées à
rembourser Pierre Spina d'une semblable
somme déboursée par lui pour le change,
les voitures, etc., lorsqu'il tenait en Italie le
compte de la ligue. Saint-Germain-en-Laye,
22 décembre 1526.

22 décembre.

> *Bibl. nat.,* ms. fr. 5502, fol. 36. *(Mention.)*

18900. Mandement à Gaillard Spifame de payer ladite somme (voir la pièce précédente) audit

22 décembre.

---

[1] Attendu le bas âge de Jean de La Boissière, commission est donnée
à Jean de Villiers, sʳ de Chailly, pour exercer l'office en son nom.

Spina. Saint-Germain-en-Laye, 22 décembre 1526.

Bibl. nat., ms. fr. 5502, fol. 36. (Mention.)

18901. Mandement au Grand conseil de donner avis sur la requête de l'évêque de Pamiers, tendante à obtenir du roi l'autorisation, auparavant accordée par le pape Alexandre VI [1], de transférer le chapitre cathédral dudit Pamiers de l'église du Mas-Saint-Antoine à l'église Notre-Dame-du-Mercedal de ladite ville. 24 décembre 1526.

24 décembre.

Mention dans un arrêt du Grand conseil, en date du 5 janvier 1527 n. s., portant avis favorable à ladite autorisation. Arch. nat., V⁵ 1045.

18902. Lettres autorisant l'établissement pendant huit années par la mairie de Bourges du droit d'apetissement de la pinte du vin vendu en détail dans la ville et les faubourgs, à raison d'une mesure sur treize, ledit droit appelé par suite le *treizain*. Saint-Germain-en-Laye, 27 décembre 1526.

27 décembre.

Original. Arch. municip. de Bourges, Impôts, CC. 126.

18903. Mandement au trésorier de l'épargne de payer à Charles de Luxembourg, chevalier de l'ordre, comte de Brienne, 4,000 livres tournois pour sa pension de la présente année. Saint-Germain-en-Laye, 27 décembre 1526.

27 décembre.

Bibl. nat., ms. fr. 5502, fol. 52. (Mention.)

18904. Mandement au trésorier de l'épargne de payer à Jacques Acquarye, trésorier des offrandes du roi, 1,000 livres tournois pour employer au fait de son office pendant la présente année, en plus de pareille somme qui lui a déjà été payée au même effet. Saint-Germain-en-Laye, 27 décembre 1526.

27 décembre.

Bibl. nat., ms. fr. 5502, fol. 40 v°. (Mention.)

18905. Mandement au trésorier de l'épargne de payer

29 décembre.

[1] Par lettres du 24 février 1500. (Cf. *Gall. christ.*, XIII, 151.)

au duc de Vendôme 12,000 livres tournois, pour la moitié de sa pension pendant la présente année. Saint-Germain-en-Laye, 29 décembre 1526.

1526.

Autre mandement pour le parfait payement de ladite pension. Même date.

Bibl. nat., ms. fr. 5502, fol. 37 v°. (Mention.)

18906. Mandement au trésorier de l'épargne de payer au comte de Saint-Pol 6,000 livres tournois, pour la moitié de sa pension pendant la présente année. Saint-Germain-en-Laye, 29 décembre 1526.

29 décembre.

Autre mandement pour le parfait payement de ladite pension. Même date.

Bibl. nat., ms. fr. 5502, fol. 38. (Mention.)

18907. Don à Guy, comte de Laval, du revenu du grenier à sel de Laval pendant la présente année. Saint-Germain-en-Laye, 29 décembre 1526.

29 décembre.

Bibl. nat., ms. fr. 5502, fol. 38 v°. (Mention.)

18908. Confirmation de la charte du roi Philippe VI, en date de février 1330, octroyant et adjoignant à l'abbaye de Joyenval une prébende de l'église de Poissy. Saint-Germain-en-Laye, décembre 1526.

Décembre.

Bibl. nat., ms. fr. 5502, fol. 38. (Mention.)

18909. Lettres de légitimation accordées à Marin Cousin, fils naturel de Jean Cousin et de Jeanne Foubert, du bailliage de Chartres. Saint-Germain-en-Laye, décembre 1526.

Décembre.

Enreg. à la Chancellerie de France. Arch. nat., Trésor des Chartes, JJ. 243, n° 204, fol. 48.

18910. Lettres de légitimation accordées à Hilaire, femme de Philippe Du Boux, fille de Nicolas Droin, religieux de l'ordre de Saint-Benoît. Saint-Germain-en-Laye, décembre 1526.

Décembre.

Enreg. à la Chancellerie de France. Arch. nat., Trésor des Chartes, JJ. 243, n° 221, fol. 53 v°.

18911. Lettres de légitimation accordées à Gilles et Philippe Létandart, hommes d'armes de la

Décembre.

compagnie du maréchal de Fleuranges, fils   1526.
naturels de Jacques Létandart, écuyer, et de
feu Antonie Abelin, alors épouse de Pierre
de Beauvais, demeurant à Flexanville au
comté de Montfort-l'Amaury. Saint-Germain-
en-Laye, décembre 1526.

Enreg. à la Chancellerie de France. Arch. nat.,
Trésor des Chartes, JJ. 243, n° 226, fol. 55.

18912. Lettres de naturalité accordées à Arnoul d'Her-   Décembre.
mynes, natif du pays d'Ardennes, morte-paye
de la ville de Cherbourg, établi en France
depuis trente ans. Saint-Germain-en-Laye,
décembre 1526.

Enreg. à la Chancellerie de France. Arch. nat.,
Trésor des Chartes, JJ. 243, n° 359, fol. 105 v°.
1 page.

18913. Lettres de naturalité accordées à Simon de   Décembre.
Meffe, natif de Liège, serviteur de Robert de
La Marck, seigneur de Sedan. Saint-Germain-
en-Laye, décembre 1526.

Enreg. à la Chancellerie de France. Arch. nat.,
Trésor des Chartes, JJ. 239, n° 230, fol. 56.
1 page.

18914. Lettres de naturalité accordées à Jean de Vito-   Décembre.
ria en Espagne, venu en France depuis treize
ans, établi à Nantes, faubourg de la Fosse.
Saint-Germain-en-Laye, décembre 1526.

Enreg. à la Chancellerie de France. Arch. nat.,
Trésor des Chartes, JJ. 239, n° 258, fol. 62.
1 page.